Jorge Amado
Uma biografia

●●--

Joselia Aguiar

Jorge Amado
Uma biografia

todavia

*Para minha mãe, com quem aprendi a ler.
Em memória de meu pai, que abasteceu
nossa casa de livros.*

os pensamentos petrificados diante da sublime indiferença
de um mundo apaixonado
de um mundo redescoberto
de um mundo indiscutível e intrincado
de um mundo sem bons modos mas cheio de bons motivos
de um mundo sóbrio e embriagado
de um mundo triste e contente
sensível e mau
real e surreal
pavoroso e gracioso
noturno e diurno
sólito e insólito
bonito pra chuchu.

Jacques Prévert, "Lanterna mágica de Picasso"

1. O cordel e as putas **11**
2. Academia dos Rebeldes **21**
3. Na gaveta do editor **39**
4. Juventude comunista **54**
5. Cadernos de aprendiz **66**
6. A cizânia norte-sul **79**
7. *Jubiabá* **89**
8. Atrás das grades **102**
9. Esconderijo em Estância **109**
10. Giro pelas Américas **116**
11. Contrabando literário **125**
12. A interdição nas livrarias **137**
13. Os afazeres na guerra **149**
14. Exílio ao sul **160**
15. A vista de Periperi **174**
16. Um guia da Bahia **187**
17. Zélia **198**
18. Escritor do partido **212**
19. Um deputado ativo **224**
20. Peji de Oxóssi **235**
21. À deriva **245**
22. Paris **255**
23. A leste **305**
24. Dobříš **318**

25. Entre sputniks e exus 331
26. O desencanto 345
27. *Para Todos* 357
28. Gabrielamania 367
29. Os ventos do Nordeste 381
30. De fardão 397
31. A casa do Rio Vermelho 413
32. O golpe e a flor 429
33. Lisboa 445
34. Obá de Xangô 453
35. Tereza e Tieta 466
36. Pedra do Sal 485
37. O jogo do dicionário 497
38. Outono do patriarca 514
39. Rive Gauche 533
40. Archanjo 557

Este livro 559
Agradecimentos 560
Notas 563
Fontes e bibliografia 579
Índice onomástico 602
Créditos das imagens 637

1.
O cordel e as putas

Não foi por devoção que Eulália deu ao primeiro filho o nome do santo que batizava a cidade mais próspera. O preferido era santo Antônio, a quem chamava de Tonho nas rezas em que lhe pedia a vinda de um varão, e não de uma mulher, mais uma a sofrer. Como Ilhéus deixara de ser chamada pelo nome mais longo — São Jorge dos Ilhéus —, a mãe, que talvez não se recordasse do padroeiro, adivinhava a fama no pertencimento.

No registro ficou Jorge Amado. Sem o Leal, da mãe, e o de Faria, do pai, João. Não é incomum a perda do sobrenome materno em cartórios brasileiros, no entanto o que fica é o último paterno. Três vezes fizeram a certidão de nascimento para consertar os nomes das avós, grafados incorretamente — o de Jorge Amado se manteve igual. O Amado prevalecia geração após geração, e quem se propôs a desenhar tal árvore genealógica encontrou judeus sefarditas tornados cristãos-novos cuja expansão no território nordestino somou outras origens. Da parte de Eulália, a avó fora uma pataxó caçada a laço por um português. Entre os avós de João, uma sinhazinha branca se apaixonou por um africano escravizado.

Com tal mistura étnica, o filho de Eulália e João cresceu, como se dizia entre os conterrâneos, com cara de turco.

Turco era como se designava o imigrante árabe, que atravessava meio mundo para escapar do domínio otomano e acabava identificado com o gentílico daquele contra quem lutava. Não apenas árabes, os forasteiros arribavam de todos os cantos para progredir naquela região do sul baiano, chamada *grapiúna* como a ave branca e preta que os indígenas, seus primeiros habitantes, avistavam sobrevoando as praias. Havia franceses, suíços, americanos, noruegueses; eram caixeiros-viajantes, marinheiros, exportadores e donos de firmas de crédito. A maioria migrava de dentro da própria Bahia e de outros estados nordestinos, em especial Sergipe e Alagoas, os fugitivos da seca, como João e Eulália.

João vinha de Estância, no estado vizinho Sergipe, ao norte. Eulália chegou de Amargosa, cidade mais ao centro da Bahia. Ao se conhecer, contavam cada qual a própria desilusão amorosa. Ela, aos 27 anos, para sempre magrinha e de cabelos de pouco volume, acreditava-se no barricão, a idade para constituir família tinha sido ultrapassada. Ele, aos trinta, de cabeleira e bigode negro espesso, não era o sujeito roliço que chegaria a ser. Noivos de outros pares, viram seus amores frustrados por falta de dinheiro. O primeiro noivo não podia bancar Eulália. Quanto a João, não tinha o bastante para conseguir a aprovação dos pais da primeira noiva. Casaram-se, pois, um com o outro em 1911, por sugestão de Fortunato Leal, irmão da moça e amigo daquele que se tornava seu cunhado. Para convencer Eulália e João, lançou mão de argumento sensato: se gostam tanto de conversar um com o outro, deviam mesmo se casar. A união, em seu aparente frio pragmatismo, era descrita como pacífica, apesar dos percalços financeiros dos primeiros anos e da branda infidelidade do marido.

O risco de ocupar a própria terra não intimidou João. Contava que entrou na mata "como um desesperado", no afã de derrubá-la, semear e colher cacau, salvando-se de epidemias, emboscadas e confusões políticas. O patrimônio erguido fora suficiente para ser chamado de coronel — título que, não sendo de uso exclusivo da caserna, se baseava na prosperidade.

Em sua fazenda Auricídia, num arraial próximo a Itabuna, nasceu o primeiro filho em 10 de agosto de 1912. O dia exigiu operação de monta. O pai contratou duas parteiras, e do lado de fora duas eram também as mulas caso houvesse emergência — o que quase aconteceu. O bebê chegou ao mundo sem que se rompesse a bolsa amniótica: vinha à luz empelicado, um presságio de sorte por toda a vida. Como as duas parteiras hesitavam sobre como proceder, quem gritou não foi o bebê, mas Eulália, aflita por ajuda. Atrás da porta em vigília, o pai entrou e, aparentemente sem experiência com parto, teria concluído o procedimento livrando o bebê do invólucro. Na algazarra que se seguiu, com cachaça distribuída a quem quisesse, João levou o recém-nascido no colo até o quintal e o ofereceu à Lua, ritual pagão para que crescesse protegido. Anos depois, o pai confessava que, para reforçar a inteligência do filho, ainda pendurou em sua roupa um broche com a efígie do jurista baiano Rui Barbosa, o gênio da moda na época, republicano de gabarito e oratória empolada.

A sorte por toda a vida começou a aparecer aos dez meses. Engatinhava na varanda da casa, e, ao seu lado, o pai cortava cana para uma égua sem notar a presença de um jagunço de sua confiança prestes a atraiçoá-lo, escondido atrás de uma goiabeira. O tiro acertou o animal, e nas costas do coronel cravaram-se estilhaços de chumbo que passaria a exibir como prova física da emboscada sofrida sempre que a mulher assim lhe pedia, desejosa de impressionar as visitas. Não foi com orgulho do heroísmo do marido que Eulália reagiu nos minutos que se seguiram à tocaia. Ao vê-lo entrar com a camisa ensanguentada, a criança nos braços, reclamou da falta de cuidado e prometeu que dali em diante só dormiria com a espingarda sob o travesseiro. Nessa época das grandes lutas pela posse da terra grapiúna, seu irmão Fortunato perdeu um olho e três dedos de uma das mãos.

A natureza era mais difícil de enfrentar do que os homens. Uma tempestade que durou dias sem cessar em janeiro de 1914 fez a correnteza do rio Cachoeira arrastar plantações, animais e casas. Diz-se na cidade que o aguaceiro só foi acalmado por milagre depois de uma procissão realizada às pressas em meio à torrente. Na fazenda Auricídia, João e Eulália, com o filho no colo, abandonaram o que tinham para acolher-se com os demais desabrigados no lazareto, lugar onde no começo daquele século reuniam-se os portadores de doença contagiosa. Encontrariam depois onde ficar no Pontal, um lugar nos arredores de Ilhéus com ruas cobertas de areia, na confluência entre o mar e os rios Cachoeira e Engenho.

Coronel sem posses, João dedicou-se a fazer tamancos, ofício aprendido antes de deixar Estância, para o que contava com a participação da mulher na costura do couro com máquina de mão. O segundo filho nasceu nesses anos de dureza. Jofre morreu de tifo antes dos dois anos. Quando economizaram o bastante, voltaram, em 1918, à vida numa nova fazenda, a Tararanga, tendo Pirangi como povoado mais próximo — mais tarde ia se transformar na cidade de Itajuípe. Na bem-aventurança não abandonavam hábitos simples. João gostava de comer sem talheres, o arroz com a farinha amassados, e Eulália por muitos anos continuou a cozinhar para os empregados. A única extravagância do casal foi a aquisição de um gramofone, dispensando a encomenda do piano de cauda que os vizinhos mandavam trazer do exterior. A medida da fartura se dava pela quantidade de frutas e bichos em torno da casa alteada, vazada por baixo — erguida sobre o chiqueiro, os porcos espantavam as cobras.

Não há registro de que João tenha nascido empelicado como seu primogênito, e era inegável que tinha sorte. Ganhou certa vez a loteria federal, e o dinheiro extra, quinhentos contos de réis, o ajudou a estender a propriedade para além da fazenda. Chegavam a Ilhéus: o sobrado ficava ao lado do hotel Coelho, nas proximidades da praça principal. "O palacete", como falava Eulália, fora coberto de cortinas, mobília e tapetes escolhidos por um decorador contratado, tudo "vindo do sul", ela se gabava, referindo-se ao Rio de Janeiro, a então capital do país. Quem os visitou naqueles anos se lembrava do desconforto em cômodos tão requintados. De todo modo, um cartão-postal com a foto foi providenciado, com os dizeres: Palacete João Amado de Faria. No dia da inauguração, Eulália assistiu a tudo do alto da escada de jacarandá, vestida com robe de chambre. Entre os ilheuenses que não sabiam que evitou descer até a sala para cuidar de Joelson, pego pelo sarampo, passou por excêntrica.

Àquela altura a família estava ampliada: nasceram mais dois varões, Joelson, em 1920, e James, dois anos mais tarde. A intervenção de Tonho continuava dando certo; e eram mais dois com cara de turco.

Em Ilhéus, as putas se institucionalizaram antes dos padres. Datava de 1913 o bordel de maior renome, o Bataclan. Só dois anos depois se estabeleceria o bispado.

Em menos de três décadas passou de 7 mil para 100 mil a soma dos habitantes das vizinhas Ilhéus e Itabuna, rivais na disputa por importância, divisas territoriais e impostos. O crescimento da população só não fora maior que o da produção de cacau — no mesmo intervalo de tempo cresceu vinte vezes. Aquela terra revelava-se de uma fertilidade incomum. Os pés da planta se desenvolviam em larga escala, o produto brasileiro foi adquirindo cada vez mais clientela, e o país enfrentava menos concorrentes de seu porte no mercado internacional.

Antes estreitas e tortas, as ruas da antiga vila se alargavam. A luz de azeite de peixe dos lampiões saiu das praças, entrou a de acetileno, em lâmpadas elegantes. Ergueram-se os sobrados da elite local: fazendeiros, comerciantes e advogados vestidos com tecidos finos como cretones, casimiras e linhos importados. Nas conversas, a aguardente passava a ser substituída por champanhe, cervejas Bavária e vinhos bordeaux, tragavam-se cigarros Shooting e Stanley às baforadas. A riqueza dos coronéis, construída muitas vezes de um dia para outro, virava notícia nos jornais do Rio de Janeiro. Em 1915, o intendente, o coronel Antônio Pessoa da Costa e Silva, não pensou que estava cedo para patrocinar um livro que contasse a história da civilização grapiúna. O autor contratado registrou desde a grandeza de seus benfeitores — o perfil que abre o volume é obviamente o do próprio intendente — às frivolidades da vidinha ilheuense em sua pastelaria mais famosa, a Vesúvio. Estabeleciam-se por essa época casas comerciais, hotéis, restaurantes, cineteatros, filarmônicas, clubes de futebol e de carnaval, e uma dezena de pequenos jornais, termômetros das disputas políticas — os saques e os empastelamentos seriam tão frequentes quanto a abertura de novos periódicos. Para encomendar mercadorias ou viajar para estudos ou férias, grapiúnas não perdiam tempo na capital do país, seguiam direto para a Europa. A partir de 1925 o cacau passou a ser negociado internacionalmente em bolsa própria, a New York Cocoa Exchange, na ilha de Manhattan.

A praça de Ilhéus exibia uma estátua inusitada. Em vez da imagem de um santo ou de um político, havia a da poeta grega Safo, da ilha de Lesbos, século VI antes de Cristo. Entalhada em mármore de Carrara e em estilo neoclássico, fora arrematada pelo prefeito Mário Pessoa, da linhagem de Antônio Pessoa, o intendente de 1915. Não se sabe ao certo se tinha conhecimento de quem se tratava na escultura; conta-se que a considerou a mais bonita à venda num dos navios que descansava no porto. Ilhéus entrava em época mais áurea; um novo livro com a história da cidade estava sendo produzido, cinco vezes mais volumoso que o primeiro, e igualmente imodesto — seria publicado uma década e meia depois daquele.

João não chegou a ser um protagonista. Seu nome nem sequer aparece na lista dos 150 mais abastados do ano de 1930 — fortunas que dependiam da variação de safra e do preço da commodity baiana no mercado internacional.

A fama de terra opulenta atraía artistas de todos os gêneros, à procura de público que os apreciasse e pagasse. A cultura grapiúna produzia uma quantidade invulgar de poetas e romancistas — a pujança material parecia favorecer o florescimento de uma vida intelectual, ainda que incipiente. Entre os Amado, não só Jorge, também o irmão caçula, James, seria escritor. Na família havia mais gente dedicada às letras. Os dois primeiros a ficar famosos foram Gilberto e Genolino Amado, sobrinhos de João por parte de Melchisedech, seu irmão favorito, que saíram de Estância e logo se fixaram no Rio de Janeiro, onde fizeram nome.

Eulália corria por fora. Quem a conheceu garante que era das maiores contadoras de histórias já vistas por aquelas bandas.

Os acontecimentos anteriores ao que podia registrar por si mesmo, Jorge contava o que ouvira contar a mãe, narradora de vocação singular, sempre capaz de aumentar um pouco, muito e até inventar enormemente. Eulália operava sua máquina de fabular a qualquer hora, a criar palavras, expressões e enredos inteiros, numa quase realidade paralela. O coronel referendava alguns episódios — e outros tantos não. Nos dois, havia o desejo de exagerar dotes e feitos do filho. Sentiam-se pais de um verdadeiro predestinado. Quem os conheceu notava em Jorge a imaginação da mãe e, do pai, o senso crítico que o fazia definir numa única linha uma personagem, tal seu poder de síntese.

No arquivo da memória que não emprestava dos pais, os dias de menino grapiúna associavam-se a descobertas sensoriais. O gosto do pitu, da farinha de mandioca, de mangas e sapotis. A visão do mar no Pontal. Aos cinco anos, brincava na praia cavalgando em cacho de cocos verdes, na sua garupa a filha do canoeiro, que tinha sua idade, o fazia entrever o amor. Os doentes e os mortos. Viu partir gente próxima e desconhecida, a maioria das vezes sem volta, sofrendo de varíola — "a bexiga negra" —, impaludismo e tifo. Acompanhou de longe, certa vez, um carregador levar nas costas o corpo de um colega de escola. De tanta convivência com as pestes Jorge acreditava que estaria imune. Nas ruas de Ilhéus, havia de escapar dos tiroteios: quando aconteciam, as crianças paravam o jogo de bola de gude para se esconder. Tanto quanto os velórios, as romarias também ficaram na memória, com os beatos e peregrinos seguindo na direção da Lapa, onde tinha sido dizimada a Canudos de Antônio Conselheiro décadas antes.

Antes de saber ler, ouvia os repentistas e os cegos violeiros que improvisavam enredos nas praças e feiras. Até que Eulália, cuja letra se domesticara em aulas de caligrafia, dedicou-se a alfabetizá-lo em casa pelas páginas dos jornais. Mal decifrava as palavras quando passou a se deter nos cordéis. Vendidos como num varal de roupas, esses folhetos coloridos pendurados em barbantes, com estrofes de quatro, seis, sete ou dez versos de rimas alternadas, continham episódios novos e antigos, herdados do cancioneiro galego-português.

Jorge se lembrava de uma infância entre adultos, um mundo de patriarcas feudais. Na idade de compreender o que escutava, iniciou a coleção de episódios e feitos de cepas variadas de interlocutores do pai e seus jagunços, da mãe e dos tios. Aventureiros, caixeiros-viajantes e tripulantes de embarcações estrangeiras atracadas no porto alargavam o manancial de histórias naquele pedaço do litoral sul da Bahia.

Acompanhava o pai a todos os lugares: percorriam as estradas de lama, buracos e precipícios, chegavam ao cais do porto e à estação do trem, ao mercado do peixe e à sombra das amendoeiras. Nas praças e feiras, deslumbrava-se não só com os repentistas, os cegos violeiros e os cordéis pendurados, também com a fartura de feijão, farinha, mantas de jabá, abóboras e jacas, raízes de inhame e aipim. Desses dias, manteve na lembrança por anos a frase que um médico recorrentemente dizia a seu pai, com uma gravidade antecipatória apavorante: "O Brasil está à beira do abismo". Escutava as conversas com os outros coronéis, como Sinhô Badaró e Basílio de Oliveira, que travariam a guerra mais duradoura. Dos mais próximos do pai, havia o compadre Brás, Brasilino José dos Santos. Pedro

Catalão acendia o charuto com notas de mil-réis, e Misael Tavares, dono de fazendas às centenas e chamado "o rei do cacau", antes de se instalarem as instituições bancárias na cidade fundou uma com seu nome. Existiam coronéis de cacau negros. Um dos mais prósperos, José Nique, requintava-se nos modos e nas roupas, em seu jardim abundavam cravos e na sala penduravam-se oleogravuras francesas a exibir paisagens da Europa, castelos e moinhos, todas compradas na mão do mesmo mascate árabe que abastecia os cacauicultores. Jorge se apaixonou por uma pastora de gansos da parede do vizinho. A moça tinha cabeleira longa e olhar perdido no infinito, de pé, segurava um cajado.

Não só com o pai rodou pelas roças e cidades, também com os jagunços de maior confiança dele, Argemiro, Honório e Dioclécio, todos mestiços. Nas casas de putas, aguardava-os na sala, e as moradoras o entretinham com o que se lembrava como "atenção maternal". Ainda não chegara o tempo de frequentá-las. Os meninos haviam de se iniciar com éguas da roça, Furta-Cor era a de Jorge. Antes dos treze, numa tentativa de entrar no Bataclan, ele e outros dois colegas de mesma idade foram barrados pela dona, Antônia Machadão, que os ameaçou de ir reclamar com suas mães. Mães e putas conversavam naquela cidade e naquela época. Eulália sentava no batente da porta e, com quem passava, comentava sobre a chuva e o bom tempo, a previsão de safra e o preço do cacau. As distinções sociais não ditavam os costumes, ao menos não determinavam com quem se podia falar. Tal licença para a comunicação não reduzia as exigências de conduta. As mulheres se mantinham reprimidas na mesma proporção em que tudo se permitia aos homens.

Entre os tios de maior convívio, afora Fortunato, havia Álvaro Amado, irmão mais novo do pai, um coronel dado a malandragens com quem Jorge viveu as histórias "mais empolgantes". Dos expedientes que engendrou, um foi executado com a ajuda inocente do sobrinho. Álvaro encontrou uma água anunciada como milagrosa em Itaporanga, no interior de Sergipe, onde ainda vivia parte da família. Não teve outra ideia: na bagagem de volta, carregou dois latões com o tal líquido e, na casa do irmão João e sob seu protesto, passou a vender cada copo de água a cem réis. Jorge o ajudava a encher as garrafas sempre que diminuíam até a metade. A única atividade exercida com constância pelo tio era o pôquer, e as regras do jogo aprendeu ao seu lado nas salas de jogatina do hotel Coelho.

Os dias de liberdade de Jorge se interromperam bruscamente quando teve de frequentar a escola formal, "de aceitação difícil". Evandro Balthazar da Silveira, o primeiro professor e conhecido por sua gentileza, não ficou muito tempo em Ilhéus. Jorge ingressou na classe de dona Guilhermina Selmann, onde descobriu a palmatória. O desafio da escrita amenizava o sofrimento. Quando completou nove anos, iniciou um empreendimento jornalístico, *A Luneta*, feito à mão e constituído de uma miscelânea de noticiário colhido em outros veículos e apuração na vizinhança. O jornal teve curta duração apesar da energia empregada: os pais decidiram enviá-lo ao colégio dos jesuítas na capital do estado. O redator e único titular de *A Luneta* partiu, como faziam os filhos das boas fortunas, para estudar na Cidade da Bahia, levando como memória insistente sua região grapiúna. Os cordéis seriam substituídos por uma biblioteca infinita, e nas idas e vindas entre a Bahia e Ilhéus nos navios da Companhia Bahiana de Navegação se tornou insensível ao enjoo do mar, acostumando-se com as viagens, que seriam parte de seu dia a dia e o fariam "um tabaréu de vivência internacional", como dizia um amigo.

2.
Academia dos Rebeldes

"Não se lê sem licença." A frase tantas vezes copiada por Jorge como castigo no colégio de jesuítas não o convenceu a se afastar das leituras interditadas. Ainda mais porque, por meio de alguém que escrevera uma obra proibida, descobria a literatura.

Quem abria generosa biblioteca para o aluno penitente era o padre Luiz Gonzaga Cabral, que fugiu de Lisboa para Madri disfarçado de vendedor de máquinas de escrever Remington quando caiu a monarquia portuguesa, em 1910. Jesuítas como ele seriam banidos não só do território português como das colônias do país quando se iniciava a escalada autoritária — que permaneceria ainda por meio século. No exílio escreveu *Ao meu país*, livrinho-panfleto que causou furor, não mais que vinte páginas sobre a contradição daqueles homens que se diziam liberais e agiam com autoritarismo. Em vão se tentou proibir a obra. A circulação estendeu-se por todo o continente, em traduções para dez idiomas, do inglês ao alemão e holandês, chegando até o árabe. Uma espécie de best-seller de seu tempo, o autor não gozou de dinheiro ou fama: zanzou um pouco pela Europa até se integrar, em quase anonimato, à missão que fundou na Cidade da Bahia o colégio que recebeu o nome — outro não poderia ser — de Antônio Vieira, jesuíta ali radicado criança que se tornara o gênio barroco do século XVII português. Na jovem nação brasileira transformada em república pouco antes de Portugal, o desembarque da ordem religiosa não fora impedido.

Padre Cabral encarregava-se, numa tarde, das lições de língua portuguesa para os meninos do internato, situado nos Coqueiros da Piedade, ainda uma roça na subida da ladeira de São

Bento. Não respondia como titular da cadeira, e sim o padre Antônio Rodrigues Farias, que adoecera. O acaso que o levava à função talvez explique a heterodoxia em classe. *Ratio Studiorum* era o método de ensino da ordem que Inácio de Loyola instituiu para ensinar desde gentios a filhos da aristocracia. Consistia em copiar, repetir à exaustão para memorizar. Os alunos se lançavam à análise sintática: tinham de separar orações, classificá-las segundo a coordenação e a subordinação, reescrevê-las tantas vezes, cada vez de um modo, para que, quietos e vestidos de paletó, treinassem a gramática odiando a literatura. O invulgar Cabral oferecia experiência diferente: declamava *Os lusíadas* armado do mesmo clamor e acento lusitano com que deleitava, como um Vieira em pleno século XX, os baianos que o assistiam nos sermões dominicais. Assim como os fiéis na missa da Sé da Bahia, os alunos quase não piscavam.

Jorge, aos dez anos, era um dos 370 matriculados naquele início de ano letivo, em 1923, e estava entre os cem internos. Obedecendo ao pedido do padre Cabral, para quem toda a classe devia preparar uma descrição do mar, colocou no papel a memória da praia verde do Pontal, nos arredores de Ilhéus, aquela em que brincava com a filha do canoeiro. Ao trazer os deveres corrigidos, o professor anunciou com ares de solenidade para todos escutarem: "Este vai ser escritor".

Mais do que lhe prever um destino, padre Cabral concedeu-lhe uma dádiva concreta: em suas mãos, colocou livros da sua estante particular. *Viagens de Gulliver*, de Jonathan Swift, foi o primeiro. Depois Charles Dickens, para sempre um preferido. E mais Almeida Garrett, Frei Luís de Sousa, Walter Scott. O "vício pela leitura se inoculou definitivamente" quando, num dos navios que tomou nas idas e vindas de Ilhéus, encontrou abandonado um exemplar desbeiçado de *Os três mosqueteiros*, de Alexandre Dumas.

Um "quase noviço" por seu comportamento exemplar, logo Jorge seria visto pelos jesuítas como um "bolchevique". Escondido de todos, passou a ler obras proibidas aos internos, de autores portugueses inconformistas ou tidos como imorais. Camilo Castelo Branco, de *Amor de perdição*. O poeta panfletário Guerra Junqueiro, de *A velhice do padre eterno*, que por anos relembrou os trechos guardados de cabeça. Eça de Queirós, o mais lido pelos jovens intelectuais brasileiros até a década de 1940 — à época considerado sem concorrentes no Brasil, reunindo admiradores às raias do fanatismo, mais até que em seu país natal. Quando os professores desconfiavam que havia literatura suspeita sob a capa dos livros, rapidamente passava o volume para amigos de notas exemplares, como Antônio Balbino, futuro governador da Bahia. Nas vezes em que foi pego, a atividade ilícita o levou a castigos inúteis, como copiar frases de disciplina, "não se lê sem licença".

Os amigos de Jorge nessa época lembrariam dele como "afável" quase todo o tempo, de "inquieta curiosidade", "amarrotado, distraído", as "roupas sujas de tinta", "ares de egresso do manicômio"; desde o princípio "leitor insaciável de romances", de quantos podia arrumar, às escondidas, "um escritor nato". Dois dos melhores amigos eram os únicos negros no internato: Maximiano da Mata Teixeira, chamado Gato Preto, e Giovanni Guimarães, o Macaco, apelidos hoje impraticáveis pela conotação racista. A turma mais íntima incluía ainda Paulo Peltier de Queiroz, apelidado de Bicho-Preguiça. Um quarto amigo tinha a felicidade de ser aluno externo: José Mirabeau Sampaio não precisava de apelido; ao escolher nome tão incomum, o pai francófilo poupava a criatividade dos amigos. Jorge recebeu o vulgo de Vermelho, ou Vermelhinho, ainda não por ser comunista, e sim pelo tom de pele, que ficava por vezes avermelhada. Por um tempo foi também Piolho, pois se saiu como "campeão" quando o inseto assolou cabeças no colégio dos jesuítas.

Apesar dos livros — ou talvez por causa deles —, a sensação de que era prisioneiro no colégio chegou ao insuportável. Na rotina quase marcial, o dia começava às cinco e meia da manhã. Aulas, bancas, orações e missas ocupavam os internos até a hora de se recolher, às oito e meia da noite. No currículo, português, francês, inglês, latim, história e geografia, história natural, física e química, matemática, filosofia, música e prática de coro orfeônico. Fora das salas, frequentavam saraus literários, sessões de cinematógrafo, peças que ensaiavam e encenavam — estas, atividades mais lúdicas sob o comando de padre Cabral. Entre os exercícios físicos, havia apostas de corrida, saltos em altura, esgrima e até um jogo ainda novo e pouco difundido, o futebol. Jorge via muito pouco da cidade, na maior parte das vezes quando passava fins de semana com Álvaro Amado, que tinha casa no centro. A diversão era escutar o vizinho do tio, um aposentado que a vizinhança considerava "o maior mentiroso da Terra".

Aos treze anos, Jorge se engajou na sua ação mais radical até ali. Na volta das férias de 1926, fugiu rumo a Itaporanga, cidade vizinha a Estância, onde vivia o avô paterno. Contava que iludiu o tio Fortunato Leal, que o levara até os Coqueiros da Piedade: fingiu entrar portão adentro e escapou, no bolso o dinheiro recebido para passar o mês. De trem, a jornada durava um dia. Preferiu fazer um caminho mais longo, com paradas nas estações e pernoite em fazendas de desconhecidos, contando a lorota de que se perdera do avô. De início teve a ajuda de um caixeiro-viajante que conhecia sua família. Chegou, enfim, à porta de José Amado, pai do seu pai, que vendia jabá e bacalhau em armazém próprio e, em casa, cultivava hábitos de sobriedade sertaneja. Sentado no tamborete, à porta, o avô paterno cruzava o pé calçado com tamanco sobre a perna e olhava a rua. Hábil na arte de dar apelidos e dizer frases satíricas, o humor só não era maior que a sovinice — traço de caráter que teria sido herdado pelo filho João, e não pelo neto Jorge. Esse autoexílio de infância teria durado entre um e três meses, e na ocasião fez conferências apinhadas de gente, como dizia Eulália, o que parece mais um exagero. Quem, anos mais tarde, referendava a existência das ditas conferências era o próprio Jorge.

A alegria terminou com a chegada de Álvaro Amado, que viajou para buscá-lo a pedido do pai. "No sorriso do tio-malandro", reconheceu "discreto aplauso" por uma fuga que, com a mesma força dos livros emprestados pelo padre Cabral, o fez ver o mundo.

Jorge recuperaria pouco a pouco a liberdade das ruas, como nos dias de menino grapiúna. Convenceu os pais a transferi-lo para o Ginásio Ipiranga, também de filhos dos bem-nascidos e de menos fama que o dos jesuítas, no entanto mais moderado nas exigências. Andava pelos corredores o fundador, Isaías Alves, em quem via um "jovem educador que não tinha vocação de carrasco e permitia aos seus internos prisioneiros a Cidade da Bahia como mensagem".

De uniforme azul, estreava na vida de quase adulto contando treze para catorze anos, em 1926, quando ia às sessões do Instituto Geográfico e Histórico da Bahia (IGHB), que reunia a alta-roda intelectual baiana. A lembrança é ambígua: "Se gozávamos a saída à noite, temíamos a cacetação dos discursos". Estava em voga a eugenia, ideia racista que tornava delicadíssima — e contraditória, para aqueles que a defendiam no IGHB ou na secular Faculdade de Medicina da Bahia — a situação do próprio intelectual baiano, mestiço como toda a população, mesmo que se dissesse branco. Impressionava Jorge o fato de que, ainda por cima, o Ginásio Ipiranga ocupasse o número 43 da rua do Sodré, o chamado Solar do Sodré, onde o poeta abolicionista Castro Alves morrera ainda muito jovem, aos 24 anos, de tuberculose. Tentou com os colegas certo dia invocar em mesa branca seu espírito, em vão.

Devia ter quinze anos quando conquistou o regime externo. Em quartos alugados, passou a percorrer endereços diversos da Cidade da Bahia, sempre nas imediações do centro antigo: na praça dos Quinze Mistérios, na rua do Pilar, na rua do Cabeça. O de mais longa memória seria um cortiço na descida para o

Pelourinho. O lugar fixo eram as redações de jornal, onde começaria a exercer a escrita com mais afinco. Até ali, a vocação se impunha nos reveses da política estudantil. No grêmio, participara da publicação oficial, *A Pátria*; depois na de oposição, *A Folha*. Por vezes fazia versos, por vezes, prosa, publicados em revistas literárias como *A Luva* e *A Semana*. Nas redações de jornal também começou a ganhar as ruas que tanto desejava, a de uma cidade que escolheu para ser a sua.

O nome inteiro é Cidade do São Salvador da Bahia de Todos os Santos. As dez palavras, ao ser combinadas de modo diferente, permitiram variar seu nome a cada época. Era Cidade da Bahia nos anos em que Jorge a descobriu — meio século à frente seria tão somente Salvador.

A baía de águas tranquilas fora registrada pelo cartógrafo Américo Vespúcio durante a expedição portuguesa que reconheceu a costa em 1501, num Dia de Todos os Santos. Correu a fama: por sua extensão e qualidade de ventos seria capaz de acolher todas as esquadras do mundo. Demorou quase meio século para que se erguesse ali a capital da colônia, contornada pela baía. Os portugueses a construíram como fizeram em Lisboa, em dois andares e ruas com calçamento de pedra e casario barroco. Em fins do século XIX, reunia um contingente tão expressivo de ex-escravizados e seus descendentes, influência para a língua, a cultura e a religião locais, que levou um viajante a anotar: se não soubesse tratar-se do Brasil, podia dizer que desembarcara num porto africano. Naquele tempo não era mais a maior cidade da América portuguesa, assumira o posto a nova capital, o Rio de Janeiro.

Não passavam de 250 mil os habitantes da "boa terra", como a elogiavam quem vinha de fora, poetas, escritores e compositores que alardeariam suas qualidades. Um desses, o poeta Manuel Bandeira, pernambucano radicado no Rio, escreveu depois de aproveitar a comida com azeite de dendê de uma senhora gorda e preta chamada Eva: "A gente mal pisou na Cidade da Bahia e já se sente tão em casa como se ali fosse a grande sala de jantar do Brasil, recesso de intimidade familiar de solar antigo com jacarandás pesados e nobres". Os de dentro a diziam "Velha Senhora", ou apenas "Velha", a decadência das antigas fortunas a fez imergir na pasmaceira, período que estudiosos definiriam, muito depois, como o do "enigma baiano". Onde eram casas de gente abastada, instalaram-se cortiços. Sobrava era fé: a católica, visível no mar de igrejas para quem observava das colinas; a dos terreiros em locais distantes, onde desciam divindades africanas e espíritos de tradição indígena; e a das sessões da doutrina kardecista, acolhida pelos baianos assim que o espiritismo surgiu em Paris.

Como repórter iniciante nas páginas policiais do *Diário da Bahia*, Jorge assumiu como função correr delegacias, hospitais e necrotérios. Entre os casos de polícia, enquadravam-se os terreiros: a toda hora sofriam invasões, pais e mães de santo eram espancados e presos, seus objetos de culto, quando não apreendidos, eram destruídos nas perseguições que tinham à frente em muitas das vezes o delegado mais temido na época, Pedro de Azevedo Gordilho, o Pedrito.

Os dias como repórter de polícia não durariam. Mal começara, atreveu-se a incursionar pelo debate político, aproveitando uns dias que passava na região grapiúna para escrever nas páginas políticas. Criticou um candidato ao governo da Bahia por sua intenção de fechar o porto de Ilhéus para a exportação direta do cacau, fazendo com que o produto tivesse de passar pelo da Cidade da Bahia. Começava enfático: "Divulgada aqui a plataforma de governo do sr. Vital Soares foi, para Ilhéus, para quantos trabalham pelo seu progresso e pelo seu futuro, deveras grandioso, a maior desilusão". Ainda mais enfático terminava: "Desse golpe não escapará Ilhéus do mesmo modo como a sua lavoura não sentirá nenhum desenvolvimento, com as promessas fúteis de palavreados de plataformas".

O dono do jornal quis saber quem era o tal que assinava, como correspondente especial em Ilhéus, o artigo "Uma esperança que se desfaz", de dezembro de 1927. A promoção foi imediata: virou redator.

Aos dezesseis anos entrou para *O Imparcial*. A cada dia frequentava o colégio com menos assiduidade e colecionava notas ruins no boletim. Só se dava bem nas provas de redação. O tio Fortunato, também com casa na capital, tentou tranquilizar os pais em Ilhéus: quem sabe faltava ao rapaz tomar um biotônico, um desses muitos fortificantes que prometiam sem-número de milagres nos anúncios de jornal. Anotou na mesma carta: embora distraído, o sobrinho tinha inteligência e era de bom convívio — fazia a alegria das primas.

Quando chegou 1928, Jorge, na qualidade de literato de mesa de café, pertencia a uma irreverente Academia dos Rebeldes, tendo como guia o poeta mais incendiário daqueles dias.

Sob sol a pino, Pinheiro Viegas cobria-se de preto, "do chapéu ao borzeguim, apoiado na bengala e no monóculo", como o descreveu um discípulo. A cada semana abalava reputações com uma bomba de quatro versos, os seus famosos e temidos epigramas, forma poética predominantemente oral que resistia nas ruas baianas. Na quadrinha de sete sílabas, modelo grego vindo de Portugal assim como o cordel, aprimorou-se um tipo de humor baiano entre a malícia, o deboche e o hábito de maldizer a própria terra e seus habitantes. Epigramistas sucediam-se na história local, e era Pinheiro Viegas quem vinha recebendo, àquela altura, a alcunha de "o novo Gregório de Matos", deferência ao maior de todos, do século XVII. Quase ninguém conseguia escapar de sua sátira feroz: o governador, medalhões das letras, desafetos de toda categoria, o ambiente político e literário tomado de conservadorismo, retórica vazia e aquilo a que chamavam de "praga da declamação" que assolava a Cidade da Bahia.

Viegas estava com 63 anos em 1928. Vivia como jornalista, e se os artigos eram disputados pela virulência, padecia de salários atrasados sem perder o ar altivo de nobreza. Por anos residira no Rio, onde frequentou a roda de bar de Afonso Henriques de Lima Barreto, escritor cuja obra de crítica social colocava em primeiro plano o racismo, com personagens tão negros quanto ele. Lima Barreto ainda estava para ser reconhecido como um dos grandes autores brasileiros. Conhecedor das vanguardas como leitor de revistas europeias, desdenhara da Semana de Arte Moderna, que teve à frente Mário e Oswald de Andrade, na São Paulo de fevereiro de 1922, evento que, na história literária do país, passaria a ser entendido como momento inaugural da literatura moderna brasileira. Morreu meses depois do evento modernista, em novembro.

As vanguardas vinham à Bahia com as revistas e os livros estrangeiros comprados por literatos locais, trazidos em viagens ou por encomenda. Uma tradução do *Manifesto Futurista*, de Filippo Tommaso Marinetti, saíra no baiano *Diário de Notícias*, em 30 de dezembro de 1909, dez meses depois de sua publicação no francês *Le Figaro*. Apenas em 1926, quando visitou a Bahia o italiano que exaltava a beleza da velocidade e o triunfo da civilização industrial, a imprensa comentou, mais com desconfiança do que com aprovação, as propostas futuristas. Quem sabe se por simpatia, inocência ou deboche, batizaram-se de "marinetes" os novos veículos que inauguravam o transporte alternativo aos bondes. Marinetti, conta-se, teria adorado a manchete de certo jornal baiano sobre um choque de marinetes, felizmente sem vítimas.

De início Viegas funcionou como mentor intelectual dos jovens poetas em torno de *Samba — Mensário Moderno de Letras, Artes e Pensamento*, de 1928. Seriam conhecidos não só pelo nome da revista. O lugar onde ficava o Café Progresso, o ponto de encontro numa área de passagem para a Baixa dos Sapateiros, os fazia o "grupo da Baixinha". Os integrantes se conheceram na roda de um guarda-civil, Samuel de Brito Filho, literato autodidata, mais um entre tantos intelectuais de rua que não deixariam obra escrita. A revista era contrária aos parnasianos, mas continuava a acolher sonetos e alexandrinos, e só eventualmente versos livres. Eram modernos, mas nem tanto.

A dissidência se formou no mesmo ano: a Academia dos Rebeldes, cujo nome parodiava a Academia de Letras da Bahia fundada na década anterior à semelhança da Academia Brasileira de Letras — esta, por sua vez, talhada como a francesa. Viegas era de novo o mentor intelectual da empreitada. Jorge chegou até ele e sua Academia dos Rebeldes quando passou pelo *Imparcial*, onde trabalhava Viegas. Os dois principais pontos de encontro eram o Bar e Bilhar Brunswick e o Bahia Bar. Alves Ribeiro, ex-participante da *Samba*, assumia uma espécie de chefia executiva, autor do editorial-manifesto que divulgava o ideário em setembro de 1929 na *Meridiano*, revista do grupo: "A luta é por uma literatura que seja universal por ser nacional, inspirada na realidade brasileira, feita para transformá-la". Em seu projeto estético e ideológico, valorizavam a cultura popular local, africana e afro-baiana. Um tanto insolentes, recusavam o intelectualismo, ou o modelo de intelectual que ali existia, e desprezavam a influência estrangeira que constituía matéria-prima para o movimento modernista. Desejavam, como anotou Jorge anos mais tarde, "afastar as letras baianas da retórica, da oratória balofa, da literatice e dar-lhe conteúdo nacional e social". Alvejavam Rui Barbosa, entusiasmavam-se com Castro Alves — a ironia é que o poeta e o jurista tinham sido amigos muito próximos.

A turma de Jorge na Academia dos Rebeldes — "o meu pessoal", como a eles se referia em carta naqueles dias — eram todos candidatos a escritor em idades próximas da sua ou pouco mais velhos. Entre os nascidos na Cidade da Bahia, havia Aydano do Couto Ferraz, Dias da Costa, cuja mãe portuguesa era prima de Eça de Queirós, Édison de Souza Carneiro, filho do eminente Souza Carneiro, catedrático da Escola Politécnica da

Bahia conhecido por nunca reprovar ninguém e por entender como poucos das ditas ciências ocultas, e João Cordeiro, com mulher e emprego público, a estabilidade o tornava generoso, emprestava dinheiro para livros, putas e eventualmente até para os colegas beberem no bar, ocasião rara em que podiam dispensar o café-pequeno ingerido para fazer economia. Em frente a Jorge, no mesmo cortiço da ladeira do Pelourinho, vivia Clóvis Amorim, nascido nas imediações de Santo Amaro da Purificação, no Recôncavo Baiano. O mais boêmio de todos, dedicava-se a apostas, brigas de galo e jogo do bicho. Alves Ribeiro nascera de um pai vaqueiro que se tornou pecuarista modesto em Ipirá, interior baiano. Da Costa Andrade vinha de mais longe, do Piauí, para estudar direito. Um reservado telegrafista que fazia versos em Ilhéus, Sosígenes Costa, dez anos mais velho que a média do grupo, pertencia ao círculo à distância, na região grapiúna.

Tanto os rapazes de *Samba* como os da Academia dos Rebeldes rivalizavam com os de outro grupo, o Arco & Flexa, da revista de mesmo nome, entusiasta do modernismo à paulista. Enquanto os dois primeiros identificavam-se com temas e formas populares, ainda que alguns de seus membros fossem filhos de gente abastada, o terceiro integrava-se à elite. Arco & Flexa tinha como mentor intelectual Carlos Chiacchio, dono de famoso rodapé literário, que se reunia com os jovens poetas e intelectuais no Café das Meninas. Como o modernismo à paulista também se opunha às academias, o curioso é que Chiacchio fosse um dos fundadores da versão baiana.

A boêmia "acentuava as diferenças", se recordava o poeta Carvalho Filho, da *Arco & Flexa*, décadas depois. Ao contrário dos bem-comportados de sua turma, os rebeldes frequentavam bordéis e se firmavam como grandes farristas. Jorge dizia que os outros grupos tinham revistas, jornais, o diabo, enquanto eles, só o botequim: "Mas éramos temidos e respeitados. Quem tinha coragem de se meter conosco?". No Bar e Bilhar Brunswick, "se reuniam diariamente para comentar fatos triviais da cidade, os escândalos do bairro literário e discutir os livros aparecidos, as revistas mais novas". O estabelecimento tinha como dono um árabe que guardava bagagem e objetos dos moços e dava-lhes anúncios para o periódico ainda a lançar. Não era muito bem-sucedido o encarregado da publicidade, Dias da Costa, cujo desempenho era assim descrito pelo mentor-epigramista: "Para literato, ótimo; para agenciador de anúncios, nulo". O núcleo duro era pequeno, mas aparecia muita gente para saber o que se passava. Viegas incidia frequentemente "no pecado de ter espírito", em meio a suas "definições irônicas, quadrinhas vitriolantes e epitáfios para sepulturas", lembravam discípulos. Não se furtou a fazer um epigrama para Chiacchio, o rival.

Um centro espírita afamado nas imediações do Pelourinho serviu certa vez para um dos encontros. Numa noite sem médiuns ou clientela, tomaram de empréstimo o recinto. Não puderam realizar ali o segundo encontro. Quando retornaram, lhes explicaram que não havia mais como acontecer aquele tipo de reunião. Antes, o lugar era conhecido por atrair só espíritos de luz. Depois de abrigá-los, começaram a descer ali espíritos das trevas, "a ranger dentes, berrar palavrões e escandalizar com desatinos", Jorge contava. Os moços acharam que era bom sinal: com seu alarido, pelo visto, alcançavam o além.

Outra vez desalojados, tiveram a ajuda do professor Souza Carneiro, pai de Édison. Entusiasta dos amigos do filho, sem atentar para os meios e os fins de sua causa literária, fora ele quem os acomodara no centro espírita e quem lhes arrumava agora novo endereço, o de sua própria morada no bairro remediado dos Barris, uma casa pobre tão ampla e desorganizada que os rapazes em fanfarra logo chamaram de "Brasil".

A temporada com os jesuítas e o palavrório dos adeptos da eugenia não afastaram Jorge dos ambientes mestiços. Ao contrário: cada vez estava mais seduzido pela cultura afro-baiana. Na Rampa do Mercado, na Feira de Água de Meninos e em mercados populares, se refestelava em peixadas, sarapatéis, tripas e maniçobas. A bordo de saveiros do rio Paraguaçu e do mar da baía de Todos-os-Santos, ou nas festas populares, convivia com estivadores e mestres, capoeiristas e tocadores nos sambas de roda. Costumava frequentar os chatôs, ou castelos, apelidos para as casas de putas, que lhes serviam quase como salão literário — Jorge ficou por um tempo encantado com uma que exercia no beco Maria Paz. Com Édison e Aydano, acompanhados de um jovem estudante de medicina interessado na cultura dos negros, o alagoano Arthur Ramos, começou a frequentar os candomblés. Num dia de visita ao terreiro Ilê Ogunjá, no Matatu Grande, o babalorixá Procópio Xavier de Souza, conhecido como Procópio de Ogum, jogou os búzios para descobrir que seu santo de cabeça era Oxóssi, o caçador. Passou por uma primeira cerimônia, aquela que o transformou num ogã suspenso. O iniciante, sentado numa cadeira, é levantado por outros ogãs da casa. Não perderia contato com Procópio de Ogum, mesmo sem ter completado o ritual para, depois de ogã suspenso, se tornar ogã de fato. Guardou por décadas a imagem do sacerdote negro ferido depois de apanhar da polícia sob comando do delegado Pedrito.

Não apenas na Bahia 1928 fora bem fornido. Outra vertente do modernismo paulista se originou nesse ano, o movimento antropofágico, que incluía, além do mentor Oswald de Andrade, os poetas Raul Bopp e Murilo Mendes e o contista Antônio de Alcântara Machado. Mário de Andrade lançou aquela que seria para muitos sua obra-prima, *Macunaíma*, romance rapsódico inspirado em mitos indígenas. Ao norte, um caminho se abria com *A bagaceira*, uma narrativa de denúncia social que tinha como pano de fundo um triângulo amoroso, do escritor e político paraibano José Américo de Almeida. Apresentava aos leitores das cidades um norte pouco conhecido, desfazendo a versão idílica da vida rural presente na literatura brasileira. Não sendo pouco, houve ainda a estreia de um novo poeta de Minas Gerais, Carlos Drummond de Andrade, que causava espanto com os versos desconcertantes de "No meio do caminho".

Um acontecimento além do literário influenciava todos os campos: a Coluna Prestes, marcha de tenentes liderada por Luís Carlos Prestes, já capitão, que havia percorrido 25 mil quilômetros pelo país para combater o governo, entre 1925 e 1927. O fim do Império não fizera do Brasil uma nação de participação do povo ou voltada para seus interesses. Os presidentes, que se sucediam em votações cercadas de controvérsia, sustentavam-se em oligarquias constituídas das grandes fortunas de café e leite de São Paulo e Minas Gerais, quadro generalizado de analfabetismo, pobreza e doença numa população que era, em sua maioria, rural. Entre os jovens autores baianos, aqueles que viviam no entorno de Viegas eram os mais atentos à movimentação da Coluna Prestes. Uma parte dos rebeldes, Jorge incluído, se engajou em *O Jornal*, periódico baiano ligado à Aliança Liberal, surgida na onda do tenentismo para disputar as eleições presidenciais de 1930 apresentando como candidatos de oposição Getúlio Vargas, do Rio Grande do Sul, e o vice João Pessoa, da Paraíba. Enfrentavam Júlio Prestes e Vital Soares — ele mesmo, contra quem o enviado especial a Ilhéus escrevera artigo —, do grupo que se mantinha no poder, o das oligarquias rurais de paulistas e mineiros.

De ambição grande e materialidade precária, os aspirantes a autor fizeram o que podiam: *Meridiano* saiu apenas uma vez, *Samba* teve quatro números, e *Arco & Flexa* cinco. Os rebeldes permaneceriam articulados em torno de outra publicação, *O Momento*, com nove edições até 1933. O projeto literário-político dos seguidores de Viegas adquiria nitidez conforme cada um dos seus integrantes consolidava a própria trajetória, Jorge a se tornar o mais famoso.

Magrelo no seu um 1,66 metro, de terno e chapéu, como todo o seu pessoal da Academia dos Rebeldes. O cigarro a cair num canto da boca, buço a passar como bigode, o cabelo crespo cortado rente e domado com brilhantina. O sotaque mais sergipano que de falante do Recôncavo. Mal completava dezessete anos quando, em setembro de 1929, Jorge encontrou a mulher com quem desejava permanecer a vida toda. O cartão pessoal que entregava por aqueles dias talvez tenha ajudado a impressioná-la:

Meridiano
Revista de Vanguarda
Jorge Amado — Director
Redação — Cruzeiro de São Francisco, 16, Bahia

Maria José Sampaio, a Mariá, apenas oito meses mais jovem, tinha aparência ainda de menina. Um tipo mestiço de pele clara, cabelos ondulados na altura do ombro e rosto delicado, o deixou "prostrado de admiração" na matinê do Cine São Jerônimo, na praça da Sé. "Naquela quinta-feira, deu-se o milagre", ele disse a Mariá numa carta longa, do dia 22 daquele mês. Demorou uma semana para revê-la. O que descreve após tal ausência soa dilacerante, o primeiro amor a atingir o desespero: "Eu que nunca havia sentido o que fosse a saudade, soube quanto era amarga durante aqueles oito dias de dor". Assegura-lhe ser inédita a experiência: "Sempre me tenho gabado de não haver amado. Mulheres vazias sorriram na minha existência de estudante. Mas nenhuma deixou sinal da sua passagem. De nenhuma me recordo. E depois que se foram, não tinha uma palavra de saudade. Nunca amava". E faz a oferta: "E agora só me resta depor em tuas mãos finas e aristocráticas o meu coração vencido e esperar que a oferta seja bem recebida. Com todo amor". Cinco dias depois, nova carta não deixa dúvidas: "És o meu grande amor porque és a primeira mulher a quem amo. E quão feliz eu seria se ao chegar ao inverno da minha vida pudesse afirmar que o meu grande amor fez-me feliz e amou-me um pouco".

Na descrição desse jovem que ofertava o coração, Mariá guarda "corpo alvo e fino", "olhos feitos de céu", "lábios tintos de amora", "mãos finas e aristocráticas" e "perfume oriental". É "bela e elegante". Mais que isso: é "a mulher mais bela" que conhece. Parece "uma Nossa Senhora", uma "Santa Therezinha morena", e no entanto é uma "baianinha triste".

Mariá gostava de ler e sabia costurar, ofício provável da madrinha, com quem vivia no número 22 do Pelourinho. O arroubo fez com que Jorge arriscasse uns versinhos. Desenhou Mariá dançando charleston, Mariá cantando e Mariá cuidando de um gato. Reclamava que a namorada não parecia gostar tanto dele quanto ele gostava dela. "Por que é, Mariá, que quando fito teus olhos tenho tanto medo que deixem minha vida e me matem de dor?" Eulália Leal, logo acrescida ao circuito postal, escreveu à namorada do filho em novembro daquele ano para um alerta: não devia deixá-lo com dúvidas. As cartas da mãe eram afetuosas, havia a promessa de que logo providenciaria foto recente para enviar à escolhida e em nada faziam supor que, em Ilhéus, estivesse em pânico com tão abrupto envolvimento amoroso. Estava, contou décadas depois.

Numa caderneta pequena, Mariá primeiro anotou: "Ginho faz anos de aniversário no dia 10 de agosto". Na segunda linha: "Jorge me pediu em casamento em 16 de fevereiro de 1930". Do noivo, recebeu de presente livros, um deles escrito por ele mesmo. O maior feito literário de Jorge naqueles dias foi realizado em trio. Aventura despretensiosa: numa noite de sábado de abril de 1930, com Édison e Dias da Costa, combinaram fazer o folhetim *El-Rey*, publicado em *O Jornal* em doze capítulos, cada qual com pseudônimo. Nada planejaram, o capítulo escrito seria uma surpresa para quem cuidaria do seguinte.

El-Rey trata de um triângulo amoroso inusitado. Lenita é uma prostituta pobre que se torna objeto de paixão de Alberto Neves, um milionário, e José Menéndez, um arquiteto tuberculoso. Édison criara uma personagem que, para Jorge, parecia "terrível, de magra e de feia". A solução, óbvia, seria atropelar Lenita já no terceiro capítulo, justamente o seu, "para moralizar o livro". Com uma frase: "E sob o peso do auto, livrou-se do peso da vida". Édison teria ficado bravo. Para se vingar, a reintroduziu como uma obsessão de Neves e Menéndez. Tomados de paixão post mortem, os dois sofrem sua ausência, de modo que, mesmo morta, Lenita está todo o tempo presente. Pela feição do folhetim, nada se adivinha da literatura moderna apregoada pela Academia dos Rebeldes, a não ser por uma talvez intencional vontade de fazer chacota na deliberada seleção de personagens descritos como finórios e solenes, como os noctívagos Costa Vieira, Farias, Gomes e Guedes. Os autores diziam recusar a influência estrangeira, no entanto tentavam executar um modelo europeu, o romance de ideias.

Jorge reuniu as páginas publicadas numa encadernação de capa dura e assinou a dedicatória com o pseudônimo usado em *O Jornal*, um gracejo:

Para Mariá,
com a grande admiração de Y. Karl
20.5.1930

Dias da Costa era Glauter Duval, e Édison Carneiro, Juan Pablo.

A história conjunta receberia o nome de sua heroína no ano seguinte, *Lenita*, edição de A. Coelho Branco Filho, casa pequena e de modestas edições no Rio de Janeiro, com direito a um anúncio em jornal no mês de setembro — o que leva a duvidar de que, à época, fosse assim uma aventura despretensiosa. Sob o título, o desenho de uma moça de vestido rosa a se atirar na frente de um carro, o destino da heroína sui generis revelava-se já na capa. Único que gozava de máquina de escrever própria e sabia como manejá-la, Édison foi quem preparou os originais. Não se sabe quem escreveu o prefácio. Os três, ou talvez apenas um deles, o próprio Jorge: "Escrevemo-la [a novela] porque temos a doença terrível de escrever e pouco nos importa o que digam de nós esses outros enfermos — os criticopatas — em tudo mais doentes que nós. O micróbio terrível da crítica os torna duplamente cegos, quer para os defeitos dos amigos, quer para as virtudes dos adversários. Esta novela não imita nenhuma outra. Não obedece a escolas. Não está com algemas clássicas nem pretende tomar passagem nos hiperaviões dos futuristas. Não tem pretensões, não abdica dos seus direitos de independência e a defenderemos com energia de todas as calúnias".

Não faltaria quem comparasse a obra às de Dino Segre, o Pitigrilli, e Victor Margueritte, autores populares à época. Exemplo brasileiro mais modesto, havia *Elzira, a morta virgem*, de Pedro Ribeiro Vianna, sucesso de vendas na virada para o século XX. Quantos teriam comprado *Lenita*? Lido? Os coautores gostavam de fazer essas especulações como piada. Cada um recebeu cem exemplares como pagamento pelos direitos autorais. (Um século depois, a obra vale uma fortuna nos sebos.) Quando saiu, Alves Ribeiro reconheceu: "É, pois, um livro que não recomenda o talento dos autores, capazes de trabalho de maior vulto e mais nobre finalidade". Medeiros e Albuquerque, crítico literário afamado no Rio que se dispôs a resenhar a obra, foi mais taxativo. Chamou-a de "pura abominação". O juízo não soou como vaticínio: nenhum dos três desanimou.

O curso do noivado se interrompeu para uma visita de Jorge aos pais em fins de maio de 1930. A mensagem recebida pela noiva não veio na forma de mais uma de suas cartas amorosas, nem fora envelopada em Ilhéus, como podia esperar. Numa folha padrão, trazia sete palavras soltas enviadas via cabo submarino de um navio, o *Itaberaí*, que margeava naquele instante o litoral sudeste do país: "Sigo Rio Negócios Espere Carta Beijos Jorge".

"Jorge embarcou dia 28-5-1930", Mariá anotou na terceira linha do caderninho.

3.
Na gaveta do editor

Nos gramofones cariocas tocava sem parar a voz aguda de uma brasileira nascida em Portugal. A cantora-revelação Carmen Miranda dizia numa marchinha que servia de lamento naqueles primeiros meses de 1930: "Taí/ Eu fiz tudo pra você gostar de mim".

Mariá soube do que se passara ao receber uma carta longa, escrita no mesmo dia do cabograma, 31 de maio, e outra ainda maior de quando Jorge estava recém-instalado, 3 de junho. "O caso é que, meu grande amor, eu e meu pai não resolvemos nada." O noivo chegara a Ilhéus às sete da manhã de uma quinta-feira. Às quatro da tarde, embarcou rumo ao Rio de Janeiro, "aborrecido, zangado, decepcionado", a fim de arranjar um emprego público na Bahia ou em Sergipe. As nomeações para esses cargos ainda não ocorriam por meio de concurso, era preciso conhecer as pessoas certas, que indicassem o candidato a um emprego. "Vou ao diabo", prometeu.

Na versão corrente, o pai o enviou à capital do país para assegurar a formatura. A mãe recordava que a transferência impediu o casamento iminente. Tinha chegado telegrama do filho informando que desejava abandonar os estudos para atuar como jornalista em tempo integral e viver com Mariá. Um atônito João lhe mandou um cabograma dizendo que entrasse imediatamente na primeira embarcação para Ilhéus. James, oito anos na ocasião, guardou a cena: o irmão ajoelhado, enquanto o pai exibia o cinturão largo dobrado ao meio, com a fivela na ponta, instrumento necessário para a solenidade, a da promessa do filho de que só ia retornar com diploma.

As cartas enviadas a Mariá sugerem outra versão. A de que a iniciativa de ir para a capital do país fora de Jorge e de que, por algum tempo, o clima com a família permaneceu pesado. As pazes seladas com o tal juramento de que se lembrava James podem ter ocorrido mais tarde, quando deu errado o plano inicial.

No dia em que o *Itaberaí* aportou no Rio, visitou Gilberto Amado para ter sua primeira frustração. O primo, com uma obra que reunia àquela altura uma dezena de títulos de ensaio, poesia e romance, cumpria mandato de senador. Disse a Jorge que seria necessário esperar ao menos seis meses por uma indicação, até a posse de Júlio Prestes, o presidente que acabava de ser eleito pelas oligarquias rurais.

A viagem não foi perdida. Estava lá de visita o diretor de *O Paiz*, onde o primo assinava coluna regular. Jorge saiu com uma vaga garantida no jornal, um salário de 500 mil-réis por mês. Poucos dias depois, compareceu à redação de *A Crítica*, onde arranjou outro emprego, a 350 mil-réis mensais. "Por consequência estou a ganhar 850 mil-réis", contabilizava em carta a Mariá. Não satisfeito com os dois empregos, conseguiu um terceiro, o de professor de português no Colégio Ernesto de Faria, a 200 mil-réis. Fazia, assim, 1 conto e 500 mil-réis. Parecia animado: prometeu que, no fim do mês, enviaria dinheiro à madrinha de Mariá, a quem os dois chamavam de Dindinha. No postscriptum, garantiu: "Em breve mandarei as alianças".

Ainda sem os ganhos, começaram as despesas. Instalou-se no melhor bairro da cidade, Copacabana. À beira da praia, havia já a calçada em pedra portuguesa em que se desenham ondas. O quarto de pensão lhe custava 325 mil-réis — e logo subiu para 375 mil-réis — por mês. "Bem mobiliado e com telefone, mas é caro." Não era só esse o custo a pesar no orçamento. "Sou obrigado a andar decentíssimo", contou à noiva. E com maiúsculas: "Preciso DE TUDO. De sapato a gravata". Então mandou fazer três roupas, a prestações de 300 mil-réis por mês, 100 mil-réis cada. Completou o rol com uma capa, quatro camisas, três cuecas, oito colarinhos, seis pares de meia, um chapéu, um par de sapatos.

As notícias de Mariá não apareciam no ritmo que ele esperava. Culpa, quem sabe, da morosidade dos Correios. A falta de intimidade dela com a escrita. Ou talvez sua personalidade menos resoluta. No Rio, Jorge, que às vezes enviava mais de uma carta por dia, não se conformava. "Estava a te escrever hoje uma amarga carta de desespero quando o carteiro me entregou a tua de 25. Não compreendi muito os motivos por que me escreves tão pouco. Um mês no Rio e somente três cartas. Fico nervoso, aborrecido, passo mal, escrevo pessimamente. Só melhoro quando recebo uma carta tua. Vês, consequentemente, que me farias um grande bem me escrevendo com mais regularidade e se as tuas missivas fossem mais longas."

Com novos epítetos adornava Mariá: "lindo amor de olhos claros", "monja de olhos de névoa", "nostálgica duquesa", "condessa medieval", "ânfora caucásica de emoções". Continuou a enviar-lhe livros. *Os três mosqueteiros. Pinóquio.* Perguntava quais títulos ainda lhe faltavam da Biblioteca das Moças, coleção de livros água com açúcar. "Você nunca calculará a saudade que eu tenho sentido de você. Agora é que eu vejo o quanto amo a minha Mariá. Penso dia e noite em você. Se você tem saído, se você ainda me ama."

As queixas persistiram. "Mais oito dias de dúvidas e eu morro." "Hoje, enfim, duas cartas tuas." "Eu hoje escrevo a quinta carta. Já entrou outro mais feliz que eu na tua vida? Oh! Eu quero a franqueza. Meus nervos vivem terrivelmente irritados." "Mariá, Mariá, você ainda me ama? Se você me ama como eu julgava saberá dignamente me esperar. Senão, saberá me dizer com rude e admirável franqueza."

Os ciúmes não eram apenas de Jorge. Mariá perturbava-se com as mulheres que ele conhecia enquanto fazia reportagens — particularmente certa Miss Rússia, que, na imprudência, comentou que se parecia com ela. Para evitar palpitações da noiva, descreveu em minúcia a sua rotina. Acordava às nove da manhã. Tomava banho, seguia para o café e a leitura dos jornais. Almoçava às onze e meia. Começava a dar aula meio-dia e meia. Em seguida, ia ao Senado, assistir à seção a partir da uma e meia para poder fazer notas para os jornais. Chegava à redação da *Crítica* às quatro da tarde. Duas horas depois voltava para casa. Jantava às sete. Entrava em *O Paiz* às oito. Liberado às dez, voltava para casa ou ia a um teatro — "isto uma vez na vida", ressaltou. Aos domingos, acordava e lia a manhã inteira. À tarde, ia à casa de Gilberto Amado para jogar pôquer. "Por aí podes ver como vivo. Como um santo."

O Rio imitava a Paris dos grandes bulevares, um contraste com a Bahia, que, apesar de duas ou três avenidas abertas, guardava atmosfera de acanhada cidade colonial. Espantados ratos e pobres, os becos cariocas do centro foram abertos e os cortiços, arrasados, numa operação em que a engenharia se confundia com políticas higienistas. Entrara para os anais do início do século XX como o bota-abaixo do prefeito Francisco Pereira Passos. De "cidade da morte", antigo apelido devido à quantidade de doenças que acometiam os ali aportados, o Rio passaria em poucas décadas a "cidade maravilhosa", título de famosa crônica diária escrita por outro primo de Jorge, Genolino Amado, e lida pelo locutor César Ladeira na Rádio Mayrink Veiga — o rádio, bem como o cinema, animava a vida de 1,5 milhão de habitantes, seis vezes mais que a Cidade da Bahia. Os mais ricos se divertiam à noite nos cassinos, os mais pobres compareciam às rodas de samba. Dia a dia se transformava numa cidade de "asfalto, cimento armado e luz crua voltaica", lamentava, farto, o poeta Manuel Bandeira.

Os mal-entendidos começaram. Mariá anunciou que não poderia se mudar sem estar casada. Jorge lhe respondeu que nunca fizera tal proposta. Continuava a pedir: "Faças-me cartas longas, cheias de notícias". Insistia: "Tu ao me escreveres precisas fazer cartas longas". Tentava convencê-la: "Tu não sabes quanto me fazes feliz com uma carta tua. Devoro-as, leio-as quatro, cinco, seis vezes. Eu continuo cada vez mais apaixonado". Arrematava: "Amo-te, amo-te, amo-te, amo-te".

"A crise é grande", admitiu ainda nem completara um mês de transferência para o Rio. Deixou a frase solta, sem explicar do que se tratava. O Brasil sentia os efeitos da quebra da Bolsa de Nova York, que, em 1929, levou à Grande Depressão americana e ao recrudescimento de ideologias à direita e à esquerda. No cenário convulso, Jorge parecia empenhado em ganhar mais dinheiro. O recém-criado *Diário de Notícias* passou a encomendar-lhe resenhas de livros. Pode ter ajudado um bilhete de Pinheiro Viegas recomendando-o a Agripino Grieco, crítico temido daquele periódico, que fora da mesma roda literária de Lima Barreto. Na mesma carta da "crise", avisava à noiva que também pretendia dar mais aulas.

Apenas uma vez fez menção, brevíssima, à necessidade de fazer os exames de física, química e história natural que faltavam para completar o ensino secundário, chamados de preparatórios. Talvez porque não desse tanta importância, ou não queria deixá-la aflita a pensar em período maior de ausência. De resto prometia à noiva que, no fim do ano, iria vê-la na Bahia. "Vejo você como a vi pela última vez. Triste como quem adivinhava uma grande separação. Vejo e penso quanto sou infeliz. Então será que já não me amas? Por que todo esse silêncio? Tu bem sabes que tortura é para mim, que te adoro, a falta das tuas notícias." "Afinal chegou uma carta tua. Eu passava horrivelmente os últimos dias."

Três meses no Rio e fazia seu balanço da adversidade: "Estou magro e cada vez mais feio", escreveu em setembro de 1930. "O excesso de trabalho me envelhece prematuramente." Justificava: "Sou obrigado a trabalhar estupidamente para fazer nome, pois tenho contra mim o não ser formado e a minha pouca idade. Como felizmente eu tenho um pouco de talento, como sei escrever e como, principalmente, tenho que vencer porque tenho que te dar a felicidade que mereces, eu continuo sem desânimo. Às vezes quando estou mais cansado eu lembro que me estás esperando, com amor, com muito amor e continuo a luta. Escreve-me, meu amor, para a minha alegria e para meu sossego".

A posse de Júlio Prestes não aconteceu. Conspirava-se antes mesmo das eleições, o desfecho do escrutínio de 1º de março de 1930 só reuniu mais gente na oposição, a burguesia industrial dos grandes centros. Os tenentes revoltosos se aglutinaram em torno do gaúcho Getúlio, candidato derrotado. De chapelão e uniforme de militar, chegou ao Rio à frente de uma tropa de cavalos naquele outubro, num golpe de Estado que mais tarde seria chamado de Revolução de 1930. Jorge e Carlos Echenique, colega gaúcho de pensão vindo de uma família de livreiros gaúchos, assistiram a tudo em frente ao Palácio Guanabara. O líder dos tenentes estava fora daquela peleja. Luís Carlos Prestes havia se aproximado dos comunistas, que não aderiram a Getúlio. Oito governos estaduais seriam depostos, um deles o da Bahia, onde assumiria o interventor Juracy Magalhães. Esperava-se um grande confronto em Itararé, no estado de São Paulo; como não ocorreu, aquela foi a "a maior batalha da América do Sul que não houve", como escreveu o poeta Murilo Mendes em célebre poema satírico. A Constituição de 1891 foi revogada, e Getúlio passou a governar por decretos. No meio da confusão, um desses decretos salvaria aqueles que se inscreveram para obter certificados de disciplinas do ensino secundário e foram surpreendidos pelos acontecimentos políticos: tinham permissão para requerê-los com média de nota exigida mais baixa, sem a necessidade de exames adicionais. Os preparatórios foram para o beleléu. E assim Jorge, como repetiria anos depois, "passou por decreto". *O Paiz* e *A Crítica*, onde trabalhava e de oposição a Getúlio, acabaram. *Diário de Notícias*, da Aliança Liberal, continuou.

A correspondência era cada vez menos derramada e mais escassa, pelos compromissos, o amadurecimento prematuro ou a falta de resposta rápida da noiva, que, do outro lado, lhe contava da saúde fraca e do dinheiro escasso. Mariá, ao que parece, passou a sofrer de uma doença de certa gravidade. Apreensivo, o noivo recomendou-lhe temporada em outro lugar. Quando chegou dezembro, não foi à Bahia vê-la. Justificou-se dizendo que, para tratar de um linfatismo, gastara dinheiro com médico e remédios. A ausência parece tê-la frustrado. A moça e a madrinha passavam por problemas financeiros ainda maiores. Em janeiro de 1931, numa carta breve em que a chamava simplesmente "Mariá", lhe respondeu: "Fico ciente de tudo que me dizes. Fico triste em não te poder auxiliar no momento. Eu continuo a te amar. Sou o mesmo. És meu único motivo de vida".

Os vencimentos tinham diminuído. Não se sabe se chegou a enviar dinheiro à Dindinha. Estava já em outro endereço, em Botafogo. De pensão em pensão, quarto ou casa alugada entre amigos, viveria ainda no Catete e em Ipanema. Informou nas primeiras semanas de 1931: "Aqui estou trabalhando para a Esquerda". Usava letra maiúscula na palavra, e ainda não é possível compreender a natureza das atividades. Talvez se referisse apenas ao *Diário de Notícias*.

Não demorou para que o amor desandasse. Em 9 de fevereiro, Jorge tentava se justificar pela ausência: "Você faz-me em sua carta acusações injustas. Diz que eu lhe menti. Quando? Eu não pude ir aí no fim do ano como prometi porque caí doente. Em março irei com certeza. Isso de você dizer que eu a engano é tolice. Você, Mariá, bem sabe que eu a amo. Que a adoro. Que só vivo para você, que é meu ideal, meu tudo. Falta de cartas minhas? Mas você não me escreve. Você não calcula como eu tenho sofrido. Amo a você como sempre amei. Você é que parece que não pensa mais em cumprir a promessa que fez de me esperar. Por quê? Seu amor é tão pouco que não aguenta que me espere? Eu não tenho outra. Minha vida é o trabalho. Amo, meu amor, muito, a você. Só vivo para você. Você é o meu fim. Responda-me".

Não se sabe a resposta de Mariá, nem se um dia voltaram a se encontrar. Pode ter sido esta a última carta que enviou à moça, que, em setembro de 1931, se casou com outro numa cerimônia apenas religiosa, na região onde nasceu, no Recôncavo Baiano. Sete anos depois, com dois filhos, ficaria viúva, tendo de recorrer a subempregos. Morreu de tuberculose — provavelmente a doença que a acometera desde os dias em que namorava Jorge — no Hospital Santa Terezinha, na capital baiana, pouco depois de completar quarenta anos, em 30 de julho de 1953. Deixou guardados numa caixa todos os bilhetes, cartas, desenhos e livros que recebeu do primeiro noivo.

Numa gaveta na sala dos fundos, o poeta Augusto Frederico Schmidt amontoava os inéditos que recebia a toda hora desde que, no intervalo da produção de versos, assumira a frente de uma livraria e editora no número 27 da rua Sachet, nome reformado que nunca pegou. O lugar continuava a ser conhecido como rua do Ouvidor, um dos endereços mais tradicionais da vida literária do Rio de Janeiro. A cada estreante que aspirava publicação, havia um padrinho a trazer manuscritos, frequentadores da roda literária que se formara ali e ficara conhecida como Círculo Católico. O movimento católico vinha se fortalecendo desde a instauração da república, reagindo ao positivismo que desvinculara Estado e religião.

Menos por fé ou política, mais por tino literário-comercial, Schmidt, judeu mestiço, gordo e com fama de atrapalhado, seria o grande editor dos primeiros anos da década de 1930. Não sendo inflexível, tratou de adequar o nome de seu estabelecimento. De início, quando fundado por Jackson de Figueiredo, um importante líder católico do país, chamava-se Livraria Católica. Passou a Livraria e Editora Schmidt. Não era com ingenuidade que se dedicava a tal empresa. Como escreveu num jornal por aqueles dias, "um grande romance, como ainda não existe no país, não teria 5 mil leitores". "Obra séria, que não seja romance", encontrava, em cálculo otimista, apenas "uns mil interessados".

O editor testemunhava o que o Censo sugeria: o índice de analfabetismo beirava os 80%. Antes de 1930, edições de mil exemplares pagas pelo próprio autor demoravam a sair das prateleiras — caso dos títulos modernistas — quando esgotavam, a distribuição gratuita de volumes pelos escritores tinha ajudado. Como contraponto insólito, a depressão mundial favorecia empreendimentos editoriais locais. A desvalorização da moeda nacional, o mil-réis, encarecia os importados e acabava pressionando o aumento da produção nacional e a tradução de livros. A década acabou por assistir ao surgimento de uma, embora tímida e claudicante, indústria brasileira do livro. O diagnóstico de Schmidt não incluía o que de fato vendia no país, para além da pequeníssima elite culta: os folhetins românticos para moças, as edições licenciosas para homens. Fosse menos filosófico ou mais erótico, quem sabe *Lenita* tivesse agradado a um desses públicos. Havia exceções. Como Monteiro Lobato, autor que, entre 1918 e 1923, conseguira vender 30 mil exemplares de seu livro de estreia, *Urupês*, com personagens e histórias do interior paulista em um estilo coloquial, de português falado no Brasil, e não em Portugal. Lobato lançara-se à aventura extravagante de editar e distribuir livros com sua Companhia Editora Nacional — que lançou a Biblioteca das Moças — e, no ímpeto de conseguir 2 mil pontos de venda, incluiu, além de livrarias, armazéns e farmácias.

Schmidt concentrava-se em revelar a novíssima literatura brasileira. Um dos seus jovens autores, Otávio de Faria, do ensaio *Maquiavel e o Brasil*, lhe trouxe certo dia o manuscrito de um tal Jorge Amado. O editor, admirador de Gilberto Amado, enfiou o livro na gaveta.

Jorge ingressara na turma de 1931 da Escola Nacional de Direito. Contava, talvez para fazer graça, que fora simpaticamente beneficiado por um dos examinadores, Porto Carreiro, o tradutor do *Cyrano de Bergerac*, de Edmond Rostand. Tinha lido a obra e lhe recitou trechos, expediente com que garantiu nota alta em literatura, elevando a média. A entrada de Jorge na faculdade parece ter deixado o pai com outro ânimo; há notícia de que o coronel dobrou a mesada que lhe enviava de Ilhéus.

Quem sabe com esse aporte financeiro tenha conseguido se dedicar à tarefa mais valiosa desde sua chegada: o livro que trouxera na mala estava quase pronto, bastava acrescentar "só dois ou três capítulos". Fora escrito à mão e datilografado pelo amigo Édison — era o exato pacote que Schmidt guardava na gaveta.

Tempo não lhe deve ter faltado. Não há registro de que continuasse a ocupar postos nas redações. As aulas tampouco pareciam preocupar. Contava que só era preciso aparecer nas provas. Como prática comum se pagava 10 mil-réis ao encarregado de dar frequência, enquanto os estudantes se dedicavam a fazer literatura e política, ao mesmo tempo. O "subliterato ávido" — assim diria de si mesmo, anos depois — ocupava-se em participar das rodas. No ano de 1931, é possível encontrar seu nome em colunas literárias da imprensa carioca em lançamentos de livros, banquetes e conferências, a maioria no entorno de Gilberto Amado.

Numa carta a Mariá, comentara seu trabalho para a "Esquerda". A turma de Otávio, no entanto, era a dos católicos, ligados ao Centro Acadêmico de Estudos Jurídicos e Sociais (Caju), alunos que entraram em anos diversos, como Plínio Doyle, San Tiago Dantas e Vinicius de Moraes. Entre os já próximos, havia Antônio Balbino, que fora seu colega no colégio de jesuítas, e Gilson Amado, irmão de Gilberto Amado — os primos pareciam estar em toda parte. Foi Gilson quem apresentou Jorge a Otávio. Em dois anos, quando os ventos ideológicos inflamaram convicções, Otávio se tornava o grande jovem autor da direita, e Jorge, o grande jovem autor da esquerda.

Inédito na gaveta, Jorge visitava Schmidt diligentemente para saber da sua apreciação do romance. "Estou na página 60", lhe disse certa vez o editor, na sala dos fundos. "Já cheguei à 32", comentou depois. Crescia a suspeita de que Schmidt jamais abrira o pacote contendo o original. A sorte quis que Tristão da Cunha, um dos intelectuais assíduos do lugar, descobrisse o manuscrito enquanto esperava o dono do estabelecimento. Começou a folhear o volume, interessou-se e o levou para casa a fim de continuar a leitura. Poeta e jurista, ocupado à época com a tradução de Shakespeare no país, fora o responsável pela resenha de livros brasileiros no jornal literário francês *Mercure de France*. Não era opinião a descartar. Dias mais tarde, quando trouxe de volta o pacote, deu veredicto mais que favorável. A Schmidt recomendou que providenciasse a publicação imediata. Ao autor, disse que o livro, apesar dos defeitos, comprovava que tinha talento para a coisa. Impulsionado pelo entusiasmo de Tristão da Cunha, o editor não só lançou o livro como assinou o prefácio, em que declarou até a morte do modernismo. Jorge nunca se convenceu de que Schmidt lera o seu livro do início ao fim.

Mais que um livro, o anúncio prometia um autor de sucesso. Dizia *O Jornal*, em 13 de dezembro de 1931: "Schmidt, editor que lançou Otávio de Faria, apresenta ao público brasileiro um romancista que tomará, em breve, um grande lugar nas letras vivas. *O país do Carnaval*, de Jorge Amado".

A casa editorial em que estreava estava com tudo. Na página havia uma dezena de outros títulos prometidos, entre reedições e novidades. O pé do anúncio indicava ao menos três que devem ser notados: "Ainda este mês: *Caetés*, de Graciliano Ramos. O grande romance do Norte, ansiosamente esperado"; "*João Miguel*, o novo romance de Rachel de Queiroz, autora de *O Quinze*, aparecerá em janeiro"; "Schmidt, editor, acaba de contratar, com o sr. Gilberto Freyre, a edição de seu grande livro *Casa-grande & senzala*".

Os exemplares de *O país do Carnaval* chegaram às livrarias nas primeiras semanas de 1932. O título enganaria para sempre aqueles que não o leram: o Carnaval, longe de ser comemorado, é visto pelas personagens como um traço nacional de incivilidade. À semelhança de *Lenita*, o livro é todo feito de diálogos em torno de questões brasileiras e existenciais. Os interlocutores são Paul Rigger, um filho de cacauicultor blasé e insatisfeito que retorna à Bahia após temporada na França, e seus amigos intelectuais liderados por Pedro Ticiano, velho jornalista irônico cuja semelhança com Pinheiro Viegas nunca foi negada, nem o empréstimo que tomou de integrantes da Academia dos Rebeldes para construir as demais personagens. Quanto ao protagonista, não é difícil supor, por certas ideias, que se aproximava de Paulo Prado, ilustre mecenas do modernismo paulista que publicara ensaio de peso naqueles dias, *Retrato do Brasil: Ensaio sobre a tristeza brasileira*. Rigger, assim como Prado, via o mal do país como a soma histórica de cobiça, luxúria e miscigenação.

Do Rio à Bahia, do Recife a Porto Alegre, a fortuna crítica do autor imberbe reuniu ao menos duas dezenas de resenhas em páginas literárias de grandes veículos e mensários especializados. A seu favor, escreveram desde medalhões a iniciantes de brilho. Viam reparos a fazer, mas o que predominou serviu para encorajá-lo.

Não foi outro senão Otávio de Faria quem assinou a primeira resenha, com frases superlativas: "Um romance de carne e de sangue, grande romance de verdade e de sentimento". O amigo-padrinho não deixava de notar uma "falta de segurança filosófica". Como outra das ironias, a resenha saiu num jornal de São Paulo, *A Razão*, que tinha à frente Plínio Salgado, dentro em pouco o principal nome do integralismo, o ramo brasileiro do fascismo. Era intelectual reputado desde que participara, ao lado de Cassiano Ricardo e Menotti del Picchia, do Movimento

Verde-Amarelo, derivação do modernismo de visão ultranacionalista e de tendência conservadora.

A trinca de críticos mais importantes da época se manifestou em seguida sobre *O país do Carnaval*. Agripino Grieco escreveu: "Há muita probabilidade no livro e muita coisa ultimada". Medeiros e Albuquerque, o do veredicto de *Lenita*, entusiasmou-se: "O livro é excelente, bom, bem-feito, vivo, tem, é certo, um evidente excesso de diálogos sobre narrações e descrições, excesso que podia ser evitado, mas que não lhe prejudica o encanto". Um dos mais antigos em atividade, Brito Broca saudou: "Mais uma das manifestações confortadoras que nos fazem crer na possibilidade de um período áureo para a literatura brasileira". Autor revelado por aqueles dias e colega seu no curso de direito, Marques Rebelo reclamou do mesmo que Medeiros e Albuquerque: "Tudo vem através de diálogos". No entanto admitia: "É o melhor romance do ano". Da importante roda de Maceió, o crítico Valdemar Cavalcanti reclamou que os personagens viviam "aereamente"; confirmava que era "uma das mais firmes tendências de romancista que temos tido esses últimos anos". Os rebeldes na Bahia também se manifestariam, refletindo um pensamento que também era do seu grupo. O ineditismo do formato foi notado por Édison: "O romance não se parece nada com os romances brasileiros. Toda a incerteza, toda a insatisfação de uma geração que chega para a vida, vive ali". Um "livro sincero", disse Dias da Costa: "Se polisse, se limasse algumas arestas, se fizesse frases bonitas e de filósofos célebres, passaria a ser, logo após a publicação do seu livro, citado pelas múmias de nossa literatura como 'rapaz de muito talento e de erudição invulgar'. Desdenhou tudo isso e preferiu ser humano". Não faltou a opinião do célebre folclorista Luís da Câmara Cascudo, de Natal, que não se preocupou em exagerar: "Como realização de espírito é um dos mais completos e perfeitos documentos".

A posição política incerta de Rigger, o protagonista, parecia espelhar a do seu autor, que esclarece, num texto que abre o romance: "Este livro é como o Brasil de hoje. Sem um princípio filosófico, sem se bater por um partido. Nem comunista, nem fascista. Nem materialista, nem espiritualista. Dirão talvez que assim fiz para agradar toda crítica, por mais diverso que fosse o seu modo de pensar. Mas afirmo que tal não se deu. Não me preocupa o que se diga do meu livro a crítica. Este romance relata apenas a vida de homens que seguiram os mais diversos caminhos em busca do sentido da existência. Não posso bater-me por uma causa. Eu ainda sou um que procura".

A palavra "fascista" não embutia conotação tão pesada naqueles dias. Com a crise do liberalismo, o Estado forte aparecia para alguns como alternativa. A ideia de que esse texto inicial tenha sido preparado para agradar o próprio editor não parece provável, pois Schmidt dava sinais de que procurava sucessos independentemente do partido assumido por seus autores. As posições não eram radicais e muito ainda estava por acontecer no país.

O romancista estreante queria cativar o leitor ou, talvez, comprometer-se consigo mesmo a continuar produzindo. Numa das páginas de *O país do Carnaval*, listou obras que estariam "em preparo". Pensava em fazer contos e ensaios, também dedicar-se à questão racial. Anunciou para breve: um romance chamado *Rui Barbosa nº 2*; um "ensaio sobre a raça" que teria o título de *Samba*; e um volume de contos, *O homem da mulher e a mulher do homem*. Esse hábito de alertar o leitor para o que viria duraria três décadas, como se vê em todas as primeiras edições do período. Mal completara dezenove anos e, como diria depois sobre os primeiros livros, havia uma brasa a queimar internamente, aquela que só se tem na juventude.

Os mil exemplares da primeira edição de *O país do Carnaval* esgotaram. Seis meses depois do lançamento, sairia uma nova tiragem, maior, de 2 mil exemplares, que, no entanto, demoraria a ser vendida. Jorge dizia que talvez tenha sido o principal comprador, para enviar àqueles que podiam se interessar e com quem queria iniciar diálogo. Não chegou a fazer sucesso com o público, apesar da acolhida da gente especializada. Bem recebido em sua estreia, saía da condição de desconhecido para firmar-se como promessa. Agripino Grieco se recordaria de tê-lo visto "chegar ainda com uns ares de provinciano meio atarantado, meio atoleimado pelo Rio, e não esperava grande coisa dele". No entanto estava ali, como definia Grieco, "nem superescritor, nem quase-escritor — escritor".

4.
Juventude comunista

Um poeta-viajante intrigava Jorge desde os dias na Cidade da Bahia. Ouvira falar das peripécias de um tal Raul Bopp, com fama de ter dado a volta ao mundo quase sem dinheiro. "Chegou a pensar que não existia", talvez fosse "um desses heróis de cordel ou de histórias maravilhosas" contadas de boca em boca pelo sertão. As conversas com Schmidt nas idas à livraria só aumentaram a curiosidade. "Não há 300 mil-réis que sempre dure", raciocinou sobre a quantia, insuficiente para pagar um mês de pensão. Conta feita, concluiu que o sujeito devia estar de volta.

A trajetória do gaúcho neto de alemães de fato unia um tanto de aventura etnográfica à poesia. Desde os dezesseis anos, Bopp incursionava pelo Brasil e pelos países vizinhos, sobrevivendo por meio de toda sorte de pequenas tarefas e, assim, iniciando a produção de versos inspirados em culturas que encontrava. Juntou-se a Oswald de Andrade em 1928, numa variação do modernismo paulista, o Movimento Antropofágico, que propunha a deglutição de influências, inclusive ameríndias, enquanto a corrente anterior, a Pau-Brasil, nascera quatro anos antes com a leitura um pouco mais direta de modelos europeus. Bopp explicou, anos mais tarde, a proposta: "Descida às fontes genuínas, ainda puras, para captar germes de renovação; retomar esse Brasil subjacente, de alma embrionária, carregado de assombros". Por um insucesso amoroso teria embarcado para a tal volta ao mundo num cargueiro japonês: a escritora e ativista Patrícia Galvão, a quem deu o apelido de Pagu, preferiu ficar com Oswald. Estreava em livro em 1931 com o épico-lírico *Cobra Norato*, após uma viagem à Amazônia. Lendo os versos, Jorge entendeu que Bopp não só existia como tinha feito, como diria anos depois, a "melhor coisa realizada em todo o modernismo". E a Noratinho, como os amigos chamavam o livro, não tivera repercussão porque o circuito literário ficou "sem saber o que era e prudentemente silenciaram, mesmo para afastar o concorrente".

Encontrou Bopp, "calvo aos 33 e com maleta", na Agência Brasileira de Distribuição de Notícias, que o gaúcho dirigia. Entre o botequim e o jantar, conheceram um vendedor de pontos de macumba que aceitava chopes em troca dessas letras de música negra. A amizade evoluiu rapidamente: passaram a dividir uma casa num bairro que começava a existir na topografia carioca, Ipanema. Com Echenique, o trio se completou. Quase dez viveriam depois na mesma casa. Cada "subliterato ávido" que ali chegava encontrava guarida, disputando as poucas camas e cobertores. Uma edição antiga do Calepino, dicionário de latim que o professor Souza Carneiro lhe pedira para vender, servia de tamborete. Às vezes de travesseiro: "Bopp dormia sobre o dicionário, e tinha pesadelos em latim".

Os moradores faziam versos e discutiam política de dia e à noite, andando nus pelos cômodos. O plano secreto era entrar um dia na casa de um dos vizinhos, ninguém menos que Roquette-Pinto, misto de médico e etnógrafo que se notabilizou como principal incentivador da radiodifusão no país — não bastasse, era também membro da Academia Brasileira de Letras. Jorge o procurou para uma série de entrevistas que fazia para a revista *O Momento*, da Academia dos Rebeldes. Empreitada bem-sucedida, passou a bater na porta do vizinho ilustre para conversar.

A balbúrdia na casa de Ipanema a certa altura levou Bopp, desejoso de mais sossego, a se transferir para um quarto no imóvel em frente. Não deixou de comparecer nas feijoadas que presidia. Até que o poeta-viajante teve de embarcar novamente. Tornado diplomata, fora assumir o posto de encarregado do consulado em Kobe, no Japão, por escolha de Getúlio, de quem se aproximara depois de uma entrevista. De um navio que margeava a costa da África enviou a pedido dos dois amigos, Jorge e Echenique, os originais de um conjunto de poemas inéditos com o tema do negro, de sua escravidão à subvida nas favelas. Com o pacote, remetido de Mombaça em julho de 1932, vieram páginas em que expunha sua dúvida sobre o interesse da obra: "Acho que a época não tá para versos. Primeiro pela discordância com o ambiente. Segundo pela superprodução da mercadoria. Terceiro porque os consumidores preferem aquele lirismo bojudo do poeta Schmidt ou então o verso *dengue recamier* do poeta Paschoal, o jovem (especial para a alta *societé*). O ambiente tá bom pro Pontes de Miranda, e pro museu dos fardões, apenas".

Schmidt era o poeta-editor de Jorge. Paschoal Carlos Magno e Francisco Cavalcanti Pontes de Miranda, dois premiados recentes pela Academia Brasileira de Letras, o "museu dos fardões" que Bopp mencionava na última linha.

A carta-provocação integrou o volume *Urucungo: Poemas negros*, que os amigos publicaram em mutirão. Na capa, feita a pedido de Jorge, estreava Tomás Santa Rosa, artista plástico paraibano estabelecido no Rio, hóspede de mesma pensão e com quem sempre almoçava num restaurante português a preço justo, onde, sem ter como saber, comiam carne de gato. A editora era a Ariel, recém-fundada por Agripino Grieco e o escritor Gastão Cruls. A essa casa Jorge entregava, naqueles dias, seu novo livro.

Animado com a recepção a *O país do Carnaval*, escrevera "a correr" o romance seguinte, o anunciado *Rui Barbosa nº 2*, para dar conta da promessa. Pela terceira vez — incluindo Lenita nessa lista —, fez do debate de ideias o cerne do livro, com a diferença de que este tratava particularmente do conflito ideológico que começava a se desenhar no Brasil. Pela terceira vez, a fabulação relaciona-se muito diretamente com sua trajetória até ali, como se percebe nas coincidências. O protagonista se chama Archanjo e tem como apelido Vermelhinho. É filho de um coronel de Ilhéus que o manda para o colégio dos jesuítas, de onde um dia foge para a cidade do avô. Em outro colégio, convive com o personagem-título, Rui, que o pai, comerciante rico, batizara com o nome do jurista baiano por quem tinha devoção. A cabeça cheia de frases e vazia de ideias, Rui faz fama com discursos repletos "de despautérios e patriotadas", recebendo a alcunha de Rui Barbosa nº 2. Archanjo, um idealista, em contraste com o pragmático Rui, pede apartes para ridicularizar o colega. Transferido para o Rio, com uma noiva que o espera na Bahia, o indeciso Archanjo se torna comunista, o que significa "trabalhar para os pobres". Quer publicar um ensaio para afirmar que, no país, "somos africanos, e não latinos". Reveses depois, Archanjo vira homem público e faz um casamento de conveniência. Roquette-Pinto não aparece como personagem. No entanto sua sala é descrita, com as decorações indígenas e o aparelho de rádio.

Na folha de rosto, mais projetos a cumprir: *Rui Barbosa nº 2* seria o segundo da série que pela primeira vez denominou "os romances da geração". Iniciada com *O país do Carnaval*, deveria incluir um terceiro, *A vida de Jesus Cristo* — que não se tome o título pelo que diz, seria outra história relacionada aos rebeldes na Bahia. O ensaio que prometera no livro anterior tinha agora título alongado, "Samba, coco e Nosso Senhor do Bonfim". E havia dois outros romances pela frente: *Cacau* e *Jubiabá*, este último indicado no subtítulo como "o romance da raça negra do Brasil".

Tomava a decisão de trocar de editor talvez pela fama de mau pagador de Schmidt, não exatamente por sua ligação com os católicos. Gastão Cruls concordou em ler o romance, sem entusiasmo.

Bopp não seria o único modernista procurado por Jorge. Dentro de uma livraria do Rio, Oswald de Andrade certo dia foi abordado por um "menino de buço", como se recordaria.

A conversa, que girou em torno de sua briga com um conhecido poeta — provavelmente Mário de Andrade —, já rendia quando se deu conta de que o interlocutor tinha escrito um livro publicado e resenhado.

O modernista chegara falido ao Rio com a crise de 1929, a fortuna de café perdida. Não fugia de credores, no seu encalço estava a polícia política; mais de uma vez fora detido pela adesão ao comunismo, influência em grande parte de Pagu, de quem já estava separado. A última investida de maior barulho fora um jornal satírico que fez circular de março a abril de 1931 para fazer troça da sociedade burguesa, *O Homem do Povo*. Antes dono de formidável fortuna em terrenos e imóveis na capital paulista, depois da bancarrota saiu vendendo um pedaço aqui, outro ali, desativou o apartamento em Paris — onde convivera com um círculo que ia de Jean Cocteau a Jules Romains, e de alguns ficara íntimo, como Blaise Cendrars —, retirou o filho mais velho do colégio interno na Suíça e o matriculou numa escola de operários paulistas. Oswald desacreditava o capitalismo. Como ex-grã-fino, estava se esforçando: guardou gravatas e camisas francesas para usar trajes condizentes a um trabalhador, como recomendava o Partido Comunista do Brasil (PCB), atento à conduta desaprumada dos intelectuais. Principalmente intelectuais como Oswald, conhecido pelo espalhafato, talhado para a insubordinação.

As contendas nada tinham de silenciosas. Seguiam-se artigos e versos satíricos em jornais, quando não ameaças de duelo e morte. Bravatas de efeito estrondoso. Após uma dessas, tentava se reaproximar de Mário, atingido, que não o perdoava.

Oswald declarava-se vítima de uma campanha de desmoralização. Os que antes "se sentaram à sua mesa", argumentava o modernista, disseminavam "a fábula de que só fazia piada, silenciando sobre seus feitos para tentar encobri-los". No tempo da bonança, quando ia ao Rio, costumava se esbaldar no hotel Avenida, frequentava a Rotisserie Rio Branco, o Heine, o

Campestre e o Moinho, tomava drinques no Bar da Assembleia ou na Confeitaria Colombo — os endereços mais recomendados do grand monde carioca. Com a penúria, restava morar num quase muquifo da Lapa que apelidou maldosamente de Robalinho-Palace.

Quem aparecia quase diariamente era Jorge, acompanhado de um ou outro amigo, para manhãs e noites de conversas, café e cigarro. Nonê de Andrade, filho de Oswald, era vizinho da mesma pensão. Oswald diria que, ao jovem escritor, "devia mais que uma ressurreição", "sentia que iria reiniciar a existência literária ao lado de alguém que representava uma geração". Jorge, em seu cânone pessoal, considerava-o o maior escritor brasileiro naqueles dias. A ligação duraria quase quinze anos, até 1945.

Nos cálculos que Jorge fez um dia, não passavam de trezentos os escritores de norte a sul, e todos pareciam trocar cartas. Simpatia por vezes efêmera, já que concorrências e inimizades, em circuito tão restrito de leitores e oportunidades de trabalho, tendem a aumentar — e de fato aumentariam. A troca de correspondência se transformou numa de suas principais diversões — e obrigações —, cultivada desde essa primeira mocidade. Não fazia cartas para publicá-las, eram linhas escritas sem vagar, com improviso e quase nenhum apuro. Quando tinha intimidade, relatava com minúcia o que fazia em seu cotidiano.

Com uma carta, acompanhada de exemplar do seu livro, se aproximou de Rachel de Queiroz, já amiga de Echenique. A moça cearense impressionara a vida literária brasileira predominantemente masculina ao publicar em 1930, quando não tinha mais que dezenove anos, *O Quinze*, uma história de retirantes da seca. Normalista recém-formada, leitora de boa literatura fazia tempo, escrevera o livro no chão, convalescendo de uma congestão pulmonar no sítio cearense da família. Estava proibida pela mãe de ler ou escrever depois das dez da noite.

Quando todos se recolhiam, deitava-se de bruços no soalho da sala, ao lado do lampião de querosene, e anotava a lápis num caderno. Diante da desconfiança da imprensa local de que a autoria seria do pai ou de algum amigo mais velho, não se intimidou: mandou o livro para críticos e jornalistas da capital, onde foi praticamente aclamada. Nada mal para quem lançou o livro por conta própria, edição que lhe custou dois contos de réis emprestados pela família para a tiragem de mil exemplares, na gráfica Urânia.

Graciliano Ramos, escritor ainda inédito em Maceió que vinha sendo anunciado por Schmidt, foi dos que acreditaram num embuste: "Não há ninguém com este nome, é pilhéria, deve ser pseudônimo de sujeito barbado". Quando se deu conta de que a autora era mesmo uma jovem de estado vizinho do Nordeste, concluiu que a estreia fazia estragos nos espíritos "por ser livro de mulher e, o que na verdade causava assombro, de mulher nova".

O sufrágio feminino, aprovado em 1932, contribuiu para que a cena literária tivesse uma abertura pequeníssima. *O Malho* fez uma enquete para escolher a poeta mais importante do país, e Jorge foi um dos 250 intelectuais consultados. Deu voto a Gilka Machado, ativista de esquerda e autora de versos de ousado erotismo.

Rachel e Jorge se conheceram quando a cearense chegou para a sua segunda visita ao Rio. Na primeira, tinha se aproximado dos comunistas. Na segunda, seria expulsa. O segundo romance, *João Miguel*, fora anunciado pelo editor Schmidt no mesmo dia de *O país do Carnaval*. Entregou-o para a apreciação dos camaradas e, dias depois, foi chamada para uma reunião num galpão do cais para receber a avaliação. Não gostaram e era necessário modificá-lo: um operário não podia assassinar outro operário e um coronel não podia aparecer tão inapropriadamente simpático. Atônita com o veredicto, contaria lance de efeito: pegou o livro de volta, correu em direção à calçada e, por sorte, encontrou um bonde, que a ajudou na fuga.

Aqueles dias, os do encerramento precoce da militância comunista da cearense — que, depois, iria abraçar o trotskismo —, seriam justamente os da adesão de Jorge, que, meio século depois, ainda considerava Rachel, assim como Echenique, incentivadores de sua entrada definitiva no partido. Em 1932, o filho do coronel João Amado de Faria se somava à Juventude Comunista e, empenhado, em dois anos seria eleito membro do comitê dirigente.

O Partido Comunista do Brasil tinha surgido em 1922, mesmo ano em que os modernistas paulistas iniciaram seu movimento. Um de seus pioneiros, Astrojildo Pereira dizia que a grande imprensa ignorou o fato e, se acaso soubesse, certamente não o teria levado a sério. O governo não demoraria a perceber — três meses depois da fundação, o partido foi fechado e seus membros, presos. Em 1924, admitido no órgão máximo representativo dos comunistas em todo o mundo, passou à condição de seção brasileira da Internacional Comunista. As ideias comunistas começaram a ser divulgadas cada vez em maior volume, por meio de jornais e editoras especializadas. A legalidade seria recuperada três anos mais tarde, em 1927. Não somava mil membros: pouca gente para uma revolução, em geral operários das indústrias alimentícias e da construção civil, das fábricas de tecidos, da indústria de couros, carpinteiros e marinheiros, gráficos da imprensa e de tipografias.

Rachel e Jorge enfrentaram juntos um dia de convulsão nas ruas do Rio. Num comício no centro baixou a polícia. Getúlio intensificava a repressão, encaminhando-se para uma ditadura. Na tentativa de fuga, Jorge deu o braço a Rachel. Ele conseguiu correr, ela, não, e foi detida. Echenique passou a noite na calçada em frente à polícia. Jorge e outro amigo escritor, Raimundo Magalhães Jr., seguiram para pedir ajuda a quem, estando no governo, era simpático a eles. José Américo de Almeida, autor de *A bagaceira*, ocupava o Ministério da Viação e Obras Públicas. Houve ainda a ajuda do jurista Eusébio de

Queiroz Lima, tio de Rachel, que procurou outro ministro, o da Justiça, Oswaldo Aranha. Embarcada num navio de volta ao Ceará, Rachel carregava uma carta para o chefe da polícia que dizia que ela só devia ser entregue ao próprio pai. Na viagem conheceu o poeta José Auto, com quem se casaria.

A saída de Rachel do partido de início não impediu que a amizade continuasse. Quando ficou grávida, residia em Itabuna, para onde José Auto se transferiu como funcionário do Banco do Brasil. Era Jorge, durante as férias, quem lhe dava remédios para enjoo enquanto o marido estava fora. No bolso esquerdo guardava o frasco do alcalino, no direito, o do ácido. Uma colher de cada vez.

A entrada na Juventude Comunista levou Jorge a ficar mais próximo de certa turma da faculdade — e a se afastar de outra na mesma intensidade. Afinou-se com Carlos Lacerda, o mais ativo na militância de esquerda no curso de direito. Desligou-se de Otávio de Faria, assim como de todos que pertenciam ao Caju, como Vinicius de Moraes, que, anos depois, confessava que via o jovem Jorge como "o cara que um dia entra em sua casa, quebra seus bibelôs e viola suas irmãs cantarolando a Internacional". No Congresso da Juventude Proletária, Estudantil e Popular, no Teatro João Caetano, no Rio, conheceu o jornalista e poeta pernambucano Odorico Tavares, que, em coautoria com Aderbal Jurema, publicara por aqueles dias uma coletânea de 26 poemas de temática social e afirmação política. Em outro conflito com a polícia, Jurema levou um tiro no pé. Odorico e Jorge escaparam ilesos.

O conflito ideológico teria seu pior dia nas ruas em 1934, em São Paulo, com a chamada Batalha da Praça da Sé, em 7 de outubro. De início, seria uma marcha organizada pela extrema direita de Plínio Salgado. Os integralistas — chamados jocosamente de galinhas verdes dada a cor de suas camisas — atraíram para as ruas seus opositores: anarquistas, comunistas, sindicalistas e trotskistas, organizados numa frente única antifascista. Morreu uma dezena, entre militantes, operários e guardas-civis.

Na gaveta de Schmidt, os imbróglios se avolumavam. Tinha prometido no mesmo anúncio dos livros de Jorge, em dezembro de 1931, que publicaria *Caetés* dentro de um mês, prazo outra vez estouradíssimo. O editor procurava os originais do "grande romance do Norte, ansiosamente esperado" — dizia o anúncio —, e não os encontrava. "Será que esqueci no táxi? Na barca para Paquetá?", Schmidt fora visto certo dia a repetir em voz alta.

Inédito e ainda na gaveta, Graciliano Ramos alcançara fama para além da roda de Maceió. Espalhava-se a notícia daquele ex-comerciante, agora diretor de Instrução Pública, que escrevera relatórios surpreendentes dirigidos ao governador enquanto ocupou o posto anterior de intendente em Palmeira dos Índios. O material viajou de mão em mão. José Américo de Almeida, chegando ao Rio, garantira: o intendente não ficara apenas nos relatórios, havia mesmo romance ainda inédito. Não era uma oportunidade para Schmidt desperdiçar.

Em sua Alagoas, o autor estava para explodir. Queria de volta o livro que lhe custara cinco anos, a cortar e substituir palavras obsessivamente. Já pensava em mudar mais coisas, tanto tempo havia se passado desde o envio a Schmidt.

Empenhado em pressionar o poeta-editor, Jorge uniu-se a Santa Rosa. Contaram ainda com um terceiro elemento que desembarcara por aqueles dias, outro literato da roda alagoana e hóspede na mesma pensão do Catete, o jornalista Alberto Passos Guimarães, que, vestindo a única roupa que tinha — calça de listas e paletó mescla —, impressionava com ares de advogado. Fingindo ser representante de Graciliano, encontrou-se com o editor, a quem ameaçou com severo processo. Acreditava-se que Schmidt atrasava a edição por crise financeira. Ninguém suspeitava que o editor "apenas" perdera os originais. Depois de tantas buscas, foram encontrados no bolso interno de uma capa grande de chuva.

Quando leu o inédito recuperado, Jorge sentiu-se "tomado de espanto". Nas primeiras férias, seguiu até Maceió disposto a conhecer o autor de *Caetés*. Da Bahia, embarcou num paquete que, subindo o rio São Francisco, o deixou em Penedo. Em bonde de burro seguiu até onde lhe esperava o automóvel que Valdemar Cavalcanti, o crítico literário e já seu conhecido, enviou para buscá-lo. A viagem durou o dia inteiro, em estrada de terra e buracos até Maceió. Nem todos exigiriam o esforço de comer poeira. As cartas seriam suficientes na maioria das vezes.

No bar Cupertino, também chamado Bar Central, Graciliano era o centro da rodinha de conversa. Uma figura rara. Bebia café preto em xícara grande, portava bengala e chapéu de palhinha, era de poucas palavras e bastante sóbrio de gestos, afora a insólita mania de derramar açúcar no mármore da mesa e incinerá-lo com o cigarro, fazendo subir um cheiro que, para os presentes, recendia a engenho. Achava o modernismo "uma tapeação desonesta", seus representantes, com raríssimas exceções, "uns cabotinos", que importavam Marinetti enquanto outros procuravam estudar alguma coisa, ver e sentir. Inclinava-se, à sua maneira independente, cada vez mais ao pensamento de esquerda. Os convivas o chamavam "O Velho" pelos vinte anos à frente — afinal Graciliano estava com provectos quarenta anos.

Os literatos se reuniam em torno dessa mesa no Bar Central desde a década de 1920, quando Maceió, provinciana com seus 75 mil habitantes, assistiu a uma série de eventos de renovação artística e cultural, como a Festa da Arte Nova, nos moldes da Semana de Arte Moderna, só que durante apenas um dia. Sem falar na Academia dos Dez Unidos, bem-humorada paródia da Academia Alagoana de Letras — como a baiana Academia dos Rebeldes. Em torno das mesas, não havia apenas alagoanos, também intelectuais de fora: por ali passara Santa Rosa antes da jornada carioca, depois Rachel de Queiroz, acompanhada do marido, José Auto, e certo fiscal de rendas paraibano, José Lins do Rego, que logo causaria estrondo na roda literária do Rio.

Caetés só chegaria às livrarias pela Schmidt em 1933 — havia pelo menos três anos estava sendo anunciado. O volume é dedicado a Alberto Passos Guimarães, Jorge Amado e Santa Rosa. Desconfia-se que tal ideia não veio de Graciliano, pois outros livros seus não incluem agradecimentos. Há quem acredite que foram os próprios homenageados — ou um deles, em nome de todos — que providenciaram tais dizeres. *São Bernardo*, que Jorge viu na visita a Maceió, sairia pela Ariel um ano depois. O terceiro romance quase se perdeu. Nos idos de 1935, desgostoso com o que vinha escrevendo, Graciliano atirou os originais de *Angústia* no lixo. Conhecedora de seus acessos de fúria perfeccionista, sua mulher, Heloísa, telefonou para Rachel, que seguiu até a casa do escritor, deu-lhe uns bons esbregues e catou o livro no cesto, entre restos apodrecidos de frutas e legumes.

5.
Cadernos de aprendiz

Não havia muito como esperar uma revolução comunista no Brasil naqueles dias. Aconteceu, no entanto, na literatura de Jorge. "Achava que [o rapaz baiano] estivesse quase plenamente familiar dos caminhos de Deus", comentou Aloísio Branco, crítico da roda literária de Maceió que o havia conhecido no saguão da livraria e editora de Schmidt. O que via era outra coisa: "Procura acertar o caminho da Rússia".

A voracidade para publicar contrasta com o vagar de outros colegas de ofício. O filho de um self-made man da zona do cacau agia com um empreendedorismo que talvez não possuísse a classe literária da época, constituída por herdeiros de senhores de terras, ainda que falidos.

Concluído *Rui Barbosa nº 2* ainda em 1932, Jorge passou a ler seriamente o que havia de novidade. Mais que nunca assumiria o título de "leitor insaciável de romances", como o perceberam no colégio dos jesuítas. Pelo seu personagem Archanjo e pela lista de projetos na folha de rosto, nota-se que intuía um novo caminho.

Não devorava só os brasileiros. A Livraria Espanhola, situada no Pelourinho, o abastecia de autores *hispanohablantes* nas visitas ao seu "pessoal" na Cidade da Bahia. A compra de títulos importados era comum entre letrados, num período em que o mercado de livros brasileiros apenas estreava e as traduções continuavam esparsas. Conhecia o romântico Jorge Isaacs, do *María*, e passou a ler outro colombiano, Vargas Vila, e ainda o ítalo-argentino José Ingenieros e o uruguaio José Enrique Rodó.

Os russos seriam a próxima leitura. Conhecidos dos literatos brasileiros desde a virada para o século XX, eram particularmente lidos e divulgados nos círculos anarquistas. Os intelectuais locais liam Dostoiévski em edições importadas da França, epicentro de sua difusão pela Europa a partir de 1880. Estabeleceu-se uma "febre de eslavismo", como reclamou Brito Broca ainda na década de 1930: qualquer coisa russa parecia ser imediatamente trazida para o Brasil, muitos se influenciaram independentemente de opção ideológica. Os intelectuais locais de esquerda passaram a se utilizar de remessas extras, as traduções espanholas e portuguesas, para ler não só Tolstói e Górki, preferidos entre os libertários, como toda a geração de escritores da primeira fase do romance soviético, quando ainda não era tão restrita por lá a liberdade para escrever.

O romance proletário tinha sido um acontecimento literário em todo o mundo. De uma tradição que começara com os primeiros anarquistas e socialistas europeus em fins do século XIX, seus autores eram, em geral, saídos das classes trabalhadoras e publicados por editoras de esquerda. Na Rússia dos primeiros anos revolucionários, mesmo os anteriores aos da era stalinista, acreditava-se na vocação do gênero para incentivar o letramento da população. A onda se espalhou por Estados Unidos, Japão e China entre as décadas de 1920 e 1930.

Entre os lidos por Jorge, os títulos tratavam da luta de trabalhadores e negros, de histórias da diáspora judaica. Soviéticos: *A derrota*, de Alexandre Fadeiév; *Cimento*, de Fiódor Gladkov; *A torrente de ferro*, de Alexandr Serafimovitch. Americanos: *Judeus sem dinheiro*, de Michael Gold; *Manhattan Transfer*, de John dos Passos. Europeus: *Passageiros de terceira*, de Kurt Klaber; *Batouala: Um romance negro*, de René Maran. Nota-se que não elencava Dostoiévski ou Tolstói, lidos por seus amigos escritores no Rio, nas recordações de leituras da época.

À leitura, somava-se a escrita de resenhas no *Diário de Notícias*, no suplemento literário de *A Manhã* e no *Boletim de Ariel*, este publicado pela editora de mesmo nome e periódico de relevo até o fim da década de 1930. Pelo que escolhia para apreciar, tem-se a medida de suas predileções naquela década. Dedicava-se a uma variedade de títulos — a não ser moda e arqueologia sobre os quais, como disse, nada sabia sequer avaliar. Interessou-se em reabilitar a obra de Lima Barreto. Escreveu sobre o livro do amigo da Academia dos Rebeldes João Cordeiro, que estreava com *Corja* em 1932. Registrava novos títulos de autores contemporâneos seus também em Portugal, como Ferreira de Castro. Tratou de comentar obras que abordavam a escravidão e a influência do africano no português falado no Brasil.

Um indeciso no primeiro livro, assumia a militância de esquerda em *Cacau* e *Suor*, os "dois cadernos de aprendiz", como disse anos depois, e cada um inaugurou as vertentes rural e urbana do romancista que iria se tornar. Antes povoados de intelectuais detidos em circunlóquios intermitentes, seus livros passaram a se desdobrar na ação dos personagens, todos das camadas pobres. A diferença é tão grande, na comparação com *O país do Carnaval*, que quase se pode dizer tratar-se de outro autor. O espantoso desse novo feitio é que tenha sido elaborado após recepção entusiasmada na estreia. Como reforço ao entalhe moderno, apareceu com capa e ilustrações de Santa Rosa.

Quando terminava o ano de 1932, partira de férias para a fazenda da família em Pirangi e ali iniciou *Cacau*. Continuaria a produção do novo romance em Aracaju até fevereiro seguinte. A obra foi concluída no Rio, em junho. Os lugares e as datas, deixou anotados na última página, procedimento que se repetiria a cada livro lançado.

"O que está aí é bom, mas é pouco", lhe disse Gastão Cruls, quando leu os novos originais. "Você pode fazer mais. Por enquanto, não. Mas um dia vai poder." Um mês depois de entregar os originais, em julho, o livro estava nas lojas, com as primeiras resenhas publicadas.

Cacau saiu com tiragem de 2 mil exemplares. Os palavrões contidos na obra fizeram com que a edição fosse recolhida das livrarias. O nome da vila operária, por exemplo, é Cu com Bunda, porque os fundos das casas se encontram. Contra a ação repressiva, houve a ajuda tão providencial quanto rápida do jurista Cláudio Ganns, que levou o autor e Cruls, o editor, à presença do ministro da Justiça, Oswaldo Aranha, com quem tinha proximidade. A operação se encerrou, deixando em Jorge a sensação de que seu primeiro sucesso comercial fora incentivado pela censura. Esgotou-se em quarenta dias, com a publicidade que inadvertidamente a truculência policial incentivou. A segunda edição colocou na praça outros 3 mil exemplares.

A crítica reagiu outra vez com muita atenção. Na proporção em que perdeu parte da unanimidade, provocou debate açulado. Discutiu-se aquilo que o autor informava numa nota prévia: "Tentei contar neste livro, com um mínimo de literatura para um máximo de honestidade, a vida dos trabalhadores das fazendas de cacau do sul da Bahia. Será um romance proletário?".

O enredo se passa na região grapiúna, com outra vez um narrador-protagonista, José Cordeiro, de apelido Sergipano. De uma família que se arruinou, torna-se um plantador-alugado na fazenda Fraternidade, do coronel Manoel Misael de Souza Telles, o rei do cacau — a semelhança de nome não é coincidência, apenas o Tavares virou Telles. A vida grapiúna é contada em sua rotina, dificuldades de sobrevivência e alegrias prosaicas. Cordeiro, que a princípio se apaixona por Mária, filha do coronel, se muda para o Rio, onde assume a função de operário tipógrafo e entra para a luta — a causa comunista não é citada abertamente.

Entre os que aprovaram o novo romance, o poeta e romancista Jorge de Lima confirmou que se tratava de romance proletário: "Foi quem primeiro fez, com honestidade e sem literatura ruim". Acreditava que o livro de Jorge poderia inaugurar uma nova onda: "Isso fascina os novos, abre um caminho diferente no marasmo literário em que vivemos. E infelizmente vai ter tantos imitadores até de seus palavrões que em breve livro proletário vai enjoar tanto quanto livro de guerra e poema de brasilidade". Alertou: "Não vão por favor chamar isso de romance russo. A força do livro é que é universal mesmo com carimbo e selo do Nordeste". Murilo Mendes, poeta de versos tão católicos quanto os de Jorge de Lima, defendeu: "Discordo de alguns críticos que acharam abuso de palavrões no romance. O palavrão é necessário". Sem acanhamento: "Chega mesmo às vezes a ser um elemento bíblico". Dos que rejeitaram, Manuel Bandeira abriu outra questão: "Proletário ou não, é muito defeituoso". Primeiro, por causa do narrador. O poeta achava que a ideia de um rapaz pequeno-burguês se rebaixar à função de trabalhador de enxada e depois escrever um livro era de todo inaceitável. Depois, por causa dos personagens: os proletários são bons, o resto da humanidade, umas pestes. Garantia: "Ninguém melhor que Jorge Amado sabe que a vida não é tão simples assim".

Em *Cacau*, Jorge informava que *Rui Barbosa nº 2* estava no prelo. Desistiu de lançar o livro, atirando no lixo o primeiro protagonista chamado Archanjo. Um dia lembraria a obra como "um *País do Carnaval*, para pior e para maior [de tamanho]". Voltou a confirmar "Samba, coco e Nosso Senhor do Bonfim", um ensaio, e *Jubiabá*, com o subtítulo de "o romance da raça negra do Brasil". Outro dos "romances da geração" foi então incluído, *História de Pinheiro Viegas*. Àquela altura, divulgava na roda literária que escreveria a biografia do epigramista baiano àquela altura quase cego. Nenhum dos três títulos anunciados foi o que lançou a seguir. Publicou um que não estava na lista, uma história relacionada à Bahia de 1928, quando residiu num cortiço.

Suor chegou às livrarias em março de 1934. O tempo de produção não seria maior que o anterior, seis meses, se tanto. Uma novidade em relação aos outros, tem como protagonista o próprio sobrado, velho e fétido, de número 68 da ladeira do

Pelourinho, onde vivem mais de seiscentos moradores em seus 116 quartos subdivididos por tabiques, em quatro andares. Artistas e retirantes, desempregados e rameiras se apresentam em retratos breves e descontínuos, até que seus dramas assumem um caráter coletivo. Um amontoado de gente: são 141 personagens nomeados e quarenta anônimos em 211 páginas. Entre os que se destacam, há o mecânico Álvaro Lima, agitador que fala claramente num "partido", tenta organizar uma greve que será frustrada com a prisão em que se envolverá todo o cortiço. Não se pode deixar de notar a presença de uma moça chamada Linda, que adora ler e é cuidada por Risoleta Silva, sua Dindinha, costureira que, a certa altura, fica entrevada, de modo que as duas passam fome. Dindinha quer que Linda se case com um bom partido. Mariá parece influenciá-lo no desenho de Mária, do romance anterior, e de Linda, neste.

Schmidt, seu primeiro editor, notou "poder imenso de criar ambiente". Aloísio Branco, de Maceió, "força brutal, hálito quente de vida". Agripino Grieco dedicou-se a comparações. Disse que os romances de Zola pareceriam "destinados a menores de pensionato". Aquele se tratava do "pardieiro dos 'ex-homens' de Górki". Era "mais feroz e impressionante talvez que *O Cortiço* de Aluísio Azevedo". Reparava os "lances de pieguice romântica ou de gesticulação melodramática", que, no entanto, "não lhe roubam a força dominante". "Quando se pensa que esse prosador tem pouco mais de vinte anos é quase um estarrecimento nosso, pelo avanço dessa geração em relação às anteriores. Assenhorou-se quase que sem aprendizagem da técnica do romance. Em três recortes de tesoura está aí o boneco humanizado, vivo, vivíssimo diante de nós." Graciliano também aprovou. "Não é um romance como estamos acostumados a ler", disse, "é uma série de pequenos quadros" que seu autor, "desabusado", executa como "observador atento". Contra o que considera "literatura antipática e insincera que só usa expressões corretas, só se ocupa de coisas agradáveis",

Jorge era um dos "escritores atuais [que] foram estudar o subúrbio, a fábrica, o engenho, a prisão da roça, o colégio do professor cambembe", "ouviram gritos, pragas, palavrões, e meteram tudo nos livros".

O romance proletário não fora sua inspiração única. Schmidt lembrava na resenha de *Cacau* que havia "algo do espírito de [Joseph] Conrad". Lúcio Cardoso, com quem conversava na livraria de Schmidt, anotaria no diário que Jorge, citando John dos Passos, teria lhe falado sobre "o desenvolvimento do romance através dos odores, técnica empregada no seu *Suor*". Como parte da impressão de realidade que pretendia dar à narrativa, incluía fragmentos de textos dessa mesma realidade, também influência de Dos Passos: anúncios e cartazes, recibos e orações, noticiário de jornal e trechinhos de música, talvez recolhidos e copiados, quem sabe parcial ou completamente inventados. A tradução de um livro de Dos Passos para a Ariel era um projeto de Jorge daqueles dias que não se concretizou.

Imaturos ou imperfeitos, os primeiros títulos revelam um escritor que se arriscava a fazer romances em moldes pouco usuais. Dizer que não há literatura na literatura que escreveu era parte desse projeto. "Conservei-me rigorosamente honesto, é um livro onde a imaginação não trabalhou", avisou em *Cacau*. Como se fora a experiência de jornalista levada a um relato ficcional, ou a prática do pesquisador de campo, um tipo de observação a se tornar usual nas ciências sociais que se constituíam naquelas décadas. Em outra arte, o cinema, havia um novo gênero que introduzia o elemento verdade, trazendo novos referenciais éticos e estéticos a criadores surgidos de Paris a Moscou, do Canadá à Polinésia: o documentário, nascido e batizado nos anos 1920. O cinema não é referência casual. Críticos dessa época notariam, ora para elogiar, ora para refutar, influência da linguagem dos filmes no modo como concebe o romance e o executa. Jorge confessaria em entrevistas da época que este ou aquele filme o fizeram pensar cenas para os livros.

Quando saiu *Suor*, a lista do que produziria não incluía mais o ciclo de romances da geração. *A história de Pinheiro Viegas*, o título ligeiramente modificado, aparecia como biografia. E havia dois novos títulos previstos: *Subúrbio*, romance, e um de ensaio, *Cangaço*. Em nenhum desses títulos avançou além do esboço. O próximo seria *Jubiabá*.

Não era a Schmidt nem a Ariel o ponto de encontro mais animado. Muito menos a Academia, a Fundação Graça Aranha ou o Pen Clube, como anotaria o poeta e cronista Álvaro Moreyra. O *point* sem rivais não passava do consultório de Jorge de Lima no 11º andar do edifício Fontes, bem em cima do café Amarelinho, em plena Cinelândia.

O poeta alagoano, que vivia da medicina, lançava-se naqueles dias à pintura. O ateliê ficava no consultório, descrito certa vez por um repórter como um misto "de cela de monge e loja de antiguidades". Cavaletes e telas se distribuíam pelo ambiente, ali instalou até uma prensa, onde retomava a prática da tipografia, da época em que vivia em Alagoas. Os surrealistas o interessavam não só na poesia e na pintura, também nas fotomontagens, campo em que seria pioneiro no país. Atendia aos pobres, enquanto passavam por lá gente das letras, pintores, músicos, intérpretes, "de maior ou menor idade, católicos, protestantes, espíritas, judeus, quem desejar conhecer", anotou Moreyra.

As sociedades literárias, "com pagamento ou de graça, se juntam em dias certos, datas marcadas", comparou. No consultório havia "sessão permanente", mesmo nos domingos e feriados. Enquanto cada uma dessas instituições tinha número fixo e fechado de membros, o consultório abria a porta "a todas as compreensões e a todas as incompreensões". A diferença tornava-se ainda maior quando se sabia o que era servido. "Nas Academias se toma chá. Na Fundação, laranjada. Na Sociedade, café. No Pen, o que se quiser", registrou Moreyra. "No consultório, injeções."

De fato, Jorge de Lima aplicava uma injeção em quem chegava sem perguntar se estava doente, e talvez com exagero se dizia que uma vez quase despachou o poeta Murilo Mendes para o outro mundo com uma dessas agulhadas indevidas.

As academias e fundações distribuíam prêmios, o que para Moreyra significava pouco: "O consultório dá direito a um telescópio". Pelas lentes de fino equipamento, à época, os escritores viam a favela, a Guanabara, Niterói e até o céu.

Em Copacabana, a casa de Moreyra e sua mulher, a atriz Eugênia Moreyra, funcionava também como ponto de encontro dos literatos. Eugênia era uma das precursoras da causa feminista, ativa participante da campanha sufragista que deu às mulheres direito ao voto no país. Juntos renovavam o teatro local tendo como bandeira a popularização dos espetáculos. O lugar onde morava o casal, que já vivia apinhado de filhos e hóspedes, nas tertúlias abarrotava-se de escritores e intelectuais, todos de esquerda.

O envio de cartas — com livro no pacote — continuava, e foi assim que Jorge começou a percorrer outros países. Logo chegou à pátria do padre Cabral, o jesuíta que, tendo já vivido seu instante de best-seller com um panfleto incendiário, ainda fez a proeza de lhe adivinhar a vocação.

O começo desse intercâmbio fervoroso entre um jovem escritor brasileiro e um país inteiro se deu quando, impressionado com a leitura do recém-saído *A selva*, de Ferreira de Castro, decidiu dizer-lhe da sua admiração de próprio punho. Com carta e livro no pacote. *A selva*, uma história de seringueiros na Amazônia, apresentava a região onde o escritor português vivera parte da adolescência, quando o pai tentou a sorte no Brasil.

Como lhe dizia Jorge na carta, Ferreira de Castro era o escritor vivo com maior público no Brasil e o único acatado pela mocidade do país. Contou ainda que soubera por Di Cavalcanti de sua fama em Portugal de romancista brasileiro. "E aqui também, pode acreditar", garantiu. Depois, emendou: "Não é escritor brasileiro ou português. É escritor do proletariado, coisa muito maior".

Os elogios de Jorge seriam também públicos. Na resenha para o *Boletim de Ariel*, em março de 1934, ressaltou que, ao contrário de território pitoresco, como muitos autores a retrataram até ali, a Amazônia de Castro era uma realidade de patrões, capatazes e escravos. Intelectuais brasileiros iniciaram uma resistência ao livro, visto como ofensa ao país. Numa segunda resenha, dessa vez para *O Movimento*, dos rebeldes, chamou a campanha de "cretina e repugnante", levada adiante por "escritores fracassados", contra um "grande romance". Esse tom combativo, sem meias palavras, adotaria cada vez mais, nas resenhas e entrevistas que concedia, num ambiente em que a polidez dúbia e a mesura empolada prevaleciam.

Ferreira de Castro, catorze anos mais velho e com quase duas dezenas de obras publicadas, por algum tempo não conseguiu encontrar o exemplar de *Cacau* entre os tantos que recebeu em casa. Até que um dia o reencontrou, aquele nome "inteiramente desconhecido" se impôs desde as primeiras páginas, e a "surpresa foi grande".

A obra acusava a "inexperiência" do autor em certas cenas e personagens, o que não era de todo mau, pois sobressaíam "o frescor, a naturalidade dos diálogos e a humanidade", como anotou em 1934, no primeiro registro da existência do baiano na imprensa portuguesa, no jornal literário de esquerda que passaria a dirigir, *O Diabo*, de grande circulação entre a intelligentsia lusa de esquerda.

Jorge procurava acertar o caminho da Rússia, como notou Aloísio Branco. A possibilidade surgiu quando, para acompanhar Santa Rosa, fez sua primeira visita a São Paulo e se hospedou na casa de Tarsila do Amaral, que retornava de um tour soviético. Em Moscou, a pintora expôs no Museu de Arte Ocidental. De volta, organizou, em companhia do marido, o intelectual

Osório César, uma exposição de cartazes soviéticos no Clube dos Artistas Modernos, em 1933.

O casal ajudava o crítico soviético David Vygódski a descobrir talentos brasileiros. Vygódski andava a escrever cartas para toda a América do Sul em busca de novas vozes na literatura, dizendo em portunhol: "Estoy iberoamericanista soviético y me interesa muchisimo todo lo que se escriba sobre las letras hispanicas ó portuguesas".

Em janeiro de 1934, o diálogo estava estabelecido. Por carta, Jorge lhe mandava um "abraço transoceânico". Agradecia-lhe pela "opinião honesta" sobre *Cacau*. Informava que exemplares cedidos ao partido foram vendidos num leilão. Explicava-lhe que era um "quadro verdadeiro", "elogiado pelos moços", "lido pelos trabalhadores", que sofrera "algumas descomposturas de católicos e trotskistas". Duvidava que pudesse o título atrair os russos: "Um livro como *Cacau* não pode interessar a um povo que tem um romance como *Cimento*". Informava que, do mesmo autor, Fiódor Gladkov, lia naqueles dias, em tradução espanhola, *Nova Terra*.

Ao interlocutor russo pediu revistas e boletins informativos, recomendou Santa Rosa, "um mulato de 23 anos inteligente como o diabo", também da Juventude Comunista, e prometeu remessas de livros brasileiros. Não deixava de recomendar: "Se você escrever algo sobre *Cacau* me envie". Acenava com visita para breve: "Até o fim do ano quero ver se consigo ir até aí lhe abraçar de perto. Me escreva e desculpe a conversa comprida demais".

Na breve biografia que enviava a pedido de Vygódski, se descrevia numa quase autocrítica: "21 anos. Pais pequeno-burgueses. Jornalista. Simpatizante marxista. Vivi minha infância nas fazendas de cacau. Publiquei em 1931 um romance cretino, de sátira social: *O país do Carnaval*. Preparo no momento um romance: *Suor*, que devo entregar aos editores até fevereiro. Quando sair lhe mando. A ação do romance passa no ambiente limitado de uma casa de cômodos que tem seiscentos habitantes em 116 quartos, numa ladeira miserável da Bahia. Habitação de operários, prostitutas, costureiras, ladrões. Um livro menos indeciso que *Cacau*. Trabalho também em *Jubiabá* — romance sobre os negros brasileiros".

No quinto número da revista soviética *Literatura Internacional*, de 1934, sairia uma breve nota de Vygódski, que registrava *Cacau* e *Suor* a caminho.

Aparentemente houve extravio de cartas de Jorge e do crítico e demorou um pouco para a comunicação se restabelecer. Chegou uma nova carta da Rússia, que o jovem escritor responderia, dessa vez à máquina, em 28 de dezembro de 1934. Apesar dos contratempos, estava animado com a possibilidade de publicar em terras soviéticas. Como informava a Vygódski, a União Internacional dos Escritores Revolucionários acusara recebimento dos volumes que tinha enviado, e havia poucos dias chegara outra carta de Moscou, esta de Fiódor Keliyn, da editora Literatura Estrangeira, contando-lhe que a tradução de *Cacau* estava entre as programadas para 1935. Keliyn também lhe pedira autorização para verter *Suor*. Jorge então perguntava a Vygódski: "Será você quem irá traduzir? Ele nada me adiantou sobre o nome do possível tradutor. Sua carta me deu uma grande alegria. Fico certo de que você não esqueceu esse amigo longínquo. Vou lhe mandar vários livros e revistas brasileiras. Mas você acuse o recebimento desta carta para eu saber que chegou até aí. E diga também se recebeu o *Suor*".

Contava que tinha recebido a revista *Literatura Internacional*, "muito bem-feita". Prometia-lhe outra remessa do que saía de interessante, entre romances, estudos, revistas. Não deixava de lembrá-lo que enviasse o ensaio sobre as letras brasileiras que preparava. Comentava da falta de repercussão no Brasil do I Congresso de Escritores Soviéticos, no qual foram lançadas as diretrizes do realismo socialista. As que antecipara Gladkov em *Cimento*, referência para quem desejasse seguir o estilo, livro no qual há uma tentativa de sabotagem numa fábrica, sufocada pela célula do partido. "Só um pequeno grupo de intelectuais tomou conhecimento da existência do congresso", escreveu Jorge, "a imprensa fez uma feroz campanha de silêncio, as nossas revistas estão todas fechadas, e assim foi impossível divulgar qualquer coisa sobre o congresso. O que soubemos foi pelas revistas francesas. Espero lhe ver em fins de 1935. Espero ir até aí caso as coisas corram bem para mim. Terei então prazer em lhe abraçar."

Empolgado com a possibilidade de publicação na Rússia, Jorge deu o fato como certo e colocou aquela prometida edição soviética na lista de traduções que estampava na folha de rosto dos seus livros brasileiros que saíam. A primeira edição por lá só ocorreria uma década e meia depois do diálogo com Vygódski e não foi nenhum dos livros mencionados nas cartas. O erro de informação continuou para sempre repetido por muitas fontes.

6.
A cizânia norte-sul

O receio do coronel quando viu o filho partir para a capital não era o de que se perdesse na boêmia. Sabia que nunca fora dado a álcool — preferia café e suco. O coronel temia que se desvirtuasse atrás de rabos de saia.

A fama de namorador crescia desde os tempos de adolescente. Não discriminava solteiras, casadas ou viúvas que conhecia no Rio. Em viagem, sempre dava um jeito de visitar bordéis novos. Em Maceió, onde teve como cicerone Aurélio Buarque de Holanda, "comeu sururu até enjoar e descobriu Lindinalva, uma loura com sardas no rosto que recriaria em *Jubiabá*". De volta à Cidade da Bahia ou Ilhéus para férias, batia ponto nos lugares já conhecidos. Os concorrentes, quando queriam fazer chacota, mencionavam peripécias sexuais, reais ou inventadas. Os amigos ririam de muitos casos — num dos mais famosos, que teve elenco razoável de testemunhas, passou uma temporada acamado num hotel baiano devido a uma doença venérea, tendo de recebê-los no quarto com as pernas levantadas porque não conseguia encontrá-los num café ou bar.

Entre aventuras grandes ou pequenas, também se apaixonava com ardor. Depois de Mariá, assumiria no Rio o compromisso mais sério. Aos 21, fez uma moça de dezessete, Matilde Garcia Rosa, fugir de casa para, garantindo a ela maioridade com a falsificação do documento, casar-se perante um juiz na rua Xavier da Silveira, 59, em Copacabana. Era 9 de dezembro de 1933. Tiveram como testemunhas Echenique e José Auto. Sabendo-se que o titular do cartório era o escritor Aníbal Machado, não é difícil supor que este também contribuiu para o ato de contravenção afetiva.

Entre o apaixonamento e o casório de tão rápida resolução, vivia produção literária intensa. Quando conheceu a moça, tinha publicado *Cacau*. Quando saiu *Suor*, estava casado.

Matilde pertencia a uma família tradicional de Estância. Não eram ricos quando se mudaram para Ilhéus e, depois, para o Rio, como primeiros moradores da Urca. João, o pai com fama de muito austero, era um telegrafista gabaritado, a quem Getúlio confiava as mensagens que precisava enviar. Dalila, a mãe, descobriu quase por acaso seu talento para o corte e a costura quando começou a atender pedidos na rua onde moravam em Ilhéus; só então se deu conta de que eram moças que trabalhavam no Bataclan. Conhecida como Madame Rosa, tinha ateliê na rua do Ouvidor, frequentado por mulheres e filhas de autoridades. Aparentemente o casal passava ao largo da literatura ou da política, mas a filha estudiosa, matriculada no reputado Instituto Lafayette, tinha inclinação intelectual e foi numa festa que teria conhecido Jorge.

Cativar a moça longilínea de pele branca, cabelos pretos crespos às vezes presos com fita vermelha e sorriso de dentes grandes levou Jorge a usar a única arma de que dispunha: a escrita. Fez um caderno de versos — para "ser lido unicamente" por ela, "em honra de um grande e puro amor", como diz a dedicatória de setembro de 1933 — que batizou de *Cancioneiro*. Em dupla escreveram um livro infantil, *Descoberta do mundo*, contando as aventuras de um garoto, cujo apelido era Tenente — o mesmo de James, o irmão mais novo de Jorge —, que foge de casa com os amigos-bichos, o canário Zé Pinho, o galo Esporão Grande e um papagaio sem nome, para conquistar o mundo. Terminam no próprio quintal. O livro saiu com requinte e anúncio nos jornais: 58 páginas, ilustrado por Santa Rosa, editado pela Schmidt. Na capa, o nome de Matilde em cima do seu.

O casório estava consumado quando o coronel e Eulália receberam o telegrama. O primeiro refúgio foi a casa de Rachel e José Auto, em Santa Tereza, depois viveram em quartos alugados até que os Garcia Rosa, que custaram a aprovar o casamento, se conformaram e fizeram um anexo a sua casa, para que os jovens pudessem morar melhor. O local dispunha de suíte com sala e entrada independente, por uma escada.

Matilde incorporou-se à redação de *Rio Magazine*, em que Jorge, de início colaborador, passara a codiretor, com a colaboração de seu pessoal da Bahia e de novos amigos do Rio. Rubem Braga a via em oito adjetivos: "admirável, magra, serena e equilibrada, discreta, compreensiva, fina e sempre muito estimável". Leitora de primeira hora das páginas que Jorge ia escrevendo, dava também ao marido, em sua ausência, "cobertura epistolar", como recordaria Herberto Sales, um então jovem escritor de Andaraí, no interior baiano, que começou a enviar cartas. A certa altura foi a mulher do missivista ausente do Rio quem assumiu a correspondência, solícita, com conselhos sobre como publicar. Não bastasse, com sua facilidade para circular no meio literário ajudaria o estreante pessoalmente a inscrever originais num concurso que corria por aqueles dias. Sales não venceu. Outra vez com a ajuda de Matilde, conseguiu fazer com que chegassem às mãos de um editor e os publicasse com o título *Cascalho*.

No turbilhão da escrita de resenhas e cartas ali e aqui, da militância política e da participação em júris literários nos quais começara a ser incluído, Jorge dedicava-se a um título prometido aos leitores, *Jubiabá*, a quarta obra a ser publicada e a quinta escrita. O ano de 1934 ainda corria.

A abertura da Livraria José Olympio Editora, no Rio, significou uma possibilidade de reforçar o caixa. Conseguiu uma vaga como responsável pela publicidade, o que consistia em redigir os textos de divulgação, acompanhar a imprensa e os livreiros.

José Olympio encaminhava-se para se transformar no editor de maior prestígio de seu tempo. Transferido de São Paulo em 1934, o jovem livreiro ocupou o número 110 da rua do Ouvidor, esquina com a avenida Rio Branco. A casa editorial de

Schmidt não duraria até o fim da década. Nem a Ariel, da dupla Gastão Cruls e Agripino Grieco. O negócio não era para amadores: ambas fechariam em 1939.

Olympio fez uma investida arrojada para inaugurar sua linha editorial, ao apostar no fiscal de rendas paraibano José Lins do Rego, que estreara dois anos antes, aos 31, com *Menino de engenho*, um relato sobre a infância num engenho de açúcar, em edição paga do próprio bolso porque nenhuma editora tinha se interessado. A segunda edição saiu por uma editora nova e pequena no Rio, a Adersen Editores, de Sebastião Oliveira Hersen e Adolfo Aizen. Esgotou-se a tiragem de 2 mil exemplares. *Doidinho*, o segundo romance, acabava de chegar às livrarias pela Ariel. De olho no novo talento, Olympio telegrafou ao autor, que vivia em Maceió e integrava a roda do Bar Central: queria fazer uma segunda edição de *Menino de engenho*, de 3 mil exemplares, e uma de 5 mil exemplares do inédito *Banguê*. Na agência de telégrafo, num impulso, dobrou a cifra, para 5 mil e 10 mil, nove contos de réis no ato, proposta inédita em valor, tiragem e modo de pagamento. O destinatário não teria desperdiçado verbo: "Tomo o próximo navio". A presença de Zé Lins para autografar os dois livros era evento inédito no mercado brasileiro em 23 de junho de 1934, data da abertura da Livraria José Olympio.

O ritmo de lançamentos se manteve: colocou nas livrarias mais duas obras do paraibano, em julho de 1935, *O moleque Ricardo*, com 3 mil exemplares, e *Doidinho*, em segunda edição, com 4 mil. Editores intelectuais, Schmidt e Ariel perderiam lugar para José Olympio, com tino comercial. Os autores lançados por eles não hesitariam em se transferir para a nova firma. Os do norte, quem os atraiu foi Amando Fontes, escritor sergipano. Para arregimentar os mineiros, o intermediário foi o poeta Carlos Drummond de Andrade, que saíra de Belo Horizonte em direção ao Rio em 1934.

Reforçado o catálogo de romances, chegou a vez de José Olympio investir em coleções intelectuais. A mais importante,

Documentos Brasileiros, contava com a direção de Gilberto Freyre, o autor do *Casa-grande & senzala*, lançado em 1933 por Schmidt. Contra as ideias eugenistas, a obra elogiava a miscigenação. O ensaísta inventou para o livreiro o apelido que pegou, Jotaó. Viria depois a coleção Brasiliana, com relatos sobre o Brasil que existiam desde o descobrimento e a inclusão de novos autores e obras de reflexão sobre a cultura nacional. Entre biografias, memórias, estudos históricos, etnográficos e sociológicos, oferecia "à nova inteligência brasileira variedade de material, em grande parte ainda virgem", como destacou o próprio Freyre. O volume que deu início à coleção, em 1936, foi de outro jovem ensaísta que causaria impacto, Sérgio Buarque de Holanda. *Raízes do Brasil*, sobre o entrave à democracia causado pelo legado personalista da experiência colonial, se tornou um clássico, assim como *Casa-grande & senzala*.

O negócio de José Olympio crescia. Em 1933, ainda em São Paulo, publicara oito livros. Em 1934, já no Rio, lançou 32 títulos. O número dobrou em dois anos. Essa enxurrada de romances e ensaios de público incerto era "financiada" por um nome só: Humberto de Campos. Não era modernista, muito menos rebelde e jamais estivera na roda de Maceió. O maranhense radicado no Rio de Janeiro era o maior best-seller brasileiro. De início poeta e ensaísta, dedicou-se à imprensa para sustentar a família herdada, uma renque de tias velhas. Escrevia sem parar, havia dias em que assinava meia dúzia de artigos. Orgulhava-se de "suas crônicas miúdas e humorísticas, os contos ligeiros e cotidianos", que lhe deram popularidade, dinheiro e um cargo de deputado. "Tivesse eu ficado a rimar os meus versos e a escrever os meus ensaios, como era do meu programa inicial, e teria chegado onde hoje me encontro?" A glória literária veio em 1920, aos 33, como o mais jovem eleito na Academia Brasileira de Letras.

Humberto de Campos lançaria nove títulos em um ano, entre inéditos e reedições. Quando uma tiragem normal era de mil exemplares, as suas tinham no mínimo 5 mil, muitas eram de 20 mil. O volume inédito que saiu de suas *Memórias* foi impresso quatro vezes em menos de um ano, e chegou a 15 200 exemplares vendidos. Por motivos de saúde, não pôde comparecer à inauguração da Livraria José Olympio. Morreu poucos meses depois, aos 48 anos. Passou a vender mais ainda: editaram-se postumamente seis novos livros e quinze outros foram reimpressos, com reedições nos anos seguintes. Com uma obra constituída de crônicas e memórias, venderia quase 1 milhão de exemplares naquela década de 1930.

Não seria outro o nome que José Olympio escolheu para batizar um concurso anual de contos: Humberto de Campos.

Jorge não se conteve em ser apenas um funcionário da divulgação. Com o tempo passou a dar palpites editoriais, indicar títulos e estimar tiragem, relacionar-se com intelectuais como representante da casa. Autores novos, Lúcio Cardoso e Rubem Braga entraram para a editora por seu intermédio. Por quase dois anos, tempo que ficou na função, pesquisaria tipos de edições e livrarias pelos lugares por onde andava, até fora do país, e escreveria artigos sobre o problema do livro no Brasil. Interessava-se em compreender o negócio: o sucesso comercial, em sua perspectiva, era saudável para a literatura.

Oswald de Andrade diria daqueles dias algo mais engraçado: "Os búfalos do Nordeste, em furiosa arremetida, tomaram todo o campo". Não alcançavam as vendas de um Humberto de Campos, mas superavam, entre os livros de prestígio, os publicados por outros autores locais, sobretudo os modernistas.

A fornada de autores novos que faziam o assim chamado romance do norte, ou romance nordestino, encontrava resistência dos que contestavam seu posicionamento de esquerda e defendiam o que, em sua busca do universal, se revelava apenas como católico ou de fundo psicológico, o que não necessariamente lhes garantia literatura superior.

Jorge se envolveu diretamente nessa peleja. Não só era escritor prolífico entre os do norte, como naqueles dias assíduo autor de resenhas em *O Jornal*. Foi ele quem assinou o primeiro texto que renderia debate acalorado, quando Lúcio Cardoso estreou com *Maleita*. Um mineiro cujo modelo católico era declarado, ao iniciar sua trajetória apresentava um projeto literário que se confundia com o dos nordestinos. O sucesso de *Cacau* teria levado Lúcio a fazer seu primeiro livro, aos 22 anos incompletos, em 1934, que recriava a fundação de Pirapora em fins do século XIX. Saiu pela Schmidt, de quem um tio seu fora sócio numa corretora de seguros.

O resenhista tinha a mesma idade, no entanto os quatro livros publicados lhe garantiam ar de profissional bem mais experiente. No iniciante, reconhecia a "extraordinária força de romancista", "com defeitos próprios dos livros de estreia e virtudes que poucos livros de estreia têm". Definiu o romance como tendo o molde "clássico", sem incorporar as novidades trazidas por Zé Lins com *Menino de engenho* e Rachel de Queiroz com *João Miguel*. Tal vocação se desperdiçava em "simples livro sem outra finalidade que divertir leitores gordos e ricos". Notava que "a intensidade poética" atrapalhava "a densidade dramática" do romance, a ponto de "às vezes criar confusão". Ao mesmo tempo, o artifício, que "diminui o drama", "louvavelmente intensifica o ambiente".

A saudação, apesar dos reparos, ajudou o estreante na troca de editora. Pela José Olympio saiu o segundo, *Salgueiro*, ambientado no morro carioca de mesmo nome, sobre o cotidiano de misérias de seus moradores. Dessa vez, Jorge não apenas discorreu sobre o novo livro do colega, agora em *A Manhã*, em 1935, mas também respondeu a três vozes importantes em desacordo com os autores do norte: Otávio de Faria, Alceu Amoroso Lima, cujo *nom de plume* era Tristão de Ataíde, e Lúcia Miguel Pereira.

De novo, Jorge destacou as virtudes do autor, em quem encontrou "todas as qualidades de romancista e poeta". Como romancista, tratava-se de "um criador de vidas". Como poeta, produziu "páginas de grande beleza", às vezes "em excesso, que não chegavam a estragar o andamento do romance", como ocorrera em *Maleita*. Os personagens, no entanto, se enquadravam mal dentro do cenário, e "o leitor sente a falsidade desoladora". Pois o autor, que "não conhece o morro com seus sambas e navalhadas", "botou tipos intelectuais reproduzindo ali as conversas dos cafés que frequentava, espiritualistas, sobre a existência de Deus e a importância de Tristão de Ataíde".

Otávio de Faria enaltecera em *Salgueiro* a questão religiosa, uma reação ao "romance-reportagem" ou "romance-documentário" cultivado pelos nordestinos. Como resposta, Jorge, referindo-se a ele como "autor de dois livros fascistas" e "crítico de classe que escreve em função da literatura chamada da direita", acusou-o de estragar Lúcio Cardoso, pois "louva no jovem mineiro esta face reacionária". Lúcia Miguel Pereira afirmara que a grande força do romance estava "justamente em não ter finalidade", discordando da crítica de Jorge, para quem *Maleita* era "catolizante". A ensaísta, também autora de romances, argumentava que Jorge, ele sim, fazia livros "interessados, com finalidade preconcebida". Para responder à autora cuja inteligência dizia admirar, Jorge lembrou outro artigo, este de Alceu Amoroso Lima. O crítico denominara católicos vários romances novos do país, exceto os três livros que ele, Jorge, escrevera e os dois de Rachel. Assim, apontou Jorge, "puxou todo mundo para dentro da igreja, o Zé Lins inclusive, e mais o Amando Fontes e até o meu amigo Graciliano Ramos, que certamente não está de bom humor metido na sacristia". Amoroso Lima era quem desejava "esmagar os livros 'socialistas'"; portanto, mesmo o crítico "não acredita nesse negócio de romance sem finalidade, de romance sem cor política".

Jorge lembrava que foram "preconcebidos" e "políticos" os dois romances de Lúcia, ambos de 1933. Questionava: "Por que entregou a bonita história de *Maria Luiza* para fazer pregação religiosa?". A atitude predeterminada, acrescentava, "se repete inteirinha" no livro seguinte, *Em surdina*, "cuja família retratada arruína-se pela falta de Deus". O livro tinha, portanto, como apontava Jorge, "o mesmo defeito que ela aponta em *Cacau* — torcido, parcial, livro de propaganda da moral católica".

A cizânia norte-sul levaria Manuel Bandeira a fazer um poema divertido. Em 1936, cometeria seu "Os voluntários do Norte". O poeta, que, ressalte-se, vivia no Rio vindo de Pernambuco, encenava a querela nos versos. De um lado, fala Zé Lins. De outro, respondem Otávio de Faria, Lúcio Cardoso, Marques Rebelo e Vinicius de Moraes. Contava Bandeira que só Lúcio se chateou com o poema, os outros reagiram com humor.

Na rixa entre escritores, o romance nordestino de denúncia social passou a ser rebaixado como projeto de ambição menor que o romance dito psicológico, publicado em geral por autores do Rio e São Paulo, os do sul. As categorias não eram rígidas. No norte havia quem investisse na dimensão psicológica, como Graciliano, e no sul quem abordasse o arbítrio e a miséria, como Dyonélio Machado.

Quando se referia à literatura que os do norte faziam naqueles anos, Rachel de Queiroz dizia que, no lugar de "romance social", prefeririam "romance-documento" ou "documentário". "Romance de 30" é a expressão que Jorge usava, sem considerar região de origem, e o entendia como decorrência da Revolução de 30. A crítica, anos depois, ia preferir "romance regionalista", expressão conhecida em outras literaturas do mundo. Na brasileira, "regionalista" começou como termo vinculado a um manifesto-movimento de Gilberto Freyre ainda no Recife de fins da década de 1920 em reação ao modernismo e com o intuito de valorizar as tradições em face ao cosmopolitismo. O ideário de Freyre não havia influenciado a Academia dos Rebeldes, cujos membros na Bahia se voltavam para o que era local sem necessariamente reivindicar a permanência da tradição.

O apreço literário baseado em diferença geográfica virou chacota para Graciliano numa crônica de época: "Essa distinção que alguns cavalheiros procuraram estabelecer entre o romance do Norte e o romance do Sul dá ao leitor a impressão de que os escritores brasileiros formam dois grupos, como as pastorinhas do Natal, que dançam e cantam filiadas ao cordão azul ou ao cordão vermelho".

Em defesa do tipo de livro que fazia, Graciliano explicava, numa crítica em nada velada ao dito romance psicológico: "O que há é que algumas pessoas gostam de escrever sobre coisas que existem na realidade, outras preferem tratar de fatos existentes na imaginação", fazendo "um espiritismo literário excelente como tapeação". Continuava: "Os inimigos da vida torcem o nariz e fecham os olhos diante da narrativa crua, da expressão áspera. Querem que se fabrique nos romances um mundo diferente deste, uma confusa humanidade só de almas, cheias de sofrimentos atrapalhados que o leitor comum não entende. Põem essas almas longe da terra, soltas no espaço". Comedimento era o que recomendava às partes que se sentiam prejudicadas: "O ataque feito por um concorrente não merece crédito, o consumidor desconfia dele".

A distinção geográfica e estética embutia outra, a ideológica. Os autores começaram a se dividir entre os de esquerda e os católicos. Do lado dos católicos, os mais aguerridos eram, como aludira Bandeira em seus versos, Otávio de Faria e Lúcio Cardoso, amigos que, juntos, iam "falar mal, muito mal" de todas as grandes estrelas desse momento "tão exclusiva, tão tendenciosa, tão irritantemente nordestino", nas palavras do primeiro. O catolicismo era levado a sério por esses autores. Em carta a Vinicius naqueles dias, Otávio angustiava-se com a ideia da masturbação, e confessava que jamais a praticava. O horror que sentiam por textos com palavrões pode ser imaginado. A guerra literária apenas começava.

7.
Jubiabá

Um Jorge disposto a escrever "romance honesto sobre a raça negra no Brasil" retornou à Bahia à procura de Martiniano Eliseu do Bonfim, visto na época como um dos grandes, se não o maior, sábios da língua e cultura iorubá instalado na cidade. Um filho de escravizados nigerianos que batalharam pela alforria, passara temporada de formação em Lagos, na Nigéria, e contava quase oitenta anos quando abriu a porta para o jovem escritor.

O interesse de Jorge pela vida afro-brasileira se intensificava, e assim ele se somava a uma pequena e jovem intelectualidade que buscava conhecer a contribuição negra na formação do país. Em 1934, acontecera um primeiro Congresso Afro-Brasileiro, no Recife, incentivado por Gilberto Freyre e o poeta Solano Trindade. Três anos depois, o segundo ocorreria na Bahia, com participação de Jorge, tendo à frente Martiniano e a mãe de santo Eugênia Ana dos Santos, a Mãe Aninha, fundadora do terreiro Ilê Axé Opó Afonjá.

A escrita de *Jubiabá* exigia de Jorge mais concentração do que os outros títulos publicados. Projeto de ambição maior, enfrentava o sem-número de atividades que se acumulavam.

"Não sei quando voltarei a pegar no livro", escreveu, do Rio, a um novo amigo. "Tenho tido trabalho dia e noite. Estou danado porque *Jubiabá* está encostado." Estacionado nos cinco primeiros capítulos, etapa que considerava a mais árdua, tinha um esboço e já reconhecia seu modo de operar. "Levantar os personagens; depois eles mesmos se movimentam e se dirigem. Geralmente passo mais tempo nessas primeiras páginas que em todo o resto." Calculava três partes, cada uma com sinopse pronta, personagens e destinos razoavelmente definidos, como se vê pela longa descrição que fez na carta.

O destinatário vivia no sul do país, Erico Verissimo. Sete anos mais velho, iniciara carreira literária por aqueles dias e, outra coincidência, ambos ocupavam cargos parecidos em duas livrarias-editoras de prestígio. Erico era secretário-conselheiro do departamento editorial da Livraria do Globo. Estreara em 1932 com *Fantoches*, um livro de contos. *Clarissa*, o primeiro romance, saiu no ano seguinte. "Fã" declarado, Jorge tratou de se aproximar, enviando carta e o que havia publicado. Logo Erico falou da possibilidade de traduzir *Cacau* para o inglês — não se sabe se ele mesmo o faria. O novo amigo baiano admirava-se de mais esse interesse. "Sabe quantas traduções me propuseram? Duas na Argentina, uma no Uruguai, uma na Rússia, uma para o francês, uma em Cuba e uma para o hebraico. Agora a sua para o inglês. De todas, só tive notícia da proposta do povo hebraico, está sendo feita por um judeu polaco. Aliás, nem é bem hebraico. É daquelas línguas que eles falam." Era provavelmente iídiche.

Em comum, havia mais. O gaúcho despertou para a leitura também na época de colégio interno, com *Os três mosqueteiros*, na pequena Cruz Alta, onde nascera. Num armazém, entre o charque e a goiabada, descobriu a máquina de escrever. Fora funcionário de banco e botica, sem deixar de acompanhar avidamente os debates literários do Rio de Janeiro. Escutara os ecos da Semana de 1922 e lia também autores de fora. Um dos primeiros escritores brasileiros a se bandear para a literatura de língua inglesa — a maioria dos literatos do país consumia avidamente os franceses — trazia autores americanos traduzidos por ele para coleções da Globo. Estava instalado na capital gaúcha desde 1930, uma Porto Alegre cada dia a crescer mais, e seu *Clarissa*, em sucessivas edições, venderia 7 mil exemplares em cinco anos. Entre os escritores brasileiros, para os quais a regra era o encalhe na primeira tiragem, Erico e Jorge começariam a se distinguir como exceções. Politicamente, o gaúcho definia-se liberal democrata. Numa época em que "ou se era comunista ou integralista", como lembrou Rachel de Queiroz anos depois, "o liberal quase não tinha vez: era execrado por todos. O simples fato de alguém ser liberal já fazia com que fosse considerado reacionário. Liberal era uma palavra maldita: pelos comunistas e pelos integralistas. Entre os jovens, praticamente não havia o liberal".

A diferença política na década de 1930 não alteraria o curso da amizade. Aqueles dias seriam de cúmplice interlocução: o que cada um estava a produzir, traduções, vendas e concursos eram conversados com a intermediação do correio. Jorge lhe enviava títulos publicados pela José Olympio e pedia que fizesse o mesmo, não só as edições literárias, também as policiais, das quais era "leitor assíduo".

Em cinco meses, completava a primeira parte de *Jubiabá*, 147 páginas datilografadas. A segunda e a terceira ainda faltavam, ao todo previa quatrocentas. No percurso, imprevistos de todo tipo. De novo estava "danado", como confessou a Erico. "Queria um livro alegre, e os miseráveis dos heróis o estão entristecendo." Não havia como alterar o estado de ânimo. "Não quero me meter com a vida deles, que já são maiores, de forma que estão em plena tragédia." Adiante, aceitava: "Será um livro triste, talvez bonito, com certo ar místico (nada religioso, aliás) e um pouco musical. Prestará? Não sei ainda, mas dentro de um mês devo ter uma ideia". Eis o cálculo numa dinâmica de improviso: intuía a extensão, não exatamente os desdobramentos do enredo.

Hesitava em continuar com a Ariel. "Tem sido excelente editora para mim. Apenas é medrosa. Prefere tirar edições pequenas a tirar uma grande." Vivia, de fato, entre as duas casas. Na carta que tinha enviado ao crítico soviético David Vygódski, o endereço abaixo da assinatura era da Ariel, mas o papel timbrado, da José Olympio. Tinha recebido uma proposta da Cultura

Brasileira, de São Paulo. Perguntou a Erico se, na Globo, haveria interesse. "Teriam coragem de editar *Jubiabá*?" Adiantou: "Não terá palavrões". Contou depois numa das cartas que, por fim, tinha acertado *Jubiabá* com o próprio José Olympio.

O relato da vida literária se entrelaçava ao dos primeiros dias da filha. O nome da menina somou o das avós e o do pai. Eulália Dalila Jorge Amado nascera em 9 de fevereiro de 1935 num "parto dificílimo", que deixou a mãe mais de um mês "entre a vida e a morte", Jorge contou a Erico. Como esteve "incapaz de pensar em qualquer coisa", suspendera as atividades todas, inclusive o novo romance e a correspondência. O casal andou depois por uma fazenda nas imediações da capital para que Matilde se restabelecesse. Jorge viajava diariamente de trem para o Rio, disposto a retomar o serviço e, como explicava, "normalizar tudo". Devia cartas a muita gente àquela altura. Lila, assim o apelido se impôs, estava bem: "Engorda e ri, ri que parece o avô, risonho e gordo". Durante a gravidez da mulher, tinha dito ao amigo gaúcho que, se fosse menino, quando crescesse casaria com sua filha, Clarissa. "Ficam primas como consolo de noivado rompido", conformava-se. "E você trate de arrumar um menino para meu genro."

Começou a ler *Caminhos cruzados*, que Erico acabava de publicar. De tão empolgado, à noite avançou na leitura e não largou até as cinco da manhã. "O livro é absolutamente notável. Admirável de boca cheia. Excedeu muito a minha expectativa." Contou que fizera Oswald ler, e que ele gostara. Recomendava a Erico que enviasse exemplares para "os meninos da Bahia", Édison, Dias da Costa e João Cordeiro. "Você fez o maior livro revolucionário do Brasil. Note que não digo proletário. Mas revolucionário de verdade", resumiu, ao fim da leitura. No suplemento literário do *Diário de Notícias*, proclamou seu entusiasmo pela obra com quase as mesmas palavras.

Em outro trecho para o amigo do sul, diz: "Besta pela garotinha, só não fico rindo à noite, quando acordo vinte vezes para ajudar Matilde labutar com ela. Feliz da ama-seca que dorme a noite toda. Mas durante o dia é uma maravilha".

Tarefa voluntária, dedicava-se a ajudar novos escritores a encontrar editora, apesar do afogadilho. "Todo livro que vem do Norte vem por meu intermédio. Ainda agora estou com vários originais à cata de editor." Chegavam pacotes de autores da Bahia, da Paraíba, do Rio Grande do Norte. "Coisa boa", dizia ao amigo, "também coisa que não valia." Aceitava a tarefa sem demonstrar má vontade. "Não recebo comissão do autor e fico satisfeito quando um desses livros aparece, a gente bem sabe o que sofre o autor com o livro inédito na província." Corrigia: na verdade, Porto Alegre estava "muito longe de ser província". Animava-se com o aparecimento de outro autor significativo naquelas bandas, Dyonélio Machado, levado à prisão por causa da militância de esquerda. *Os ratos*, de sua autoria, fora elogiado entre os finalistas do prêmio da Companhia Editora Nacional, do qual Jorge fez parte do júri.

Jubiabá ainda não estava pronto e já pensava em dois outros títulos. "Um dia farei um romance, *Saveiro*, e você sofrerá dedicatória", prometia. "É o que posso te dar. Pouco, mas de coração, como dizia o mulato Arlindo." Não tinha pressa com esse. "*Saveiro*. Vou descansar esse romance uns anos." O outro título seria uma biografia. Não mais a de Pinheiro Viegas, e sim a do pioneiro da resistência negra Zumbi dos Palmares, contada num abc, um tipo de cordel que narra a trajetória de uma personagem em que palavras seguem a ordem alfabética.

A biografia era um gênero que o instigava fazia tempo. Andava comprando diversos títulos, como ficou anotado no registro de vendas na José Olympio. Em menos de um mês, adquiriu as biografias de figuras tão inusitadas para seu interesse quanto Carlos Gomes, Santos Dumont e Vincenzo Bellini. "Zumbi me tenta muito", repetiu ao amigo gaúcho. Uma de suas recordações era a do negro Valentim, que, ao apontar o planeta Vênus no cais de Ilhéus, dizia tratar-se do herói negro.

Jorge se encontrou com Erico pela primeira vez naquele mesmo ano de 1935. O gaúcho venceu o prêmio de melhor romance da Companhia Editora Nacional com *Música ao longe* e se hospedou com o amigo baiano, na Urca. Certa noite, chegando tarde sem a chave e sem querer incomodar, escalou muro e parede para tentar entrar por uma janela do primeiro andar. O episódio foi contado por Jorge em crônica, de modo que não se sabe o quanto transformou em ficção o ocorrido. Na confusão, segundo dizia, o hóspede quase levou um tiro de alguém da família de revólver em punho. Erico contaria, por sua vez, cena dolorosa e cômica: "Dentro de uma banheira de água quente tentando aliviar uma cólica renal e, ao mesmo tempo, convencer Jorge, sentado num banquinho ao lado, de que com toda a sua simpatia pelo socialismo não podia aceitar o dogmatismo comunista e o totalitarismo, e o amigo tentando convencê-lo de sua justificativa histórica".

Com o adiantamento que recebeu de *Jubiabá*, pensou em ir visitar Erico. Cedeu ao apelo do coronel, ansioso para conhecer a neta. A família estava naqueles dias instalada na Cidade da Bahia, numa casa na Gamboa de Cima, número 5, "derramada sobre um morro", de frente para o mar, como contava a Erico. "A garotinha faz de leão com urros enormes que atroam no silêncio religioso da baía de Todos-os-Santos."

O coronel recebeu a prova de que cumprira o juramento: uma foto sua com a turma que colava grau em direito. O filho diria com orgulho, dali para a frente, que nunca retornou para buscar o diploma, que, no costume das famílias baianas, tinha de ser afixado como quadro na parede. Com a foto na mão, o pai chorou. Um "pranto convulso, de soluços, entrecortado", como James nunca vira em seus doze anos. O pai confessou ao caçula que, sozinho, mais de uma vez, na rede da fazenda, a preocupação com Jorge o levara às lágrimas.

O registro de que se tornara bacharel não era o maior presente. Trazia para os pais um exemplar do livro recém-lançado.

Com o volume, carregava um conjunto de 37 recortes, entre os quais artigos de críticos do sul. Eufórico, o pai se admirou: "Eulália, tem até [crítica] de Gilberto Amado!". Por ser o de maior valor, dado o parentesco, leu em voz alta o texto do sobrinho e afilhado.

Entre os rebeldes da Bahia, *Jubiabá* não fora unânime. Édison achava que tinha "se perdido em detalhes demais, havendo espalhado muito o livro". Não se enganara, como Jorge explicou a Erico: "Isso em princípio é verdade. Porém eu fiz de propósito, porque construí não só a primeira como a segunda parte do romance para a terceira, para o desfecho. O que acha defeito seria defeito se eu fosse publicar apenas a primeira parte do livro. Porém em conjunto acredito que será qualidade".

A família Amado logo se juntou no Rio. Eulália "tanto fez, tanto falou", que João se convenceu: deixou o palacete grapiúna, entregou a fazenda para um administrador cuidar. Não seria simples encontrar lugar na capital. Em edifício não queria ficar. João, ao chegar de sua casa-grande de Ilhéus e entrar onde morava o filho, se deu conta do mal-estar da mudança. Como Jorge anotou numa crônica: o pai "se sentiu sem ar, o teto a um palmo de sua cabeça o abafava, não durou uma semana no apartamento para a primeira casa que encontrou vaga e nesta também pouco durou". A "mania do apartamento" e a "mania das praias", dizia na mesma crônica, faziam com que os moradores recusassem as melhores moradias. Notava que "a gente rica" deixava Laranjeiras, Santa Tereza e Tijuca, para alcançar Copacabana, o "supremo chic", onde pagavam "uma fortuna, em um cubículo de poucos centímetros de altura, com quarto e sala". Numa decoração que "pensam ser futurista", instalavam-se com desconforto, sem "boas poltronas, divãs, móveis que passem de gerações e obrigam o camarada a se manter rígido na cadeira".

O coronel teve sossego quando encontrou uma chácara em São Cristóvão, trocada depois por uma casa em Vila Isabel que viveria repleta de hóspedes, "amigos que os filhos trazem para comer e dormir", como se recordaria Eulália. Para ajudar na manutenção, dois funcionários vieram da região grapiúna, o negro Valentim e uma moça chamada Maria. Dos anos na roça, a matriarca não tinha saudade. Quando João Amado retornava a Pirangi nas férias de fim de ano adquiria outro ar, alegre e brincalhão, quando na capital às vezes ficava impaciente e tinha explosões bruscas. A mulher o acompanhava nas idas à região grapiúna, mas preferia permanecer na cidade, instalada com as sobrinhas, evitando o quanto podia colocar os pés na fazenda.

Cansados da trabalheira da casa de Vila Isabel, o casal se mudou depois para o hotel Ópera, no Catete. "Opereta", logo o apelidaram. "Agora estamos de lorde", repetiria Eulália. Na cama larga, com colchão de lã de barriguda — típico do Nordeste —, passava o tempo deitada, lendo os mesmos romances, enquanto o marido, sentado ao lado, dedicava-se aos jornais quando não ouvia rádio ou jogava paciência com um baralho que, de tão velho, tinha as cartas marcadas e fáceis de adivinhar. Cobriam as paredes os retratos dos filhos, mesmo o do falecido Jofre. À altura da mudança para o Rio, os dois mais novos se encaminhavam para a universidade, Joelson, a de medicina, James, a de sociologia e política.

Zeloso com a prole, o coronel tomava diariamente um bonde na esquina da rua do Catete e descia no largo da Carioca. Muitas vezes a mulher o acompanhava, à distância, pois o coronel não era homem de andar lentamente. Quando Eulália ainda estava com um pé no estribo do bonde, o marido atravessava para o outro lado do largo. De longe, ralhava: "Está com as pernas amarradas?". Ela não se alterava. Ligeiro, dirigia-se à Livraria José Olympio, onde se mantinha a par das fofocas políticas e literárias. O que o levava até ali era, no entanto, os balcões de livros. Guardava de memória a altura da véspera. Numa simples olhadela, alegrava-se ao ver baixar a pilha do filho. Vendo a dos outros escritores, não seria raro ouvi-lo comentar, para fazer graça: "Me tragam um espanador para tirar a poeira acumulada".

Lila ia crescer mais ligada à família da mãe, a proximidade das moradias era tal que se podia considerar uma só. Chamava os pais da mãe de "vovô" e "vovó", enquanto os pais do pai eram "o coronel" e "dona Eulália". Ativa na infância, alcançaria a adolescência entre livros, filmes e revistas, louca por cachorros.

Quando lançou *Cacau*, Jorge recebera uma "sentença de morte" dos filhos do coronel mais famoso de Ilhéus à época, Misael Tavares. Os descendentes não gostaram nada de ter o nome do pai batizando o vilão. Não adiantara trocar o sobrenome para Telles. Dessa vez o autor ao menos contara com razoável discrição dos litigantes. A nova ameaça veio com a cobertura da imprensa. Havia um "Jubiabá real".

Em fúria estava Severiano Manoel de Abreu, "espigado e troncudo", como o descreveu o repórter de *O Jornal* que o alcançara na Cruz do Cosme, subúrbio da Cidade da Bahia: "Seria capaz de fazer o romancista engolir seu livro". Contava que não só ele tinha lido, como toda a família. Leram e não gostaram — e era um livro "que nem se podia ler de tanta pornografia", alarmava-se Severiano.

O motivo para se sentir objeto de inspiração existia: Jubiabá era o nome com que se fizera conhecido havia décadas, e, assim como o personagem, também ajudava a população a se comunicar com espíritos de outro mundo. Dizia que jamais tinha morado em casa de barro, como o tal personagem. Ao contrário, como "sempre teve posses", definia-se como "remediado". Insistia que não se ocupava de macumbas, o que praticava era espiritismo. Para contentar a todos, admitia que era obrigado a fazer um bocado de baixo espiritismo, mas o sucesso o tornou procurado por gente graúda. Garantia que até José Joaquim Seabra, quando era governador, aparecia lá de vez em quando para se consultar.

A placa de bronze informava na entrada que se tratava ali do centro espírita Fé, Esperança e Caridade. O repórter descreveu: casa aburguesada de pedra, bem pintada, com largo terraço, quintal atrás, dois altares enfeitados com figuras decorativas de santos e caboclos, todos presididos pela imagem barbada de são Tomé, aquele que vê para crer. Fora essas excentricidades, a mobília tinha fineza, dessas que se encontrava em loja para gente abastada. Os retratos nas paredes mostravam doutores e advogados, e as estantes enfileiravam livros de teosofia, filosofia, religião — havia um exemplar da Bíblia entre títulos que lhe pareceram incompreensíveis. A casa não era uma toca como a do Jubiabá do livro, o repórter concluía, concordando com Severiano. Confundia, porém, os leitores do jornal referindo-se ao entrevistado como o "maior macumbeiro do Brasil".

"O meu personagem está humilhadíssimo", declarou Jorge quando *O Jornal* o procurou para dar sua versão. "Ora, calcule você que eu pretendi criar um tipo de macumbeiro que fosse um verdadeiro sacerdote da sua religião, um homem bom, nobre e sereno, verdadeira figura de pai espiritual." Os mais de setenta artigos sobre o livro já reunidos, segundo dizia, concordaram que assim era o seu pai de santo. Estavam mesclados no seu Jubiabá vários homens que conheceu, "o físico de um, a moral de outro, assim por diante". Um nome o teria influenciado mais, e por isso foi uma das primeiras pessoas a receber o romance, conforme contava — na reportagem não diz, mas se referia a Martiniano Eliseu do Bonfim. Na hora de escrever o romance, garantia que não se recordara nem uma vez sequer de Severiano. Escolheu o nome Jubiabá pela sonoridade.

Em carta de Graciliano a Zé Lins, os bastidores da cizânia norte-sul. O assunto era *Jubiabá*. "Eu queria saber com que cara o Otávio de Faria leu aquilo. Há pouco tempo ele disse que o Jorge era um literatinho e que não devia meter-se a escrever romance.

Excelente conselho, caridade católica. Enfim, o livro é ótimo. Tão bom que aqueles documentos inúteis, anúncios de circo etc., não o prejudicam. Mesmo a preocupação de fazer romance de classe, não penso que no livro do Jorge deforme a realidade, como lhe parece."

Zé Lins lançava no mesmo ano *O moleque Ricardo*. "Você também fez literatura revolucionária", comentou Graciliano. "É certo que adotou processo diferente, mas chegou-se muito aos trabalhadores, e o seu livro não perdeu por isso. Afinal, todos vão marchando para a esquerda, cada qual no seu caminho. Esta coisa de andarem todos juntos, imitando *Cimento* e outras besteiras, é que é mau."

O novo romance de Jorge era "um passo à frente", como reconheciam autor e críticos. Um terço maior que os anteriores, apresentava estrutura mais complexa. Há um herói negro, Antônio Balduíno, cujo sonho é ter a vida contada num abc. Em sua epopeia urbana, nasce no fictício morro do Capa-Negro, fica órfão e é criado pela tia, Luiza, vendedora de mingau. Baldo se junta a uma malta de meninos vagabundos que vivem pelas ruas, vira um boxeador famoso, que vence um pugilista branco, alemão — um ano antes de, nas Olimpíadas de 1936, uma façanha similar enfurecer o chanceler Adolf Hitler —, joga capoeira e compõe sambas, se integra a uma plantação de fumo e, depois, a um circo, até se tornar estivador. Lindinalva, que acaba prostituta, é seu grande amor. Na figura do pai de santo Jubiabá, o candomblé é concebido como uma resistência à sociedade branca e burguesa. No substrato da trajetória de Baldo, a vida pobre dos negros da Bahia, tudo que nela há de "grande e belo": "Pretos da Bahia, poetas que vivem em meio à miséria maior, sem perder a gargalhada clara, aquele poder de rir, de cantar, de lutar, que só os negros possuem", como descreveu a Erico. Para fazer uma graça com outro amigo, Amando Fontes, colocou no fim do livro, por ocasião da greve, o orador Pedro Corumba, filho do casal de *Os Corumbas*.

No lugar de uma coletividade ou de um grupo, o escritor elegia como herói um indivíduo, nos moldes do romance burguês. No entanto, seu herói era outro, negro e operário. *Jubiabá*, com *O moleque Ricardo*, de Zé Lins, e *Calunga*, de Jorge de Lima, todos de 1935, formariam a tríade pioneira de romances protagonizados por personagens negros. A contracapa incluía trechos de resenhas que recebera desde a estreia. Na página interna, eliminou todos os prometidos antes e não cumpridos. Só deixou anunciado um: *ABC de Zumbi de Palmares*, "biografia romanceada em preparo". Com o novo romance, saíam reedições dos anteriores.

"Os negros estão na moda", concluiu Eloy Pontes na coluna "No Mundo das Letras", do jornal *O Globo*, em novembro daquele ano, diante do aparecimento de um tanto de livros com "moleques, mães pretas e pais de santo". O crítico não escondia um olhar preconceituoso na própria escolha dos termos. Interpretava como onda literária os enredos povoados de uma gente que via como de "descendência ociosa", que "se consome nos vícios, nas superstições e no crime", nos sambas de "sensualismo incontido" e nas "religiões grosseiras".

"Esse negro extraordinário, fixado pelo sr. Jorge Amado, não tem nada dos personagens de cor explorados há tempos por outros autores", notou Humberto Bastos, do *Diário de Notícias*. Em meio a personagens "revoltados com a própria cor e até com complexo de inferioridade", Balduíno "é um tipo vivo, inteligente, personalidade marcante", "é a reabilitação do negro, ou por outra: uma definição do negro brasileiro". Seria uma contradição, segundo dizia, querer fazer literatura popular no Brasil isolando o negro. O caráter popular era o que ressaltava em Jorge — de linguagem, de motivos —, e lamentava a inexistência de edição com preço acessível. Concluía que não se podia mais dizer dos homens de letras do país que escrevem romance inglês ou francês. O romance era brasileiro. "E ninguém é mais brasileiro do que Antônio Balduíno."

Jubiabá, ainda que escrito em meio à consulta do sábio Martiniano, aponta a religião como um modo de dispersão política. O escritor cada vez mais comunista não escondeu a posição que preferia para seu herói.

Rubem Braga recorreu a metáforas exuberantes para exaltar esse misto de "abc e reportagem": tratava-se de "uma árvore grossa, folhuda, com flores, com frutas, com muitos passarinhos, muitas raízes fazendo bolo confuso na terra fertilíssima", que "atordoa um pouco, dá uma impressão de enchente, de banda de musical". A resenha mais superlativa vinha do sul, do amigo Erico. "Se eu tivesse engenho e arte havia de escrever o *ABC de Jorge Amado*, um sujeito magro, com olhos de chinês, que nasceu na Bahia, foi rebelde, fugiu de casa, viu a vida e viveu-a com ânsia; um sujeito que ama os humildes e os oprimidos e que, aos 23 anos, é um dos maiores romancistas que o Brasil tem."

8.
Atrás das grades

A militância política levou Jorge a nova função. Sem interromper as atividades que acumulava, entrou como repórter na redação de *A Manhã*, jornal dirigido por Pedro Motta Lima e ligado à Aliança Nacional Libertadora (ANL), uma organização de esquerda. Nos encontros na casa de Álvaro e Eugênia Moreyra, havia se aproximado desse movimento antifascista que contava com o apoio dos comunistas e funcionava desde 1934. Líder da coluna que movimentou o país no fim da década anterior, Luís Carlos Prestes, à época em Moscou, foi aclamado presidente de honra.

Das trapaças da sorte, a atuação no jornal o levou a missão oficial fora do Brasil, de 16 de maio a 8 de junho de 1935: a cobertura da visita de Getúlio aos países da América do Sul. Viagem ao exterior não era tão comum entre governantes, aquela seria a única de Getúlio em todo o seu período à frente do governo; portanto, se fez acompanhar por representantes de todos os jornais, embarcados com a comitiva presidencial. O enviado especial só receberia a passagem do navio; quanto ao resto das despesas, teria de arcar sozinho com elas. Dois jornalistas se candidataram. Brasil Gerson perdeu para Jorge porque não tinha o smoking requerido.

O ano terminaria com uma revolução frustrada. Prestes voltara clandestinamente para destituir Getúlio. A Intentona Comunista, como ficou chamada, só conseguiu dominar quartéis de Natal, Recife e Rio de Janeiro, e por poucos dias. Declarado estado de sítio em todo o território nacional, houve reação dura da parte do governo.

Até a quartelada de Prestes, Jorge desfrutava do único emprego público de sua vida — mais uma atividade que acumulava — como assistente do educador baiano Anísio Teixeira, secretário-geral de Educação e Cultura do Distrito Federal, dedicado a cuidar da agenda e o representar em eventos. Teixeira, que o clero via como um comunista, teve de deixar a vida pública e foi passar uma temporada no sertão baiano. O funcionário, que se lembraria de não ter completado um mês na função, limpou as gavetas do gabinete e caiu fora antes de a polícia chegar.

A polícia logo o alcançou. Escritor de páginas subversivas e um dos ativos participantes da Juventude Comunista — no entanto sem tomar parte da operação liderada por Prestes —, Jorge foi encontrado num apartamento com outros militantes, em mais uma das reuniões frequentes. Em sua suspeita, o dedo-duro tinha sido Antonio Maciel Bonfim, o Miranda, secretário-geral acusado de colaborar com a repressão. O todo-poderoso chefe de polícia, Filinto Müller, se empavonaria de ter levado para o xadrez um número de acusados de envolvimento no levante que ultrapassaria, só no Rio de Janeiro, os 3 mil — 901 civis e 2146 militares. Em todo o país, o arrastão conduziria para a cadeia até 35 mil, estimativa de difícil exatidão, entre os abertamente comunistas e os que apenas antipatizavam com Getúlio.

Atrás das grades da polícia central, Jorge ficou por dez dias em março de 1936. A temporada na prisão o fez passar por interrogatórios sem sofrer violência física. No entanto à noite escutava o barulho de outros presos sendo espancados. Houve certo dia movimentação excepcional de tiras, comissários e delegados, armas em punho. Ouviu a seguir gritos indignados de um sujeito que chegava arrastado. O oficial do Exército e deputado federal Domingos Vellasco resistia. Viu pouco depois atravessar o corredor uma comitiva constituída por outros parlamentares, Abel Chermont, Abguar Bastos e João Mangabeira, amigo de seu pai. Mangabeira, cujo filho Francisco também estava preso, denunciava a arbitrariedade na tribuna da Câmara de Deputados. Ao ver Jorge, sorriu e puxou conversa como se estivessem numa livraria.

Jorge demorou pouco na prisão. É possível especular que era peixe pequeno, sem participação na Intentona de 35, ou que a ligação ainda que remota entre o sogro telegrafista e Getúlio pode ter ajudado a liberá-lo. De sua geração, Rachel de Queiroz passou três meses na sala de cinema do quartel do corpo de bombeiros de Fortaleza. Nos primeiros dias não via ninguém, até que conseguiu permissão para receber visitas aos domingos. Na boa recordação que guardou, à noite os bombeiros faziam serenata. A de Jorge, que durou pouco tempo, não era prenúncio de alívio: seria ameaçado de prisão e, outras vezes, preso sob o governo de Getúlio.

Graciliano seria um caso extremo de intelectual no cárcere. À época diretor da Instrução Pública de Alagoas, com iniciativas extravagantes como distribuir tecido e livro para alunos pobres e suspender o hino nas escolas, começou a receber "misteriosos telefonemas, com veladas ameaças" até o dia em que foi dispensado do cargo sem justificativa. Um tenente o procurou em casa à noite para levá-lo até a cadeia em Maceió. Foi embarcado num navio com outros presos recolhidos em capitais nordestinas.

No Rio, chegou em março para somar-se a uma leva significativa de artistas e intelectuais que ocupava celas na Casa de Detenção, na rua Frei Caneca. O pavilhão onde permaneceu reunia quase duzentos envolvidos na insurreição, entre professores, médicos, jornalistas, advogados, sindicalistas, operários e funcionários públicos. Prestes estava preso em lugar desconhecido.

A tentativa de libertar Graciliano fez Heloísa, sua mulher, procurar quem pudesse ajudar. O que tornava tudo mais irreal, e até difícil de resolver, era a inexistência de acusação formal ou processo — como em muitos dos casos. Graciliano chegou a ser transferido para a Colônia Correcional Dois Rios, na Ilha Grande, abrigo de presos comuns, lugar temido pelo histórico de maus-tratos. Em desespero, sua mulher ligou para Zé Lins, que a aconselhou a procurar o banqueiro Edgard de Góis Monteiro, ex-prefeito de Maceió com quem Graciliano jogara pôquer inúmeras vezes, irmão do ministro da Guerra, Pedro Aurélio de Góis Monteiro. Não fossem as boas relações, não haveria jeito. Dezoito dias se passaram, e o autor voltou para a Casa de Detenção.

O que ajudou Graciliano a sair de trás das grades foi o terceiro romance, *Angústia*, quase pronto quando o levaram para a cadeia. Nas memórias que escreveria sobre o cárcere mais de uma década depois, contou que recebera por intermédio de Rodolfo Ghioldi, argentino que ajudara Prestes no plano da Intentona Comunista, um recado de Jorge, com quem estivera na sala de detidos da polícia central. A Ghioldi, Jorge disse que José Olympio queria publicar o novo romance do alagoano, propunha adiantamento e perguntava como pagar. Um conto e quatrocentos réis dados ao autor, o livro teve tiragem de 2 mil exemplares. As resenhas favoráveis se sucederam, ampliou-se o coro para livrá-lo da cadeia. O conselho recebido por Heloísa Ramos era que procurasse Sobral Pinto, advogado católico que defendia o comunista Prestes. Graciliano relutava por temer os honorários, sem saber que Sobral Pinto não cobrava em casos humanitários como o seu.

Na dispendiosa luta de advogados, parentes e confrades, os presos políticos foram saindo pouco a pouco do xadrez. Graciliano, dez meses e dez dias de cárcere depois. A liberdade para os réus sem provas, moção de Otávio Mangabeira, um dos opositores de Getúlio, fora aprovada na Câmara dos Deputados por 149 votos a quatro. Até o líder do governo, Pedro Aleixo, votou a favor.

A prisão de Dyonélio Machado durou ainda mais tempo que a de Graciliano. Levado de Porto Alegre para o Rio, ficaria dois anos na cadeia.

Nem todas as histórias terminaram bem. Entre as baixas trágicas, Olga Benário, judia e grávida de Prestes, foi deportada para a Alemanha nazista sob o protesto dos companheiros, que não arrefeceram nem quando a tropa de choque atirou bombas de gás lacrimogêneo. Com canecas de alumínio bateram contra as grades, quebraram camas e os ferrolhos das fechaduras das celas, atiraram o que havia no pátio do presídio. Olga morreria numa câmara de gás do campo de extermínio de Bernburg, em 1942. Antes, dera à luz Anita Leocádia, entregue à avó brasileira.

Jorge contava que escreveu "a correr" o novo romance, ainda na prisão. A urgência o fez concluir em "quinze dias, não mais que isso", o *Saveiro* que prometera poucos meses antes a Erico — um dos que, como garantira, sofreu dedicatória. Pela data na última página, nota-se que o concluiu depois de solto.

Tal azáfama se devia não só à inquietação literária, havia também a necessidade de garantir a subsistência. O pagamento do livro se dava por parcelas mensais ou, como seria o melhor dos casos, no ato da entrega. Foi o caso de *Mar morto*, este o título definitivo. Na capa, mais uma vez criada por Santa Rosa, uma novidade: a indicação de que se tratava de um ciclo até então sem nome, *Os romances da Baía*, do qual aquele era já o quinto livro. De porte menor que *Jubiabá*, com menos personagens e reviravoltas; de teor político mais discreto na comparação com os outros quatro, o que provavelmente permitiria que circulasse em época de repressão. O mais lírico entre todos.

O enredo transcorre no cais da Cidade da Bahia, a descrição do cenário se parece em muito com o que avistava da Gamboa de Cima. Guma é um mestre de saveiro, embarcação de madeira típica da baía de Todos-os-Santos, o transporte de cargas é um ofício que passa de pai para filho. O destino depende da divindade do mar de insondáveis caprichos, Iemanjá. Não tem patrão, no entanto se defronta com apuros da ordem do mercado capitalista. Um filho de negro com branca, enfrenta a discriminação quando se apaixona por Lívia, moça de olhos claros de classe social superior à sua. Lívia vai subverter o desfecho esperado para uma mulher, e assim acabará por revelar-se uma personagem feminina de fibra. De mesma força que ela, há outras duas, a professora Dulce e Rosa Palmeirão, que leva o punhal no peito e a navalha escondida na saia.

Provavelmente porque enviou seus livros, receberia resposta de dois escritores de peso, nomes que ainda faltavam em sua fortuna crítica: Mário de Andrade e Monteiro Lobato.

O modernista gostava de trocar cartas e incentivar novos autores. Os que o conheciam dizem que só era rigoroso, analítico e discriminador em face de livros e autores dos quais gostava realmente e aos quais atribuía importância. No geral, enviava adjetivos amáveis, às vezes vagos e convencionais. Talvez Jorge se encaixasse no segundo tipo. Escreveu-lhe brevemente, ainda que com entusiasmo: "Acaba de se doutorar em romance o jovem Jorge Amado, grande promessa de nosso mundo intelectual", declarou, na primeira linha. "Seu primeiro livro não é o melhor livro de você. Que milagre e que exemplo bom neste Brasil." Contava-lhe que falar bem do autor estava se tornando um hábito no "grupinho" de que faziam parte também Sérgio Milliet, crítico literário, e Rubens Borba de Moraes, bibliófilo. Os três pertenciam ao Departamento de Cultura da prefeitura de São Paulo. Elogiava duas nuances da escrita de Jorge, a "realidade honesta ou a sensação de realidade honesta — o que é a mesma coisa em arte" e a "linda tradição de meter lirismo (e que delicioso lirismo) de poesia na prosa". Gostou "imensamente do livro", mas fez um reparo. Achou o final com traço deveras romântico, do século XIX, um "senão [que] não alterou a boniteza". Mário aparentemente não notou o que tinha de inovador no destino de Lívia.

Mais demorado em seu juízo, Lobato enviou-lhe metáforas arrojadas. Definiu o jovem autor como "harpa eólia", um "trágico no sentido grego", com obras de difícil definição, já que "desgarram todos os moldes assentes", sem rivais. Na verdade, com muitos rivais: "Que ódio secreto não há de ter de você a gente da planície". E proclamava, na frase que se tornou das preferidas de Jorge até seu último quartel: "Na planura da literatura brasileira vai ficar como um bloco súbito de montanha híspida, cheia de alcatis, de cavernas, de precipícios, de massas brutas da natureza".

Como anunciou na folha interna, o próximo livro, *Bahia*, estava "em preparo". Em busca de um esconderijo para evitar nova prisão, recolheu-se com mulher e filha em Estância, distante de tudo e com custo de vida muito mais baixo. Em contingências políticas, encontraria tempo e lugar para escrever.

9.
Esconderijo em Estância

Depois do cárcere, o exílio bucólico. Estância admirava-se com o escritor que ali buscou abrigo: incômodo para o governo, autor de cinco romances, com traduções a caminho e ainda por completar 24 anos. Não passava de "um frangote": muito magro, cabelos rebeldes, roupa amarfanhada. Tirava goiabas nos pés da praça, tomava banho de rio, abancava-se na cadeira com o espaldar virado, "pernas abertas, pé na mesa, cigarro aceso espalhando cinza e fumaça".

Ninguém ali fazia comício. Na praça onde se plantavam palmeiras, flamboyants, tamarineiros, cercada de velhos sobrados de azulejos portugueses, o silêncio só era quebrado pelo apito da fábrica de tecidos que anunciava o dia e o pacífico ruído dissonante dos pregões de vendedores de frutas, caranguejos e beijus.

Antes de chegar, alertara jocosamente Matilde que, sem vida intelectual, preparasse um caderno para copiar receitas de doces e licores. Desembarcados do paquete *Comandante Alcídio* no porto de Aracaju, enfrentaram ainda setenta quilômetros de trem até Estância, e, em junho de 1936, ocuparam o quarto 19 do hotel Vitória, uma construção de casas interligadas onde moravam os proprietários, Juca Nunes e a mulher, Pequena, de modo que era mais conhecido como hotel de Juca. O quarto era "quase que como sobra do corpo do hotel, metido num quintal, árvores dando sombras nas suas duas janelas, os coqueiros ao fundo, um rumor que o vento faz nas folhas largas", como Jorge o descreveu numa crônica.

Chegou abatido e sem graça, como recordariam os moradores. No café da manhã do primeiro dia, teve razão para recobrar a alegria. O menu idílico: cuscuz de milho ralado em talhadas untadas de manteiga de fazenda, cobertas com ovos frescos de quintal, aipim cozido com carne de sol frita, pasteizinhos de queijo de coalho, inhame, bolo de puba, banana frita com canela, tripinhas de porco assadas, mel de engenho com batata-doce, compota de goiaba e doce de coco verde, cesta de sapoti e tangerina, baba de moça. Para rebater, café com biscoito de tapioca e beiju de coco. Logo estaria familiarizado com o pessoal do serviço, a quem visitaria em rondas na cozinha, deixando suas preferências gravadas em cardápio reformulado: moqueca de caranguejo, refresco de murici e mangaba, doce de araçá.

Distante da capital, não deixava de acompanhar o noticiário nacional e internacional, que levava para a roda literária sui generis encontrada na cidade. Na Papelaria Modelo, de João Nascimento, onde os livros estavam em menor número, as prateleiras abarrotadas de outros produtos. Em retribuição, os convivas o abasteciam com os mexericos locais. O escritor-visitante não apenas escutava, como especulava e criava debates. Participavam, além do dono, frequentadores diários como Amintas, Capitão, Caboclo e Nhô Galo, e os sazonais, a gente de circo e do teatro, declamadores e mágicos que passavam para imprimir cartazes e folhetos de seus espetáculos na tipografia nos fundos.

Discutia-se a questão presidencial em Estância, véspera de eleições em 1938. Noutra crônica, Jorge anotou a cena que registrava a mentalidade política daquele interior brasileiro. Um velho senhor de engenho octogenário e meio cego perguntou aos interlocutores num bar: "Quanto ganha um presidente da República?". "Vinte contos por mês, coronel." Ao que o velho disse, com voz cansada: "É muito... é muito... tem quem faça por menos". E repetiu: "Tem quem faça por menos...".

Com redação e oficina ali mesmo, João Nascimento publicava um semanário independente, simpático à esquerda, o *Voz do Povo*, havia quase uma década. Com o passar dos dias, Jorge se voluntariou para revisá-lo, enquanto comia goiabas do quintal, sem engolir as sementes por temer apendicite. Depois passou a fazer textos, sem assinar, para evitar agruras com o governo.

Por um tempo ficou razoavelmente incógnito, até que começaram a aparecer convites para conferências e pedidos de entrevista. Certa tarde baixou no hotel de Juca um grupo de estudantes do grêmio literário do Colégio Ateneu Pedro II, de Aracaju, onde se concentrava a esquerda secundarista sergipana. À frente, um garoto chamado Joel Silveira, que, décadas mais tarde, se recordaria do encontro. Quem os recebeu foi Matilde. Atravessaram "o corredor interminável, com quatro ou cinco portas, alcançaram a sala de jantar, seguiram pela cozinha com fogão de tijolos e a mesa sem tamanho por onde se espalham em aparente desordem panelas, caçarolas, tachos, fôrmas para bolos, frigideiras, colheres de pau, talheres brilhantes e pilhas de pratos". Chegaram enfim ao quintal em que estava Jorge.

De "pijama listrado, metido numa rede enorme e colorida, com bordados, rendas e entrançados, armada entre troncos de duas mangueiras, lendo um livro de um poeta que, como dizia aos visitantes, considerava muito bom, devia ser mais conhecido e publicado por editora do Rio ou São Paulo". O poeta era Sosígenes Costa, companheiro da Academia dos Rebeldes.

Sem deixar a rede e após apertar a mão de todos, explicou: "Vocês me desculpem eu não levantar. É que sair e entrar nesta rede dá uma trabalheira dos diabos. Só consigo puxado por Matilde". Contava que a polícia estivera à sua procura no Rio, São Paulo, Salvador e Ilhéus. Não parecia aflito, o cenário que antevia era dos melhores, como dizia aos estudantes: "Vou ficando por aqui até a poeira assentar, o que não vai demorar muito. Getúlio está com os dias contados. Ou ele se integra ao regime democrático ou será chutado pelo povo".

Uma mocinha e um rapaz, empregados da casa, trouxeram suco de manga em vaso grande. No almoço, os visitantes comeram uma peixada, a convite do anfitrião.

Na volta da democracia Jorge parecia acreditar. O pessimismo, ele reservava à literatura.

O romance que escrevia talvez fosse o último, como disse no desabafo por carta ao patrão José Olympio. O esmorecimento não se devia à perseguição política. O que o decepcionava eram as intrigas literárias. Sofria o que chamava de "boicote indecente". Dizia que silenciavam sobre seus livros os "meninos bonitos e bajuladores de porta de livraria". Até amigos, que lhe deviam ser gratos, se afastaram. "O sucesso de *Jubiabá* assombra a muita gente."

Nunca lhe faltaram notas e resenhas desde a estreia, havia cinco anos. Com *Mar morto* se passava outra coisa. Praticamente não se fazia menção ao livro na imprensa.

"Está ruim, seu Jorge", o editor lhe respondeu do Rio. Os negócios não iam a contento. Admitia, para o funcionário, que desaparecia o otimismo com que iniciara os primeiros dias da casa editorial: "Vim tão desejoso de ajudar a fazer andar a literatura. Cada vez estou mais desanimado".

Aceitava publicar o livro que Jorge estava a escrever. No entanto achava ainda cedo para reeditar *Jubiabá*. Dos 3 mil exemplares da primeira edição restavam cerca de trezentos. Queria também saber sobre a vaga, pois Jorge ausentara-se sem previsão de retorno. Lembrava-lhe que tinha dito que ficaria fora da capital por três meses. Pelo visto, o afastamento do Rio poderia se estender por ao menos seis meses. Contava ainda que escutara de João Amado que mandaria o filho para a Europa.

Em nova carta, Jorge admitiu: "Não lhe escrevi sobre meus planos porque, para falar com a maior franqueza, no momento não os tenho". Desejava o parecer do editor sobre a situação: "Você acha que é hora de voltar?". Como relatava, na cidade pequena, conseguia passar com o que recebia de direitos autorais dos anteriores. Somando os adiantamentos pelo *Bahia* e os direitos pelas reedições dos títulos anteriores, Jotaó lhe enviava parcelas mensais de quinhentos réis. No Rio, a vida não seria possível só com o emprego na editora. "Peço sua opinião sincera. Não é pensamento meu deixar a casa. Há dois anos, dou entusiasmo, por sua conduta e sua valorização do autor brasileiro."

Fora da sede, o escritor ainda se mantinha como chefe do departamento de publicidade e se repartia em funções. A principal era vender livros do catálogo da José Olympio aos governos da Bahia e de Sergipe. Nos tantos livreiros que visitava, inspecionava como estavam expostas as obras. Controlava quem entrava e saía da lista de jornalistas que deviam receber lançamentos em todo o país. Dava palpite sobre como divulgar os lançamentos. Quando a José Olympio lançou *Caminho de pedras*, de Rachel de Queiroz, escreveu ao patrão, preocupado com a falta de exposição: "A edição está bonita. O livro é bom. Agora, José, aqui para nós, você não achou o livro mal lançado? Não se zangue, mas quero lhe dizer o seguinte: Rachel faz quase quatro anos que não lança um livro. O nome dela está um bocado esquecido. Era necessário uma intensa publicidade anterior ao lançamento. Publicação de trechos etc. Que o nome dela voltasse aos ouvidos do público". De preferência, recomendava o *Boletim de Ariel*, que considerava o grande indicador literário no interior do país.

Com a dificuldade que a José Olympio enfrentava, os livros populares que ensaiavam publicar, de detetive e para moças, eram outro tema recorrente nas cartas enviadas pelo exilado: "Seu José, é preciso tratar disso. Humberto [de Campos] está acabando. Os literatos nunca bastarão para sustentar uma casa. Estou certo de que devem ser luxo numa editora. Vou repetir uma coisa que já te disse. Esses modernistas não vendem cem livros, a não ser a governos". Defendia que fizessem poucos livros das coleções intelectuais, do contrário a casa editorial iria à falência. Como estava a ocorrer com a firma de Agripino Grieco e Gastão Cruls, que demonstrava sinais de causar apreensão: "Os livros de literatura não aguentaram uma casa feito a Ariel. Depois você poderá então sustentar essa gente toda que vive aí atrás de dinheiro porque corre a fama que está algumas vezes milionário com o negócio do livro no Brasil. E não duvide que tenha autor que se julgue roubado por você".

A escrita de *Bahia* continuava. Na carta seguinte a José Olympio, o ânimo parece outro. Atravessava um mau momento, que "porém passará e eu tenho certeza que você não terá prejuízo com os meus livros". Estava confiante: "Acredito que estou escrevendo um livro que vai abafar porque é uma coisa realmente séria. Infelizmente contra a minha vontade o livro será grande, o assunto exige, maior mesmo que *Jubiabá*".

O diálogo logo começou a ser atingido pelas circunstâncias políticas. Uma decisão do editor o incomodava. Na carta seguinte dizia que, por pudor, pois era o diretor de publicidade, achava que não devia discutir esse tipo de questão. No entanto relatava a chateação por escrito: "Vou lhe fazer uma queixa. É uma besteira, você terá o direito de chamá-la assim, mas me entristeceu". Nos anúncios dos romances da casa seu nome sempre fora colocado logo abaixo de Zé Lins. Com "grande surpresa", notara que era o terceiro, tendo acima, agora, Plínio Salgado, líder integralista. "Se ainda fosse de qualquer outro... Mas logo de quem. Fiquei sentidíssimo. E como não perdi ainda o costume de usar de franqueza com você, estou me queixando."

Não era só. Lembrava que de *Mar morto* nada saíra nas capas dos outros livros recém-publicados, apesar de ter enviado a tempo material — opiniões decisivas, provavelmente as de Monteiro Lobato e Mário de Andrade. "Enfim isso tudo não tem importância, apesar de já ter sido um golpe a colocação dos livros do Plínio [Salgado] na coleção. Desmoralizou muito a coleção, na opinião dos livreiros e pelo menos para mim tirou todo o entusiasmo que eu tinha por ela."

Na próxima carta, o editor comentava suas queixas. Dizia que não se tratava de caso exclusivo a falta de publicidade. O mesmo se dera com *Usina*, de Zé Lins, anterior a *Mar morto*. Os anúncios, tanto do seu como do livro do autor paraibano, apareceriam em obras que ainda iam sair, no começo de 1937. Não tinha, portanto, como reclamar da presença de Plínio Salgado. Afirmava que o apreço por ambos era igual — amizade mais antiga de Olympio e Salgado, conheciam-se desde a época em que a loja funcionava em São Paulo. "Aquele negócio de no anúncio ficar entre ele e Zé Lins foi de propósito para mostrar ao público brasileiro a isenção de ânimo da nossa casa. Não tive intenção de melindrar você, nem de botar o Plínio por cima de você na ordem intelectual da casa."

Adiante, o editor-livreiro voltaria a contar dos dias difíceis: "Você está fora da casa há uns tempos, não sabe bem como andam as coisas por aqui. Não que estejam más, mas estão difíceis. Mas vamos mudar de rumo, aliás já estamos. Vamos fazer apenas os grandes romances, os livros populares já estão bem encaminhados — detetive e para moças. Na Documentos Brasileiros só farei por ora livros de sucesso, e, seu Jorge, vamos fazer livros de modinha se for preciso, mas vamos tratar de ver o que o povo quer. Na hora das nossas aflições não há ninguém que nos socorra. Perdoa o desabafo, você sabe que te estimo".

Bahia avançava. "Estou terminando a segunda parte e vou entrar na última", informou ao patrão. "No máximo em fins de março estará pronto." A expectativa não podia ser melhor: "Tenho certeza que é meu maior livro e que será um grande sucesso, pois é um assunto estupendo e inteiramente realizado. Será um livro para abalar a sensibilidade do país".

Aliviado o clima político, encerrou a primeira temporada em Estância. Com os originais do *Bahia* na bagagem, partiu em sua primeira viagem internacional.

De Iquique, no Chile, dava notícias ao dono do hotel Vitória: "Juca, tenho comido em muitos bons hotéis, alguns deles muito importantes, mas nenhum tem a boia parecida [com a sua]". A bordo do navio, concluíra enfim o romance. Numa carta que seguiu para o dono da Papelaria Modelo, contava: *Bahia*, que teria ele, João Nascimento, entre os nomes na dedicatória, passou a se chamar *Capitães da Areia*.

10.
Giro pelas Américas

De trem, avião ou navio, o divertimento consistia em reparar nos embarcados, adivinhar-lhes biografias, por vezes entabular diálogos.

Decerto o divertimento não era unânime, como Jorge anotou na crônica dedicada à ida sobre trilhos de Estância à Cidade da Bahia, nove horas de atraso. "Um viajante que entre num trem desses, se for um sujeito seco, amargo e chato se arrependerá toda a vida e vários meses mais. Odiará o assento incômodo, em meio ao café cheio de pó que tomará num carro-restaurante horrível, os companheiros de viagem que puxam conversa." Enquadrava-se sem dúvida no tipo oposto. "Se for um sujeito capaz de compreender e amar essa humanidade do Nordeste, amará esse trem da Leste Brasileira, que vai cheio de homens fortes e risonhos, de mulheres belas e tímidas. E cheio de mistério também, como se fora um trem indiano." Àquela altura, não tinha ainda pisado na Índia. O conhecimento de trem indiano provavelmente se devia à ficção.

Anotava os acontecimentos daqueles dias para publicar um livro de viagens. O giro pelas Américas, muito longe de significar descanso, tinha um sentido profissional. Encontraria escritores e editores no esforço para fazer sua obra circular. Não faltariam os contatos com gente que, não sendo da área de livros, pertencia à esquerda latino-americana, cujo epicentro era justamente o Cone Sul.

No vagão do trem da Leste Brasileira havia o velho, a moça, a senhora negra, o condutor, o caixeiro de uma casa de tecidos.

Uma discussão que surgiu de repente o levou a intervir: "Pela primeira vez na vida declarei, com certa humilhação, meu grau de bacharel em direito pela Universidade do Rio de Janeiro".

Apenas nove dias ficou na capital. Em meio a visitas à redação do novo jornal *Estado da Bahia* e à casa de João Cordeiro, conseguiu "reunir bastante força moral" para despedir-se "dos amigos queridos e da cidade amada sobre todas". O avião da Panair saiu às nove horas da manhã para, às três da tarde, chegar ao Rio de Janeiro. Ainda no aeroporto, escutou de Matilde, que procurava no jornal horários de navio, sobre a partida do *Oceania*. Os dias foram de correria. Pelo visto, Lila não tinha como seguir viagem com os pais. De um diretor de jornal a quem disse quanto levava em dinheiro, veio o alerta: "Você vai morrer de fome pelo caminho".

No bolso, o valor obtido após vencer o prêmio Graça Aranha com *Mar morto*.

No *Oceania*, rumo ao sul do Brasil, foi a vez de imaginar histórias para o alemão de cabelo raspado e um homem a quem chamou de Pato Donald, acompanhado do filho. Na pensão na cidade do Rio Grande, admirou com assombro a alemã loira que carregava as malas escada acima, igual a um homem. De trem para Pelotas, todos liam, calados, o jornal. Não havia a alegria e a comunicabilidade que encontrava no Nordeste. "Sulista é gentil com ar de prosperidade"; sem "o grau de loucura que é uma das grandes forças do nordestino." No Sul, o tempo lhe parecia pequeno, não podia ser desperdiçado, no Norte e Nordeste, ainda havia como ouvir e contar histórias.

Cada vez mais ao sul, a viagem o levou a encontrar gente "comportada, trabalhadora e progressista". As conversas se estendiam por horas sem que se exaltassem os convivas, argumentava-se de lado a outro em educada ponderação. No entanto faltava passar por uma janela onde houvesse, como no Nordeste, um peru ensinado como se fora gato angorá a espiar o movimento da rua. "Onde estão aqueles poetas de cabeleira, aqueles salvadores do mundo, inventores do moto contínuo que abundam nas líricas cidades do Nordeste?" Nos hotéis, o temível cheiro de inseticida Flit, sinal de limpeza que lhe tirava o sono e o apetite.

O trem cortava o interior do estado, e, no lugar dos ranchos miseráveis que serviam de moradia ao sertanejo ou ao camponês nordestino, via casas de madeira limpas. De Rio Grande chegou a Porto Alegre de avião, com jornalistas e fotógrafos no seu encalço. O amigo Erico o esperava, e embarcaram todos no carro do escritor Telmo Vergara. Os cidadãos porto-alegrenses, logo concluiria, tinham "fisionomia confortadora"; não traziam "aquela marca de drama angustiante que se encontra no Nordeste". Eram bem alimentados e moravam "em uma casa confortável e por um preço relativamente barato", não em "aleijões concebidos por um novo rico ou por um arquiteto com dinheiro".

O chá talvez tenha sido o maior desafio. "A não ser pelo de cidreira, dado como remédio no Nordeste", considerava a bebida "igual a água suja". Em casa de maior cerimônia, teve de ingerir várias xícaras de chá. Se não fosse por saber da boa prosa, se daria por doente. Valia o esforço. De inesquecível, ficou o "pantagruélico jantar" na casa de Viana Moog, escritor e ensaísta, que preparava uma biografia de Eça de Queirós que causaria sensação. A comilança foi tanta que "tomou proporções só atingidas por aqueles almoços que as famílias das casas-grandes do Nordeste nos oferecem e que constam de uma infinidade de pratos".

A visita à Livraria e Editora Globo lhe deu ideia da verdadeira pujança: "um colosso, um mundo", escreveu ao patrão. O amigo gaúcho era, por sua vez, o motor a movê-la, trabalhando "como vários burros, com um programa imenso". A concorrente no sul lhe parecia praticamente invencível. "Com o térreo, dá quatro da nossa, sem exagero, e ainda tem um primeiro andar com medicina, direito etc.", descreveu. "Não podes calcular como a Globo fecha mercado para as outras editoras: nas vitrines, nem um livro de ninguém sem ser Globo, nos balcões tampouco. Só duas livrariazinhas vendem livros dos outros, Cruzeiro e Miscelânea, assim mesmo os da Globo entopem livros e balcões."

Os livros da José Olympio esgotavam logo e não havia reposição. "Não há um meio de as remessas iniciais serem maiores?", sugeriu. Dois casos se passaram à sua frente. *Memórias*, de Oliveira Lima, e *Pureza*, de Zé Lins, acabaram nas lojas, de modo que os interessados estavam lendo por empréstimo de alguém. Continuava a raciocinar sobre a concorrente: "Se a Globo abafa a literatura, imagine o didático. Quando entrarmos no mercado de didáticos, como vai ser no Rio Grande do Sul?". Ter um sujeito para correr as casas é bom, mas não resolve. Para vender ali, era necessário que Jotaó abrisse filial. A coleção de livros populares da Globo não lhe parecia bom exemplo. Achava-os bonitos, por 3,5 mil-réis; no entanto encalharam como "verdadeiros ananás". Concluía que "o livro barato demais não vende, não sabe dizer, mas é uma verdade". Acreditava que o papel de jornal iria "matar a coleção" que Jotaó planejava fazer, já que o público "desconfia destes livros". Sugeria outro modelo: fazer uma coleção em formato de livro mesmo, a 4 mil ou 5 mil-réis, pouco mais da metade do preço de um livro comum.

As leitoras mulheres que encontrou no sul do país eram já de outro tipo. No Norte e Nordeste, as moças "envelheciam lendo Delly e Ardel" — autores de romances água com açúcar da Biblioteca das Moças —, dedicavam-se às prendas domésticas, a fazer tricô e renda, tocar valsas no piano, "esperando noivo chegar" — e não eram poucos "os casos de solteironas doidas". As que via agora não só liam seus livros — proibidos pelos pais às jovens do Norte e Nordeste — como chegavam para debater com perguntas pertinentes. Notava que o Sul as educava para o trabalho, e elas iam ocupando os escritórios. Conversavam sobre qualquer assunto "sem pensamento fito em noivo". Admirava-se com as mulheres "fortes e saudáveis". Não havia "aquele tipo de mocinha cinematográfica" que considerava comum no Rio, uma estética a que se referiu como "bonitismo". Tampouco os rostos de "beleza macilenta, de mulher enclausurada", que possuíam tantas moças do Norte e Nordeste, a beleza "enfermiça".

De trem chegaria a Santa Maria. Encontrou campos que se estendiam indefinidamente, com homens de bombacha e botas. Outra vez a imprensa o procurou na estação. Em Santana do Livramento, buscou a fronteira com a uruguaia Rivera numa rua de parca iluminação elétrica. Sem encontrá-la, avistou lojas com nomes em espanhol. A fronteira era a praça onde estava o cinema em que assistiu com Matilde a um filme com Spencer Tracy e Sylvia Sidney.

Na paisagem gaúcha, que não se modificava no lado uruguaio, havia "o mesmo campo, o mesmo céu, uma planície que se estendia melancólica para infinito". Nela, "o homem não é igual aos demais homens, que vão dos pés à cabeça; em verdade tem outra parte: o seu cavalo". O criatório, na comparação com a lavoura nordestina, dava mais intimidade entre o patrão e o trabalhador. Como anotaria, "ambos se dedicavam a cuidar da vida de alguma coisa que vivia".

Em Montevidéu os cabaretiers eram todos nascidos no Brasil: "Parece que a nacionalidade brasileira do cabaretier dá prestígio à casa, pois anunciam este fato em letras bastante grandes". Admirou-se com os gatarrões de Montevidéu, "enormes, dormindo nas cadeiras de todos os bares, nas portas de todas as casas comerciais". De ônibus passou por Colônia, de barca alcançou Buenos Aires. Quando ali estivera pela primeira vez, dois anos antes, as ruas eram estreitas. Em 1937, a capital portenha era outra. Com novo obelisco e novos cinemas, teatros, ruas de nomes sonoros por onde passavam argentinas elegantes, que aprenderam a mais difícil das artes, em sua opinião, a de se vestir e se pintar. Nos cafés e cabarés do cais, havia ainda o mistério do tango, que "bole com a gente como uma coisa amarga e doentia". No zoológico, Jorge e Matilde tentaram ver o rinoceronte, mas não havia nenhum. "Inútil falar de Buenos Aires aos brasileiros", escrevia, numa anotação turística sui generis. Julgava a capital argentina "tão conhecida dos brasileiros quanto qualquer das cidades do país natal e por certa parte da população melhor conhecida que inúmeras cidades brasileiras".

Na direção do Chile, passaram por Mendoza a bordo do transandino, trenzinho "preto, pequeno e sujo, não anda, é das criaturas mais cansadas que já viu". Atulhado de malas, nele "é proibido fumar e muito fumamos, é proibido levar frutas, maçãs jogadas pela janela". De tanto frio, não sentia mais o nariz. "Penso que meu nariz não existe e debalde o procuro no rosto. E lembrar que era grande." Cruzou a cordilheira imaginando que, com o condutor a agir daquele jeito, logo cairiam precipício abaixo. "Darei bons títulos aos jornais — Romancista tragado pelo abismo já rolou dois mil metros no rio Mendoza." Em Santiago, encontrou cafés tristes e cabarés curiosíssimos, pequenos e decorados com cores extravagantes.

Pela América hispânica, prosseguiu a pesquisa sobre editoras, coleções e livros populares — aonde ia, propagandeava uma lista certa de autores, os de sua preferência, independentemente da editora: José Américo, veterano do norte; os da nova geração, como Zé Lins, Rachel, Graciliano e Amando Fontes; o gaúcho Erico; dois entre Rio e São Paulo, Marques Rebelo e José Geraldo Vieira. Na Argentina e no Chile, ia descobrir, atordoado: o livro era baratíssimo e as edições, bonitas. Pois que os editores podiam comprar papel estrangeiro, que "NÃO PAGA IMPOSTO ALGUM", ressaltou em letras maiúsculas na carta ao editor, a quem enviava livros pelo correio, para que visse o que dizia. As editoras argentinas e chilenas, como anotou, publicavam tudo o que de melhor se escrevia no mundo, e as livrarias estavam cheias de tudo o que era editado na Argentina, Chile e Espanha. No Rio, as livrarias tinham fatalmente um balcão de importados, com livros em francês. Ao viajar pelo Cone Sul, notava o contrário, até faltava livro em francês — e como esse movimento de traduções era grande e havia edições nacionais de obras francesas, ainda estava em dúvida se deviam fazer as populares em forma de livro ou revista. "Levo um montão de ideias. Tantas eu tenho que acho que você ficará alucinado."

Em Valparaíso, o casal embarcou no navio japonês *Rakuyo Maru*, que subiu pelo Pacífico passando por vários portos — Peru, Equador, Colômbia. Jorge observava o campo e as pequenas vilas, que, resistentes, preservavam feições e hábitos à revelia do progresso, e também as grandes cidades e seus sinais de modernidade, o tamanho das livrarias e a beleza das mulheres. Acompanhava sobretudo os passageiros, conferindo seus nomes na lista dos que estavam a bordo, inventando-lhes enredos: o cônsul do Chile, o casal iugoslavo gordo, o casal espanhol sanguíneo, o casal norte-americano, o estudante boliviano, o estudante chileno, outro iugoslavo, a americana velha, dois engenheiros mexicanos, a artista mexicana, a japonesa.

O destino onde se demorou mais, três meses ao todo, foi o México, que passara por uma revolução na segunda década do século XX e, à altura de sua viagem, era governado por Lázaro Cárdenas. Dada a euforia com as mudanças sociais, inclusive reforma agrária ampla, o país se tornara abrigo para revolucionários de todos os matizes. Jorge conheceu artistas plásticos em maior quantidade que escritores, todos comunistas: Diego Rivera, José Clemente Orozco e David Alfaro Siqueiros, e também o trio Leopoldo Méndez, Luis Arenal e Pablo O'Higgins, do Taller de Gráfica Popular (TGP).

Do México, escreveu a Anísio Teixeira, seu patrão por brevíssimo tempo. Sentia-se "encantado" pelo país, onde estava havia um mês e meio, "muito diverso de toda a dor e suprema pobreza" que vira no Chile, no Peru, no Equador e na Colômbia. "Alegria no rosto do povo", dizia encontrar. "E a visão do campo mexicano e das escolas rurais é qualquer coisa que me encanta." Com a carta, enviava livros sobre educação. Informava que tinha tomado a liberdade de também dedicar a ele o romance que entregara a José Olympio, *Capitães da Areia*. "Sei bem que mesmo que o romance seja fraco o senhor saberá amar e compreender essas crianças abandonadas a quem falta tudo e cuja vida na Bahia me espantou de tal maneira que abandonei dois planos de romance que tinha para fazer este", explicava. "O senhor é um homem para quem o grande amor e a única ambição tem sido as crianças do Brasil", acrescentava. "Por isso e pelo muito que me ensinou nos meses que trabalhamos juntos aceite a dedicatória. Para mim é um grande orgulho poder dedicar um livro ao senhor."

O casal passou por uma experiência que não conhecia. Um terremoto atingiu o México nos dias da visita. Foi "um bruto susto" em Jorge e Matilde, "novatos nessas coisas", como contou a José Olympio no começo de agosto. Dava instruções sobre seus títulos, agora todos na casa. Sobre *O país do Carnaval*, dizia que podia destruir os exemplares imundos e velhos. Chegaria à terceira edição, com o prefácio de Schmidt transformado em posfácio. Jorge concordava que o novo romance saísse em tiragem inicial de 3 mil exemplares. "Ao esgotar, você tirará nova edição", recomendava. Não escondia a ansiedade. "Quando sairá?" Contava que naqueles dias ia fazer uma conferência sobre a nova literatura brasileira em uma liga de escritores e artistas. Não tinha deixado de enviar livros ao patrão a cada porto em que parava, e não fora diferente no México. Animado, dizia que tinha "tantas ideias", que o patrão ficaria "alucinado". "Tenho estudado muito tudo que se refere a editoras aqui e por onde tenho passado."

A viagem terminou com dez dias em Nova York, onde se encontrou com romancistas que faziam sua cabeça: John dos Passos e Michael Gold. Assistiu à peça *A estrada do tabaco*, de Erskine Caldwell, de quem passaria a devorar também os romances.

A vida ali era "fabulosamente cara", como disse a José Olympio em 28 de setembro. Não queria mais lhe tomar dinheiro naquele ano; estava sem saber se ainda tinha saldo e quanto lhe devia. No entanto, precisava comprar as passagens de volta de Belém para o Rio. "Vou chegar sem um tostão." Para ressarci-lo, garantia-lhe que teria um novo livro para o começo do ano seguinte. Em Belém, diria num bilhete curto, em 17 de dezembro: "Cheguei magro e adoentado".

O vínculo literário-afetivo com a América hispânica, que começara a se formar com a leitura dos volumes comprados na Livraria Espanhola, se fortalecia. Por onde passou, vendeu seus livros: seis contratos, como relatou numa última carta a José Olympio. Nem todas as aquisições iam se concretizar, por motivos que podem ser tanto a dificuldade de tradução como a inviabilidade comercial ou política. Na Argentina, entregou *Suor* à editora Claridad. *Cacau* era o segundo livro em vendas da coleção de romances sociais da editora argentina. A Sur adquiriu *Jubiabá*, que não chegaria a sair, tampouco *Mar morto*, dado à Tor. Ao todo, conseguira "uns mil pesos". Ficou com o direito de renegociar com outros países de língua espanhola, e foi o que fez. A editora Ercilla, do Chile, comprou *Cacau* — que seria publicado. Em Nova York, vendeu *Suor* e *Mar morto* para a New America — os dois livros, tudo leva a crer, tampouco saíram.

II.
Contrabando literário

Pois o sexto romance, *Capitães da Areia*, aquele que Jorge intuía ser seu maior livro e com o qual ia abalar a sensibilidade do país, circulou por apenas um mês. Saiu em setembro de 1937, quando estava em seu giro pelas Américas. Em outubro, a polícia política baixou na sede da José Olympio para recolher esse e os títulos anteriores. Uma fogueira foi acendida numa praça da Cidade da Bahia, em frente à Escola de Aprendizes-Marinheiros, a poucos metros do Elevador Lacerda, para queimar títulos seus, de Zé Lins e de Graciliano. Dos 1800 incinerados no espetáculo da censura, mais de 90% eram de autoria de Jorge, metade do lote o seu *Capitães da Areia*. Denunciando um suposto plano comunista para tomar o poder — depois se comprovou que era falso —, Getúlio fechou o Congresso, cancelou as eleições e implantou o golpe no dia 10 de novembro. Enquanto durasse a ditadura, o Estado Novo, estaria impedido de publicar.

Um tema inédito em romance brasileiro, a vida de menores delinquentes brancos, pretos e mestiços que perambulavam pelas ruas era problema que começava a aparecer nos centros urbanos do país. Seu amigo Aydano do Couto Ferraz fizera reportagem para um jornal baiano sobre bandos que atormentavam comerciantes com seus pequenos delitos. Pedro Bala, o protagonista de dez anos, é uma versão de Antônio Balduíno adolescente e branco. Filho de um funcionário das docas morto em uma greve, é o líder de outros meninos como ele, entre a revolta e o espírito solidário: João José, o professor, Gato, João Grande, Boa-Vida, Sem-Pernas, Volta Seca, Pirulito. Na história de errância e desalento da turma de rapazes, emerge um caso de amor: Bala se apaixona por Dora, que vive acompanhada do irmão, Zé Fuinha. Adulto, Bala irá trabalhar como estivador e se tornar militante perseguido pela polícia. Depois do lírico *Mar morto*, o novo romance recupera o vigor realista de *Cacau*, *Suor* e *Jubiabá*, deste último guarda a sucessão de tramas — aventura, suspense, drama. Nas páginas finais, uma greve, como nos três romances anteriores. Rosa Palmeirão, de *Mar morto*, reaparece no novo livro, é agora figura lendária no cais.

Quando retornou ao Brasil do giro pelas Américas, Jorge entrara em cana pela segunda vez. O navio que partiu de Nova York aportou em Belém, e o romancista paraense Dalcídio Jurandir o encontrou às escondidas para avisar que saísse imediatamente do país, no exterior sua denúncia da ditadura varguista seria muito útil, caso decidisse o exílio. Jorge conseguiu embarcar Matilde para o Rio. Com recomendação do paraense, obteve passaporte fornecido pelo cônsul da Colômbia. A polícia política frustrou a fuga estratégica e o prendeu em Manaus.

No xilindró manauara, escutou um dos policiais contar que andava a vender clandestinamente muitos dos seus livros apreendidos, pois a procura era grande e o lucro, certo. Jorge ocupou uma cela onde só havia prisioneiros políticos. Nas outras, detentos comuns. Ao seu lado, o folclorista Nunes Pereira e um comerciante português sem militância política, mas sogro de um dos participantes da Intentona Comunista. Quando soltaram o português, Jorge lamentou, pois da rica casa do sujeito enviavam comida das melhores — os relatos que deixaria das prisões são amenos, por vezes bem-humorados e presumivelmente romanceados. Contava que, com o calor terrível, os presos passavam o dia inteiro debaixo do chuveiro, enquanto do lado de fora, na rua, escutavam integralistas passarem ameaçando-os de morte. Um dia um chefe de polícia o chamou para lhe perguntar por que estava preso, pois ele mesmo não sabia. A certa altura, Jorge resolveu fazer um protesto. Notara que nas celas próximas havia gente adoentada. O delegado autorizou que levassem os enfermos para o hospital e acabou por soltar o escritor, para ficar em liberdade vigiada num hotel. Só podia sair acompanhado por um tira que era dentista, de quem acabou padrinho de um dos filhos. Por fim, mandaram-no preso para a capital federal, num navio, vigiado por um policial do Rio que estava a passeio no Amazonas.

Da viagem, no navio *Pedro II*, Jorge guardou uma paisagem de que não se esqueceria: desceu o rio vasto, depois toda a costa, de Belém do Pará até a capital do país, vinte dias que guardaria para um romance.

No Rio, outra vez Jorge foi libertado: era mais um escritor subversivo sem ainda tanta importância para os quadros do Partido Comunista. Em vão tentou se estabelecer. Com as portas fechadas para seus livros e colaborações na imprensa, arriscou mudar-se para São Paulo, como hóspede de Rubem Braga e sua mulher, Zora Seljan. Os anfitriões, também procurados pela polícia, logo tiveram de escapar. Voltou a cogitar a moradia em Estância, o custo de vida mais baixo pesou na decisão. A segunda temporada na cidade sergipana durou de junho de 1938 a março do ano seguinte.

Um livro estava em seus planos desde a época em que trocou cartas com José Olympio sobre *Capitães da Areia*. Era *Sinhô Badaró*. Não terminaria o projeto tão cedo.

O paquete *Comandante Alcídio* o conduziu de volta a Sergipe, com Matilde e Lila, e de lá regressavam à cidade paterna. Não tinha como mudar de hospedagem. "Na angústia do mundo de hoje, entre o gás asfixiante, o assassinato em massa de crianças e de García Lorca, a destruição de cidades, a guerra, a fome, o quarto 19 do hotel de Juca é a única coisa verdadeiramente bela que existe. O céu mais cheio de estrelas, a lua mais amarela e mais romântica do globo", escreveu numa crônica daqueles dias. Colaboraria em dois jornais sergipanos, *O Estado de Sergipe* e *A Folha da Manhã*.

A morte de García Lorca consternava os literatos brasileiros naqueles dias. Em artigos ou entrevistas, Jorge se recordava do poeta que, do surrealismo à luta comunista, cantara sua Andaluzia natal e, como se costumava repetir à época, se fez mais perigoso com a caneta do que com um fuzil. Fora morto em agosto de 1936, quando iniciava a Guerra Civil Espanhola. A notícia de seu assassinato por forças nacionalistas só saiu na imprensa brasileira com catorze meses de atraso. Outro artista da Espanha causava comoção por sua obra de denúncia do horror causado pela guerra: Pablo Picasso, com seu mural *Guernica*, a vila bombardeada pelos militares do general Francisco Franco, grande e chocante painel exposto durante a Exposição Internacional de Paris, em maio de 1937, quando nem se havia completado um mês do ataque.

O quarto 19 foi substituído pouco depois por uma casa alugada que pertencera a uma tal Doninha Quaresma e tinha fama de mal-assombrada. Dizia-se que, no meio da noite, aparecia a alma de uma velha para indicar o lugar onde enterrara botijas de dinheiro.

Com José Olympio, as coisas começariam a piorar. Em carta, perguntou ao editor por que seus livros haviam sumido das livrarias do país, assim como os anúncios de seu nome e sua obra. Até de Lisboa, dizia ao patrão, recebera notícias de que nada seu era encontrado. Aparentemente, a resposta não o satisfez e voltou a repetir a pergunta.

Discreto da primeira vez em Estância, agora viveria mais o dia a dia da pequena cidade, quase como um agitador cultural. Escreveu, ensaiou e dirigiu um jornal falado. Organizou campanha para a biblioteca. Idealizou a maior festa de Réveillon que a cidade viveu, com duas orquestras de peso e fogos de artifício. Ajudou a realizar o concurso de miss Estância e levou sua candidata ao triunfo — apesar de a própria moça vitoriosa achar sua principal concorrente mais bonita. Tinha sido, de início, contra o tal concurso: achava que eleição de miss era festa pequeno-burguesa e elitista, de inegável ranço machista.

Tentou sugerir outro tipo de disputa para incentivar as mulheres. Um concurso de poemas, por exemplo. Acabou convencido. Admitiu que, mesmo sendo frivolidade, o certame animaria a cidade — e seria um modo de colocar moças operárias para concorrer com as da sociedade.

Comovido em Estância, partiu para comover Carlos Drummond de Andrade, em 12 de julho de 1938, quando lhe enviou carta. O poeta chefiava o gabinete de Gustavo Capanema, titular da pasta de Educação e Saúde: "Mestre Carlos, eu estou aqui para lhe pedir um favor. Você verá que é uma coisa muito justa, pois bem sabe que eu não sou dos mais amigos de pedir e só mesmo num caso deste viria chatear você. Mas acontece o seguinte: Estância, que é um amor de cidade, tem um hospital — Hospital de Caridade Amparo de Maria — que se sustenta com os auxílios da população. O ministério aí dá uma subvenção pequeníssima. Calcule você que o hospital tem acomodação para quarenta enfermos e pela falta de recursos só sustenta dez e que o raio de ação deste hospital estende-se por todo o sul do estado de Sergipe, servindo uma zona enorme. A subvenção é de dois contos, querem ampliar para dez contos. Creio que o decreto de subvenções sairá por estes dias. Podemos eu, o hospital e a cidade de Estância contarmos com você e Peregrino para que consigam de Capanema esses dez contos em vez dos costumados cinco? Não serei apenas eu que lhe ficará grato. Toda essa gente boníssima de Estância ficará lhe querendo bem".

Em Estância, os moradores lembram de melhorias, só não sabem dizer se houve dedo de Drummond.

Nas horas vagas, continuava a tirar goiaba dos pés da praça e a tomar banho de rio, por vezes saía da cidade em direção a Aracaju ou a Mangue Seco, uma praia de imenso areal que ficava próxima. Sem nunca ter sido folião de Carnaval, à distância acompanhou os fantasiados quando chegou fevereiro. Parecia onipresente na cidade, era visto nos lugares mais diversos — curiosas, as fofoqueiras partiam no seu encalço. Os mexericos na cidade começaram a dar conta de flertes — dizia-se mesmo que teria arrumado uma namorada, o casal flagrado em encontro clandestino. Aparentemente nada chegou aos ouvidos de Matilde, que continuava reservada, embora sorridente e mais ativa no ambiente social na segunda temporada, conversando sobre todos os assuntos políticos, e ainda sobre as recordações da viagem. Lila crescia cada dia mais travessa.

João, da Papelaria Modelo, confessou a Jorge certo dia que pensava em aderir à causa comunista. Não ouviu outra resposta: "Você é maluco? Isso é para jovens desmiolados, como eu e o Hernani. Você não tem a menor ideia da coisa. Esqueça isso, lembre-se de seus filhos". Gozador, vistoriou o presépio de Natal da cidade e não deixou de recomendar que incluíssem entre os pastores e os reis magos a fotografia de Lênin.

A Estância dedicaria um texto na forma de um roteiro sentimental, no qual se dirigia a uma "doce, doce amiga". Dizia: "Eu vim a ela triste e cansado e ela me deu paz e alegria".

À distância, os ilustrados brasileiros, francófilos em sua maioria, sabiam reconhecer a logomarca e o formato. Não havia dúvida: era mesmo título novo da Gallimard. No entanto, a capa bege contornada por finíssimas linhas, uma preta e duas vermelhas, volume com 14 × 21 centímetros, 274 páginas, não estampava nome de autor francês. Tinha o de Jorge Amado, assinando um inesperado *Bahia de tous les saints* — assim o *Jubiabá* saía pela prestigiosa editora.

No Rio, ninguém mais sabia ao certo por onde andava o autor. Entrava outra vez em circulação via Paris e pela coleção Blanche, que oferecia aos leitores franceses a melhor nova ficção — a lista incluía Ernest Hemingway, John dos Passos e um novato que causaria furor na intelectualidade, Jean-Paul Sartre.

Aos 26 anos, Jorge era o primeiro brasileiro a ser publicado pela Gallimard, e foi o único ficcionista até 1956, quando Graciliano

Ramos também caiu nas graças da editora francesa. Até o ano 2000, apenas mais três brasileiros chegariam ao catálogo.

Do assombro que acometeu os literatos naqueles idos de 1938, registro sem-par foi o de Graciliano. Contou que todos se dispuseram a confabular sobre a razão de a Gallimard, a mais prestigiosa casa editorial francesa, "meter numa coleção onde figuram escritores terrivelmente importantes uma história de negros e mulatos, arranjada pela Bahia e vizinhança". Atiçavam-se em especulações, os rivais e os parceiros: quem arrumou esse negócio? Foi cavação política? Dedo de embaixador? Hipóteses descabidas, como notava o alagoano, pois Jorge "aborreceu os homens, especialmente os literatos".

O *Jubiabá* francês, uma espécie de "contrabando literário", como concluía Graciliano, impôs-se "por suas virtudes". Ironizava o receio, no Brasil, de que pudesse causar má impressão lá fora: "Que dirão em Paris vendo os pretos e esfarrapados que há nos livros do sr. Jorge Amado? Naturalmente dirão que vivemos numa terra de percevejos e moleques". Décadas à frente nunca faltaria quem se preocupasse com o que revelavam aos olhos estrangeiros os livros do baiano; pouco civilizados, tropicais em excesso, na imaginação brasileira o impacto da opinião estrangeira só cresceria.

Não era decerto a preocupação de Graciliano. Como lembrava, quando traduziram para o espanhol *A Marquesa de Santos*, de Paulo Setúbal, um romance histórico que se tornou best-seller em seu tempo e era exceção em vendas como Lobato, argumentou-se na imprensa que a amante do imperador não era gênero que se exportasse, servia apenas para uso interno. Graciliano calculou o preço: 28 francos cada exemplar, 22 mil-réis no Brasil, dinheiro grosso — três ou quatro vezes o preço de um livro nacional. "Entre nós ganha por estar em língua estrangeira e custar caro", disse, e vaticinou: "Pessoas finas que desprezaram o volume da José Olympio vão achar excelente a mercadoria importada".

O caminho de *Jubiabá* até a Gallimard nem fora tão clandestino como tentavam supor os literatos no Rio. A história de Antônio Balduíno, elogios e vendas a contento desde que saíra no Brasil, chegou a Michel Berveiller e Pierre Hourcade, dois professores que faziam parte da missão francesa na USP. Hourcade foi, de 1934 a 1935, o homem da língua e da literatura francesa na jovem universidade. Antes, vivera em terras portuguesas, dedicara-se à cultura luso-brasileira e, à época, era tradutor de Fernando Pessoa para o francês. Berveiller se responsabilizaria pelas cátedras de língua e literatura latina e literatura grega até 1937.

Não é difícil imaginar o interesse dos professores ao ler as resenhas do livro. Jorge era um jovem e promissor autor brasileiro, elogiado pelos principais críticos e escritores do país. A dupla traduziu o quarto romance do rapaz e enviou à Gallimard, para leitura e apreciação, a versão feita diretamente do "brasileiro", como diria a capa, causando alarde entre os literatos lusitanos. Para se materializar em título da prestigiosa coleção Blanche, o volume obtivera o voto decisivo de André Malraux, editor, crítico e um dos grandes escritores da França, autor de obras engajadas como *A condição humana*.

Depois do fim da Primeira Guerra Mundial, a Gallimard investia em obras politizadas, publicava filósofos como Kierkegaard e Heidegger, a psicanálise de Sigmund Freud, as obras de ciências sociais. Novas coleções surgiam na editora para dar conta dessa profusão: se para ficção contemporânea e ensaios havia a Blanche, os estrangeiros seriam reunidos na Du Monde Entier, e existiam ainda as de humanidades, como a Bibliothèque des Idées, Les Documents Bleus e Les Essais. Em 1933, a Bibliothèque de La Pléiade consagrava os grandes autores editando-lhes as obras completas em papel-bíblia e capa de couro. A Gallimard era o modelo para editores que ansiavam por um catálogo de gabarito. Como José Olympio: a semelhança entre as coleções do brasileiro e as da casa editorial francesa não era coincidência.

Paris respirava um ar cada vez mais rarefeito conforme avançava a década de 1930. A ordem estabelecida era ameaçada por todos os lados: ao norte, pela Alemanha de Hitler; ao lado, pela Itália fascista de Mussolini; no extremo leste, pelos soviéticos. As sensibilidades se alteraram também nessa década. Estava em crise a razão ocidental, descobriam-se novos mundos com a etnologia e, com a psicanálise, o inconsciente. Para o leitor francês, atraía a alteridade que se apresentava em livros como o de Jorge. O país que exportava não só romances, como o próprio modelo de romance, se interessava por outras narrativas.

Na virada para o século XX, o mercado editorial francês havia descoberto os russos — Dostoiévski, Tolstói, Tchékhov —, e logo depois os americanos. Havia leitores interessados em livros sobre as heranças do colonialismo. O livro do brasileiro "não só iria atraí-los pelos novos temas" — a vida dos negros da Bahia —, mas pela forma, "exuberante e lírica", que se aproximava da literatura oral africana e do cordel do sertão brasileiro, herdeiro do cancioneiro medieval ibérico, como registrou sobre *Jubiabá* Roger Bastide, outro francês que viria para o Brasil como parte da missão francesa na USP. Bastide chegou em 1938, ano em que saía o *Jubiabá* francês, para substituir Claude Lévi-Strauss, à frente da cátedra de etnologia. Por dezesseis anos, Bastide permaneceria no país, tornando-se um dos mais importantes especialistas em religiões afro-brasileiras, particularmente o candomblé baiano.

Não era ainda de todo famoso Albert Camus, escritor argelino expoente do existencialismo, quando escreveu sobre *Bahia de tous les saints* para o *Alger Républicain*, em 1939 — só em 1942 publicaria *O estrangeiro*. Tratava-se, disse, de "um livro magnífico e prodigioso". Achava que poucos autores "se afastam tanto dos jogos gratuitos da inteligência". No livro, ao contrário, observava-se "uma utilização emocionante dos temas folhetinescos, um abandono à vida no que tem de excessivo e desmesurado". Quanto à construção romanesca, notava que era inteiramente escrito "como uma série de gritos e melopeias, de avanços e retornos. A ele, nada é indiferente. Tudo é emocionante. Mais uma vez, os romancistas americanos nos fazem sentir o vazio e o artifício de nossa literatura romanesca". Continuava: "O tema do romance, se há um, é a luta contra as servidões de um negro, miserável e iletrado, e essa exigência de liberdade que ele sente em si mesmo. É a busca apaixonada de um ser elementar à procura de uma revolta autêntica. É uma revolta que leva o miserável a recusar todo trabalho organizado e a viver esplendidamente as alegrias da carne. Beber, dançar, amar as mulatas, a noite, diante do mar, tantas riquezas inalienáveis, conquistadas à força da virilidade. O herói encontra então o sentido de uma fraternidade que o livra da solidão". Não se tratava de ideologia, ressaltou o autor de *O homem revoltado*. Pois era "um romance em que toda a importância é dada à vida". Camus registrou que o jovem brasileiro fora preso e se encontrava àquela altura no exílio.

Uma edição em francês, para qualquer um, significava trânsito livre para além da França. Na própria Paris, *Bahia de tous les saints* foi lido com raro prazer por um fotógrafo-viajante que na mocidade se meteu com os surrealistas e os bailes frequentados pelos antilhanos e agora colaborava em jornais e revistas e com o Museu de Etnografia do Trocadéro. Chamava-se Pierre Verger. Em Buenos Aires, *Jubiabá*, em sua edição portenha, chegou às mãos de um artista plástico que residira durante a infância e parte da mocidade no Rio de Janeiro. Ilustrava livros, fazia cenografia e calungas cômicos para jornais e revistas — até tocou pandeiro na temporada argentina de Carmen Miranda. Seu nome era ainda Hector Julio Páride Bernabó. Só mais tarde assinaria com o apelido que o deixou famoso, Carybé.

Um "contrabando literário": a metáfora de Graciliano para a entrada triunfal de Jorge em Paris também podia se prestar como fidedigna descrição da tomada clandestina de Lisboa por Jorge. Sem que o regime ditatorial de António Salazar, instaurado desde 1932, autorizasse publicação, venda ou circulação, gerações de leitores encontrariam sua obra às escondidas. Em certa categoria de leitor, a dos escritores, o consumo desses livros interditos deixaria rastro em papel e tinta, obras criadas sob sua inspiração.

De Lisboa a Coimbra, do Porto a Vigo, uma juventude estudantil que iniciava sua trajetória de resistência ao fascismo acolhia a obra de autores brasileiros do Nordeste, particularmente de Jorge. Na pátria do padre Cabral, o professor de seus tempos de internato, entrava mesmo como contrabando literário. Organizações políticas clandestinas promoviam a difusão de seus livros, até em livrarias era possível encontrá-los desde que fosse comprador da confiança do dono.

Em 1937, duas críticas de peso o saudaram no semanário português *O Diabo*. Adolfo Casais Monteiro, poeta e crítico, avaliou *Jubiabá* como obra de um dos "mais poderosos romancistas do Brasil". Elogiou não só a qualidade literária, também a intervenção social — a ironia, aqui, é que no futuro haveria críticos convictos do inverso, de que a intervenção social solapou a literatura. Entre a estética e a política, acrescentava Casais Monteiro, tinha-se um "amor à vida" que faltava tanto ao romance psicológico quanto ao puro romance social, uma visão que, se escapava aos especialistas de um e outro extremo, parecia ser a do leitor comum, desobrigado de estabelecer classificações.

A outra resenha daquele ano em Lisboa foi de Mário Dionísio, jovem estudante de filologia antes de iniciar-se como romancista. O longo artigo culminava com um juízo à Casais Monteiro. *Mar morto*, depois dos primeiros livros de teor ideológico, explodia em lirismo: "Este livro não é um panfleto, é vida".

Casais Monteiro, embora militante — por seu antissalazarismo viveria exílio no Brasil, assim como outros intelectuais, do filósofo Agostinho da Silva ao poeta e romancista Jorge de Sena —, não se alinhava literariamente à geração que estava se formando. Dionísio, sim. A este último, somavam-se os jovens portugueses António Alves Redol e Soeiro Pereira Gomes, que produziriam os primeiros livros em que se percebe que leram Jorge, conforme passaram a notar os críticos portugueses.

Um ano mais velho que o baiano, Redol lançaria *Gaibéus* em 1939, o prefácio à semelhança de *Cacau* declarava a peremptória intenção de fazer um documento humano, não obra de arte — sobre o romance de Redol, Jorge escreveria na revista *Vamos Ler!*, em agosto de 1940. Pereira Gomes seria o segundo. *Esteiros*, de 1941, ao enfocar um bando de garotos da vila de Alhandra no limite da vadiagem, lembrava *Capitães da Areia*. Duas semelhanças pontuais, as primeiras e mais visíveis, num movimento que seria chamado de neorrealismo, tal como o cunharia naqueles dias Joaquim Namorado, que via a influência do romance social brasileiro — incluindo Graciliano e Zé Lins — sobre a prosa portuguesa como "nova descoberta do Brasil".

Com Mário Dionísio e Alves Redol, e também com Ferreira de Castro, Jorge iniciou trocas de cartas. Soeiro Pereira Gomes morreria prematuramente em 1949.

No Brasil, se havia apreciação grande com dose também grande de polêmica, em Portugal a recepção seria serenamente cálida entre os anos 1930 e 1940. Os desafetos, se havia, não se manifestavam de modo relevante. O respeito a sua obra vinha até mesmo de grupos não necessariamente engajados politicamente. Era bem recebido, por exemplo, entre os modernistas da revista *Presença*, — uma das mais importantes revistas literárias portuguesas do começo do século XX, dirigida por José Régio, João Gaspar Simões, Branquinho da Fonseca e, posteriormente, o próprio Adolfo Casais Monteiro. Um de seus membros, Alberto de Serpa, dedicou a Jorge naqueles dias o poema intitulado "Mar morto": "Velhos marítimos — a terra é já a sua terra —/olham o mar mais distante e têm maior saudade...".

12.
A interdição nas livrarias

A liberdade vigiada do Estado Novo era vivida com resiliência por artistas e intelectuais. Entre a coerção e a cooptação, constrangiam-se autores, e mesmo os divergentes foram sendo incorporados ao Ministério da Educação e Cultura e ao Departamento de Imprensa e Propaganda (DIP), a máquina de controle da informação e divulgação oficial que operava para difundir a ideologia do Estado Novo.

Não bastasse a ditadura no país, atônito o mundo atravessava o horror: finda a Guerra Civil Espanhola, no mesmo ano, 1939, começou a grande guerra. Getúlio, em seu regime que se assemelhava a qualquer outro autoritário, assinalava sua simpatia ao Eixo. Selecionavam-se os imigrantes que ingressavam no país baseando-se no projeto de branqueamento da população brasileira. Judeus e negros, idosos e portadores de deficiências eram considerados indesejáveis e tinham sua entrada recusada.

Antes do apaziguamento tácito entre intelectuais e ditadura, a relação conturbada culminaria com a prisão de Monteiro Lobato. Não por livros ou literatura. A discórdia se deu por petróleo. Por essa época, o escritor-editor era das vozes mais atuantes na campanha de nacionalização dos bens do subsolo. Lançara dois livros, *O escândalo do petróleo*, que vendeu 25 mil exemplares em três meses, até ser censurado, e *O poço do Visconde*, uma ficção para crianças que lhe assegurava adeptos para a causa em insondáveis espectros etários.

A embrulhada com a justiça começou quando enviou carta a Getúlio e ao general Góis Monteiro, chefe do Estado-Maior do Exército, acusando-os de "displicência" no tratamento do tema. Monteiro Lobato foi julgado e condenado a seis meses de prisão por crime contra a segurança do Estado e a ordem social. Cumpriu três, até ser beneficiado por um indulto. Enquanto se desdobrava para convencer o público em artigos e palestras eloquentes, um subúrbio da capital baiana assistiu ao aparecimento de substância preta intrigante. Entre os convocados para analisar o líquido, incluiu-se o professor Souza Carneiro, o pai de Édison, que ajudara a encontrar sede para as reuniões da Academia dos Rebeldes. Concordaram todos que era petróleo, e assim surgiu o primeiro poço comercial do país.

As prisões cessaram e, subversivos ou suspeitos, haveria funcionários públicos da esquerda ou ao menos simpatizantes nos quadros do governo. Um dos primeiros fora Carlos Drummond de Andrade, para quem Jorge escreveu com pedido de Estância. Capanema, de quem o poeta era chefe de gabinete, gozava da reputação de democrata na comparação com outros ministros. Com a intermediação de Drummond, Graciliano, que estava sem trabalho fixo desde a saída da cadeia, foi nomeado inspetor de estabelecimentos de ensino secundário do Distrito Federal. Um cargo técnico, que aceitou a contragosto; acabaria sendo parte do que chamava a "desorganização", a esdrúxula convivência entre a ditadura e seus oponentes. A Mário de Andrade, Capanema encomendou o anteprojeto de criação do Serviço do Patrimônio Histórico e Artístico Nacional. Augusto Meyer, poeta e crítico literário gaúcho, dirigiu o Instituto Nacional do Livro de 1938 até 1956 — a segunda gestão iria de 1961 a 1967. A um jovem arquiteto recém-surgido, Oscar Niemeyer, que não era pouco comunista, o ministro pediu o projeto do prédio novo do órgão.

Os verde-amarelos, a corrente conservadora do modernismo, se aglutinaram em torno de Lourival Fontes, à frente do DIP. Sob seu controle, distribuíam-se notícias do governo, a censura alcançava rádio, teatro e enredo de escola de samba, festas patrióticas eram organizadas para comover a classe trabalhadora.

Menotti del Picchia chefiava a seção paulista do DIP, assumindo o jornal *A Noite*, um dos confiscados pela ditadura. Cassiano Ricardo dirigia *A Manhã*, outro matutino expropriado. No Rio, também fora encampada a Rádio Nacional, convertida em emissora oficial. Na capital paulista, *O Estado de S. Paulo* seria estatizado enquanto durasse a ditadura. Lotado na Agência Nacional a partir de 1941, Lúcio Cardoso teria como colega de repartição a jovem escritora ainda inédita Clarice Lispector. Iam se tornar grandes amigos.

A sedução dos literatos, mesmo os de esquerda, se fez de variadas formas: não só lhes oferecendo emprego, mas também por encomendas para revistas oficiais e oficiosas e pela promoção de conferências.

Em *A Manhã*, dois suplementos semanais concentraram a inteligência brasileira: Autores e Livros, dirigido pelo crítico literário Múcio Leão, e Pensamento na América, pelo escritor Ribeiro Couto. Entre os que escreviam, além de Cassiano Ricardo e Menotti del Picchia, havia nomes da ala conservadora ou razoavelmente neutros: Alceu Amoroso Lima e Afonso Arinos de Melo Franco, do círculo católico, nordestinos à direita, como Gilberto Freyre, poetas como Cecília Meireles e Vinicius de Moraes. A revista *Cultura Política*, dedicada a estudos brasileiros, sob gestão de Almir de Andrade — que fora colega de Jorge nos primeiros anos da faculdade de direito —, seria outra a atrair nomes importantes de todos os espectros. Entre seus colaboradores bem remunerados, recebendo o dobro do que pagavam as demais publicações, estavam os da direita, os católicos, os neutros e mesmo aqueles à esquerda, como Graciliano Ramos.

Romancista que, entre os de prestígio, tinha mais popularidade, Zé Lins, outro colaborador na *Cultura Política*, viajou em missão oficial para a Argentina e o Uruguai, a convite do Itamaraty. A política cultural do Estado Novo contemplava as outras artes. Heitor Villa-Lobos, com seu projeto revolucionário de fazer com que crianças e jovens aprendessem música em todas as escolas, passou a ter apoio massivo do governo. Em 1940, na data nacional de Sete de Setembro, regeu um coral formado por quase 40 mil vozes no meio do estádio Vasco da Gama. Candido Portinari, um comunista que nunca o deixou de ser, realizou tantas obras sob encomenda do governo, e de tanta difusão internacional — nos Estados Unidos, no mesmo ano de 1940, Portinari of Brazil foi o título de sua exposição no Museu de Arte Moderna de Nova York —, que durante muito tempo seria acusado de ser pintor oficial e, no bojo dos impropérios, mais acadêmico que modernista.

Locupletados todos, o regime entraria na Academia Brasileira de Letras, em 1941, com a morte de Alcântara Machado. Getúlio, depois de publicar pela José Olympio volumes de seus discursos em tiragens recorde de 50 mil exemplares, que abasteceram bibliotecas e instituições de ensino públicas de todo o país — a injeção financeira garantiria a sobrevivência da casa editorial —, logo pleiteou uma cadeira na instituição que consagra escritores. Talvez o caso mais rápido de estreante que se tornava imortal. Membro fazia quatro anos, Cassiano Ricardo arquitetou uma mudança no regimento para que o novo nome fosse apresentado por cinco acadêmicos, evitando, assim, que o ditador tivesse de passar pelo inconveniente de se candidatar. Obteve dez indicações, não apenas cinco, e durante o escrutínio, 33 votos entre os quarenta. Em visita à Academia, conta-se que agradeceu a espontaneidade de sua eleição.

Em 1944, os imortais tentariam a mesma operação para emplacar Monteiro Lobato. O ex-preso político declinou.

Um Jorge sem tempo a perder atravessava a rua do Ouvidor, esquina com a avenida Central — ainda não pegara o nome Rio Branco —, em maio de 1939, quando um repórter do *Dom Casmurro* lhe pediu que respondesse a uma enquete às vésperas do centenário de Machado de Assis. "A melhor maneira [de comemorar], meu caro, a mais honesta possível, a mais prática e a mais simples", disse, "é tirar uma edição popular."

"Saiu voando", anotou o repórter, "nem respeitou a faixa branca da Semana do Trânsito."

De volta ao Rio do exílio interiorano, tinha, como poucos, sua trajetória em suspenso pelo Estado Novo. Não se integrara a departamento nem se tornara colaborador de periódico ligado ao governo. Sobreviveu — sobretudo intelectualmente, pois no aperto financeiro podia "pedir uns cobres ao velho" — com uma infinidade de coisas a fazer, parte das vezes sem assinar ou usando pseudônimo. Saiu-se até um ghost-writer de livro de beleza.

Multiplicadas as tarefas, publicava textos na imprensa sem pretender que fossem perenes ou transformados em livro. Havia cargos que parecia assumir mais pelo sentido político ou pela necessidade de não desaparecer para o público do que pelo que lhe traziam de prestígio literário ou ganho comercial. O movimento era o contrário daquele a que de fato aspirava. O desejo era o de ocupar-se exclusivamente com a literatura. Numa crônica daqueles dias, perguntava: se o escritor brasileiro, tendo de fazer livros "na folga de outras diversas atividades", vinha despertando interesse nos "países mais cultos", como seria se estivesse "inteiramente dedicado a sua obra?". Decerto falava de si.

A viagem ao Sul incrustara uma certeza, a de que o ritmo de produção se mantinha longe dos mexericos. Tinha visto "gente que dificilmente se perde em piadas em porta de livraria"; "que prefere trabalhar no sossego de um gabinete", escreveu noutra crônica. Claro, falava de Erico. Na ironia dirigida aos frequentadores da José Olympio, enaltecia o gaúcho e lamentava o destino do antigo mentor na Academia dos Rebeldes. Aqueles a que conhecera no Sul eram "muito mais sérios que a gente do Norte, que prefere desperdiçar talento nos cafés, como fez, durante toda a vida, o meu amigo Pinheiro Viegas".

Assumiu naquele 1939 o posto de redator-chefe do próprio *Dom Casmurro*, quando Marques Rebelo, que ocupava a função, teve de se mudar para o interior mineiro. O jornal literário dirigido por Brício de Abreu, egresso de longuíssima temporada parisiense, nascera para funcionar sem filiar-se "a panelinhas ou grupos", como anunciou em editorial. Na logomarca, a graça de intitular-se "grande hebdomadário" e de usar como lema "a confusão é geral", tirada do romance de Machado de Assis que emprestava nome à publicação. Os medalhões desconfiavam da nova publicação, e assim sua redação teve de ser povoada por iniciantes como Josué Montello e Joel Silveira, entre os que construíram reputação nas décadas seguintes. O pagamento era feito em livros, pois Brício de Abreu atuava também como representante comercial da Gallimard. Às vezes, segundo contou Silveira, recebiam um vale nas noites de sexta-feira.

O periódico novato chegou a ser acusado de comunista, em campanha promovida por Carlos Maul, colunista do *Correio da Manhã*. Um general quis fechá-lo; foi salvo por simpatizantes no próprio governo, com o argumento de que se tratava de iniciativa "puramente de cultura". Fora dos poucos veículos a registrar o lançamento de *Mar morto* numa nota sem assinatura, talvez iniciativa de Álvaro Moreyra, o primeiro redator-chefe. Saiu na sequência anúncio da José Olympio de que *Capitães da Areia* chegara às livrarias. Se havia resistência dos medalhões, "quem roeu a corda da convenção e viu que eram sérios", como recordaria o fundador, "foi Jorge Amado".

O novo redator-chefe operou uma pequena revolução no *Dom Casmurro*, como registrou Graciliano, descrevendo-o como "um sujeito inquieto, desses que não podem estar meia hora num lugar e têm precisão de mexer nas coisas, arrumá-las, desarrumá-las, tornar a arrumá-las". O resultado: "logo nos primeiros números o semanário saiu reformado". Entre as novas seções, uma parecia irrealizável, na opinião do Velho Graça. Com uma série de entrevistas com as mulheres de vários escritores, pretendia revelar a intimidade deles. "Espera que essas senhoras sejam francas e nos mostrem a literatura nacional de pijama e chinelo, escovando os dentes, aparando os calos, consultando o dicionário, engolindo cápsula de aspirina. Como só se ouvirão as mulheres, os solteiros e os viúvos ficarão prejudicados. Talvez as senhoras ficarão alarmadas e não revelem nada. Diante de versões neutras, o leitor do jornal começará a bocejar." O "Clube dos Chatos", outra seção, virou comentário em crônica de Rubem Braga. O invento do amigo, que descrevia como "rumoroso", prometia confusão. "Elementos de conceito nos meios literários cariocas integram sua diretoria. Não direi aqui os nomes porque não cultivo o mesmo esporte perigoso de Jorge, que é comprar inimigos. Jorge pode fazer isso, porque ele sabe também comprar amigos: é um desses rapazes em que as pessoas sensíveis reconhecem 'uma simpatia irradiante'."

A rotina não o exauria o suficiente para deixar de publicar os próprios textos, como um excerto de *A estrada do mar*, o livro de poemas feito em Estância, uma resenha do livro novo de Jorge de Lima, *A túnica inconsútil*, ou um artigo em que reclamava maior aproximação entre as literaturas de Brasil e Portugal. Sobretudo continuou a tentar fazer seus romances. Quando publicou o último livro, anunciara como de costume o que ia preparar. Listou *Roteiro das três Américas*, suas impressões de viagem, e *O professor Flúvio*, romance. Se os textos do primeiro existiam, não há indício do que pode ter sido o segundo. *Sinhô Badaró* continuava no horizonte. Em junho de 1939, apareceu no *Dom Casmurro* anúncio da José Olympio que o prometia para "breve". No mês seguinte, anúncio igual de *Agonia da noite*, outro romance seu pela mesma editora, também para "breve". Um dos anúncios chegou a dizer que este último sairia em setembro. A publicidade de ambos se revezou por semanas, até que apenas o de *Agonia da noite* se manteve no jornal — e se manteve até 1941.

Indisposto com gente das letras — seja pelo comunismo, seja pela literatura —, Jorge somou Mário de Andrade ao contingente dos não simpatizantes e dos simpatizantes rompidos.

O coartífice do modernismo se instalara na capital carioca depois que o Estado Novo o retirou do Departamento de Cultura de São Paulo. Como diretor do Instituto de Artes da Universidade do Distrito Federal, ocupou sua cátedra de história e filosofia da arte. Era encarregado do suplemento literário do *Diário de Notícias* e, sem ter posto efetivo, funcionava como uma espécie de guru da *Revista Acadêmica*, fundada por Murilo Miranda. Os colaboradores se reuniam na Taberna da Glória, chamavam-no de "mestre" e tinham como hábito dizer em voz alta trechos de *Macunaíma*. A lista dos que publicavam ali era ampla, com quase todos os amigos de Jorge que a *Dom Casmurro* não tinha, como Graciliano Ramos e Rubem Braga. Da *Diretrizes*, lançada por Samuel Wainer em oposição a Getúlio, havia Carlos Lacerda e Moacir Werneck de Castro. De modo que todos se conheciam e, mesmo que fossem inimigos, se batiam ou conviviam com amigos próximos de seus inimigos. Esse circuito literário incluía o Bar Brahma, no centro da cidade, e, ocasionalmente, os bares populares da Lapa. Na casa de Álvaro Moreyra e na de Aníbal Machado, ambas em Copacabana, prosseguiam as tertúlias.

A rixa entre Jorge e Mário começou quando a *Revista Acadêmica* escolheu Portinari como tema de um dos seus números temáticos sob patrocínio do governo. Uma nota sem assinatura no *Dom Casmurro* censurou o "elogio fácil ao pintor", seu talento merecia mais do que bajulação. O comentário parecia alvejar mais a origem da verba que o homenageado. Na *Diretrizes*, saiu reportagem grande para repercutir a polêmica, na qual Oswald se animou a declarar Portinari "gordo e pintando cada vez pior". E foi então que Mário ocupou a *Revista Acadêmica* a fim de defendê-la. Chamou de "artiguete" o que fizera *Dom Casmurro*, "incorreto como atitude, grosseiro como sensibilidade e primário em sua argumentação". Outro texto apareceu no *Dom Casmurro*, dessa vez assinado por Jorge como redator-chefe, reforçando o fato de o número dedicado a Portinari ter sido financiado pelo Ministério da Educação.

Observador da época, Moacir Werneck de Castro recordou anos mais tarde que a querela servia de amostra da vida literária e artística sob o Estado Novo, quando tudo "parecia monolítico e altamente romântico". Sem "significação ideológica essencial", a polêmica refletia "as tensões internas de uma intelectualidade desarvorada em meio às correntezas da época". Restou a Mário, como definiu Werneck de Castro, "uma irremediável incompatibilidade" com Jorge.

Em defesa de Jorge, Joel Silveira publicaria na *Diretrizes*: "o seu grande mal foi romper com o zeolympismo, deixar de frequentar as reuniões vespertinas e ouvir, pela boca dos 'mestres', as últimas novidades literárias e sociológicas. Este ataque em massa é a primeira prova de tudo o que você vai sofrer ainda por esta vida afora".

Decerto fora simpática a mensagem enviada por Mário três anos antes sobre *Mar morto*. Depois do entrevero, o modernista ainda incluiu *Jubiabá* entre os dez melhores romances brasileiros no concurso promovido pela *Revista Acadêmica*. Nota-se que levou muito a sério a briga, conforme a carta que Lacerda lhe endereçou, em meio à mixórdia literário-política. Dizia Lacerda, reclamando do que parecia ser um comportamento radical de Mário: "Em nome de que poderá você condenar Jorge Amado, seu inimigo declarado, se você assim golpeia, por desfastio ou por depravação da inteligência, os seus amigos e os amigos de seus amigos?". Depois seriam Mário e Lacerda a romper.

Como Oswald era o seu escolhido, Jorge talvez agisse por lealdade, em posição oposta à de Mário. Dali em diante nas oportunidades que tivesse diria com mais ênfase que considerava *Macunaíma* um exemplo do artificialismo modernista.

Entre as discórdias daqueles dias de ditadura, o círculo de Jorge, longe de se reduzir, ia se ampliando não exatamente com literatos. A começar por certo compositor baiano com quem formou laço tão sólido de afeto e invenção que suas obras por vezes coincidiram, e houve quem os achasse fisicamente parecidos a ponto de confundi-los.

Dorival Caymmi ia completar 24 anos quando desembarcou no Rio com mala e violão para tentar carreira. O sobrenome italiano — Caimi, antes de ser alterado no cartório brasileiro — vinha do bisavô engenheiro que ajudou a construir o Elevador Lacerda, a unir a Cidade Baixa e a Alta em Salvador, na virada para o século XX. A família descendia também de negros, e havia em casa ex-escravas agregadas, vestidas com saias rodadas com cheio de patchuli e galho de arruda atrás da orelha para dar sorte. Cresceu vendo, do fundo da casa, o mar e as vendedoras com tabuleiro na cabeça. Quando dava, pegava escondido do pai o violão. Um pouco mais velho, passou a frequentar com os amigos a praia de Itapuã, à época lugar de veraneio. Nas casas de música Guarani e Milano buscava novidades musicais. Apresentou-se em missa e chegou a cantar na rádio baiana. Quis terminar o ginásio e não conseguiu vaga. Parecia não acreditar que podia viver apenas de música. Chegou a trabalhar no jornal *O Imparcial*, onde Jorge estivera anos antes. O sonho de ir para a capital federal, quem sabe cursar os preparatórios e entrar na faculdade de direito, foi maior.

No Rio, com a intermediação de outro compositor baiano, Assis Valente, este já de reputação, conseguiu iniciar trajetória mais bem-sucedida.

Carmen Miranda, já a cantora de maior sucesso do país, às vésperas do Carnaval via-se em apuros por causa de duas canções para seu novo filme que não haviam sido liberadas por Ary Barroso. O compositor mineiro pedira dez contos de réis, o dobro do que se previa, para autorizar o uso de "Na Baixa do Sapateiro" e "Boneca de piche". A primeira era a mais recente da lavra de músicas compostas depois de visitar Salvador, que, no novo refrão, Barroso chamava de "terra da felicidade". A segunda, que não se referia a lugar específico, falava de uma moça "da cor do azeviche, da jabuticaba", jeito disfarçado, à brasileira, de dizer que era negra. Ambas serviriam a Carmen Miranda no filme *Banana da terra*, comédia musical que se passava na fictícia Bananolândia. A fantasia estava pronta, um traje estilizado de baiana, tão comum nas festas de momo quanto a de pierrô ou colombina, inspirado nas senhoras negras que vendiam comida nas ruas, a carregar um tabuleiro na cabeça na Cidade da Bahia. Assis Valente lembrou-se do jovem recém-chegado que talvez tivesse uma canção a se aproveitar. Caymmi tinha. "O que é que a baiana tem?"

Os pequenos trabalhos que Caymmi fazia na imprensa o levaram a conhecer a turma de *Dom Casmurro*, *Diretrizes* e da *Revista Acadêmica*. Não era comunista, embora estivesse enturmado com jornalistas e escritores ligados ao partido ou ao menos simpatizantes. Conheceu Jorge no meio do caminho entre o Café Belas Artes e o Café Nice ainda em 1939. Numa grande festa de São João na casa dos Amado, em Vila Isabel, Luiza Ramos, filha de Graciliano, então com oito anos, assistiu a uma cena que nunca esqueceria. Caymmi entoava "É doce morrer no mar", que criara a partir de uma frase de *Mar morto*, enquanto os convidados eram servidos por Eulália, a mãe de Jorge, e Matilde. Aquela seria a primeira das parcerias entre o jovem compositor baiano e seu conterrâneo romancista que não sabia sequer assobiar, tampouco tocava instrumento.

Aqueles dias do Estado Novo se distinguiriam por outra canção feita em dupla. Não exatamente pelo que diz a letra ou ressoa na música, e sim pelo terceiro componente que veio a se integrar à parceria. Com Caymmi a garantir a melodia, Jorge criou as duas primeiras estrofes de "Beijos pela noite", e fez as duas últimas o amigo Lacerda, anfitrião em Vassouras. Deram testemunho outros convidados, Samuel Wainer e Otavio

Malta, todos abastecidos de batidas de cachaça — menos Jorge, os sucos de frutas continuavam a ser sua preferência. Pouco depois, Lacerda foi expulso do Partido Comunista. O episódio, tal como era relatado por ele, não passava de um mal-entendido. Tinha publicado a pedido da revista *O Observador Econômico e Financeiro* — criada nos moldes da americana *Fortune* — um artigo sobre a história do comunismo no Brasil em 1938. Contava que pediu antes autorização aos comunistas, com o argumento de que seria melhor que ele o fizesse, e não outro. Prestes até o fim da vida consideraria o gesto como alta traição.

Wainer contaria, décadas depois, que teve de dispensar Lacerda depois de uma sucessão de textos raivosos a atingir gente como Portinari — provavelmente fora dono da ideia, ou agira para o resultado final, da reportagem que tanta briga causara. O dono da *Diretrizes* teria escutado de Jorge: "Veja no que deu você trazer esse crápula para dentro". Dali para frente, Lacerda ia se firmar como um dos mais combativos anticomunistas do país.

13.
Os afazeres na guerra

As ocupações e os cargos se acumulavam, enquanto os romances anunciados não saíam. Nada de *Agonia da noite* nem de *Sinhô Badaró*. Não era talvez por falta de tempo, e sim por falta de perspectiva de publicar; havia um impedimento político que, como se pode deduzir, esgarçava o laço com a José Olympio. O recolhimento dos títulos não devia animar seu editor a arriscar, estando envolvido com a publicação do próprio Getúlio.

Comunistas e simpatizantes reagiram atônitos ao anúncio, em 23 de agosto de 1939, do Pacto Molotov-Ribbentrop, o tratado de não agressão fechado entre a Alemanha de Hitler e a União Soviética de Stálin, com países anexados pelos dois lados e o estabelecimento de relações comerciais. "A confusão é geral", como antevira *Dom Casmurro*. Não foram poucos os comunistas que raciocinaram como Jorge: com "confiança total" em Stálin, em quem viam um estrategista sem-par na guerra do proletariado contra o capital. Uma semana depois, em 1º de setembro, Hitler invadiu a Polônia. França e Inglaterra reagiram, começava a Segunda Guerra Mundial. Generais de Getúlio sugeriram que o Brasil desse seu apoio à Alemanha. Na dúvida, o ditador brasileiro manteve aparente neutralidade.

Os comunistas brasileiros sofreriam revés interno na virada para 1940. Sob tortura, presos fizeram delações que levaram à mais abrangente onda de capturas desde a ocorrida após o fracasso da Intentona, quatro anos antes. A imprensa deu cobertura extensa à exumação de Elza Fernandes, ex-companheira do secretário-geral do partido, executada aos dezesseis anos, em 1936. A confissão do crime por comunistas complicou a situação de Prestes, já cumprindo pena de dezesseis anos e oito meses. Cartas apreendidas apontavam-no como responsável pela ordem de eliminá-la. Em sua defesa, Prestes disse que não poderia ter escrito aquelas linhas, uma vez que precisava se manter em "condições de rigorosa incomunicabilidade".

As histórias curtas pareciam já não ser intenção de Jorge, no entanto ganhava uns trocados aqui e ali com sua publicação. Saiu um conto de Natal na revista *O Cruzeiro*, "Visita ao presépio de Quinquina", a partir de uma cena vista nos dias em Estância. Na *Vamos Ler!*, os relatos da viagem pela América Latina e também uma conferência sobre Castro Alves que tinha sido pronunciada em Ilhéus. O mergulho na pesquisa sobre o poeta dos escravos o levou a desenvolver projeto maior a seu respeito, uma biografia, apesar dos dois romances encostados — a comparação feita por Oswald, a de que era o novo Castro Alves, parecia ressoar. Não se intimidou com a quantidade de biografias e análises sobre o poeta baiano do século XIX à disposição. Antes, parecem tê-lo estimulado. E era, enfim, uma biografia, depois de ter recuado daquelas que planejou sobre Pinheiro Viegas e Zumbi. Com uma ditadura no país e a Europa em guerra, contar a história do poeta abolicionista identificado com o povo seria o modo de "indicar uma posição" aos intelectuais "na luta pela liberdade e contra o fascismo". Em fevereiro de 1940, os primeiros capítulos começaram a sair na *Diretrizes*.

Aquela que se tornou a maior publicação contra Getúlio começava a passar apertos. Um financiamento da Light foi interrompido assim que deixou mais nítida a linha de esquerda não necessariamente comunista. Com menos dinheiro, a redação passou a funcionar no pequeno apartamento de Wainer e sua mulher, Bluma, na rua Senador Dantas, na Cinelândia. Reuniam-se ali o braço-direito de Wainer, Otávio Malta, o terceiro nome da redação, Moacir Werneck de Castro, além de Braga, Eneida de Moraes e, a partir de certa altura, Jorge.

Com o mercado brasileiro fechado, a edição no estrangeiro de seus livros, antes de significar algum tipo de glória literária em larga escala, era meio de subsistência.

Nenhum outro autor brasileiro tinha as mesmas condições. Quando apresentado pelo *Dom Casmurro*, o distinguiam pelo feito internacional: "o mais jovem e o mais notável dos nossos romancistas de hoje" era "já traduzido para o espanhol, francês e inglês". Informavam que, ao sair na França, tinha sido procurado por editoras alemãs e suecas, que providenciavam traduções. "É ainda o escritor que com mais sucesso representa lá fora a moderna literatura brasileira." Na *Diretrizes*, aparecia com ainda mais pompa: "Admirado, odiado, amado, discutido, criou uma série de imitadores", "sua obra tem sido estudada por críticos de diversos países — França, Estados Unidos, América Espanhola, Portugal e Holanda".

O sucesso de autores internacionais despertava a atenção de Jorge. A editora dos irmãos Pongetti colocava nas livrarias, naquele ano de 1940, um livro que até a Globo de Porto Alegre temeu publicar, ... *E o vento levou*, um catatau de 854 páginas com uma história de amor ambientada em meio à sangrenta Guerra Civil Americana. Lançado quatro anos antes nos Estados Unidos, vendera mais de 1 milhão de cópias em menos de seis meses, tinha sido adaptado para o cinema em 1939, e, com a versão hollywoodiana pela frente, se encaminhava para receber o título de best-seller global. "Seria possível a um autor brasileiro repetir tal façanha?", perguntou ao editor-livreiro.

Abafado com seus novos afazeres, Jorge despediu-se da função de redator-chefe de *Dom Casmurro*, informava editorial ainda em 1940, em julho. A saída, segundo a versão de Joel Silveira, fora decisão da propria redação. Antes tinham dado um jeito de livrar-se de Marques Rebelo porque, embora carioca, levara "mineiro demais para o jornal"; depois se viram obrigados a livrar-se do novo redator-chefe porque havia agora "excesso de baianos". Por aqueles dias, Joel começava a ficar famoso pelo epíteto de "a víbora".

Não bastasse o projeto em andamento de biografar Castro Alves, um mês depois de sua despedida, o próprio *Dom Casmurro* anunciou o envolvimento de Jorge na primeira tradução no país de *Dona Bárbara*, do venezuelano Rómulo Gallegos, feita para a editora Guaíra, cujo dono, De Plácido e Silva, fora convencido por ele a publicar uma coleção de escritores hispano-americanos. Num mercado ainda francófilo, que um dia se bandearia para a literatura de língua inglesa, Jorge se empenhava em estabelecer intercâmbio maior com a América hispânica, todos países que viviam "na miséria e na opressão das ditaduras", a determinar "temas e posições semelhantes". Entre os que se recordava de ter indicado à Guaíra, reunidos na coleção Estante Americana, havia, além do próprio Gallegos, Jorge Icaza (*Huasipungo*), Aguilera Malta (*Canal Zona*), Eustasio Rivera (*A voragem*) e Enrique Amorim (*O cavalo e a sombra dele*). Sem sucesso tentara recomendá-los a José Olympio, que aproveitou ao menos uma de suas indicações, Ciro Alegría (*Grande e estranho é o mundo*). Somavam-se a esse rol de preferidos o *romance de la tierra* e as narrativas indigenistas.

À medida que se difundiam os seus romances, ia cada vez mais sendo procurado para adaptações. A primeira vez tinha sido em 1933, quando a produtora e diretora Carmen Santos lhe pagara a pequena fortuna de três contos de réis por uma opção de dois anos pelos direitos cinematográficos de *Cacau*, filme não realizado. Jorge não só vendeu direitos de livros, mas também passou a colaborar em roteiros originais para o cinema. A primeira experiência ocorreu em 1937, quando assinou o roteiro de *Estrela da manhã*, levado às telas pelo diretor Ruy Santos, e de tal modo alterado na filmagem que pouco teria sobrado do original. Em 1939, *Jubiabá* chegou ao teatro pelas mãos de Roberto Alvim Correa, com o título *Baldo, o negro*.

Vindo de Portugal, desembarcara por aqueles dias o diretor Fernando de Barros, cujo plano era transpor para as telas

Capitães da Areia, em parceria com o dramaturgo e cineasta Eduardo Chianca de Garcia. A vigilância do Estado Novo não aliviava. Proibidos, rodaram no lugar *Pureza*, o romance de Zé Lins. *Mar morto* parecia ser o único livro de Jorge Amado que circulava livremente sem ser alvo de censura: acabaria virando uma radionovela na década de 1940, transmitida pela Rádio Nacional, do Rio de Janeiro, e pela Rádio El Mundo, de Buenos Aires.

Barros tinha na maquiagem uma atividade paralela. Quando iniciou uma página sobre beleza na *Vamos Ler!*, foi Jorge quem atuou como seu ghost-writer. Os textos reunidos saíram como *A arte de ser bela*, pela Zelio Valverde Editor, apenas com o nome do diretor, apresentado na capa como maquiador de estúdios europeus e técnico do departamento de beleza da Coty. Contribuíram para o volume amigos novos de Jorge: são de Carlos Scliar as ilustrações, e posaram para as fotos duas atrizes, a brasileira Bibi Ferreira e a portuguesa Beatriz Costa, em temporada no Rio. Jorge admitia que explorou James um bocado, e que as mulheres reagiram furiosas às receitas de sopa de farinha para emagrecer. Houve mais tarde um segundo título feito pela dupla, *O livro da beleza*, pela Brasiliense.

Esses artistas eram recebidos no pequeno apartamento da Urca onde vivia com Matilde e Lila. Compareciam para feijoadas Caymmi, Wainer e Bluma. Caymmi casaria com a cantora Stella Maris pouco depois, tendo Jorge e Wainer como padrinhos. Pela Urca passaram outras estrelas do rádio e do cinema, como Ary Barroso, Grande Otelo, Sílvio Caldas, Dircinha e Linda Batista. Um dia, Josephine Baker chegou acompanhada de Oswald e Julieta Bárbara. Das artes plásticas, vinham Athos Bulcão, Tereza D'Amico e Alfredo Ceschiatti, além do arquiteto português Eduardo Anahory. Chegavam coristas do cassino e estrelas do teatro de revista, moças que eram amantes de políticos e milionários, freguesas da Coty, senhoritas e senhoras de alta estirpe. O pintor Carlos Scliar, presença fiel, se tornou outro dos grandes amigos de Jorge, que arrumava clientela rica para seus quadros. Scliar não deixou de fazer retrato de Jorge e Lila, em têmpera a ovo encerada sobre papel. Depois de Di Cavalcanti, era a vez de Scliar contribuir para o acervo de retratos que Jorge começava a colecionar.

Num desses poucos dias amenos, Jorge acompanhou Álvaro Moreyra na visita a um amigo, um empresário da indústria farmacêutica. A irmã do anfitrião pediu para conversar a sós com Moreyra. No caminho de volta, Jorge soube o teor do diálogo. A senhora que lhe pareceu tão aflita era viúva de um intelectual boêmio, morto precocemente. Casada pela segunda vez com um português, alto executivo na empresa do irmão, contara a Moreyra que, havia algumas noites, vinha sendo assediada pelo espírito do marido. Confusa, lhe pedira conselhos. Não queria trair o atual esposo, e não sabia por quanto tempo resistiria aos apelos do falecido. Toda essa história, por enquanto, não passaria de um episódio para esquecer na hora seguinte.

Numa investida que lhe traria mais transtornos no futuro do que podia prever, Jorge assumiu a direção do suplemento literário que circulava semanalmente num vespertino recente, *Meio-Dia*, fundado por Joaquim Inojosa, intelectual que havia introduzido o modernismo no Recife na década anterior. Inojosa convidara para diretor da sucursal de São Paulo e titular de uma coluna, "Banho de Sol", o amigo Oswald, que se afastou pouco depois por motivos de saúde.

O periódico passou a adotar de modo cada vez mais desconcertante sua posição pró-Alemanha. Inojosa relatava que, com dificuldade para se firmar, aceitou receber e publicar noticiário distribuído gratuitamente pela agência de notícias alemã Transocean, um braço jornalístico da propaganda nazista — o Departamento de Estado norte-americano acreditava que o *Meio-Dia*, assim como outros periódicos brasileiros, não só recebiam serviço sem precisar pagar, como dinheiro vivo do

Reich. Do DIP, houve o incentivo para que mantivesse sua linha editorial tal como era, pois interessava ao governo a divisão da imprensa brasileira, ou ao menos que o Eixo tivesse representação, uma vez que os Aliados contavam com a adesão dos principais jornais. Levar intelectuais — comunistas — de peso para a redação do *Meio-Dia* parece ter sido uma estratégia para conquistar leitores à esquerda.

Jorge contava ter aceito o convite de Inojosa sem que houvesse recomendação do partido para tanto. Pensava que talvez pudesse dar orientação literária e esquerdista ao suplemento, na verdade uma página chamada "Letras-Artes-Ciência". A sua gestão durou uma ou cinco semanas, a depender da versão que se escolha. Já na primeira semana, ficou surpreso ao ver uma foto pró-nazista e decidiu imediatamente deixar o jornal. Achava que "teria controle sobre o material que saía na página [literária], mas não tinha". Argumentava que, se seu nome continuou a aparecer na publicação depois disso, aconteceu por "um abuso" de Inojosa.

A entrada de Jorge no *Meio-Dia* teve registro na edição de 30 de julho. Na de 4 de setembro de 1940, já não era mais editor, e para informar sua saída o jornal disse que Jorge viajava para Ilhéus, a fim de concluir seu tão anunciado romance *Sinhô Badaró*, cujos originais foram adquiridos "por uma grande editora do sul". Uma nota pouco depois acrescentou que a editora se chamava Guaíra. *Diretrizes* confirmava em outubro que Jorge tinha se desligado de "vespertinos" da cidade, sem citar quais.

Na versão de Inojosa, Jorge teve como substituto Joel Silveira, redator no *Meio-Dia*. A versão de Joel era diferente. Enquanto o expediente indicava Jorge na função, foram publicados contos de Machado de Assis e Lima Barreto, versos de Nicolás Guillén e, da própria casa, contos de Silveira, artigos de Dias da Costa e também de Jorge. Havia material traduzido sobre artes e cultura germânicas. Àquela altura manchetes já davam conta dos feitos de Hitler, do modo como eram transmitidas pela Transocean.

Antes que o ano terminasse, Jorge abandonou todos os postos e funções. Na temporada grapiúna que prometia ser prolongada, carregava na bagagem uma quantidade de projetos a concluir: *Agonia da noite*, *Sinhô Badaró*, o *ABC de Castro Alves* e *Dona Bárbara*. Interrompeu na *Diretrizes* as páginas sobre o poeta romântico em função de contrato novo, fechado com a editora Martins, de São Paulo. Em janeiro de 1941, *Diretrizes* anunciava que ele assumiria a seção de cinema. Isso não chegou a acontecer. O titular passou a ser Raimundo Magalhães Jr.

A Martins entrava em cena, já que o laço com José Olympio se esgarçava. Jorge chegou à nova casa editorial por meio de um nome da casa, Edgard Cavalheiro, biógrafo de Monteiro Lobato. Parecia uma solução de curto prazo, e no entanto encontrava aquilo que procurava desde a estreia: um editor não só com disposição política como comercial, que o colocava como ponta de lança do catálogo. A relação duraria mais de três décadas.

Nos bastidores, tanto Samuel Wainer quanto Jorge recordariam que a interrupção dos capítulos do *ABC de Castro Alves* na *Diretrizes* ocorrera por ordem do Estado Novo. Não foi sem esforço que conseguiu publicá-lo José de Barros Martins, o "benjamim dos editores", como ficaria conhecido em razão da elegância dos ternos modelados em alfaiates modernos.

Contra Martins, pesava um currículo que incluía participação na Revolução Constitucionalista de 1932, aquela que tentou depor Getúlio. O escriturário do Banco do Brasil em São Paulo tinha vocação para os livros. Desde a época de estudante de filosofia e direito, importava livros para si e os amigos. A vontade de pedir demissão foi um dia maior que a conveniência do emprego público. Abriu sua livraria em 1937, o ano em que começou o Estado Novo, numa sobreloja da rua da Quitanda, em São Paulo. Em leilões realizados em Paris, adquiriu lotes de edições especiais. Logo sua livraria virou clube de bibliófilos. Com a guerra, a importação de livros europeus estava suspensa, e assim Martins virou editor de obras gerais — literatura e humanidades.

Sua casa editorial passou a reunir, entre autores, diretores de coleção e tradutores, nomes como Mário de Andrade, Sérgio Milliet e Rubens Borba de Moraes. No catálogo, havia desde clássicos nacionais, como Machado de Assis, José de Alencar e Monteiro Lobato, a novos talentos da ficção, como Lygia Fagundes Telles, e da crítica, como Antonio Candido. Do mesmo modo que Santa Rosa inaugurou um tipo de capa na José Olympio, Clóvis Graciano imprimiria sua marca nas da Martins, e não faltariam outros ilustradores de gabarito.

A biografia que Jorge preparava de Castro Alves não era mais uma como as outras, "à moda tradicional", como explicou, "mais ou menos sisuda, dos ensaístas de escola". O que pretendia fazer era antes "uma louvação, mais biografia do poeta que do homem", uma aproximação romanceada, quando o padrão na época era outro. Saiu um abc, dirigido a uma leitora imaginária: "Senta-te aqui ao meu lado, amiga, e eu te contarei uma história". No livro, diz que não terá respeito o rigor histórico: "Que se danem os historiadores". Mas assegura que a invenção tinha um limite: "Só inventarei o que estiver de acordo com ele". Os mais alvejados não eram os historiadores, e sim aqueles que denominava "intelectuais frios", os mesmos "que defendem a neutralidade da arte". Não deixa, a certa altura, de alvejar Mário de Andrade, que tinha Castro Alves como poeta menor: "Críticos existiram que tiveram como única missão da sua crítica pregar um esteticismo vazio, oportunistas e comodistas". Enfim declara sua intenção: "Quero é escrever sobre Castro Alves com amor, como um homem do povo, escrever com esse amor que dá a verdadeira compreensão, que nos faz sentir muito mais o que há de humano e de grande e de gênio num poeta, que todos os tratados de teoria poética, e que todos os arquivos, por mais volumosos, por mais bem fichados.

Que, ao lado dos meticulosos historiadores, se danem os meticulosos críticos e analistas. Castro Alves era feito doutro barro".

Não com surpresa a edição foi apreendida. O editor apelou ao censor, dizendo que se tratava de crítica literária. Obteve a liberação, sob a condição de que o livro não fosse exposto em vitrine nem noticiado na imprensa. Em seus primeiros anos de atividade editorial, Martins continuou a sofrer antipatia do regime estado-novista. Pois não apenas publicava o que não devia, como se recusava a publicar o que devia, obras de propaganda do regime. Tanto que o DIP, generoso com editores favoráveis, jamais teria abastecido seus cofres.

Martins colocou nas livrarias outro projeto que, provavelmente, teve em Jorge um idealizador: *Brandão entre o mar e o amor*, apresentada como a primeira novela coletiva da literatura moderna brasileira. Na ordem dos nomes na capa, seus autores eram Jorge Amado, José Lins do Rego, Graciliano Ramos, Aníbal Machado e Rachel de Queiroz. De início, o livro foi publicado em capítulos ilustrados por Augusto Rodrigues, na *Diretrizes*. A publicação dizia tratar-se de "novela movimentada, humana e realista, destinada a agradar o público mais culto".

Os cinco autores tinham combinado escrever sem um plano de redação ou um enredo preestabelecido. Cada um faria a sequência do anterior, como nos velhos tempos de *Lenita*. Jorge fez o primeiro capítulo. Na trama, Brandão é pressionado a seguir a mesma carreira do pai, o direito. Entra na faculdade, mas abandona o curso. Embarca num navio e se torna marinheiro. A bordo, conhece Lúcia, com quem se casa. De volta ao Rio, recebe a notícia da morte do pai. O casal vai viver em uma fazenda no interior do Rio. O segundo capítulo, de Zé Lins, introduz um triângulo amoroso. No terceiro, Graciliano investe na psicologia do personagem. No quarto, de Aníbal Machado, Brandão se ressente por estar longe do mar e parte para a guerra. Rachel de Queiroz afirmou mais tarde que, não tendo mais o que fazer com o enredo, matou o protagonista.

Joel Silveira se recordava de ter lido com certo júbilo a notícia: em 22 de junho de 1941, a Alemanha invadiu a União Soviética. Inojosa avisou ao governo que ia suspender temporariamente a circulação do *Meio-Dia*. Depois contaria que, atraiçoado pelo DIP, teve o registro do jornal cancelado. Antes de fechar as portas, publicou um dos poemas que Drummond fez no período de guerra, "Sentimento do mundo": "esse amanhecer/mais noite que a noite".

"Infatigável globe-trotter", Jorge era assim descrito pela *Diretrizes*, em 31 de julho de 1941, na nota que indicava seu próximo paradeiro. Um destino inesperado: "Encontra-se no Peru, novamente em caminho de terras mexicanas. Aos amigos que lhe foram levar ao cais, afirmou que não voltaria mais ao Brasil, pretende fixar residência definitiva na Cidade do México".

14.
Exílio ao sul

Mais que um contrabando literário, uma bomba de efeito político atravessava a América Latina nas mãos do militante Roberto Morena, conhecido tanto pelo desvelo que demonstrava ao transportar documentos secretos quanto pelas voltas mirabolantes que dava pelo mundo.

Não foram poucas as aventuras: comunista desde os quinze, preso três vezes no Brasil, duas vezes exilado, lutou na Guerra Civil Espanhola, com a vitória de Franco, refugiou-se na Argélia, passou por Ucrânia, Japão, Estados Unidos, e estava, em seu mais recente destino, no México. Foi ali que recebeu, das mãos de Leocádia Prestes, uma encomenda que precisava transportar até a Argentina. Desceu a América hispânica por via terrestre. Da Venezuela alcançou o Chile, e várias vezes foi parado pelo caminho para averiguações, chegou ao destino e cumpriu a tarefa: entregou em Buenos Aires o dossiê que a mãe de Prestes havia organizado para servir de matéria-prima à biografia que Jorge preparava, provavelmente fumando caixas e caixas de cigarros Odalisca.

Jorge se lembrava de ter deixado o Brasil às pressas, sozinho e sem documento para cruzar a fronteira — seu passaporte, no entanto, registra pedido de visto em 3 de junho de 1941. Hospedou-se no hotel Pension Carioca, no número 1760 da avenida de Córdoba, que oferecia, como garantia o anúncio, ambiente "exclusivamente familiar" e "baño caliente". Se a intenção era mesmo a Cidade do México, Buenos Aires permitia imersão semelhante numa vida literária e política cosmopolita. Levara uma carteira profissional do jornal *A Noite* com permissão para entrar nos Estados Unidos em 1941, no que parece ser algum tipo de plano extra.

Não trabalhava em *A Noite*, no entanto colaborou com uma de suas revistas, a *Vamos Ler!*, dirigida pelo amigo Raimundo Magalhães Jr. O documento deve ter sido obtido do modo mais clandestino possível: àquela altura, todo o grupo jornalístico, que incluía a Rádio Nacional, já havia sido encampado pelo Estado Novo.

Deu notícias a Erico em 7 julho de 1941. Acreditava que sua vida estava "mais ou menos dependente do resultado da guerra". Devido à "situação internacional", demoraria um pouco em Buenos Aires antes de seguir viagem. Com dois outros colegas de militância no exílio, Pedro Motta Lima e Brasil Gerson, escrevia com uma proposta à editora Globo: "É claro que os três precisamos ganhar dinheiro para viver", começava. "Eu sou mau tradutor mas os dois são excelentes. Traduções seriam de Motta Lima e Gerson, meu nome apenas para assinar." Como reconhecia-se "sujo com tradução" na casa gaúcha, o provável é que tenha tentado antes, sem cumprir a contento. Não se aventuraria mais no ofício de traduzir; romancista, tinha feito uma tradução de *Dona Bárbara* com licenças demais para uma tarefa que exigia fidelidade ao original.

A oferta que fizeram à editora Globo não vingou. A barra não estava menos pesada para Erico, que, além de crítico a Getúlio, vinha sendo alvejado pela comunidade católica, que o via como corruptor de menores depois de seu *Clarissa* e ameaçava atear fogo nos exemplares. Antes que levassem o próprio autor para a fogueira, chegou um providencial convite do Departamento de Estado norte-americano, em 1941, para passar uma temporada nos Estados Unidos. Retornaria àquele país outra vez em 1943, depois em 1945.

Em Buenos Aires, Jorge não só escrevia a salvo da prisão. Encontrava gente importante para seu novo projeto. Contar a história do principal líder comunista brasileiro preso era "a tarefa possível a um romancista na militância", como justificaria. O livro funcionou como parte da campanha internacional em favor da anistia de todos os presos políticos, um movimento que também operava pela redemocratização. Ao contrário do que muitos pensavam, a ideia não nascera do partido, e sim de Jorge, dedicado a projetos biográficos e confiante na comoção nos leitores que buscava. Quem confirmava essa informação três décadas depois era o próprio Prestes.

A região do rio da Prata vinha reunindo exilados brasileiros desde 1930. Estavam ali os que podiam falar não somente sobre a Coluna Prestes, como de episódios de toda a década. A Argentina, que também vivia uma ditadura, permitia certo respiro, e os desterrados brasileiros ali eram de vários tipos. Havia os exilados comunistas ou ligados ao partido, oficiais e civis que participaram da Intentona em 1935, alguns liberados antes do julgamento ou condenados que conseguiram fugir. Havia os integrantes da ANL — os assim chamados "nacionais libertadores do Prata" —, nem todos comunistas ou ligados ao partido. Os exilados liberais também buscaram guarida ao sul. Entre esses, Armando de Sales Oliveira, governador paulista candidato à Presidência quando ocorreu o golpe de 1937, e seu cunhado Julio de Mesquita Filho, de quem era sócio no jornal *O Estado de S. Paulo*, outro dos veículos confiscados por Getúlio Vargas. O trânsito que Jorge tinha com a direita aparentemente era bem aproveitado. Na vida política na capital portenha, funcionava como o contato do partido com essa ala — "a hora é de alianças", escutou dos dirigentes naqueles dias.

Entre os depoimentos que colheu, incluem-se os de Rodolfo Ghioldi, um dos principais nomes do comunismo da América hispânica, que participou da Intentona Comunista; Teresa Kelman, da campanha pró-liberdade; Rosa Meireles, que colocou à disposição seu arquivo sobre tenentismo de 1922 a 1930; o major Costa Leite, que faria a apresentação do livro sobre Prestes. Por carta recebeu depoimentos de gente como Juarez Távora e Flores da Cunha, e documentos jurídicos do advogado Sobral Pinto para reconstruir a vida na prisão. "Quase um trabalho coletivo", como definiu. A correspondência se dava por vezes usando codinomes e códigos, para confundir a censura. Ainda assim foi avisado de que seu endereço estava ficando por demais conhecido.

O dossiê que Roberto Morena trazia do México tinha importância para os capítulos iniciais, sobre a infância e a juventude de Prestes. A busca de fontes continuou até os últimos dias da escrita da biografia. Como Jorge confidenciou ao tenente Antônio Bento Monteiro Tourinho, em 4 de dezembro: "A minha maior dificuldade é reunir material aqui. Com um esforço filho da puta consegui muita coisa, mas ainda me falta muito". Como o *ABC de Castro Alves*, o novo livro saiu como "uma louvação", e toda a narrativa é feita dirigindo-se a uma interlocutora, a quem chama de "amiga". O poeta é lembrado na epígrafe — "Estrela para o povo, para os tiranos lúgubre cometa" —, e a primeira parte conta a vida de menino pobre de Prestes, que vai despertando para a realidade social. Na segunda, dedica-se a refazer a marcha da Coluna Prestes. Na terceira, expõe os caminhos do exílio do líder político. Na quarta, explica como nasceu e funciona a ANL. O biografado é reverenciado na quinta parte como "Cavaleiro da Esperança", epíteto pelo qual vinha sendo chamado. Jorge sentiu que estava na reta final em 28 de dezembro. Com 360 páginas prontas, projetava mais cem. Terminaria com 550 páginas. Anotou no fim do livro que o último dia de escrita foi 3 de janeiro de 1942, data do aniversário de Prestes. Provavelmente artifício de romancista, pois, para tanto, precisava ter cumprido quase duzentas páginas em cinco dias.

Pompeu Accioly Borges, outro companheiro de militância no exílio, traduzia a obra para o espanhol conforme Jorge a escrevia. Claridad, editora argentina de esquerda fundada por Antonio Zamora, que se tornara um sucesso com edições populares, fechara contrato para vendê-lo em todos os países de língua espanhola.

Na operação biográfica, Jorge trocou o hotel Pension Carioca por instalações um pouco mais cômodas. Passou a ocupar uma chácara no subúrbio portenho de Santos Lugares. Anos mais tarde, comemoraria com Ernesto Sabato a coincidência de terem vivido na mesma localidade. Diziam que a casa era a mesma, no entanto Jorge ficou no número 1149 da calle Bonifacini, enquanto Sabato, no 3135 da Langeri.

No exílio na foz do rio da Prata não estava sozinho, e não era segredo. Vivia com outra mulher, Maria, uma brasileira que passou a assinar com o sobrenome Amado. A pedido seu, respondia cartas que chegavam para ele, convites para conferências e entrevistas na imprensa local. Os amigos, quando escreviam a Jorge, enviavam saudações a ela. Maria Amado era uma paranaense tão militante quanto ele, somavam à paixão amorosa a luta política. Não se deve deixar de notar uma misteriosa dedicatória que deixara no seu *ABC de Castro Alves*, "a uma mulher que está me dando muita alegria". Não é difícil imaginar que estivesse no exílio quando enviou ao editor a dedicatória. Intrigante é pensar que Matilde a tivesse lido sem desconfiar de nada.

A notícia de que encontrara um amor novo chegou ao pai no Rio. João Amado, embora carregasse seu próprio histórico de aventuras extraconjugais, de imediato embarcou Matilde e Lila para encerrar o caso. Quando as duas alcançaram Jorge nas primeiras semanas de 1942, ele vivia já em Montevidéu, em busca de condição política mais favorável. O endurecimento da ditadura o fez sair da capital portenha e também o afastara de sua agora ex-mulher Maria Amado, que em poucos meses estaria vivendo com um amigo de ambos, também militante exilado. De pronto, ambos, Maria e o novo companheiro, esclareceram que só tinham se aproximado depois do rompimento com Jorge. Com o amigo a troca de cartas se manteve; ela, no entanto, encerrou a conversa em 21 de maio: "Essa é a última vez que lhe escrevo. Parece que não nos compreendemos nem mesmo por carta". Chamava de "estúpida trindade" a lei, a igreja e a sociedade pela importância que davam ao casamento formal acima de qualquer compromisso. O amigo atestava a Jorge, em 22 de maio: "Estou convencido de uma coisa: amo a Maria muito mais do que ela pode querer e mesmo do que venha algum dia a querer-me. Me contentaria com que ela gostasse de mim como gostou de você. E isso, de qualquer modo, lhe deve ser agradável de ouvir".

No fim da biografia do líder comunista, Jorge faz uma promessa de romancista. Conta que, desde a publicação da biografia de Castro Alves, os leitores lhe escrevem para perguntar sobre a prometida história de Zumbi, sugeriam que fizesse outras, as de Lima Barreto e Euclides da Cunha. Quaisquer desses projetos pareciam agora remotos. "Difícil que venha a fazê-lo, o romance é minha vocação natural. Para ele volto hoje", assegura. "Na minha frente vejo a figura de Antonio Vitor, o pequeno lavrador de cacau, plantando sua terra, defendendo-a com seu sangue, vivendo sua vida difícil no romance em que trabalho."

Já em dezembro, tinha escrito a um amigo, cujo pseudônimo usado na correspondência comunista não permite a identificação do interlocutor real, para ouvir sua opinião sobre seus livros: "E o troço que você ficou de mandar sobre *Jubiabá* e o *Capitães*? Tenho interesse nisso porque, em acabando a biografia, vou continuar meu romance e seus palpites por vezes me fazem quebrar a cabeça, dizer nomes feios, mas quase sempre me ensinam algo. É isso que vale". Continuava no embalo da escrita, agora no apartamento 2 da calle Piccolo, 3088, em Montevidéu. Parecia animado com a possibilidade de ter livros publicados em espanhol. Um amigo escreveu a Matilde para comentar a satisfação em saber que "Jorge está trabalhando como um bicho". Voltara ao *Sinhô Badaró*, que escrevia desde os tempos de Estância.

Envolvido na política, Jorge gozava de vida literária não menos intensa. Entre Buenos Aires e Montevidéu, convivia com escritores e artistas não só argentinos e uruguaios, como espanhóis fugidos da guerra civil. Enrique Amorim, Juan Carlos Onetti, Rafael Alberti e Héctor Agosti foram quatro dos que conheceu na temporada. Nos cafés, nos teatros e nos cinemas lotados, conversavam sobre arte, literatura e política. Colaborou esparsamente com a imprensa dos dois países, foi convidado para eventos em centros feministas e israelitas, em grupos pela paz e de exilados portugueses. Escreveu artigo, conferência, peça de teatro não encenada, prosa poética e versos que tratavam de personagens tão díspares quanto Lampião, o barqueiro do São Francisco e o porto de Tocopilla.

Duas colaborações foram as mais importantes. No jornal *La Razón*, de Montevidéu, escreveu, em 25 de fevereiro de 1942, sobre o suicídio do escritor Stefan Zweig, dois dias antes em Petrópolis. Na *Sur*, de Buenos Aires, dirigida pela escritora Victoria Ocampo e a mais prestigiosa revista cultural argentina, explicou a diferença entre a sua geração de 30 e a dos modernistas na edição de fevereiro de 1942.

A escritora argentina María Rosa Oliver, uma comunista que atuava na *Sur*, serviu de ponte. A mesma edição continha textos de escritores da literatura social americana, como John Steinbeck e Waldo Frank. "Liberação linguística da literatura brasileira" é o título do artigo. Como diz, até duas décadas antes, a regra geral era os escritores brasileiros falarem como brasileiros e escreverem como portugueses — a mesma "incoerência" que nota nos países de língua espanhola, com exceção de modernos romancistas do Equador e de poetas cubanos. No entanto no Brasil começa a se impor a escrita tal como se fala, um idioma que mescla ao português falares indígenas e africanos — com os últimos, a língua falada no Brasil tinha perdido a dureza do idioma de Portugal para se tornar "mais doce, mais suave, mais carinhosa", "literariamente mais maleável". Os escritores modernos — aí inclui ensaístas, historiadores e sociólogos — abandonoram "por completo" as preocupações gramaticais portuguesas, a "falsa concepção" de que era "bom estilo escrever gramaticalmente". Os do século XIX que considera pioneiros dessa empreitada, e também da virada para o século XX, eram Lima Barreto e Monteiro Lobato. O movimento modernista, que se define como antiacadêmico porém forjado pela aristocracia do café que "conhecia o mal, não o remédio", havia inventado uma língua que "não era a portuguesa nem a brasileira". Esse, o "grande defeito" de livros importantes, como *Macunaíma*, de Mário de Andrade, "realizado sobre o material mais popular possível", "escrito num idioma que o povo não entende", "verboso, pouco literário e antipopular". Essa "literatura de novos-ricos" começara a ser substituída na década de 1930 por uma "literatura que se dirigia ao povo", como a de José Lins do Rego, no romance, Gilberto Freyre, no ensaio, e Rubem Braga, na crônica-poema. A cruzada de Prestes e a febre de conhecimento dos problemas do país tomavam os intelectuais. Do mesmo modo que os acadêmicos reagiram aos modernistas, os modernistas, que teriam abandonado sua língua artificial para voltar a escrever como os portugueses, reagiram aos escritores do povo chamando-os de primitivos. "Temos um idioma mescladíssimo e... belíssimo", argumenta, "estamos fazendo dessa língua de negros, mulatos, italianos, franceses, espanhóis, holandeses, ingleses, índios e portugueses um instrumento literário de uma nobreza e beleza extraordinárias." E prossegue: "Nunca o povo brasileiro aceitará um escritor, nem o apoiará, se não utiliza esse instrumento literário, que cada dia se aperfeiçoa mais". Conclui com um alerta: as forças políticas que buscavam o regresso às antigas condições tinham cooptado os modernistas.

Dom Casmurro, numa enquete daquelas semanas, discutia com escritores de todos os matizes sobre esta questão: o modernismo morreu? Agripino Grieco propunha aos jovens escritores — Jorge incluído — que se candidatassem a uma vaga de imortal para *épater* a Academia Brasileira de Letras. Um pouco antes, Oswald fizera uma candidatura-protesto, com cartas abertas acusando a ABL de elitismo. Numa das investidas mais jocosas, publicou anúncio em que aparecia com uma máscara de gás, com a frase: "Meu destino é o de um paraquedista que se lança sobre a formação inimiga: ser estraçalhado".

O círculo literário brasileiro dava como certo que Jorge estava em terras mexicanas. Teria passado "dos cafés do Rio para os do México", como Mário de Andrade disse de Jorge, a quem chamava "o inefável I-Juca Pirama do Recôncavo" em carta a Werneck de Castro.

Sur ainda publicaria, sete meses depois, em setembro, um número sobre literatura brasileira. Incluía textos de Jorge — um conto, "En el muelle" —, Rubem Braga, Rachel de Queiroz, Marques Rebelo, um artigo de Manuel Bandeira dedicado ao romance moderno no país e outro de Vinicius de Moraes sobre a nova poesia. A pequena antologia de poetas daquela edição reuniu, além de Bandeira e Vinicius, Augusto Frederico Schmidt, Cecília Meireles, Mário de Andrade, Jorge de Lima, Murilo Mendes e Adalgisa Nery. Um balanço sobre a pintura contemporânea foi assinado por Ruben Navarra.

Colaborações eventuais não eram suficientes para Jorge sobreviver. Contou que pretendia ir para a Colômbia a um amigo que o achou "desanimado, pessimista" por causa da falta de emprego. As coisas de longo curso, porém, andavam. Editor dedicado a autores de língua portuguesa e espanhola, Lewis C. Kaplan tentava autorização para traduzir *Mar morto* e *Jubiabá* para o inglês. Havia outro pedido, esse para uma antologia de autores latino-americanos pela Houghton Mifflin. *Mar morto* saía pela Claridad e se tornava radionovela pela Radio El Mundo. *ABC de Castro Alves* era traduzido para o espanhol por Carmen Alfaya, mulher de Rodolfo Ghioldi e uma das prisioneiras na Frei Caneca, ao lado de Graciliano e Olga Benário, após o fracasso da Intentona de 1935.

A edição argentina de *O Cavaleiro da Esperança* saiu em maio de 1942 pela coleção Biblioteca de Obras Famosas, da qual foi o volume nº 77. Na nota biográfica, Jorge apresentava-se como um "realista-romântico". Descrevia um caminho de sucesso: traduções que chegaram ao francês, inglês, espanhol, russo, alemão, dinamarquês, sueco e iídiche; adaptações de suas histórias para o cinema e o teatro, e de seus temas para músicas populares. Dizia-se um autor perseguido. Por sua denúncia do Estado Novo, sofria "violenta campanha de infâmias e a proibição da imprensa de publicar seu nome", "raros diários têm coragem de lhe pedir colaboração e, apesar de sua popularidade, seus livros não são editados". Um romance, *Agonia da noite*, um livro de poemas e uma peça de teatro se conservavam inéditos. Informava que, àquela altura, trabalhava em *São Jorge dos Ilhéus*. Quem assinava o trecho de destaque na capa do livro era Gabriela Mistral, poeta, diplomata e feminista chilena que seria agraciada com o Nobel em 1945: "Primeiro romancista do Brasil e talvez da América Latina, um mestre de trinta anos, com muitos livros não somente maduros como também insuperados. Em toda literatura brasileira não há coisa mais rica de brasilidade e na América do Sul não há caso de homem escritor tão fiel a seu povo".

Os relatos são de sucesso editorial. As primeiras traduções da biografia de Prestes, a circular já em espanhol, seriam para o lituano e o iídiche. Difundiu-se a informação de que Samuel Putnam, tradutor de *Os sertões*, de Euclides da Cunha, verteria o livro sobre o líder comunista para o inglês, o que nunca chegou a acontecer. Em dois anos, já estaria traduzido em quinze países. No Brasil, os leitores receberiam a obra clandestinamente: encontrada por vezes a preços exorbitantes, era também consumida por meio de cópias datilografadas e fac-símiles. O aluguel do exemplar também era possível. Para despistar, leitores referiam-se ao livro por títulos como "Vida de são Luís", "Vida do rei Luís" e "Travessuras de Luisinho".

Sentado à máquina na casa uruguaia, Jorge entendeu que o novo romance se dividia; a primeira parte, com começo e fim, era a obra pretendida; o resto pertencia a outro livro. Nomeou *Terras do sem-fim* a primeira, épico lírico sobre a luta pelo desbravamento da região grapiúna. A segunda, *São Jorge dos Ilhéus*, retomava o fio cronológico: retrata a pequena metrópole já capital do cacau três décadas adiante, um drama urbano.

Em *Terras do sem-fim*, dois senhores de cacau, Sinhô Badaró e Horácio da Silveira, protagonizam a época das grandes lutas pela posse da terra no Sequeiro Grande — como Jorge vira acontecer ainda menino com Sinhô Badaró e Basílio de Oliveira. O enfrentamento se sucede por tocaias, incêndios em plantações e cartórios e conluios políticos. Para definir os destinos, há ainda doenças contagiosas que irrompem sem escala social. A certa altura, o romance que seria sobre o domínio das roças se transforma em uma história de amor. Advogado de Silveira em batalhas judiciais habilidosas, Virgílio Cabral se apaixona por sua mulher, Ester. Sinhô Badaró e seu irmão, Juca, são baixas do combate; quem os substitui é a filha do primeiro, Don'Ana Badaró. Inspirado pela literatura proletária nos primeiros cinco romances do ciclo da Bahia, agora Jorge deixava-se tocar pelas leituras hispano-americanas. O autor colocou-se na história como o menino que aparece assistindo ao julgamento de Horácio da Silveira, cena real que nunca esqueceria.

O real Basílio de Oliveira, viúvo de dona Yayá, assim que saiu o livro procuraria seu pai, de quem era amigo. "Compadre, dizem que Jorge escreveu contando essas brigas que teve aqui, que contou as mortes que mandei fazer, mas não tem importância", admitiu. "Agora, dizem que ele botou no livro que Yayá me enganava e isso não está direito." Não foi sem custo que João Amado tentou lhe explicar que Horácio da Silveira não era ele.

Em *São Jorge dos Ilhéus*, mais próximo do romance proletário, a região antes semifeudal se torna um importante entroncamento do capitalismo mundial. Os donos de empresas de exportação, alguns de sobrenome americano e alemão, assumem o comando dos negócios, os latifundiários são agora parte de uma engrenagem financeira maior, em meio a cotações que sobem e caem, pondo todos em risco. Don'Ana Badaró, da trama anterior, sobrevive sem fortuna. Horácio da Silveira agora está velho e solitário e tem como rival o próprio filho, o integralista Silveirinha. Novos personagens são o exportador Carlos Zude e sua mulher, Julieta, que se apaixona por um operário e militante de esquerda, Joaquim. O painel, dessa vez, retrata outra sociedade na mesma Ilhéus: uma burguesia urbana se constituiu na cidade que crescera rapidamente e se abastece de comércio opulento — pelo porto sai o fruto supervalorizado e chegam carregamentos de uísque e perfume, *jazz bands* e carros de luxo, importados europeus, gastos feitos com empréstimos. Jorge concluiria esse romance dentro de um ano. Nas anotações da época, tinha outros dois livros planejados, um que se chamaria *Cangaço* e o outro, *Cabaré*.

Matilde e Lila se foram em agosto. Quando o amigo Samuel Wainer lhe escreveu para avisar que as duas haviam chegado bem ao Rio, também deu a notícia de que o Brasil acabara de entrar na guerra contra os nazifascistas. Pressionado pelo governo americano, Getúlio rompera relações diplomáticas e comerciais com Alemanha, Itália e Japão em janeiro. Navios mercantes brasileiros foram depois torpedeados por submarinos alemães e italianos. Ao todo, 36 afundaram, matando quase mil pessoas. As passeatas nas ruas brasileiras contra os nazistas precipitaram a decisão de Getúlio.

Na foz do rio da Prata, os exilados se reuniram para decidir se voltariam ou não ao Brasil. Militantes divergiam sobre o que fazer: havia uma divisão entre os de Buenos Aires e os de Montevidéu. Decidiram voltar, e Jorge contou a Julio de Mesquita Filho, que lhe teria dito: "Gesto bonito, pode ser, mas tresloucado". E adiante, pressentiu: "Vocês ainda vão virar getulistas".

No consulado do Brasil em Montevidéu, Jorge conseguiu, em 8 de setembro, autorização para entrar de volta no país. Entregou o que possuía de documentos para que uma amiga de militância os guardasse, a polonesa com cidadania brasileira Rosa Scliar. De avião, desembarcou em Porto Alegre e hospedou-se na casa de outro membro da família Scliar, Henrique, pai do amigo Carlos. Os outros exilados tomaram o trem e foram detidos imediatamente após ter alcançado a fronteira.

Jorge tinha a tarefa de procurar o general Cordeiro de Farias, interventor de Porto Alegre e um dos antigos chefes da Coluna Prestes. Levava uma mensagem ao general: saber se aceitava encontrar Prestes. O general não respondeu prontamente, ficou de estudar o caso e fazer tudo que estivesse ao seu alcance para ajudar o líder comunista. "Você fica aqui, não vou mandar prendê-lo, mas se do Rio vier ordem serei obrigado a fazê-lo", disse a Jorge. Todas as noites, o escritor ia à redação do jornal *Correio do Povo* para se inteirar dos últimos despachos noticiosos sobre a guerra. Enquanto tomava uma média com pão e manteiga com o jornalista Raul Ryff, a polícia política o capturou. Voltou preso para o Rio e foi levado à Casa de Correção. Liberado, tinha de cumprir a ordem de retornar à Bahia, apresentar-se uma vez por semana à polícia local e viajar ao Rio ou São Paulo apenas com autorização prévia.

Antes de partir, havia tempo para uma despedida à grande.

O jantar homenageava Graciliano. Estavam todos ecumenicamente reunidos no Lido, restaurante grã-fino do Rio, para celebrar, em outubro de 1942, o meio século do Velho Graça, braços e pernas cruzados, um tanto deslocado no papel de homenageado de tal convescote, vestido num terno novo de casimira inglesa comprado com o que sobrara da quantia arrecadada pela comissão de amigos incumbida de organizar a festa. Não se escondia o gesto de desagravo ao escritor, que estivera atrás das grades, e era sinal de que se sentia leve brisa democrática no país.

Uma bomba que caísse ali acabaria com a parte mais significativa da intelectualidade brasileira. Servindo-se de peru e robalo, creme de aspargos, arroz, torta de maçã e café, sentaram-se ao redor da mesa os católicos e os comunistas, fascistas e democratas, da direita à esquerda, da Áustria ao Nordeste. Entre eles, os editores Augusto Frederico Schmidt, Gastão Cruls e José Olympio; os modernistas Mário e Oswald de Andrade; os poetas Carlos Drummond de Andrade e Manuel Bandeira, Jorge de Lima e Murilo Mendes; os romancistas Zé Lins e Lúcio Cardoso; os críticos Moacir Werneck de Castro, Paulo Rónai e Otto Maria Carpeaux; dois dos Buarque de Holanda, Aurélio e Sérgio; e ainda havia os jornalistas, como Álvaro Moreyra e Brício de Abreu, do *Dom Casmurro*, Samuel Wainer, que comandava a *Diretrizes*, e seu repórter-víbora, Joel Silveira.

Jorge contava, talvez por anedota, que Gustavo Capanema, sem saber que ele estava no recinto, perguntou por seu paradeiro. "Está aqui, sentado defronte de nós, saiu ontem da cadeia", Graciliano teria respondido ao ministro da Educação e Saúde.

"Pediram a um homem gordo que saudasse no seu cinquentenário um homem seco", Schmidt abriu a sequência de discursos. Graciliano, em sua vez, registrou que a entrega à escrita fora a saída para sobreviver depois do cárcere. "Posto em circulação, muitas dificuldades me apareceram e tive de escolher um ofício. Caí na literatura: todas as outras portas se fechavam." Num elogio ao romancista alagoano, com seu estilo preciso e seco, Carpeaux criticou quem escreve com "excesso e untuosidade". Referia-se a quem? O tal antípoda, se é apenas um, o crítico não o cita em seu discurso. Continuou, sobre Graciliano: a maestria se explica pelo estilo amusical e sóbrio, estático e classicista, o que o faz eliminar descrições pitorescas, o lugar-comum e a eloquência tendenciosa: "Seria capaz de eliminar ainda páginas inteiras, eliminar os seus romances inteiros, eliminar o próprio mundo. Para guardar apenas o que é essencial".

O erudito Carpeaux, aos ouvidos de Jorge, parecia tão somente um pernóstico, com suas citações em inglês, francês, alemão e espanhol, combinando na mesma toada Schopenhauer e Freud, Hardy e Saltykov. Após o jantar, a conversa foi com Capanema, a quem Jorge transmitiu, como porta-voz dos comunistas, a posição do partido: apoiar Getúlio na luta contra o Eixo.

15.
A vista de Periperi

À espera do caruru com vatapá, um freguês perguntou a outro no meio da rua: "Já liberaram Varsóvia?". A clientela comia em pé, e era nessa posição desconfortável que conversava sobre as notícias da guerra vindas com os últimos telegramas. Serviam-se chofer, jornalista, estudante e boêmio ao redor de Maria José, assim sem sobrenome, abancada nas madrugadas do largo do Teatro para vender comida, que servia em pratos de flandres. Guardadas em latas de querosene reaproveitadas, iguarias outras incluídas no cardápio, como efó, frigideira, moqueca, mingau e mungunzá.

Nenhum restaurante desses afamados oferecia sabor igual, anotou Jorge; comparável a Maria José, só outra cozinheira popular, Maria de São Pedro, do Mercado Modelo. Na noite em que dava notícias de Varsóvia aos confrades que se banqueteavam, pensou no que seria da cidade com a vitória dos nazistas: arrancariam a estátua do poeta Castro Alves, acorrentariam gente como aquela com quem conversava, acabaria esse "mundo livre, são e alegre" — palavras que bateria na máquina com dois dedos, um de cada mão, pois nunca aprendeu direito a datilografar.

De uma pequeníssima trincheira na Bahia, onde permaneceria de 1942 a 1945, ejetava seus torpedos contra o nazifascismo: "Hora da Guerra", coluna diária que assinava no jornal *O Imparcial*. De boa circulação entre o povo baiano naqueles dias, quase rivalizava com o muito mais lido *A Tarde*, que, de perfil provinciano, priorizava as notícias locais. Não era apenas colunista. Codirigia a redação ao lado de Wilson Lins, o filho do dono, coronel Franklin Lins de Albuquerque. Juntos decidiam o que entrava nas páginas. A extravagância da situação era que o coronel, um homem da direita enriquecido pela fazenda de cera de carnaúba, tinha recebido patente por sua histórica participação na luta contra a Coluna Prestes, do sertão baiano seguira com seu exército de jagunços até a fronteira da Bolívia. O biógrafo do ilustre perseguido, que conhecia seu filho e chegara ali com o reforço da indicação de Samuel Wainer, passou de funcionário a amigo da família.

Sem pena a cumprir na volta da foz do rio da Prata, Jorge fora liberado sob a condição de residir obrigatoriamente em sua cidade natal — por erro, o mandaram para a capital baiana, e não Itabuna. Do Rio para ali, precisou antes arrumar dinheiro. Com a ajuda do escritor Aníbal Machado, cujo irmão atuava como diretor na companhia de navegação fluvial no rio São Francisco, conseguiu passagem de graça em navio de Pirapora a Juazeiro. Não tinha como chegar a Pirapora nem como, de Juazeiro, seguir até a Cidade da Bahia. O que faltava, conseguiu providencialmente vendendo uma peça de teatro à atriz Bibi Ferreira, que erguia companhia própria. A encomenda lhe rendeu 20 mil cruzeiros, pagos adiantado. Uma casa em Periperi, subúrbio ferroviário, serviu de morada para ele, Matilde e Lila. Só podia sair do estado com autorização. Obedecia, mas não à obrigação de se apresentar uma vez por semana à delegacia de ordem política e social.

O cabograma de Wainer com o aviso de que Jorge chegaria pegou Lins em véspera de viagem. Quando procurou o pai pedindo que tomasse conta do amigo em sua ausência, o coronel o tranquilizou: disse que colocaria gente em todas as pousadas e hotéis, de modo que assim que desembarcasse seria recebido "por elemento de confiança, que o traria logo a sua presença". O filho apressou-se em esclarecer que Jorge não vinha fugido, no que foi interrompido. "Não quero saber o caráter de sua viagem, pois sendo seu amigo e vindo à sua procura terá toda a minha assistência, embora me fosse mais cômodo não ter de ajudar um comunista."

De tanto apreço que desenvolveu pelo jovem escritor, o patrão passou a convidá-lo para almoçar comida sertaneja em sua casa pelo menos uma vez por semana. Evitava chamá-lo de "comunista", alcunha que considerava por demais degradante. No lugar, escolheu um substitutivo mais ameno, "russista" ou "russiano".

Dava na mesma: um editorial escrito pelo protegido, com posicionamento favorável a uma aproximação entre Brasil e União Soviética, quase levou ao fechamento de *O Imparcial*. Convocado pelas autoridades a se explicar, o coronel, que não tinha, obviamente, nenhuma ingerência no episódio, assumiu a responsabilidade já que o texto não era assinado, gesto de que o subversivo Jorge se recordaria com gratidão.

A sede de *O Imparcial* ficava numa rua que ostentava o nome de Rui Barbosa. Nas imediações estava o antigo largo do Teatro, rebatizado praça Castro Alves, com a estátua do poeta. A rua principal, a Chile, era aquela em que tudo acontecia, como a do Ouvidor, no Rio, e por onde se subia para o largo da Sé — sem Sé alguma havia anos. Um cardeal que proibia as festas sincréticas foi capaz também de vender a igreja na década de 1930 para uma companhia de bonde, que a demoliu. Só restavam bancos de mármore, pés de fícus, um belvedere e o busto do bispo Sardinha. Seguindo em frente, chegava-se ao Terreiro de Jesus e ao Pelourinho, casario ainda mais pobre que nos dias da Academia dos Rebeldes.

Jorge comparecia diariamente às onze para estabelecer o espelho da edição — o roteiro do jornal do dia seguinte. O noticiário da guerra estava sob sua responsabilidade. Lins, encarregado dos demais assuntos, aparecia mais tarde. Pela tarde, com boêmia que, naquele horário, funcionava à base de café-pequeno apenas, conversavam nos bares da rua da Ajuda e, quase rotina, participavam de comícios no largo da Sé, na praça Municipal, no Campo Grande, contra a guerra e, nas entrelinhas, também contra o Estado Novo. Os baianos foram às ruas, primeiro, para exigir que o Brasil se unisse aos aliados. Depois para derrubar o interventor de Getúlio, operação que contou com a adesão de *O Imparcial*. Os homens de terno de linho branco e chapéu e as mulheres de vestido longo rodado e florido conviviam com um novo contingente, o de sujeitos fardados, se recordava, anos à frente, Wilson Lins. Os efetivos do Exército e os reservistas convocados somavam-se aos militares da Base Aérea de Salvador, da Base Naval de Aratu e da Base Baker, duas das instaladas pela Marinha americana no litoral brasileiro. De ritmo provinciano, embora o porto estivesse apinhado de navios estrangeiros, a velha cidade possuía um aeroporto pequeno e distante, e ainda não havia universidade apesar das faculdades seculares.

Às sete da noite, a redação estava completa para fechar a edição, com sua equipe de mais de vinte nomes, entre adjuntos, colaboradores de peso e uns tantos focas. Encerrado o expediente, os jornalistas comiam e conversavam no restaurante ao ar livre de Maria José. Na volta à Bahia, Jorge reencontrou amigos do colégio dos jesuítas, como Giovanni Guimarães, militante comunista e agora seu colega de jornal, e Mirabeau Sampaio, que se formara médico. Com Wilson Lins, constituíam o núcleo duro da boêmia — eram boêmios de pouco beber, só Vadinho, um dos que se juntou à turma, era exímio beberrão. Depois do jantar iam correndo levar Jorge até a estação do largo da Calçada para pegar o último trem do subúrbio, o que só conseguiam graças ao carro da distribuição do jornal; quando este dava pane, salvava-os o Inglês, como chamavam o chofer negro e gordo que dirigia um carro de praça e cujo ponto ficava em frente ao Cine Guarany. Benevolente, costumava fiar corridas à turma do jornal. Levava uma hora para Jorge chegar ao subúrbio onde residia, de enormes tamarineiros, com uma pequena igreja católica, dois candomblés e um cinema que funcionava dois dias da semana, habitado por operários e veranistas que não temiam a malária. "Sem sair da Bahia, tinha sua dose diária de locomoção", recordaria Wilson Lins, para quem o amigo teve sempre "fome de evasão do cotidiano" — bem a conheciam os que testemunharam sua fuga do colégio na infância, rumo a Itaporanga.

Os cabarés eram visitados para o jogo e as putas. O de maior agitação, o Cassino Tabaris, nos fundos do Cine Guarany, tinha roleta e bacará. Em seu palco noturno, contou Jorge, assistia-se a "uma coleção de mulheres", nos intervalos das lutas entre marinheiros americanos e soldados nacionais, quando, "de vez em quando, em meio às cadeiras e garrafas quebradas", havia brigas com "balas e punhais". Fora o Tabaris, quase não havia opção: só as gafieiras, tenebrosas, a mais famosa, a de Clélia. Comiam nos castelos (puteiros) e bebiam cachaça e cerveja — o uísque ainda não tinha sido adotado pelos amigos. Na rua Chile, o consultório de Mirabeau, moderno e completo como lhe montara o pai, aplicava-se mais ao exercício da libidinagem — do dono e dos amigos — do que à prática da medicina.

A casa em Periperi recebia em peso essas figuras da literatura baiana e da esquerda. Quase sempre, compareciam Giocondo Dias e a mulher, Lourdes. Dias era o principal dirigente comunista baiano. Logo que chegara, Jorge o procurara com notícias de que o partido tentava, numa tarefa arriscada e difícil, se reorganizar por meio de uma Comissão Nacional de Organização Provisória (CNOP), constituída no Rio de Janeiro. Temia-se que houvesse espiões da polícia infiltrados entre os comunistas, e Dias resistia à ideia da CNOP. Acreditava que o comitê regional da Bahia era o mais autorizado a falar em nome do partido, e os planos de reorganização deviam partir do estado, onde se aglutinavam militantes históricos, favorecidos por uma situação de existência menos dura. Enquanto na capital do país sofriam forte repressão, o governo de Juracy Magalhães, e depois os de Landulfo Alves e Renato Aleixo, um pouco mais complacentes, fechava os olhos para os subversivos. Em Periperi, foi recebido para histórica moqueca Gilberto Freyre, quando passou por ali no auge da campanha em que o acusavam de comunista.

Odorico Tavares, que Jorge conhecera nos primeiros anos de Juventude Comunista no Rio, estava à frente dos Diários Associados na Bahia. Habitués nos palanques antifascistas, havia dois militantes comunistas de quem o escritor se tornava próximo nessa época, Fernando Sant'Anna e João Falcão. Para fornecer livros proibidos pela ditadura, havia Zitelmann de Oliva, um jovem estudante de direito que fazia as vezes de livreiro. Uma jovem poeta de esquerda que era colega de redação em *O Imparcial* entraria para a família. Naqueles dias, Jacinta Passos, numa das idas a Periperi, conheceu o caçula dos Amado, James, em férias da faculdade. Pouco depois do primeiro encontro, casaram-se.

Da época da Academia dos Rebeldes, ainda havia Clóvis Amorim em Feira de Santana, numa visita a cem quilômetros da capital. Téodulo Lins, outro filho do coronel que comandava a direção financeira de *O Imparcial*, recebia Jorge e os colegas jornalistas em sua casa de Mar Grande, na ilha de Itaparica.

De perto, a polícia política acompanhava tudo, seu dossiê ia ganhando páginas.

De sua trincheira pequeníssima Jorge não dava trégua. Dizia que sua "Hora da guerra" era a posição possível "para um escritor que quer entrar na luta". No calor dos acontecimentos, comentava apaixonadamente na coluna as últimas notícias do front, mesmo as miúdas: o massacre na Silésia, o rompimento do Chile com o Eixo, o plano nazista para os negros, os estudantes noruegueses levados aos campos de concentração.

Mirar quinta-colunistas era dos hábitos mais cultivados. A simpatia aos nazistas em parcelas da população existia, assim como a existência de infiltrados, com espionagem e propaganda — o jornal *Meio-Dia* não tinha sido o único. As ideias eugenistas faziam sucesso no Brasil desde o começo do século e não era de surpreender que existisse aqui o maior partido nazista fora da Alemanha. Dos quinta-colunistas que Jorge alvejava, em primeiro lugar estava Plínio Salgado e "seus escroques". Os integralistas e racistas eram alvos certos, e até os ditos "neutros", que, a seu ver, consciente ou inconscientemente, operavam a favor do Eixo — via com suspeita os escritores que não se pronunciavam, ainda piores aqueles que se indispunham com quem estava no combate, considerava falta grave, gravíssima. Escritores de perfil comedido já tinham escancarado posição. Mesmo Mário de Andrade, em entrevista eloquente à *Diretrizes*, dissera que aquele não era o momento de um intelectual se manter alheio.

O ensaísta Otto Maria Carpeaux ficaria em apuros depois de escrever um duro obituário para Romain Rolland, símbolo humanista abraçado pelas esquerdas e muito estimado no Brasil. O artigo, que saiu na *Revista do Brasil*, repercutiu em outras publicações. Carpeaux acusou o escritor francês de obsolescência estética e declarou que Rolland estava morto fazia mais de década, bem antes da data de sua morte, em 30 de dezembro de 1944. Instalou-se o furdúncio. Contra Carpeaux, a principal voz seria a do escritor francês, então radicado no Brasil, Georges Bernanos. Em desagravo a Rolland, que lutara na Resistência, um manifesto foi imediatamente organizado na Bahia — não é difícil supor de quem foi a iniciativa. Indignados, 107 foram os signatários: além de Jorge, o irmão James e a cunhada Jacinta, Giovanni Guimarães e Mirabeau Sampaio. Dos rebeldes, Clóvis Amorim e Sosígenes Costa. Gente do partido, como Alberto Passos Guimarães e Osvaldo Peralva, e os de fora, o educador Anísio Teixeira e o crítico Carlos Chiacchio, o da *Arco & Flexa*, revista rival da Academia dos Rebeldes. Estampou-se o abaixo-assinado na *Diretrizes*. Por um ano, Carpeaux enfrentaria dificuldades, acusado de simpatia com o nazismo — sua versão para a estada no Brasil era a necessidade de fuga da Áustria por ser judeu convertido ao catolicismo.

Quando falava de literatura, Jorge lutava contra o nazifascismo. Na coluna, voltou a lembrar o assassinato de Lorca, elogiou a devolução de um título honoris causa por Thomas Mann em protesto contra a Alemanha nazista, exultou escritores que foram para o front, como Ernest Hemingway, John Steinbeck e Ilya Ehrenburg. Saiu em defesa de Oswald de Andrade, cujo romance *Marco zero* vinha sendo atacado por um "sujo subliterato fascista" — não era outro: Carpeaux. Declarou como obra-prima o novo de Zé Lins, *Fogo morto*. Registrou os

25 anos de imprensa de Aparício Torelly, o "nosso Dom Quixote". Reclamou da censura a livros considerados pornográficos. Comentou uma biografia de Marx, em que descobriu não só um grande pensador, como "o mais afetivo dos pais, o melhor dos amigos". A polêmica literária seguinte envolveu o falecido Humberto de Campos, aquele que dava lucro a José Olympio na década de 1930 e garantia a impressão dos modernos. Depois de morto, revelou-se best-seller além-túmulo. A família reclamava direitos autorais sobre os livros psicografados por certo médium mineiro de Pedro Leopoldo, o novato Chico Xavier. A opinião do colunista foi resoluta: se estão incomodados, por que não proíbem o uso do nome, em vez de cobrar seu quinhão? A guerra também tinha sua hora quando tratava de acontecimentos da cidade: na festa do Senhor do Bonfim, "de pureza quase miraculosa, terna e alegre", vinha a lembrança de "Hitler e seus asseclas", no dia de Iemanjá endereçou-lhe carta pedindo a libertação dos povos. Em meio a tanta gente virtuosa que exaltava na coluna, adjetivos máximos e frequentes, ninguém parecia merecer mais elogios que Stálin, "de longos bigodes e sorriso de criança inocente", encarnação do bem.

A atividade literária e intelectual da velha Cidade da Bahia passou a gravitar em seu entorno. Um agitador carismático, como recordariam tanto escritores quanto militantes com quem conviveu à época. Para espanto de Wilson Lins, não apenas sua família, que não era progressista, se entregara a Jorge, como "o estado inteiro" que lutava contra o nazifascismo, "sendo o virtual dirigente de todas as organizações que faziam a cabeça do povo contra o totalitarismo de direita: a Legião dos Médicos contra o Fascismo, a Legião Comerciária pela Democracia, a União dos Estudantes da Bahia, e todos mais tinham seus presidentes, mas o verdadeiro líder era ele".

A hora era da guerra, mas havia tempo para graça. No afogadilho do noticiário, dos comícios e da coluna, partiu para escrever um folhetim em trio, como nos velhos tempos de *Lenita*, dessa vez com Lins e Giovanni. Depois de anunciado com estrondo em chamada de capa, *O mistério do açougue gris* só duraria breves dois meses. Gente que se reconheceu nos personagens queixou-se ao dono do jornal, e uma das vítimas chegou a ameaçar de morte aquele que, dos três, era de estilo imediatamente reconhecível. A história teve de ser concluída às pressas. A criatividade encontraria consolo com outra série, publicada em uma coluna no alto da página, *A novela sintética de José, o Ingênuo*, episódios diários em que um imaginário sujeito paspalhão passa por perrengues por sua credulidade. Não é difícil topar com episódios de inequívoco teor autobiográfico: "José, o ingênuo, foi morar num subúrbio porque é mais barato, menos quente e de fácil condução: meia hora de trem, um cruzeiro e cinquenta a passagem de ida e volta. Logo na sua primeira viagem, caiu um trem na frente do seu que nem chegou a sair da estação. José, o ingênuo, pagou cem cruzeiros para um automóvel levá-lo ao seu subúrbio de condução barata". Em muitas das historinhas, faz-se humor com o desabastecimento e a carestia daqueles dias de guerra: "Só lhe venderam 50 gramas de manteiga. E por um preço absurdo. Então José, o Ingênuo, achou que, em tão pequena quantidade e por aquele preço, não podia ser manteiga. Seria, no mínimo, perfume. E então pôs a manteiga no lenço". Em outros, a presença dos oficiais americanos, concorrentes no coração das moças, também virava piada: "José, o Ingênuo, vinha pela rua Chile com a sua noiva. Encontraram um marinheiro americano e pararam para conversar com ele. Ideia da noiva. José, o Ingênuo, pôs o seguinte anúncio nos jornais: 'Vende-se um par de alianças quase novas'".

Como chegava à redação às onze, ocupava as manhãs com novos livros. Concluiu *São Jorge dos Ilhéus*. Fez *Heróis e mártires do Partido*, edição do comitê estadual da Bahia do PCB com a história de operários e militantes, em sua maioria anônimos, que morreram pela causa. "Com muito esforço e pouca técnica", como diria mais tarde, colocou no papel a encomenda de Bibi

Ferreira. De início, pensou em chamar a peça *O amor de Castro Alves*, virou *O amor do soldado*. No enredo, a atriz Eugênia Câmara, grande amor do poeta, não sabe se mantém o romance ou se segue no teatro, ao mesmo tempo que sofre com ciúmes de seus outros possíveis amores e do principal deles, a liberdade. Quando entregou o texto pronto, a companhia de Bibi já se desfizera e a peça não foi montada. O manuscrito e a dedicatória valeram os 20 mil. Jorge cumpria ainda colaborações eventuais na *Diretrizes*. Enviou inédito do novíssimo *Terras do sem-fim* — o trecho "rimance das três irmãs", sendo rimance uma forma popular em verso que se diz com violão — e artigo sobre o escritor e poeta argentino José Portogalo. Realizou também conferências sobre a moderna literatura hispano-americana anunciadas em jornal para atrair público.

A bandeira de paz enfim hasteada pelos comunistas em 1943: a proposta de união nacional em torno de Getúlio foi aprovada na Conferência da Mantiqueira, realizada na clandestinidade entre 28 e 30 de agosto, em Engenheiro Passos, no Rio de Janeiro.

Como parte das diretivas do partido, Jorge tinha tentado fazer as pazes com os católicos assim que a biografia de Prestes ficou pronta. Ainda na foz do rio da Prata, enviara dois exemplares não só para o biografado, como para o advogado dele, Sobral Pinto. A este, endereçara uma carta em que pedia que fosse distribuída aos intelectuais católicos, num gesto em que estendia "lealmente a mão para uma política de unidade dos intelectuais por cima das diferenças ideológicas contra o nazifascismo e em defesa das liberdades".

O advogado lhe respondeu, decepcionado, que "os elogios, evidentemente exagerados à minha pessoa e às minhas atividades profissionais", foram acompanhados de "ataques desabridos e apreciações injustas a irmãos meus em fé e a diletos amigos. A rosa tão bonita que o senhor me oferecia estava presa a uma haste que era somente espinhos duros e afiados".

Sobral Pinto se chateara com a passagem em que Jorge citava Artur Bernardes, ex-presidente, Jackson de Figueiredo, líder católico na Primeira República, e o padre Leonel Franca. Assim Jorge escrevera: "Enquanto que nos palácios, no Rio de Janeiro, Jackson e todos os Leonéis Franca, Bernardes e seus familiares, rezavam em capelas régias pedindo que a mão de um bandoleiro assassinasse Prestes, nos lares pobres, nas cabanas, nos mucambos, nas senzalas do país, as mulheres de rostos esquálidos, as pessoas enfermas, os homens escravizados, imploravam aos céus e aos seus deuses mesclados, brancos, índios, negros pela vitória do Cavaleiro da Esperança".

Aqueles mencionados, o advogado argumentava, nunca tiveram outra recomendação que não fosse a estrita obediência aos preceitos da legalidade: "Urge acabar, meu caro Jorge Amado, de uma vez por todas, com esta lenda de que o presidente Bernardes e seus auxiliares puseram a prêmio a cabeça de Luís Carlos Prestes". Três semanas depois, chegava a resposta de Jorge. Admitia que alguns dos amigos de Sobral Pinto foram mencionados injustamente. "Ao atacar alguns católicos, estava longe de mim atacar o catolicismo." E propunha "trabalharem juntos contra as forças demoníacas do niponazifascismo".

Convicto em suas linhas, Sobral Pinto respondeu que nenhum regime de direita ou de esquerda que restrinja a liberdade da Igreja contaria com seu apoio. Que seria impossível colaborar no terreno da vida política ou pública com ele e seus amigos, "mais ou menos ortodoxos do sovietismo russo, ateu e anticristão". Acrescentava: "Ao chegar a hora da reconstrução do pós-guerra, o Brasil que o senhor pretende reconstruir terá de ser muito diferente do Brasil que eu idealizo". A pedido de Jorge, o advogado enviou cópias das correspondências aos seus amigos católicos mencionados no livro do escritor e àqueles escolhidos para receber seu apelo de "união nacional", entre eles Augusto Frederico Schmidt, que fora seu editor, Alceu Amoroso Lima e Álvaro Lins. "Não posso aderir a essa política", teria respondido Lins, que não queria deixar dúvida sobre sua posição "nesta hora de confusão e torpezas".

Os ares mais democráticos chegavam às livrarias. Jorge publicara praticamente um livro por ano de 1931 a 1937. Depois seriam quase seis anos sem conseguir circular, afora num caso de risco, *ABC de Castro Alves*, e noutro de clandestinidade, *Vida de Luís Carlos Prestes*, em edição argentina — este nem sequer foi mencionado na imprensa brasileira naqueles dias. Com comunistas e Getúlio em paz, saía *Terras do sem-fim* em 1943, numa primeira edição de 10 mil exemplares, e *São Jorge dos Ilhéus*, no ano seguinte, com igual tiragem. Martins não fez apenas isso. Colocou nas lojas todos os livros anteriores, constituindo uma coleção caprichada, em capa dura, de obras completas. No anúncio estampado na *Diretrizes*, em maio de 1944, aparecia o perfil do autor em close, com cigarro caindo do canto da boca, e a lista de obras ao lado informava: *Terras do sem-fim* estava já na terceira edição, *São Jorge dos Ilhéus*, na segunda, *Jubiabá*, na nona.

O amadurecimento "do escritor e do homem" — como reconhecia em si mesmo — foi notado pelos críticos, a tal ponto que, por muito tempo, *Terras do sem-fim* desbancou *Jubiabá* quando se havia de apontar seu melhor livro. Não é decisão que se toma pela leitura do conjunto: a escolha do melhor livro depende da qualidade do crítico que o defendeu — mesmo que não tenha lido outros títulos para compará-los — e do quanto se difundiu sua avaliação. Talvez pela própria força do primeiro, *São Jorge dos Ilhéus* mereceria menos referências, se tornaria menos conhecido.

Num júri brasileiro, *Terras do sem-fim* fora escolhido, ao lado de *Marco zero*, de Oswald de Andrade, para representar o Brasil num concurso de romance nos Estados Unidos. O modernista reagiu com entusiasmo quando procurado pela *Diretrizes*: "Estou mais do que satisfeito", disse. "Jorge Amado escolhido comigo constitui orgulho. É o grande sucessor de Castro Alves. Toda a miserável campanha feita contra ele não podia prevalecer."

Um dos entusiastas do nome de Jorge no júri era Afrânio Coutinho, baiano como o escritor, que cursara primeiro a faculdade de medicina — nascera em 1911, na Cidade da Bahia, no entanto não há registro de que possam ter se conhecido naqueles anos de estudante. Em 1942, Coutinho mudou-se para os Estados Unidos para iniciar uma trajetória de crítico literário a partir de universidades americanas. De Nova York, assinou sobre *Terras do sem-fim* o que chamou de "breve nota", que *Diretrizes* estampou em letras grandes em julho de 1943. "Não me lembro de livro, na moderna literatura brasileira, que revela maior força de elaboração, maior intensidade dramática, mais vida e colorido." Continuava: "Com este escritor está acontecendo o contrário do que sucedeu com alguns outros: não se esgotou com os primeiros livros, nem vive a repetir-se". Depois: "O vigor deste último [romance] revela que está em pleno viço criador, com a mesma fecundidade e abundância dos primeiros tempos. Tem-se até a impressão, ao atingir as últimas páginas do livro, que o autor fez um imenso esforço para interromper a catarata que lhe caía da pena vinda de uma fogosa imaginação, fervilhante e impulsiva, talvez para submeter-se ao plano de dois volumes que se traçara no início. Sente-se que ele continuaria no mesmo ritmo ainda por muitas e muitas páginas". Na parte final: "Deu-me ainda uma vez a confirmação de uma velha ideia de que os escritores que realizam as obras mais fortes não são os que evadem para torres de marfim, fugindo no tempo, mas, ao contrário, os que vivem politicamente a sua época".

Em Periperi, as manhãs seriam dedicadas a um novo livro, e a Cidade da Bahia, sua próxima personagem.

16.
Um guia da Bahia

Inusitado por tratar-se de um comunista, o caminho dos Estados Unidos se revelou mais fácil que o da Rússia.

A tentativa de entrar no mercado americano se dera no giro de 1937. Vendeu *Suor* e *Mar morto* para a New America, editora pequena de esquerda sediada em Nova York, e embora tenha anunciado a publicação, não parece que ocorreu. Certo é que chegou aos leitores daquele país em outubro de 1942 por uma coletânea da Houghton Mifflin, editora de porte um pouco maior, localizada em Boston. *Fiesta in November* é volume pioneiro de autores sul-americanos traduzidos para o inglês: são dezoito, de onze países. O título fora tomado de empréstimo de um romance do argentino Eduardo Mallea, cujo excerto foi incluído. Único brasileiro da coletânea, e um dos três mais jovens, Jorge contribuiu com um trecho de *Mar morto*. Na lista encontram-se desde novos expoentes, como o equatoriano Aguilera Malta e o venezuelano Guillermo Meneses, a veteranos, entre esses o chileno Eduardo Barrios e o uruguaio Horacio Quiroga.

Com *Terras do sem-fim*, os leitores americanos puderam conhecê-lo um pouco mais, embora não tenha sido sucesso de vendas. No entanto o feito editorial, guardadas as proporções, é comparável a ter sido publicado em Paris sob os auspícios da Gallimard. Saía pela igualmente prestigiosa Knopf, de Alfred Knopf, sediada em Nova York.

De origem judaica, Alfred e a mulher, Blanche Knopf, se interessavam por literatura estrangeira e afro-americana desde o começo da editora. No catálogo, autores da tradição russa, judaica e alemã, de Kafka a Thomas Mann, e contemporâneos como Sartre,

Camus e Ehrenburg, gente de esquerda que não afligia os editores, tolerantes quanto à posição política de quem publicavam. As escolhas editoriais eram arrojadas, num mercado conhecido por ser pouco afeito a autores de outros países e numa época em que a distinção racial era severa, principalmente no Sul. Blanche viajara ao Brasil para assinar contrato com Gilberto Freyre, com quem o casal teria sólida ligação afetiva por décadas. O ensaísta pernambucano lançaria pela Knopf não só *Casa-grande & senzala*, como obra inédita escrita em inglês, *Brazil, an Interpretation*. Num mundo assustado com a condenação de judeus e negros, as ideias de Freyre, discípulo do culturalista Franz Boas, faziam com que o raciocínio baseado em hierarquia de raça fosse trocado pelo de diferença cultural. Na mesma viagem, a sra. Knopf contratou *Terras do sem-fim* e também *Angústia*, de Graciliano, que acabou por não sair nos Estados Unidos. Em outra versão — que não exclui a primeira —, Jorge se recordava de que o livro fora recomendado à editora Knopf por Afrânio Coutinho, que vivia nos Estados Unidos. Teve, assim, de sair do concurso pan-americano para ser publicado, a exigência para seguir na disputa era que fosse obra ainda inédita em mercado americano.

O tradutor foi o mesmo de Freyre: Samuel Putnam, pesquisador das relações raciais no Brasil. *Violent Land*, como ficou em inglês, saiu em 1945, edição patrocinada pelo Departamento de Estado americano como parte da política de boa vizinhança então desenvolvida. Não foram poucos os autores brasileiros sugeridos ao mercado americano naqueles dias. Erico Verissimo, que iniciara temporadas nos Estados Unidos a partir de 1941, foi outro escolhido. Começou a ser publicado pela Macmillan em 1943, ano em que saiu a edição americana de *Caminhos cruzados*. Até 1967, quando publicou *O senhor embaixador*, teria cinco traduzidos.

Crítico católico que não quis estender a mão, Álvaro Lins, um pernambucano radicado no Rio, resolveu dar um basta no que lhe parecia uma incômoda aprovação geral. O dono daquele que era o rodapé literário mais lido da imprensa, no *Correio da Manhã*, declarou: "Tenho ouvido e lido a respeito de Jorge Amado muitas vezes expressões como esta — 'ele tem muita força'". Reclamava que tinha sido "agradado e elogiado quase unanimemente".

O "imperador da crítica brasileira", como o chamava Drummond, dedicou-se a escrever três artigos entre o lançamento de *Terras do sem-fim* e *São Jorge dos Ilhéus*. Os textos, que foram reunidos em livro na década seguinte, continuariam a ressoar meio século depois. Resenhistas e críticos reproduziriam sua opinião, se reconhece o substrato apesar das variações.

Lins argumentava que, desde a década anterior, as obras de Jorge "foram aclamadas porque as preocupações políticas colocavam em segundo plano as apreciações rigorosamente literárias e artísticas". Concordava que *Terras do sem-fim* era um avanço. Observava que o antigo e principal defeito de romancista — "o de dividir os personagens em bons e maus" — se afastava. No entanto, acreditava que o autor vinha "se descuidando bastante dos processos artísticos, literários e técnicos": "Parece querer construí-la [a obra] somente com seu grande talento de romancista, com sua capacidade de sentimento ou emoção em face da realidade, com seus dons de narrador, de contador de histórias. Mas deseja o sr. Jorge Amado fazer uma obra apenas de folclore ou uma obra pessoal de arte literária? Deseja com seu instrumento a linguagem oral ou o estilo literário dos escritores?". Desvalorizava, portanto, o que lhe parecia folclore na obra de Jorge, considerava inapropriada a linguagem oral usada pelo escritor e chamava de "miséria estilística" o não cumprimento da norma culta. Reclamava que o autor "insiste no gosto duvidoso como se estivesse ostentando um troféu". Como "carência de estilo", deu como exemplo um trecho de *Terras do sem-fim* em que viu "frases formadas monotonamente, sempre com o mesmo ritmo, com a vulgaridade das expressões a indicar que o autor não encontrou ainda uma forma para revelar os seus pensamentos e sentimentos".

Em mais de uma vez, Lins ressaltou a ausência de "esforço": "O que ofereceu, porém, como contribuição complementar do seu trabalho, dos seus estudos e meditação? Bem pouco, um quase nada". Outro exemplo, este retirado de *São Jorge dos Ilhéus*, seria prova do que definia como desleixo. A certa altura, um dos personagens refere-se à palavra "inacreditável" como sendo um advérbio, quando é um adjetivo. "Há uma grande desproporção entre o seu poderoso talento de romancista e os seus fracos recursos de escritor", argumentou o crítico.

O curioso é que Lins fracionou o ofício do romancista — fabular e escrever bem lhe parecem coisas distintas. Como sugere, escrever bem é algo do intelecto, e fabular, puro instinto (e não produto do intelecto). Usou, a propósito, a expressão "um instintivo" para adjetivar Jorge. Num veredicto que guardava bastante de futurologia, disse que tinha "convicção de que a obra do autor estará ameaçada de não sobrevivência". Uma fraqueza e uma recomendação mereceram ainda seu registro: "As mulheres são sombras ou criaturas convencionais", "um tema em que muito insiste e deveria afastar é o tema do amor".

Jorge não foi o único dos autores submetidos ao duro crivo de Lins em seu rodapé literário de 1940 a 1956. Em Amando Fontes, o crítico via indigência de estilo. Em Antônio de Alcântara Machado, cacoetes, adjetivos incontrolados e linguagem artificialmente brasileirista. Lins desprezava o romance de acontecimentos exteriores e tinha forte interesse pelo romance psicológico. Também alvejaria Erico Verissimo, que, em sua opinião, estava "se tornando cada vez mais sentimentalista", com livro "feito para o público, fabricado para o sucesso". Comentava que o mais recente, *Saga*, fora lançado "com um requinte e um luxo até então desconhecidos entre nós: grande campanha de publicidade, edição de 20 mil exemplares, convocação da imprensa, entrevistas do autor, promessa de temas e desenvolvimentos novos. Tudo isto, e mais o prestígio do nome do sr. Erico Verissimo, a sua categoria de escritor muito lido e muito admirado, a sua respeitável autoridade de romancista que o público e a crítica têm feito questão de aplaudir e consagrar". Viu apenas dois caminhos para o gaúcho: ou mudança violenta de rumo ou a sua colocação fora da literatura. Do contrário, não passaria de uma "versão brasileira de Eugène Sue".

Carpeaux fazia par na desaprovação da maioria dos autores, com as devidas diferenças de gosto. Preferia Graciliano, e Lins, Otávio de Faria. Não causa surpresa saber que Carpeaux fora apresentado ao círculo literário local por Lins. Quando desembarcou no país, trouxe uma carta de recomendação do papa Pio XII dirigida a Alceu Amoroso Lima, discípulo e amigo do mais prestigiado filósofo católico da época, Jacques Maritain. Deixou de ser Otto Karpfen para adotar o Maria Carpeaux por devoção mariana e em deferência às afinidades antes francesas do que germânicas dos meios literários brasileiros. Escrevia para o *Correio da Manhã* e os Diários Associados desde 1941.

Ainda que as alusões diretas a Jorge no que escrevia Carpeaux fossem escassas, lançou um poderoso argumento, mais ilação do que algo que tenha conseguido demonstrar factualmente. Afirmou que o romance brasileiro moderno provocava o interesse do mundo porque "seria o romance de um mundo novo, cheio de colorido exótico e de urgentes problemas sociais". Não devia ser este um motivo de satisfação, como acrescentava, "pois os problemas sociais são os mesmos no romance novo do Equador ou do Japão; e o colorido exótico não é sinal de autenticidade". Acreditava que "refinamento" consistia em valor supremo, oposto do que considerava "exotismo e cor local". À época, Jorge era o autor brasileiro mais traduzido no exterior.

A bandeira de paz continuava hasteada por Jorge. "Por que nos devorar mutuamente em discussões que [nem] sequer divertem o público?", respondia ao repórter da *Diretrizes* que o encontrara em São Paulo, em maio de 1944, nos dias de lançamento de *São Jorge dos Ilhéus* — viagem que desafiava as ordens de confinamento. "Com isso apenas contribuímos para desmoralizar o escritor perante o público."

Admitia que não vivera anos pacíficos até ali. "Imagine você se ao fim de dez livros e de tão longo período de vida pública eu constatasse ser um homem unanimemente elogiado. Que desgraça! Felizmente, sou muito elogiado por uns, violentamente atacado por outros. Reconheço que o meio-termo em relação a mim e à minha obra é difícil, e nada me agrada mais que isso. Ante minha obra a neutralidade é impossível. O que me prova que tenho conseguido realizar algo do que me propus fazer."

Um cigarro após o outro, os primeiros cabelos brancos a se notar, andava de lá para cá, sentava na cadeira e respondia sem pausas. "Vejamos agora as acusações que pesam contra mim." Escritor político, o repórter lhe disse. "É claro. Apenas pergunto, qual o escritor que não é político? Atrás da máscara da arte pela arte há o reacionário mais hábil e inteligente." Mau estilista. "Bem, eu poderia responder dizendo que muitos não o acham. Possivelmente nada tenho de perfeito como estilista. Sou de uma geração que neste particular abriu caminhos próprios. Conseguimos escrever numa língua do povo brasileiro. Talvez ainda não tenhamos dado a essa língua toda sua lapidação literária. Acredito que os jovens que venham a nos suceder completarão o nosso trabalho e se apossarão de um maravilhoso instrumento estilístico que é a língua à qual nós demos dignidade literária." Mau psicólogo. "Em geral meus personagens são figuras do povo e eu os conheço bem. Não tenho culpa que críticos refinados desejem que eu recheie de intelectualismo pessoas que são absolutamente sérias. Quanto a mim, prefiro ser leal com meus personagens."

A literatura deixara de ser esnobismo e virou profissão, acrescentava Jorge. Em seis meses, seus livros lhe haviam dado 53 mil cruzeiros de direitos autorais (cerca de 140 salários mínimos da época). "Moro em Periperi, um subúrbio da cidade da Bahia, afastado inteiramente, como desde há muitos anos, de qualquer participação da chamada vida literária. Isso começou a acontecer quando passei a viver de meus livros. Enquanto não vivia deles e sim de um emprego numa casa editorial, ganhei suficiente experiência para saber que nada mais distante e diferente da literatura que as competições literárias. Sou um homem sem grupos literários, sem mestres e sem discípulos. Em compensação, sou um escritor que vive e sustenta sua família com o que escreve. Restaram-me alguns amigos escritores, porém seu número é ínfimo ao lado do número de amigos que vieram de outras camadas. Creio que sou um escritor do qual o povo é amigo."

A quizila da crítica não era o tema principal da conversa. A guerra exigia um posicionamento, a necessidade era a de união democrática contra o nazifascismo, e o escritor que esquecia esse motivo vital do seu tempo e do seu povo cooperava com a quinta-coluna. "Sempre me pareceu absurdo que os escritores estivessem brincando de roda no mesmo momento em que as fogueiras de livros se levantaram em Berlim e na Bahia. A hora não é do jardineiro [André] Maurois, mas do soldado [Ilya] Ehrenburg."

Num gesto surpreendentemente afável, elogiou o desafeto Mário de Andrade por ter, pouco antes, conclamado os intelectuais, na mesma *Diretrizes*, a sair da torre de marfim e se engajar.

Jorge contava que brigou até demais, agora tomava distância das querelas, e seu apelo era outro, como *Diretrizes* destacava no título, uma provocação sutil à silenciosa Academia Brasileira de Letras: "Pensemos na vida e não na imortalidade".

Maria José no largo do Teatro, as noitadas no Tabaris e a aprazível Periperi: as anotações serviriam ao novo livro que o ocuparia nas manhãs antes de pegar o trem, *Bahia de Todos-os-Santos: Guia de ruas e mistérios*.

Os guias de cidade se multiplicavam nas primeiras décadas do século XX, época de popularização das viagens. No novíssimo mercado editorial brasileiro, Gilberto Freyre, que conhecia os guias europeus e americanos, iniciou o gênero ao publicar, em 1934, um dedicado a Recife. Cinco anos depois, preparou outro, dessa vez para Olinda. O ensaísta desejava fazer um da capital baiana, outro de Belém, o último do Rio. Nenhum destes últimos vingou. Ainda em 1938, sairia o guia de Manuel Bandeira que tratava de Ouro Preto. Em 1944, os guias de Freyre, antes editados por uma pequena casa pernambucana, ganharam segunda edição pela José Olympio. Talvez por ver tal projeto na concorrência, José de Barros Martins encomendou a Jorge um guia da Bahia. Um do Rio, Gastão Cruls lançaria em 1949, pela José Olympio.

O incomum no guia de Jorge é que se dedicou a mostrar não apenas "o que é belo", mas também "o que é feio". Dirigindo-se outra vez a uma amiga imaginária — recurso usado nas biografias de Castro Alves e Prestes —, contava que, àquela altura, os historiadores debatiam se a cidade devia se chamar Salvador ou São Salvador, polêmica a que o povo não dava lhufas. Na aparência, trata-se de "uma cidade negra", "também uma cidade portuguesa". Entre as extravagâncias, recomenda a sua visitante bairros proletários, apresenta números da tuberculose e até sugere, se tiver coragem, assistir a dois ou três enterros de anjos — nome dado a defuntos-bebês —, experiência com que conhecerá de fato a cidade, "múltipla e desigual". Como adverte: "Se és apenas uma turista ávida de novas paisagens, de novidades para virilizar um coração gasto de emoções, viajante de pobre aventura rica, então não queiras esse guia".

De atípico num guia, há ainda a presença do maravilhoso, sintetizada por uma das suas metáforas que vão ficar famosas: "Escorre o mistério sobre a cidade como um óleo". Na lista de lugares religiosos a visitar, inclui, além de igrejas coloniais, centros espíritas, sinagogas e terreiros — destes, o levantamento chegou a 117, numa época em que ainda eram violentamente perseguidos pela polícia. O guia abarca receitas de comidas afro-baianas — "uma cozinha nossa, chegada da África pelos negros, misturada aqui pelos portugueses" —, com dendê, pimenta, leite de coco, receitas recolhidas de negras cozinheiras e mães de santo. Adverte: há séria dúvida da eficácia de tais instruções, sempre vai depender que haja cozinheiras que consigam interpretar o espírito dos pratos. Instalava-se na cidade, reclamou, um "grã-finismo ridículo, preocupado na imitação mal-feita da comida francesa".

"Um tanto útil e meio boêmio", com nome de rua, horas de missa e dias de festas, seu guia dispensa parte "das obrigações burguesas" — aqui, num modelo que já é o de Freyre no Recife e em Olinda —, evoca o passado, define o caráter da cidade, num inventário de minúcias. A seu modo, recomenda o périplo que se espera de um roteiro turístico, do solene ao pitoresco: os lugares coloniais, os primeiros arranha-céus, "magros e feios", as festas populares, os ventos de Iemanjá no porto dos saveiros e os sinos das igrejas barrocas a tocar ave-maria, lugares que visita e aonde leva Manuel Martins e Ruy Santos, o antropólogo Roger Bastide, ogã, como ele, da roça da Gomeia. Inclui também os serviços disponíveis a um turista, advertindo mais de uma vez que não se trata de destino preparado para recebê-lo — "falamos mal dos restaurantes, hotéis e cabarés, agora falemos mal dos cinemas". Estão ali distribuídos endereços de albergue noturno, hospitais, clubes, feiras livres e até cemitérios.

As descrições do temperamento do baiano se multiplicam: "Um pouco derramado, um pouco distraído, um pouco poeta". De candura: "Sob um céu de admirável limpidez, na fímbria do mar ou pela montanha onde corre sempre uma cariciosa aragem, vive o povo mais doce do Brasil". Tem-se ali "o gosto quase sensual das palavras e dos debates de ideias, herdado de Rui Barbosa", na cidade "onde se conversa muito, a arte política é tradição da inteligência baiana". Tem-se ainda "o amor à liberdade, vindo de Castro Alves". Apesar da amabilidade, o baiano é um "povo resistente". Lembra, num capítulo inteiro dedicado às revoltas na cidade, as sublevações dos índios e os levantes negros. Conclui que "a resistência do povo é além de todos os seus limites. E dá a seus bairros este tipo de nome, Estrada da Liberdade".

Entre seus personagens, enumera capoeiristas, malandros, gente do cais, capitães da areia, baianas vendendo mingau, o poeta Cuíca de Santo Amaro — é "uma organização", pois escreve seus versos, manda imprimi-los, desenha ele mesmo os cartazes de propaganda que leva sobre os ombros, vende folhetos com os poemas e canta. Num só, há autor, editor, chefe de publicidade e livreiro ambulante.

O guia de Jorge retrata a Bahia e os baianos tais como os via, em anotações que também mostram como ocupava seus dias, e a Bahia os seus, nos dois anos de guerra. Concluído em setembro de 1944, foi lançado nove meses depois. Para convidar: "A Bahia te espera para sua festa cotidiana". Não que haja festas cotidianas, o cotidiano é que é uma festa.

A faceta de agitador político se conhecia por aqueles dias; na velha Cidade da Bahia revelou-se outra vez a de agitador cultural, como o fora nos dias em Estância. Com a chegada do ilustrador Manuel Martins para fazer os desenhos do guia turístico, Jorge se juntou a Odorico Tavares para realizar a primeira Semana de Arte Moderna da Bahia. Odorico ia se transformar no maior colecionador local de arte moderna — repetindo o feito do patrão Assis Chateaubriand no Rio e em São Paulo —, um dos principais incentivadores dos novos artistas baianos. A mostra ocorreu na biblioteca estadual, na época instalada na praça Municipal. Causou "um grande escândalo", como admitiu Jorge, e uma contra exposição de caricaturas foi rapidamente organizada para reafirmar o valor da pintura acadêmica. Presciliano Silva, o maior mestre da antiga pintura, a visitou várias vezes, para elogiar; o amigo Lins saiu-se como um dos críticos mais duros da arte moderna apresentada.

Dali, Jorge se engajava no movimento em defesa da profissionalização do escritor. Como escrevia na coluna de *O Imparcial*: Machado de Assis vendia os direitos definitivos de um livro por 500 mil-réis e pronto, nada ganhava o escritor brasileiro mais popular na virada do século XIX para o XX. O resultado? Enriqueceram-se os franceses da Garnier e os americanos da Jackson, e Machado morreu pobre, viveu sempre de seu magro salário de funcionário público de segunda categoria e jamais considerou a literatura como meio de vida possível. Meio século depois de Machado de Assis, o número de escritores se expandiu, a penúria continua: "Hoje somos vários os que vivemos daquilo que escrevemos; vida modesta, mas já é alguma coisa, sem necessidade de se recorrer a empregos públicos, a bicos, às cartas de advogado e médico". Deu três exemplos: o dele mesmo, o de Erico e Freyre. "Não vivo de outro trabalho e se tenho algo de que me orgulhar na minha carreira é não ter querido nunca ser outra coisa senão escritor." Da existência dessa nova profissão decorrem uns quantos problemas, continuou em sua coluna: os direitos autorais sobre os quais se pagam minguados 10%; a transcrição de artigos, quase sempre à revelia do autor; a inexistência de uma tabela para traduções; a falta de posição contra qualquer censura a livros.

De novo desobedecia as ordens de confinamento. Despediu-se da Bahia no começo de 1945 para chefiar a delegação de escritores baianos no I Congresso Brasileiro de Escritores, em São Paulo. O evento, mais que debater a situação dos que exerciam o ofício, seria importante capítulo para a redemocratização do país.

17.
Zélia

Os floristas descarregavam os arranjos das caminhonetes para armar seu mercado diário em frente ao Theatro Municipal, ritual nas madrugadas do centro de São Paulo em 1945. A guerra chegara ao fim havia pouco mais de um mês.

O táxi conduzia de volta ao hotel as visitas chilenas, o poeta Pablo Neruda e sua mulher, a pintora Delia del Carril. Como cicerones, Jorge, transferido da Bahia para a capital paulista, e Zélia, a moça que o ajudava no setor de divulgação do Movimento Unitário Democrático, uma frente pela redemocratização organizada pelo Partido Comunista, ainda na clandestinidade.

Estava agitada a pequena grande metrópole brasileira. Mirrada quando tentou derrubar Getúlio em 1932, a São Paulo de agora era o maior polo industrial da América Latina, com números a crescer: 4 mil fábricas, 1,4 milhão de habitantes, 30 mil automóveis. Uma reconstrução radical de seu traçado urbano se fez durante os anos da guerra, sob a gestão do prefeito Prestes Maia. Abriram-se as grandes avenidas Ipiranga, São Luís e Rio Branco, a abrigar os primeiros arranha-céus, entre salas de cinema, restaurantes, lojas e estacionamentos. Crescida, tentava outra vez derrubar Getúlio em 1945, só que pacificamente. Por meses ocorreram comícios e passeatas a cada vitória dos Aliados. Abatido a tiros, Mussolini fora exposto pendurado de cabeça para baixo. Dois dias depois Hitler se suicidou, o corpo jamais encontrado. Seguiam-se mais passeatas e comícios pela redemocratização no país. Cairia Getúlio sem destino trágico, por ora. No ano seguinte, se elegeria senador. Na Espanha de

Franco e no Portugal de Salazar, os regimes ditatoriais se arrastariam por mais três décadas.

"Pare", Jorge disse ao motorista, a tempo de estacionar nas imediações dos floristas. Apressou-se até uma vendedora que tinha à frente um latão abarrotado de cravos vermelhos. "A senhora não entendeu", disse, interrompendo o preparo do buquê. "Quero todos." Voltou carregado e, pela porta aberta, cobriu a moça Zélia, dos pés à cabeça.

"*La lluvia de claveles rojos en la madrugada*": Neruda recordaria a cena até o fim da vida.

Seis meses antes de atirar cravos à moça na frente do casal Neruda, Jorge chegara a São Paulo para cumprir missão literário-política. A guerra ainda não tinha acabado na Europa, Getúlio ainda estava no poder. Às quatro da tarde de 22 de janeiro, abrira no mesmo Theatro Municipal de São Paulo o I Congresso Brasileiro de Escritores, que ajudara a articular desde a Bahia. Vestia, segundo descreveram os jornais talvez com exagero, uma túnica à moda de Stálin. Quem sabe algum modelo comprado em seu giro pela América hispânica.

A "mobilização da inteligência", como definiu o evento naqueles dias um jovem sociólogo, Florestan Fernandes, na *Folha da Manhã*, golpeava o Estado Novo sob a aparência de alegre convescote. Não à toa, deixaram de comparecer os principais defensores do regime. "Onde está a gestapo literária?", perguntou, provocativo, o jornalista Francisco de Assis Barbosa no *Correio da Manhã*.

Contavam-se 282 participantes, entre escritores, jornalistas e críticos, em delegações escolhidas por votação em seus estados. De tendências estéticas e ideologias várias, eram liberais e católicos, socialistas e comunistas. Do veteraníssimo Monteiro Lobato aos modernistas Mário e Oswald de Andrade. Da geração de 30, os do norte e os do sul, José Américo de Almeida, Graciliano Ramos, Gilberto Freyre e José Lins do Rego, Marques Rebelo, o casal Lúcia Miguel Pereira e Octávio Tarquínio de Sousa, Dyonélio

Machado. Novatos de Minas que despontavam: Fernando Sabino, Hélio Pellegrino, Otto Lara Resende e Paulo Mendes Campos. Críticos da velha guarda, como Agripino Grieco e Tristão de Athaíde, juntavam-se a uma nova fornada de ensaístas saídos da universidade, como a trinca de peso da representação paulista: Antonio Candido, Caio Prado Jr. e Sérgio Buarque de Holanda. Havia também os estrangeiros instalados no país, quarenta ao todo, como Roger Bastide e Pierre Monbeig, da missão francesa que lecionava na USP, e os portugueses exilados pelo salazarismo, Agostinho da Silva e Jaime Cortesão. Augusto Frederico Schmidt e Manuel Bandeira chegaram para o último dia. Quem não conseguiu ir se justificou por escrito: Drummond, Álvaro Lins e Georges Bernanos enviaram moções. Vieram mensagens de fora do país, de Rubem Braga e Joel Silveira, entre os correspondentes de guerra que acompanhavam a Força Expedicionária Brasileira. Apareceram inusitadas congratulações, como a de Albert Einstein.

Da Bahia viera uma das delegações maiores, e não é difícil deduzir seu incentivador. Com quase três dezenas de participantes, igualava-se em tamanho às de Minas Gerais, São Paulo e Rio Grande do Sul, as quatro abaixo da maior de todas, a do Distrito Federal, com quase cinquenta. Entre os baianos, agrupavam-se escritores de tradição, como Afrânio Peixoto, a elite da escola de medicina da Bahia, representada por Pirajá da Silva e Wanderley de Araújo Pinho, intelectuais emergentes que se encaminhavam na política, como João Mangabeira, Luiz Vianna Filho e Nestor Duarte. Próximos de Jorge, rapazes da Academia dos Rebeldes, Édison Carneiro, Dias da Costa, Aydano do Couto Ferraz, Sosígenes Costa, além daqueles que, não sendo rebeldes, eram velhos e novos companheiros de andanças, como Arthur Ramos e Odorico Tavares. Da família, o irmão James e a cunhada Jacinta. O primo Genolino Amado chegou pela representação sergipana.

Um a um os escritores ouviram o chamado para assinar o livro de presença, solenidade aberta ao público no primeiro dia. Ninguém parece ter sido mais saudado pela plateia que Aparício

Torelly, o Barão de Itararé. O maior humorista do país distribuiu autógrafos no saguão usando as costas de uma moça. Na sua vez de entrar no auditório, ergueram-se os convivas para exultar sua presença em aplausos que duraram minutos. As sessões de trabalho acontecerem nos dias seguintes na praça da Bandeira, ocupando o primeiro edifício-sede do Centro do Professorado Paulista. Autores se distribuíam em funções como as de relator e revisor, avaliando as propostas que, se fossem aprovadas após votação, entrariam nos anais. Em defesa do ofício, havia de se debelar a precariedade. Tanta que se distribuíam conselhos comezinhos para que autores só aceitassem contratos por escrito e jamais cedessem definitivamente a obra. Os direitos autorais constituíam problema central. Em meio a debates de alta voltagem, os escritores enfrentaram desde temas amplos como a alfabetização e o ensino universitário, quanto laterais, aí incluídos os gibis americanos — considerados perigosos por Lúcia Miguel Pereira — e o fim da barreira para que meninos e meninas estudassem no mesmo colégio — bandeira levantada por Vinicius de Moraes. Entraram para os anais, após votação, artigos que não diziam respeito apenas ao métier, como o que lembrava a importância da reforma agrária para a cultura. Os comunistas estavam a postos.

O Barão de Itararé continuou a fazer graça. Certa hora, chegou desconcertante telegrama acusando o embaixador de Portugal, Martinho Nobre de Melo, ali presente, de ligação com a ditadura de Salazar. Ante o constrangimento geral, o humorista tomou a palavra: "É uma pena que ele seja fascista. Porque gostamos dos portugueses. O português, afinal de contas, é um brasileiro de bigodes". Alguém gritou: "Salazar não tem bigodes, Barão".

"No éter da fraternidade, rusgas submersas viriam à tona", notou Guilherme Figueiredo, um dos que içaram os sentimentos recônditos de suspeição generalizada. O dramaturgo dedicado à crítica literária no carioca *Diário de Notícias* não poupou nem mesmo aqueles por quem sentia apreço. Indignava-se com "a quietude" de Zé Lins, Múcio Leão e outros "cujo lauto emprego público não impulsionava a atacar o Estado Novo". E havia a "atitude acomodada" de Álvaro Lins, ausente, aliás, do congresso. Lembrava que a aliança entre Alemanha e União Soviética levara escritores comunistas como Jorge e Oswald a um "estranho passeio" pelas páginas do *Meio-Dia*, favorável a Hitler. Criticava o "encantamento da vigarice intelectual" de Otto Maria Carpeaux, que definia como "um escambo especial para os nossos tupiniquins: uma bagagem literária de citações plurilíngues". Por fim, registrava o lamentavelmente pequeno destaque dado ao certame dos escritores por parte da imprensa do Rio, "por motivos hoje de domínio público". Referia-se à censura do DIP.

Um inquieto Mário de Andrade se preocupara às vésperas do evento com o comportamento de Jorge. Numa carta a Hélio Pellegrino, garantia, sem esconder antipatia e oposição: "Já sabemos de fonte certa que o f-da-p de um grande romancista pseudoesquerdista vem atrapalhar a dignidade da inteligência brasileira, propondo apoio ao governo. O caso está se tornando grave porque o homem, além de ficar na posição comodista, arrasta muita gente pro mesmo comodismo fácil e gordo. Em São Paulo, há um grupo consciente e coeso que repudiará isso e as palavras de ordem de Moscou". Não parece descabido que Jorge defendesse a posição do partido, e não foi o apoio a Getúlio que prevaleceu. Dias depois do congresso, Mário morreria de infarto.

Os comunistas se concentraram na comissão de assuntos políticos. Nela estava, entre outros, Jorge. Talvez propositadamente ali também Lacerda, visto como "inimigo do regime", conforme o declarava a polícia política do Estado Novo, porém já transfigurado em duro opositor dos comunistas. Da comissão saiu a declaração de princípios, que reclamou liberdade de expressão e eleições diretas. Seria escutada de pé pelos presentes, por sugestão do líder comunista Astrojildo Pereira, ao fim do evento. O pronunciamento, em nada corporativo, afirmava-se como declaração política. Obviamente, sua publicação pela imprensa não foi permitida.

A luta dos escritores pela redemocratização continuaria na imprensa. As mais estrondosas decerto foram as intervenções de Monteiro Lobato e José Américo de Almeida. Este, cujos planos de alcançar a presidência frustraram-se depois da suspensão das eleições em 1937, declarou em fevereiro ao *Correio da Manhã* que o Estado Novo não tinha mais a confiança do povo. Dias depois, revelou a *O Globo* o nome de Eduardo Gomes como candidato da oposição. Lobato, no *Diário de S.Paulo*, defendeu Prestes, a União Soviética e o socialismo. Uma semana depois, a edição foi reimpressa, "tal o interesse que despertou". O DIP não reagiu.

Não passara mais que um mês do fim do evento-barulho no Theatro Municipal, e Getúlio, pressionado por todos os lados, concedeu em março a primeira entrevista coletiva em oito anos de ditadura. Garantiu que a função de censura do DIP se extinguiria, e acenou com a possibilidade de anistia. Anunciou a convocação de eleições de novo presidente e deputados. Significava que o Congresso voltaria a funcionar. No entanto, rejeitava a alteração das leis do Estado Novo. Uma nova Constituinte, segundo dizia, seria desnecessária. Negou por fim que pretendesse concorrer. "Não sou candidato."

A entrevista de Getúlio atiçou o cérebro galhofeiro do Barão de Itararé, que, treze dias depois da sabatina do ditador em Petrópolis, tratou de fazer uma paródia. Getúlio tinha dito na entrevista coletiva: "Não sou candidato". O Barão de Itararé convocou sua própria coletiva para repetir: "Não sou candidato", imitando o governante. Consta que, na visita que fez em seguida a Prestes na cadeia, o humorista escutou longo sermão. O líder comunista reclamou que não se devia brincar com o presidente, ainda era chefe das forças que lutavam pela liberdade. O batalhão de militantes que ia ao encontro de Prestes escutava recomendação conciliatória — o PC devia apoiar Getúlio, estratégia comunista para a reabertura defendida desde a Conferência da Mantiqueira. Em abril, os presos políticos foram libertados, entre eles o próprio Prestes.

De Periperi para a então glamorosa avenida São João. Um dos moradores de arranha-céu seria o próprio Jorge, a mobília incluída no aluguel. Em São Paulo, acomodaram-se ele, Lila, a empregada trazida da Bahia, uma coleção de quadros já digna de nota e um papagaio que dava carreirões nas visitas.

Jorge contava que o partido, ainda na clandestinidade, determinou que ficasse em São Paulo tão logo acabou o congresso, com o que teve de encerrar as pastoreadas nas noites da Bahia — agora a cidade transformada em guia pegava o caminho da gráfica e da distribuição pelas livrarias. Em família, há outra explicação para a mudança. Depois de uma explosão nervosa, Matilde iniciara uma sucessão de internações em clínicas psiquiátricas. Em São Paulo, dois psiquiatras foram recomendados como os principais nomes para ajudá-la, Paulo Lentino e Mário Yahn. Nos relatos sobre aqueles dias, seja no Rio, na Bahia ou em São Paulo, às vezes Matilde estava em casa, às vezes não. A atriz Maria Della Costa, por exemplo, não se recordava de que Jorge fosse casado quando o conheceu no começo dos anos 1940. O historiador baiano Luís Henrique Dias Tavares, ao procurar Jorge para uma conversa em Periperi, teve certeza de que Matilde não morava mais com ele.

Em São Paulo, o ofício de romancista por ora suspenso, Jorge entrava em ano de atividade política contínua. Os comunistas conclamavam todos os antifascistas a se unir, a partir de comitê instalado no térreo de um edifício em construção no número 401 da praça da República, no centro novo de São Paulo. Entre reuniões e comícios, por vezes levando a filha a tiracolo, continuou a atuar na imprensa: iniciou uma coluna na *Folha da Manhã*, publicada três vezes por semana.

A capital paulista era o lugar de origem do seu editor, Martins, e ali também se instalara o irmão caçula, James, agora casado com Jacinta. Cidade também de muitos outros comunistas baianos que, assim como ele, chegaram para ajudar a reforçar os quadros do partido. Cidade de amigos das artes plásticas, alguns ligados ao PCB, os mesmos dos quadros nas paredes: Clóvis Graciano, Flávio de Carvalho, Lasar Segall, Oswald de Andrade Filho, o Nonê, José Pancetti, Quirino da Silva. "Não vim visitar você, amigo, vim visitar o quadro", um sincero Segall avisou ao chegar. Na anedota que Jorge contava, o pintor lhe dera de presente uma paisagem com moça na rede e providenciou sua colocação. Escolheu o centro da parede principal, da qual fez retirar o retrato do próprio dono da casa pintado por Quirino. Dos mais próximos, Clóvis Graciano era quem hospedava Caymmi quando este vinha à capital paulista para temporadas musicais. Com Caymmi, Jorge ia a serões na fazenda Capuava, de Flávio de Carvalho, que ali se dividia entre a pintura e as tarefas de fazendeiro, incluindo colheitas de figo e venda de leite na capital. O nome da leiteria do amigo fora dado por Jorge: José e sua Boa Vaca. Não perdia o contato com a Bahia e o Rio, continuavam bilhetes, telegramas e cartas. Em tempos de censura ao correio e extravios, os assuntos são corriqueiros, nada comprometedores. Os amigos agradeciam o envio de livros, pediam ajuda para conseguir algum trabalho, mandavam abraços para Lila e não mencionavam Matilde.

Com a liberdade de solteiro, dividia-se entre a agitação política e as paqueras sucessivas, ocupando-se "de solteiras, casadas e viúvas" quando havia intervalo na agenda. Do congresso de escritores, se recordava, para além do significado democrático, de prevaricação pesada. Garantia que o campeão de conquistas não tinha sido ele, e sim Vinicius de Moraes. No torvelinho de afetos, uma moça perduraria como não se podia prever naqueles dias.

A pele alva, o cabelo castanho-claro com leve ondulado, bochechas e curvas que lhe davam um ar jovial, Zélia Veiga se ofereceu como voluntária logo nos primeiros dias de funcionamento do comitê da praça da República. De família de imigrantes italianos de militância anarquista, habituara-se desde menina às rotinas da luta política. Quando, em 1942, o país entrou na guerra, passou a integrar o grupo de mulheres que, com rifas e leilões de obras doadas, levantava dinheiro para ajudar no front. Agora a moça de quase 29, casada e com um filho de três anos se juntava ao movimento que pressionava pela liberdade de presos políticos e pela convocação de eleições.

Assim que a viu por ali o físico Mario Schenberg, que comandava o plantel das finanças, a convidou para fazer parte de sua equipe. Num instante o destino seria outro. O instante em que o rapaz de cigarro caindo num canto da boca atravessou o caminho dela em busca de ajudante. Era Jorge, que comparecia todas as tardes ao local e precisava de um bom datilógrafo a quem pudesse ditar uma nota para distribuir à imprensa.

"Eu não sei escrever à máquina", Zélia alertou. "Não sabe? Que inútil", disse-lhe, a sério, e era na verdade uma piada. A inabilidade não foi suficiente para inviabilizá-la na função de assistente. Ao fim do primeiro expediente improvisado, ouviu do novo chefe: "Se Schenberg te chamar novamente, diga que já está trabalhando". No dia seguinte, a moça se matriculou num curso de datilografia.

Zélia desde cedo viveu o cotidiano operário de imigrantes politizados num país que se industrializava sob ditadura. Um país que, para seus antepassados, vindos de um continente em crise, representava o oposto, a liberdade. Deixaram uma Itália em convulsão social, onde explodiam o movimento anarquista e a migração em massa, para vir para as Américas. O Brasil do horizonte oferecia outro destino.

A política fazia parte da família Gattai. Leitor diário de jornais, Ernesto, o pai, mecânico e corredor esportivo de automóveis, acompanhava atento as notícias de congressos e atos de solidariedade, para não perdê-los. Constituía uma família que se declarava de "livres-pensadores" e se orgulhava do lema: "Somos ateus, graças a Deus". Levava a mulher, Angelina, os dois filhos e as três filhas para as atividades em cartaz na Associação Auxiliadora das Classes Laboriosas. Zélia era a mais nova. Com a irmã do meio, Vera, integrava o corpo de vendedoras italianas e espanholas encarregado de rifas de objetos e livros. A caçula se destacava: bastante relacionada, era a vedete nas participações lítero-musicais, a habilidade como declamadora tinha desenvolvido com Wanda, a irmã mais velha. Aos doze anos, terminou o ano escolar como modelo de desempenho entre todos os alunos da rede pública de ensino paulista e teve seu retrato publicado embaixo de título promissor no jornal *O Estado de S. Paulo*, em 1º de janeiro de 1928: "Esperança do Brasil". A mãe, Angelina, preferia outra definição: menina atrevida.

Naqueles dias em que Zélia era notícia num dos mais importantes periódicos da cidade, o pai já costumava contar em casa a saga de Prestes. Pelo que dizia o pai, Prestes parecia à caçula uma espécie de Robin Hood dos trópicos. Outro revolucionário exerceu influência direta. O jornalista italiano Oreste Ristori, um dia chamado "o maior agitador que passou por terras brasileiras", visitava-os com regularidade. Ristori foi quem emprestou a Zélia um exemplar de *Cacau*. Pediu-lhe que, por favor, tomasse conta do livro e o devolvesse assim que terminasse a leitura, pois estava autografado. Contou que o autor o visitara em casa, bebera do seu vinho de abacaxi e lhe parecera vivo e inteligente, além de magro. Entre a moça e o revolucionário deu-se então insuspeitado diálogo. Zélia quis saber se o jovem escritor ainda estava em São Paulo. "*Carina mia*, ele já foi embora para o Rio." "E quando volta?" "*Chi lo sa?*"

Libertário na política, o pai, quando se tratava das filhas, funcionava como se fosse o mais puritano dos católicos — como as moças deveriam se casar virgens, exigiam-se cuidados nos flertes e nas festas, principalmente no tal Carnaval brasileiro —, e a mãe as educava com antiquíssimos provérbios em vêneto. A seu jeito, as moças Gattai se modernizavam. O cabelo curtíssimo, símbolo de mulher emancipada, fora adotado em peso pelo trio.

Em 1936, quando Ristori foi expulso do país, Zélia, mal completando os vinte anos, se casou com um ex-seminarista que se tornara ateu e militante do Partido Comunista, ali exercendo a função de tesoureiro. Foi quando passou a assinar com o sobrenome do marido, Aldo Veiga, um paranaense de Antonina, tão discreto quanto austero, gerente da Livraria Brasiliense, na qual chegou a ter pequena participação societária. O começo do casamento coincidiu com a fase de maior tristeza dos Gattai. Ernesto foi parar na prisão em 1938.

Na vizinhança residia um inspetor da polícia política e social, Luiz Apolônio, chefe das batidas e perito em interrogatórios. Não deixou de desconfiar daquele que, não sendo membro do partido, era um anarquista declarado e por vezes cumpria missões subversivas transportando gente em seu automóvel. Numa batida na casa, vasculhadas gavetas e armários, os policiais encontraram a espingarda de caça e, debaixo do colchão, a pasta onde Angelina guardava noticiário sobre amigos de esquerda presos e deportados, material suficiente para incriminar o mecânico. Ernesto ficou na cadeia por mais de ano. Um advogado sumiu com as economias da família, e outro, desconhecido, sem pedir dinheiro, conseguiu libertá-lo por falta de provas. Nunca mais recuperaria a saúde. Morreu em 1940, aos 54, de febre tifoide. No dia do enterro, as casas comerciais da alameda Santos e avenida Rebouças declararam luto tal era a sua popularidade na vizinhança, e houve discurso diante do caixão. Zélia se recordaria como a hora mais triste da sua vida.

O relacionamento com Aldo, que ia mal, agravou-se com a perda de um bebê ainda em gestação. Zélia encontrava alívio no convívio com os amigos. Frequentava uma roda intelectual que incluía a casa de Aparecida e Paulo Mendes de Almeida, no bairro do Paraíso, para tertúlias sobre livros e política. Conheceu nessas visitas escritores, pintores, jornalistas. Como Aldo Bonadei, Carlos Scliar e Lasar Segall, Mário e Oswald de Andrade. De dois casais chegou a embalar os filhos ainda bebês: Rubem Braga e Zora Seljan, Carlos Lacerda e Ziloca. Certo dia, quando chegava, viu um homem se despedir da anfitriã. Só depois soube quem era: Jorge Amado, antes de partir para o exílio na foz do rio da Prata.

A primeira vez que Zélia viu um exemplar da biografia de Prestes estava na casa de outro casal amigo, o pintor Clóvis Graciano e a mulher, também chamada Aparecida. Não quis pedir emprestado, pois a fila para ler o livro clandestino já era imensa. Conseguiu um exemplar, em espanhol, na casa de um terceiro casal amigo, Adolfo e Dora Jangle. Leu em voz alta para a mãe, Angelina, que duvidava de seu conhecimento do espanhol. Quando nasceu seu filho, em 1942, não teve dúvida do nome com que o batizaria. Como tantos bebês da época, Luís Carlos. Dois anos depois, compareceu ao lançamento de *São Jorge dos Ilhéus*, um concorrido coquetel na Livraria Civilização Brasileira. Zélia achou Jorge charmoso. A irmã Vera, não. Não escondia que a presença do autor baiano no Congresso de Escritores fora o motivo que a levou até o Theatro Municipal para assistir à abertura, em 22 de janeiro de 1945. Naquela semana, foram apresentados na boate Bambu, em mais uma das festas para os escritores. Zélia acompanhava o casal Mendes de Almeida. A certa altura Aparício Torelly convidou-a para dançar. Na pista, o casal esbarrou em Jorge, o rosto afundado no pescoço de uma loira. O humorista pilheriou: "Acorda, rapaz". O escritor depois veio à mesa deles. "Me apresente à moça, Barão." Achava que a tinha visto antes em algum lugar. "Se me viu foi de longe", ela respondeu.

Quando se voluntariou no comitê da praça da República, Zélia sabia que o escritor estava em São Paulo e era um ativo participante.

A jovem militante revelou-se mais que atrevida. Logo a lista de quase cinquenta oradores publicada nos jornais com data e horário dos comícios realizados por toda a capital paulista incluía o nome de Zélia Veiga, uma das cinco mulheres a falar.

O expediente na praça da República quase sempre se estendia pela noite. Jorge e a ajudante compareciam a manifestações em outros bairros. Numa vez, ele pediu que lesse o poema que Jacinta Passos havia feito para Anita Leocádia Prestes — o bebê que nascera de Olga num campo de concentração era agora uma menina de quase nove anos. Noutra, perguntou a Zélia com que palavra devia terminar um discurso.

"Democracia", ela respondeu, diligente. "Liberdade", no dia seguinte. "Sabão", quase disse, tomada de ciúmes, depois de ter visto Jorge a tarde inteira rodeado de fãs, que enviavam bombons para Lila.

Quem sabe os leitores da *Folha da Manhã* tenham percebido que o colunista andava romântico demais. Dedicado a comentar quase diariamente notícias dos estertores da guerra, de repente se derramou. Antes, reagia contra Hitler, Franco e Salazar e, entre os brasileiros, o integralista Plínio Salgado. Nas vezes em que variou de tom e propósito, exaltou os amigos Di Cavalcanti, Dorival Caymmi e Oswald de Andrade e outros menos conhecidos, como a pianista Anna Stella Schic, "quando toca Shostakovich", ou Roger Bastide, "francês na macumba, antropólogo enfronhado no candomblé da Bahia". Apresentou personagens reais baianas que fixara em sua memória. Maria Quitéria, "o maior caso de sabotagem na história, a heroína da independência esquecida por ser mulher", e Júlia Feital, desconhecida famosa por ter sido assassinada por um pretendente ciumento com uma bala de ouro, a "moça que nasceu nem para noiva nem para esposa".

Zélia notava algo de estranho nas colunas, mas não queria acreditar. Jorge prometia a alguém um pente, um colar, uma rede, o céu e o mar. No comício à noite, o chefe lhe perguntou: "Você leu o que escrevi pensando em você?". Quando pediu à moça, como sempre fazia, a última palavra para concluir o discurso naquele dia, ouviu: "Amor".

Estavam, os dois e os demais militantes, a preparar São Paulo para o maior de todos os comícios, que teria lugar no estádio do Pacaembu, em 15 de julho, com Prestes em entrada triunfal. O partido desejava repetir o feito do Rio, em maio, quando reuniram 100 mil no estádio de São Januário, o mesmo que Getúlio costumava lotar. Um convidado chegava especialmente do Chile: o poeta Pablo Neruda, que, já envolvido na luta política, se elegeria senador em seu país naquele mesmo ano de 1945. Ao desembarcar no Brasil, carregava a edição em espanhol da biografia do líder comunista brasileiro.

No grande dia do comício, um domingo à tarde, o estádio foi "inteiramente lotado pelo povo", descreveu a *Folha da Manhã*. Compareceram 80 mil. Havia bandeiras do Brasil, Chile e Rússia, cartazes — "O povo não quer golpes", "O povo quer eleições" —, além de retratos de Prestes. As caravanas eram formadas por organizações de bairro da capital e de diferentes categorias profissionais, também do interior de São Paulo, e de estados como Minas Gerais, Rio de Janeiro, Mato Grosso, Goiás, Paraná. Nenhum autor, mesmo pertencente à esquerda desde os anos 1930, teve nesse dia mais peso que outro cuja adesão política era recente: Monteiro Lobato. As palavras de Lobato, que não compareceu alegando problemas de saúde, foram irradiadas pelo Pacaembu: "Tenho como dever saudar Luís Carlos Prestes porque sinceramente vejo nele uma grande esperança para o Brasil". Foi Jorge quem apresentou Neruda, para que este iniciasse seu pronunciamento. Zélia não pôde ir. Mas veria a si mesma registrada nas cenas dos preparativos do comício, "ajudando Di Cavalcanti e Clóvis Graciano na decoração do gramado", no filme *Comício: São Paulo a Luís Carlos Prestes*, com direção, roteiro e fotografia de Ruy Santos.

A corte a Zélia alcançou um ponto irreversível. Os telefonemas fora de hora, as tantas tarefas de trabalho que sempre a deixavam obrigatoriamente por perto, os presentes inesperados. Numa das exposições organizadas para recolher dinheiro para o partido, ela ganhou do escritor um quadro de Pancetti feito para *Capitães da Areia*. Noutra festa, o presente foi uma inusitada cantoria. Caymmi, com frequência em São Paulo para temporadas em casas noturnas e apresentações em rádio, atendeu ao pedido do amigo para que cantasse uma música para a moça. No instante combinado, Jorge a chamou para ouvir: "Acontece que eu sou baiano/ Acontece que ela não é". Até que aconteceu a noite do jantar para recepcionar Neruda, com cerca de duzentos convidados, encerrada com a chuva de cravos vermelhos na madrugada.

18.
Escritor do partido

"Não é um retrato, é uma natureza-morta", Neruda gracejava diante dos quadros que Flávio de Carvalho fez de si mesmo e do amigo Jorge. Eulália, em visita ao filho na capital paulista, custou a reconhecê-lo na figura que lhe parecia horrorosa, borrados traços vibrantes, o vermelho a sobressair. Testemunha de seu estupor, e, mais que isso, culpado pela obra, o pintor a ouviu reclamar: "O senhor não tem consideração. O meu filho não é feio desse jeito". Tentou lhe explicar que, não se importando com a aparência física, quis capturar a alma. Ouviu de volta: "E por acaso meu filho tem alma de diabo?".

A polícia política achava que sim. No retrato do escritor desenhado nas linhas dos prontuários, aquele que um dia fora um moço imberbe metido na Juventude Comunista, depois de prisões e exílios, pertencia agora ao inferno dos subversivos. As anotações sobre seus passos se tornavam mais assíduas, e, principalmente, encimando seu dossiê acrescentou-se uma frase que parece sintetizar o seu novo status e potencial de risco: "biógrafo de Prestes".

A história romanceada do chefe comunista, best-seller, apesar de proibido, enfim chegava às prateleiras do país após a reabertura. Como parte do grande movimento para construir "um grande partido para um grande líder", como diz o slogan, saiu pela Martins com tiragem de 50 mil exemplares, 20 mil distribuídos gratuitamente pelo partido entre o operariado. Contracapa e orelha revelam como a cúpula comunista referendava a obra: "Aparece agora em edição brasileira o mais célebre e o mais aguardado livro de Jorge Amado". E seu autor: "O mais popular intelectual brasileiro".

A versão brasileira de início teria o nome de *ABC do Cavaleiro da Esperança*. A referência ao cordel não vingou. Manteve-se o primeiro título, o da edição em espanhol, com uma diferença, o Luís grafado com "s", tal como fora registrado em cartório: *Vida de Luís Carlos Prestes: O Cavaleiro da Esperança*. O conteúdo foi, no entanto, alterado na edição brasileira: o livro tinha revisão do biógrafo e do biografado. O alinhamento com a diretriz comunista estabelecida na Mantiqueira é nítido. Da edição argentina para a brasileira, o autor abrandou o tom com que se referia não apenas ao ditador, como a certas figuras públicas antes tratadas com dureza.

As mudanças não eram segredo, mas informadas no prefácio. "Refleti muito antes de entregar os originais aos meus editores", contou aos leitores. O motivo: "Preocupava-me a possibilidade de este livro ser explorado demagogicamente contra figuras do governo e, em particular, contra o sr. Getúlio Vargas". Dizia que, enquanto escrevia aquelas linhas, "elementos golpistas pregam saída violenta e perigosa", da qual discordava: "Minha posição de escritor de esquerda é absolutamente antigolpista, é pela Unidade Nacional, é pela saída pacífica da crise através de um governo de coalizão nacional que presida eleições livres e honestas". A defesa do ditador não lhe parecia contraditória. Como reiterava adiante: "Nós, homens de esquerda, não sujeitamos a nossa linha política a ódios pessoais e a ressentimentos individuais. Nossos compromissos são com o povo e com princípios que servem o povo".

A nova posição esboçara-se três anos antes. Como admitia, assim que a obra fora publicada na Argentina, "já não expressava mais a visão do autor sobre a ditadura brasileira". A troca de cartas com Sobral Pinto naqueles dias permite tal dedução: ao advogado admitira excessos e anunciara correções, estendera — inutilmente — a mão aos interlocutores da ala católica. Portanto, como relatava, desde 1942, quando retornou da foz do rio da Prata com outros exilados para colaborar no esforço de guerra contra o nazismo, "modificou-se profundamente [sua] posição ante o governo brasileiro", pois "a posição política deste governo muito se modificara". Argumentava tratar-se, afinal, de um livro sujeito a atualizações periódicas: "Não creio que suas edições sejam jamais absolutamente iguais". Somente outro livro seu passaria por alterações após a publicação, o guia da Bahia, em reedições décadas à frente.

A coluna na *Folha da Manhã* se interrompeu na mesma época em que ampliou a atuação na imprensa comunista, a explodir em dezenas de novos títulos país afora — publicações onde, enfim, a biografia de Prestes mereceu registro. Entre 1945 e 1947, contava-se ao menos uma centena de novos diários, semanários e mensários ligados ao partido, além de uma agência de notícias, a Interpress. Apostava-se na profissionalização depois de longo histórico de periódicos militantes que nasciam e morriam rapidamente, não raro clandestinos. Os jornais tinham equipe de jornalistas e gráficos, maquinário novo, levantando-se fundos com campanhas de arrecadação. Com ou sem lastro, iam funcionar a tempo das eleições. Intelectuais de prestígio, mesmo os não filiados, estavam em todos os jornais do partido.

Jorge passou a escrever para o já conhecido *A Classe Operária* e o recém-lançado *Tribuna Popular*, ambos do Rio, para *O Momento*, da Bahia, e para o novíssimo *Hoje*, de São Paulo, fundado em outubro daquele 1945, no auge da campanha eleitoral. Mais que um colaborador no *Hoje*, assumiu o posto de redator-chefe e tinha uma coluna diária, "Hora do Amanhecer", na página nobre, a de número 3. Com *O Imparcial* interrompeu a atividade não apenas pelas razões óbvias de não mais residir na Bahia: o dono do jornal, Wilson Lins, se tornara combatente vigoroso contra os comunistas, e o diálogo entre os amigos ficaria suspenso por uma década.

As relações com Getúlio, naqueles dias, não podiam ser melhores. *Hoje* começou a circular sem precisar dispor de oficina própria, pois o governo cedeu a de *A Noite*, parte das empresas incorporadas durante o Estado Novo. O comando era do baiano Milton Caires de Brito, notabilizado como um dos principais responsáveis pela reorganização dos comunistas após a Conferência da Mantiqueira. Entre outros diretores, havia um velho amigo de Jorge, o pintor Clóvis Graciano, que ilustrava seus livros — e os de outros — na Martins. Quem dava apoio material ao diário era outro diretor, Caio Prado Jr. Maior acionista da editora Brasiliense, emprestava a livraria de mesmo nome para servir de sede provisória à Sociedade de Amigos do Hoje. Na redação do *Hoje*, a vida era precária: além dos vencimentos baixos, os funcionários por vezes ficavam sem receber.

Com o fim da guerra, a reabertura política se dava em ritmo veloz. Ou, como dizia o Barão de Itararé, "os acontecimentos se processam com tanta rapidez que os acontecimentos acontecem antes de terem acontecido". Os tempos eram outros, mas ainda havia arbitrariedades. A polícia política baixou no comitê da praça da República em 26 de maio. Jorge, ao chegar, era aguardado por Luiz Apolônio, ele mesmo, o ex-vizinho de Ernesto Gattai, que se tornara um dos mais temidos agentes da repressão. Em sua quarta prisão, o escritor não seguiu sozinho. Quem o acompanhou até o xilindró foi Caio Prado Jr. Na Casa de Detenção, ocuparam a mesma cela onde ficou Monteiro Lobato depois de sua briga com Getúlio por causa do petróleo. Ao chegar, os dois novos presos depararam com Clóvis Graciano, detido pouco antes. Não foram poucos os presos nas diligências daqueles dias. O número alcançou o dos anistiados: cerca de quinhentos, entre ativistas, intelectuais, sindicalistas. Às duas da manhã, todos estavam soltos. Com o DIP enfim extinto, lançaram dois dias depois um protesto na imprensa paulista contra a escalada de repressão.

Verdade ou pilhéria, a Jorge chegou a notícia de que Oswald ficara furioso por não ter sido, ele também, preso.

A crescente popularidade do biógrafo de Prestes não seria desperdiçada pelo partido. Foi convocado, pelo comitê estadual do PCB em São Paulo, para compor a chapa de candidatos a deputado federal, nas eleições marcadas para dezembro. Contaria Jorge que hesitou, pois desejava era "escrever, viajar, ser dono do seu tempo". Os argumentos apresentados o convenceram: "O renome de escritor ampliaria a chapa, a popularidade arrastaria votos". Concordou, com a condição de que, após a eleição, caso vencesse, renunciaria, cedendo lugar ao suplente.

Não era de estranhar que um baiano se apresentasse como candidato por São Paulo. Tampouco seria o único. Os da Bahia continuavam fortalecidos. Sem praticamente participar da Intentona Comunista, os dois estados tiveram seus quadros razoavalmente preservados. Na disputa interna que se dera em 1938, os paulistas encontraram oposição dos baianos, que venceram a contenda, culminando com expulsões em São Paulo. Após o embate, o partido minguou na capital paulista e só voltaria a se reconstruir em 1942. Mais uma vez, eram os baianos a tomar a dianteira, com o apoio de Prestes e os comitês de ação de São Paulo. Milton Caires de Brito era um deles — também sairia candidato. No ano seguinte, nas eleições estaduais, um pernambucano radicado na Bahia concorreria e venceria por São Paulo, Diógenes Arruda Câmara. A indisposição dos paulistas com os baianos candidatos era previsível. A ascendência de Jorge na redação do *Hoje* despertava antipatia extra. Como anotaram os arapongas nas fichas da polícia política, a rivalidade passava por sua ligação com a cúpula do partido, que não encontrava unanimidade em São Paulo, e sua convicção no stalinismo, quando a capital tinha quadros que resistiam à idealização de Prestes. Havia quem achasse Jorge cabotino e exibido, pois aparecia demais em matérias da imprensa comunista, como registrou a ficha do Departamento de Ordem Política e Social (Dops). Nem todos os convocados estavam alinhados com as diretrizes do partido. Caio Prado Jr., por exemplo, divergia da Comissão Nacional de Organização Provisória (CNOP) e continuava a manter reservas em relação à direção nacional do PCB.

Via com desconfiança seus pares alinhados com a cúpula. Anotou em seu diário, em 11 de novembro de 1945: "Aceitei minha indicação para candidato a deputado pelo Partido Comunista. Hesitei longamente, e aceitei a custo. Não acredito em Prestes e na atual direção do Partido". Da família Amado, James e Jacinta também foram convocados a participar das eleições a partir da Bahia. Somente Jacinta saiu candidata a deputada estadual, e o nome lançado para a Câmara Federal foi o de Carlos Marighella, militante histórico do partido, anistiado após nove anos de prisão. Lobato e Drummond foram chamados a se candidatar e não aceitaram. Entraram também na disputa José Geraldo Vieira e Candido Portinari, este um dos que se filiaram em 1945. Graciliano concorreu por Alagoas, e fez tão pouco esforço para eleger-se que quase ninguém lembra que um dia também fora lançado a uma vaga. Oswald de Andrade queria sair candidato, mas não foi escolhido.

A disputa política encerraria uma amizade que contava mais de década de cafés e piqueniques em família, elogios trocados em artigos e entrevistas nos jornais.

Oswald contava que, determinado a disputar uma vaga de deputado federal, requereu inscrição em São Paulo quando o Partido Comunista se reconstituía. Causava-lhe espécie a adesão dos comunistas a Getúlio; assim mesmo a aceitou, e "imediatamente se pôs a trabalhar". Com bom trânsito na alta roda, realizou as primeiras sondagens de aproximação da esquerda com empresários, a "conciliação de classes e esforços comuns". À medida que as negociações avançavam, prestava contas a Prestes, visitando-o ainda na prisão. Os desentendimentos com membros do partido começaram, sobretudo, com Mário Scott e Pedro Pomar. A gota d'água para fazer com que suas fortes discordâncias viessem à tona: julgava "incorreto chamar Getúlio de chefe trabalhista"; acreditava que a direção do partido tinha sido "a ponta de lança manejada pelo ditador para desmoralizar o comunismo". A distribuição das legendas para a eleição de deputado acabou por frustrá-lo.

Jorge relatou que, em vão, tentou defender a candidatura do modernista. Encontrou resistência na cúpula comunista: Prestes "não achava Oswald confiável", e, para Arruda Câmara, o autor de *Marco zero* "não traria meia dúzia de votos". Concordava Jorge que o amigo "não era homem para suportar a disciplina partidária, as tenazes do centralismo democrático".

Aos ouvidos de Oswald, chegaria a versão de que era Jorge o principal opositor. Ao jornal *Diário de S.Paulo*, contou, em 23 de novembro de 1945, que, numa reunião do comitê de escritores, diante de quinze integrantes do PC, apelou para que Jorge se retirasse de São Paulo. "Denunciei-o como espião barato do nazismo, antigo redator qualificado do *Meio-Dia*." Curioso é que não mencionou a própria ligação com esse jornal. As acusações de Oswald não ficaram por aí: insistiu em sua denúncia, agora tornada pública, que fora apresentado por Jorge, no Bar Brahma, no Rio, a um alemão "altamente situado na embaixada e na agência Transocean", que buscava quem escrevesse um livro sobre a Alemanha em troca de trinta contos. "Recusei, e Jorge ficou surpreendido, pois aceitara várias encomendas desse gênero do mesmo alemão." Os trinta contos soam como dinheiro em demasia. Na época, um autor de sucesso não recebia um terço desse adiantamento. O modernista, àquela altura, tinha a fama de caluniar opositores e depois, nos bastidores, admitir que faltava com a verdade.

Oswald acreditava que tudo estava sendo feito para que Jorge levasse a vaga. E que só depois de tanto reclamar, nomes como Caio Prado Jr. e Portinari foram incluídos na chapa, na última hora. "Sabe por que o atraso?", perguntou, para responder ele mesmo, na entrevista ao *Diário de S.Paulo*: "Para assegurar a vitória do Rasputin de Estância, o Munchausen da Linha Justa, Jorge Amado". Reclamava que Jorge não morava em São Paulo, "nesta cidade montou apenas uma *boite* para fazer as suas insistentes rasputinadas".

Os golpes também foram desferidos contra aqueles que denominava "os badarós do comunismo" — usava o sobrenome Badaró certamente em alusão a *Terras do sem-fim*. Eram eles: o "bedel" Milton Caires de Brito, que entendia "tanto de marxismo quanto Aydano do Couto Ferraz de poesia". Reclamou do nome de Agildo Barata. Declarou que Monteiro Lobato saiu sem ter propriamente entrado no partido. "Alegou motivos políticos, quando se sabe que os motivos foram pontos de divergência. Imagino o constrangimento de homens como Aníbal Machado, Astrojildo Pereira, Álvaro Moreyra, ante a enxurrada de asneiras que o jornal comunista lança todos os domingos com o nome de poesia e cultura."

Os ataques prosseguiram. "Perguntei ao Jorge Amado, há tempos, aqui em São Paulo: Por que inventam um idiota como esse dulçoroso Dalcídio Jurandir? Informaram-me então que o homem de fato é fraco, mas é índio. E ficava muito bem à CNOP ter um índio, nem que fosse um índio burro. E esse incrível Aydano do Couto Ferraz, esse 'aidano' cujo nome resulta num trocadilho?"

Num bilhete a Matilde — que não se sabe se enviou, pois só o rascunho sobreviveu —, comentava a ideia de escrever um estudo intitulado "Mitologia social de Jorge Amado".

No relato de Jorge, Oswald fez "fofocagem e salafrice". Lembraria que, ao lado de Raul Bopp, o defendera "contra os ataques e o silêncio, na hora em que os literatos juravam por Mário em desvario, recusavam Oswald com engulhos, não lhe davam vez". Surpreendia-se com as acusações feitas, a de que era "manda-chuva do partido e imbatível garanhão", e a atribuição "de opiniões que não expressara". Provavelmente aquelas relativas a Dalcídio Jurandir. Assim foi que Oswald, rompido para sempre com Mário, ficaria rompido para sempre com Jorge. Não voltariam a se falar.

Oswald tentou obter legenda no Partido Social Progressista (PSP), de Ademar de Barros. Em vão. Apenas em 1950 conseguiria legenda pelo Partido Republicano Trabalhista (PRT) para concorrer a deputado federal. No folheto de propaganda, reproduziria opiniões favoráveis de personalidades como Mário de Andrade, Astrojildo Pereira, Gilberto Freyre e... Jorge Amado. Prometia pão, teto, saúde, roupa e liberdade, reforma agrária e ensino gratuito. Não conseguiu ser eleito.

No auge da raiva dissera que os comunistas estavam com saudade da cadeia. A desconfiança de Oswald quanto ao futuro da relação entre comunistas e Getúlio faria sentido em breve.

Com o fim da guerra, quando os pracinhas regressaram da Itália em julho para serem aclamados pela população nas ruas do Rio de Janeiro, o ditador também desfilou em carro aberto. Nas grandes manifestações que se repetiriam, fazia saudações da sacada do palácio presidencial. Getúlio começava a dar mostras de que pretendia continuar no poder. Em fins de outubro, tentou substituir o chefe de polícia do Distrito Federal, João Alberto Lins de Barros, por Benjamim Vargas, seu irmão, gesto entendido como manobra para um novo golpe. No dia 29, foi derrubado por seus generais, à frente Pedro Aurélio de Góis Monteiro, ministro da Guerra. José Linhares, do Supremo Tribunal Federal, assumiu provisoriamente o governo. Chegara ao fim o Estado Novo, em meio a inflação, escassez de gêneros alimentícios e baixas na produção. Como saldo, o desenvolvimentismo financiado com capital americano deixou grandes complexos industriais, como a Companhia Siderúrgica Nacional (1940), a Companhia Vale do Rio Doce (1942), a Fábrica Nacional de Motores (1942) e a Hidrelétrica do Vale do São Francisco (1945). Superando o modelo agrário exportador, fez crescer a burguesia industrial. Às classes trabalhadoras legou salário mínimo e férias remuneradas, mas desmobilizou os movimentos sindicais autônomos, com o sindicalismo atrelado ao Estado.

Sem Getúlio, os comunistas lançariam seu próprio candidato à presidência. Declarava a manchete do *Hoje*, de 17 de novembro de 1945: "Iedo Fiuza, candidato do povo — Seu nome será lançado hoje no grande comício do Anhangabaú". A escolha de um ex-diretor-geral do Departamento Nacional de Estradas de Rodagem (DNER) durante o Estado Novo provocaria críticas. Carlos Lacerda investiu contra Fiuza. Denunciou que não pertencia ao partido e era amigo do ex-ditador. Oswald foi mais ferino: "o sr. Yedo Fiuza traz o Eixo no Nome". "Loucuras como essa de lançar a candidatura de um homem desmoralizado demonstram falta de crédito e de autoridade."

A queda de Getúlio quase ameaçou a existência do *Hoje*, pois o novo Ministério da Justiça ordenou que *A Noite* deixasse de imprimi-lo. A medida foi alardeada nas páginas do diário comunista, que apontava outros sinais de reacionarismo, como a proibição dos comícios promovidos em prol de Yedo Fiuza e a liberdade de agitação permitida aos integralistas. Os diários comunistas foram objeto de todo tipo de violência policial e militar: invasões; depredação de instalações e equipamentos; detenções e prisões de jornalistas, gráficos, funcionários, jornaleiros; agressões físicas; apreensão de edições. Proibições e processos judiciais completam o quadro. Aos comunistas, o que importava era eleger Prestes, candidato a senador, e seus deputados. A poucas semanas da eleição, a campanha teria de ser massiva. Em reportagem assinada por Jorge, a edição de 25 de novembro relatava a "excursão triunfal" realizada por Prestes em dois dias no interior paulista. "Com Prestes pela candidatura civil, de Jundiaí a Bauru levanta-se o povo."

No apartamento da avenida São João, o papagaio continuava dando sustos na nova moradora, Zélia. Jorge a descrevia naqueles dias como uma "italianinha de São Paulo que é uma belezinha de mulher, linda e boa, tão boa, tão linda, tão querida".

Em sua memória, Zélia guardava o 8 de julho como o dia em que se mudara para a casa de Jorge. Parece enganar-se: quando aconteceu o comício de Prestes em São Paulo, uma semana depois dessa data, ainda não estavam juntos.

Não havia divórcio no país, apenas a possibilidade do chamado desquite. Entre artistas e intelectuais, não era incomum a separação de casais. Oswald e Caio Prado Jr., por exemplo, havia muito estavam separados das mulheres com quem tinham se casado. No entanto, não adiantava às mulheres ser artista ou intelectual. As separadas sofriam constrangimentos e rejeições, não raro eram vistas como párias. Diante da proposta de uma vida sem certidão, Zélia respondeu que seu amor era "enorme", e o acompanharia "para onde a quisesse conduzir" enquanto "sentisse que ele a amava". À fama de mulherengo de Jorge se somava a coragem da nova mulher. Convenceu-a de que seu casamento com Matilde, desfeito, fora "infeliz e irrecuperável".

Quando a notícia do enlace começou a correr, houve apostas de quanto duraria a brincadeira — os mais otimistas diziam seis meses.

A união causou pequeno escândalo nos meios intelectuais da esquerda. Na casa da mãe dela, Angelina, chegou primeiro a notícia de que a filha fugira com Monteiro Lobato. Como pudera partir sem avisar? Mas logo a confusão se dissipou: Jorge e Zélia bateram à porta, para os esclarecimentos, que não desfizeram, porém, os temores da mãe. Anarquista e livre-pensadora, preocupava-se com o que iam dizer da filha. Duvidava também que uma moça tão simples como Zélia estivesse à altura da fama de Jorge Amado. Entre os Gattai, as opiniões se dividiram. Vera aceitou a relação sem hesitar. Wanda apoiou, sem o entusiasmo de Vera. Entre os irmãos e cunhados varões, a decisão não foi bem recebida.

Nenhuma reação seria pior que a de Aldo, o ex-marido de Zélia. A princípio, aceitara a separação. Depois, quando descobriu que havia outro e que esse outro era Jorge Amado, foi ao encontro do oponente e o fez rolar escada abaixo, depois de lhe dizer os piores desaforos possíveis. Zélia acreditava que ficaria com a guarda de Luís Carlos. Angariando testemunhas para macular a conduta da ex-mulher, Aldo venceu na Justiça e manteve o filho consigo.

Uma viagem levou providencialmente o casal para o sul do país assim que se passaram as eleições de 2 de dezembro. Espécie de férias e recesso pós-traumático, rota de fuga da boataria levantada por sua história de amor, o fato é que, enfim, estavam juntos. Na foto que os mostra de corpo inteiro, ela usa um chapéu bege presenteado por Fanny, secretária do marido, toda sorrisos com o amor encontrado, disfarçando a tristeza por ter de deixar o filho em outra cidade; ele, altivo, com o braço enfaixado amparado por uma tipoia e outras avarias de menor gravidade, depois do ajuste de contas.

Yedo Fiuza obteve 10% dos votos válidos nas eleições presidenciais. A vitória do general Eurico Gaspar Dutra foi um choque — imprensa e intelectualidade acreditavam na do brigadeiro Eduardo Gomes. Prestes foi o candidato a senador mais votado. Catorze comunistas foram eleitos deputados federais. Um telegrama urgente do partido alcançou Jorge e Zélia na viagem ao sul, chamando-o de volta, para assumir o novo posto no Congresso.

19.
Um deputado ativo

Zélia cozinhava, ao lado a sogra quis saber: "Jorge vem com os presos?". A nora não entendeu: "Que presos, dona Eulália?". O coronel criara a expectativa. "João me disse que hoje a gente ia almoçar com um pessoal que saiu da cadeia."

A cena se repetiria com uma ou outra variação. Eulália observava sem oferecer ajuda, para sempre desobrigada das lides do fogão. Hóspedes fixos do hotel Ópera, no Catete, no Rio, os pais de Jorge não tinham mais de receber tanta gente como nos primeiros tempos, na casa-grande em Vila Isabel. Nas vezes em que via Zélia na cozinha, não se cansaria de repetir: "Bem fiz eu de nunca querer filha mulher. Veja se ia consentir que ficasse trabalhando como uma escrava desse jeito". Da sala, o coronel resmungava: "Não ajuda, e ainda empata a outra".

Quando Zélia conheceu os sogros, Eulália mantinha-se franzina aos 62, ainda escuros os finos cabelos de índia. Mais roliço e de cabeça branca, João completava 65. Como a pele de ambos fora curtida ao sol a vida inteira, tinham rugas fundas a marcar todo o rosto. Notou que o coronel falava alto, hábito cultivado por anos dando ordens na roça. "Não ligue para as gritarias de João", Eulália avisou logo nos primeiros dias, "ele é assim mesmo, só sabe falar berrando." Se falasse mais baixo, não o escutaria a própria mulher, que, com uma surdez que avançava, resistia ao uso de correção mecânica. Quando aceitou acoplar aparelho ao ouvido, às vezes o desligava para economizar bateria. Os sogros não seriam facilmente agradados pelo estômago. Na vez em que serviu a macarronada al dente, com massa preparada em casa conforme a receita tradicional de sua família italiana, a reação foi de descrédito. "Não tem arroz, filha?", Eulália inquietou-se. O coronel não tergiversou. Pediu farinha para colocar no prato.

O telegrama urgente do Partido Comunista alcançara o novo casal quando tinha já passado por Porto Alegre. Jorge visitava Erico e Mafalda pela segunda vez. As avarias após o embate com Aldo chamaram a atenção dos gaúchos. Estavam no Uruguai, quase de partida para a Argentina, pensando em ir ao Chile para uma visita aos Neruda. A mensagem interrompeu os planos: Jorge vencera o escrutínio com 15 315 votos, e soubera de uma adesão calorosa na comunidade judaica à sua candidatura. Antes de viajar com Zélia, deixara pronta uma carta de renúncia ao posto de deputado, caso fosse eleito. A desistência prévia chegara a ser noticiada na imprensa. No seu lugar, entraria, pelo partido, Caio Prado Jr., que tivera 8200 votos. Atendeu, porém, à convocatória para que voltasse ao Brasil. De volta, ouviu de Prestes, em reunião no Rio, que declinar do mandato causaria péssima impressão. Assumiu o compromisso de exercer o cargo por três meses, depois voltaria ao ofício de escritor.

O casal se instalou provisoriamente na praia de Botafogo, em um apartamento emprestado de Roberto Sisson, amigo de militância desde os dias na foz do rio da Prata. O almoço que Zélia preparava, com Eulália a seu lado, comemoraria a formatura de Joelson, o irmão de Jorge que se tornara médico, para gáudio dos pais. Almoço lauto como pedia a ocasião, parecia mesmo pensado para saídos da cadeia.

Os tais presos eram os mais importantes militantes comunistas da época, agora eleitos: Prestes, já senador, e seus deputados Carlos Marighella, João Amazonas, José Maria Crispim, Maurício Grabois. Dirigentes, chegaram também Diógenes Arruda Câmara e Pedro Pomar, que entrariam para o Parlamento no ano seguinte, 1947, em vagas suplementares, por uma coligação do PSP com o PCB paulista.

"Esta é Zélia Gattai, uma anarquista perigosa", Jorge a apresentou às visitas. "Eu sou apenas uma livre-pensadora", ela disse, repetindo a frase do pai. Perguntaram-lhe se seu sobrenome vinha do Ernesto Gattai que dava nome a uma célula do partido num bairro operário de São Paulo. Não escondia o orgulho quando respondia.

A bancada comunista estreou à altura de seu ineditismo. Para representá-la, quem assumiu o microfone foi Claudino José da Silva. Ex-ferroviário e marceneiro, eleito pelo Rio, era o único negro entre os congressistas. Um discurso espantoso. "Uma hora e meia de patacoada", anotou um feroz Carlos Lacerda no *Correio da Manhã*. Eram os primeiros dias de atividade no Congresso. Enquanto se organizavam os trabalhos para iniciar a Assembleia Nacional Constituinte, subiam à tribuna representantes dos partidos para registrar a luta pela democracia nos anos do Estado Novo. No exagero de romancista, teve "quatro horas e vinte minutos", recordaria Jorge.

Não era um simples espectador. A peça lida por Claudino tinha sua autoria e a de Marighella. Quem sabe por serem baianos — possivelmente herdeiros da oratória de Rui Barbosa, como se imaginava dos vindos da Bahia — ganharam tarefa extra, a de redatores oficiais do partido. Para escrever o discurso, dividiram o tema em quatro partes, duas para cada um, unidas pelo que Marighella chamou de "pontes", o que teria quadruplicado o número de páginas. O plano, que se divertiram em tramar, era fazer com que o deputado negro ocupasse a tribuna o máximo de tempo possível. Enquanto os adversários políticos reagiam furiosos, Jorge e Marighella puxavam as palmas. Além de Lacerda, muitos mais reclamariam na imprensa, a esbanjar preconceito de cor e classe. Anotaram que o orador, "autêntico popular e crioulo", "atrapalhou-se na leitura, cometeu silabadas", "leu mal o discurso que, infelizmente, não foi escrito por ele", num "texto rebarbativo mesmo para letrados".

De outra vez, Gregório Bezerra, sargento comunista eleito por Pernambuco, se atrapalhou com a leitura reclamando da visão. "Não sabia que analfabetismo agora se chama doença de vista", um deputado oponente retrucou. A bancada singular não estava ali para seguir o padrão. Nos dez anos de morte do poeta García Lorca, Jorge quis lhe fazer um voto de pesar, contrariando o regimento. O voto de pesar só era permitido para figura de projeção nacional ou ex-congressista. Tanto insistiu que o acolheram.

Um Congresso sui generis não só pela presença dos comunistas, até outro dia presos, conseguia reunir Getúlio, eleito senador pelo Partido Trabalhista Brasileiro (PTB) — reclamando hostilidade, logo deixaria de aparecer —, outro ex-presidente, Artur Bernardes (deputado pelo Partido Republicano — PR), e dois futuros presidentes, Café Filho (deputado pelo PRP) e Juscelino Kubitschek (deputado pelo Partido Social Democrático — PSD). Não faltavam udenistas opositores do Estado Novo, como Afonso Arinos e Otávio Mangabeira, e ex-participantes do regime que se encerrava, como Gustavo Capanema (deputado pelo PSD).

A origem proletária marcava a bancada comunista, composta por um senador e catorze deputados. No Palácio Tiradentes, que sediava o Congresso Nacional, o PCB era o único em que metade de seus membros tinha essa origem — ou seja, oito vindos de profissões manuais como atividade principal. Na soma de todos os partidos, quase 90% possuía curso universitário. Também era o PCB aquele com o menor número de advogados em sua bancada: apenas Jorge possuía o diploma, embora nunca tivesse exercido a profissão. Os políticos que defendiam o projeto liberal ocupavam 80% das cadeiras. Um contingente de proprietários de terras, industriais e banqueiros que pertenciam à União Democrática Nacional (UDN), ao PSD e ao PR. O trabalhismo estava bem representado no PTB fundado por Getúlio, constituído em sua maioria por advogados de entidades sindicais ou pertencentes ao aparelho do Estado.

Ao todo, o novo Congresso tinha 328 constituintes — 42 senadores e 286 deputados. Jorge e Marighella não eram os únicos baianos. Havia 28, somando todos os partidos. Nomes próximos, como Téodulo Lins (Partido Popular Sindicalista — PPS-PSP) — o filho do coronel Franklin Lins de Albuquerque. E políticos que foram ou iam se tornar um dia governadores e ministros, importantes no cenário não só estadual como nacional no próximo meio século. Juracy Magalhães (UDN), interventor de 1931 a 1937, depois voltaria ao comando do estado de 1959 a 1963. Otávio Mangabeira (UDN) governaria de 1947 a 1951. Régis Pacheco (PSD) ficaria à frente do estado de 1951 a 1955. Luiz Vianna Filho (UDN), de 1967 a 1971. Outras figuras influentes na vida empresarial e política baianas integravam a casa. Clemente Mariani (UDN), banqueiro, era o principal acionista do Banco da Bahia. Estavam ainda no Palácio Tiradentes Lauro de Freitas (PSD), Manoel Novaes (UDN), Nestor Duarte Guimarães (UDN) e Rui Santos (UDN). Quando voltasse à Bahia, Jorge teria proximidade com todos esses antigos colegas de Congresso. Por ora ficaria mais amigo daquele com quem dividiu a autoria do discurso de Claudino José da Silva.

Filho de um operário que imigrara da Itália e de uma dona de casa descendente de escravos, Marighella chamava a atenção desde os tempos de estudante no Colégio Central, na Cidade da Bahia, por uma combinação carismática de irreverência e militância heroica. Fora detido pela primeira vez aos 21, por um poema galhofeiro criticando o então interventor, Juracy Magalhães. Nessa estreia passou poucos dias na cadeia. Na segunda, já no Rio de Janeiro, em 1936, ficaria um ano atrás das grades. Na terceira, em 1939, permaneceu seis anos, até sair em 1945. Sofrera tortura pesada e resistira, sem entregar ninguém. Ficou com fama de valente, e de sedutor, ainda que não fumasse e bebesse, muito menos soubesse dançar.

Jorge não bebia nem dançava, mas fumava. Tinham praticamente a mesma idade — Marighella era um ano mais velho —, no entanto não haviam convivido até então, visto que um deles passara a vida praticamente preso. Agora, no Congresso, a amizade se estreitaria.

A quantidade de políticos que publicavam livros parecia incalculável. Talvez seja mais fácil contar, entre os eleitos para a Constituinte, quantos ainda não tinham cometido verso ou prosa. Havia uma maioria desconhecida, no meio literário de coronéis, juristas e médicos com veleidades literárias. Dos que realmente faziam da escrita de livros atividade relevante, somavam-se 22 parlamentares. O maior número pertencia à UDN, dez, e ao PSD, sete. Jorge era o único do PCB. Da sua geração dos anos 1930, havia Gilberto Freyre, deputado por Pernambuco, e Amando Fontes, por Sergipe, ambos da UDN, e também Hermes Lima, da coligação Esquerda Democrática-Partido Democrata Cristão-Partido Libertador (ED-PDC-PL).

A profusão de literatos na política partidária levou Samuel Putnam, tradutor de Jorge e Freyre na Knopf, a escrever no jornal *The New York Times*, em 8 de outubro de 1946: "Hoje no Rio, como em Nova York nos anos 30, os personagens dos meios intelectuais estão na política ou literatura engajada: por pura perplexidade ou cansaço, muitos dos artistas e escritores entraram para o vagão da esquerda. Quantos vão se manter fiéis a Prestes e a Moscou dentro de alguns anos? O que motivou que isso ocorresse nos EUA foi a Grande Depressão. No Brasil, o colapso dos anos de Getúlio, a crise econômica. O intelectual brasileiro, cuja vida é bastante difícil a não ser que tenha background ou herança para sustentá-lo, enfrenta inflação galopante e escassez de alimentos e bens de consumo". Putnam citava os principais casos: "Freyre, do monumental *Casa-grande & senzala*, é hoje um deputado. Jorge Amado, de *Terras do sem-fim*, é deputado, um dos principais líderes intelectuais do PC; José Américo de Almeida, cujo livro *A bagaceira*, de 1928, é apontado como um marco de uma nova geração, tinha sido ministro. José Lins do Rego, autor do ciclo da cana-de-açúcar, é comentarista de assuntos políticos. Drummond, um dos mais finos poetas modernos, Graciliano e Portinari são esquerdistas ardentes".

Diante de tantos talentos que lhe pareciam desperdiçados na política, apontava Allyrio Meira Wanderley — que não estava no Congresso — como autor jovem extremamente promissor. Sete décadas depois, continuava praticamente desconhecido.

Putnam perguntou a Freyre o que ele preferia, se literatura ou política. Escutou: "Literatura E política". O inquérito prosseguia. "E o que pensa de Amado no papel de político?" O udenista não perdeu a piada. "Como deputado, ele é muito bom escritor."

Exercida a contragosto como desvio da vocação para atender à causa comunista, a atividade como deputado não seria de todo um desperdício. De sua autoria foi a lei que, a partir da Constituição de 1946, garantiria liberdade religiosa no país. Não se extinguia o preconceito, no entanto não havia mais permissão para perseguir pais e mães de santo nos terreiros.

Para que a lei vingasse, entendeu que precisava de uma estratégia particular, a exigir-lhe "mais que trabalho, astúcia". Primeiro, não a submeteu aos comunistas. Acreditava que o sectarismo dos dirigentes representava risco de desaprovação — sendo a religião o ópio do povo, a dos negros parecia ainda mais incompatível aos ortodoxos. Levou-a diretamente a Prestes para ter sua aprovação. Contou com a ajuda de Giocondo Dias, também deputado, para explicar a Prestes o quanto o partido cresceria defendendo a fé popular. Mas não lhe pediu que a assinasse, tampouco aos deputados comunistas. "De comunista, apenas eu", raciocinou. A lei tramitaria mais facilmente como projeto de intelectual ligado à cultura afro-brasileira que, apesar de vermelho, circulava bem.

O texto escrito à máquina, buscou apoio de Luiz Vianna Filho, da UDN. O escritor baiano era já autor de *O negro na Bahia*. Ficou à espera de Gilberto Freyre, que nem sempre estava em todas as sessões. Mal o viu, chamou-o a um canto e mostrou-lhe a emenda. "Os Xangôs do Recife vão poder dançar em paz", argumentou. Após assinar, Freyre teria dito "em voz baixa, o sorriso sedutor": "Por que não pensei nisso?". De bancada em bancada, passou por Otávio Mangabeira e Milton Campos, Hermes Lima, Café Filho, Nestor Duarte e Vargas Neto, alcançando mais de oitenta assinaturas. O trânsito que tinha entre setores de centro e direita era o mesmo desde o exílio na foz do rio da Prata. Não foram apenas os adeptos do candomblé e da umbanda que assinaram, a emenda também se beneficiou do entusiasmo de espíritas e protestantes.

Pelo levantamento nos Anais da Constituinte de 1946, vê-se que havia deputados e senadores inativos, que não apresentaram propostas e pouco se engajaram. Como toda a bancada comunista, Jorge se enquadrava no bloco dos ativos, e sua atuação foi quase tão intensa quanto a de Marighella. Na definição do regimento interno da Constituinte, Jorge interveio desde o começo para justificar propostas dos comunistas. Com o avanço dos trabalhos, apresentou quinze emendas ao projeto de Constituição. Além da que permitiu a liberdade religiosa, destacam-se a que previa isenção de tributos à importação e produção de livros, periódicos e papel de imprensa; a que facilitava a concessão de habeas corpus aos cidadãos que eram objeto de arbitrariedades policiais; a que era contrária à obrigatoriedade do ensino religioso; a que acabava com a necessidade de censura prévia para a publicação de livros e periódicos; a que eliminava dispositivo que facultava apenas a brasileiros natos o exercício das profissões liberais. Entre as rejeitadas, uma emenda pretendia suprimir dispositivo do regimento que concedia ao presidente da Assembleia o direito de censura a expressões não parlamentares proferidas nos discursos; e outra que pretendia garantir direito de asilo no Brasil a todos os perseguidos políticos por defenderem a causa da democracia.

Como membro da Comissão de Estudo das Indicações, também avaliou sugestões apresentadas por outros constituintes.

Deu pareceres favoráveis às propostas de Prestes de desaprovação pela Constituinte do decreto de Dutra que proibia o direito de greve e de protesto contra a presença de agentes do Dops nas assembleias sindicais. Concordou com sugestões que vinham de outros partidos: a ruptura de relações diplomáticas com a ditadura franquista; a supressão das polícias políticas; a criação de um órgão governamental para estimular o plantio de trigo no sul do país; e a restituição aos cacauicultores da Bahia da diferença entre os preços de compra e exportação do cacau adquirido pelo Instituto do Cacau durante o Estado Novo. Declarou-se contrário à invocação da "proteção de Deus" no preâmbulo da Constituição, e ao estado de sítio preventivo. E obviamente declarou-se contrário à moção que pretendia louvar as Forças Armadas pela dissolução a tiros de comício organizado pelo PCB no largo da Carioca, no Rio. Ocupava a tribuna para denunciar o fechamento do sindicato dos estivadores e da União Geral do Sindicato dos Trabalhadores de Santos, protestar contra a apreensão de edições do diário comunista *Tribuna Popular* por "esbirros da [delegacia de] Ordem Política e Social". Foi encarregado pelo PCB de saudar, em nome do partido, várias personalidades de destaque em visita.

Os artistas de teatro, circo e casas de diversão tiveram seu apoio para promover a regulamentação profissional. Os contratos desses artistas não eram registrados no Ministério do Trabalho como ocorria com as demais profissões, e sim na polícia. Na sua proposta enviada ao Congresso, além de corrigir isso que considerava uma "humilhação", também reivindicava prazo mínimo para a contratação, quando o tempo fora sempre indeterminado. Jorge envolveu-se diretamente para conseguir que o governo concedesse uma pensão mensal a Benjamin de Oliveira, conhecido como o primeiro palhaço negro do país, àquela altura com dificuldades para atuar. No combate no parlamento, reclamou que davam "pensões aos descendentes do almirante Tamandaré", e não queriam ajudar "o circo, o homem de cor, o artista dos pobres e dos humildes". Com a intervenção de Jorge, também foi aprovado apoio financeiro à realização do II Congresso de Escritores.

Certa tarde foi procurado por Heitor Villa-Lobos, que estava empenhado na divulgação do canto orfeônico nas escolas municipais do Rio de Janeiro. No Palácio Tiradentes, após ter obtido o apoio de Jorge à demanda por verbas, o compositor puxou uma baforada do charuto e lhe informou, para agradar: "Acabo de ser convidado para reger minhas obras numa série de concertos em Moscou". Jorge tinha lido a respeito. Villa-Lobos puxou mais fumaça do charuto e continuou: "Você sabe quem assina o convite?". Mais fumaça, e a revelação: "Quem assinou foi Lênin, do próprio punho. Está duvidando? Trago o convite para você ver". Lênin estava morto desde 1924. Depois Jorge soube que o maestro tinha fama de contar lorotas.

Nas horas amenas, Zélia e Jorge atuavam como cupidos, aproximando Carlos Marighella de Clara Charf, uma aeromoça que, de início, exerceria a função de "pombo-correio" para os comunistas e, depois, trabalharia como secretária na fração parlamentar do partido, nas imediações do Palácio Tiradentes. Nos almoços que oferecia a Marighella ou nas vezes em que passava pelo escritório, Zélia não deixava de provocá-los, para que engatassem romance, o que acabou por acontecer.

A atuação da bancada comunista no Congresso tornava-se cada vez mais difícil à medida que o clima amigável entre as nações vitoriosas na luta contra o nazismo cedia lugar às rivalidades da Guerra Fria. Os deputados dos demais partidos miravam o PCB com olhos de suspeita, quando não de repulsa. Qualquer emenda ou projeto da bancada via-se rejeitado *in limine*. "O que estará por detrás disso?", perguntavam-se senadores e deputados do PSD, UDN e PTB, e julgavam descobrir na proposição mais inócua a ordem de Moscou, que, para eles, parecia ameaçar os bons costumes, a religião, a família brasileira, toda a sociedade.

Na imprensa, a bancada comunista era acusada de "levantar questões de ordem por sabotagem", de "inventar infantilidades para fazer confusão", de agir com o intuito de "corromper, desmoralizar e deslustrar o Parlamento". Para atingir especificamente Jorge, lembravam que ele colaborou com o suplemento literário *Meio-Dia*, simpatizante do Eixo, ou lhe descreviam em sua relação com Prestes com expressões jocosas, como "manso como boi de carga" e "sem tirar os olhos do chefe". Uma de suas declarações foi considerada "dessas que não se imagina incluir nos Anais", "tal o plano inferior da concepção e dos termos". Os colegas de Congresso de outros partidos não estavam muito satisfeitos com o convívio. Certa vez, reagindo a um discurso de Marighella que o citava, Juracy Magalhães os confrontou, a ele e a José Maria Crispim, acusando os comunistas de agirem "como moleques". O padre Alfredo de Arruda Câmara — apesar do mesmo sobrenome que o militante Diógenes Arruda Câmara, não eram parentes — os chamou de "desordeiros", "traidores da pátria" e até de "assassinos". Bento Munhoz da Rocha, deputado pelo Paraná, reconhecia os "méritos de escritor" de Jorge, que, porém, não escapava "do nivelamento que vulgarizava toda a bancada", constituída de membros "sem qualquer valor humano".

Em dois anos, o Partido Comunista passara de 6800 membros a um número estimado entre 180 mil e 220 mil.

20.
Peji de Oxóssi

Na procura por moradia, o coronel ajudava o filho olhando nos jornais o que podia ser do agrado dele. Entre os tantos anúncios recortados que deixou antes de sua ida periódica à Bahia, um chamou mais atenção. Os donos húngaros retornavam ao seu país deixando, com todos os móveis, uma casa que ocupava o alto de uma pequena colina, num sítio de 21 mil metros quadrados, tomados por oitocentas laranjeiras alinhadas, os troncos pintados de branco, a meio caminho de Duque de Caxias e São João de Meriti.

Os arapongas anotaram outro endereço na ficha: Nova Iguaçu. Informaram que foram pagos 60 mil cruzeiros na localidade, adquirida em nome de João Amado de Faria, o pai. Dataram a mudança de junho de 1946.

Enquanto o pai viajava à Bahia, o escritor fechou o contrato. Do centro de São Paulo para uma roça fluminense, o dono não teve dúvida em batizar a nova propriedade com nome baiano, Peji de Oxóssi, seu orixá conforme o jogo de búzios de Pai Procópio. Poderia ali assentar, depois de dez anos de mudanças, dada a instabilidade política. De volta ao Rio, o coronel alarmou-se: "E Jorge sabe fazer negócio?".

Não havia só laranjeiras. Cobriam o terreno pés de lima, limão, fruta-pão, sapoti, goiaba, manga e mamão, toranja. Às muitas aves que habitavam o quintal — galinhas de raça, gansos, marrecos — iam se somar aquelas que Jorge passou a comprar diligentemente, das mais distintas espécies. Ocupava horas seguidas de seu dia com o cruzamento de galinhas diferentes, e de patos com marrecos. Inútil foi promover o idílio de patos com gansos. Do criatório, os preferidos ganhavam nomes de seus personagens. Antônio Balduíno e Antônio Vítor batizaram dois patos. Lívia e Guma, o casal de gansos africanos. Uma das galinhas se chamou Rosa Palmeirão. O galo carijó, Zé Trovoada, e a galinha carijó, Dona Badaró. Outros levavam alcunhas de literatura ou política. O galo paduana, Bersagliere. Dois mestiços de marrecos receberam a alcunha de Os Irmãos Karamázov. Ao novo casal de gansos, chamava-os Esfarrapados de Sebastopol. A seriema — para acabar com cobras e serpentes — atendia pelo apelido de Siri. Em presumível homenagem ao patriarca, o quati era chamado de Coronel.

A mãe e o pai apareciam aos sábados trazendo Lila, que vivia na casa da família materna, na Urca. Passavam o domingo, voltavam na segunda-feira. A menina se divertia com Chuli, o fox terrier herdado dos antigos donos da propriedade. Eulália se espantava com a habilidade da nora para curar galinhas doentes e mesmo operá-las, aplicar soro antiofídico no cão mordido por cobra, combater com tochas as saúvas, à noite, acompanhando o marido. "Tu parece um homem", a sogra repetia como elogio maior, sem deixar de provocá-la por vezes, desafiando a nora a fazer bolos de nomes estranhos, que existiam apenas em sua imaginação, para assistir à receita dar errado. Afora essas tarefas arrojadas, o dia a dia de Zélia era cuidar da casa, do almoço e jantar, receber compradores de frutas que lhe ofereciam preços módicos e alfabetizar trabalhadores seus e de sítios vizinhos, um total de oito.

Uma Eulália preocupada cochicharia com a nora certo dia: "Jorge parece que perdeu o juízo. Fica lá de cócoras horas e horas a fio no meio das galinhas".

Os experimentos com as galinhas funcionavam como intervalo das lides na máquina de escrever. Na reabertura política, fez dois livros para o partido: *Homens e coisas do Partido Comunista* e *O PCB e a liberdade de criação*, ambos publicados pela comunista Horizonte, no Rio. O primeiro seguia o modelo do que escrevera para o diretório baiano: refazendo o perfil de militantes devotados, contava a história do partido do ponto de vista dos que derrotaram os inimigos, trotskistas ou infiltrados da polícia. O segundo tratava do incentivo comunista às artes e à literatura, estratégia antiburguesa que não via como censura ou limitação. Os dois títulos eram parte de um catálogo de dezenas de outros escritos por militantes, o próprio Prestes incluído como autor de alguns.

Quem sabe Jorge fez trabalhos sem assinar, assim como ao menos uma dezena de assinados por ele não eram seus. Começara a circular naqueles dias a coleção Ontem e Hoje, da Brasiliense, que o identificava na capa e no expediente como tradutor de obras soviéticas, alemãs, chinesas e japonesas — *A cidade da fartura*, de Alexander Nevierof; *Vento* e *O sétimo camarada*, de Boris Lavrenev; *O diário de Costia Riabtsev*, de N. Ognev; *Solidão*, de N. Virta; *O trem blindado nº 14-69*, de Vsevolod Ivanov; *O sanatório do doutor Klebe*, de Constantino Fedin; *Antes do amanhecer*, de Ludwig Renn; *Minha mãe*, de Cheng-Tcheng; *Rua sem sol*, de Naoshi Tokunaga. Se participou da escolha de títulos, o certo é que não verteu livro algum para a língua portuguesa, apenas emprestou seu nome para angariar leitores, operação, ao que tudo indica, que não lhe rendeu dinheiro.

Antes combativo, quando estava em *O Imparcial*, não precisava mais mirar quinta-colunistas. Em "A Hora do Amanhecer", que a *Tribuna Popular* também publicava, no pós-guerra as colunas o mostram brando, mais concentrado em enaltecer líderes da política e homens do povo do que em apontar reacionários, sem deixar de comentar com dureza acontecimentos internacionais e nacionais.

Antes que se iniciasse a Assembleia Nacional Constituinte, fazia pressão para que os congressistas brasileiros cumprissem a promessa. Pareciam resistir a uma nova Carta, acusava-os de se contagiar pelo espírito de Chamberlain, o premiê inglês conservador que pouco antes de Hitler iniciar a guerra acreditou na possibilidade de conciliação e acabou pego de surpresa. Dia a dia, registrava os enfrentamentos com os fascistas remanescentes no país: "A provocação anda solta, o anticomunismo é a bandeira dos que são contra a democracia". Saudava o partido e seus feitos, como a universidade do povo e os jornais comunistas. Defendia o direito de greve — numa das vezes, respondeu direta e polidamente ao udenista Otávio Mangabeira, que usara a palavra "abuso" referindo-se aos trabalhadores —, reclamava terra para os camponeses. Dedicava-se a retratar gente do Rio que dava exemplos de convivência e de luta, como os compositores da Mangueira, os operários de Petrópolis, os negros em Duque de Caxias, e, de outros estados, os estivadores de Santos e os camponeses de Suinana, em São Paulo. Contava que a correspondência da bancada comunista era enorme, e certo dia chegara uma carta cujo envelope apenas dizia: "Para o senador que defende o povo". O remetente afirmava, no texto, que não tinha dúvida de que chegaria ao destinatário certo.

Em consonância com a pauta da bancada comunista, pressionou para o rompimento com Franco. "Salvemos os heróis da Espanha", declarou. "Os espanhóis continuam sendo assassinados", insistiu noutra coluna. A escalada antidemocrática preocupava: "Ainda estão aí, espalhados pelo mundo, os padrinhos de Salazar, os protetores de Morínigo, que querem que o Brasil e a América Latina continuem como mercados semicoloniais, dominados por ditaduras violentas". A paz, "desejo dos homens livres", ainda não se estabelecera. Na passagem do ano de morte de Franklin Roosevelt, lembrou seu papel como "bandeira antifascista, bandeira de amizade panamericana". Churchill estava sendo "desmascarado por Stálin", e o crescimento dos partidos comunistas em todo o mundo "demonstrava que o proletariado estava atento". Comemorava o julgamento do general sérvio Draža Mihailović, que seria condenado à morte por traição na Iugoslávia comunista de Josip Tito.

Quando se acirrou o embate no Congresso, esclareceu sobre os que denunciavam o imperialismo soviético: "Existem os tolos, sem dúvida, aqueles que repetem como papagaios, que não sabem o que dizem e muito menos o que é imperialismo, e, então, fazem o jogo por pura ignorância. Onde está, na União Soviética, o capital financeiro para produzir o imperialismo? Mas os tolos não sabem sequer o que é capital financeiro, não sabem nada além da repetição daquilo que ouviram dos sabidos". O problema era deter, portanto, estes últimos. "Os sabidos sabem o ódio do povo ao imperialismo. Sabem que o povo brasileiro, sacrificado, subalimentado, sem indústria, sem petróleo, sem tratores, sem terra para lavrar, está consciente do mal que o imperialismo tem causado ao país e das suas intenções de nos arrastar a guerras onde o nosso sangue corre para beneficiar os grandes senhores dos *trusts* e monopólios estrangeiros. Essa discussão [é] apenas pretexto para o assalto contra as conquistas democráticas do povo."

Artistas e escritores apareciam como assunto principal ou referência na "Hora do amanhecer", de Candido Portinari a Gabriela Mistral, àquela altura Nobel de Literatura, que ganhara em 1945. A militância se cristalizava, realinhando afetos e obras. Antigos nomes permaneciam, como Ferreira de Castro, outros desapareciam, como Oswald de Andrade, e novos iam se incorporando ao rol de preferidos, como Pablo Neruda. A cor comunista estaria no título do próximo romance.

O sertão lhe servia pela primeira vez como cenário e tema. No Peji de Oxóssi, conseguia concluir o novo título que vinha anunciando desde a edição brasileira da biografia de Prestes. Zélia veria nascer o primeiro livro ao seu lado. Lembraria, anos mais tarde, que o via acordar quando ainda estava escuro. "Não, não quero nada", Jorge lhe respondia. "Vá dormir, que ainda é muito cedo." Ocupava boa parte da manhã com a história. À noite, depois do Congresso, voltava ao que escrevera durante o dia para revisão. Os anos de escrita não alteraram a operação datilográfica: batia à máquina com os dois indicadores apenas, o ruído do teclado duro ajudava a pensar. Sua ex-assistente na praça da República agora era exímia datilógrafa: a ela dava as páginas que considerava prontas para que as passasse a limpo e fizesse cópias.

Mais do que a seca, o latifúndio era o principal flagelo que desejava apontar no *Seara vermelha*. O título vem de versos de Castro Alves: "Cai, orvalho de sangue do escravo,/ Cai, orvalho na face do algoz./ Cresce, cresce, seara vermelha,/ Cresce, cresce, vingança feroz...". Conta a história da família de Jerônimo e Jucundina, que, expulsa da terra onde trabalham como rendeiros, vê como saída emigrar para São Paulo. Ao todo onze parentes atravessam a caatinga a pé, depois o rio São Francisco numa embarcação precária até chegarem a Pirapora, de onde pegam o trem para São Paulo, travessia de morte e descaminho de uma parte da prole. Seguem-se outras três histórias, cada uma dedicada a um dos três filhos do casal. José, ou Zé Trevoada, se torna cangaceiro; Jão, membro da Polícia Militar; e o terceiro, Juvêncio, ou Nenen, soldado do Exército que se engaja no comunismo e, como participante da ANL, envolve-se em Natal com os acontecimentos da Intentona de 1935.

Jorge não omitia que Giocondo Dias, cujo apelido entre os muito íntimos era Neném, fora a principal inspiração para seu militante. Nem que havia sido a viagem de volta à Bahia em 1942, descendo o São Francisco até Pirapora, a cena que serviu como um dos pontos iniciais do enredo. O cangaço sofria baixas durante o Estado Novo. Em 1937, ocorrera o massacre do Caldeirão, no Ceará, quando uma comunidade sertaneja liderada pelo beato Lourenço foi dizimada. Líderes do cangaço, Lampião e Maria Bonita morreram em 1938, e depois Corisco, em 1940, tendo sobrevivido Dadá, sua companheira.

Zélia tentaria interferir no destino de uma das personagens, a menina Noca, filha de Jerônimo, logo no começo do romance. Argumentou o quanto podia: "Noca vai morrer? Por quê? Só morre se você quiser. Se você sente necessidade de matar alguém, por que não escolhe outra vítima?". A reação não foi das melhores. Contrariado, Jorge respondeu que, se quisesse ajudar, que o deixasse escrever descansado. A mulher correu para o quarto, se atirou na cama e, "humilhada, desmoralizada", chorou não exatamente por Noca e sim pela bronca que escutara. Anos afora continuaria a dar palpites que ele não seguia, ela sem lágrimas.

Na roça acordavam e dormiam cedo, viviam longe do cinema e do teatro, e da vida literária do Rio de Janeiro participavam eventualmente. Quando podiam, iam às famosas domingueiras ipanemenses na casa de Aníbal Machado, em que se evitava obsequiosamente falar de literatura ou política. Encontravam-se com velhos amigos, como Heloísa e Graciliano Ramos, e Eugênia e Álvaro Moreyra, cujas casas também frequentavam. Tinham tempo de sobra para namorar. Ao lado da casa, à sombra das árvores, havia um pátio com mesa rústica, espreguiçadeiras e redes brancas penduradas nas mangueiras. Nas tardes de ócio e à noite, aí se deitavam para ler poesia, ver a lua e as estrelas ao som dos grilos. Zélia conheceu a biblioteca de Jorge, com obras de Cesário Verde, português preferido, a Sosígenes Costa, velho amigo grapiúna. Juntos liam os amigos latino-americanos Neruda e Guillén. Os sonetos de Camões e o *Romancero Gitano*, de García Lorca. Da Espanha, outros poetas, como António Machado, Rafael Alberti, Miguel Hernández, Rosalía de Castro. Especial diversão para ele era escutar suas declamações, as mesmas que fazia no tempo de escola, nas Classes Laboriosas e em festas particulares. Com frequência a fazia repetir "Dalila", de Castro Alves, "O melro", de Guerra Junqueiro, "Cântico do calvário", de Fagundes Varela.

Seara vermelha não teve atenção da imprensa, a não ser pelos jornais comunistas que o noticiaram. A dedicatória parecia mais esconder que revelar: "Para Zé" — ninguém mais que Zélia.

Pelas manhãs, Jorge se ocupava com o novo romance. À tarde dava expediente como deputado. À uma da tarde, após o almoço, tomava um carro de aluguel para vencer a estrada de terra esburacada de Peji de Oxóssi até Caxias. Contratado a cada mês, o transporte consumia os 8% a que tinha direito dos proventos como deputado, os outros 92% ficavam com o partido — com todos os membros da bancada era assim. Era obrigação dos representantes do partido, em nome do qual assinavam uma procuração. Mais tarde, o tesoureiro lhes entregava o percentual pequeníssimo que lhes cabia.

Em Caxias, pegava o ônibus que o levava ao Rio. Deixava-o na praça Mauá, de onde seguia a pé até o Palácio Tiradentes. Na caminhada diária, ao passar pela rua da Assembleia, costumava parar numa casa de venda de animais, atraído pelas aves em exposição nas portas do estabelecimento. A sessão no Congresso começava às duas da tarde. Só voltava para casa entre sete e oito da noite. Em dia de sessão noturna, não tinha hora de chegar. O coronel e Zélia acompanhavam os debates por radiodifusão, cada qual em seu rádio de pilha.

Quando não estava no Palácio Tiradentes, permanecia no comitê do partido. Zélia o acompanhava ao Rio duas vezes por semana. Diria, anos mais tarde, que o sangue anarquista fervia ao ver os congressistas em atividade — como podiam estar juntos, a conversar amistosamente, reacionários e comunistas? Depois de frequentar cursos de francês e inglês, ia até os sogros no hotel Ópera, horas em que escutava histórias da família contadas por Eulália, nem sempre referendadas pelo coronel — as duas parteiras, o bebê que nasceu empelicado, a tocaia, a enchente, uma noiva que quase levou o filho a se casar aos dezessete. Num dos dias em que Zélia a viu com *A Dama das Camélias* nas mãos, surpreendeu-se ao ouvi-la dizer que a heroína a fazia lembrar-se da nora. A personagem "sofria o diabo com saudade do filho". Espantou-se com sua percepção de seu problema mais íntimo, pois nunca lhe falara sobre Luís

Carlos, que tinha permissão para visitar em São Paulo duas vezes por mês, ocasião em que se hospedava na casa de Vera, sua irmã. Pela lei, poderiam ficar juntos por quinze dias durante as férias, as primeiras seriam passadas numa pensão em Santos.

Os compromissos de Jorge multiplicavam-se: a fim de arrecadar dinheiro para o partido, promoviam-se conferências em casas de simpatizantes, piqueniques e festas na praia e no campo. Era convocado para atos públicos, bailes orquestrados, concursos, eleição de rainha dos trabalhadores, apresentação de patinadores. No primeiro aniversário do jornal *Hoje*, em 1946, houve coquetel na sede e festas em bairros da capital, como um baile no Clube Ginástico — sua presença foi anunciada como destaque do evento.

Numa das idas a São Paulo encontrou no trem Getúlio. Não era a primeira vez. Jorge tinha sido o repórter de *A Manhã* na cobertura da viagem de Getúlio ao Uruguai, em 1935. O ex-ditador tinha se chateado quando, nos dez anos da morte de Górki, em 1946, não lhe pedira para assinar, como fez com outros escritores-deputados, a moção endereçada ao Parlamento da União Soviética. O ex-ministro da Fazenda e agora constituinte Artur de Sousa Costa contou a ele do incômodo de Getúlio por não ter sido lembrado. "Está muito zangado. O senhor não lhe pediu que assinasse. Ele também é escritor, é membro da Academia." Jorge tomou como uma pilhéria de Sousa Costa, com quem gostava de conversar pela sua inteligência, apesar de seu reacionarismo.

Na estação de trem, notara afluência inusitada, o PTB em peso, até que confirmou quem estaria presente. Um vagão inteiro fora reservado a Getúlio. Jorge estava de pijama quando bateram à porta de sua cabine. Era Gregório Fortunato, chefe da guarda pessoal do ex-presidente, que lhe disse: "O presidente gostaria de vê-lo, se o senhor puder ir até lá, ele ficará encantado em poder lhe falar por uns momentos". Jorge se vestiu, foi até o vagão, e passaram a noite inteira conversando. Fez-lhe muitas perguntas. Ele respondia: "Não, isso é invenção". Ou: "Sim, é verdade, mas não foi bem assim que aconteceu", e ria. Descobriu que não só o tinha lido, como era um entusiasta de *Terras do sem-fim*. A queima dos seus livros, Getúlio pôs na conta de Filinto Müller e dos militares. "São uns asnos", disse Getúlio. Depois desabafara: "Vocês, os comunistas, têm sido muito injustos para comigo. Eu me opus aos Estados Unidos e, de uma maneira ou de outra, eu representava uma força de resistência contra os Estados Unidos, e mesmo assim vocês constantemente me combateram". Jorge então retrucou: "É verdade, o senhor não cedeu, mas para apoiar quem? O senhor apoiava Hitler, o que é muito pior. Nós tínhamos que escolher entre os americanos, que finalmente entraram na guerra e que estavam do lado da democracia, e Hitler e Mussolini. No momento em que o senhor apoiou os aliados, nós imediatamente o apoiamos". Depois desse encontro, quando se cruzavam no Palácio Tiradentes, passaram a cumprimentar-se e a trocar palavras.

As eleições para prefeito, governador e deputados em vagas suplementares exigiriam a presença de Jorge em viagens pelo país em 1947. Zélia o acompanhou. Em Fortaleza, depois de um providencial banho de mar na praia de Iracema que, dizia a lenda, tornava as mulheres mais férteis, conseguiu engravidar — "Se quiser, rezo para que seja menino", lhe disse Eulália. "Para Tonho nada é impossível." Numa cidade do interior cearense, um padre incitou os fiéis a combater o comício marcado para depois da missa, a fim de aproveitar o público saído do sermão. Gritando "Viva Cristo Rei!", "Morte ao comunismo!", camponeses armados com facões e peixeiras seguiram na direção do palanque. Ainda não refeitos do susto, Zélia e Jorge foram expulsos pela mulher do prefeito da casa onde buscaram refúgio.

21.
À deriva

A legalidade dos comunistas durou dois anos. Pela via mais imprevista, Jorge se livrava do fardo de ser deputado: a crise política não poderia ter sido pior.

A confusão começara lentamente poucas semanas depois da abertura da Assembleia Nacional Constituinte, quando jornalistas perguntaram a Prestes de que lado ficaria se o Brasil e a União Soviética entrassem em guerra. A resposta: do lado dos soviéticos, pois estes jamais atacariam o Brasil; se guerra houvesse, seria de agressão ao socialismo, partindo dos brasileiros. Tão hipotética quanto desastrosa, a fala serviu como pretexto numa situação de instabilidade que nunca deixou de existir. Um advogado encaminhou ao Tribunal Superior Eleitoral pedido de cancelamento do registro do partido. Um deputado do PTB apresentou denúncia contra o partido. Ouvidas as partes, o procurador-geral da República mandou arquivar o processo. Em voto no plenário o arquivamento, no entanto, não passou, e foi aberta sindicância. O parecer final ficaria a cargo do subprocurador-geral da República, Alceu Barbedo, que por meses ocuparia o centro das apreensões dos comunistas.

"Como é que alguém pode escrever nessas condições?", Graciliano desabafou, para justificar por que, mesmo tendo tempo, não conseguia fazer uma linha de livro na expectativa do que viria no chamado Parecer Barbedo. A conversa se deu quando Jorge, indo a pé do escritório do partido ao Palácio Tiradentes, encontrou o Velho Graça, a quem se queixou de excesso de compromissos para escrever. Depois de *Seara vermelha*, não avançava em nenhum outro romance. As condições para criar, ainda que precárias, haviam de aparecer de outro jeito no Peji de Oxóssi.

Numa tarde surgiu um carro com visitas: o ator e diretor de teatro polonês Zbigniew Ziembinski e o ator Graça Melo, acompanhados por Fernando de Barros, o único dos três que Zélia conhecia. As companhias Os Comediantes e Teatro Experimental do Negro desejavam realizar uma adaptação de *Terras do sem-fim*, tendo à frente Zigmunt Turkov, outro polonês radicado no país. Ziembinski se consagrara com *Vestido de noiva*, de Nelson Rodrigues, três anos antes, e faria parte do elenco da adaptação que pretendiam. Graça Melo trazia o primeiro tratamento para a leitura de Jorge, por sua vez convicto de que a música teria de ser de Caymmi. Outro carro com visitas chegou dias depois: Caymmi, Stella, grávida, e suas duas crianças, Nana e Dori, que, para Zélia, era "sem tirar nem pôr" idêntico a seu filho Luís Carlos. Por dias o compositor dedilhou o violão sem resultado, até que começaram a nascer, Jorge ao lado a contribuir, canções como "Cantiga de cego", "Retirantes", "Canto do Obá". A parceria lítero-musical se reeditava. A turma do teatro retornou para visitá-los durante a composição. Ampliada: vinham também os atores Cacilda Becker e Jardel Filho, a amiga Maria Della Costa e Sandro Polloni, seu novo marido.

De todas as maneiras o partido convocava a população para apoiar sua legalidade. O engajamento ia além do quadro de militantes. Foi por Graciliano, na Livraria José Olympio, que Eulália e João Amado souberam de um comício a se realizar na Esplanada do Castelo. Estavam arrumados para ir, quando os fez desistir Jorge, preocupado com o risco de provocação dos opositores e de reação da polícia. Não teve o mesmo poder de convencimento com Zélia grávida. Na hora marcada, a mulher foi ao seu encontro no Palácio Tiradentes para seguirem juntos ao local da manifestação. Com toda a família, Graciliano estava lá para ser o primeiro orador. Mal começara a falar, o palanque foi derrubado, a polícia entrou em ação.

A poucos dias do resultado do Parecer Barbedo, numa das visitas à capital paulista, Jorge soube que queria vê-lo Julio de Mesquita Filho, um dos sócios do jornal *O Estado de S. Paulo*, conhecido seu do exílio na foz do rio da Prata. Tinha um recado para Prestes, a cassação estava à vista e perderia a cadeira de senador: "Diga ao capitão que, assim que seja cassado, venha para minha fazenda". Um conservador democrata, Mesquita Filho tinha estima por Prestes, apesar de não concordar com seu ideário. Àquela altura temia que a ação da polícia política voltasse aos contornos do passado recente, Dutra até outro dia era o sustentáculo militar da ditadura.

O registro foi cassado em 7 de maio de 1947. Embora previsível, a notícia surpreendeu os dirigentes, que não pensavam em voltar outra vez para a clandestinidade.

Mais de uma vez, Prestes escaparia de ser preso. Numa dessas, fugindo pelos fundos da casa onde estava, a de Maurício Grabois, teria saltado os muros de modo tão ágil, como se fosse adolescente. Abrigou-se no hotel Glória, onde vivia o udenista Otávio Mangabeira, que telefonou para Dutra protestando contra a perseguição policial a um senador. A imprensa comunista continuou a funcionar com a proibição do símbolo da foice e do martelo. Houve empastelamento de jornais no Rio e em São Paulo, com mais prisões e espancamento. A Confederação Geral dos Trabalhadores foi fechada, uma centena de sindicatos colocados sob intervenção, e as relações diplomáticas com a União Soviética, rompidas. Os meses seguintes seriam de tentativas de manutenção dos mandatos dos deputados e vereadores de todo o país eleitos sob a legenda.

A primeira providência do casal foi sair do Peji de Oxóssi. Tiveram ajuda de Vinicius de Moraes, que, em funções diplomáticas, ia residir no exterior e lhes ofereceu seu apartamento em Ipanema. Os ex-colegas de faculdade tinham se reaproximado pela amizade em comum com Neruda. Não bastasse a tensão política, a qualquer momento Zélia poderia ter o bebê. Seria no exato dia, 25 de novembro, em que o poeta cubano Nicolás Guillén desembarcava para um recital de poesia, com apresentação de Jorge, que saíra de casa sem saber que a mulher sentia dores. Da maternidade, ela lhe telefonou dizendo, para tranquilizá-lo, que o parto seria apenas no dia seguinte. Quando Jorge chegou ao hospital, tinha nascido o menino. João Jorge dormia no berçário. Guillén os visitou na manhã seguinte e, para se desculpar por ter tomado o pai da criança às vésperas do nascimento, ofereceu-se como padrinho. Outra visita de esplendor, Maria Della Costa flagrou a troca de fraldas ao entrar no quarto e, em voz alta, cometeu a inconfidência de dizer que, assim nu, o menino se parecia com o pai.

Demorou meses a agonia, e os deputados e vereadores tiveram seus mandatos cassados em 10 de janeiro de 1948. As batidas policiais logo começaram. Gregório Bezerra foi preso. Marighella conseguiu escapar com Clara, descendo os andares de escada, e não de elevador, no minuto em que subiam para levá-lo. Esperava-se que Jorge pudesse ser preso a qualquer momento. Quem possuísse livro seu em casa corria risco. Os exemplares encontrados eram levados como material subversivo. Prevenidos, livreiros retiraram os títulos das vitrines. Numa noite, Zélia adivinhou que lhe trazia más notícias pela "indisfarçável inquietação debaixo do sorriso", enquanto pegava o dedinho do pé da criança e alisava seus cabelos. Tomou a iniciativa de perguntar ao marido: "Você vai viajar, não vai?". O partido decidira sua ida à Europa em missão de denúncia e protesto. Devia sair do país o quanto antes. Jorge pensava em ir primeiro, depois ela o encontraria. A mulher tentou não demonstrar tristeza. Acreditava que ele intuía o quanto estava desesperada. Tentou animá-la: "Você vai conhecer a Itália, o que dona Angelina não vai dizer?".

No cômputo dos direitos autorais, que recebia em parcelas mensais, não tinha mais crédito e já devia ao editor. Tentava fazer dinheiro com a arte que o salvava nos apuros: o cinema. Pouco antes da cassação dos mandatos, a Atlântida, a maior produtora brasileira de filmes da época, sediada no Rio, comprara *Terras do sem-fim*, que, na produção de Moacir Fenelon e direção de Edmond Francis Bernoudy, viraria *Terra violenta* em 1948. Sozinho ou em colaboração, vinha escrevendo roteiros de chanchadas para a Atlântida e outras empresas produtoras que "nasciam e viviam o curto tempo de um projeto que nem sempre chegava ao fim", como diria, anos depois. Entre os parceiros mais frequentes, o mesmo Fernando de Barros, Fenelon e também Alinor Azevedo, Joracy Camargo e José Leitão de Barros. Contribuiu, por exemplo, com as produções *O cavalo 13* (de Luiz de Barros, 1946) e *Vendaval maravilhoso* (de Leitão de Barros, 1949).

A oportunidade de ver romances chegarem ao cinema surgia. Carmen Santos, da Brasil Vita Filmes, ficou interessada em fazer um filme sobre Castro Alves tendo a parceria de Mário Peixoto, projeto que não seguiu adiante. Outra vez Fernando de Barros o apresentaria à gente do cinema. Dessa vez, a George Fanto, de nacionalidade húngara, que viera ao país na equipe de Orson Welles e ficara trabalhando em cinema. Interessado em filmar *Mar morto*, procurara Barros, sabendo-o amigo do escritor. Os dois, associados a João Araújo, outro produtor, compraram a opção de dois anos por 15 mil cruzeiros, divididos em parcelas de 5 mil, entre os sócios. Jorge só receberia a primeira. O filme não foi realizado, a opção caducou. Fez ainda o argumento — que acabou bastante modificado nas filmagens — de *Estrela da manhã*, produzido por Ruy Santos, responsável pela fotografia, e dirigido por Osvaldo de Oliveira, o Jonald. O filme teve música de Caymmi, que fez uma ponta como pescador. Entraria em cartaz em 1950.

Não se passaram mais que duas semanas até partir. Antes, viajou à Bahia para obter passaporte. Não seria conveniente seguir o trâmite no Rio. Voltava o velho problema: não tinha o documento militar. Giocondo Dias recomendou que procurasse alguém que, na época de sua prisão, ainda era capitão — àquela altura já seria coronel. "Lobo é bom sujeito", garantia Dias. Chegando à Bahia, o bom sujeito Lobo disse a Jorge que poderia lhe prender; como passava dos 35 anos, lhe daria a carteira de reservista. Em compensação teve de jurar a bandeira em ato público, com direito "a ombros-arma dos soldados, toque de corneta e discurso anticomunista do comandante, a tropa em posição de sentido".

No dia do embarque de Jorge, véspera de Carnaval, um samba triste não parava de tocar, Zélia não se esqueceria da letra: "Não, não me diga adeus, não vá me deixar, por favor, que a saudade é cruel".

A correria para sair do país não impediu que os arapongas continuassem no seu encalço. Em um boletim reservado de fevereiro de 1948, anotaram: "A ida do senhor Jorge Amado para a Europa, segundo estamos informados, tem um caráter muito especial. Aparentemente, o escritor baiano e ex-deputado comunista viaja como enviado especial da *Imprensa Popular*. Na verdade, entretanto, é um emissário do sr. Luís Carlos Prestes, ou melhor do Partido Comunista do Brasil, para uma série de entendimentos com os dirigentes do Kominform, na Bulgária, na Polônia e em Moscou. O sr. Jorge Amado vai articular-se com os elementos que, sob os auspícios diretos do Kremlin, supervisionarão a quinta-coluna vermelha, dentro dos planos revolucionários do governo russo. Ao mesmo tempo, cuidará de obter fundos, a fim de compensar a perda de uma parte substancial de recursos, decorrentes já da extinção dos mandatos e do fechamento do Partido Comunista. É certo que uma parte apreciável de vermelhos continua contribuindo para essa entidade político-partidária, o que, entretanto, não atinge o volume necessário para atender as despesas do movimento subterrâneo dos bolchevistas".

O militante que, em alto-mar, escrevia a Zélia parecia mais inofensivo do que no relatório policial: "Não podes imaginar a angústia que me assaltou quando o navio se afastava do cais e eu vi a imagem de vocês desaparecer lentamente". Depois: "Recebi teu telegrama e reli quarenta vezes. Compus para ti poeminha de bordo". Ainda: "Em breve vocês estarão comigo e juntos rolaremos pela Europa e muito nos divertiremos, assim o espero". A essa altura "Zé" era já "negra linda", "bichoroco lindo e louco", e o menino se tornara "João Neto, o risonho", ou "Jão, piça d'aço" e "Inseto". A eles declarava: "Toda a saudade do mundo".

O navio que o fazia percorrer sua mais longa distância até ali marcaria uma mudança duradoura. Não exatamente geográfica, mas física. Comendo e bebendo "como um animal", como contou à mulher, seria natural que os quilos a mais tomassem pouco a pouco o contorno de seu tronco. Nunca mais poderia ser descrito como um magrelo. Não economizava na descrição dos "pães deliciosos" que comia "desesperadamente" com café e leite ao acordar. Depois subia de short para a ponte de comando, onde alugava uma chaise longue por trezentos francos para tomar banho de sol. Às onze da manhã, descia para ler no bar, com uma cerveja. Então almoçava "ótima comida". Descia ao camarote e dormia. Às três, fazia uma caminhada até a hora do lanche: mais café, leite, chá, biscoitos, pão, geleia, boa manteiga, sorvete. Lia, conversava e, às sete, era servido o jantar. No bar, jogava crapô antes de, às onze da noite, ir para a cama. Até chegar a Paris, calculava que estaria cinco quilos mais gordo.

Nas vezes em que não estava comendo, observava os passageiros, a diversão de costume: a partir de seus gestos e passos, adivinhava-lhes histórias. Logo suspendeu a sesta da tarde para começar a trabalhar numa história para a Atlântida que lhe renderia 7500 cruzeiros (quantia suficiente para, por exemplo, adquirir um moderno fonógrafo elétrico da Philco — uma Coca-Cola custava Cr$ 1,50).

Uma queixa e uma recomendação, Jorge fazia constantemente nas cartas à mulher. A falta de notícias do Brasil o transtornava. O jornal de bordo dava de cinco a seis notícias por dia, sendo quatro da França. Soubera do assassinato de Gandhi e mais nada. "Tudo o que se pode fazer é imaginar em torno", disse. "E eu, para não perder o hábito, já imaginei uma revolução na Índia em derredor da breve notícia." Quanto à recomendação, era para que levasse mantimentos quando chegasse sua hora de embarcar. Arrependia-se por ter carregado apenas um pouco de chocolate. Notou que os outros passageiros traziam de tudo: café, açúcar, leite em pó. Lamentava que, sendo dia de Iemanjá, não podia atirar um sabonete ao mar como presente, pois carregara tão poucos consigo. "Jogarei uma das flores de pano pintado que botam na mesa, se conseguir roubá-la."

Não se dedicava apenas às amenidades na correspondência. Dois assuntos sérios haviam de discutir. O primeiro era se Zélia devia trazer o bebê. "Meu desejo, bem sabes, é que andes o mais possível comigo. Para mim é ótimo, pois sem ti não me sinto completo e para ti será formidável. Mas creio que João vai te perturbar muito." O outro, dinheiro. Avisava que ela fosse atrás de quem lhes devia adiantamentos e pagamentos. "Arranca o dinheiro do Martins, pois a vida aqui é cara. Diga a ele que estou escrevendo o romance, o que é verdade. É outro plano que não conheces e que concebi aqui. Pode sair uma coisa muito boa." Adiante: "Recebeste o dinheiro do Campiglia? Como estás de dinheiro?". Os planos para a Europa eram de longo prazo e pareciam bons: "Minha tendência é demorarmos o mais possível, três anos pelo menos. Com menos tempo é impossível ver a Europa". Ainda não estava certo se o centro da vida seria a França ou a Itália — se neste último, precisavam saber antes como seriam ali as eleições, para avaliar se as condições seriam favoráveis aos comunistas. "A viagem está cada vez mais chata", confessou, ainda no navio. "Angústia terrível, terrível saudade de vocês."

Os boatos que circulavam em São Paulo chegavam até Zélia por Fanny, a secretária de Jorge que ficara noiva de Joelson. Diziam que o marido a abandonara com uma criança nos braços. Viram-na de passagem pela capital paulista quando estivera para fazer seu passaporte. Pensaram que estava de volta, só que às escondidas, sem avisar a ninguém para disfarçar a humilhação. Depois de fazer o documento para a viagem, reencontrara ali o filho Luís Carlos, após semanas de resguardo do parto. Notou-o "arredio, desconfiado", olhando-a de longe. Sem conter o choro, apresentou-lhe o irmão, "coisa que também não lhe fez mossa". Só mais tarde, sem que o chamasse, foi se aproximando, para ouvir-lhe contando histórias.

Os preparativos não se deram com tranquilidade. Antes de embarcar, o Peji de Oxóssi foi invadido pela polícia nos dias em que Zélia aguardava o caminhão de mudança. Os móveis iriam para o apartamento que os sogros tinham comprado em Copacabana para caber a família, ampliada com o casamento do filho do meio. Alta madrugada, escutou a voz do caseiro explicando que o patrão não estava. Dois policiais ficaram do lado de fora, três entraram na casa, os revólveres em punho. "Onde ele se meteu?", perguntavam, passando por todos os cômodos. João Jorge pôs-se a chorar. Sobre a cama, um quadro de Flávio de Carvalho fez um dos policiais comentar: "Uma indecência". Arrancou-o da parede, quebrando o vidro. "Isso só serve para o lixo." Apanharam sacos de ração no depósito e aí enfiaram todo o arquivo que encontraram, cartas e originais. Esvaziaram malas de roupas, caixas de louças e talheres à procura de pistas. As fotografias, olharam, rasgaram e jogaram no chão. Não se esqueceram de recolher os livros de encadernação vermelha.

"Saqueada pela polícia casa de Jorge Amado", reclamou a *Folha do Povo*, que escreveu ainda: "Espetáculo de selvageria, procuravam por Prestes, realizaram verdadeira pilhagem, atitude de covarde violência, atentado à cultura", "Eis como age a polícia do sr. Dutra. Beleguins e salteadores de estrada". No

Congresso, Zélia procurou Diógenes Arruda Câmara e Pedro Pomar, deputados ainda com mandato, pois, embora comunistas, nas eleições de 1947 haviam sido eleitos pelo PSP. Escutou de outro deputado, Lino de Matos, a promessa de fazer uma moção de repúdio quando ela partisse, mas antes era perigoso.

Disposta a arrumar dinheiro, Zélia foi até Antenor Mayrink Veiga, empresário e dono da rádio com seu sobrenome, para lhe oferecer 450 cabeças de aves. Faltava receber 10 mil cruzeiros do pessoal do cinema. Só conseguiu 8500. De Maria Della Costa, ganhou dois chapéus de presente para viajar. Lila se despediu com um presente para o pai, uma gravata colorida. "Bem do gosto dele, você não acha?"

Zélia pediu a Eulália que não comparecesse ao embarque, a sogra insistiu e foi quem carregou o neto. "Tu estás muito elegante nesse chapéu, deixa que eu levo o menino." Depois, preocupada: "Com esse chapéu, tu não está sentindo quentura na cabeça?".

Em abril de 1948, com o bebê João Jorge, ocupava uma cabine de segunda classe num navio que seguiria até Gênova, onde Jorge a esperava. No mesmo porto onde seus avós de mãe e pai partiram em 1890 rumo ao Brasil, ela, após um mês de viagem, avistaria o marido. Na bagagem: roupas e pacotes de cigarros, um caixote com livros, outro com arroz, feijão, farinha e café, uma enorme manta de carne seca — "charque de primeira", ressaltara o coronel; "o pobrezinho deve estar passando fome por lá, com as comidas diferentes", lamentava Eulália — e uma baianíssima rede de casal.

22.

Paris

Na entrada do edifício encontrou Pablo Picasso. Não era mais um desconhecido para o pintor que tanta afeição lhe despertou à época da Guerra Civil Espanhola. Nas livrarias italianas, estavam ligados um ao outro: *Terras do sem-fim* saíra pela editora Bompiani com uma sobrecapa que reproduzia a imagem de uma obra em cerâmica do autor de *Guernica*. Em Paris, reuniam-se agora para ajudar um amigo em comum.

O elevador os levou ao escritório de Louis Aragon, poeta surrealista convertido em militante à frente de *Ce Soir* e *Les Lettres Françaises*, periódicos comunistas de prestígio na Paris do pós-guerra. O encontro com ar de gravidade tratava de Neruda. Não sendo apenas dois os amigos do poeta, Jorge se recordaria, anos mais tarde, de somarem-se no escritório a um amontoado de outros escritores, artistas e representantes dos partidos comunistas de toda a América hispânica.

Neruda permanecia na clandestinidade desde que, senador eleito, sofrera cassação, após Gabriel González Videla chegar ao poder no Chile. Para reclamar sua integridade, os que se reuniram em Paris decidiram organizar um manifesto assinado pela maior quantidade possível de gente graúda. Acatavam-se nomes em busca de adesão. Jorge sugeriu Sartre, a essa altura um já desafeto de Aragon. Argumentou que, apesar da cizânia com o Partido Comunista Francês, o filósofo estaria longe de se coadunar com posições reacionárias. O anfitrião, sem esconder a contrariedade, apostava o contrário. "Jamais assinará", teria dito.

Com Sartre, a ligação naqueles dias era tão pouco estreita quanto era a com Picasso. Estrearam na coleção Blanche da

Gallimard no mesmo ano de 1938, ele com *Bahia de tous les saints*, Sartre com *A náusea*. Até então, tinham se visto apenas uma vez na sede da editora Nagel, que publicara *Terras do sem-fim*, em 1946. Não se importando com a falta de intimidade, Jorge acedia que a causa representava o suficiente para dirigir-se ao número 151 do boulevard Saint-Germain, onde ficava a Brasserie Lipp, frequentada pela intelectualidade. Sartre interrompeu o almoço para assinar com sua companheira, Simone de Beauvoir. Um dia, nos anos 1970, confessaria a Jorge, na mesma Lipp, que sabia do desafio lançado por Aragon quando o viu chegar.

Não era mais o menino de buço dos tempos em que surpreendeu Oswald de Andrade numa livraria do Rio. Aos 35, tinha onze títulos publicados, obra que viajava pelo Ocidente fazia uma década: oito romances cujo tom oscilava entre a denúncia e o lirismo, duas biografias escritas com ardor de panfleto e um guia inusitado da Bahia. Por sua militância comunista, fora preso político, e era agora deputado cassado. Ao entrar naqueles dias na Gallimard, a casa editorial francesa onde estreara, ficou sem entender o efusivo cumprimento de Albert Camus, ainda que feito de longe e por segundos breves. Quase meio século se passaria até tomar conhecimento da resenha derramadamente elogiosa escrita sobre seu *Jubiabá* pelo autor franco-argelino.

Um abre-alas providencial cuidara dos seus primeiros dias em Paris. Carlos Scliar atendeu a seu pedido enviado por telegrama do navio *Formose* para que fosse buscá-lo no porto de Havre. O pintor gaúcho estava instalado na capital francesa desde o fim da guerra, da qual tomara parte como cabo na Força Expedicionária Brasileira. Não só lhe apresentou a cidade, como ofereceu o que cozinhava e se preocupou com suas gripes em clima mais frio. Logo recebeu apelido: "Mãe Scliar". Estabelecidos no mesmo hotel, os dois constituíram com outros hóspedes e agregados uma atípica família de brasileiros unidos pelo exílio. "Os acaudilhados" ou "o rebanho de Carlito" — logo os batizou Jorge — seguiam o mentor numa programação que incluía subir os degraus de Notre-Dame, ver filmes de Buñuel e ir a espetáculos de música erudita. Para fazer graça, Jorge criou o "clube dos turistas", um roteiro de programas alternativo ao do amigo, tendo como premissas frases de efeito como "abaixo as conferências" e "jamais assistir mais de duas vezes ao mesmo filme".

"Começo a ver gente pela manhã e termino tarde da noite", escreveu a Zélia. As visitas incluíam, além da redação que Aragon dirigia, lugares como a sede do partido e o Comitê Nacional dos Escritores (CNE), criado durante a resistência ao nazismo. Havia os atos políticos e poéticos, eventos em livrarias e entrevistas a rádios transmitidas para Portugal e América Latina para defender Neruda e também Prestes, ou homenagear a passagem do trigésimo aniversário do Exército russo. Uma "enorme encomenda" de artigos estava a sua espera, a dificuldade de organizar horários não era pequena em meio a tantas atividades e obrigações, como as enumerava na correspondência com a mulher. Começou a escrever regularmente para a *Imprensa Popular*, outro dos jornais comunistas estabelecidos no Rio, dos que se mantinham em atividade em meio à tormenta da perseguição política. Enviou material para *O Estado de S. Paulo*, conforme combinado desde o Brasil. Continuava a colaborar com os roteiros para chanchadas, a fim de garantir renda. Como era preciso falar francês, passou a tomar aulas particulares.

Agente literário de si mesmo, na azáfama dos compromissos políticos em Paris intensificou os contatos com editores. Logo houve, somado ao que define como "excesso de almoços e jantares", o "excesso de editores", do que não podia reclamar. Uma lista de lançamentos daqueles dias dá ideia de como se movimentava. Negociou com a Gallimard, além de nova edição de *Jubiabá*, os direitos de outros títulos, até fechar contrato de *Capitães da Areia*. Ouvia propostas de outras editoras. Nagel publicou *Mar morto*. O Club Des Amis du Livre

Progressiste, *São Jorge dos Ilhéus*. Aragon, que recebeu contrito as assinaturas de Sartre e Simone, foi um dos que mais contribuiriam para sedimentar seu caminho pelo mercado de livros francês. A biografia de Prestes saiu numa coleção dirigida pelo poeta nas Éditions Sociales. *Seara vermelha* tornou-se folhetim na revista *Les Lettres Françaises* e logo publicado pelos Éditeurs Réunis, ilustrado por Scliar. Depois, em 1950, Sartre publicaria *Cacau*, também no formato folhetim, na sua *Les Temps Modernes*. Os seus livros entraram nas bibliotecas de células comunistas na virada para os anos 1950.

De tão requisitado e comentado em certo círculo, com orgulho contava a Zélia em outra carta: "Há quem diga que sou o sucesso de Paris. O termo vai por conta de uma certa vaidade da colônia brasileira, Scliar & Cia., mas a verdade é que nunca imaginei ser tão conhecido e 'lido'. Toda a gente mais importante de Paris, franceses e não franceses, tem me procurado". Comemorava que, na Holanda, um representante literário movimentava-se para colocar "todos os seus livros em toda a Europa". Com essa venda maciça de direitos esperava bancar a permanência. "Trato de fechar uma série de contratos aqui na Europa para garantir nossa vida por mais uns meses sem problema financeiro." O Leste, ainda faltava conquistar. De embaixada em embaixada, recolheu convites para visitas oficiais às repúblicas socialistas, onde as traduções não iam tardar: Polônia, Tchecoslováquia e Hungria, Romênia e Bulgária. Um sonho ainda estava por realizar: chegar à difícil União Soviética. Como repetia à mulher, em mensagens cifradas como esta: "Ainda não tive resposta do país que mais me interessa, o primeiro para mim, o que espero esta semana".

Os portugueses compareciam para "visitas diárias", contava a Zélia em outra carta. Gente do partido, intelectuais e cientistas o procuravam ou eram procurados pelo recém-chegado. Pela primeira vez estava frente a frente com missivistas de mais de uma década: Ferreira de Castro, amigo de primeira hora, vivia temporada francesa. Continuava a correspondência com Graciliano. Indicava livros dele aos editores franceses, assim como os de Erico, Zé Lins, José Geraldo Vieira, Dalcídio Jurandir e Rachel de Queiroz. O Velho seria publicado pela Gallimard em 1956. A rede de escritores franceses com quem dialogava reunia, além de Aragon e Sartre, Paul Éluard, Vercors — pseudônimo de Jean Bruller —, Pierre Daix e Claude Morgan. E havia o romeno André Kédros, radicado em Paris.

"Meu francês continua mambembe, mas vou me entendendo", escreveu à mulher. Parecia garantir-se o suficiente no idioma, visto que dispensara a professora. "Desisti de estudar, era muito caro, pesava demais no orçamento, cada aula quinhentos francos. Vou me atirando como posso." Em pouco tempo constatou que não havia interesse de *O Estado de S. Paulo* em publicar seus artigos. "Que eles se vão à puta que os pariu. Ademais, a verdade é que já não estou em idade de escrever com limitações e não tenho interesse em escrever coisas tolas que possam ser publicadas pelo jornal dos Mesquitas." Mandava avisar a Martins que estava escrevendo um novo livro. "Pode sair uma coisa muito boa." Eram as primeiras páginas do que chamava, de início, *O muro de pedras.*

Não apenas estava ao lado de intelectuais de esquerda, havia católicos, gente da vanguarda e membros da vetusta Academia Francesa, como André Maurois, François Mauriac e Georges Duhamel. Nas recepções grã-finas, entre salgadinhos e champanhe, envergava smoking emprestado, e tinha por vezes de entabular conversas existencialistas. Até a hora em que todos começavam a assinar o manifesto para salvar Neruda.

Em certos eventos não era apenas figurante. Num ato em defesa de Prestes, falou ao lado de Aragon e Jacques Duclos, homem forte do comunismo francês. A convite do Comitê Nacional dos Escritores, participou da grande venda anual de livros autografados. Evento de monta, aberto pelo presidente da República, era realizado na Maison de la Pensée Française.

Recebeu no estande a visita de Gilberto Amado com a filha, Vera, e o genro, Henri-Georges Clouzot, diretor de cinema. Primos que agora se viam pouco, guardavam semelhança física, Gilberto estava a cada dia mais parecido com João Amado.

A descoberta afetiva de Paris passava por frequentar seus divertimentos noturnos. Les Frères Jacques, grupo vocal francês que então estreava no Rose Rouge. Os espetáculos de horror do teatro do Grand Guignol, que duravam desde o século XIX. O jazz do Caveau des Oubliettes, estabelecido nos subterrâneos de uma prisão extinta, nas imediações da catedral de Notre-Dame. Cabarés, os de mulheres e os de transformistas. Assistiu aos filmes de René Clair, a películas russas e aos de Chaplin, que considerava "maravilhoso", escreveu a Zélia. Levou o filme de Ruy Santos para ser exibido na Cinemateca Francesa. Inscreveu-o no festival de documentários cinematográficos a se realizar em Praga. *Estrela da manhã*, com roteiro seu, estava a caminho. Não exatamente dado a conhecer letras de música, para sempre a lembrança desses dias ficaria associada a um poema antimilitarista do poeta e roteirista Jacques Prévert que fora musicado, *Barbara*. Escutou-a na voz de Yves Montand, que então se firmava como um dos grandes cantores populares franceses. De cor guardou um trecho: "*Oh Barbara/ Quelle connerie la guerre*" [Oh, Barbara/ Que estupidez a guerra].

Quando passava pela porta de Prévert na rue Cité Véron, a vontade grande de conhecê-lo não era maior que o acanhamento. Nunca tocou a campainha.

Dona Angelina admirava-se com o nome do lugar onde moravam Zélia e Jorge em Paris — Grand Hôtel Saint-Michel. Não sabia que havia apenas duas privadas em cada um dos cinco andares de oito quartos e um único banheiro no prédio todo, sem elevador. Não devia ser por essa proximidade que atraía tantos exilados, e sim pelo baixo preço. Um piano de cauda num salão sempre fechado, com cortinas de renda e jarrões chineses, impressionava os incautos.

Ocupando o número 19 da rue Cujas, o edifício figurava em vizinhança privilegiada para a militância de esquerda. Em frente, despontava o Hôtel de Flandre, onde viveu Lênin durante o exílio. Vizinho de rua, havia o americano Michael Gold, de *Judeus sem dinheiro*, leitura inesquecível de Jorge nos primeiros anos no Rio de Janeiro.

O plano de ficar em Roma não dera certo. Os comunistas se frustraram nas eleições italianas, assunto que apaixonava não só Roma como toda Paris naqueles dias em que o escritor chegou ao continente europeu. A derrota da Frente Popular para os democrata-cristãos tornava-os pouco bem-vindos. No porto de Gênova buscara a mulher e o filho. Em Módena, fez conferência para operários organizada pelo Partido Comunista Italiano. Depois de uma parada para pernoite em Bolonha, seguiram para Roma, onde teriam poucos dias como turistas comuns. Os olhos de militante não deixaram de ver no pátio de uma igreja uma mãe tísica pedindo esmola com três crianças tão magras quanto ela. Ouviu sua história, "igual a mil outras": viveu da prostituição enquanto "lhe restara alguma juventude no rosto", depois passou a pedir esmolas, "enquanto a polícia permitia e o padre gordo atacava o comunismo".

Madeleine Salvage, a dona do hotel, que considerava banhos diários risco potencial para pneumonia — apesar de cobrar à parte pelas duchas, com cinco minutos de duração máxima —, não escondia o contentamento com a qualidade dos hóspedes. O escritor baiano recebia telefonemas de Aragon, Éluard e, certo dia, até de Picasso. Quem atendia às chamadas na recepção era um velho chinês de nome Liu, o vigia que habitava o vão da escada. Se ouvia, do outro lado da linha, voz de homem, chamava o hóspede aos berros: "*Monsieur Amadô!*"; se ouvia de mulher, subia a escada para avisar em voz baixa — desse hábito do vigia que tanto a irritava, Zélia continuaria a se recordar anos à frente. No primeiro andar, habitavam um quarto e sala conjugados, tendo ainda um cubículo escuro sem janela, onde antes ficava o bidê, que fizeram de cozinha.

Comer como exilado brasileiro no pós-guerra, em Paris, exigia ajuste de paladar e senso de improviso. Com dois fogareiros a álcool a produzir chamas azuladas fracas sobre uma mesa de tampo de mármore, artifício aprendido com Scliar, Zélia preparava as refeições. Enquanto coava o café pela manhã, Jorge partia para comprar pão e leite. Depois a mulher saía com um cesto até a rue Saint-Jacques, a poucos quarteirões, a fim de providenciar ingredientes frescos para o almoço. Alcachofra, alface, endívias, tomates, melões, uvas, maçãs, peras. Todas as semanas, entrava na enorme fila do departamento da prefeitura que fazia distribuição de talões de racionamento de gêneros diversos. De todos os produtos, a carne era particularmente cara. Aos sábados comprava-se um quilo. Vinha envolta em fatias de toucinho, amarradas em barbante branco que marcavam o lugar certo onde devia ser cortada. Servia-se em pedaços finos. Manteiga, leite, creme e queijos na *crèmerie*: Zélia entrava e se esquecia da vida. Quanto a Jorge, ir à padaria continuaria a ser um dos seus fracos por toda a vida; em Paris se espalhava em meio a tantas *boulangeries*, repletas de *baguettes*. Comprava pão pelo simples prazer de comprar; aparecia em casa com quatro, cinco variedades.

Os falantes de português proliferavam no grande hotelzinho. Não tanto pela quantidade de moradores, a dominância linguística ampliava-se com a frequência de visitantes. Os nativos do idioma eram seis: Scliar, que fora o primeiro a chegar e convencera a dona a reservar um quarto para o escritor famoso; o escritor famoso e a mulher, Zélia; dois bolsistas brasileiros, Alberto Castiel e Paulo Rodrigues; o sr. Silva, médico vindo de Goa.

Artistas brasileiros que cumpriam temporadas de estudos ou estavam recém-estabelecidos em Paris apareciam para visita:

o pintor cearense Antonio Bandeira, o artista pernambucano Cícero Dias e sua mulher, Raymonde, o escultor gaúcho Vasco Prado, o crítico de cinema paulista Paulo Emílio Sales Gomes, o compositor amazonense Claudio Santoro, que se encarregaria de musicar letras de Jorge. Havia também as visitas ocasionais. Gente de passagem por Paris ia ver como estava o casal, oferecendo solidariedade e presentinhos ao bebê, como o filólogo Antônio Houaiss, então secretário da embaixada do Brasil na Suíça, acompanhado de sua mulher, Ruth. Não faltavam militantes comunistas da velha guarda. O físico pernambucano Mario Schenberg e o advogado Sinval Pereira e sua mulher, Lourdes, a quem João Amado entregara um imenso saco de mantimentos para confortar a prole além-mar — pesada munição para o preparo de feijoada, acrescida de farinha de mandioca, pimenta malagueta, café, latas de goiabada, iguarias de que o filho sentia falta. Em separado, num envelope, o dinheiro recebido após a decisão de lotear o Peji de Oxóssi. Por remessas também chegavam volumes de Castro Alves, discos de Caymmi e pacotes de cigarro, que solicitava para distribuir entre amigos.

No exílio, Zélia deslanchava. Em Paris descobria a fotografia, a inclinação para aprender idiomas, além dos atributos para sutil diplomacia, apesar de posições políticas que para sempre seriam mais intransigentes que as do marido. Onde ele cedia, ela resistia. Com sua primeira câmera a tiracolo, começou a fazer registros dos amigos. Três vezes por semana passou a frequentar, na Sorbonne, cursos de língua e civilização francesa para estrangeiros. Entre os que recolhiam assinaturas para o abaixo-assinado em prol de Neruda, Zélia tivera desempenho digno de louvor, quase sempre com o chapéu de plumas que Maria Della Costa lhe dera, munida da habilidade desenvolvida desde os tempos de menina de família anarquista. Sua folha chegou repleta de deputados e senadores, representantes da negritude na França, como notou Jorge: Aimé Césaire, Gabriel d'Arboussier, Félix Houphouët-Boigny, Léopold Senghor, sem falar no cantor Maurice Chevalier. Como militante-viajante repetia o que fizera no Brasil, era capaz de falar em público o suficiente para pequenos comícios, dançava e cantava, oferecia simpatia à gente nova que ia conhecendo.

Quando Jorge precisava se ausentar para os muitos compromissos da militância, mantinha-se, segundo admitia, "compreensiva como devem ser as mulheres de maridos engajados em lutas sociais e políticas". Não era sem tristeza que ficava. Por vezes as notícias demoravam a chegar — o correio e as linhas telefônicas de então nem sempre funcionavam. Era raro ficar sozinha. Acompanhava o marido em quase tudo. O ciúme de Zélia não era disfarçado. Orgulhava-se de ter "radar que raramente falhava", "capaz de localizar o perigo". Resguardava-se de tirar a limpo por "prudência", como dizia: "É preferível ignorar os malfeitos — se é que existem —, viver na ilusão; porque, além de tudo, meu orgulho e minha vaidade jamais me permitiriam provocar cenas ou aceitar traição comprovada".

As notícias do filho Luís Carlos chegavam com as cartas da mãe e da irmã Vera. Não queria que Jorge a visse sofrer com a ausência do primogênito: quando tinha vontade de chorar, não o deixava perceber. O correio também os abastecia com notícias de Lila. Em Paris, quando havia horas de lazer, iam juntos pelas livrarias, onde ele gostava de folhear livros antigos e espiar velhas gravuras. Do alto da Basílica de Sacré-Coeur, apreciavam a paisagem, passeio previsível de todo turista que chega a Paris. Divertiam-se no cabaré Au Lapin Agile com velhas canções francesas ou música negra dos antilhanos. Jantavam no Mimiche, e a *coquille Saint-Jacques* era o prato preferido.

Em Paris fizeram a primeira foto juntos, em 1948, com a ajuda de um disparador automático. Zélia, de olhos vivos risonhos, Jorge também contente. Sob o sol, posariam um para o outro na área externa de um bistrô. O enquadramento exato da fotógrafa Zélia mostra Jorge de rosto inclinado, testa franzida com a luz, a olhar para a esquerda, o cigarro caído nos lábios, camisa xadrez debaixo de um paletó claro, na mesa apenas uma taça de vinho e uma garrafinha de água. Para retribuir, Jorge fez na sequência um registro da mulher. Tomando distância em demasia e numa posição do alto que não enquadra bem aquela que posa, denuncia ainda mais sua inabilidade ao deixar aparecer na imagem a sua sombra de fotógrafo estendida no chão. Zélia aparece de pernas cruzadas, casaco, calça e botinas, olhando também para o lado, o direito, uma das mãos enfiada no bolso, a taça de vinho nos lábios sem disfarçar um breve sorriso.

Aparecia gente sem que Zélia esperasse — o marido fazia convites sem avisá-la. Improvisava uma macarronada e, quando havia víveres enviados por João Amado, conseguia fazer uma grande produção. Nessas ocasiões festivas, ocupava o fogão a gás de madame Salvage, que lhe emprestava pratos e talheres. No hábito brasileiro, providenciou ajuda para os afazeres do lar e arrumou uma babá para João Jorge. Até então, contava com préstimos generosos de madame Salvage, de Alberto Castiel ou de Vasco Prado quando precisava acompanhar o marido num compromisso sem poder levar o bebê. Na agência de empregos do Quartier Latin, a senhora que lhes atendeu achou que eram eles a procurar vaga como serviçais. Scliar, que os acompanhava, ajudou a desfazer o mal-entendido com um francês mais afiado. Em pouco tempo descobriram que, nos passeios de João Jorge para tomar sol, a babá, chamada Jackeline, se encontrava com um namorado num hotel às vistas do bebê. Veio a substituta, Francine. Mas a que deu certo chegaria por indicação de Zora Seljan: Marie-Louise Nadreau, a Misette, ex-sargento que tinha sido vendedora na livraria do PCF. Tão grande foi a afinidade da babá com a família que ela continuaria próxima por meio século. Cuidava das roupas uma lavadeira romena, cachorro a tiracolo, que fazia recolhas nos apartamentos. O que estava sujo voltava ainda sujo e sem passar. Zélia refazia o serviço. Ainda assim a lavadeira romena pediu uma carta de recomendação a Jorge, pois queria mudar-se para o Brasil. Ele a alertou: "Pode ser desastroso para a senhora. Sou persona non grata".

Persona non grata era naquele tempo a condição de quase todo escritor de esquerda da América hispânica que buscava exílio, conforme os países da região iam sendo tomados por ditaduras. Como era o caso de Neruda: atravessara a cordilheira dos Andes para chegar a Buenos Aires, onde a ajuda do escritor Miguel Ángel Asturias, embaixador da Guatemala na Argentina, se materializou sob a forma de um passaporte que lhe atribuiu cidadania guatemalteca. Ao desembarcar em Paris, Neruda portava nome falso e mal se disfarçava com um bigode que tratou de cultivar, os quilos extras a confundir quem o conhecera mais delgado. De secreta, a presença do fugitivo se tornou assunto de todas as rodas. Corria ainda mais risco porque não se mantinha no esconderijo arranjado, hóspede da poeta Françoise Leclerc: caminhava pelas ruas quando sentia vontade de ar fresco, frequentava restaurantes e cabarés. Até nas dependências do casal Amado no Grand Hôtel Saint-Michel se aboletou certa vez, para divertimento de Misette, que o conheceu como don Antonio, a fazer números de prestidigitação com caracóis retirados do bolso.

O esforço para o abaixo-assinado não fora único. Articulados para resolver a situação do amigo em território francês, Jorge e Picasso seguiram de repartição em repartição à cata de uma laissez-passer que Neruda pudesse apresentar na fronteira, de modo a ingressar no país com sua identidade verdadeira. Nos intervalos, entravam em bistrôs para que o pintor telefonasse ao hospital onde sua mulher, Françoise, estava prestes a dar à luz. A solução para o poeta chileno se apresentou. Sairia da França de carro, acompanhado por dois comunistas sugeridos por Jorge — Alberto Castiel e Paulo Rodrigues, vizinhos de hotel. A polícia da fronteira, avisada do ocorrido, não ia se opor.

Chegaria à Suíça, onde o encontraria a mulher, Delia del Carril. Em território suíço haveria um ex-cônsul do Chile aposentado, admirador de sua obra, disposto a prolongar o velho passaporte chileno de Neruda que a mulher trouxera com ela. Retornaria a Paris não mais com nome falso. Uma das chamadas ao hospital informou a Picasso a notícia esperada: nascera uma menina, a quem dariam o nome de Paloma — palavra em espanhol para pomba, símbolo desenhado pelo pintor para uma recém-deflagrada campanha mundial pela paz, os muros de Paris estavam forrados com o cartaz. Encantada com a notícia, Zélia anunciou a Jorge que, se tivessem uma filha, escolheria o mesmo nome.

No pós-guerra, a paz seria a grande bandeira dos soviéticos, cujo contingente de simpatizantes não parava de aumentar. Mais do que pela leitura de Marx, as ideias comunistas espalhavam-se por "osmose", como disse naqueles dias André Malraux, o mesmo autor-editor da Gallimard que primeiro publicou Jorge. A favor dos russos, havia a vitória contra o nazismo. Os comunistas continuavam a lutar contra as ditaduras de Franco, na Espanha, e de Salazar, em Portugal. À época existiam denúncias de arbítrio na União Soviética, expurgos de opositores e censura. Ou eram recebidas como falsidades, invenções da campanha anticomunista, ou como imperfeições temporárias para deter a ação do inimigo, o imperialismo norte-americano. De novo Malraux: "Como as cruzadas não tiraram a dignidade do cristianismo, os julgamentos de Moscou não tiraram a dignidade do comunismo".

Em um ano, desde a liberação de Paris, o PCF conquistou 500 mil novos membros. Um deles, o próprio Picasso. Simpatizante desde a década de 1930, ingressara oficialmente em outubro de 1945, pouco mais de um mês após o fim do conflito mundial. Tanto Aragon quanto Éluard compareceram à solenidade de filiação, noticiada efusivamente pela imprensa comunista: o "maior pintor vivo entrou no partido da renascença francesa". Com uma obra distante da concepção do realismo socialista, Picasso era aceito pelo que emprestava à causa de poder artístico e pela credibilidade de seu ideário humanista. Assim manteve sua independência artística — entre os grandes nomes, havia margem para desvios. Os que assumiam as concepções estéticas soviéticas não o faziam necessariamente a contragosto; tratava-se na maioria das vezes de convencer-se entre dúvidas. Nas palavras de Aragon, era "melhor estar errado do lado do partido do que estar certo na oposição". Uma parte de sua militância, à frente de órgãos de imprensa ligados ao partido, consistiu em divulgar as ideias de Andrei Jdanov, ideólogo do realismo socialista. Não era outro senão Jdanov o criador do movimento mundial pela paz que teria como símbolo a pomba de Picasso. A grande campanha era parte da política externa soviética que se propunha a manter vigilância permanente contra as ameaças de uma possível terceira guerra mundial, um temor constante naquela época. A União Soviética estabelecia-se como contraponto evidente aos Estados Unidos, apontados como belicistas, capazes de atingir civis no Japão com uma bomba atômica — o que não impedia a própria União Soviética de investir em arsenal próprio. A corrida nuclear semearia o pânico generalizado.

O movimento da paz reuniu, além de Picasso, Aragon e Éluard, também Jorge e Neruda, os intelectuais que assinaram em defesa do poeta chileno e outros grandes nomes das artes, do pensamento e da ciência. O comitê do movimento da paz era presidido pelo casal de cientistas Irène e Frédéric Joliot-Curie, vencedores do Nobel de Química. Em agosto de 1948, em Wrocław, na Polônia, ocorreu o primeiro evento, o Congresso Mundial dos Intelectuais pela Paz. Em novembro, em Paris, seguiu-se o Congresso Nacional dos Combatentes da Paz. Surpreendendo muitos, Neruda chegou para o último dia, com a documentação regularizada. Na plateia, Misette reconheceu don Antonio. Ficou espantada ao descobrir que se tratava de ninguém menos que o famoso poeta. Em 1949, realizou-se o I Congresso Mundial da Paz, ao mesmo tempo em Paris e

Praga. Os encontros ocorriam sucessivamente. Em março de 1950, o comitê do Congresso Mundial dos Partidários da Paz, na Suécia, lançou o Apelo de Estocolmo, início de uma campanha para proibir armas atômicas. O objetivo era iniciar abaixo-assinados em diversos países para serem enviados à Organização das Nações Unidas (ONU). No Brasil, os militantes, mesmo na ilegalidade, recolheram assinaturas. As delegações incluíram nomes como Caio Prado e Mario Schenberg. Jorge não apenas participou, como foi escolhido membro do birô executivo. Por uma década — precisamente até 1956 —, participaria de compromissos em diversos países da Europa. Quem folhear os anais desses eventos em busca de discursos seus se frustrará com sua raridade. Jorge haveria de dizer, anos mais tarde: "Discursos, não ouvir, muito menos fazer".

O movimento da paz expandiu ainda mais seu círculo. Com a delegação portuguesa, vinham outros missivistas antigos, os escritores portugueses Alves Redol e Mário Dionísio. Não chegaria apenas de João Amado o despacho de comida. De Lisboa, Redol usaria o serviço de correio para enviar bacalhau. Álvaro Cunhal, escritor que se tornara um dos principais nomes do PC português, ficaria hospedado no mesmo Grand Hôtel Saint-Michel. Jovem estudante de direito à época, Mário Soares se recordaria meio século depois que conheceu Jorge por aqueles dias ao visitar Maria Lamas, escritora e militante comunista em temporada nas dependências de madame Salvage. Logo o estabelecimento receberia Nicolás Guillén, já compadre de Jorge. No batizado simbólico, compôs poema para o afilhado, e Neruda improvisou o batistério.

Não somente em Paris, também em viagens como parte do movimento da paz, o convívio se dava com *hispanohablantes*, como Alfredo Varela e María Rosa Oliver, argentinos; Alfredo Gravina e Enrique Amorim, uruguaios; Jorge Zalamea, colombiano; Miguel Otero Silva, venezuelano; Juan Marinello, cubano. Dava-se também com representantes ilustres da negritude, como Aimé Césaire, da Martinica; Gabriel d'Arboussier, do Mali; Léopold Senghor, do Senegal; e René Depestre, do Haiti. Havia ainda Rafael Alberti, poeta espanhol da geração de 1927, a mesma de Lorca, outros americanos, além do vizinho Michael Gold, como Howard Fast e Paul Robeson, e o islandês Halldór Laxness. Da Alemanha, ficaria particularmente próximo de Anna Seghers. Não faltariam sobretudo os russos: Alexandre Fadeiev, secretário-geral da União dos Escritores em substituição a Maximo Górki, e Ilya Ehrenburg, que também se tornou seu compadre. A bem da precisão, dizia-se compadre e comadre ao mesmo tempo, para brincar com Guillén e Neruda.

Ehrenburg, nascido em Kiev numa família judia lituana, era um dos mais populares escritores da era soviética, com uma obra que alcançou quase uma centena de títulos, de romance a poesia, literatura de viagem e memórias. Destacara-se como correspondente em três guerras: na Primeira, na Segunda e na Guerra Civil Espanhola. Na União Soviética, ocupava o posto de deputado. "[Era] Um gozador da categoria de Jorge", diria Zélia. Fazia tempo conquistara a amizade de Neruda e Picasso. Entre jantares e visitas, apresentou ao casal Amado gente que lhes faltava conhecer em pessoa, como Marc Chagall — no castelo do pintor russo em Orgeval, o bebê João Jorge passeava entre telas encostadas nas paredes. Em tempos de Guerra Fria, Jorge e Zélia ingressavam numa república militante das letras. Certo sábado, quando entravam no Lapin Agile, Sartre e Simone, que sempre os saudavam de longe, os convidaram para sentar à mesa.

Uma vida em imagens

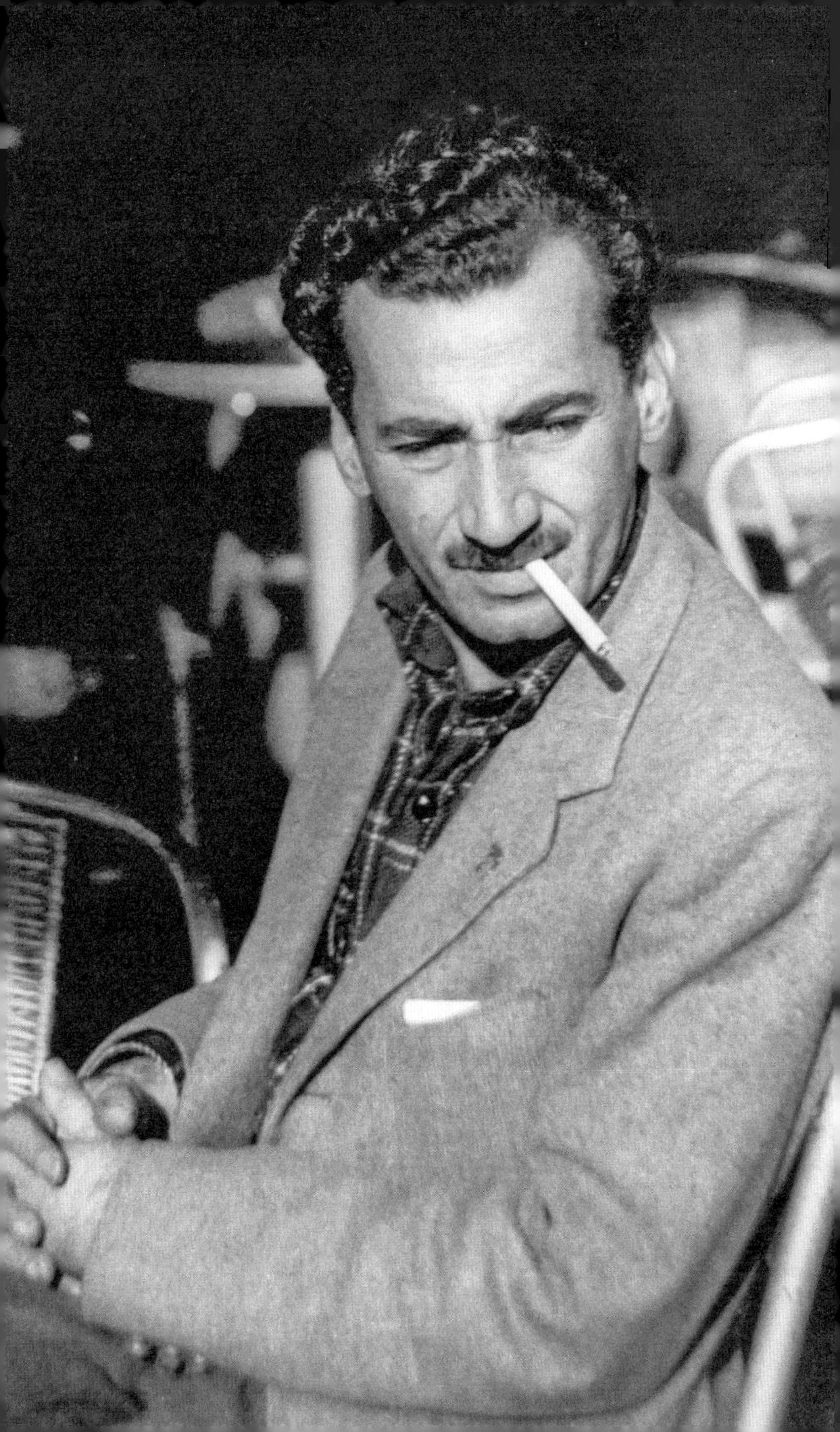

[na página anterior] Jorge, em Paris, após a cassação de seu mandato como deputado, quando o Partido Comunista volta à ilegalidade. Num dos cafés, posa para Zélia, que inicia sua trajetória como fotógrafa no período de exílio do casal, a partir de 1948.

A certidão de nascimento atesta a origem em Ferradas, distrito de Itabuna, ainda que Jorge se sentisse um rebento de Ilhéus, cidade rival onde cresceu.

Jorge aos dois anos, quando o pai, após sobreviver a uma tocaia e se recuperar de uma enchente na fazenda, se encaminha para se tornar um dos coronéis do cacau.

A família está completa em 1924: João Amado e Eulália têm Jorge (à dir.), o filho mais velho; Joelson (à esq.), o do meio; e James (ao centro), o caçula.

O jornal *A Pátria* e seus realizadores, os membros do grêmio do Ginásio
Ipiranga, em 1926: Jorge (em pé, à esq.) é um dos participantes ativos.

No porto de Salvador, Jorge (terceiro, da esq. para a dir.) e outros
integrantes da Academia dos Rebeldes, que tentava fazer literatura moderna
desvinculada do movimento modernista de São Paulo, a partir de 1928.

Mariá Sampaio é a primeira noiva de Jorge, a quem envia ardorosos postais, bilhetes, desenhos e longas cartas entre a Bahia e o Rio de Janeiro, nos anos de 1929 e 1930.

> SCHMIDT, editor que lançou Octavio de Faria — autor de MACHIAVEL E O BRASIL — apresenta ao publico brasileiro um romancista que tomará, em breve, um grande logar nas nossos letras vivas.
>
> ## "O Paiz do Carnaval"
> ### de JORGE AMADO
> PREÇO 6$000

O país do Carnaval marca a estreia do romancista pela Schmidt, em 1931. A casa editorial é comandada pelo poeta e editor Augusto Frederico Schmidt, ativo nos anúncios de jornal e cujo catálogo logo incluirá Graciliano Ramos.

Em cartas trocadas com Erico Verissimo — romancista gaúcho que desponta —, Jorge compartilha projetos e inquietações numa época em que publica um livro por ano e é tema de reportagens, como a da *Vamos Ler!*, e de anúncios, como o do editor Martins, na *Diretrizes*.

LIBERACIÓN LINGÜÍSTICA DE LA LITERATURA BRASILEÑA

Hasta 1920, como regla general, los escritores brasileños hablaban en la lengua del pueblo del Brasil y escribían en la lengua del pueblo de Portugal. Esa incoherencia, que me parece que todavía existe en toda la América española —con excepción de los modernos novelistas del Ecuador y de los poetas cubanos—, es algo que ha desaparecido por completo de la literatura moderna del Brasil, escrita hoy en la lengua del pueblo del Brasil, mezcla de dialectos unificados por el denominador común de la lengua portuguesa. Esa lengua sufrió en el Brasil no solamente la influencia del indio, sino también la poderosísima influencia del negro, que suavizó las palabras, las expresiones, la pronunciación, quitando mucho de la dureza de la lengua portuguesa, haciéndola, en el Brasil, más dulce, más suave, más cariñosa: literariamente más maleable. Pero, además de esas dos influencias, hay que señalar toda la contribución de los inmigrantes de diversas nacionalidades que, de la misma manera como mezclaron la raza brasileña, mezclaron la lengua del país. Hoy se discute mucho sobre "lengua brasileña". No sé si será una expresión exacta, pero la verdad es que un diálogo entre dos habitantes de Río nunca lo entenderían dos habitantes de Lisboa, y vice-versa. Creo que, más o menos, pasa lo mismo entre los habitantes de Buenos Aires y de Madrid.

académicos se encontraban demasiado desmoralizados) y comenzaron a desarrollar una intensa campaña por la vuelta de la gramática. Pero sin resultados inmediatos. La reacción del público, fiel a los escritores liberados de la preocupación gramatical, anuló la campaña gubernamental. Y hablarle hoy a un escritor brasileño de la pureza del idioma y otras cosas por el estilo, es motivo de risa. Porque, en verdad, idioma puro lo tiene Portugal; nosotros, en el Brasil, tenemos un idioma mezcladísimo y... bellísimo.

Estamos haciendo de esa lengua de negros, mulatos, italianos, franceses, españoles, holandeses, ingleses, indios y portugueses un instrumento literario de una nobleza y de una belleza extraordinarias. Con él Gilberto Freyre pudo realizar una obra maestra de sociología como es *Casa Grande & Senzala* y José Lins do Rego pudo escribir el *Ciclo da cana de Assucar*, cinco novelas que pueden colocarse al lado de las mejores que dió América en ese siglo. En esa lengua escribía diariamente Ruben Braga una crónica que era un maravilloso poema. Nunca el pueblo brasileño aceptará a un escritor, ni lo apoyará, si no utiliza ese instrumento literario, que cada día se perfecciona más.

JORGE AMADO

Em 1937, Jorge faz um giro pela América hispânica. Ao amigo Caymmi, que vai conhecer na volta ao Rio de Janeiro, dá como recordação a foto com pano boliviano na parede. Volta à região para um exílio em Buenos Aires e Montevidéu entre 1941 e 1942, quando escreve na prestigiosa *Sur* sobre a diferença entre a geração de 30 e a anterior, dos modernistas.

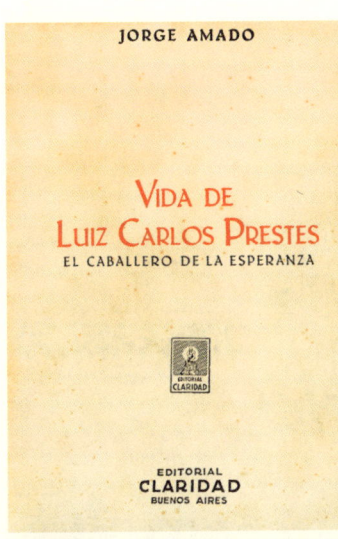

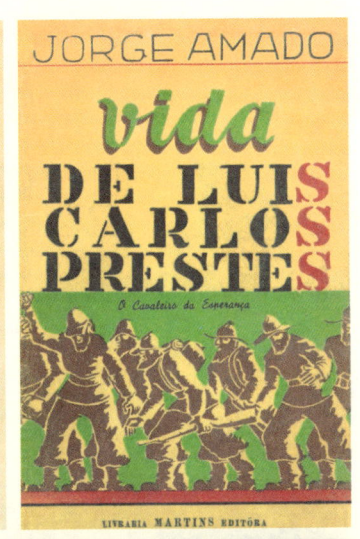

O Cavaleiro da Esperança, biografia romanceada de Luís Carlos
Prestes, sai na Argentina em 1942, pela Claridad, e no Brasil
somente três anos depois, após a reabertura política. A obra
é parte da campanha de libertação do líder comunista.

Bancada comunista em 1946: na fila superior, da esquerda para a direita: Claudino Silva, Osvaldo Pacheco, Batista Neto, Gregório Bezerra, Alcedo Coutinho, Carlos Marighella, Alcides Sabença; em primeiro plano: Jorge Amado, Abílio Fernandes, João Amazonas, Luís Carlos Prestes, Maurício Grabois, Milton Caires de Brito, Agostinho Dias e José Maria Crispim.

Jorge é candidato a uma vaga para deputado federal por São Paulo em 1945, numa campanha que inclui discursos e propaganda política.

Eleito, Jorge (à esq.) será parte de uma bancada comunista que inclui o próprio Luís Carlos Prestes (ao centro) como senador e Carlos Marighella (fila de trás, segundo da dir. para a esq.) como deputado federal.

De braço quebrado, após uma briga com o primeiro marido de Zélia, Jorge conduz sua nova mulher ao Rio de Janeiro em 1946, onde já residem João Amado e Eulália (ao centro).

Juntos na primeira temporada carioca, Jorge e Zélia vivem num sítio chamado Peji de Oxóssi, em São João do Meriti, onde criam galinhas e patos.

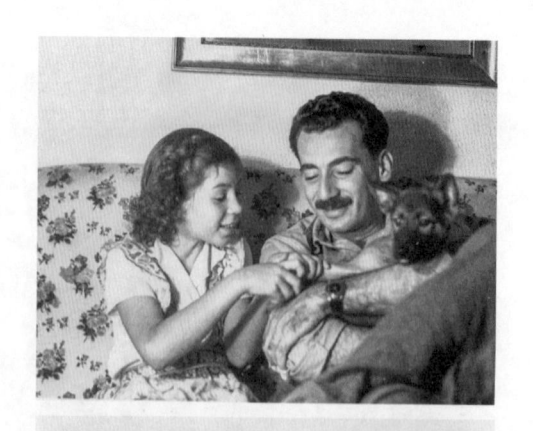

Aos dez anos, Lila, a filha de Jorge com Matilde, vive
com o pai na temporada paulista, em 1945.

Lila está de volta ao Rio de Janeiro em 1948. Pouco depois, começa
a sofrer da doença que causará sua morte em 1950, aos quinze
anos, quando Jorge e Zélia estão no exílio em Dobříš.

Jorge, Zélia e João Jorge nos dias de exílio em Paris (acima) e no castelo que funcionou como residência de escritores em Dobříš (ao centro).

Em uma série de viagens ao Leste Europeu, o casal chega a Stalingrado, onde se encontra com Yuriy Kalugin.

Jorge e os filhos, João Jorge e Paloma, no navio que os traz de volta do exílio europeu em 1952.

Do exílio, Jorge e Zélia guardam fotos como a da festa à fantasia com roupas encontradas nas dependências do castelo que funcionava como residência de escritores.

No apartamento da rua Rodolfo Dantas, 16, em Copabacana, Jorge recebe visitas de todo o mundo, como a do casal de pensadores Sartre e Simone de Beauvoir, que conduzirá como cicerone a lugares como a sertaneja Feira de Santana, na Bahia, em 1960.

Após o exílio europeu, as viagens internacionais prosseguem: como a visita a Neruda em Isla Negra, no Chile, em 1954, quando também encontra Diego Rivera; as idas frequentes a Moscou, onde é hóspede de Ehrenburg em sua datcha; e o giro pela Ásia que o leva ao Ceilão, atual Sri Lanka, com Neruda, em 1957.

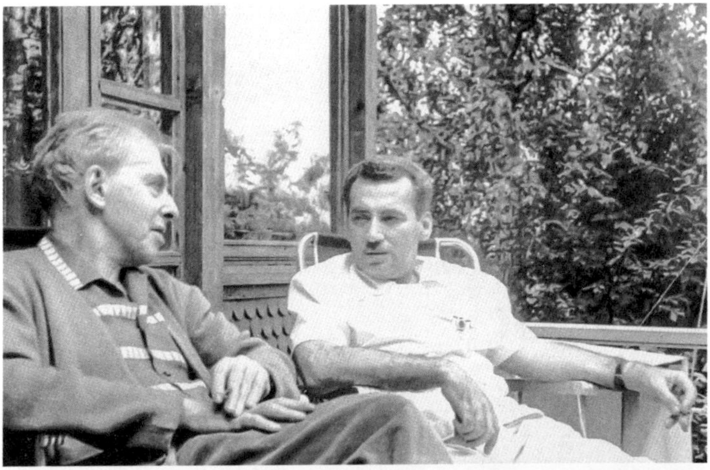

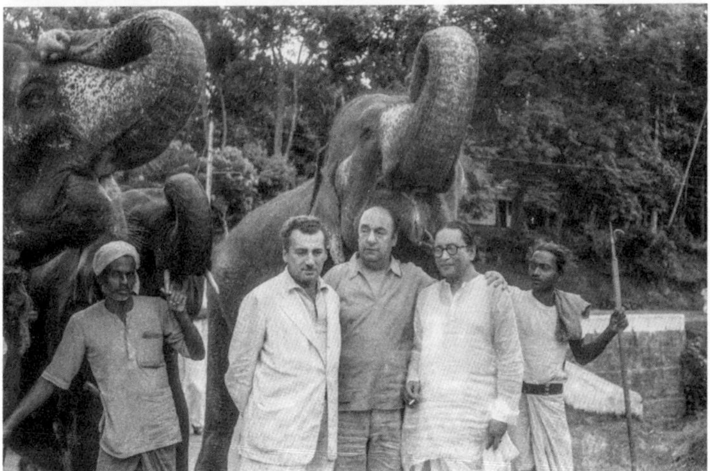

Em parceria com o arquiteto Oscar Niemeyer, Jorge lança um quinzenário de arte e cultura, o *Para Todos*, que circula entre 1956 e 1958. Ainda nessa temporada carioca, é padrinho do casal João Gilberto e Astrud, no cartório de Aníbal Machado, em Copacabana.

Na baiana casa no Rio Vermelho, recebe gente das artes, da música e do candomblé, como (da esq. para a dir.) Sônia Gantois, Mestre Didi, Camafeu de Oxóssi, Dorival Caymmi, Lev Smarchewski e Betty King, em 1964.

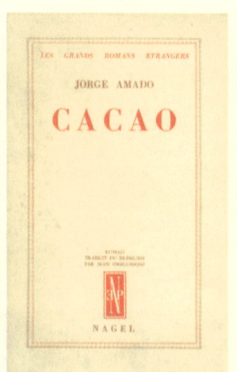

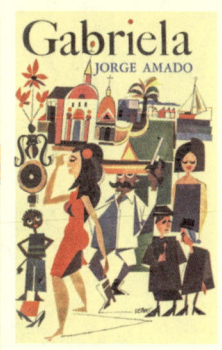

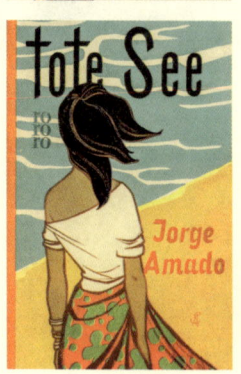

Jorge alcançou traduções em 49 idiomas: *ABC de Castro Alves*, Portugal (1971); *Cacau*, França (1955); *Capitães da Areia*, República Tcheca (1949); *Capitães da Areia*, Líbano (1986); *Dona Flor e seus dois maridos*, China (1987); *Gabriela, cravo e canela*, Dinamarca (1965); *Jubiabá*, França (1954); *Mar morto*, Alemanha (1959); *Mar morto*, Argentina (1974);

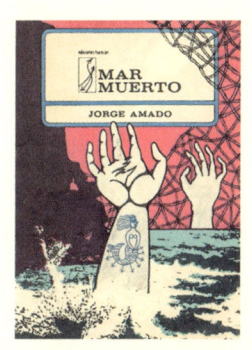

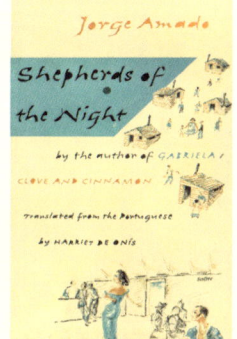

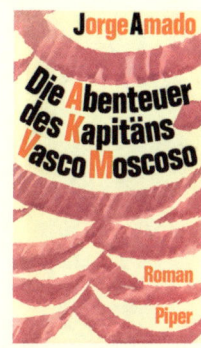

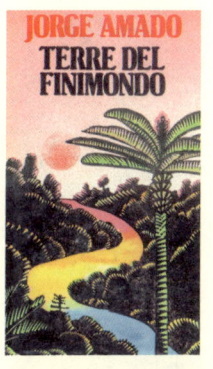

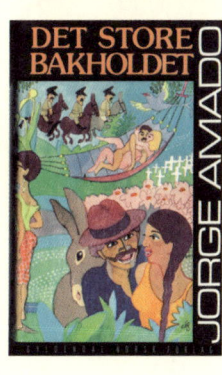

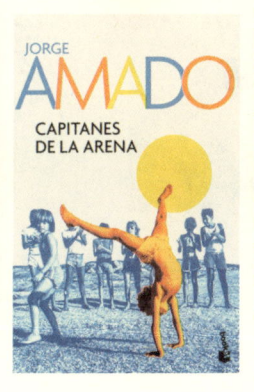

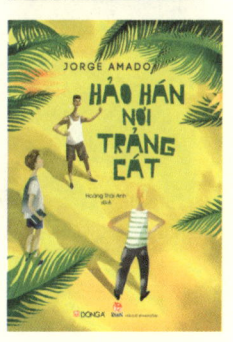

Mar morto, Cuba (1977); *Os pastores da noite*, Estados Unidos (1967); *Os pastores da noite*, Israel (1985); *Os velhos marinheiros*, Alemanha (1964); *Seara vermelha*, Japão (1973); *Terras do sem-fim*, Itália (1984); *Tocaia Grande*, Noruega (1990); *Capitães da Areia*, Argentina (2016); *Capitães da Areia*, Vietnã (2016).

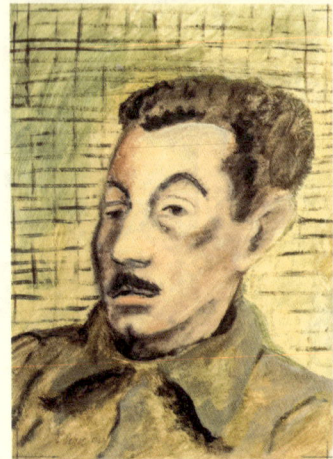

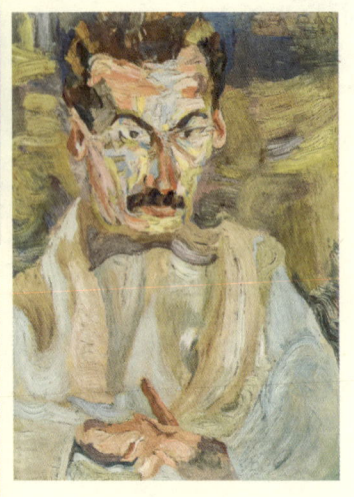

Na coleção de retratos e caricaturas, assinam nomes como
Portinari, 1934 (acima, à esq.), Flávio de Carvalho, 1945 (acima, à dir.),
Carlos Scliar, 1941 (abaixo, à esq.) e Divo Marino, 1958.

Na aquarela de Carybé, pintor argentino que se tornaria um dos grandes amigos de Jorge, cenografia e figurinos para o balé *Quincas Berro Dágua*, do Balé Municipal do Rio de Janeiro, 1980.

De fardão, que o acompanhava desde a posse, em 1961, de uma vaga na Academia Brasileira de Letras, com cobertura sem precedentes de jornais e TV.

Jorge frequenta o restaurante de Camafeu de Oxóssi (de chapéu, atrás), ao lado de amigos como Naná Vasconcelos (com berimbau) e Vinicius de Moraes (olhando para Naná, de lado, quase ao centro), Salvador, 1973.

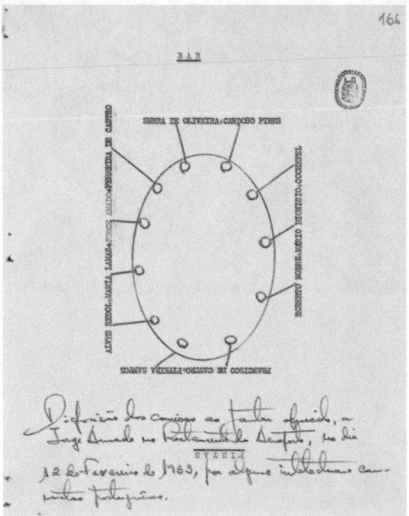

Em 1953, ainda proibido de entrar em Lisboa, Jorge é recebido
com um jantar surpresa no aeroporto promovido por escritores
que enfrentavam a ditadura. O encontro foi acompanhado
de perto pela polícia política portuguesa, que produziu um
desenho com a localização de cada um dos convivas à mesa.

Na casa do Rio Vermelho, Jorge vive cercado de amigos das artes plásticas, como Mario Cravo (alto, à esq.) e Calasans Neto, que lhe envia bilhetes e cartas.

As camisas coloridas são parte do figurino de Jorge, peças compradas em viagens que fazia ao redor do mundo.

Ateu que acredita em milagres do povo, Jorge participa
do cotidiano de terreiros da Bahia, como o do pai de
santo Joãozinho da Gomeia, na década de 1970.

Sentado no banco ao lado do pé de mangueira, Jorge exibe um
dos *boubous* africanos que costumava usar na intimidade.

Datiloscrito de *Tocaia Grande*, o último romance do
ciclo do cacau, publicado pela Record em 1984.

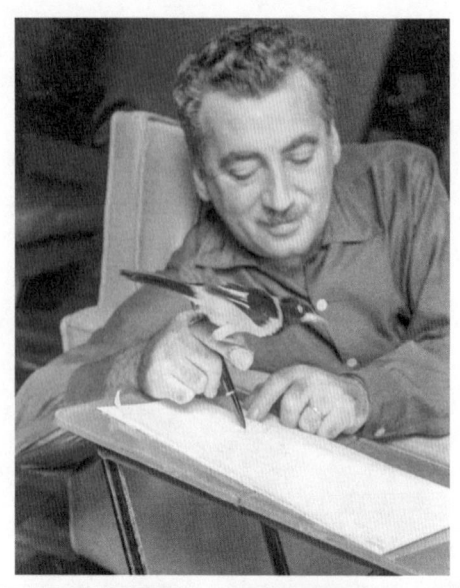

Jorge e os muitos bichos que o cercam em todas as casas em que viveu: o pássaro sofrê Pituco (acima), sensação na época do apartamento na Rodolfo Dantas, e o casal de pugs Mr. Pickwick e Capitu, trazidos de Londres, na fase em que veraneava em Pedra do Sal, Itapuã.

Sonia Braga estrelou a novela *Gabriela* da TV Globo, em 1975, e o filme de mesmo nome, em 1983. Interpretou ainda no cinema as personagens Dona Flor, em 1976, e Tieta, em 1996, época da foto com Jorge.

Jorge e Zélia caminham na praia de sua casa de veraneio, em Pedra do Sal, Itapuã, em 1976.

23.
A leste

A vitrine em Milão ficaria como anedota para o casal. Avistaram *Terras do sem-fim*, na edição italiana de 1949, e um cartaz com a foto do autor: "*Il piu noto scrittore brasiliano*" [o mais famoso escritor brasileiro]. Tiveram de baixar a bola poucos minutos depois, em outra livraria, quando viram os mesmos dizeres de exaltação ao lado de uma pequena pilha de exemplares de Erico Verissimo.

O trem de segunda classe os trouxera de Paris com o suficiente para dois dias de hotel e pizza, como se recordaria Jorge. O dinheiro era parco para a aventura europeia, e o coronel não deixava de enviar ajuda para a prole exilada quando havia necessidade. Naqueles dias, contavam com o pagamento de direitos autorais da Bompiani, montante que incluía também o adiantamento da tradução de *São Jorge dos Ilhéus*. Deram o azar de chegar a Milão em pleno feriado, o Ferragosto, ou Assunção de Maria. O autor, ansioso pelos tostões que precisava receber, tentou telefonar para a editora. Como ninguém atendia, levou a mulher com ele até a sede, onde, de tanto barulho que fez, um encarregado da segurança chegou para tomar pé do que se passava. O funcionário comovido procurou por telefone o próprio conde Valentino Bompiani, recolhido em sua casa de campo. Do outro lado da linha, o dono perguntou qual era o valor devido e indicou que iria ao seu encontro no lugar onde estavam hospedados às dez da manhã do dia seguinte. Pontualmente desceu da limusine, da pasta sacou o pagamento em espécie e ainda os levou a um bistrô para um café simpático que durou meia hora.

A conquista do Leste ainda estava para acontecer, sobretudo daquele país que não ousava mencionar nas cartas. Até que os convites dos países socialistas começaram a se transformar em viagens, como tanto batalhara desde a chegada a Paris.

Entre pousos forçados num tempo de aviação ainda incipiente, banquetes nababescos ofertados a ele e por vezes longos jejuns forçados por inabilidade no câmbio, cada embarque, estadia e reembarque eram contados em artigos para a *Imprensa Popular*, do Rio, entre 1948 e 1950. Depois, foram reunidos em livro cujo título devia soar lógico ao escritor-militante em plena atuação: *O mundo da paz*. Não se tratava, como explicou na introdução, de livro de ensaios, estudo político ou reportagens, e sim de "notas de viagem, despretensiosas", com que pretendia mostrar o trabalho construtivo da União Soviética. Acreditava colaborar para "o restabelecimento da verdade", quando os leitores brasileiros recebiam páginas de uma "imprensa reacionária e vendida ao imperialismo ianque". A paixão panfletária se nota linha a linha — a mesma a que tinha aderido desde a biografia de Prestes e se distribuiu em proporções idênticas nos livros sobre o partido.

Na lista das democracias populares que conheceu, a primeira foi a então Tchecoslováquia, assim que Zélia desembarcou na Europa, João Jorge a tiracolo. Praga não era qualquer cidade; a Paris do Leste exercia certa influência artística e intelectual nos vizinhos. Chegavam poucas semanas depois de uma tentativa de golpe contra os comunistas, que prevaleceram no poder. "Praga parecia em festa, a gente dançava nas ruas, os trabalhadores saudavam com o punho levantado", observou Jorge. Notava que a imprensa ocidental dera aos leitores a impressão de uma batalha campal. "Imagino qual não seria a surpresa do leitor de um desses jornais ao desembarcar em Praga e não encontrar a rua atulhada de policiais armados até os dentes. Afora os inspetores de trânsito — gentilíssimos —, não existe nenhuma espécie de polícia." Contra a ideia de uma cortina de ferro, a que chamava de "lenda" construída pelo Ocidente, argumentava que existia era uma cortina de dólares, caracterizada por "linguagem virulenta e notícias mentirosas sobre os países das democracias populares".

O que se passou em Praga dá uma ideia de como se desenrolavam os passeios ao Leste. O casal assistiu ao Primeiro de Maio de um palanque armado na praça Venceslau. Depois de comer salsichas com mostarda, seguiu para um concerto no Teatro Nacional. No dia seguinte, visitas oficiais. Enquanto Zélia, ou Amadová — modo de identificar a mulher pelo acento no sobrenome do marido —, dedicava-se a decorar palavras, Jorge se dava por satisfeito em saber que sorvete se chamava *zmrzlina*. A essa altura, tinha dois livros circulando no país, *Mar morto* e *Terras do sem-fim*. Um terceiro, *Cacau*, estava sendo traduzido por um professor de francês e português da Universidade de Praga, Jan Otokar Fischer, que lhe aparecia "com listas intermináveis de expressões baianas" para traduzir, como recordaria Zélia. Como a tradução dessa quadra singular que estava tentando verter para o tcheco: "Eu não vou à sua casa/ porque você não vem na minha/ você tem taioba grande/ engole minha sardinha".

Os roteiros, em cada lugar visitado, seguiam o padrão. Traçados para instruir militantes sobre as soluções comunistas, incluíam idas a cooperativas agrícolas, fábricas e clubes operários, escolas e hospitais, creches para filhos de trabalhadoras e casas de repouso de idosos. Na programação cultural, havia monumentos, museus, balés e óperas, apresentações de músicas e danças populares, comidas e bebidas típicas. Os guias e intérpretes que os levavam de cima para baixo falavam espanhol, raramente o português. Como anotaria Zélia: "Na Europa, em geral, sabe-se pouco ou nada dos países latino-americanos: não se faz diferença entre um brasileiro e um argentino, um peruano e um boliviano. Alguns até acham que a capital do

Brasil é Buenos Aires". Em almoços e jantares, encontravam escritores, intelectuais e representantes de governos. E tudo isso em pouquíssimo tempo, não mais que uma semana. O que podiam ter eram impressões gerais do que se passava naqueles dias, com interlocutores integrados à mesma lógica, em países que tentavam voltar a funcionar após a guerra. O contraste entre a devastação causada pelos nazistas e as grandes operações de reconstrução somavam pontos a favor dos novos governos comunistas. Não foi pequeno o choque quando conheceram a aldeia de Lídice, transformada em campo raso, como acompanharam no noticiário durante a Segunda Guerra Mundial.

Os contatos literários se ampliavam no Leste. Outra vez a Tchecoslováquia serve de exemplo para o modo como construiu sua rede. Jorge e Zélia conheceram ali Jaroslav Kuchválek, filósofo, especialista em espanhol e português, que mais tarde seria embaixador no Brasil e faria uma nova tradução de *Terras do sem-fim*. O poeta e hispanista Lumir Civrny, então vice-ministro da Cultura. No fim de semana que passaram no castelo de Dobříš, transformado em residência oficial de escritores, foram apresentados àquele que presidia a União de Escritores Tchecos, Jan Drda, e sua mulher, Milena; ao poeta surrealista Vítězslav Nezval; a romancistas como Marie Maierová, Marie Puimanová, Pavel Bojar, que mais tarde seria embaixador no Brasil. Num giro por festivais de cinema em balneários do país, ia rever o documentarista holandês Joris Ivens e o crítico de cinema Georges Sadoul, conhecidos desde Paris. Encontrariam também os diretores Teodor Balk, sérvio; Ivor Montagu, inglês; e Catherine Duncan, australiana.

Andaram de trem, carro, barco a remo. Zélia apreciava as expedições mais extravagantes, como se embrenharem por minas e cavernas. Jorge era reticente quando havia esse tipo de passeio. Os esforços em viajar com um bebê não diminuíam o senso de aventura. João Jorge metia os dedos nos vãos para catar parafusos e botá-los na boca, enquanto a mãe se dedicava a evitar tais manobras, "suada, amarfanhada, despenteada", às vezes com "a blusa cheirando a azedo", depois que a cria regurgitava com a mamada. Mal-ajambrados, como entrariam em hotel de luxo? "Que besteira, minha filha", lhe disse o marido na chegada a um dos balneários. "Se preocupando tanto com o que possam pensar? Essa gente de cinema não liga para essas coisas, para eles quanto mais à vontade melhor." E tocava a catar uma sorveteria aberta, em seu ritmo avexado. "Um pé no quarto, outro no corredor, Jorge me dava pressa, como sempre", anotaria a mulher. Jurou que um dia ainda haveria de cortar os cabelos bem curtos para não andar descabelada.

A viagem seguinte os levou à Polônia, para um dos encontros do movimento da paz, travessia que nada teve de amena. Zélia achava que Lídice lhe dera a medida da destruição nazista. Quando chegou a Varsóvia, não restava uma única casa inteira, em meio a escombros os habitantes se abrigavam como podiam, muitos mutilados, com muletas, rostos deformados, a retirar entulhos. Em Auschwitz, chorou diante das "montanhas de chupetas e mamadeiras", horrorizou-se com a "câmara da morte". Herança da guerra, os percevejos se alastravam por todo o país. Outra vez notaria que, para além da destruição, encontravam-se escolas novas e creches, cooperativas agrícolas, campos verdes e árvores com frutos, que começavam a se espalhar.

O périplo por Hungria, Romênia e Bulgária duraria pouco mais de um mês. Em Budapeste, Jorge estranhou a ausência de György Lukács, que conhecia do movimento da paz, entre os escritores húngaros que o cercaram durante a estada. O filósofo de *A teoria do romance* perdera posição no partido e não era mais convidado para nada depois que suas ideias passaram a ser mal recebidas. Zélia notaria o esforço de Jorge para encontrar-se com aquele a quem considerava um amigo. Um dos seus cicerones concordou com o pedido e lhe disse: "Gostaria que os escritores húngaros tivessem a mesma atitude do camarada". Não faltaram visitas a construções históricas. Na

Bulgária, pernoitaram no Mosteiro de São João de Rila. Na Romênia, conheceram as ruínas de Doftana, castelo que servira de cárcere a presos políticos durante a monarquia, e as mansões nas montanhas de Sinaia, desapropriadas depois da mudança de regime e destinadas ao repouso de escritores e artistas. Na recepção no palácio do governo, em Bucareste, Zélia dançou polca com o primeiro-ministro, Petru Groza. Voltaram a Paris com blusas típicas, bordadas e estampadas.

Por vezes Jorge saía do script das visitas oficiais aos países do Leste Europeu. Pediu certa vez na Polônia que parassem o carro para que pudesse comprar frutas na estrada e aproveitou para conversar com o vendedor. Como repetia, "não gostava de fazer o que não queria". Nem sempre os guias gostavam desse tipo de iniciativa. Ia colhendo histórias: dos operários de Praga, do jovem pastor de ovelhas na Bulgária com um livro de matemática na mão, da filha do antigo proprietário de terras na Romênia, que estava feliz como professora de crianças. A queda do analfabetismo somava-se à ocupação, por trabalhadores, das universidades, antes reduto da burguesia. Os castelos eram tornados residências públicas, creches e asilos. Em Auschwitz, teve a "visão dos extremos da inumanidade". Anotou: "Não há homem que visite esse campo [de concentração] e que não saia dele disposto a lutar sem tréguas pela paz para impedir a louca carreira dos provocadores de uma nova guerra". Fez um poema para Varsóvia. Apostou que a língua romena talvez fosse "a mais encantadora das línguas latinas, doce de ouvir mesmo quando sai da boca de trabalhadores de minas de carvão, a face negra de fuligem". Recolheu letras de canções folclóricas romenas. "Em todas as faces", concluiu, via "otimismo."

O mais novo grande amigo soviético chegava a Paris com notícia alvissareira de Moscou. Ilya Ehrenburg, em nome da União de Escritores Soviéticos, informava que Jorge e Zélia eram convidados a visitar a terra de Stálin. Iriam em dezembro, durante o inverno que vinha sendo anunciado como um dos mais rigorosos dos últimos vinte anos. Na soma de dias, a viagem daria um mês e meio. Para poupar o bebê, o deixaram com Misette.

Na aeronave da russa Aeroflot, descobriram que a viagem não exigia cinto de segurança nem oferecia refeições a bordo. Numa das paradas, a tripulação lhes ofereceu comida, ao notar que o casal não tinha trazido proventos. Não foi o medo de voar ou o desconforto com a falta de comida que moveu Jorge em suas anotações: "A emoção da viagem me embargava, sentia-me nervoso e impaciente: o destino da minha viagem era a URSS, sonho acalentado durante anos e anos, desejo sempre renovado no andar dos tempos". Adiante: "Toda a alegria dessa viagem me possuía e eu pesava o que a URSS significa, nos dias de hoje, para todos os homens que amam o progresso, a cultura e a humanidade".

Das terras soviéticas, Zélia guardaria a praça Vermelha coberta de neve, e um roteiro de balés clássicos e populares, óperas, teatro cigano, marionete e circo. Conheceram *borscht*, a sopa de beterraba, e *blini*, panqueca típica, com recheio de caviar, encontrada a cada esquina. Deram o azar de ter um guia-intérprete que arquitetava para conseguir, em pequenos golpes, convites de graça para a família e vigiava para que não pudessem conversar com outras pessoas. Afora seus comentários radicais: dizia que a Catedral de São Basílio, templo bizantino ortodoxo, não devia ser restaurada, e sim destruída, símbolo que era do feudalismo e da superstição. Ao que Jorge repreendeu: "Se você ama mesmo sua pátria e o regime soviético, nunca mais repita essa bobagem". Quando contaram o diálogo a Ehrenburg, escutaram do amigo a explicação de que o guia-intérprete devia ser um dos muitos tipos que, sentindo-se donos do regime, vaticinavam sobre o certo e o errado. O amigo russo lhes contou que a intolerância e o sectarismo grassavam na União Soviética. Anfitrião ao lado da mulher, Liuba, apresentou-os a um sem-número de escritores e artistas, além do próprio Fadeiev: Alexandre Korneitchuk e sua mulher, Wanda Wasilewska, polonesa, Boris Polevói, Konstantin Fedin, Konstantin Simonov, Lilya Brik, musa de Maiakóvski e irmã de Elsa Triolet, a mulher de Aragon. Os homens beijavam-se na boca, Jorge não se absteve de seguir a norma. Com vodca e caviar, recebeu homenagem na União de Escritores Soviéticos. Conheceu Vera Kuteichkova, especialista em literatura latino-americana que se dedicaria a estudar sua obra, e Nikolai Gabinski, outro estudioso de literatura de línguas espanhola e portuguesa.

Não faltavam a Jorge superlativos para qualificar os camaradas que vinha conhecendo em tão breve convívio. Nas crônicas, os chamava de "a simples gente socialista", "militantes do progresso e da felicidade do homem sobre a terra". Admirava-se do "fraternal espírito de camaradagem". Sobre a União Soviética, também não economizava no espanto. Era o lugar "onde a vida das crianças decorre como num paraíso, onde não há velhice desabrigada e infeliz, onde as relações de família se despiram de qualquer resquício de mesquinhez, onde o amor dos parentes pode ganhar sua integral beleza". Chamava de "pudicos patriotas" os que condenavam a exaltação das conquistas soviéticas. Como acreditava, eram "os mesmíssimos homens que não se pejam de afirmar publicamente a necessidade de limitar a nossa soberania nacional para melhor facilitar a dominação do imperialismo americano", "os que mantêm nosso povo na miséria e no analfabetismo, os responsáveis pelo nosso atraso como nação, pela mortalidade infantil espantosa, alarmante índice de tuberculose, pelo impaludismo e pela lepra, que comem o nosso interior, são os homens do poder executivo, do parlamento, de uma justiça de classe, são os senhores da terra e os barões do lucro extraordinário".

A impressão que tinha na rápida intimidade com os literatos soviéticos seria de novo exageradamente enaltecedora. Anotou: "Um homem acostumado a frequentar os meios literários brasileiros e de outros países capitalistas, habituado às explosões de pequenas vaidades feridas, à inveja, à lutinha povoada de mesquinharias de toda sorte, de rivalidades pessoais, de grupos e igrejinhas literárias, às murmurações, às ambições pequenas e inospitadas, a uma crítica literária de classe, de casta e de grupo, a esse ambiente de enfatuamento e de disse não disse que faz dos nossos meios literários qualquer coisa semelhante a uma casa de prostitutas do interior, não pode senão se surpreender profundamente ao encontrar-se num meio literário onde nada disso existe". Tomava como fato que no ambiente soviético tudo se dava de outro modo. "Cada escritor se sente tão feliz com o aparecimento de um grande livro escrito por um confrade seu como se fosse ele o autor, onde a responsabilidade e a glória da obra literária pertencem ao conjunto dos escritores antes mesmo de pertencer ao autor do livro. Espírito de fraternal camaradagem que, no entanto, não impede a discussão e a crítica. Muito ao contrário, esse espírito se reforça na discussão e na crítica, uma crítica sobre todos os aspectos construtiva, cujo fim é ajudar o escritor a realizar uma obra ainda melhor, ainda mais útil à sociedade, ainda mais resistente ao tempo e mais capaz de imortalidade." Essas observações todas, tão exageradas quanto imediatas, apareciam na *Imprensa Popular* e seriam reunidas em *O mundo da paz*.

Na ida a Moscou, assinou o contrato de *São Jorge dos Ilhéus* — que já estava publicado desde 1948. A edição de 100 mil exemplares esgotara-se em um ano, o que lhe rendeu 25 mil rublos. Os direitos dos livros eram comprados para sempre; os editores locais tinham permissão para reeditá-los quanto quisessem, traduzi-los em todas as línguas das demais repúblicas soviéticas. E o dinheiro recebido precisava ser obrigatoriamente gasto ali. Sem muito o que fazer, Jorge e Zélia foram às compras. Jorge arrematou um sobretudo preto, pesado e grosso, forrado de cetim matelassê sobre pasta de lã, ampla gola de lontra que, levantada, agasalhava todo o freguês. Vinha acompanhado de gorro também de lontra. Já saiu vestido. Contente, apelidou-o de Encouraçado Potemkin. A mais beneficiada foi Zélia. Comprou um mantô de lontra — disseram-lhe que o valor dava para arrematar dois automóveis pequenos. Estava mais que protegida do frio. De Liuba, recebera de presente um xale branco de lã, rendado, para agasalhar a cabeça. Usava ainda um gorro típico cossaco. Naquela Moscou de mercadorias escassas, os produtos mal chegavam às lojas e sumiam. Não havia papel de embrulho nem máquinas registradoras. Entrava-se em filas sem mesmo saber para quê. Enquanto Zélia circulava pelas lojas, Jorge buscava sorvete — em russo, logo aprendeu a dizer *marójna*. A todo instante recebiam avisos para cuidar da bolsa. Mas custavam a acreditar que fosse possível encontrar trombadinhas em plena Moscou.

Fadeiev os informou de um convite para ir à Geórgia, terra de Stálin, que se preparava para uma série de homenagens pela passagem dos 69 anos do líder — sem a presença dele. Antes de partir, Jorge deixou pronto um artigo para um jornal. Depois de um pouso de emergência em Tbilisi, chegaram a Gori. Quis depositar uma coroa de flores no túmulo de José Díaz Ramos, comunista espanhol mais conhecido como Pepe Díaz. Visitaram a casa onde nascera Stálin, depois, em uma fazenda coletiva, comeram pão caseiro com toucinho servido com vodca, depois uma sequência de leitões, frangos e linguiças. No Teatro Nacional, em Tbilisi, enfrentaram uma sessão quase infinita de declamações. Jorge esquecera onde havia deixado o discurso que ia fazer. "Vim da América do Sul", disse, e continuou a improvisar algo em português, a salvo, porque os intérpretes tinham já sua cópia em russo e georgiano. Para encerrar, viram o balé folclórico e participaram de um banquete dançante.

De volta a Moscou, deu tempo de irem a duas festas de Réveillon: no Clube dos Artistas de Teatro e no Clube dos Trabalhadores da Fábrica de Automóveis Stálin, onde eram produzidos os caminhões e as limusines Ziz. Reencontraram o amigo argentino Alfredo Varela. A festa na fábrica incluiu um certame de canto, em que Zélia interpretou "Acontece que eu sou baiano", de Caymmi. À meia-noite, quando tocou a sirene da fábrica, abraçaram-se, brindando com champanhe.

O passo seguinte da visita levou-os a Stalingrado (atual Volgogrado), já praticamente reerguida apenas quatro anos após o fim da guerra, pelos prisioneiros alemães transformados em operários da reconstrução.

Como se apavorava com despedidas, Jorge proibiu os novos amigos soviéticos de ir ao aeroporto. De Paris eles tinham chegado com duas malas. Voltavam com seis. Levavam bugigangas para si, para amigos de Paris e do Brasil. Entre as compras, quantidade e variedade de caviar, pulseiras, broches, anéis e colares de âmbar e pedras dos Urais, cigarreiras, garrafas de vodca. Livros georgianos que duraram mais de meio século na biblioteca da família. Na partida, ainda recebeu, num envelope, mil rublos pelo artigo na Geórgia — correram para fazer compras ali mesmo, uma vez que o dinheiro não tinha serventia fora daqueles limites. Ficaram ainda três dias em Kiev, na Ucrânia, pouso necessário por causa do mau tempo. Haviam planejado ir de trem para Paris, a fim de não pagarem excesso de bagagem. Jorge teve negado seu visto para atravessar a Alemanha ocupada por americanos. Voltou à capital francesa de avião, e Zélia seguiu pelos trilhos. No seu vagão, espantou-se ao ouvir a história da companheira de viagem, uma mulher tcheca que se casara por procuração com um francês para fugir do país. Não parecia possível para Zélia que se pretendesse fugir do lugar que acabava de visitar.

Não só por carta o paradeiro de Jorge e Zélia chegava à família, agora instalada na rua Rodolfo Dantas, 16, num prédio vizinho ao Copacabana Palace e a poucos passos da praia de Copacabana. "Tivemos notícias e acompanhamos a estadia em Moscou pelo rádio, o meu rádio que é muito possante", informou o coronel. "Foi para mim e Eulália imenso prazer ouvir a voz do nosso querido Jorge, acompanho todo o movimento do

Jorge, cujas atitudes muito me orgulham." João Amado guardava um exemplar do que dizia ser a *Time* com a fotografia do casal na praça Vermelha. Naqueles dias tinha mostrado a foto a Vera, irmã de Zélia. "Eulália está boa, tem tido bom tratamento, temos é sofrido a enorme saudade. Agora a cousa piorou. Creio que tão cedo não teremos [vocês] junto a nós, mas eu confio muito nos meus santos, que não me faltam, pode tardar, mas é certo."

O movimento da paz levou Jorge à Escandinávia. Com restrição de entrada em certos países, às vezes precisava dar voltas. Zélia teve de ir a Londres pedir ajuda ao poeta João Cabral de Melo Neto, diplomata em serviço na embaixada brasileira, para carimbar o passaporte do marido.

Os perrengues valeriam a pena. O exílio renderia a Jorge uma expansão de traduções. Antes, seus livros circulavam em francês, inglês, espanhol, italiano e holandês. Entre 1949 e 1955, chegaram a outros dezoito idiomas, cruzando o continente europeu, da Escandinávia ao Leste, até o Oriente Médio. A contar: alemão, albanês, árabe, búlgaro, eslovaco, esloveno, finlandês, grego, hebraico, iídiche, lituano, norueguês, polonês, romeno, russo, servo-croata, sueco, tcheco. *Cacau* e *Suor* saíam pouco, não mais que em dois ou três idiomas. Em compensação, *Terras do sem-fim* era o mais editado, em catorze idiomas, seguido de *São Jorge dos Ilhéus*, em onze. *Mar morto* e *Seara vermelha* alcançavam, cada um, quase uma dezena. *Jubiabá*, seu abre-alas na Europa desde a tradução da Gallimard, não repetia a preferência, talvez por ter feição e vocabulário afro-baianos mais difíceis de apreender. Além do francês, encontrava-se em alemão, italiano, polonês, romeno e tcheco.

A aproximação com o bloco comunista coincidira com sua indisposição com a Gallimard. Sua primeira casa editorial francesa tinha nova coleção para escritores *hispanohablantes*, La Croix du Sud, dirigida por Roger Caillois. Jorge conversara com Claude Gallimard para que não fosse incluído nela, dizia-se com "ojeriza a guetos". O editor teria lhe garantido atender seu pedido. Mas *Capitães da Areia* entrou na nova coleção, depois o próprio *Jubiabá*. Irritado, Jorge mudou-se para a Stock, também centenária, embora sem a mesma pompa. Anos depois, diria que de todas as loucuras que fizera na vida a maior foi ter rompido com a Gallimard.

O tempo em Paris fechou no começo de 1950. A pequena família Amado ainda dormia quando bateram à porta. Depois de solicitar os documentos, dois policiais levaram Jorge e Zélia. Só deu tempo de deixar um bilhete para Misette, que não chegou a acordar com o barulho. Sem saber a razão de serem conduzidos até a polícia, ali permaneceram calados, dentro de uma sala com bancos de madeira encostados às paredes. Impaciente, Zélia se movimentava mais do que era desejável. O marido a alertou: "O que é que você está achando? Que não está presa? Não está vendo as grades nas janelas e o soldado armado na porta? Sente aqui quietinha, não procure confusão, por favor".

Chamados, sentaram-se diante de um homem corpulento que não levantava a cabeça para olhá-los. Devolveu-lhes os passaportes e avisou: "Vocês têm quinze dias para deixar a França". O casal insistiu em saber o motivo da expulsão. Ouviram: "Vocês viajam muito". Não foram apenas eles os interpelados pela polícia. Pelo menos outros vinte brasileiros, como Carlos Scliar e Mario Schenberg, tiveram sua permanência cancelada. Tampouco foram apenas brasileiros os expulsos do país. Neruda também perdeu o direito de permanecer em território francês.

Madame Salvage chorou ao saber do desterro anunciado. Ofereceu-lhes suas economias, que não precisaram aceitar. Sem saber para onde ir, receberam da União de Escritores Tchecos o convite para retornar a Dobříš, passariam a residir no castelo.

24.
Dobříš

De cócoras, joelhos no chão, abaixados: o insólito batalhão, de que Jorge e Zélia se lembrariam de tomar parte sob o sol de Dobříš, integrava a luta nacional na Tchecoslováquia para matar os besouros verdes de listras pretas chamados *mandelinkas*. Em jornais e rádios, cartazes pela rua, nas telas de cinema ou caixas de fósforo, uma campanha alertava tchecos e eslovacos para a estranha praga que, na suspeita do governo, os Estados Unidos tinham despejado de aviões nos campos de batata e trigo.

Zélia duvidava da expertise do marido, menos afeito a atividades que requeriam paciente habilidade manual. Consertar tomada elétrica, torneira quebrada, abrir tampa emperrada de frasco, colocar lâmpada, sintonizar estações: nada disso era seu forte. Desafiado, Jorge lhe respondeu que "cataria, encontraria e destruiria quantas [*mandelinkas*] houvesse", ela que esperasse para ver. A mulher o espiava: "De pé, permanecia estudando a situação, arquitetando um processo mais radical, diferente dos demais, menos cansativo, produtivo, mais divertido, sobretudo mais divertido". Depois, "de costas voltadas para a direção à qual devia se encaminhar, pôs-se a cavalo sobre sua leira, um pé cá, outro lá, as batateiras no meio das pernas, e deslanchou de marcha a ré, afastando-se rápido". Pelo seu método, "vistoriava as folhas superficialmente, dando-lhe umas espanadinhas ligeiras de mão". Quando achou que tinha encontrado o que procuravam, era apenas uma joaninha.

Expulsos de Paris, Jorge e Zélia encontraram guarida no castelo de Dobříš, numa área de tradição de caça na Boemia, quarenta quilômetros ao sul de Praga. O castelo rococó transformado em propriedade do estado comunista reunia escritores que precisavam de isolamento para trabalhar, de um lugar de descanso ou mesmo, em casos como o da família Amado, de refugiar-se da perseguição política. Quase tudo lembrava o tempo em que ainda era propriedade dos príncipes Colloredo-Mannsfeld, casa da nobreza ítalo-austríaca. Com a ocupação nazista, fora confiscado em 1942 para receber seu alto-comando.

Os sessenta aposentos perduravam decorados com móveis de época, retratos de damas e cavalheiros, cabeças de veados empalhadas penduradas pelas paredes, piano de cauda, porcelanas e talheres de prata. Não adiantava tanto requinte, o jantar consistia de apenas um prato, sem entrada e sem direito a repetição. A escassez se estendia a tudo. Os produtos continuavam a ser racionados. Do lado de fora, entre patos e gansos, havia estátuas de cães e cavalos, um Hércules e anjos sobre pedestais, também um lago com carpas e um bosque, por onde se podia andar de bicicleta. Um jardim de inverno completava a propriedade. Numa estufa rústica, leiras de verduras e legumes.

A situação financeira era um pouco menos precária que em Paris. A terra de Franz Kafka apreciava sua obra. Os romances todos, mais a biografia romanceada de Prestes, estavam chegando às livrarias naquela época. Uma porcentagem das vendas era dada à agência local de direitos do autor, cota destinada a ajudar novos escritores. Por ser estrangeiro, Jorge contribuía menos que um autor local. Ainda havia pagamento de um imposto. O que recebia de direitos autorais dava para pagar as 5 mil coroas do castelo, manter Misette temporariamente num hotel francês com alimentação e salário, e ainda sobrava um pouco. A assistente que virara quase membro da família estava com dificuldades de obter visto para alcançá-los, perdida numa burocracia nebulosa depois que a França endurecera e, do lado comunista, houvera revide. As despesas ali se reduziam porque não havia muito o que comprar, ao contrário do que ocorria na capital francesa. Na Darex, loja deslumbrantemente sortida, só se abastecia quem tinha cupom especial, como altas autoridades do governo e do partido, diplomatas. Escritores exilados não tinham essa permissão. A não ser, no caso de Jorge, quando a editora da Áustria lhe pagava em dólares, e assim era possível divertir-se no tão cobiçado estabelecimento.

O casal Amado reencontrou amigos do último ano e meio, como Jan Drda e Milena, sua mulher. Drda seria, de 1949 a 1956, o chefe da União de Escritores Tchecos. Outro residente fixo era o poeta Nezval. O escritor de livro infantil Otokar Suhy ali passava o inverno, pois tinha calefação garantida. Entendiam-se com uma mistura de idiomas. Em geral francês e espanhol; quando com Jorge, também em latim, mesmo que usasse palavras trocadas e declinações fora de hora, com capricho a gesticulação ajudava. Do tcheco, Zélia logo aprendeu uma boa dezena de palavras e frases indispensáveis. Esforçava-se na pronúncia do idioma com poucas vogais e muitas declinações. Jorge não perdia tempo com tais esforços. Chegaram ao grupo Lise e Artur London, vice-ministro do Exterior do país. Depois o escritor francês Jean Laffitte e sua mulher, Georgette, já conhecidos dos eventos pela paz. Laffitte era secretário-geral do Conselho Mundial da Paz. Também os D'Arboussier, Gabriel, a mulher e quatro crianças. O castelo reunia uma população extra: a criadagem dos tempos da família real. Camareiras, lavadeiras, garçons, jardineiro.

Jorge era visto como acessível, apesar do prestígio que lhe dava a biografia de um líder comunista como Prestes e o trânsito a cada dia mais fácil em Moscou. Os amigos do comunismo internacional lembravam, meio século depois, de sua atenção com a raia miúda da intelectualidade de esquerda. André Kedros o tinha como "agradável e vivaz", alguém que, como Neruda, possuía "alegria de viver", um "jeito sociável inabalável mesmo diante de problemas graves". Jean Laffitte o recordava como "ativo nas comissões de trabalho". "À atmosfera tropical" combinava-se, na visão de Pierre Gamarra, o "senso de justiça".

Os dias de Estância estavam distantes, mas não o bucolismo. A rotina amena contrastava com os tempos conturbados. Durante o dia, Jorge e Zélia saíam pedalando. Em cada bicicleta, um banquinho para João. Correr atrás dos patos e gansos fazia parte da brincadeira. À noite, divertiam-se jogando canastra, pife-pafe e um inusitado jogo de mímica introduzido por Jorge. A cantoria irrompia a certa hora. Zélia continuava a impressionar com o repertório de Caymmi. Depois que o casal conseguiu trazê-la de Paris, Misette agradaria com típicas *chansons* francesas. Numa tarde, Drda descobriu enormes baús num depósito do sótão, repletos de fardas abandonadas pelos príncipes — de gala, cheias de dragonas, de botões dourados e brasonados, alamares vermelhos, fardas de luxo para grandes dias. Capacetes com e sem penachos, espadas, botas de todas as cores e feitios. Um carnaval austro-húngaro. Jorge se vestiu com um dólmã preto ornamentado de alamares vermelhos e botões dourados, botou um capacete na cabeça, empunhou espada. Uma foto eternizou a folia: nota-se que, apesar de todo o paramento, calçava um par de chinelos que mais pareciam alpercatas nordestinas. Zélia usou farda branca igualmente enfeitada de alamares, na cabeça um capacete, na mão uma espada. Drda, gordo, meteu-se dentro de um abajur forrado de seda, calçou botas de canos largos, abriu um guarda-sol colorido. Laffitte era a própria figura de Napoleão com o bicorne enterrado na cabeça. Divertiam-se naquele quase confinamento. No dia da luta contra as *mandelinkas*, esse contingente nobilíssimo voltou cansado, queimado de sol e de mãos vazias.

Quando o inverno pesou, aposentaram bicicletas e compraram um trenó. No Natal, tiveram de deixar o castelo, pois os funcionários iam passar o período das festas com a família. Foram para um chalé na Morávia que pertencia ao Pen Club e era administrado pela União de Escritores Tchecos. No trem, o pequeno João fazia a sinopse da vida familiar sob sua perspectiva: "Eu sou um menino brasileiro exilado, meu pai é um escritor, minha mãe tem uma bicicleta com banquinho para mim, meu pai também tem, ele me leva nas descidas e minha mãe me leva nas subidas".

Lila completava quinze naquele ano de 1950. O pai a chamou para passar uma temporada em Dobříš, quem sabe nas férias de junho. A filha parecia animada nos cartões e cartas que enviava.

A chegada do verão deixava Lila apreensiva. Com o calor que fazia no Rio, nem com três banhos, daqueles em que cantava e dançava no chuveiro, conseguiria ficar bem.

A moça de quase quinze anos anotava diligentemente em seu diário quanto custavam as coisas. O caderno, o guaraná, o álbum de fotos, a roda de patins, o cachorro de estimação e a vitrola que desejava comprar. Quando a caneta começou a falhar, a mãe providenciou o conserto. Registrou o preço.

O que mais a fazia ocupar páginas do diário, naqueles meses que faltavam para o ano de 1950, era a rotina de estudos para as provas. Dia a dia, comentava cada ponto que já sabia ou ainda estava por vencer de português e matemática, história, latim, inglês, francês, canto. Feitos os exames escritos e orais, colocava sua impressão: "Espero má nota"; "nunca vi uma prova tão canja"; "prova horrível"; "a prova foi canja, de colher". Quando recebia o resultado, informava no diário. Era uma aluna aplicada que ajudava os colegas. Emprestava o caderno e passava cola, aparentemente com tranquilidade, pois reclamava de quem não tinha sangue-frio e era descoberto pelos professores. À noite e nos fins de semana, ia ao clube, à casa das amigas e ao cinema. Parecia não perder nenhuma estreia, e via as notícias de atores e atrizes nos jornais e revistas.

Às vezes ia à casa dos avós paternos em Copacabana. Não tinha com eles tanta proximidade. Eram "o velho" e "a velha", enquanto se referia aos pais de sua mãe como "vovó" e "vovô". De quem mais gostava sem reservas era de Fanny, casada com o tio Joelson. Uma vez mencionou o nome da mulher do pai. Com distância respeitosa: "Dona Zélia".

Lila tinha uma ideia fixa. O pai lhe prometera uma bicicleta havia seis anos. Com a proximidade do aniversário, dava indiretas ao coronel e pedia a intervenção do pai quando lhe mandava carta. Sua determinação em receber o presente encontrava a sovinice de João Amado, que, quando a via, se desculpava por não poder ajudar mais sua mãe e ela, dada a crise do cacau, somada às despesas extras dos filhos — não só enviava dinheiro a Jorge, também ajudava os que ficaram no Brasil. Ainda pagava a prestação do apartamento, a casa de São Cristóvão estava sem comprador, o Peji de Oxóssi também.

Como as meninas prestes a debutar, Lila reparava nos rapazes bonitos. Lamentava não saber dançar, tampouco se achava bonita ou atraente. Lembrava de uma cena que vivera na vez em que foi a Buenos Aires com Matilde, na época em que o pai vivia no exílio. No trem, um garoto de dez anos se virara para a mãe e dissera: "Ela vai ser uma pequena e tanto". Continuava a escrever: "Parece que quero me lisonjear, mas, como isso é um diário, eu tenho de confessar que não esqueci. Se ele soubesse o quanto fiquei diferente do que ele disse. Tão diferente".

Lila ficava apreensiva com a chegada do verão porque temia piorar da doença autoimune que a fazia visitar regularmente o médico. Num dia, era uma injeção de cinco centímetros. Noutro, um remédio que ardia para burro. O lúpus se apresenta num conjunto de sintomas. O mais aparente são as manchas vermelhíssimas no nariz e nas bochechas. Certo dia enumerou as coisas que mais lamentava: não poder ir à praia ou comer sanduíche de presunto, ter de responder a todos sobre a doença e ser alvo de chacota alheia. "Faz tempo que não durmo sem remédio pegajoso, que não rio livremente na rua, faz tempo que eu era alegre", desabou num dia de febre, tosse e dor de barriga.

Lembrava de um tempo que passara. "Apesar de tudo era feliz. Ou melhor, descobri que era feliz (em parte) agora que perdi a felicidade." Num dia de muito calor, com pressa para chegar a tempo de uma prova, chegou à escola com a gravata e a saia sujas do sangue que lhe escorrera do nariz.

Desabafo como esse só fez uma vez por escrito. Agradecia por ter uma "mãe extremosa". Tinham uma vida "economicamente apertada, apesar de penosos esforços de mamãe para melhorá-la". Levava o quanto podia, tentando "só ver o lado bom das coisas". Às vezes não conseguia. "Estou tão cansada. Tenho desejo de dar um mergulho numa água fria e limpar-me desta pele, nadar até não poder mais. Não é cansaço propriamente físico, e sim mais espiritual. Cansada de estar correndo de um médico para outro, de subir aquela ladeira, ficar na fila, de ficar sujeita ao sol, vir em pé no ônibus, e bem poucas esperanças. Cansada de ver os outros olharem para mim com dissimulada curiosidade. Cansada de responder perguntas às quais não sei responder." Não era apenas sua doença. "Cansada ainda dos sustos e do medo de recaída de mamãe. Digo sempre em minhas orações que, se for preciso que eu fique assim a vida toda, para assegurar a saúde dela, eu ficaria de bom grado. Já pensei até em ir agora todas as terças-feiras, fazer uma novena, mas vovó me disse que é melhor pedir a Nossa Senhora das Graças, que nada recusa. Tenho medo que não me ouçam devido a minha falta de fé."

Anotou mais de uma vez no diário o receio de alguma mudança de comportamento da mãe. Certa noite, a mãe avisara o horário que sairia à noite para o cinema e a cozinheira não preparou o jantar a tempo. Matilde estava aborrecida quando se dirigiu à porta. Lila a interpelou e foi repelida. A filha anotou que ficara "horrorizada" com seu gesto e "danada" com Maria, a empregada. "Tive vontade de sair correndo e impedir de qualquer maneira o trajeto que ia fazer." Não jantou e ficou estudando até a hora que a mãe voltou, a salvo. Logo passaria a usar duas pomadas para o rosto, uma para o corpo e uma para o cabelo, além de tomar um remédio a cada refeição. "Estou toda cheia de remédio. Imagine que tenho de ficar hoje e amanhã sem tomar banho com o corpo todo melado. Ontem quase morri de agonia quando passei o remédio no rosto. Ardia, queimava, cheguei a chorar. Parecia brasa viva."

"As cigarras cantam feito doidas anunciando o verão que se aproxima", escreveu nas últimas páginas do diário. Pensava que nas férias, com "tanta coisa a fazer", ia "se acabar". Em 1º de dezembro, anotou: "Graças a Deus já estamos em dezembro. Eu não devia dar graças a Deus, é menos um dia na vida, mais um passo para a morte. Mas é também mais um passo para a cura ou para a verdade". Chateou-se ao saber que os avós partiram para a Bahia sem lhe dar o presente. De todo modo, não esperaria mais. A mãe ia lhe dar a bicicleta. "Enfim, as férias chegaram."

Lila não suportou mais do que aquele verão. Morreu em 29 de maio de 1950. Na imprensa comunista brasileira saiu a notícia do seu enterro e da missa de sétimo dia. Joelson guardou a lembrança da sobrinha, que, em estado grave, vira fechar os olhos sem que seu conhecimento da medicina fosse suficiente para salvá-la. Havia quem contasse que morreu de sífilis, e também de leucemia.

Zélia se recordava de voltar do passeio matinal com o filho depois de ganharem uma rosa do responsável pelo jardim de inverno. João Jorge disse que a daria ao pai. A porta entreaberta, avistou Jorge andando de um lado para outro com um papel amarfanhado na mão, "de olhos vermelhos, injetados, o rosto desfeito", de um modo que nunca vira antes. Quando lhe perguntou o que acontecera, apenas estendeu o telegrama para que ela mesma lesse, depois chorou.

Em pouco tempo Zélia ficaria grávida e daria à luz, em Praga, no dia 19 de agosto de 1951, a uma esperada filha de nome Paloma — como desejava desde a pomba de Picasso. A recém-nascida, como Lila e João, ganhou um Jorge no nome: ficou Paloma Jorge Amado. Não deixaram de fazer a brincadeira no exílio: quando crescesse ela se casaria com o filho de Emi

Siao, escritor chinês de passagem por Dobříš, de quem o casal Amado ficara amigo naquela temporada.

Os comunistas brasileiros não esperavam boas notícias. Com o partido cassado e a onda repressiva sobre o movimento operário, aflorava o sectarismo. A intervenção militar dos Estados Unidos na Coreia, em agosto de 1950, fazia com que se antevisse um novo conflito mundial. No Brasil, os comunistas, em seu Manifesto de Agosto de 1950, orientaram os militantes na direção da luta revolucionária aberta. No castelo, Jorge tentava voltar a escrever ficção.

Lembrava-se do que lhe dissera com amargura Michael Gold anos antes, em Paris, que um escritor ao parar de escrever "perde a mão". Gold teve sua trajetória literária prejudicada dada a sua dedicação às tarefas partidárias. Naquele tempo em Paris, o americano e o brasileiro sentavam-se antes do anoitecer para um café no Boul'Mich Bar, e Gold chorava as pitangas ao contar que tentava realizar o segundo livro depois de vinte anos. "Já não sei escrever romance", disse a Jorge, "levei demasiado tempo sem fazê-lo."

Gold falava a um interlocutor que conhecia bem a inatividade literária. Primeiro fora a vida de deputado. Depois, a de militante exilado. Jorge não punha um ponto-final num romance desde *Seara vermelha*, de 1946. Desde Paris, arquitetava um novo enredo. Fez uma tentativa de escrever nos aposentos de madame Salvage. Zélia tratou de conseguir uma máquina de escrever para passar a limpo e tirar cópias dos originais. Ao sentar-se a primeira vez diante da máquina emprestada, sentiu-se perdida. O teclado, além de ter letras em posições diferentes daquelas a que estava habituada, não possuía til nem cedilha. A muito custo se acostumou, e só podia trabalhar à noite, depois de adormecer o bebê.

Incapaz de se isolar e sem resistir ao ouvir conversas, Jorge decidiu ir para um lugar distante onde não conhecesse ninguém e ninguém o conhecesse. Tomou um ônibus até Villefranche-sur-Mer, no sul da França. Hospedou-se num pequeno hotel,

L'Amirauté, com o propósito de só voltar com o primeiro capítulo pronto, assim seria mais fácil continuar, estando em Paris. Trancou-se num pequeno cômodo, fumava sem parar, ficou com conjuntivite. Teve de tomar um ônibus para a cidade mais próxima, no sopé da montanha, para providenciar colírio.

Enviou uma carta à mulher contando que persistia o problema de como iniciar o romance: "Que elemento de ligação podia eu encontrar para, através dele, apresentar personagens e ambientes? Decidi-me a passar todo o sábado trabalhando, mesmo que fosse apenas para voltar a habituar-me à máquina. E assim fiz. Gastei muito papel em diversos começos, tudo muito ruim. Desesperei e pensei em voltar embora ontem, chateado de tudo, achando que estava perdendo tempo, que não tinha o direito de estar aqui, quebrando a cabeça em cima de um começo de livro quando há tanto trabalho aí a fazer".

Insistia: "Ontem andei por esta costa de mar quase toda a manhã. Voltei com uma ideia na cabeça, não muito tentadora, pois não muito original: começar com uma recepção grã-fina. Comecei ontem à tarde a trabalhar. A coisa começou a andar e à noite dei um balanço no trabalho feito, dezessete folhas, onde constatei que a primeira cena estava boa, mas as duas seguintes estavam apressadas. Resolvi continuar nesse caminho hoje, aproveitando a primeira cena e refazendo as duas seguintes. Talvez a coisa marche e eu possa chegar aí com o livro começado. De qualquer maneira penso voltar no fim desta semana, com o começo ou sem nada e, nesse caso, não pensarei em livro tão cedo. Mas estou com esperança nessa recepção".

Tinha em mente um pequeno rol de personagens. "Podes reconhecer alguns conhecidos nossos", comentou com a mulher. "O pior é que não tenho simpatia pela gente sobre a qual estou escrevendo no momento e sinto impaciência de chegar aos negros e pobres, trabalhadores e camponeses que esses são, em verdade, os personagens que amo, a gente com quem sei viver e trabalhar." Desejava voltar com oitenta páginas prontas.

O hotel ficava no alto de uma montanha, onde fazia as refeições. Descia todos os dias até o porto, onde comprava jornais e cigarros, andava "um bocado" à beira-mar, sob o sol "magnífico". Ao retornar, escrevia à máquina. Quando se cansava, lia *Dom Quixote*. Por vezes se distraía conversando com os donos do hotel, marido e mulher, os únicos que conhecia, ou assistindo a uma partida de futebol de tripulantes de um barco de guerra aportado.

Em nova carta, a batalha ainda não estava ganha: "Devo te dizer que ontem recomecei tudo, de novo, deixando de lado o já escrito pois a coisa não estava marchando como eu desejava, se alongava em cenas inúteis sem conseguir marcar o ambiente. Comecei de novo — aproveitando a primeira cena — dentro do mesmo plano da recepção [Os personagens] estão meio rebeldes, dando-me mais trabalho do que eu esperava, não que não consiga pô-los de pé. Isso consigo, ainda não perdi minha classe". Em muito se parece com toda a operação para iniciar *Jubiabá*, como relatava a Erico na década de 1930. "O que não consigo dar é o clima de boataria e inquietação que precedeu o golpe de 37 e é esse o meu fim no capítulo. Desespero-me toda vez que recomeço, mas é necessário ter paciência."

Em um ponto sentia avançar: "De qualquer maneira considero positiva a minha fugida daí, pois pude botar — a partir do terceiro dia — a minha cabeça exclusivamente no romance, deixando tudo para trás: organismo, congresso, todas as pequenas e grandes preocupações diárias. Ainda estava preocupado com dinheiro, mas a tua notícia de que chegara a ordem [de pagamento] tcheca me aquietou e pude de todo pensar no livro. Personagens estão maduras, sei o que quero, mas ainda estou me ressentindo do muito tempo que passei longe de literatura, de um trabalho literário diário, necessário ao escritor. Espero que isso marque a minha volta a esse trabalho diário, mesmo quando não esteja escrevendo livro. Penso levar daqui o primeiro capítulo, assim ainda o espero. E, antes de tudo, a certeza de que chegando aí vou continuar o trabalho, sem parar".

Após a temporada curta em Villefranche-sur-Mer, tinha pronta uma historinha infantil que deu de presente ao filho. *O Gato Malhado e a Andorinha Sinhá* ficaria décadas guardada na gaveta. Seguiram-se as viagens pelo Leste, a mudança para Dobříš, onde, em fevereiro de 1950, colocou ponto-final em *O mundo da paz*, volume com pouco mais de quatrocentas páginas.

Entre a morte de uma filha e o nascimento de outra, resolveu retomar a história iniciada na montanha francesa. Pretendia fazer "um panorama da vida brasileira a partir de 1937 até nossos dias", como contou em carta aos amigos portugueses Alves Redol e Ferreira de Castro. De início, pensou que o ciclo teria o título geral de *O muro de pedras*. A primeira parte, de um total de três, seria *Os subterrâneos da liberdade*.

Como o amigo Jan Drda estava também às voltas com um novo livro, fizeram um acordo. No de Jorge, havia uma personagem que participava da Guerra Civil Espanhola, tema do romance de Drda. Combinaram que, em ambos os livros, seus personagens se encontrariam de algum modo.

A Alves Redol tinha escrito em 6 de outubro de 1950: "Trabalho muito. O tempo é pequeno para tanto o que fazer. Além de que devo viajar constantemente, escrevo artigo sobre artigo. Tudo isso retrasa meu novo romance. O primeiro volume está já bastante adiantado e se eu tiver um pouco de tranquilidade esse mês espero terminá-lo. É um grosso volume de oitocentas páginas, sem dúvida a coisa mais séria que já fiz. Dá-me muito trabalho pois penso resolver nele uma série de problemas técnicos e estéticos que vem me preocupando há tempos e a cujo estudo me dediquei nos últimos anos, durante essa minha estadia na Europa. Sobre esses problemas estéticos muito gostaria de conversar contigo". Não se furtava de pedir: "Gostaria de receber daí revistas, livros, notícias", indicava ao amigo. "E também bacalhau, um bom quilo de bacalhau, para matar a saudade das comidas que são portuguesas mas são também brasileiras."

Na correspondência com os amigos escritores, informava sobre o interesse de tradutores e editores por suas obras, nos países socialistas. Em janeiro de 1951, contou a Redol que recomendara um livro seu na Tchecoslováquia e que enviaria ele mesmo a obra do amigo a editoras da Polônia, Hungria e Romênia. Contava de novo sobre o andamento do seu projeto mais ambicioso até ali: "Anda já pelas seiscentas páginas datilografadas e creio que vai chegar às novecentas. Enorme, como vês. Se não tiver outra qualidade, terá pelo menos a de ser grande, o que afastará de início vários leitores. Mas era impossível fazê--lo menor: há muito que contar. [...] Tenho ainda trabalho para uns três meses, entre escrever e rever". A Ferreira de Castro, comentou em carta enviada em fevereiro que, de tão grande, seu novo livro se tornava "quase impublicável". Informava-lhe sobre a tradução de obra do amigo na Polônia. Em outra carta, no mês seguinte, admitia sua expectativa de retorno ao Brasil: "Sim, eu penso voltar. Apenas não sei exatamente quando será possível, isso depende de várias outras coisas".

Decerto a principal coisa era a autorização dada pelo governo brasileiro para que um notório quadro do comunismo internacional pudesse retornar ao país.

25.
Entre sputniks e exus

O jornal de Carlos Lacerda garantiu em sua manchete às vésperas do Natal de 1950: "Jorge Amado de volta sob a proteção de Getúlio". Com o acréscimo no subtítulo, também em letras grandes: "O governo assegurou que o romancista não será preso".

As condições voltavam a ser favoráveis para o casal Amado — a bem dizer, agora a família Amado — quatro anos após sua partida. O governo de Eurico Gaspar Dutra, que reprimira os comunistas, chegaria ao fim em 31 de janeiro de 1951. Quem assumiria o poder não seria outro senão o caudilho do Estado Novo, dessa vez tendo vencido nas urnas. Os brasileiros reconduziam ao poder um ex-ditador.

Lacerda iniciava ali sua jornada furiosa contra o novo dirigente do país. Sua *Tribuna da Imprensa* seria a grande arma nessa ofensiva. Tampouco Jorge seria poupado, apesar de velho amigo, dos tempos em que compunham música juntos em Vassouras. Nem seriam mais próximos, de fato. Alvo de Lacerda, Samuel Wainer, que estreava o vespertino concorrente *Última Hora* com muito mais leitores, enfrentaria duro combate. No auge da campanha difamatória, Lacerda denunciou que Wainer não era brasileiro, pois nascido na Bessarábia — de fato, chegara muito cedo ao Brasil e falsificara a documentação para obedecer à lei brasileira que impede estrangeiros de serem proprietários de empresa jornalística.

Contra Jorge, seu jornal lembrava, naquela edição de 13 de dezembro, o que parecia incongruência do autor e justificativa para a complacência do governo: "Alterou a biografia de Prestes para beneficiar Getúlio". A mudança não era exatamente segredo, fora admitida no prefácio da edição brasileira em 1945. Independentemente da versão bem mais suavizada, a Lei de Segurança Nacional tirara *O Cavaleiro da Esperança* de circulação. Novo imbróglio judicial envolvia outro livro: *O mundo da paz*.

O retorno do escritor se deu cinco meses depois de Lacerda começar a noticiá-lo. Provavelmente chegara até ele os bastidores que permitiram a emissão de documento de entrada no país. Antes disso, Jorge teve tempo de receber em Moscou o Prêmio Stálin da Paz. A versão comunista do Nobel contribuía para impulsionar o nome do autor entre leitores, e do ponto de vista político conferia-lhe distinção entre os pares. Nova ida do casal a Moscou, viagem esticada até a Sibéria, de onde partiram de avião para a China com o casal Nicolás e Rosa Guillén.

Às vésperas do desembarque no Rio, em maio de 1952, o clima não parecia ameno. *O Jornal*, dos Diários Associados, anunciava uma recepção mais dura: "Confisco de toda a bagagem do escritor vermelho". A matéria elogiava as medidas previstas: "As nossas autoridades estão de sobreaviso, no que tange às medidas preventivas que visam evitar a difusão da propaganda comunista em nosso país". Assim é que os pertences do escritor, "segundo informações seguras que chegaram, serão confiscados e revistados, posteriormente, na Divisão de Ordem Política e Social".

Como os demais jornais e revistas não comunistas, *O Jornal* descrevia-o de modo bem pouco lisonjeiro, chegando às raias do vitupério: "Insultou o Brasil, o seu povo e o seu governo de modo a ferir os brios do patriotismo zelosamente defendidos por nossa gente"; "serve aos interesses do imperialismo soviético, caluniando sua pátria"; "volta milionário do paraíso vermelho, vendeu a ouro seus livros e, de uma só vez, recebera 25 mil dólares"; "dão-lhe no reino de Stálin a condição de milionário, criando-lhe facilidades para que se encharque do ouro de Moscou e venha, de regresso ao Brasil, tecer loas ao comunismo". O periódico assegurava: "Traz em sua bagagem volumosa farto material de propaganda e ainda mensagens em código, bilhetes de 'camaradas' russos para 'camaradas' brasileiros. Volumosas instruções para o extinto PCB também são guardadas na bagagem de Jorge Amado".

A imprensa comunista reagia. Jornal em que colaborava, a *Imprensa Popular* dava a notícia de sua volta com entusiasmo. Chegaria no dia 12, no vapor *Giulio Cesare*. Ressaltava: "Jorge Amado é um nome que honra nosso povo". "Na Europa, prestou inestimáveis serviços à causa dos partidários da paz. Percorrendo diversos países europeus, principalmente os países das democracias populares, é hoje o escritor mais traduzido do Brasil, elevou o nome de nossa pátria e a sua luta incessante pela causa da paz." E continuava: "Seu retorno à pátria é um fato auspicioso para o povo brasileiro — em cujo nome lhe foi conferido o Prêmio Stálin da Paz — e particularmente para os partidários da paz, que terão agora suas atividades consideravelmente reforçadas com a presença do grande escritor brasileiro".

"Chegaram os bolchevistas", anunciou o jornal *A Vanguarda* que circulou na mesma noite do desembarque do escritor. Nas fotos estampadas na imprensa, explodem de contentamento João e Eulália, aos abraços com o filho. Zélia carrega Paloma, de nove meses, e dá a mão a João Jorge, cinco anos incompletos. Compareceu ainda ao desembarque uma "claque comunista", no dizer da imprensa: os advogados do partido Augusto Belém e Letelba Rodrigues de Brito, o deputado Roberto Morena, o vereador Aristides Saldanha. "Venho porque sou brasileiro, quero viver na minha pátria, em companhia da minha família e mesmo porque não tinha nada a fazer na Europa", disse o escritor, acrescentando que passara pelo menos um ano a tentar visto de regresso ao Brasil. "Ganhei dinheiro, mas gastei dinheiro", explicou. Começava uma nova fase em que responder sobre seus rendimentos seria cada vez mais frequente. Também teve de esclarecer que o castelo onde vivia, longe de um ambiente suntuoso, era uma residência pública para escritores.

A bagagem contava 33 volumes "somente de cabine", admirava-se uma das dezenas de repórteres que estiveram no cais do porto do Rio de Janeiro. Nem tudo estava nos 33 volumes, se a conta da bagagem estiver certa. Diógenes Arruda Câmara enviara o aviso de que tomassem cuidado. O partido fora informado de que a polícia preparava "uma razia completa", como se recordaria Zélia. Ainda em solo europeu, Jorge providenciara que parte de seu material seguisse para o Uruguai, aos cuidados de Enrique Amorim. Pediu ao amigo que guardasse "malas de livros" em sua casa até o dia em que pudesse buscá-las em segurança.

Não queria tratar de política na chegada, mas foi inevitável. Havia sobretudo boatos. "Sob fogo cruzado das perguntas dos repórteres", como relatou *O Jornal* no dia seguinte, "negou que viesse assumir a chefia ostensiva do PCB enquanto Prestes estivesse foragido, tachando esses rumores de 'idiotas'." Entre os militantes, havia a percepção de que essas informações infundadas eram plantadas para causar confusão entre eles mesmos. Um dos boatos mais graves a circular por um tempo dizia respeito ao plano de Moscou, do qual teria conhecimento Jorge, de dar cabo do militante Maurício Grabois, que nunca acreditou em sua veracidade, tampouco que o amigo soubesse de algo desse teor.

A imprensa teria assunto nos dias que se seguiram ao desembarque. *O mundo da paz*, publicado pela comunista Editorial Vitória, rendera cinco edições até que sua venda foi suspensa, com livrarias invadidas para apreensão dos volumes disponíveis e seu autor enquadrado na Lei de Segurança Nacional. Recém-chegado, Jorge foi intimado duas vezes a prestar esclarecimentos na delegacia, recusou-se a ir em ambas. Convidou para ir junto com ele seu advogado João Mangabeira, que nada precisou fazer. O processo foi arquivado.

A profusão de notícias publicadas sobre seu regresso sinalizava que o tratamento dado a ele a partir dali assumiria uma dimensão maior que a de um escritor apenas. Era visto como peça-chave na Guerra Fria, e em uma época em que a imprensa também florescia no país, com novos jornais e revistas ilustradas. O de Lacerda, por exemplo, tinha pouco mais de dois anos. Para manter-se a par de tudo o que saía sobre ele, Jorge contratou um serviço da empresa Lux, de recortes de jornais e revistas. Não se sabe de escritor brasileiro que, à época, tivesse tal preocupação.

Os arapongas continuariam no seu encalço. A vigilância, interrompida quando esteve no exílio, voltava à carga.

Onde cabiam seis, passaram a caber onze. O apartamento de três quartos da rua Rodolfo Dantas abrigava João e Eulália. Com hóspedes constantes: Janaína, a filha de James com Jacinta; Joelson Lisboa, sobrinho de Eulália que viera da região grapiúna estudar medicina; e José de Jesus, um faxineiro que ocupava o quarto de empregada. Por vezes havia ainda uma hóspede itinerante: dona Emília, solteirona amiga e conterrânea de João.

Chegaram Jorge, Zélia e os dois filhos. O sobrinho de Eulália passou a dormir na sala de jantar, João Jorge e Paloma somaram-se a Janaína no quarto que o rapaz desocupou. O coronel não tinha coragem de dispensar José de Jesus. A babá francesa um dia voltaria ao Rio, para ser dona de galeria de arte. A babá agora contratada se acomodou no mesmo quarto das três crianças. De volta, Zélia tratou de rever o primeiro filho. A dificuldade de se aproximar só aumentaria com o tempo. Luís Carlos chegaria à maioridade distante da mãe.

De fundos, o apartamento dava vista para a avenida Nossa Senhora de Copacabana, por um espaço entre dois edifícios. Os sons se alternavam durante o dia: de manhã, os do piano de uma moradora que se exercitava assiduamente e os do jardim de infância de uma escola; à noite, os dos bares e boates do Beco das Garrafas, ali ao lado, onde nasceria a Bossa Nova em fins da década de 1950. O aperto aliviou quando o apartamento imediatamente localizado no andar de cima, de número 804, foi colocado à venda.

O coronel o comprou e mandou instalar uma escada em caracol ligando os dois apartamentos. Novo arranjo: em cima, acomodaram-se com folga os velhos, as crianças e os hóspedes; Jorge e Zélia ficaram no andar de baixo; um dos quartos se transformou em gabinete de trabalho; abriu-se o terceiro para formar o salão e o bar, onde receberiam as visitas, que não seriam poucas.

Instalado outra vez no Rio, Jorge levou adiante uma burocracia que parecia ter evitado. Tornou oficial sua separação de Matilde por meio de um desquite — o divórcio ainda não era permitido no país. Sem Lila, a ex-mulher apresentava variação de humor ainda maior, com temporadas de internação cada vez mais longas. Quando estava bem, trabalhava no serviço público e participava vivamente das atividades da Federação Democrática Internacional de Mulheres. A organização não governamental fora iniciada na França após o fim da Segunda Guerra Mundial para emancipação feminina, sem ligação direta com partidos.

As viagens ao exterior não cessariam para Jorge. Enquanto um mundo inteiro se abria, outro se fechava. Em 1952, em pleno macartismo, foi proibido de entrar nos Estados Unidos, e seus livros ali publicados deixaram de circular. Continuaria as viagens aos vizinhos sul-americanos, ao Leste Europeu e ao Extremo Oriente, que seriam, até 1961, mais de duas dezenas. Não se furtava da tarefa de mensageiro informal para os amigos. Em viagem à Polônia, duas vezes levou dinheiro do diretor de teatro Zbigniew Ziembinski para o filho. A projeção por aquelas bandas despertava pedidos que nem sempre conseguia atender. Contava que Pancetti teria se chateado porque não conseguiu ajudá-lo a realizar uma exposição em Moscou. Era comum que indicasse gente para viagens ao mundo comunista, como Carlos Scliar, Graciliano, Maria Della Costa, Djanira, todos integrantes de delegações oficiais.

O medo de viajar de avião crescia, e as surpresas nos aeroportos também podiam ser alegres. Estava em Estocolmo em fevereiro de 1953 quando resolveu enviar um telegrama para Ferreira de Castro, em Lisboa, perguntando se aceitava receber o Prêmio Stálin da Paz, pois não sabia se a ideia lhe causaria inconveniente político. Avisou-lhe data e hora em que seu avião pousaria em Lisboa para a escala habitual. Proibido de entrar em Portugal, Jorge era já velho conhecido da sala de trânsito internacional do chamado aeroporto da Portela. Ao desembarcar, na noite do dia 12, avistou não apenas o autor de *A selva*. Eram onze os que o esperavam, numa mesa posta, espécie de homenagem e também de ato contra a ditadura. Estavam lá Alves Redol, Maria Lamas, Roberto Nobre, Mário Dionísio, Carlos de Oliveira, Piteira Santos, João José Cochofel, José Cardoso Pires e o editor Francisco Lyon de Castro. Com Redol falou: "Muitos fotógrafos, hein?". Ouviu como resposta: "Um [deles] é nosso, os outros são da Pide [Polícia Internacional e de Defesa do Estado]". O *Diário de Notícias* registrou o episódio telegraficamente, com uma foto e o título: "Jantar policiado na área de trânsito do Aeroporto de Lisboa".

Tanto quanto os arapongas brasileiros, a Pide engordava a cada dia as pastas sobre o autor proibido de circular em Portugal, cujo trânsito era supreendentemente livre nas colônias portuguesas na África.

Em sua vida no Rio nos anos 1950, Jorge seria uma espécie de embaixador soviético. Os que chegavam da União Soviética, dos países do Leste e da Ásia comunista, ou mesmo comunistas de qualquer outra região do mundo, tinham sua atenção — do astronauta Iuri Gagarin aos integrantes da Ópera de Pequim. O cicerone os levava para passear, reunia a imprensa em coletivas, promovia encontros. As amizades feitas em Paris ou nas viagens internacionais se mantinham graças às visitas e sobretudo às cartas, cada vez em maior número.

Das tarefas mais importantes como dirigente do movimento da paz, vinha ajudando a organizar, desde sua volta ao Brasil, o Congresso Continental da Cultura, a ser realizado no Chile.

Na correspondência com os camaradas — ou os *compadritos*, a depender da intimidade —, também há notícias de livros publicados e de gente presa, recolhimento de assinaturas para abaixo-assinados de todo tipo, votação para identificar quem deveria receber o Prêmio Stálin ou ser celebrado a cada ano — os chamados "aniversários culturais", como centenário de nascimento ou morte de escritores, artistas e intelectuais ligados à causa comunista.

O evento no Chile lhe rendeu o afastamento de dois autores, um que lhe era especialmente muito caro, Erico Verissimo, e outro por quem sentia simpatia desde os primeiros anos no Rio, Jorge de Lima. O combinado entre os organizadores — Jorge tinha em María Rosa Oliver, em Buenos Aires, sua grande assistente, em troca assídua de cartas longuíssimas — era reunir o maior número de participantes que pudessem ser definidos como "amplos", adjetivo usado para aqueles que não eram necessariamente comunistas. María Rosa tentava Jorge Luis Borges, em nada relacionado ao comunismo. O convencimento não seria simples. Os convidados a participar tinham dúvidas dos propósitos do evento, faziam perguntas, alguns tergiversavam, outros acabavam sem aceitar a inclusão de seu nome. Acontecia às vezes de assinarem a lista que confirmava sua presença e, depois, recuarem. Foi o caso dos escritores brasileiros, cuja desistência foi divulgada na imprensa, com seus reclamos de que se sentiram enganados.

Adiado algumas vezes, o congresso no Chile ocorreu entre 26 de abril e 2 de maio de 1953, com participação de uma boa parte da intelligentsia de países das Américas, inclusive os Estados Unidos. Jorge hospedou-se, com a mulher, na Casa de Los Guindos, de Neruda e Delia. Zélia se encontrou na casa "construída aos poucos, quarto a quarto, invadindo o pomar", "esparramada sobre um grande terreno plantado de árvores frutíferas, flores e arbustos". Preparou ali um caldeirão de feijoada — feijão-preto, carne-seca e paio, linguiça fresca e defumada, pezinhos de porco, orelha e rabos, ingredientes levados do Brasil e outros comprados lá. Na lista dos que provaram do seu tempero, o pintor mexicano Diego Rivera, os escritores chilenos Jorge Edwards e Nicanor Parra, e até o socialista Salvador Allende, candidato derrotado à Presidência do Chile em 1952. Findo o evento, conheceram em Isla Negra a outra casa de Neruda e Delia, de pé-direito alto, com fachada de vidro, construída sobre o oceano Pacífico de tal modo que os fazia se sentir dentro de um barco.

Quando desejava aparecer no Rio, Neruda enviava um telegrama com uma só palavra: "Camarones". Sua vinda ao Brasil era sempre a possibilidade de arrecadar um dinheirinho, com bem remuneradas récitas de poesia. Zélia, com longa carreira de vendedora de bilhetes e rifas, dizia que nunca teve tanta facilidade de passar entradas.

Em 1954, Jorge e Zélia viajaram para o aniversário de cinquenta anos do poeta chileno, comemorado em julho. Dessa vez, hospedaram-se na casa de Salvador Allende, que estava em viagem. Para a festa chegaram Ehrenburg, Emi Siao, Jan Drda. Não eram bem-vindos no Chile: um grupo anticomunista jogou uma bomba no jardim da Casa de Los Guindos.

O amigo soviético quis ir ao Rio e teve o visto negado por Getúlio e Oswaldo Aranha. A fim de encontrá-lo, Jorge conseguiu autorização para entrar na sala reservada aos passageiros em trânsito no aeroporto. Levou de presente uma cesta com jaca, manga, carambola, banana-maçã e banana-prata, todas ainda verdes, para aguentarem a viagem: todas frutas que Ehrenburg conhecia da literatura e desejava provar. Também ganhou mudas de cacau e café para serem plantadas na estufa de sua datcha.

Os autores que Jorge conhecia eram publicados na coleção Romances do Povo, que dirigiu para a Editorial Vitória entre 1954 e 1956. Saíram vinte obras, todas de comunistas, ou ao menos comprometidos com causas populares. A maioria era soviética, como Ehrenburg, Konstantin Fedin e Alexandr

Serafimovitch. Havia também a alemã Anna Seghers, o islandês Halldór Laxness, a chinesa Ting Ling, o indiano Mulk Raj Anand e até uma brasileira, Alina Paim, de Sergipe. Dessa vez, sem tradução fajuta atribuída a Jorge. Assinavam as versões nomes como Ricardo Ramos, filho de Graciliano que se tornara contista, Glauce Rocha e Maria Werneck de Castro, a Neném.

Obra que não conseguiu terminar em Dobříš, *Os subterrâneos da liberdade*, primeira parte do ciclo que desejava chamar *O muro de pedras*, só saiu em maio de 1954, dois anos depois do retorno ao Rio. Os autógrafos ocorreram no salão de vendas da Livraria Independência, na rua do Carmo, 38, reduto da intelectualidade comunista.

Os originais foram entregues ao partido para serem lidos pela direção, que desejava dar seu parecer antes de o livro ser publicado. Prestes devolveu sua cópia sem anotar nada. A de Diógenes Arruda Câmara chegou com observações variadas, algumas de ordem política, outras de cunho moral. Zélia se recordaria de anotações feitas às margens, como a que apontava "excesso de sexo". Armênio Guedes, comunista veterano, contava que viu Arruda Câmara irritado porque nada do que sugerira fora acatado. Guedes, meio século mais tarde, se recordava de Jorge como quadro leal às decisões do partido.

Não houve repercussão para obra tanto tempo gestada. Em carta à mulher, Jorge comentou: "Não me estranha nada, nem o silêncio da imprensa, nem o desinteresse da [Livraria] Independência, nem os boatos dos amigos das rodinhas de futrica. Nem me estranha nem me afeta. Toda essa gente, tenho te dito muitas vezes, não me tolera e a coisa que mais desejariam ver era eu me afundar. A imprensa tu sabes que é coisa velha. A Independência queria que Martins pagasse as festas que eles fizessem e quanto aos 'disse que disse' tu sabes que não sou simpatizado por essa canalha sem caráter que nos rodeia. Eu sei o que o livro vale e o que pensam dele aquelas pessoas a cuja opinião eu dou importância. A gente da terra de Ilya e basta-me com o sucesso que as edições polaca e tcheca estão tendo. O resto nem me preocupa. E tu não deves tampouco te preocupar nem um momento por isso". Orgulhava-se por escrito do livro stalinista à altura do que fez Aragon com *Os comunistas*, ou Ehrenburg e seu *A tempestade*, que publicara na coleção Romances do Povo.

O enredo de *Os subterrâneos da liberdade* difere dos anteriores pelo tipo de personagem e por sua localização. Não se passa na Bahia, tampouco reúne seu costumeiro contingente de gente da rua, trabalhadores e coronéis. Entre a capital paulista, Santos, Rio de Janeiro e certa região de Mato Grosso, circula gente como o banqueiro Costa Vale, o deputado Artur Carneiro Macedo da Rocha e seu filho, o diplomata Paulo Macedo da Rocha. Em contraposição a esse núcleo, os comunistas que protagonizam as ações de heroísmo são Mariana e João, o ruivo, e há ainda divisionistas como Alberto Saquila e Heitor Magalhães. Com nome real, aparecem Getúlio, Prestes, Armando de Sales Oliveira e Plínio Salgado. Suas criaturas gozavam de presença marcante. Os três volumes somavam 1039 páginas.

Jorge pretendia, com essa primeira parte, contar os bastidores do golpe do Estado Novo e a divisão que ocorreu na esquerda brasileira entre 1937 e 1940. Nas duas seguintes abordaria a luta pela redemocratização até aqueles dias: *O povo na praça* transcorreria entre 1941 e 1945; *Agonia da noite* — resgatava título de um antigo projeto — ia avançar até a década de 1950. Ambos foram anunciados na folha de rosto da primeira edição de *Os subterrâneos da liberdade*. Na lista, também há um prometido volume de ensaios ainda sem título, que trataria especificamente do realismo socialista e, mais surpreendente, um de poesia, *Os poemas de mestre Manuel*. Uma vida literária assentada no romance, e ainda pensava mostrar seus versos. Uma década depois, abandonada a ideia de publicá-los, comentava que fizera "poesia da pior espécie, felizmente pouquíssima e inédita".

As "rodinhas de futrica" a que se refere nas cartas giravam em torno da semelhança entre personagens da ficção e gente conhecida na vida real. Cesar Guilherme Shopel seria, por exemplo, Augusto Frederico Schmidt, e Antônio Alves Neto, Julio de Mesquita Filho. Viram Caio Prado Jr. em Cícero d'Almeida, e Gilberto Freyre, em Hermes Resende. Reconheceram Oscar Niemeyer em Marcos de Sousa. Apolinário e Vitor seriam Apolônio de Carvalho e Diógenes Arruda Câmara. Em Abelardo Saquila, estava o jornalista Hermínio Sacchetta, que teve a reação mais dura naqueles dias.

Um dos expulsos do Partido Comunista após discordância interna iniciada pouco antes do golpe do Estado Novo, Sacchetta se tornara um importante trotskista com trajetória bem-sucedida na imprensa. Não gostou da imagem de traidor da personagem Saquila. Escreveu artigo de pesada artilharia no jornal *Tribuna da Imprensa*, de Lacerda. Referia-se a Jorge como "semianalfabeto ilustre", um "típico *homo staliniensis*, frio, calculista e cínico, despido de toda a decência", "a serviço dos senhores da Rússia", para nutrir "de subliteratura fraudulenta as pobres vítimas do *aparelho* partidário, procurando imunizá-las, por meio de calúnias e imposturas, contra as ideias sobre o socialismo científico e a verdade no tocante ao degradante capitalismo de Estado que asfixia o povo russo". Sacchetta justificava que havia vasta documentação sobre os desentendimentos dos comunistas na virada para a década de 1940, e que o "rocambole zdanovista de mais de mil páginas" "falsifica a história preservando a *infalibilidade* política dos fanfarrões primários que dirigem o stalinismo, aqui e além". Lembrava ainda que, durante os episódios que narrava, ele, Jorge, "empregava suas atividades intelectuais no *Meio-Dia*, jornal da embaixada nazista no Rio de Janeiro". Mesmo sendo ruim, a reação de Sacchetta foi das poucas que se viu na imprensa não comunista ao lançamento do novo projeto de Jorge.

O cotidiano estava um pouco mais salubre para os comunistas, nem por isso menos tenso na política. Lacerda tinha se tornado grande articulador da queda de Getúlio. Em 5 de agosto de 1954, sofrera um atentado no número 180 da rua Tonelero, em Copacabana, a mando de Gregório Fortunato, chefe da guarda pessoal do presidente, e Lutero Vargas, seu filho. Lacerda saiu ferido no pé, e o major Rubens Florentino Vaz, que o acompanhava, morreu. Dezenove dias depois, Getúlio se matou com um tiro no coração no palácio do Catete. As eleições presidenciais ocorreriam em 1955, disputadas por Juarez Távora, preferido dos conservadores que se opunham ao varguismo, e Juscelino Kubitschek, o eleito, numa candidatura que conseguiu reunir no seu entorno liberais, democratas e comunistas.

Zélia fizera parte do comitê feminino pró-Juscelino coincidentemente instalado no térreo do edifício em que viviam na rua Rodolfo Dantas. Sua atuação, ela definia como "discreta e voluntária": quando tinha folga, ia às reuniões e contribuía com pequenas ações concretas. Como no dia em que levou um balde de alvaiade em pó e um pincel para escrever o nome do candidato na riquíssima avenida Atlântica. As letras iam de uma calçada a outra. João Jorge ajudava a mãe na empreitada, parando o trânsito até que a operação tivesse sido concluída a contento. Aos sete anos, não podia ser mais entusiasmado cabo eleitoral. Distribuía volantes e colava cartazes. Até arrumar briga na escola, arrumou: engalfinhou-se com um garoto de sua idade, que militava na oposição e a quem apelidara de Juarez Insensatez. Zélia teve de ir até a diretora após convocação extraordinária. Como o diálogo parecia impossível, concluiu que era melhor tirar o filho do colégio, assim evitava que o menino passasse pela indignidade de ser expulso ou refreado em seu pendor revolucionário.

A proximidade de Zélia com o comitê feminino pró-Juscelino chamou a atenção de um grande adversário. Em voz alta, Jorge leu certa manhã notícia na *Tribuna da Imprensa*. Era identificada como "a mulher que vivia com Jorge Amado" — na construção da frase, um evidente ataque de cunho moral, num tempo em que não havia divórcio no país.

"O que é isso?", Zélia reagiu, lembrando que carregara no colo dois filhos de Lacerda e Zilá. "É política, minha filha", Jorge sintetizou.

Em novembro, a *Imprensa Popular* dizia que uma terceira edição de *Os subterrâneos da liberdade* estava a caminho — podia ser medida real de vendas ou uma tentativa de divulgar mais a obra. Na União Soviética, o romance teve tratamento de acontecimento literário — fora descrito como o primeiro romance latino-americano escrito conforme o método do realismo socialista. O livro vinha sendo esperado fazia tempo: trechos saíram com antecedência nas revistas *Ogoyiok* e *Smena*. Em Moscou, sua publicação ocorreu no mesmo 1954. Os tradutores receberam manuscritos do livro quando ainda não tinha sido concluído. Quando chegaram os três volumes do romance recém-publicado em São Paulo, a equipe editorial percebeu que, no Brasil, saíra com muitas alterações feitas na última hora pelo escritor. A editora soviética precisou refazer a tradução de 850 páginas. As resenhas na União Soviética eram elogiosas. Os críticos aprovaram a ausência de cenas naturalistas, frequentes em títulos anteriores, e consideraram que toda a sua criação até ali fora como uma preparação para criar um romance "correto". Reconheciam que o autor, por sua vez, compreendia o "domínio do método" como seu dever e uma tarefa bastante difícil.

Depois do Prêmio Stálin da Paz e de *Os subterrâneos da liberdade*, Jorge Amado era um escritor estimado entre os leitores soviéticos. Irônico é que, justamente agora, o autor não era mais um entusiasta do regime como nos velhos tempos. As palavras duras de Sacchetta tiveram peso maior do que se podia supor.

26.
O desencanto

Graciliano adoecera, um câncer na pleura avançava, e a viagem que Jorge teve de fazer ao Chile lhe pareceu providencial para evitar o martírio que era assistir à partida do amigo naquele março de 1953. Quem morreu durante o tempo em que se ausentou do Rio foi Stálin, no dia 5. Apenas desembarcou, recebeu a convocação de retornar ao Brasil para integrar a delegação brasileira que iria à União Soviética para as exéquias. Chegou a ver Neruda e outros amigos no aeroporto usando gravatas pretas em sinal de luto. Não havia avião de carreira, a volta se deu num monomotor, o pânico a operar em alta potência. Quando aterrissou, com espanto escutou que o grande líder comunista, 73 anos, havia 29 no poder, encontrava-se já em seu mausoléu.

No apartamento da Rodolfo Dantas, o primeiro a saber foi o coronel, que acordava muito cedo e ouvia pelo rádio o noticiário. "Zélia, ó Zélia", chamou a nora, que levantou assustada pois não era hábito do sogro bater na porta. "Stálin morreu." Eulália chegou atrás: "O pobrezinho se foi, hein?". João Jorge escutava discos numa vitrola quando o interromperam dizendo que aquele não era dia de ouvir música. Deram a notícia a Graciliano. "Duas vezes vi meu pai chorar", diria Ricardo Ramos. "Numa, cuidadoso, tive de contar do suicídio de Márcio [filho de Graciliano]. Na outra, disse-lhe que Stálin morrera." Entre injeções de morfina, o escritor alagoano colocava no papel um livro sobre sua viagem à União Soviética e outro com as memórias da cadeia. A pedido do pai, em certo dia de passagem de Jorge por ali, Ricardo leu em voz alta três capítulos do primeiro. O visitante se desdobrou no elogio. Depois de sua partida, o

Velho comentou: "Jorge não gostou", concluiu, "só falou de literatura. Não falou de política". O filho, ponderando que tinha razão o pai, argumentou que talvez tenha evitado tratar de política pela diferença de pontos de vista, afinal preparava um livro de viagens bastante diferente de *O mundo da paz*.

Graciliano morreria no dia 20 do mesmo mês. No enterro, deram a Jorge a incumbência de falar. Com a voz embargada, não conseguiu continuar. Tomou a palavra providencialmente Dalcídio Jurandir.

A diferença de ponto de vista talvez não tenha sido o motivo de não ter falado de política com Graciliano. O desencanto com o stalinismo não começou numa data que se possa fixar. "Tudo aconteceu aos poucos", Jorge se recordaria, "houve uma série de acontecimentos e meus olhos começaram a se abrir." À altura da despedida de Graciliano, existia e não era pequeno.

No ano em que chegou a Paris, a Iugoslávia de Tito rompera com a União Soviética de Stálin, assumindo um socialismo autônomo, não alinhado aos soviéticos. Numa tentativa de impedir novas dissidências em seus países-satélite, as forças stalinistas se tornaram intolerantes ao mínimo sinal de divergência, identificada como traição grave, passível de prisão e pena de morte.

À época "crédulo, incondicional", acreditava "nas histórias de complôs e traições", também via "em cada um dos acusados inimigo jurado da Revolução, da classe operária, do esplendor do amanhã". Da parte de Zélia se dava o mesmo. Nas viagens, como ela anotaria, "não viam coisas negativas nem acreditavam que pudessem existir".

Soou o primeiro alarme quando visitaram Budapeste em 1949. Acontecia o chamado Processo Rajk, que se concluiria com a condenação à morte de Lázló Rajk, dirigente comunista húngaro, entre quase uma centena de executados ou sentenciados com a prisão perpétua. No terraço de um bar, entre húngaros que estavam ali para dar boas-vindas, Jorge achou que entendera mal o tradutor para o português. Um dos convivas disse que a confissão fora arrancada à base de tortura. "Tortura? Devo ter ouvido mal, não falou tortura certamente, o que foi que ele disse?" A roda riu de seu espanto. Escutou como resposta que a polícia política agindo a serviço e em defesa do regime era constituída pelos mesmos do tempo da ocupação nazista, "a profissão de guardião da ordem está acima e além das ideologias".

Aquela noite foi atravessada com "febre, frio e coração traspassado, estômago embrulhado e ânsia de vômito". "A ansiedade de não falar nada" piorava o mal-estar. Zélia lhe perguntava o que tinha e terminou por imaginar que devia ser história com alguma mulher. "E ia piorando cada vez mais, porque a cada dia eu ficava sabendo de mais." A onda de processos e purgas "se alastraria no mundo socialista, as confissões e as sentenças". No mesmo ano de 1949, haveria um grande julgamento na Bulgária. Entre 1950 e 1952, na Tchecoslováquia. Na Polônia, em 1953.

Um caso acertou em cheio o casal em meio à denúncia de conspiração tcheca. Nos dias que passavam em Moscou, um general republicano espanhol refugiado na Tchecoslováquia foi quem primeiro lhes contara "a portas fechadas e a meia-voz", lembraria Zélia, "dos boatos que corriam em Praga, sussurrados entre camaradas, sobre prisões de altos dirigentes e ministros de Estado".

O assim chamado Processo Slánský atingiu líderes até então venerados, a maioria de origem judaica, como o secretário-geral do Partido Comunista Tcheco Rudolf Slánský. Entre os presos estava Artur London, um amigo que fizeram no castelo. Pela primeira vez Jorge não acreditou nas acusações. Zélia diria: "Como podíamos acreditar que fosse espião? Impossível. Muito menos que participasse de conspiração. Tinha certeza de que era engano com o amigo; e que era engano do governo, que também consideravam íntegro". Torturado até assinar a confissão, London foi um dos poucos que escaparam de morrer na forca, condenado à prisão perpétua.

Num recital de piano, Zélia encontrou a mulher de London. Num impulso, lhe deu "um abraço muito afável", como recordaria Lise London. O gesto simpático despertou comentários desaprovadores no castelo. Jorge e Zélia, na dúvida, seguiram as recomendações de Diógenes Arruda Câmara, o homem forte do partido no Brasil, para que fossem "prudentes e reservados, ouvir e falar pouco", recordaria Zélia.

Depois foi a vez de Edith Depestre, mulher do haitiano René Depestre, levantar suspeitas. Acusada de espionagem, recebeu mais de uma vez intimação para se apresentar à polícia. Queriam que confessasse que era judia tcheca. Judia era, mas romena. Depestre seria grato pela proteção dada por Jorge não apenas em Dobříš como pelos anos seguintes. O romancista, "influente na época, conhecia todo mundo e tinha boas relações", e o livrou de apuros conforme tentava se estabelecer na França, na Itália e em Cuba. Anos depois, faria um poema dedicado a ele, "Uma definição de poesia".

O espanto de Jorge diante de acontecimentos tão confusos logo foi substituído por outro sentimento. "O medo era algo concreto, tangível", escreveria. "Todo mundo tinha medo — medo de ser preso a qualquer momento, medo de ser liquidado a qualquer instante." Adiante: "Não é fácil ser digno, decente, quando o medo ergue a muralha da desconfiança e do equívoco, cada palavra, um simples gesto, pode levar ao Tribunal da Inquisição". A distinção que recebeu em Moscou passou a funcionar como uma espécie de salvo-conduto. O ânimo passou a se sustentar "com o fato de ser Prêmio Stálin, recompensa maior à fidelidade incondicional". Acreditou que possuía "certa margem de imunidade" pela sua "honradez, moeda rara". Também descreveria: "Posso tocar o medo com a mão. Erguido em nossa frente o muro da devassa na visitação do Santo Ofício comunista. Separa vida e morte, a morte infamante dos traidores, ninguém está a salvo das ameaças, nem o mais ilustre nem o mais poderoso: bocas trancadas, olhares fugidios, a dúvida, a desconfiança". "Dias de medo, malditos, desgraçados, prolongam-se em semanas e meses infelizes. As dúvidas crescem, não devemos duvidar, não queremos duvidar, queremos continuar com a crença intacta, a certeza, o ideal. Nas noites insones, nos contemplamos, Zélia e eu, um nó na garganta, vontade de chorar."

No porto de Gênova para voltar ao Brasil, Zélia "já não era a moça ingênua que lá aportara, cheia de ilusões, sectária, limitada, com uma visão idealista do mundo; passara a conhecer melhor a vida, as injustiças, desconfianças, acusações e delações — o medo desenfreado condicionando a existência das pessoas".

Episódios corriqueiros que viram acontecer ganhavam novo sentido. Em Budapeste, Jorge insistira para visitar György Lukács, a quem admirava desde o encontro em Wrocław. Àquela altura o filósofo e seu formalismo caíram em desgraça por determinação dos ideólogos soviéticos do realismo socialista. Com estranheza o secretário-geral do Partido Comunista Húngaro reagiu ao desejo do visitante. Quando em Bucareste, fez pedido semelhante. Tinha como propósito encontrar e abraçar outro conhecido seu, Zaharia Stancu, já destituído da secretaria-geral da União de Escritores Romenos e do comitê central do partido. O contingente de proscritos crescia a cada viagem. Recordava-se da operação entre amigos que fizeram para que Bertolt Brecht recebesse o Prêmio Stálin. O dramaturgo, a quem conhecera por ser vizinho de Anna Seghers em Berlim Oriental, vinha sendo importunado pelo Partido Comunista Alemão por peças que não se enquadravam na estética pretendida. Corria o risco de perder sua companhia, a Berliner Ensemble. Com a distinção dada por Moscou, acreditaram que deixaria de ser incomodado. Ao lado de Halldór Laxness, Jorge iniciaria defesa pública de Boris Pasternak, a quem havia sido atribuído o Prêmio Nobel, sob desaprovação do regime.

Os acontecimentos que sinalizavam a intolerância e a perseguição do regime continuaram a ser presenciados no Rio. Jorge teve de tomar parte num Curso Stálin. De olhos vendados, após horas de percurso, chegou ao lugar, na zona rural.

"Tomado pelas dúvidas", "arrepiava-se ao escutar certas proposições" dos professores. Como a recomendação de que os filhos denunciassem os pais, superando sentimentos burgueses de família, de modo a cumprir o dever revolucionário. Quando ajudou a escolher a segunda delegação brasileira que viajaria para a Rússia, ainda em 1953, telefonou ao velho amigo Scliar para saber se podia confirmá-lo. Maurício Grabois, ao saber, lhe telefonou transtornado. "O que te passou pela cabeça? Ele é judeu." Então Jorge replicou: "Tu também és". Grabois confirmou: "Por isso mesmo". Não era segredo para os próprios militantes o antissemitismo soviético.

Jorge e Zélia visitavam outra vez Moscou quando leram no *Pravda* sobre o suposto complô de médicos judeus contra Stálin, um capítulo tenebroso do antissemitismo oficial soviético. O jornal, que funcionava como porta-voz oficial, passara a fazer em seus editoriais pesada campanha contra intelectuais e cientistas judeus, vistos como agentes dos Estados Unidos. Fora dissolvido o Comitê Judaico Antifascismo, que se ocupava com o levantamento dos judeus mortos pelos nazistas em território russo — a negação do Holocausto seria parte da linha oficial do governo — e apoiava a criação do Estado de Israel — visto então pelo regime soviético como ameaça do imperialismo americano. Seus membros foram presos, julgados e executados. O chamado "complô dos médicos" era a denúncia de que existia uma conspiração judaica, com agentes pagos pela inteligência americana, para matar, por meio de tratamentos errados, líderes soviéticos sob seus cuidados. As acusações eram o prenúncio de novos expurgos e tinham como alvo principal os judeus soviéticos.

A vida não estava fácil para o próprio Ehrenburg, também de origem judaica. Quando o clima piorou, queimou praticamente toda a correspondência que recebera, com receio de prejudicar seus interlocutores. Para confortar o amigo em apuros em Moscou, Jorge e Neruda escreveram carta para oferecer a ajuda de que precisasse, juntos podiam fazer uma campanha internacional a seu favor. Naquele tempo nem tudo era possível de entender — não sabiam totalmente o que ocorria, só foram saber depois, porque ninguém falava; se houvesse desconfiança, não se podia falar, não só porque havia escutas e espiões por toda parte, como porque não se sabia como ia reagir o interlocutor. A conversa por carta, passível de interceptação, não devia conter segredos. Em encontros pessoais, contavam uns aos outros o que se passava. As oportunidades de falar ocorreram: como quando se encontraram no aniversário de Neruda, ou na ida de Jorge ao II Congresso de Escritores Soviéticos, em 1954. Os literatos haviam se reunido pela primeira vez vinte anos antes. O evento seguinte deveria ter ocorrido em 1937, se não fosse a onda de expurgos — condenações e mortes de dissidentes. Denunciando-se uns aos outros, seiscentos escritores foram presos no período de grande terror, entre 1936 e 1939. Numa conta que inclui não membros, alcançava o número de 2 mil os escritores condenados à prisão, metade morta em campos de concentração. Russos eram os menos visados; entre os mais prejudicados, judeus, armênios e ucranianos.

A União dos Escritores Soviéticos se tornara agência do terror stalinista contra seus próprios integrantes, que possuíam privilégios que os deixavam à parte do dia a dia repleto de restrições da gente comum. Ehrenburg funcionava como porta-voz de escritores mais liberais. Acredita-se que não tenha sido preso ou morto porque seu amplo trânsito no Ocidente seria útil ao Estado soviético. No evento de 1954, reclamou que os leitores estavam cansados do realismo socialista. Seu romance *Degelo* simbolizaria um novo tempo, o da desestalinização. Com a reabertura, a obra de Maiakóvski voltaria a circular, obras de Picasso e Chagall, apresentadas ao público, e o próprio Prêmio Stálin seria rebatizado como Prêmio Lênin.

Não bastasse o sufoco político, as finanças "andavam mal", como recordou Zélia. "Ficar fora do mercado tanto tempo era um desastre. De traduções estrangeiras, de vez em quando vinha ordem de pagamento." As benesses das edições e viagens pelo Leste não resultavam em ganho real. A começar pelo Prêmio Stálin. O valor recebido teve de ser entregue ao partido. Arruda Câmara ao menos deixou que descontassem as despesas do retorno ao Brasil por navio. As funções partidárias — desde participar de reuniões no país a seguir em missões pelo mundo que só ele podia cumprir — ocupavam seu tempo como escritor. Chegara a pedir inscrição para tentar eleger-se deputado federal pelo PTB paulista nas eleições de 1954; a justiça eleitoral impugnou a sua candidatura e a de outros comunistas escalados para a empreitada.

Entraram com mandado de segurança, negado. Nas livrarias brasileiras, o sectarismo de *Os subterrâneos da liberdade* prejudicava a popularidade. As casas editoriais comunistas, por sua vez, nem sempre pagavam direitos autorais. Como se vê numa troca de cartas com Howard Fast, a quem teve de explicar por que o americano não tinha recebido nada do título publicado pela Editorial Vitória. Culpava a "desorganização das editoras do partido", que também faziam o mesmo com seus livros, publicados sem contrato ou pagamento. Dizia a Fast sobre a publicação, em agosto de 1955: "Não sabia que o fora sem que um contrato houvesse sido previamente estabelecido. Assim sucedeu devido à desorganização mais ou menos habitual em nossas editoras na maioria dos países. É pelo menos o que posso constatar ante as várias traduções de livros meus aparecidos em diversas editoras progressistas pelo mundo afora sem contrato e sem autorização de minha parte. Vejo que a nossa editora não escapou a esse hábito. Como primeira medida para sanar tal estado de coisas, lhe remeti, pelo correio comum, dois exemplares da edição e solicitei à editora que lhe enviasse o quanto antes um contrato em regra e lhe colocasse a par da situação da venda do livro que é, aliás, magnífica". No fim: "Caso você veja Mike Gold, abrace-o por mim".

A dedicação ao último romance, a despeito de seu comprometimento político, operaria um efeito inesperado: a retomada disciplinada do ofício. De certo modo, foi escrevendo *Os subterrâneos da liberdade* que "voltaria a ser escritor, não mais militante político"; "o livro precedeu, e de certa forma preparou" a decisão tomada de liberar-se de tarefas no partido e voltar à profissão de escritor. Não aguentava mais os processos e expurgos.

A bomba do relatório secreto de Nikita Khruschóv veio em fevereiro de 1956. "Chegou através de estilhaços, que caíam a intervalos em forma de notícias transmitidas à boca pequena ou de trechos reproduzidos em jornais europeus", contou um dos dirigentes comunistas brasileiros, Osvaldo Peralva. Acontecia o XX Congresso do Partido Comunista da União Soviética, e seu novo líder após a morte de Stálin fez um discurso surpreendente, "Do culto à personalidade e suas consequências", no qual denunciava os crimes cometidos pelo antecessor.

O primeiro trecho saiu no francês *Le Monde*. Para os comunistas, parecia invenção: não que duvidassem das acusações, e sim que Khruschóv em pessoa teria sido seu autor. Admitia-se que havia perseguição, tortura e assassinato em nome da causa comunista, reação e resguardo contra o imperialismo americano. No entanto, nas linhas escritas pelo novo líder soviético, Stálin se revelava um "monstro georgiano preocupado com seu poder pessoal", contaria Peralva. A íntegra sairia depois em francês no próprio *Le Monde*, em inglês no *New York Times*. Os informes oficiais do partido diziam que se tratava de uma trama do Departamento de Estado americano.

A denúncia "chocou, mas não nos pegou completamente desprevenidos", anotaria Zélia. "Desde a prisão de London, começara a ver as coisas de modo diferente. Khruschóv esclarecia coisas que não entendia. Tudo o que havíamos negado como calúnia do inimigo e havíamos negado quando cobrados era verdade." Jorge confirmou tudo num encontro a sós com Marighella, a quem considerava "raro" como Giocondo Dias e Maurício Grabois. Nos demais, via "azedume e prepotência", "suspeita e desconfiança". Marighella não acreditou no que lhe contara — achou que seria um exagero, um engano. Ocorreria depois famoso encontro da cúpula do partido, em que Marighella chorou ao escutar a confirmação do que já lhe dissera Jorge. Para a maioria dos militantes, não havia discussão ou esclarecimento.

Jornalistas e intelectuais em torno do jornal *Imprensa Popular* decidiram pressionar o partido a se pronunciar. Combinaram uma sequência de cartas à redação que começaria após um artigo assinado por Pedro Motta Lima, redator-chefe. Datado de 6 de outubro, "Para começo de conversa num debate apaixonante" era o mote para tocar no assunto.

A carta de Jorge chegou dirigida ao diretor do jornal, J. B. de Lima e Silva, em 11 de outubro de 1956: "Creio que devemos discutir, profunda e livremente, tudo o que comove e agita o movimento democrático e comunista internacional, mas que devemos, sobretudo, discutir os tremendos reflexos do culto à personalidade, nossos erros enormes, os absurdos de todos os tamanhos, a desumanização que, como a mais daninha e venenosa das ervas, floresceu no estrume do culto aqui levado às formas mais baixas e grosseiras e está asfixiando nosso pensamento e ação. Nisso todos temos responsabilidade, uns mais outros menos, e é com consciência dessa responsabilidade, humildemente, que devemos vir, como homens honrados que somos, perante o povo brasileiro, com ele discutir e dele — finalmente — algo aprender. Sou dos que têm confiança, meu caro Batista. Sinto a lama e o sangue em torno de mim, mas por cima deles enxergo a luz do novo humanismo que desejamos acesa e que foi quase submergida pela onda dos crimes e dos erros. Confio em que não exista homem honrado entre nós que deseje ou tente impedir essa discussão indispensável e que tanto tarda, nem que deseje sob qualquer pretexto limitá-la, bitolá-la, dirigi-la a seu bel-prazer. Isso pertence a outro tempo, ao da mentira, do mandonismo, do espírito de seita, da humilhação do ser humano, da negação do homem. Camarada e amigo — e com que prazer uso a palavra amigo, antes riscada de nosso dicionário".

As cartas que se seguiram, diferentemente do combinado, não insistiam na necessidade de o partido esclarecer o que houve. Vinham com acusações a Jorge. Era apontado como alguém que fizera sucesso por causa do partido, e que agora o renegava. Foi por essa época que Diógenes Arruda Câmara disse, numa reunião do comitê central, que em seis meses deixaria de existir como escritor e homem de esquerda. O recado veio por intermédio de Valério Konder. Ouviu também dizer que Pedro Motta Lima "andava dizendo cobras e lagartos".

A crise dentro do comunismo brasileiro continuou, até que em maio de 1957 romperam o próprio Peralva e Agildo Barata. A saída dos dois não pôs fim à crise e, em agosto, o comitê central decidiu afastar da comissão executiva, além de Diógenes Arruda Câmara, Maurício Grabois, João Amazonas e Pedro Pomar, identificados como "stalinistas". Em março de 1958, definia-se nova linha de atuação partidária, marcando o início oficial da desestalinização. Em agosto de 1960 reuniu-se o V Congresso do PCB, que aprovou o apoio à política de "coexistência pacífica" do partido soviético, e em setembro de 1961 a Conferência Nacional do PCB aprovou um novo programa e mudou o nome, de Partido Comunista do Brasil para Partido Comunista Brasileiro, selando o rompimento do grupo liderado por Pomar com o que era chamado de "revisionistas" do PCB. No ano seguinte, Grabois, Amazonas e Pomar fundaram o Partido Comunista do Brasil (PCdoB), considerando-o o verdadeiro continuador do antigo PCB, alinhando-se à China e à Albânia. Enquanto o PCB defendia o avanço dos comunistas pelo caminho eleitoral, o PCdoB optava pela luta armada. Diógenes Arruda Câmara não integrou o grupo fundador do PCdoB, mas pouco tempo depois desligou-se do PCB e reuniu-se com Amazonas, Grabois e Pomar no repúdio à orientação do PCB de encontrar uma forma de existência legal e de transição pacífica para o socialismo. Arruda Câmara tornou-se, então, um dos dirigentes do PCdoB.

Desde o retorno ao Rio, Zélia era do comitê de finanças do partido. Em reuniões semanais, entregava-se o que arrecadavam, entre donativos e renda de atividades culturais. "Era duro e difícil conseguir dinheiro para um partido ilegal", admitiu. O coronel se divertia: ao vê-la aflita, emprestava o que faltava para completar a cota. Certa vez, ela o acompanhou a Pirangi. "Venha comigo, menina, lá na roça tem muito coronel graúdo, tu pode dar boas facadas." Os fazendeiros reacionários contribuíam. Um dia lhe ocorreu a ideia de fazer palestras cobrando entrada no apartamento de outro casal do partido. No que dizia à plateia, enfatizava a parte positiva do que vira: assistência social, estudos gratuitos, assistência médica, garantia de trabalho. Quando lhe perguntavam sobre a falta de liberdade e democracia, respondia, como na cartilha, que a necessidade de defender o socialismo de seus inimigos levava as pessoas a desconfiar umas das outras, a descobrir fantasmas e espiões onde não existiam, causando um clima de mal-estar e insegurança. Argumentava que a vigilância e o controle eram necessários à sobrevivência do regime, vigilância e controle traduzidos pelos inimigos como falta de democracia. "Desculpas que eu mesma aprendera nas lições do catecismo comunista", admitiria anos depois. Com o resultado das palestras, sua cota aumentou. No domingo à tarde, catequizava favelados, João Jorge de companhia. Com as denúncias de Khruschóv, desligou-se de todas as tarefas. Jorge contava que deixara a vida partidária antes, ainda no ano de 1955, depois de passar um Natal sozinho abaixo de zero porque não encontrara voo para regressar de uma de suas viagens pelo Leste. De sua carta para o *Imprensa Popular*, só o trecho "a lama e o sangue" seria lembrado por opositores e imprensa.

27.
Para Todos

Ao ver *O mundo da paz*, Oswald de Andrade lamentara, na coluna que escrevia no *Correio da Manhã*: sua maior esperança na literatura, "o grande lírico", se perdia em sectarismo improdutivo, "em via de perecer por inanição". Não deixaria de incluir Jorge em listas de autores preferidos ou mais importantes do país, e de citar como "duas obras excelentes" *Jubiabá* e *Terras do sem-fim*. Morreu em 1954, pouco depois de sair *Os subterrâneos da liberdade*.

Afastar-se da vida partidária e se dedicar à literatura parecia uma determinação de Jorge três anos depois de sua obra mais engajada. Havia duas razões, como se nota na carta enviada a Ehrenburg em 31 de março de 1956, quando comenta sua anunciada ausência em Estocolmo, onde seria esperado para mais um compromisso do Conselho Mundial da Paz: "trabalho num novo romance", "trabalho que não posso interromper", disse. E tinha mais a contar: "preparava para os primeiros dias de maio o lançamento de um grande quinzenário de cultura em forma de jornal".

Ao amigo soviético, não antecipou nada sobre o livro em andamento. Comentou, e muito, sobre o quinzenário de cultura de alcance ambicioso, *Para Todos*. Estrearia com dezesseis páginas e tiragem inicial de 50 mil exemplares. Como modelo, tinha em mente *Les Lettres Françaises*, o jornal de Louis Aragon cuja redação frequentara nos dias de Paris. Enfatizou que o seu seria "amplo politicamente". Ou sem "as divisões de esquerda e direita, castradoras", como Zélia diria, décadas depois, da linha editorial. Ao imaginar o periódico em 1956, provavelmente Jorge não pensava em ir tão longe no espectro ideológico. Ao seu lado na empreitada como diretor-presidente estava o ainda convicto comunista Oscar

Niemeyer, que naquele mesmo ano começaria a colocar de pé, ao lado do arquiteto Lúcio Costa, uma nova capital para o país, Brasília, encomenda do novo presidente Juscelino.

Para Todos não era o único periódico de esquerda que tentava assumir postura mais arejada. A revista *Brasiliense*, levada adiante por Caio Prado Jr. e Elias Chaves Neto desde o ano anterior, colocava-se de modo mais crítico e independente do partido.

Jorge dava notícias de livros do amigo naquela carta de março de 1956. Avisou que assinara em seu nome contrato com a Civilização Brasileira, a mesma que publicara *As aventuras de Julio Jurenito*, primeira obra do ucraniano no Brasil, ainda na década de 1930. Agora estava encaminhado *Degelo*, previsto para julho ou agosto. Dentro do envelope colocava 250 dólares pelos 5 mil exemplares, em cheque que poderia descontar em qualquer banco de Estocolmo. Informou que *A nova onda* sairia ainda naquele ano pela Martins. Agradecia-lhe pelo prefácio da edição russa de *Terras do sem-fim*. Enviava também livro de Vinicius de Moraes, que apresentava como "bom amigo meu", "um progressista, amigo da paz, sem ser comunista". Para a revista russa *Literatura Estrangeira*, tinha mandado exemplar da *Antologia poética* do ex-colega do curso de direito.

Vinicius serve bem de medida da amplitude ideológica que Jorge esboçava em seu *Para Todos*. O poeta contribuiria com um inédito, "O operário em construção", sobre o processo de formação de consciência política de um trabalhador. Estava transformado. Dizia que, de início, fora "teleguiado" pelo grande amigo Otávio de Faria, da ala integralista da faculdade. Seu grupo torcia pelo Eixo, e o convívio com Jorge nesses primeiros anos "não foram transas legais", até que "saiu dessa fria". Em 1944, em *O Jornal*, fez uma "Carta contra os escritores mineiros", opondo-se ao olhar para dentro dos mineiros, em defesa da literatura mais engajada. Contava que procurou Prestes para ingressar no partido, e o líder comunista lhe respondeu que "continuasse a fazer seus poemas e crônicas", pois seria "mais verdadeiro assim". Ao escutar a recusa de um novo quadro, Vinicius ficou "um tanto escandalizado". De formação católica fortíssima, criaria depois uma obra que incorporou elementos afro-brasileiros, como a peça *Orfeu da Conceição*, de 1956, que no mesmo ano teve trilha sonora composta com Antonio Carlos Jobim, e o disco de afro-sambas que lançaria com Baden Powell, em 1966. A certa altura, Vinicius se autodeclarou "o branco mais preto do Brasil". Em sua aproximação de Jorge, creditava a Neruda a função de hipotenusa de uma amizade "a princípio desconfiada e reticente, depois aberta e franca".

A carta a Ehrenburg não deixava de incluir uma anedota que, sendo literária, também era política. Dizia respeito a Neruda, e os ecos do que acontecia na União Soviética estavam presentes num comentário feito por um escritor uruguaio também participante do movimento da paz. Dizia Jorge: "Como gostas de histórias divertidas, quero contar-te que acabo de receber uma carta de Enrique Amorim, cujo conteúdo é o seguinte: 'O XX Congresso vem de abalar o culto à personalidade. Um dos exemplos mais marcantes desse culto à personalidade, politicamente errado e daninho, é o culto desenfreado à personalidade do sr. Pablo Neruda. Sobretudo da parte dos franceses. Atento aos desafios do XX Congresso, é necessário terminarmos com isso. Abaixo Neruda'". Em seguida Jorge comenta: "Como tu vês, o XX Congresso abala também os arraiais da literatura latino-americana. Logo contra nosso querido Pablo, que aliás está tranquilamente no Chile amando e escrevendo novas odes. Dele tive notícia ultimamente e está bem". A carta incluía, além dos 250 dólares, charutos, cachaça da Bahia e uma roseira presenteada por Zélia. Pela quantidade de itens se pode imaginar que chegou via portador, e não correio comum. O mais importante a dizer, no entanto, não estava escrito. Como é possível entrever na mensagem cifrada: "Esta é uma das maiores cartas que escrevi e certamente jamais a poderás ler toda. Em verdade eu tinha muita vontade de encontrar-te e conversar longamente". Não é difícil supor que desejava comentar o efeito do relatório secreto na militância brasileira.

O quinzenário de cultura que pretendia grande e amplo tinha circulado na década de 1920 vinculado ao Partido Comunista, tendo à frente Álvaro Moreyra. Como a *Les Lettres Françaises* de Aragon, estampava logomarca verde. Os perfis e reportagens abarcavam literatura, teatro, cinema, artes plásticas, e se reservavam páginas para poemas e ilustrações. Havia debates sobre a questão racial do ponto de vista das artes, do teatro, da literatura ou da sociologia. Em sua nova feição, a redação reunia uma maioria de velhos conhecidos, abrigados numa sala grande do edifício Marques do Herval, na avenida Rio Branco, centro do Rio. Tinha como redator-chefe Moacir Werneck de Castro, nome do apreço de Jorge desde os tempos da *Diretrizes*; na secretaria de redação, o irmão James Amado; ocupava o posto de diretor comercial Alberto Passos Guimarães, o mesmo que garantira com ele e Santa Rosa a publicação de *Caetés*, de Graciliano. Entre os que assinavam as páginas literárias, Dias da Costa, da Academia dos Rebeldes, e Dalcídio Jurandir, companheiro da militância comunista. Na coluna de humor, não era outro senão o Barão de Itararé. Novos intelectuais despontavam, como Alex Viany, que garantia as páginas de cinema. A sucursal de São Paulo tinha como um dos seus responsáveis o poeta pernambucano Joaquim Cardozo, engenheiro na construção de Brasília que assinava textos sobre artes plásticas. Carlos Scliar foi convocado para a arte, mas não pôde aceitar, pois estava na revista *Senhor*. Colaborava sempre que podia, assim como os gravadores Fayga Ostrower e Oswaldo Goeldi, e pintores como Antônio Bandeira, Di Cavalcanti e Iberê Camargo.

Entre os convocados para publicar, Álvaro Moreyra e outro veterano comunista, Astrojildo Pereira; poetas como Carlos Drummond de Andrade, uma jovem estreante chamada Hilda Hilst, seu outro amigo da Academia dos Rebeldes, Sosígenes Costa; assinavam ensaios também Rudá de Andrade, filho de

Oswald, Ricardo Ramos, filho de Graciliano, também Miécio Táti, biógrafo de Jorge. Do romance de 30, contribuíam José Geraldo Vieira e Marques Rebelo. Intelectuais de projeção colaboravam, como o editor Ênio Silveira, o antropólogo Darcy Ribeiro, o geógrafo Josué de Castro, o crítico literário Sérgio Milliet. Do exterior, saíram textos do próprio Ehrenburg, de amigos feitos na temporada parisiense e tcheco-eslovaca, como Aimé Césaire, Elsa Triolet e Vercors, de um inesperado Buanga Felê, pseudônimo do ensaísta e ativista angolano Mário Pinto de Andrade, fundador e primeiro presidente do Movimento Popular de Libertação de Angola (MPLA). Como pauta, entrevistas com Villa-Lobos, cobertura de festival de teatro e festas de folguedos nordestinos, perfis de Solano Trindade, Paulo Rónai e Boris Pasternak, crítica de filmes de Federico Fellini e Nelson Pereira dos Santos, traduções de Jacques Prévert e Juan Ramón Jiménez.

Jorge procurava os autores *hispanohablantes* de sua rede. Solicitava inéditos e enviava a todos eles os números de *Para Todos*. Repetia o esforço de interação com os vizinhos de continente, o mesmo a que se dedicara na virada para a década de 1940, quando chegou a traduzir *Dona Bárbara*, de Rómulo Gallegos. Aos sábados, reunia-se no escritório de Niemeyer, levando Paloma, que, dedicada à observação das maquetes, deduzia que o amigo com quem se reunia o pai era um fabricante de brinquedos.

A batalha maior não seria política, com Juscelino havia uma trégua nas polarizações; a luta era por assinaturas e publicidade. Os anúncios mal conseguiam cobrir o aluguel. Para ajudar a obter verba, convocaram alguém com histórico na função: Zélia. Ela ouviu de um ex-membro do Partido Comunista à frente de uma das agências de publicidade veredicto pouco otimista: "Nenhuma firma comercial tem interesse em anunciar no *Para Todos*, desconhecido e de pouca circulação, lido apenas por literatos e artistas que jamais compram coisa alguma e desprezam anúncios comerciais". O camarada não economizou na ênfase: "Vai perder tempo e se cansar nas agências, desista".

A saída era recorrer a formas indiretas de financiamento. Neruda e Guillén fizeram recital em visita ao Brasil, Portinari colocou um desenho para leiloar. Incentivador das artes, o quinzenário fez um salão de gravura e desenho com prêmios em viagens. Até que a cúpula otimista descobriu uma possível saída. Transformar o jornal em sociedade anônima. Num coquetel na casa de Niemeyer, ofertaram-se ações à gente da elite que se comprometeu a adquirir cotas assinando num livro aberto. Procurados dias depois para concretizar a aquisição, deixaram as cartas sem resposta e mandaram as secretárias dizerem que não estavam, como se recordava Zélia. Apenas os amigos muito próximos honraram a promessa. A nova ideia no *Para Todos* foi lançar suplementos regionais. A cada número, um estado seria escolhido, a busca de patrocínio e colaborações ocorreria com visitas ao estado.

Jorge voltou a falar da escrita do novo romance em outra carta a Ehrenburg, as incumbências no *Para Todos* o impediam de se ausentar. Sem detalhes, mencionava "dificuldades internas". Continuariam as recusas a pedidos vindos de Moscou. Não parecia querer colaborar como antes. Em 6 de setembro de 1957, escreveu ao editor da revista *Literatura Estrangeira*: "De posse do seu telegrama solicitando-me um artigo sobre as intervenções do camarada Khruschóv referente a literatura e a arte, é-me impossível atender a seu pedido por desconhecer o texto completo de tais declarações. Na imprensa brasileira apareceram apenas pequenos trechos que não dão ideia do conjunto, impossibilitando assim um julgamento. Busquei durante esses dias o texto completo sem resultado. Eis porque não posso opinar sobre o assunto. Aqui fico, no entanto, às ordens para tudo aquilo que possa lhe ser útil".

Zé Lins, cujos grandes sucessos ficaram concentrados na década de 1930, morreria em 1957, três anos depois de Oswald. Deu tempo de Jorge ir ter com ele no hospital e mostrar a edição russa de *Menino de engenho*, para espanto do autor paraibano, que acreditava nunca ter saído na União Soviética.

Os protagonistas do romance de 30 não estavam fora de combate. Rachel de Queiroz permanecia em jejum longo de romance, no entanto se dedicava às crônicas em revistas como *O Cruzeiro* e às traduções do inglês e do francês. Lúcio Cardoso continuava na ativa e só cometeria sua obra-prima em 1959, *Crônica da casa assassinada*. Erico continuava em voo de cruzeiro: entre temporadas nos Estados Unidos, prosseguia tendo uma multidão de aficcionados de sua saga *O tempo e o vento*. Da velha guarda, também Otávio de Faria dava seguimento a sua *Tragédia burguesa*, que planejara em vinte volumes — ao fim da vida, teria chegado a treze, sem encontrar leitores.

Causava impacto naqueles dias a edição pela Brasiliense da obra completa de Lima Barreto, razão de emotiva defesa nos primeiros anos de Jorge como resenhista na imprensa. O autor negro publicara cinco volumes em vida. Três décadas depois de sua morte, encontraria modo de estabelecer-se no cânone com dezessete, recuperados e reunidos por Assis Barbosa. Mas a grande bomba a estourar naquela década, para assombro de todos, era aquele mesmo Viator que um dia fora recusado por Graciliano num concurso de inéditos. Assinava o nome verdadeiro, João Guimarães Rosa, quando lançara em 1956 seu *Grande sertão: veredas*.

A resistência de Jorge às missões que lhe cabiam como parte dos quadros comunistas internacionais foi interrompida para uma temporada pela Ásia em 1957.

Uma precavida Zélia foi ter com o banqueiro e diplomata Walther Moreira Salles, para conseguir a verba que garantiria a sobrevivência de *Para Todos* pelo tempo em que estivessem fora do país. Saiu do escritório com um "pacotão de notas". Jorge, preocupado em dar andamento ao novo romance, levou a máquina de escrever na bagagem. Vera, irmã de Zélia, cuidava de João Jorge e Paloma durante as viagens do casal.

Do Rio de Janeiro partiram para o Ceilão — ainda não se chamava Sri Lanka —, onde ocorreria mais uma conferência.

Em seguida, acompanhados de Neruda e sua nova mulher, Matilde, conheceram Paquistão, Índia e Birmânia — atual Myanmar. Para encerrar o percurso de quase dois meses, voltaram à China numa segunda visita, dessa vez com estadia mais longa.

Da passagem pelo Ceilão, entre visitas a templos de toda ordem e contemplação de Budas gigantes, Jorge contava dois triunfos que causaram sensação: numa vez, deixou a plateia admirada ao rasgar uma jaca de uma só vez à maneira grapiúna; de outra, bebeu a água de cocos secos como se faz em todo o Nordeste brasileiro, procedimento desconhecido daquela plateia. Jorge e Zélia quiseram dispensar o hotel inglês para conhecer a vida dos cingaleses a partir dos lugares em que se hospedavam. Desistiram em poucos passos, quando viram que o hóspede tinha de usar, como latrina, o terreno a céu aberto. Aceitaram, então, seguir para a hospedagem recomendada, com água com cloro e odor de desinfetante. Revalidariam a "posição anti-imperialista", anotou Jorge, jantando frango ao carril em restaurante hindu, "um tanto quanto sujo mas não demais".

Em Nova Delhi, espantaram-se ao encontrar um jornal de língua inglesa com data antiga deixado no hotel por um turista. "Esses soviéticos não são sérios, compadres", lhe dissera o poeta chileno. Na foto, Khruschóv e Tito, desafeto de Stálin na Iugoslávia, trocavam beijos no aeroporto de Belgrado. Jorge se atrapalhava com as datas: o encontro dos líderes na capital iugoslava só se daria em 1963.

Neruda fizera um poema para desancar o líder iugoslavo Tito, na primeira edição de seu *Las uvas y el viento*. Após as denúncias dos crimes de Stálin, ocorrera a reabilitação de Tito. Às vésperas da nova edição do livro, Neruda não conseguia decidir. "Escute e me diga, compadre", dirigiu-se a Jorge, "o que devo publicar na edição que está a caminho? O elogio ou a descompostura? Assim fica difícil ser poeta engajado. Como é que pode?" Escutou o conselho de retirar Tito das páginas do livro, de uma vez para sempre. E Jorge acrescentou: "Sobretudo, compadre, não escreva ainda a louvação a Khruschóv, é melhor esperar até ver que bicho vai dar".

Em Pequim, insistiram em incluir o zoológico no roteiro de visitas. Tinham prometido a Paloma — sabendo que não poderiam cumprir — que trariam um filhote de panda. A piada era boa demais para ser desperdiçada. Jorge, tendo Neruda como aliado, encenou um diálogo fictício diante de um guia crédulo, a acreditar que pensavam mesmo em "molhar a mão do vigia" para levar, na ausência de filhotes, ao menos a fêmea, "mais dócil", presumia Jorge. Seria carregada na mala grande do poeta chileno, onde ele guardava telas chinesas e esculturas hindus, "falsificados legítimos", como repetia o padrinho de Paloma. Entre as tantas fotos que ficaram da visita, uma mostra Zélia sentada no alto de um elefante — o tipo de exorbitância turística que Jorge dispensava.

Nas lembranças do casal Amado, ficou o registro de cenas aprazíveis e anedóticas. Neruda, em suas memórias escritas décadas depois, recordaria da mudança de estado de espírito do amigo brasileiro.

Disse sobre Jorge naquela viagem: "Durante toda a travessia do Yang-tse, me pareceu irritado e melancólico. Inumeráveis aspectos no barco o molestavam e a Zélia, sua companheira. Um dos motivos era que nos víamos involuntariamente privilegiados. Com nossos camarotes especiais e nosso comedor exclusivo nos sentíamos mal, em meio de centenas de chineses que se amontoavam por toda parte. O romancista brasileiro me olhava com olhos sarcásticos e deixava cair algum de seus comentários graciosos e cruéis". A seguir, Neruda explica o que se passara. "A verdade é que as revelações sobre a época stalinista haviam quebrado algo bem no fundo. Somos velhos amigos, compartilhamos anos de desterro, sempre havíamos nos identificado em uma convicção e uma esperança comuns."

A denúncia dos crimes de Stálin "estremeceu Neruda, e produziu grande perplexidade em alguns de seus amigos", registrou o romancista Jorge Edwards. "Meus amigos de Moscou", Neruda confidenciara a ele, "sempre contavam coisas muito parecidas." Nos encontros com o poeta, ele lhe falava da censura e da burocracia na União Soviética. Como notou Edwards, na intimidade Neruda mostrava-se muito mais crítico aos acontecimentos políticos do que em público: "Sua crítica privada era sempre mais forte, mais incisiva, que suas declarações de palavra ou por escrito".

Em pouco tempo as coisas na China se tornaram nebulosas. Depois do rompimento com a União Soviética na virada para a década de 1960, amigos chineses que Jorge e Neruda fizeram ainda em Dobříš ou nas viagens pelo Oriente se veriam em situação complicada. No auge da perseguição política, seria preso Emi Siao, a quem tinha prometido casar Paloma com o filho. Demoraria dezesseis anos para ser posto em liberdade, e morreu pouco depois. Ting Ling perderia postos e honrarias. Como presidente da União de Escritores Chineses, seria condenada a limpar latrinas.

Neruda via que as revelações tiveram nele menos impacto porque suas inclinações soviéticas eram menores que as do amigo. "Creio que fui um sectário de menor peso; minha natureza e o temperamento de meu próprio país me inclinavam a um entendimento com os demais. Jorge, pelo contrário, havia sido sempre rígido." O informe de Khruschóv, como descreveu o poeta, fora "uma marejada que nos empurrou, a todos os revolucionários, até situações e conclusões novas. Alguns sentimos nascer, da angústia engendrada por aquelas duras revelações, o sentimento de que nascíamos de novo. Renascíamos limpos das trevas e do terror, dispostos a continuar o caminho da verdade na mão". Concluiria: "Jorge, ao contrário, parece haver começado ali, a bordo daquele navio, uma etapa distinta de sua vida".

O novo romance avançara pouco durante o giro oriental. Em breve ia retomar a escrita com tal carga que não se perderia mais "num sectarismo improdutivo", como dissera Oswald.

28.
Gabrielamania

Aos poucos os leitores começavam a tomar parte de um romance em curso. A notícia de que Jorge se dedicava a um novo projeto correu na imprensa por todo o ano de 1956. Em abril, a coluna literária de José Condé no *Correio da Manhã* informava título, data de lançamento e enredo. Chamava-se *Os acontecimentos de Areia Branca*. O autor trabalhava de manhã até a noite disposto a cumprir o prazo que se impusera — provavelmente desejava colocá-lo na praça antes da estreia de *Para Todos*. Chegaria às mãos do editor em maio — para sair em julho.

Ao colunista, Jorge declarou que a história era "meio irônica, meio terna, com muito interesse romanesco". Não se furtou a antecipar as linhas gerais: em Areia Branca, fictícia cidadezinha do interior baiano, em que a vida pacata só se altera quando há mexerico ou uma festa tradicional, aparece um forasteiro que ali instala um cassino, causando tal barafunda que os habitantes solicitam à Câmara Municipal sua expulsão.

Veio *Para Todos*, depois o giro pela Ásia, e a velha máquina de escrever que o acompanhava fazia duas décadas não fora aberta uma única vez.

Atrapalhado com o romance que não conseguia terminar, recebeu certo dia encomenda simples. Da revista ilustrada *Manchete*, Nahum Sirotsky o procurava para publicar um conto ou uma pequena novela. Não era o único, outros autores brasileiros vinham recebendo o mesmo pedido. Jorge pensou em aproveitar pequeno episódio de *Os acontecimentos de Areia Branca*. Não o publicou na *Manchete*. O texto cresceu e acabou transformado em outro romance.

Anunciar para breve um livro que nunca saía não era o único hábito que guardava do jovem que fora um dia aquele que agora se aproximava dos cinquenta anos. Como nos seus vinte, estava envolvido numa infinidade de projetos. Integrava ativamente a diretoria de uma instituição que ajudara a fundar, a União Brasileira de Escritores, na qualidade de vice-presidente — o presidente era Peregrino Júnior. Juntos criaram uma feira do livro à semelhança das que Jorge vira em Paris. Em cada mesa, um escritor sentava-se para autografar livros, acompanhado de um padrinho ou uma madrinha da música ou do teatro, famosos que serviam para atrair leitores. Um romance coletivo estava em curso, *O mistério dos MMM*, história policial publicada na revista *O Cruzeiro*. Dessa vez se somava a outros dezenove, como anunciaram — no fim, a conta chegou a dez, somente. Com Moacir Werneck de Castro, preparava uma antologia de ficcionistas contemporâneos brasileiros, de Lima Barreto até os novíssimos talentos, a ser lançada na União Soviética, Polônia, Tchecoslováquia, Hungria e Bulgária. Também colaborava com a revista *Leitura*. Quando chamado, participava de programas de entrevistas na TV. Fazia conferências pelo Brasil afora.

As atividades paralelas foram todas interrompidas para levar adiante o romance que tomara o lugar de *Os acontecimentos de Areia Branca*. A história não era mais a mesma. Em dias normais, fumava três maços de cigarro. Quando se dedicava à obra nova, a fumaceira se expandia. O começo era sempre o mais difícil. Escrevia, reescrevia, voltava atrás, rasgava. Depois que pegava impulso, pronto: nada mais o interessava, e até se tornava mais irritadiço. Levava quatro horas de trabalho nos primeiros dias de escrita, oito horas quando alcançava a metade da obra, dezesseis para fazer os capítulos finais. Levantava quando ainda estava escuro, continuava a notar Zélia, sempre responsável pelas cópias. "Batia à máquina noite afora, num entusiasmo que admirava", ela dava notícias aos jornalistas. Conforme recebia as páginas para passar a limpo, a "alegria" aumentava, também "a espera, a ânsia e o suplício" de saber como iam se desenrolar os episódios.

Na busca de tranquilidade, Jorge se refugiava sozinho em Petrópolis, o hotel Quitandinha era seu paradeiro. Construído para ser o maior hotel-cassino da América do Sul, com a proibição do jogo no governo Dutra virou um elefante branco de 440 apartamentos distribuídos por corredores pouco iluminados, que perfaziam 50 mil metros. Os proprietários iniciaram a venda das unidades para particulares. Jorge e Zélia adquiriram uma delas, de um dormitório apenas, onde havia duas camas de armar para os filhos. No terraço fizeram copa, com forno e fogareiro elétricos para o café da manhã, improviso aprendido nos dias de Paris. No entorno, buscavam restaurantes para as refeições, recorrendo ao do hotel, opção caríssima, apenas quando chovia muito. Na sexta-feira, Zélia descia a serra para buscar as crianças. A mãe as reconduzia ao Rio, na segunda em época de escola.

As páginas que Jorge ia escrevendo o levavam à região grapiúna que conhecera em sua adolescência, em 1925. O mosaico ia se compondo entre memória, associações insuspeitadas, referências conscientes e outras de que não se dava conta. Lembrou-se da história verídica de um cacauicultor que tomara a cozinheira por mulher, depois se separaram, voltando à condição anterior de patrão e empregada. A sala de visitas de outro personagem, o coronel Ramiro Bastos, era extraída das recordações da casa do coronel Franklin Lins de Albuquerque, o dono do antigo *O Imparcial*: ampla, com piano de cauda Steinway, os móveis pesados e escuros de luxo, forrados com capas de algodão para que não estragassem com o uso. A roda de conversas que conhecera na Livraria Ideal, de Estância, era transportada no novo livro para Ilhéus. Sobretudo Jorge trazia de volta uma personagem secundária do romance escrito no começo de 1940: a moça alegre e livre de quem pouco se sabia e por quem muitos se apaixonavam no seu *São Jorge dos Ilhéus*. Chamava-se Rosa; agora seria Gabriela.

Zélia tinha visitado uma amiga de quem acabara de nascer uma filha. Contou-lhe que a batizariam Gabriela. Ao escutar, Jorge notou que rimava com versinho de lembrança remota, "cheiro de cravo, cor de canela". Depois ela se deu conta do equívoco: a filha da amiga se chamaria Sylvia. Nada lhe disse para não perturbar a empolgação. De Lima Barreto também é o conto "O filho de Gabriela", que conta a história de uma mãe empregada e seu filho com o patrão. Quanto ao temperamento, *Para Todos* publicara naqueles dias um poema de Prévert que retrata uma personagem em muito parecida com a cozinheira que Jorge criava. O começo diz: "Sou assim como sou/ porque fui feita assim". Mais adiante: "Vim cá para agradá-los/ nada posso mudar". Quem sabe o diretor de redação tenha sido ele mesmo autor da encomenda da tradução, feita por Afonso Félix de Sousa.

O enredo começa com o julgamento do coronel Jesuíno Mendonça pelo duplo assassinato da mulher, Sinhazinha, e seu amante, Osmundo Pimentel — seria condenado, acontecimento inédito numa época de costume patriarcal em que adultério é "lavado em sangue", como nas palavras do autor. Por aqueles dias chega à cidade Mundinho Falcão, exportador jovem que se empenha para que ocorram as obras de dragagem do porto e encontra resistência de líderes locais, como o coronel Ramiro Bastos. Nacib Saad, dono do bar Vesúvio, preocupa-se porque não consegue encontrar uma cozinheira, até aparecer Gabriela, uma retirante vinda do norte. As personagens secundárias têm presença vívida: o filho e a neta de Ramiro Bastos, o tabelião Tonico Bastos e Jerusa Bastos; o coronel Melk Tavares e sua filha, Malvina; o professor Josué e sua paixão, Glória, também do coronel Coriolano Ribeiro; Maria Machadão, à frente do bordel Bataclan.

Mais à vontade para sugerir destino às personagens, Zélia quis saber, enquanto passava a limpo as cópias: "Mundinho vai casar com Jerusa?". Jorge respondeu: "Não tenho a menor ideia do que vai acontecer e, quanto a Jerusa e Mundinho, teus protegidos, não me venha com conversa de casamento! Você quer me meter noutra enrascada? Já me meti numa casando Gabriela com Nacib, não sei como me sair...".

Da concentração, Jorge saía para dar notícia frequente às colunas de jornais e revistas. "Estou com os rins arrebentados", confessou certa vez. "Fico sentado o dia inteiro." Antecipou o enredo do novo livro: um árabe solteirão apaixona-se pela cozinheira e a toma como amante, lhe dá toda sorte de presentes e descobre depois que ela não é fiel. Os colunistas informavam os próximos passos. Já havia título geral: *Gabriela, cravo e canela — Crônica de uma cidade do interior*. E títulos internos, todos bastante compridos. Como este, para algaravia dos leitores: "Aventuras & desventuras de um bom brasileiro (nascido na Síria) na cidade de Ilhéus, em 1925, quando florescia o cacau & imperava o progresso". A imprensa parecia comemorar com antecedência. Na véspera do Carnaval de 1958, Jorge avisou que não ia sair do Quitandinha antes de ter os originais concluídos. Ao terminar, esgotado, anunciou-se "numa espécie de vácuo" existencial. Diria que gastou vários meses imaginando *Gabriela* e escreveu-o em apenas dois.

Ao receber os originais, Martins queria fazer uma primeira edição de 50 mil exemplares. Dizia naqueles dias que, como Jorge, só havia Erico para bancar esse tamanho de tiragem no país. Jorge achou um exagero, talvez ressabiado pela acolhida tímida de *Os subterrâneos da liberdade* e pelo tempo sem nada lançar.

A imprensa deu notícias do ritmo de composição na editora. Depois, falou da tarde de autógrafos na Livraria São José, no Rio, às dezessete horas do dia 1º de agosto. A estreia seria dupla. Em par com o romance, Jorge preparara com Caymmi um LP, *Canto de amor à Bahia e quatro acalantos de "Gabriela, cravo e canela"*. O texto e a narração eram de Jorge, o acompanhamento musical de Caymmi, que estaria presente. Em meio a uma fila de mais de quinhentas pessoas, houve até troca de sopapos entre Guilherme de Figueiredo e Sábato Magaldi — o último criticara peça do primeiro, que revidou pessoalmente — e apresentação de um coral formado pelos quatro filhos de Enrique Gómez Carrillo.

A repercussão de *Gabriela* foi ainda maior na Bahia. A Livraria Civilização Brasileira reuniu número de leitores que ultrapassou os setecentos. Os lançamentos com casa cheia se repetiram em Belém, Fortaleza, Recife. "Há quatro anos não ouvimos comentário sobre o maior ficcionista da atualidade", constatava a *Folha do Povo*, na capital pernambucana. Logo o sucesso comercial chegaria ao alto das páginas. Em dezembro, com quatro meses de livro lançado, *Gabriela* vendera cinco edições, 40 mil exemplares. Com certo exagero, dizia-se que Martins quase esgotara o papel disponível na praça com as sucessivas reimpressões.

Em letras garrafais, a capa de um dos cadernos do *Última Hora*, em março de 1959, relatava o feito com exaltação: "Fato inédito na história da literatura brasileira e da América Latina: Jorge Amado ganhou 2 milhões de cruzeiros de direitos autorais com seu *Gabriela* (para ser ter uma ideia dessa cifra, um apartamento de dois quartos em Copacabana custava cerca de 750 mil cruzeiros). Seis edições em sete meses, a sexta a sair por esses dias. TV e cinema o procuram mas exige contrato de ao menos 1 milhão de cruzeiros. Assim Amado, comunista, mostra que apesar da perseguição política é o escritor mais procurado e querido". Por três anos sairiam resenhas, reportagens, notas referindo-se ao livro: o cineasta brasileiro Alberto Cavalcanti, com trajetória internacional, anunciava a adaptação para as telas de toda a sua obra, projeto que não vingou. De outra vez, informava-se que o ministro da Viação, Ernani do Amaral Peixoto, enviara telegrama ao escritor. De brincadeira, pedia-lhe que comunicasse à personagem Gabriela que estava aberta a concorrência para a construção do porto de Ilhéus.

Presumível pensar que era o próprio Jorge o responsável pelas informações que chegavam aos colunistas de seu convívio.

Contabilizar os dividendos parecia parte de sua satisfação. Um prêmio literário foi instituído naquele mesmo ano pela Câmara Brasileira do Livro, e *Gabriela* venceu na categoria romance — o troféu até hoje se chama Jabuti. O sucesso da personagem-título fez com que ficassem na moda as mulheres queimadas de sol, os perfumes de cravo, o uso de flor no cabelo, registrou Zora Seljan em sua coluna em *O Globo*. Um juiz de direito, em sua sentença, citou o livro, assinalou o *Diário de S.Paulo*. Era a *gabrielamania*. Intrigante é que, décadas antes, Lobato aconselhava a adoção de um nome de mulher como título para fazer sucesso nas livrarias.

Jorge não queria parar: no verão da virada para 1959, anunciava que ia passar dois meses numa casa de praia alugada no Recife para iniciar outro romance.

Uma quase aclamação se deu entre os críticos. Adjetivos, superlativos, expressões de aprovação generalizada avolumavam-se na recepção ao livro, textos escritos por medalhões e novatos, disseminados de norte a sul.

Afrânio Coutinho derramou-se: "prova de maturidade", "verdadeira obra-prima", "genuinamente brasileiro". Nelson Werneck Sodré tampouco economizou: "dotado de poderosa força lírica", "extraordinária capacidade de contar", "avanço extraordinário do romancista". Antônio Carlos Villaça seguiu: "denso e verdadeiro humanismo", "sabe captar a vida, tem uma capacidade recriadora", "poder descritivo, sentido cósmico", "lirismo tropical", "o que existia nele de linear, se transforma em verticalidade". Wilson Martins garantiu: "romance bem construído", "realizado com brio e o brilho de uma carga de cavalaria ligeira", "espontaneidade e vigor de que não há exemplo em seus livros anteriores". Antônio Olinto: "moderna literatura brasileira — sem molhos estranhos, simples e poderosa". Houve quem antevisse alteração de rota. Como Sérgio Milliet: "Uma nova atitude literária do romancista", "revela a intenção de desprezar arcabouços doutrinários aborrecidos e convencionais em benefício de uma mais profunda realidade", "em suma um brilhante início de viagem por caminhos ainda ínvios".

O autor não parecia ter a dimensão da mudança. Como no costume, a folha de rosto trazia os títulos que pretendia publicar. Anunciava volume de poesias, *Os poemas do Mestre Manuel*, um volume de ensaios chamado *Sobre o realismo socialista*, e a segunda parte do seu ciclo *O muro de pedras*, cujo título seria *Pão, terra e liberdade*. Desistiria pouco depois de lançar-se como poeta, abandonaria o ensaio e nunca mais retomaria o projeto que iniciou com *Os subterrâneos da liberdade*.

Numa carta ao amigo português Alves Redol comentava: "Não sei o que achaste de *Gabriela*. Quanto ao teu último romance, *A barca* [*dos sete lemes*], gostei muito, muitíssimo. Creio ser teu melhor livro. E penso que, de certa maneira, ele e *Gabriela* representam em nossa obra a mesma coisa, resultados que são da mesma crise, de problemas e dúvidas vividos da mesma maneira. Não te parece por acaso assim? Mas isto é assunto para larga conversa que talvez só pessoalmente seria possível". Adiantava a Redol que tão cedo não deveria sair do Brasil. "Quero agora voltar sobretudo a andar pelo Nordeste." Informava que *Para Todos* estava parado até março, quando retornaria em formato revista. Seu quinzenário tampouco teria continuidade. A aventura editorial com Niemeyer, que não durou dois anos, chegava ao fim. A última edição de *Para Todos* circulou na segunda quinzena de agosto de 1958.

Redol lhe escrevera para propor edição portuguesa. Respondia ao amigo: "Escrevi ao editor — cujas edições conheço e estimo — dizendo em que condições a Livraria Martins Editora, de São Paulo, com a qual tenho um contrato de exclusividade em língua portuguesa, concordaria em ceder os direitos para edição portuguesa. Espero que tais condições possam interessar a teu editor, assim terei um livro meu numa coleção onde há livro teu, o que me alegra muito".

O que parecia uma mudança foi entendido também como retomada, na visão de Eduardo Portella, titular do rodapé literário do *Correio da Manhã* que outrora pertencera a Álvaro Lins — este, depois de integrar o governo de Juscelino como chefe da Casa Civil, tornara-se embaixador em Portugal. "Dos acontecimentos mais importantes dos nossos dias literários", afirmou Portella em janeiro de 1959, é "o retorno de Jorge Amado ao quadro ativo de nossa literatura." Não se referia a retorno físico nem literário, pois este acontecera em *Os subterrâneos da liberdade*, que o crítico considerava um retrocesso. O retorno era "ao seu gênero e vocação específica". Notou "nítida e clara consciência das responsabilidades que o obrigam diante do que sua obra foi, é ou está para ser". E observou: "Confirma seus méritos novelísticos — vistos em *Jubiabá*, *Mar morto*, *Terras do sem-fim* — ampliando-os. Quanto ao esquema estrutural, é um romance de tipo tradicional, narrativa em terceira pessoa, um mural da vida cotidiana, uma série de quadros, trata das conquistas e as mutilações que traz o progresso".

Os dois, Jorge e Portella, ainda não se conheciam. O jovem crítico, outro baiano radicado no Rio de Janeiro, recordou-se a vida inteira como se deu o primeiro encontro. Jorge se apresentou, agradeceu-lhe a resenha e esclareceu "um ou dois pontos". Portella não lembrava mais quais; é possível presumir que Jorge tentasse defender o desafio romanesco que tinha sido *Os subterrâneos da liberdade*. Nos anos seguintes, se tornavam unha e carne apesar da diferença de idade, de duas décadas.

Na ala de críticos mais conservadores não deixava de encontrar resistência. Pareceu-lhes um despropósito que a personagem do título só desse as caras depois da página 90. Equívoco ainda maior lhes parecia a escolha de uma cozinheira como personagem central. Não só. Diziam que Jorge se dedicara a retratar um ambiente provinciano, figuras indecorosas, prostitutas e gente de baixo valor espiritual. Deveria ter procurado uma figura feminina mais merecedora, de valor histórico e social. Irritado com o livro, Carlos Maul insurgia-se em *O Dia*: "Não haveria necessidade de aprender a ler para tornar-se escritor, só aprender taquigrafia e reproduzir as torpezas das suburras com seu vocabulário de esterco". Arnaldo Pedroso D'Horta, em *O Estado de S. Paulo*, declarava: "Gabriela não é literatura", "a história é anedota de roda masculina, indigência do vocabulário, autor que apenas por uma margem muito pequena escapa à esmagadora porcentagem de analfabetos no Brasil".

A voga do autor despertaria discussões como as que enfrentara no passado. Um grande dossiê foi feito pelo *Jornal do Brasil* em junho de 1960: "Jorge Amado é realmente um escritor (escritor no sentido de criador de uma linguagem tratada como arte) ou é um repórter dotado de algum talento para comover seus leitores com histórias de algum sentido social e nenhum sentido artístico?".

Disposto a esclarecer mal-entendido, Jorge, desde fins da década de 1940, repetia que não transpunha a realidade, e sim a recriava.

Não sendo um conservador, José Carlos Oliveira dizia no *Jornal do Brasil*: "É um escritor definitivamente banal. Se não fosse prolixo, teria feito uma novela açucarada, de cem páginas, catita, boa de musicar e encenar". Oliveira incomodava-se em saber que Jorge estivera em Petrópolis, "lugar confortável", para escrever um livro sobre pessoas miseráveis — e o curioso é que o novo romance não tratava de pessoas miseráveis. No entanto admitia: "Escreve mal mas é um romancista autêntico" — palavras que parecem, de novo, ecoar Álvaro Lins.

A peleja com os críticos em nada alterava o desempenho nas livrarias. No fim de 1960, *Gabriela* estava na 16ª edição, "um escândalo", admirava-se, em dezembro, o mesmo *Jornal do Brasil*. O clássico de Euclides da Cunha, *Os sertões*, levou quarenta anos para chegar a tanto. Nem Castro Alves, nem Olavo Bilac, nem Erico Verissimo, nem Zé Lins tiveram tal sucesso. O maior êxito editorial do país, sem precedentes, estava ali. Dois anos e meio depois, Valdemar Cavalcanti registrava em *O Jornal*: a

Martins lançava a vigésima edição, de 30 mil exemplares, e a tiragem global alcançava 193 500 exemplares. Entraram e saíram das listas de mais vendidos títulos como *Lolita* e *Doutor Jivago*, e a moça da região do cacau continuava. Em três anos, fez mais que... *E o vento levou* em vinte, no Brasil.

Não faltaram reportagens em todo o país sobre quem tinha sido a inspiração para o romance. Gabrielas apareciam no norte e até no sul. Em Ilhéus, estava aquela que mais parecia verídica.

A hipótese era de Jorge Medauar, escritor e jornalista nascido na comunidade síria da região grapiúna. Disposto a comprová-la, visitou o dono de um estabelecimento comercial chamado Emilio Maron, que não tinha lido o livro. Dona Lourdes, sua mulher, era conhecida quituteira, o tempero e a simpatia angariavam clientela assídua. O jornalista explicou-lhe a história do livro, pois Maron não a conhecia. Maron reconheceu-se em Nacib, e viu em Gabriela sua mulher. Medauar pediu ao entrevistado que assinasse um documento confirmando o que lhe dissera na conversa. A reportagem foi publicada na *Manchete*, em janeiro de 1959, o título definitivo: "Quem é Gabriela Cravo e Canela".

Cientes, mais tarde, da história do livro e talvez surpreendidos pela repercussão na imprensa do Rio e de São Paulo, os Maron reagiram indignados. Tentaram ir à forra na visita seguinte de Medauar a Ilhéus, quando chegou numa caravana que ia ao lançamento do poeta Sosígenes Costa. Num dos relatos publicados na imprensa, Medauar deixava uma boate quando foi surpreendido por Lourdes acompanhada de um de seus filhos. Com uma faca conseguiram lhe cortar a roupa. Quando escapava por uma rua deserta, foi alvejado por cinco disparos. As balas chamuscaram o paletó, Medauar escapou ziguezagueando. Foi seguido então por uma caminhonete onde estavam Maron e dois ajudantes. Em outro relato, Lourdes, acompanhada de duas filhas, esperou Medauar sair de um bar para agredi-lo a socos e pontapés. Antes de fugir, dispararam quatro tiros. No terceiro relato, Medauar saía de uma boate e quem o esperava era Maron, Lourdes e um filho com uma peixeira. Medauar sobreviveu, instaurou-se inquérito.

O autor do livro outra vez foi procurado para esclarecer. "Não conheço dona Lourdes e ao criar o tipo do meu romance não me inspirei em nenhuma pessoa existente na vida real", Jorge respondeu, em abril de 1960, ao *Última Hora*. "O romancista não é o retratista de personagens da vida real; não copia a realidade, [ele] a transpõe artisticamente em sua obra", acrescentou. "A minha personagem é mestiça, dona Lourdes não é. Se Jorge Medauar entendeu de ver Gabriela nela o problema é dele, não meu." Em Ilhéus, um abaixo-assinado feito por mulheres afirmava que Lourdes Maron não era Gabriela. Jorge contaria em outra reportagem que recebera três imagens de Gabrielas — dois quadros e um desenho. As três eram diferentes entre si e mais diferentes ainda daquela que vivia em sua imaginação. No seu modo de ver, um escritor não pode "descrever os tipos, mas marcá-los; o público deve se encarregar do resto". Um leitor quis saber por que Mundinho Falcão não se casara com a neta do coronel. "Mundinho não casou porque não quis", respondeu. "Não tenho nada com isso."

O quem é quem não alcançou apenas Gabriela. Em Ilhéus, contava-se que Ramiro Bastos seria Antônio Pessoa. Tonico Bastos, Tonico Pessoa, filho de Antônio Pessoa, dono de cartório e tão mulherengo quanto o personagem do livro. Misael Tavares fora inspiração para Melk Tavares. Maria Machadão chamava-se, na vida real, Antônia Machadão, cafetina do Bataclan, boate de mesmo nome. Mundinho Falcão teria como ponto de partida João Mangabeira, que fora intendente e opositor de Antônio Pessoa. Ou então Demosthenes Berbert de Castro, o Demostinho, que fazia campanha pelo porto. O autor reconhecia apenas dois personagens saídos do seu convívio. O artista plástico Mario Cravo era identificado como santeiro maluco, e o promotor Argileu Silva tinha no romance a mesma atividade, porém outro sobrenome, Palmeira.

Não foi a portuguesa, e sim a russa a primeira edição de *Gabriela* a sair fora do país. A obra recebeu ilustrações de Otavio Araújo, brasileiro que ali residia, e teve tiragem inicial de 100 mil exemplares.

O prefácio do tradutor, Iúri Kalúguin, preparou o leitor soviético para um Jorge Amado novo. Não era o mesmo de *Seara vermelha* e *Os subterrâneos da liberdade*. Os críticos se esforçaram em dizer que, apesar da mudança, continuava fiel a suas antigas convicções e métodos, aquele era um passo adiante no desenvolvimento de sua obra. Antes elogiavam sua adoção do realismo socialista; agora, saudavam o espírito popular: a extraordinária veracidade na descrição da vida do povo, com linguagem poética.

A crise do militante não precisava ser justificada. Primeiro, porque o autor não rompera relações com a União Soviética, apenas interrompera atividades no partido. A amizade com os companheiros russos se mantinha, não cessou de conceder entrevistas quando solicitado, fazia prefácios às traduções de escritores brasileiros.

Quando saíram obras anteriores, fora criticado pelas cenas naturalistas. Depois de 1956, aquilo que os críticos consideravam erros não eram mencionados, mesmo com o surgimento de títulos ainda mais naturalistas na concepção russa. A bem da verdade, os censores na Rússia desde sempre se esmeravam em cortar aquilo que consideravam inapropriado. O amor sensual era apontado como elemento positivo, como certo protesto contra a alienação humana e moral baseada na exploração e na desigualdade. A censura comunista não deixava que publicassem resenhas brasileiras desvantajosas para o autor, tampouco declarações que tivesse feito sobre a União Soviética que guardassem conotação inadequada. Com tantos escritores saindo das trincheiras da luta comunista, o melhor a fazer era proteger aqueles que ainda permaneciam.

O novo romance encaixava-se com exatidão no contexto cultural daqueles dias: a desestalinização trazia o espírito de liberdade — saía afinal em 1961, o auge do degelo, com censura e repressão abrandadas. O resultado: Jorge passou a ser lido ainda mais do que antes. O tradutor costumava levar visitantes brasileiros à Biblioteca Lênin, em Moscou, para que vissem que o livro mais procurado e mais lido era *Gabriela*.

Nos Estados Unidos, o sucesso se daria como na União Soviética, no entanto se atribuía a feição do novo romance precisamente à mudança ideológica. Depois de quinze anos sem ser ali publicado, estava de volta às livrarias por intermédio de seu editor de sempre, Alfred Knopf, que escreveu ele mesmo a apresentação. Estava certo de que se tratava "de um dos grandes romances de nosso tempo". Samuel Putnam, escalado para outras traduções americanas, havia falecido em 1950. Dessa vez incumbiram-se da tarefa James L. Taylor e William L. Grossman.

As resenhas americanas se referiam ao livro como "divertido e cativante"; de "atmosfera contagiante, erótica, violenta, cheia de cores chamativas e de episódios inesperados". A personagem-título era "um desses filhos da natureza amados por muitos romancistas". Antes, seus personagens eram mais planos e previsíveis, agora resultavam mais genuínos. O único livro que até então chegara ao mercado americano, *Terras do sem-fim* era sem humor e repleto de indignação. *Gabriela*, ao contrário, apresentava a cada página alegria de espírito, ironia e sátira. Os contrastes se explicavam pela própria história de vida do autor: antes era um militante, agora apresentava sua liberação artística, depois de longo período de comprometimento ideológico.

Nos dias seguintes ao lançamento, em setembro de 1962, as vendas da edição em capa dura levaram o autor pela primeira vez à lista de mais vendidos do jornal *The New York Times*, e ali permaneceu por um ano. De uma só tacada, vendeu 20 mil exemplares, volume sem precedentes para um latino-americano. Uma década depois, sairia edição popular pelo clube do livro da Avon, com tiragem de 150 mil exemplares. Até lá *Gabriela* não seria o único sucesso de Jorge Amado desde Moscou até Nova York.

29.
Os ventos do Nordeste

O cosmonauta Gagarin e o poeta Neruda tinham sua bossa. No entanto a visita do exterior que mais atraiu a cobertura da imprensa brasileira no início da nova década foi uma dupla de pensadores franceses, Jean-Paul Sartre e Simone de Beauvoir, em 1960.

Em Cuba, o casal fora assistir ao "triunfo de uma revolução", contaria Simone. Juntos entenderam que, para conhecer o mundo além da Guerra Fria, precisavam passar por um país "subdesenvolvido e semicolonial". Foi providencial o convite do I Congresso de Crítica e História Literária, realizado pela Universidade Federal de Pernambuco, que tinha Eduardo Portella como secretário-geral. No reforço à carta enviada pelo reitor, havia uma de Jorge. Do Recife, após atender ao evento, os franceses partiram para conhecer o país conforme chegavam propostas. Logo estavam na Bahia. Em Minas Gerais, visitaram Ouro Preto e Belo Horizonte. Depois passaram por Rio de Janeiro e Brasília. Outra vez retornaram ao território nordestino, por iniciativa do Ceará, e esticaram até a Amazônia. Nos quase dois meses no país, tiveram Jorge como guia por quase trinta dias, Zélia em boa parte do tempo ao seu lado.

"Sentimos simpatia imediata quando nos conhecemos", Simone anotou nas memórias, "no Rio, ficamos íntimos." Na idade em que viram tantos vínculos se perderem, "não esperavam fazer amigos como Jorge e Zélia".

Zélia "se comunicava em bom francês, era espontânea e afável, de olhar apurado e língua viva, uma das raras mulheres com quem conseguia rir". Ao se dar conta de que Zélia os conduziria no Renault cor de abacate, comentou: "Somos mulheres de homens inúteis; Sartre também não dirige".

Em Jorge, "de francês fluente porém com incorreções", vira "equilíbrio entre paixão e reserva; mostrava-se sensível aos outros e disposto a ajudar, enquanto tinha suas aversões firmes e boa dose de ironia". Nunca conhecera "um escritor que gostasse tanto dessa popularidade universal". Admirou-se de encontrá-lo à vontade tanto numa favela quanto na casa de um milionário, e de sua flexibilidade para levá-los ao encontro de figuras tão distantes quanto o presidente da República e uma mãe de santo. O anfitrião decidia com quem deveriam ou não se encontrar, protegia-os do assédio de quem julgava indesejável, de tal modo que não foram poucos os que se enfureceram. Um jornalista a quem ele batera a porta na cara escreveu artigo acusando-o de manter o casal trancado a sete chaves. Enquanto assistiam à briga por sua atenção, as visitas francesas sentiram-se a salvo de sujeitos e compromissos chatos.

Uma francesa advertiu Simone de que os brasileiros evitariam mostrar-lhes certos lugares pouco recomendáveis; no entanto, Jorge os levou a todos que pôde, sobretudo àqueles distantes do radar dos turistas. Conheceram o centro antigo baiano, as feiras livres e a favela dos Alagados, o casario colonial e a arte popular, os coqueirais e os saveiros. Com seu anfitrião, Simone concordava que em grande medida se conhece um país pela boca, assim não dispensou as batidas ou a farinha de mandioca. O misticismo brasileiro — mesmo entre ateus — chamou a sua atenção. Quando Sartre e Simone estiveram no Ilê Axé Opó Afonjá, Mãe Senhora consultou os búzios e revelou os orixás que os guiavam: "Dona Simone, filha de Ogum; seu Paulo, de Oxalá". A francesa anotaria: "O candomblé não é entretenimento ou algo pitoresco; se intelectuais de esquerda prestam esse tipo de atenção a ele é porque, na falta de mudanças que esperam acontecer um dia, oferece uma possibilidade a essas pessoas deserdadas de manterem seu próprio senso de dignidade".

Em Araraquara, interior de São Paulo, depois de uma conferência, o existencialista foi carregado em triunfo pelos estudantes.

Num jornal do dia seguinte, a manchete estampava: "Sartre prega revolução". A uma Simone espantada com o ímpeto dos jovens no Brasil, Jorge profetizou: "Isso tudo vai passar quando se tornarem médicos e advogados. Os camponeses não serão melhores que isso". Hóspedes do casal Julio de Mesquita na fazenda Mesquita, em Louveira, tiveram de jantar com muitos convidados, intelectuais e magnatas. "Comida de se lamber os beiços", escreveu Jorge, "os vinhos, os licores, a doçaria afro-brasileira, as frutas incomparáveis e o à vontade da aristocracia quatrocentona." Não esqueceu da cena: "Na cabeceira da mesa central os donos da casa e os homenageados. Julio veemente, Sartre atônito". Em suas memórias, Simone anotou o teor do diálogo: "Mesquita falou que os brancos falharam em educar os negros para alcançarem o mesmo nível intelectual e moral; falou contra mulheres que fumavam, o tabaco exacerbava as neuroses particulares do sexo feminino". O existencialista confessou a Jorge: "Nunca vi ninguém igual a *monsieur* Mesquitá. O que ele me disse é inimaginável. Por vezes pareceu-me estar ouvindo alguém da Idade Média". O restante da noite, como lembrou Jorge, reservou última surpresa aos franceses: "Terminado o festim Sartre e Simone se recolheram ao quarto preparado no capricho para eles, o pinico de louça antigo arrancou exclamações de Sartre, aplausos de Simone".

No Rio, em salões perfumados com decoração de flores, Simone falou de feminismo diante de mulheres que, ela sabia, pensavam o oposto dela. Sartre alertou contra o colonialismo e a guerra da Argélia, para horror do governo de seu país. Receberam o título de cidadãos honorários. Um carro da Novacap os levou até Brasília. O chofer, que complementava os rendimentos com contrabando, abriu um pacote com relógios suíços, anéis, pulseiras, brincos de ouro e diamante — tudo falso. Simone quis saber se não temia ser preso. Do bolso interno do paletó retirou a credencial. "Um policial!", Sartre exclamou. Em Brasília, Simone observou que a arquitetura socialista num país como o Brasil acentuava as diferenças sociais. Sartre espantou-se com o que lhe pareciam terríveis contradições: o desenvolvimento industrial com o crescimento do proletariado citadino no sul do país ao lado da alucinante miséria do camponês do Nordeste e do Norte; o Brasil era um país de características próprias ante as quais desmorona qualquer esquema de entendimento prévio. "Quantas vezes não os vi repetir: mas isso é impossível, isso não existe, isso não acontece em lugar nenhum", relembrou Jorge. Depois de estarem com Juscelino, um jatinho presidencial os levou até a ilha do Bananal para conhecer a reserva dos índios Carajás. Com medo do voo, Jorge ficou. Ao aterrissar, foram recebidos por indígenas com trajes originais, que lhes ofereceram cocares, flechas, colares de plumas. Na despedida, retomavam roupas ocidentais. "Estranho país surrealista": Zélia se lembraria da frase como sendo de Sartre, Jorge dizia que tinha explicado nesses termos as idiossincrasias brasileiras ao amigo, logo adepto da expressão. Ainda escutou do existencialista: "Quando se pensa ter entendido, logo nos damos conta de que cometemos erro, de que o certo é diferente, um disparate".

De janelas grandes e assoalho de madeira, a sala não acomodava muitos móveis — num dos cantos se destacava a confortável chaise longue desenhada por Niemeyer. Nas paredes, havia quadros de todos os grandes artistas plásticos brasileiros, coleção que se formava havia duas décadas. Por aqueles dias Djanira, frequentadora do apartamento com seu marido Motinha, fizera um grande mural para a cozinha em honra aos orixás. As prateleiras se cobriam de livros acumulados desde a década de 1930, quando chegou ao Rio, e uma infinidade de recordações de cada lugar que visitaram: vasos, potes, caixas, bonequinhas, estatuetas, cerâmicas, barros, máscaras, espelhos, instrumentos musicais, bordados e joias. Não encerraria a coleta enquanto estivesse vivo.

As visitas eram servidas com sucos de frutas, caju ou maracujá, comiam pratos da cozinha baiana feitos por empregadas caprichosas e se entretinham com um companheiro que Floro, o papagaio, acabara de ganhar: Pituco, um pássaro sofrê que voava livremente e posou para fotos com habitués do endereço, como Guillén e Neruda, ou gente bissexta, como Ferreira de Castro e a mulher, Helena Muriel, e também Ilya Ehrenburg, Miguel Ángel Asturias, além de Simone e Sartre. Amigos de passagem para o Beco das Garrafas — reduto das principais boates do Rio — chegavam de surpresa. Numa noite, sem avisar, apareceram Eduardo Portella, acompanhado do jornalista João Condé, irmão de José Condé, e o cronista Antonio Maria trazendo um jovem diretor francês, Louis Malle, que completava 26 anos naquele dia. A festa seria no Little Club e acabaram pré-comemorando no apartamento. Zélia trouxe da cozinha um bolo de puba, iguaria típica baiana feita com mandioca, que seria servido no café da manhã e espetou uma vela.

O rol de amigos no Rio reunia antigos e novos. Com Caymmi e sua família, Jorge e Zélia retomariam a velha amizade. Misette iniciaria no Rio uma trajetória como galerista. Zélia, que assinava naqueles dias reportagens com o sobrenome Amado, seria por algum tempo hábil negociante de quadros, em dupla com a amiga. A jornalista e militante Eneida de Moraes, ou apenas Eneida, como assinava, era visita constante, assim como Beatriz Costa, atriz portuguesa de quem Jorge ficara amigo no tempo da Urca.

Rubem Braga não só era amigo do casal como de outros amigos em comum na Bahia. Sua ex-mulher, Zora Seljan, casara-se com Antônio Olinto, que se tornou unha e carne com Jorge, assim como seria Portella. Josué de Castro passou a vizinho em Copacabana e em Petrópolis — o sítio da família ficava a um quilômetro do Quitandinha. Não foi outra senão uma amizade fulminante à primeira vista o que uniu Jorge ao cronista Sérgio Porto, o Stanislaw Ponte Preta. O apartamento era frequentado também por mais gente da literatura e dos jornais, como José Condé, Mauritônio Meira, Orígenes Lessa, Pedro Bloch e Valdemar Cavalcanti. Ainda havia o compositor Aloysio de Oliveira e a cantora Cyva, do Quarteto em Cy. Do partido, além de Giocondo Dias, na Bahia, e Carlos Marighella, no Rio, tinha contato com o casal Agildo e Maria Barata, pais do humorista Agildo Ribeiro. Vitoria Sampaio Lacerda era companheira constante de Zélia do tempo em que arrecadava fundos para o partido, e era casada com João Felipe, também do grupo de finanças do PC.

Jorge estava cada vez mais perto da Bahia na virada para a década de 1960. Ciceroneava gente como Sartre e Simone, e ainda havia os baianos a visitá-lo no Rio, trazendo-lhe memórias de um bem viver distante.

Quando precisava descansar, Mãe Senhora chegava da Bahia acompanhada de uma fiel assistente, uma mocinha chamada Stella. A presença da convidada exigia a operação de esconder os exus que decoravam a casa — se Mãe Senhora visse as imagens como adornos mal-instalados, reclamaria. Baianos que viviam no Rio, além do próprio Caymmi, frequentavam assiduamente o apartamento da Rodolfo Dantas.

Com Eduardo Portella, divertia-se inventando notas na coluna diária de José Mauro Gonçalves, "Hora H", no *Última Hora*. Os dois "inventavam sucessos, atribuíam proposições, frases e ditos a figuras de relevo, mandavam brasa", recordaria Jorge décadas à frente. "Nada, no entanto, irrefletido e gratuito, cada nota em circulação com razão de ser." Numa delas, levantaram a candidatura de Augusto Frederico Schmidt a senador por Sergipe. Colocaram na boca de Barbosa Lima Sobrinho frase de espírito. Ao ouvi-la numa rádio, Lima Sobrinho negou a autoria, porém a elogiou — "não é minha mas é boa". A cada manhã faziam circular uma nova carga de notícias, "autênticas todas — se não o eram passavam a ser".

A amizade com Portella se solidificava em meio a uma nova crise política no país. Na briga para a vaga de presidente em 1960, concorriam Jânio Quadros e o marechal Henrique Teixeira Lott. Os militantes comunistas foram instruídos pelo partido a votar em Lott. Giocondo Dias fora levar a diretiva a Jorge, e Zélia, ao escutar, disse-lhe que nem morta votaria no marechal, jamais. Jorge seguiu fiel. Desobedecia quando achava que devia. No lançamento do livro de Agildo Barata, que deixara o partido, os militantes receberam o aviso para que não comparecessem. Jorge dispensou a recomendação e foi abraçar o amigo.

Eleito Jânio, Jorge foi procurado pelo escritor Raimundo de Souza Dantas, oficial de gabinete. O presidente o esperava sem falta em Brasília. Em pessoa, o mandatário informou-lhe que, dentro de sua reformulação da política externa — num gesto de independência em relação aos Estados Unidos, condecorou Che Guevara —, desejava nomeá-lo embaixador junto à República Árabe Unida, nação criada em 1958 com a junção de Egito e Síria. Havia ainda a possibilidade de alocá-lo na Índia. Amigos seus tiveram cargos distribuídos. Rubem Braga fora convocado para servir como embaixador no Marrocos. O pintor Cícero Dias, no Senegal. Portella assumiu o posto de diretor-presidente do Instituto Brasileiro de Estudos Afro-Asiáticos, recém-criado. Depois de escutar Jânio, agradeceu e recusou o convite. O presidente insistiu e lhe deu tempo para pensar. Quando Jorge conversou com Portella, surgiu a ideia de uma embaixada itinerante que percorresse os países da África negra.

Aos sete meses de governo, Jânio renunciou, denunciando em carta que "forças terríveis" o pressionavam. João Goulart, o vice, deveria por lei assumir, no entanto encontrou resistência dos militares, que o consideravam por demais inclinado à esquerda.

Portella fora à livraria buscar livros sobre a África negra. Antes mesmo de começar a abri-los, telefonou para Jorge, e o diálogo se deu assim, contariam ambos: "Te procurava feito doido. Jânio renunciou, os gorilas ameaçam não dar posse a Jango, a confusão é geral". Portella se espantou: "Renunciou? Os militares vão assumir? E eu que acabo de pagar os livros que encomendei. Estou falido".

Em defesa da posse de Jango, a dupla passou a espalhar boatos para prejudicar os golpistas. "Transmitíamos por telefone, circulavam, acontecia-nos recebê-los de volta", lembraria Jorge. Num começo de noite, Portella lhe telefonou: "Acabam de me telefonar de Brasília, sabes o que acontece? Desentendimento entre os generais, ouça". Jorge compreendeu: "Não te entusiasmes, tu te esqueces que esse boato nós o inventamos hoje de manhã. Voltou enriquecido, é normal. Mas a fonte fidedigna somos nós, tu e eu".

Jorge não deixava de exercer a política quando havia abaixo-assinado por causa progressista. Seu nome figurava entre os primeiros. De certa feita, juntou-se aos que enviaram telegrama para encorajar Jânio em seus pronunciamentos na Europa dispondo-se a encontrar-se com Tito, da Iugoslávia, e apoiando a libertação da Argélia e de países africanos e asiáticos durante as guerras coloniais. Em favor do pintor Siqueiros, que fora preso, enviou telegrama ao presidente do México. Depois Jorge esteve entre os que integraram o manifesto contra a tentativa de invasão de Cuba pelos Estados Unidos. Na *Tribuna da Imprensa* certo dia saiu a anedota: nos manifestos, nunca faltavam as assinaturas de Jorge Amado, Josué de Castro, Di Cavalcanti e Paulo Mendes Campos. "Se os mimeógrafos não os poupassem do trabalho de assinar, já estariam com calo nos dedos."

Sem hora marcada, outro baiano que frequentemente o visitava era João Gilberto, o violão sempre nas costas. Desde que chegara ao Rio em 1957, aos 26 anos, firmara-se com sua batida musical particular, a interpretação minimalista, em canções como "Chega de saudade", "Bim Bom" e "Desafinado". Em 1959, casara-se com uma moça de origem baiana e alemã,

Astrud Weinert, rebatizada mais tarde de Astrud Gilberto. A solenidade ocorreu no cartório de Aníbal Machado, em Copacabana, o mesmo onde Jorge tinha casado da primeira vez. Às vésperas, João passou a telefonar, duvidando: "Jorge, você vai mesmo?". Ao meio-dia, o escritor, que nunca perdia horário, chegou, quase atrasado, com Zélia. Todos os aguardavam. O noivo comentou: "Estava aflito, temendo que não viessem". "Mas por que esperaram?", quis saber Jorge. "Porque você é o padrinho." Na hora da despedida, João Gilberto lamentou: "Vinicius e Tom não vieram. Na certa, deitaram-se ontem muito tarde e não acordaram a tempo. Vão ficar com um remorso medonho". O casal passou a lua de mel no Quitandinha.

Quando nasceu João Marcelo, o primeiro filho de João e Astrud, o casal costumava telefonar para Zélia a fim de tirar dúvidas de pais de primeira viagem. Alta madrugada, a voz de João do outro lado da linha: "Zelinha, estamos aqui desesperados. João Marcelo não para de chorar". Achavam que eram vítimas de um despacho. Um pai aflito prosseguia: "Vocês que conhecem tanto candomblé, me digam o que fazer". Zélia, muito prática, não por deboche, achava uma saída para acalmá-los. "Vocês pegam um lençol, amarram no pescoço, acendem uma vela, passam por todos os cômodos..." e seguia-se uma explicação do ritual que acabava de inventar, cumprido por João e Astrud — com êxito, segundo lhe comunicaram em outro telefonema.

No segundo casamento de João Gilberto, outra vez Jorge teria papel proeminente. Escreveria a Sérgio Buarque de Holanda, pai de Miúcha, intercedendo pelo eterno afilhado em janeiro de 1965: "Venho de receber uma carta de meu bom e querido amigo João Gilberto, que se encontra nos EUA. Esse baiano de Juazeiro, das margens do S. Francisco, é um dos brasileiros de maior talento e uma das melhores pessoas que conheço". João estava preocupado porque os futuros sogros não o conheciam. "[João] Pede-me que eu escreva a você dizendo como ele é. Já o fiz linhas acima: praça da melhor qualidade, boníssimo, extremamente sensível, tímido, um pouco louco como todo músico que conheço. Creio que vocês irão gostar muito dele."

Em parceria com o padrinho, João Gilberto compôs, às vésperas de ir para os Estados Unidos, uma canção para o filme *Seara vermelha*, adaptação do romance homônimo. Preso ao violão, repetia as melodias que deveriam harmonizar com a letra criada por Jorge. Noite alta, parou ao ser de repente interrompido por um canto que parecia repetir o trecho musical que acabava de nascer. Em silêncio mantiveram-se, até ouvirem outra vez o mesmo canto. "Só pode ser o sofrê", alguém da casa comentou. João foi até a gaiola para conhecer o bicho de perto, Pituco. "Lamento de Marta", como a chamava Jorge, ou "Lamento de Dalva", como se referiu a ela João Gilberto, passou a ser a repetição de uma mesma palavra, "undiú", como um canto de pássaro. No filme, teve um terceiro nome, "Lamento de Vicente". Marta e Vicente são de fato personagens, Dalva, não.

Outro jovem casal ocupou o imóvel dos Amado em Petrópolis durante a lua de mel: Glauber Rocha, cineasta baiano, e a atriz Helena Ignez. Glauber ainda ia fazer seu *Barravento*, de 1962, sobre o candomblé, em suas palavras "síntese de Eisenstein com *Mar morto*, de Caymmi com Jorge de Lima". Como dizia em família, desejava ser "um nome tão importante para a Bahia e o Brasil quanto Castro Alves e Jorge Amado". No Quintandinha, assim que chegou, comeu alguma coisa que lhe causou um desarranjo. Voltou com a mulher para o apartamento da Rodolfo Dantas e convalesceu na cama de casal dos anfitriões, cedida numa deferência especial.

Os ventos do Nordeste faziam cada vez mais falta, e as idas para veranear em território pernambucano se repetiam. Zélia, João Jorge e Paloma o acompanhavam, enquanto o coronel e Eulália iam para outro destino, a fazenda em Pirangi. Levava os filhos para o Nordeste porque, como dissera numa entrevista, queria "ensinar-lhes o que é bicho, fruta, vento, terra e gente".

Quando era moço, percorrera o Brasil inteiro; àquela altura pretendia repetir a façanha.

De pé no chão, apenas de calção de banho, Jorge tomava café e ia ter com os pescadores, o de alcunha Amaro Amarelo era aquele com quem mais gastava assunto. À tarde jogava baralho com os amigos. A casa de praia de Doris e Paulo Loureiro em Maria Farinha era um dos endereços; outro, o sítio de Laís e Rui Antunes, que frequentavam na casa em Recife. Entre a capital e Olinda, afeiçoaram-se ao jovem poeta Carlos Pena Filho e sua mulher, Tania. Visitavam Gilberto Freyre em Apipucos para beber sua cachaça de pitanga. Com Paulo Cavalcanti, companheiro de militância comunista, as conversas eram políticas. Artistas, literatos e políticos pernambucanos circulavam por onde ia e se hospedava, nas pontes sobre o Capibaribe, no fundo de livrarias ou no bar: Ascenso Ferreira, Ariano Suassuna, Hermilo Borba Filho, Francisco Brennand, às vezes Miguel Arraes.

Entre coqueirais, com brisa, areia e mar, sem rádio ou jornais, sem fumaça a não ser a do cigarro, em meio à conversa fiada, a passeios de jangada e partidas de pôquer começou a pensar num novo personagem, Vasco Moscoso de Aragão. Não é improvável que ainda fosse algo de *Os acontecimentos de Areia Branca*, romance abandonado. Perguntaram-lhe se temia o sucesso de *Gabriela*. Poderia escrever outro livro melhor? "Bobagem. Como esperar que cada livro de um escritor seja melhor do que o anterior? Se houvesse tal receio, o lógico seria parar de vez."

Estava de volta ao Rio quando outra vez Nahum Sirotsky lhe pediu um conto ou pequena novela, agora para a revista *Senhor*. Depois foi o próprio Scliar, diretor de arte, quem ligou para cobrar. "Não se preocupe, eu escrevo a historinha num instante." Durou uma noite inteira, no seu relato; ou dois dias inteiros, na lembrança de Zélia. Ainda que possa ter sido realizado em tempo curto, não parece que Jorge ou Zélia calculavam com exatidão dada a complexidade da obra, embora se estenda por pouco mais que cem páginas, dificilmente seria concluída a jato. Nascia a breve e poderosa historinha de *Quincas Berro Dágua*. Enquanto escrevia, a costureira trazida de Pernambuco, de nome Quitéria, foi levar um suco. Jorge então batizou com seu nome a amante do personagem.

A pequena história transcorre numa noite, a do velório de Joaquim Soares da Cunha, cidadão exemplar que abandonara emprego e família — a mulher Otacília, a filha Vanda e o genro Leonardo Barreto — para viver entre os vagabundos do cais do porto. Por uma década, foi Quincas Berro Dágua, campeão de gafieiras, grande cachaceiro, rei da vadiagem, tendo ao seu lado a prostituta Quitéria do Olho Arregalado e os companheiros de boêmia, o cabo Martim, o mulato Curió, Negro Pastinha, Pé de Vento. Em meio à despedida, seus amigos dão pinga ao cadáver no caixão, tiram a roupa formal que veste e levam-no para um passeio extravagante noite afora. Jorge tinha prometido a Pena Filho que um dia escreveria a história ocorrida no início do século no Ceará e que lhe fora contada quando era aluno interno no colégio dos jesuítas. Não deixava de ser uma versão tropical da lenda em que se baseia James Joyce no seu *Finnegans Wake* — a ressurreição de um morto que é respingado pelo uísque com que o celebravam —, e se aproxima também de uma cena de *Clara dos Anjos*, de Lima Barreto, em que amigos de um defunto perdem seu caixão no meio da noite.

Depois de publicar o conto na *Senhor*, continuou a amadurecer sua história de vagabundos, enquanto desenvolvia outros projetos. Desejava fazer um grande painel do Nordeste, cujo personagem principal seria um chofer de caminhão, que Jorge considerava o grande herói romântico daquela região. Um romance de candomblé também passava pela sua cabeça.

A história de vagabundos não foi a que se seguiu. Na Periperi onde tinha vivido no começo da década de 1940, colocou sua nova personagem, Vasco Moscoso de Aragão. O comandante instalado com farda de marinheiro, equipamentos náuticos e mapas causa nos vizinhos a certeza de que é um homem do mar com suas histórias de portos distantes, de Marselha a Calcutá, amores perdidos, naufrágios e monstros marinhos. Para criar o personagem, Jorge lembrara-se do vizinho do tio Álvaro, o aposentado que no bairro tinha fama de ser o "maior mentiroso da terra". O antagonista do comandante é Chico Pacheco, que tenta contestar a veracidade do que diz.

Na epígrafe do ainda soviético *Os subterrâneos da liberdade*, usara versos de soneto de Camões: "Metida tenho a mão na consciência,/E não falo senão verdades puras/Que me ensinou a viva experiência". Agora o título inteiro do novo livro liberado politicamente guardava tom jocoso: *A completa verdade sobre as discutidas aventuras do comandante Vasco Moscoso de Aragão, capitão-de-longo-curso*.

Um incerto narrador revolve: "'A verdade está no fundo de um poço', li certa vez, não me lembro mais se num livro ou num artigo de jornal. Em todo caso, em letra de fôrma, e como duvidar de afirmação impressa? E, como se isso não bastasse, várias pessoas gradas repetiram-me a frase, não deixando sequer margem para um erro de revisão a retirar a verdade do poço, a situá-la em melhor abrigo: paço ('a verdade está no paço real') ou colo ('a verdade se esconde no colo das mulheres belas'), polo ('a verdade fugiu para o Polo Norte') ou povo ('a verdade está com o povo'). Frases, todas elas, parece-me, menos grosseiras, mais elegantes, sem deixar essa obscura sensação de abandono e frio inerente à palavra 'poço'". Adiante repete: "Não só a verdade está no fundo de um poço, mas lá se encontra inteiramente nua".

A morte e a morte de Quincas Berro Dágua e *O capitão-de-longo--curso* saíram no mesmo volume: *Os velhos marinheiros — Duas histórias do cais da Bahia*, com tiragem inicial de 50 mil exemplares. O lançamento ocorreu em maio de 1961 e foi o primeiro marco das comemorações de trinta anos de vida literária de Jorge Amado. A data levou a Martins a organizar um volume com sua fortuna crítica, e na Biblioteca Nacional uma exposição o colocou em evidência.

Por muitos anos Jorge não quis voltar ao Recife. Entre a escrita das duas novelas, tinha morrido prematuramente o amigo Pena Filho, aos 31 anos, num acidente de carro.

Os velhos marinheiros chegava às livrarias quando a revista *Novos Rumos*, pertencente ao Partido Comunista, reagiu com artigo duro, assinado por um militante, o baiano Jacob Gorender. Embora tivesse críticos literários em seus quadros, a publicação escolheu para avaliar o livro alguém de fora do ramo.

Gorender acusou o escritor de "abandonar a inspiração revolucionária", como a que havia em *Jubiabá* ou *Seara vermelha*, razão de sua merecida popularidade até ali. Apontava uma "queda do nível artístico" — particularmente vista no que chamou de "historieta", a de Vasco Moscoso de Aragão. Descrevia sua narração como "viva e colorida", com trechos de "sabor folclórico"; no entanto, a substância social era "tênue", resumindo-se a uma "sátira à respeitabilidade pequeno-burguesa", "ligeira e superficial", uma vez que realizada do ponto de vista do "lumpemproletariado". Rejeitava a "visão amoral e carnavalesca, ajustada à gente ociosa da alta-roda e dos marginais desclassificados da sociedade".

A apreciação intransigente de Gorender seria abarcada por setores da esquerda e também da direita: a da obra dividida em duas fases, a primeira, que seria de melhor qualidade, a segunda, pior. Naqueles dias, críticos mais conservadores reclamavam que Jorge escolhia como protagonistas gente que não podia servir de exemplo, e o humor — que começava nos títulos longos de capítulos e culminava em personagens, cenas, diálogos, desfecho — era visto como desvio das questões severas que tratara no passado.

A grande imprensa repercutia a discórdia entre Jorge e os militantes. Enquanto ciceroneou o casal Sartre e Simone, o

Última Hora quis saber se era verdadeira a notícia de que não aceitara participar de um programa de TV no Recife ao lado de Prestes. Jorge driblava como podia. "A notícia é falsa. Fui convidado, depois substituído por Prestes. Devia ir a um Xangô. Ao saber da substituição, achei ótimo, seja para o público, seja para mim, por não perder um Xangô. Ao sair, deixei um abraço para Prestes que ia chegar dali a pouco. Só tenho motivos para admirar e estimar Prestes. O mais foi a exploração de jornalistas amantes de fazer sensação." O jornal quis saber de seu encontro com Jânio. "Não houve, apenas por acaso estávamos hospedados no mesmo hotel. Jânio, Ademar e Milton Campos, de quem sou amigo e admirador desde os tempos da Constituinte. E só. O mais foi boato."

Na crise que se seguira à renúncia de Jânio, de novo partiu da *Novos Rumos* a reação mais pesada. Em setembro de 1961, a revista criticara o envio por Jorge de um telegrama ao governador da Bahia Juracy Magalhães, incentivando-o a aceitar a indicação de seu nome para primeiro-ministro. A nomeação de Juracy seria "a garantia do regime democrático e da paz interna". Para os editores do jornal, a atitude merecia críticas. "Por que, a não ser por motivos pessoais, essa exaltação de político reacionário, conhecido precisamente por sua truculência." O texto concluía: "É triste esse episódio: um escritor que exaltava a liberdade passando à sombria louvação de um golpista e espancador do povo".

O "progressivo aburguesamento de Jorge Amado, nos últimos anos, vem desagradando o PC", reproduzia o *Diário Popular*, no mesmo outubro de 1961. "Os vermelhos andam atacando o romancista pelo fato de este haver telegrafado a Juracy Magalhães." Ao jornal *Binômio*, de Belo Horizonte, Jorge justificava que a *Novos Rumos* assumira "posições dogmáticas e estreitas" quando o acusou de apoiar um esquema golpista. "Não sou culpado da burrice dos redatores de *Novos Rumos*." Comentava que os sete meses de Jânio foram "absolutamente excepcionais". "Tenho para mim que foram mais importantes para o Brasil e para a democracia do que todo o resto do regime republicano." Notava que a crise político-militar ainda não tinha acabado, e os problemas continuavam. O pedido de ajuda a Juracy tinha como intenção acalmar os ânimos do país. De sua estratégia, depreende-se que, em situação de crise, buscava ajuda na direita mais aberta. Numa defesa às críticas da esquerda a sua obra, comentou que era "extremamente cioso da liberdade de criação", dispensando "o moralismo literário". Naqueles dias, depois da *Novos Rumos*, o militante Francisco Julião, das Ligas Camponesas, o acusara de pornografia. Jorge disse que não respondia a elogios ou críticas, só se interessava por artigos feitos com a intenção de analisar a obra estudada. "Se o artigo foi feito com seriedade, mesmo assim o autor partiu de posições estreitas e dogmáticas." Completava: "Nesses trinta anos tem-se dito as coisas mais divergentes sobre minha obra".

Novos Rumos fez uma tréplica. Ao comentar as declarações dadas ao *Binômio*, retrucou chamando Juracy de "caçador de mandatos dos parlamentares comunistas, inclusive de Jorge Amado", no agora longínquo 1948.

30.
De fardão

O colarinho estrambótico o fazia sentir-se afogar. No costume de ficar em casa sem camisa, apenas de short e chinelo, manga curta quando saía, não reuniu paciência para tanto: pediu à mulher uma tesoura, deu-lhe pressa, e assim que a teve em mãos cortou-o pela metade de frente para o espelho. Jorge recordaria que tão grande fora a surpresa de Zélia, ao vê-lo reduzindo inabilmente o tecido incômodo, que não "teve tempo de protestar e impedir o sacrilégio".

Vestido com o tradicional fardão verde-musgo bordado a ouro, capa e chapéu de bico ornado de arminho à moda de Napoleão, espadim a postos — e agora um colarinho avariado —, dentro em pouco partiria para o oposto de uma batalha. Em clima de concórdia, um antigo inconformista seria aceito na legião. Deixaria o apartamento da rua Rodolfo Dantas, em Copacabana, para tomar posse a cerca de dez quilômetros dali, no centro da cidade, da cadeira de número 23 da Academia Brasileira de Letras. Criada em 1897 à semelhança da francesa, numa época em que se usavam bigode de ponta e pince-nez, vinha elegendo através do século ilustres da república e, como reconheciam seus oponentes, até mesmo escritores. Homens todos, pois mulheres não tinham permissão para dela fazer parte.

Ocupava, em julho de 1961, a vaga de um engenheiro, baiano como ele, que se destacou como um dos mais populares políticos locais, Otávio Mangabeira. Em meio à candidatura, três décadas antes, Mangabeira providenciara para sua eleição a publicação de volumes com seus discursos e conferências. Nem essa luxuriante documentação, nem as atas e mensagens governamentais redigidas, segundo se diz, de próprio punho o tornaram célebre nas letras, mas uma frase dita à queima-roupa que resiste ao tempo e vale por uma obra inteira: "Pense num absurdo; na Bahia tem precedente". Virou nome de hospital, avenida larga, escola e estádio de futebol, e teve poucos, senão raríssimos, leitores de sua obra.

Quem entra para a Academia recebe o epíteto de "imortal". O motivo para serem assim chamados, dizia o poeta Olavo Bilac, um dos acadêmicos inaugurais, era não terem "onde cair mortos". No velório de Mangabeira, o corpo ainda insepulto, o então presidente da instituição, Austregésilo de Athayde, sussurrou para Jorge: "Chegou a sua hora". Não sendo a primeira vez que lhe propunham candidatura, esta seria a irremediável. A vaga, além de recém-ocupada por um conterrâneo amigo seu, irmão de outro amigo, o também político João Mangabeira, possuía simbologia tentadora: tratava-se "indiscutivelmente da cadeira do romance brasileiro", como Jorge justificava, talvez convencendo a si mesmo. Fora ocupada na estreia por Machado de Assis e tinha José de Alencar como patrono, clássicos inequívocos do gênero. Quando anunciou que aceitara lançar-se ao pleito, Afrânio Coutinho, um dos que se movimentavam para concorrer, retirou-se da contenda. O crítico não só desistiu como se declarou entusiasmado defensor do nome do rival. Da Bahia, o governador Juracy Magalhães telegrafou ao escritor oferecendo "todo apoio em nome do povo baiano". Não seria diferente de uma campanha eleitoral.

Candidato único, conta-se que cumpriu contritamente todo o rito de pedido de votos, manteve-se comedido e sem cantar vitória antes de divulgado o resultado oficial, como recomenda o decoro. Entre quarenta membros, teve 36 votos a favor. Houve uma abstenção de um acadêmico fora do país impossibilitado de comparecer, e dois novatos ainda não contavam tempo suficiente, como determinava o estatuto, para participar da votação. Encerrado o escrutínio, romaria de acadêmicos e amigos seguiu até o apartamento de Copacabana, entre os quais — a imprensa notou — a presença voluptuosa da atriz Janete Vollu, que faria na TV Tupi, naquele mesmo ano, o papel de Gabriela.

"Jorge Amado na Academia. Que revolução", ressaltou Antônio Carlos Villaça no *Diário de Notícias*. "Serenou", observou um amigo de infância, Antonio Vieira de Mello, em *A Noite*. Pelo uso do verbo "serenar" presume-se que o humor do novo imortal se apaziguara.

Por tradição, a cidade do novo imortal oferta-lhe o fardão. As prefeituras de Itabuna e Ilhéus, municípios em eterna disputa pela cabeça do rebento — que nasceu nas imediações do primeiro e cresceu no segundo —, ofereceram-se para o presente. Juracy Magalhães pronunciou-se outra vez, afinal o governo também poderia bancar os 225 mil cruzeiros (cerca de 40 mil reais em valores atuais), conta feita nas colunas literárias. A honraria ficou com Ilhéus. Zélia escolheu um sári oriental vermelho do guarda-roupa sortido que acumulou nas tantas viagens.

Ao notar o filho paramentado antes de sair para a posse, João Amado de Faria não deixou de admirar-se: "Que beleza". Por pouco aquele grande dia não foi adiado por motivos de saúde do pai. Um câncer o fazia padecer, não assistiu à posse, assim como a mulher, Eulália Leal Amado, que, para lhe fazer companhia, tampouco veria o filho mais velho receber o diploma das mãos de Athayde e o colar de ouro de Viriato Correia, outro acadêmico escalado para tomar parte na solenidade. O orgulho da mãe não a impediu de repetir mais uma vez que Jorge devia era ter cursado medicina, carreira, esta sim, que levantava o nome da família. Modestos, apesar de terem prosperado, ficaram livres de vestir-se e calçar-se como grã-finos para cumprir as tantas horas de bolodório e rapapés, que teve até emissário do presidente da República. Sem poder comparecer, Jânio Quadros incumbiu para representá-lo o jurista Afonso Arinos de Melo Franco, seu ministro das Relações Exteriores, também acadêmico.

Não sendo entusiasta de discursos alheios, muito menos dos seus, entregou-se com afinco à tarefa, concluída apenas horas antes da solenidade: dezoito páginas datilografadas, que pronunciadas estenderam-se por 55 minutos, tempo abaixo da média nas posses, provavelmente para não desperdiçar paciência, a sua e a dos convivas.

A fala, entre o sentimental e o bem-humorado, começou assim: "Chego à vossa ilustre companhia com a tranquila satisfação de ter sido intransigente adversário dessa instituição naquela fase da vida em que devemos ser, necessária e obrigatoriamente, contra o assentado e o definitivo". Em seguida: "Muita pedra atirei contra vossas vidraças, muito objetivo grosso gastei contra vossa indiferença, muitas vezes gritei contra vossa compostura, muito combate travei contra vossas forças". Depois: "Senhores, neste coração que resiste a envelhecer, ouço o riso moleque do rebelde em busca de caminho. Rio-me com ele, não há entre nós oposição, não existem divergências fundamentais entre o menino de ontem e o homem de hoje, apenas um tempo intensamente vivido". Adiante: "Busquei o caminho nada cômodo do compromisso com os que nada têm e lutam por um lugar ao sol, com os que não participam dos bens do mundo, e quis ser, na medida de minhas forças, voz de suas ânsias, dores e esperanças". Enfim: "Quando aqui chego, chegam a esta casa, a esta tribuna, vestindo este fardão, pessoas simples do povo, aqueles meus personagens, pois é por suas mãos que aqui ingresso. Gente simples do povo, não sou mais do que eles, e, se os criei, eles me criaram também e aqui me trouxeram. Porque eles são o meu povo e a vida que tenho vivido ardentemente".

Sem demora, a editora Martins providenciaria em grande formato um volume especial contendo seu discurso e o de recepção, proferido por Raimundo Magalhães Jr., este com quinze páginas datilografadas, 45 minutos, desperdício ainda menor.

Os acadêmicos e seus simpatizantes que se pronunciaram na imprensa aparentemente estavam animados com a ideia de ter um comunista integrado a suas hostes. Entre os votantes, todos tinham posição política diversa, alguns foram seus oponentes declarados no passado.

Mais que a um comunista, a Academia Brasileira de Letras dava guarida a um escritor popular, um tipo escasso dentro da instituição, num círculo literário onde sua linguagem fora muitas vezes considerada inapropriada, e o sucesso comercial, com tiragens que ultrapassavam mais de 100 mil exemplares, visto como um excesso e indício de pouca qualidade. A presença de repórteres e fotógrafos superou em muito o usual na cobertura da votação e posse, "a primeira televisionada", repetia a imprensa. "Conquista legítima do leitor brasileiro", estampou *Última Hora*. O respeito do novo imortal no exterior funcionava como contrapartida para sua legitimação. Athayde chegou a declarar, em tom de reparação: "Nome de importância internacional, agora recebe a glória das letras do Brasil". Os relatos de seu prestígio nas altas-rodas internacionais desconcertavam quem se esforçava para desmerecê-lo. Um ano antes, o casal Amado ciceroneara país adentro Jean-Paul Sartre e Simone de Beauvoir, causando inveja à intelectualidade brasileira.

Os laços com o partido estavam afrouxados. Não sem tensão. Virava oficialmente imortal apenas cinco anos depois do vaticínio que lhe teria feito Diógenes Arruda Câmara, o mais poderoso dirigente do comunismo brasileiro à época, em 1956: "Em seis meses ele deixará de existir como escritor e homem de esquerda". Com ênfase: "Vamos acabar com ele". Foram os relatos que chegaram ao escritor.

Afastado da militância, consagrara-se como nunca em 1958 com *Gabriela*, romance sem mensagem política escancarada. Os críticos o consideraram livre do sectarismo, os leitores lhe garantiram dois anos nas listas de mais vendidos no Brasil, um resultado de vendas que se repetiria no exterior, não só na União Soviética, que continuaria a publicá-lo, como também em mercados até então fechados devido a sua ideologia, como Estados

Unidos e Portugal, onde a CIA e a Pide ainda o viam com suspeita. O ocaso colossal prometido por Arruda Câmara não aconteceu, apesar da enxurrada de artigos e resenhas encomendados, da difamação envolvendo casos grandes e pequenos.

O autor que, naquela noite, declarou ter o "coração que resiste a envelhecer" estava às vésperas de alcançar 49 anos de vida e trinta de literatura, com dezessete livros publicados, aí incluídos dois expurgados. Ganhava naquele ano uma biografia, escrita por Miécio Táti, amigo de letras e militância. Uma trajetória estava quase completa. No entanto, viveria quarenta anos mais, publicaria outros dezessete livros. Por razões políticas ou pela literatura popular, continuaria a ser alvejado, e a entrada na Academia Brasileira de Letras se tornou motivo para comentários de quem o absolvia ou o condenava. Estes últimos, definia como "sabichões cuja missão crítica é negar qualquer valor a meus livros". Reivindicava ao menos um: "Sei, de ciência certa, existir nas páginas que escrevi, nas criaturas que criei, algo imperecível: o sopro de vida do povo brasileiro".

Empossado, tratou de uma questão referente à vida de mortal. A primeira providência foi tentar aumentar o valor do Prêmio Machado de Assis, concedido a cada ano a um escritor brasileiro pelo conjunto da obra, de 25 mil para 500 mil cruzeiros (cerca de 75 mil reais). Na sua recordação, logo na primeira sessão após a posse, "redigiu, assinou e entregou à presidência proposta formal". Athayde, "após receber o papel, ler e balançar a cabeça", teria lhe garantido: "Remeterei ao plenário em tempo útil".

Contaria, três décadas depois, que a tal proposta ainda não tinha alcançado o plenário. Uma vitória poderia comemorar: entrara para valer na briga, vitoriosa, que mudou o estatuto de modo a permitir a candidatura de mulheres oitenta anos depois de fundada a instituição.

A unanimidade para entrar na Academia Brasileira de Letras, mesmo em pleito sem concorrentes, não era de todo fácil.

O pernambucano Múcio Leão, na sua vez, fora candidato único e obtivera dez votos nulos — por um triz não conseguiu lugar. O que se viu na vez de Jorge fora adesão em peso. Em sinal de grande deferência, o octogenário Luiz Edmundo — que no então remoto 1938 publicara *O Rio de Janeiro do meu tempo*, uma crônica sobre a belle époque tropical — venceu a debilidade física para votar.

Jorge continuava a ser um "homem de esquerda nos atos de sua vida pública", como ressaltou Josué Montello em sua coluna no *Globo*, "correndo o risco de ser rejeitado pesadamente por uma instituição reconhecidamente conservadora". Como o definiu a *Tribuna da Imprensa*, era "um dos que divergem da direção" do Partido Comunista sem chegar ao ponto de romper.

Excelência tampouco garantia votação larga. Por seis vezes, Jorge de Lima tentara entrar; morreu em 1953 sem virar imortal.

A eleição devia-se, acreditou Manuel Bandeira, à "intervenção pessoal, extra-acadêmica de uma senhora, a baiana dona Gabriela, mais conhecida como Gabriela Cravo e Canela".

Operavam-se reviravoltas surpreendentes na apreciação de Jorge. Aqueles que, no passado, andaram maldizendo seus escritos faziam as pazes. Como Álvaro Lins. A tal ponto estava reconciliado com o autor outrora desaprovado que chegou ao ponto de dizer, quando foi internado na Casa de Saúde Samaritano, em Botafogo, com uma hemorragia interna devido a uma úlcera de duodeno, em julho de 1960: se morresse, a sua cadeira de número 17 poderia ter como sucessor um dos dois: Jorge Amado ou Aurélio Buarque de Holanda. "Eu me sentiria particularmente continuado em qualquer um deles. Seria como se não tivesse morrido." A declaração foi feita a Mauritônio Meira, colunista do *Jornal do Brasil*, que o visitara acompanhado de Jorge. Este, "ao escutar a resposta, ficou ruborizado", relatou Meira, e respondeu: "Meu caro, fico muito agradecido. Teria o maior prazer em entrar na academia, mas não por esse preço".

Lins não foi o único que mudou de ideia. Lúcio Cardoso, perguntado pela revista *Chuvisco*, em fevereiro de 1961, sobre quais eram seus escritores prediletos, citou três: Otávio de Faria, Guimarães Rosa e Jorge Amado. Amigo de sempre, Erico parecia já ter esquecido a confusão com o evento no Chile. De passagem pelo Rio, declarou que Jorge era "o maior escritor da América".

Exceção, Otto Maria Carpeaux continuava tão inimigo a ponto de trocarem socos durante a visita de Ferreira de Castro ao Rio. Testemunha da briga, o poeta Thiago de Mello contaria, décadas à frente, que a iniciativa foi de Carpeaux, de conhecida cólera.

Quase dez anos após seu retorno ao Brasil, especificamente ao Rio, onde viviam literatos que encontravam projeção, Jorge abandonava o que ainda restava de alinhamento ao partido e dedicava-se cada vez com mais largueza à diplomacia, tornara-se quase um bonachão. Como notou Neruda, depois de 1956 a mudança era visível: "Ficou mais tranquilo, muito mais sóbrio em suas atitudes e suas declarações. Não creio que perdeu sua fé revolucionária, porém voltou a se concentrar mais em sua obra e tirou dela o caráter político direto que a caracterizava. Como se houvesse libertado o epicuro que havia nele, lançou-se a escrever seus melhores livros, começando por *Gabriela*, obra-prima transbordante de sensualidade e alegria".

Na imprensa, era espantosa a diferença de tratamento.

Enquanto esteve no exílio ou logo depois de sua chegada, Jorge recebia epítetos nada lisonjeiros: era "burocrata stalinista internacionalmente conhecido", "turista-injuriador", "escritor vermelho". Às vezes simplesmente "ex-romancista" e "ex-brasileiro". Dizia-se que tinha "longo passado de agitador"; cercava-se de "subversivos fichados" e "elementos desfrutáveis". No exterior, "se incumbiu da tarefa de desacreditar o país", em "sistemáticas difamações de sua pátria" dedicara-se "a mentir o melhor que pode sobre o Brasil" em "atividades antibrasileiras".

Os encontros dos partidários da paz não passavam de "tentativa do Kominform de perturbar a ordem nos países democráticos". Em *O mundo da paz*, "abandonou o realismo para escrever páginas de lirismo fantasista sobre a União Soviética e de cinismo lírico sobre os países ocupados pelos exércitos russos". Os jornalistas, que pareciam se divertir com a avalanche de acusações, reclamavam que Jorge era desprovido de humor.

A distensão ocorreu depois de 1956 e coincidia com a gestão de Juscelino, que amainou o pesado clima político. Os epítetos ruins quase desapareceram, como personagem visto pela imprensa Jorge ganhava complexidade. Logo começaram a ser publicados perfis seus, em tom que ia do simpático ao escancaradamente terno. Seus gostos e aversões, os pequenos hábitos e desejos recônditos ganhavam as páginas dos jornais e revistas.

Soube-se então que detestava "gente chata ou autossuficiente, calor, chá e avião". Lambia-se todo com "caju, manga e sapoti". Tinha "fala mansa", entremeada de expressões como "e tal e coisa" ou "aquele negócio". Entre seus defeitos mais marcantes, admitia "certa tendência para a irritabilidade repentina". No entanto, "dois minutos depois dos maiores esbregues", era "capaz das maiores ternuras". Achava que os defeitos se modificam com a idade e agora se considerava ponderado. Detestava conferências e declamações. Quando via baratas podia até dar tiros. Era grande fã de papagaios. Considerava seu único luxo andar de táxi. Não sabia dirigir nem queria aprender, sendo Zélia a motorista da família. Charles Chaplin era sua figura número um da humanidade. Picasso, de quem era amigo, a de número dois. Na Bahia torcia pelo Ypiranga, o terceiro no estado, e no Rio, pelo Bangu, time pequeno que no entanto fora o primeiro brasileiro a admitir jogadores negros. Gostava de teatro, de circo mambembe, bate-papo com os amigos e não ia ao cinema para ir ao cinema, e sim pela categoria do filme. Não se considerava grande bebedor, mas topava conhaque e piscava olho para uma boa cachaça. Tratava o uísque com certo desprezo. Não sabia nadar, era incompetente para qualquer espécie de exercício físico. Sentia necessidade de solidão às vezes. Dos seus livros, gostava mais de *Mar morto*. Já havia quebrado o dedão do pé. Acreditava que ninguém podia ser indiferente à experiência soviética (ou se é contra, ou a favor) e a considerava uma das coisas fundamentais do nosso tempo. Teve atividade política durante muito tempo, como homem e como escritor. Agora preferia escrever. Devia seu sucesso no exterior ao caráter tipicamente brasileiro de sua obra. Esperava mudar-se definitivamente para a Bahia.

Entrava na pauta da imprensa a vida do casal. Chamavam-se na intimidade Jó e Zezinho. Zélia era espécie de anjo da guarda e secretária. "Quando seu esposo escreve, Zélia tudo faz para que seja conservado e respeitado o ambiente indispensável. Zela pela tranquilidade, responde aos inúmeros telefonemas, controla o cardápio." Zélia dizia: "A vida em casa gira em torno dele. E acho natural, precisa de sossego; escreve horas a fio e isto é evidentemente cansativo. Chega por vezes a emagrecer". De certa feita, queriam saber como o aumento da temperatura no Rio afetava a produção dos escritores. "Calor estimula ou trava?" Jorge foi um dos consultados: "A mim desmoraliza completamente. Se sou incapaz de comer, quanto mais de escrever".

Aos editores de jornais e revistas, tudo parecia interessar: as bodas de ouro de João Amado e Eulália, os filhos João Jorge e Paloma. Em *O Cruzeiro*, na famosa coluna "Arquivos Implacáveis", João Condé fez um perfil de Paloma aos oito anos. "A menor romancista do Brasil", "filho de peixe, peixinho é". "Fico doida quando ouço histórias. Meu pai inventa uma porção delas e nunca são parecidas. No fim de cada uma, pergunto sempre: É verdade? Não me responde." Continuava: "Admirar mesmo, eu só admiro o meu irmão João. Ele é o tal. Mas também já é muito velho. Imagine que já tem onze anos de idade. Para mim, João é o maior poeta do mundo. Os versos que ele faz são infernais". Adiante: "Tentei imitar o meu irmão durante muito tempo, mas não consegui nada: essa história de rima é difícil pra chuchu, andei espiando os livros de meu pai e acho que esse negócio de prosa é muito mais fácil. Se meu pai tem tantos livros escritos, eu vou escrever muito mais. Não custa nada, e escrever é muito bom". À época, Paloma tinha escrito já um romance, *O soldado que amou a pessoa que não o quis*. Planejava um novo, que começaria no dia seguinte, *Maria, sereia do mar*. Ainda tinha em vista um terceiro, *A pombinha branca que fugiu de Paris*.

Em outra reportagem, esta do *Correio da Manhã*, foi a vez de João Jorge aparecer: "Filho de Jorge Amado não pode comprar lambreta com o prêmio ganho com poesia". Aos catorze anos, teria de procurar outra aplicação para os 40 mil cruzeiros que recebeu da revista literária *Diversões Juvenis* pela poesia "Canto a Paloma". O pai se recusava a inteirar o valor. Tinha feito o poema para dar à irmã no seu aniversário de dez anos. Contava que do pai tinha lido vários livros, um deles *Gabriela*. "Este sem autorização da mãe, que só ontem soube disso", registrava o jornal. Não era a "primeira glória literária" de João Jorge. Ele vencera um concurso no quarto ano primário escrevendo sobre Monteiro Lobato. "Por ora faz apenas poemas que o pai prefere não criticar." Jorge dizia: "É ainda muito garoto. Vamos ver no que dá". Em maio de 1963, Pedro Bloch escreveu na *Manchete*: "Altas horas da noite, um barulho estranho na cozinha, Zélia desperta assustada. João Jorge, de quinze, fritando ovos de geladeira aberta. Cinco da manhã. 'Mamãe, agora é que vou dormir, passei a noite lendo *Terras do sem-fim*, acabei agorinha mesmo. O velho é bom mesmo, não é?'. Paloma, de doze anos, me explica que os livros do papai são impróprios, ainda não está autorizada a ler. Assim como João tem sua pinta de poeta, ela tem vocação de romancista. 'Papai também escreve, sabe?'".

A Livraria Francisco Alves e a editora Brasiliense fizeram votação com seus leitores para saber qual o maior escritor brasileiro.

Corriam na frente Machado de Assis, José de Alencar e Jorge Amado. Seu nome aparecia em entrevistas dadas por escritores, cantores, candidatas a concursos de miss. Até mesmo Juscelino se declarou seu leitor: "Jorge Amado é mesmo espetacular". Dizia-se em outro jornal: "Gabriela já é instituição nacional".

A celeuma entre Jorge e comunistas continuava a despertar a atenção de parcela da imprensa. Em *Fatos e Fotos*, da Bloch, em abril de 1962, saía: "PC perde o Amado", dizia a reportagem assinada por Nilo Dante. Definia-o "milionário", "saturado do esquerdismo", "rompido com o comunismo e a literatura dirigida", "dizendo ter as mãos sujas de sangue". Dera "uma guinada de 180 graus em suas convicções". Numa das fotos, todas sem crédito, aparecia só de bermuda, sentado numa cadeira, o tronco esparramado, dando um longo bocejo. A legenda dizia: "O comunismo, agora, dá-lhe tédio". Noutra, sorve um coco com canudinho, e há a descrição: "Ele trocou o Orloff pelo coco dos baianos". Uma das fotos o mostrava com o fardão da ABL. "De revolucionário a soldado da lei." Na última, está deitado na rede com a família em volta. Na legenda: "Aqui, nada mudou. Jorge sempre foi amado".

Jorge poupava-se de reagir a reportagens e artigos publicados a seu respeito. Com exceções muito raras, como essa. No mesmo mês, apareceriam desmentidos. No *Diário de Notícias*, do Rio: "Jorge Amado mostra-se revoltado com a reportagem publicada em *Fatos e Fotos*". "Revoltante, irresponsável, mentirosa e sem sentido", disse ele. Garantia que sua posição política era a mesma, embora desde 1955 estivesse desligado do Partido Comunista. Em *O Jornal*, também do Rio: "Falsa notícia da abjuração de Jorge Amado. Continua sendo socialista. Considera o comunismo uma forma de socialismo, a mais fora de época". Não era uma declaração de Jorge, no entanto parece nítido que, à semelhança do *Diário de Notícias*, o jornal lhe servia de porta-voz.

Talvez para não dar razão à imprensa burguesa, a mesma *Novos Rumos*, em agosto de 1962, o trataria de modo bem mais simpático. Noticiavam compromisso em Moscou de Jorge que não conseguia participar, e embora não fosse ao evento, enviara a seguinte mensagem: "Saúdo o Congresso pelo Desarmamento e pela Paz Mundial, na certeza de que ele será importante contribuição para uma política de coexistência pacífica entre as nações e para a criação de condições que assegurem à humanidade uma era de paz e de progresso". No mês seguinte, respondendo às indagações de amigos sobre os candidatos nos quais votaria, caso tivesse domicílio eleitoral na Bahia, declarou sua inclinação pelos candidatos comunistas Fernando Santana (Câmara Federal), Aristeu Nogueira (Assembleia Legislativa) e João Cardoso (Câmara Municipal).

O velho sonho de Jorge de uma casa na Bahia — para se mudar definitivamente, como dissera numa entrevista — começou a ser realizado. Os dias em férias na praia de Maria Farinha só aumentavam a vontade de retornar. Na Bahia uma santa fora inventada para garantir ventos tranquilos, Nossa Senhora da Viração. Viver em Copacabana parecia perigoso para quem tinha filhos adolescentes, o receio eram as drogas, fazia pouco morrera o filho de um casal amigo. Eulália era contra a decisão. "Sair de uma cidade linda para irem se meter naqueles matos?", admirava-se. "Teus filhos vão virar dois tabaréus... Tu pensa que lá tem recepções nas embaixadas? Tu pensa que lá é como aqui, todo mundo convidando pra festas? Vá atrás."

Até que o coronel adoeceu. Como recordava Zélia, "de natural enérgico, andava recolhido no seu canto, o olhar perdido voltado para o nada". Eulália alertava a família: "João não anda bem. Está falando que vê espíritos". Queixava-se de uma dor na virilha. Hospitalizado para fazer exames, saiu sem que houvesse diagnóstico ruim. Achava que um antigo cozinheiro já morto, Valentim, o visitava. Quando morreu o amigo, o coronel e a mulher não estavam na região grapiúna, e por isso acabou sendo enterrado como indigente.

A consciência de João Amado pesava. Zélia conseguiu a indicação de uma médium competente, dona Raimunda, que atendia a domicílio — sabendo que no apartamento da Rodolfo Dantas só havia incrédulos, solicitou ao menos oito "irmãs" para acompanhá-la. Na noite marcada, Zélia se dispôs a buscá-las todas no Peugeot novo, bastante amplo. Jorge era da opinião de que tudo devia ser feito para agradar ao pai; só a preveniu de que não estaria presente no dia. Estendido na poltrona, o coronel, de pijama branco, gemia alto, ansioso pela sessão de descarrego. Eulália, descrente, não gostou quando dona Raimunda apalpou a virilha do marido. "Tá danado." João Jorge e Paloma assistiam. Após um coro de preces, a líder do grupo falou ao espírito: "Larga o médium. Você não é mais da Terra. Suma daqui". Continuou a discutir com o espírito de Valentim, em meio à reza. Até que perguntou ao coronel: "Está doendo ainda?". O doente respondeu: "A dor passou".

Simone e Sartre estavam no Rio quando se deram esses sucessos. A escritora francesa anotou sua surpresa: o pai sofria de um câncer e acreditava que um espírito maligno o torturava.

O coronel pediu que convocassem outra vez a médium que o salvara. Zélia presenciou a cena. "Está me conhecendo, sr. João?" Abriu os olhos e, a voz quase apagada, disse: "Dona Raimunda". Fechou os olhos e não abriu mais: morreu em 5 de janeiro de 1962. Zélia se recordava do que lhe disse Eulália: "Antes tu era minha filha, agora eu que sou sua filha". Deu permissão à nora para que pela primeira vez a chamasse pelo apelido, Lalu.

Nos últimos anos de vida do coronel, uma casa no bairro do Rio Vermelho estava já em reforma para que pudessem se mudar. "Vivia indo e vindo sempre, sempre com a intenção de voltar definitivamente", diria Jorge décadas depois. "Não tinha voltado antes porque não podia voltar devido às condições financeiras para sobreviver na Bahia. No momento em que me foi possível, voltei, agora já um escritor maduro, creio, no sentido de uma madureza de uma experiência humana."

Ao completar cinquenta anos de idade em 1962, a imprensa destacava que sua festa, no segundo piso ainda em obras do Museu de Arte Moderna, no Rio, reuniu "industriais e comunistas".

"Como se sente aos cinquenta?", perguntou-lhe Giovanni Guimarães, o velho amigo do colégio dos jesuítas era agora jornalista no baiano *A Tarde*. "É uma situação curiosa. Sou tratado como um homem de cinquenta sem me sentir dessa idade. Quando muito quarenta. Continuo com a mesma capacidade de espantar-me e comover-me, com o mesmo calor e a mesma ternura pela gente." "E sua literatura aos cinquenta?" "Continuidade daquela que fazia aos dezoito." "Vale a pena ser escritor?" "A meu ver, vale a pena. Se nasceu para escrever, se não o fizer será infeliz. O público brasileiro está crescendo enormemente, criando assim condições para a existência real da profissão de escritor. Pode-se viver de literatura no Brasil e somos vários os que vivemos de nossos direitos autorais. Apenas, para isso, é necessário que o escritor não seja um amador, para quem a literatura é coisa das horas vagas. É preciso que ele faça da literatura o centro de sua vida, seu trabalho cotidiano. E, além disso, mais um pequeno detalhe: que sua literatura interesse ao público. Ou seja, que ele esteja ligado à vida, aos homens." "O que diria aos jovens escritores?" "Se quiserem chegar a ser verdadeiros escritores devem viver a vida ardentemente, de frente, com coragem." "Sua qualidade mais paradoxal?" "Muita gente pensa que sou alegre, mas eu sou um homem triste pra burro."

Naquele 1962, enviou uma carta ao velho livreiro e editor José Olympio. "Se começarmos a ter, no Brasil, a profissão de escritor moral e materialmente importante, a quem devemos mais do que a você? Tempos heroicos. Outros haviam realizado algumas escaramuças, entre eles o Gastão Cruls. Mas foi você quem fez a revolução, acreditou na literatura nacional." Em meio a elogios, a recordação de feitos do antigo patrão: "Você se lembra do telegrama a Zé Lins propondo a edição de 10 mil exemplares para *Banguê*? Zé Lins pensou que fosse uma brincadeira". Adiante: "Você se lembra de Graciliano preso e você editando *Angústia*, cometendo assim um crime contra os donos do poder, e ao mesmo tempo fazendo maior a nossa ficção, para sempre maior?". Admitia: "Éramos uns meninos rebeldes e o moço paulista nos deu o apoio necessário. Eram tempos de briga e andávamos com as colorações mais diversas, sendo presos e perseguidos." "Uma beleza de vida, José Olympio."

31.
A casa do Rio Vermelho

Nenhuma casa à venda caía no gosto de Zélia e Jorge. Procuraram por meses entre fins de 1960 e meados de 1961. As que pareciam vistosas não estavam disponíveis ou, se estavam, o proprietário elevava o preço quando descobria o pretendente. Continuavam acima de suas possibilidades sobretudo as do Corredor da Vitória com vista para a baía de Todos-os-Santos, como desejava o escritor.

Até que chegaram à porta de um pianista suíço num conjunto de habitações de classe média em chão acidentado no bairro do Rio Vermelho. Sebastian Benda, depois de temporada em Salvador como parte de um grupo de professores estrangeiros convidados a iniciar as aulas na recém-instalada Universidade da Bahia, ia se mudar para o Rio Grande do Sul e venderia com muita pena a casa que batizou de Sonata. Estava longe da praia, num trecho do bairro denominado Parque Cruz Aguiar. Ocupava, no entanto, o alto de um morro onde havia ainda um pedaço de Mata Atlântica e, não fosse só por isso, garantia ainda uma luxuriante vista para o largo de Santana, de onde saem, no dia 2 de fevereiro, as embarcações que levam presentes a Iemanjá. Por anos, muita gente ia se reunir ali, a pretexto do aniversário de Eulália no mesmo dia, para assistir à festa da rainha do mar.

O contrato foi fechado em dias de greve bancária. Jorge teve a gentileza de João Falcão, comunista da velha guarda que fundou o *Jornal da Bahia*. Contra um cheque do escritor, adiantou-lhe o dinheiro necessário. Compra feita, o casal descobriu que o terreno que pensaram comprar não era todo da casa. Quatro lotes pertenciam a outros proprietários. Localizá-los todos, alguns no interior do estado, só não foi mais difícil do que negociar um preço. Agora não se tratava de um escritor famoso à procura de imóvel; era um escritor famoso que precisava desembaraçar a situação legal do imóvel que comprara. A um desses proprietários, depois de negociação por carta que deixou Jorge irritado, pensou mandar telegrama como se fora um representante de si mesmo: "Por 700 contos terreno não interessa absolutamente. Oferece 450 contos e não sai dessa oferta em hipótese alguma. Caso tenha oferta [de] 700 aconselhamos vender imediatamente, pois se trata de milagre". Desistiu do ultimato quando descobriu que o interlocutor, por ter atrasado o financiamento, não era mais titular. Enquanto a negociação corria, os pedreiros já arrancavam pisos, levantavam pilares e muro, colocavam abaixo paredes. A escritura recebeu sua assinatura em outubro de 1961. A mudança de toda a família só ocorreu dois anos depois. Novas obras se deram até que a casa tomasse o desenho com que ficou, em 1967. A casa vizinha mostra o número 342, a de Zélia e Jorge será para sempre 33, na rua Alagoinhas. Duas escadas contíguas levam a duas portas, a das visitas à direita, e a de serviço à esquerda, o muro branco de pedras coberto de buganvílias e flamboyants contornando a ladeira. A casa sempre recendia a pitangas, o pé que Mãe Senhora lhes deu de presente.

"Sobe uma poeirama de fazer medo", escreveu nos primeiros dias de reforma Jorge a Zélia, que ficara com as crianças e Eulália no Rio, recebendo notícias por telegramas da Western Union, de cabo submarino da Italcable, ou por carta longa, enviada por correio ou portador.

O jovem arquiteto Gilberbet Chaves fora contratado por indicação do escultor Mario Cravo. Por coincidência, era nascido na mesma região do escritor, o espírito grapiúna se combinou a outras inspirações, Le Corbusier, o Mediterrâneo, as bordas das casas da ladeira da Montanha. A casa seria preenchida por materiais "sinceros", como os definiu Chaves, que acumulava, também ele, telegramas de Jorge dando-lhe pressa. Sinceros eram o piso de lajota de cerâmica, a telha-vã. Nos quartos, bases das camas feitas de alvenaria revestida de azulejo. A encomenda desses materiais se fazia no Recôncavo Baiano, com artesãos locais. Como contaria o arquiteto, prevaleceu "a espontaneidade, a ocasião, a improvisação, os fatos".

Jorge se entusiasmava nos telegramas e cartas a Zélia. As obras da casa, "apesar do pessimismo de minha mãe, vão dar um resultado maravilhoso". Eulália continuava a achar a ideia da mudança para a Bahia o fim da picada.

O jardim constituía parte central. Com ajuda de um jardineiro, Zuca, foram plantadas mudas de pés de laranja, lima e tangerina. A horta começava "lentamente, lentamente demais penso eu, a nascer", Jorge se preocupava. O problema eram as saúvas, uma luta sem trégua. Zuca pulverizava com veneno, enquanto apareciam pés de couve, uns poucos de melancia. Em outra carta, Jorge pediu à mulher que enviasse por via aérea, com urgência, envelopes de sementes de legumes e flores. Fazia questão de apresentar-lhe, em dezembro, uma bela horta. Seguiram-se os pés de jaca, cajá, carambola, jambo, fruta-pão. Surgiram, sem que plantassem, pé de umbaúba e jasmineiros silvestres. "Nossa floresta cresce contra vento e sol", entusiasmou-se na carta seguinte. Os tempos do Peji de Oxóssi, a chácara onde morara no Rio no começo do casamento, se renovavam uma década e meia depois.

Arthur, filho de Mirabeau, recebia do Rio recado de Jorge, que continuava indo e vindo entre as duas cidades. Quando chegasse à Bahia desejava sua ajuda para ir buscar mudas no núcleo do Ministério da Agricultura, onde as pegavam de graça. Jorge plantou uma acácia azul onde só havia de cor amarela. Não sossegou enquanto não floriu. Carybé provocava o amigo: "Quando isso tudo crescer, para Jorge ir ao fundo do jardim, vai ter de ir abrindo picada a facão". O caminho, como dizia Gilberbet Chaves, foi executado com aproveitamento de placas de concreto das demolições dos terraços e varandas reformados, sobras das obras.

Quando se mudaram, a família tinha Jorge, Zélia, João Jorge e Paloma, e Eulália. Jorge ia completar 51 anos. Zélia estava perto de 47, e os filhos eram adolescentes de quinze e doze. Agora viúva, Eulália tinha 79. Vinha com eles o pássaro sofrê. Os operários, quase vinte na conta de Zélia, só se foram um mês depois. Em um prazo de uma década, a casa pequena se tornou um casarão. Jorge foi adquirindo novos lotes conforme iam sendo postos à venda. Gilberbet Chaves cuidou das ampliações. Na primeira reforma, fez um novo quarto de casal, banheiro e varanda. Depois o quarto de vestir e de costura para Zélia, outros quartos dos filhos e de Eulália, as dependências dos empregados e o solário. Na última, precisou construir o assim chamado "quiosque" — um apartamento completo num lugar afastado da casa, nos fundos, onde o dono podia isolar-se e escrever.

Na volta do desterro voluntário que durou duas décadas, a Bahia era mais parecida com a que Jorge imaginava nos romances.

Quando, em 1944, ele, o ilustrador Manuel Martins e Odorico Tavares organizaram a primeira exposição de quadros modernistas, foram recebidos com desdém. Se a renovação na literatura baiana começara na década de 1920, nas artes plásticas essa virada se daria três décadas depois. Na altura dos anos 1960, Odorico tinha se tornado o principal mecenas e colecionador da cidade. Os reclamos das alas conservadoras não cessariam, no entanto os artistas novos agiam com mais autonomia e vigor. No que criavam, cada qual em expressão modernista própria, havia temas e formas da cultura popular baiana, da pesca de xaréu às feiras livres, da capoeira ao antigo casario ocupado pela gente pobre. Decerto a maior ousadia era tratar o candomblé como possibilidade estética. A avant-garde tardia na Bahia exibia seu caráter etnológico.

A ebulição artística tinha como um dos seus epicentros o hotel-cassino inacabado no sopé da ladeira da Barra, onde o escultor Mario Cravo enxergara o local ideal para seu ateliê, e ali o instalara. A luz nunca deixava de atravessar os janelões abertos nas salas com seis metros de pé-direito. A obra fora interditada porque, em seu projeto, previu altura para além do permitido pela lei — com tal rigor municipal, preservava-se vista de céu e mar. A luz de Salvador era particularmente extraordinária para um artista, como lembrava Cravo meio século depois. O pai conhecia o dono do imóvel. Tomado de empréstimo, transformou-se, de inútil, no maior ponto de encontro de quem fazia arte nas redondezas, todos os dias haveria gente chegando ou passando, para visitar ou dividir o espaço cedido pelo anfitrião. Ao seu lado, de início havia os pintores Carlos Bastos e Genaro de Carvalho, jovens como ele, com pouco mais de vinte anos. Todos filhos da burguesia ligada ao comércio, retornados de temporadas de aperfeiçoamento no exterior.

Não demorou para que mais gente se acomodasse no ateliê. Vindo de Sergipe, Jenner Augusto procurou Cravo. Apareceram Rubem Valentim, Lygia Sampaio, Agnaldo dos Santos. Mirabeau Sampaio — o amigo de Jorge da época de interno no colégio dos jesuítas — se achegou para esculpir. Médico e comerciante, tentava transformar em ofício o que era hobby. Da rua, quem passava escutava os sons de um maquinário esquisito arranjado por Cravo, as conversas exaltadas e às vezes música. Essa geração seria conhecida pela revista que os agrupava, *Caderno da Bahia*, e tinha como reduto etílico o número 34 da rua do Cabeça, uma transversal da Carlos Gomes, arredores do largo Dois de Julho. Nesse endereço, estava instalado o Anjo Azul, ao mesmo tempo boate, bar e restaurante, onde se encontravam artistas, escritores e intelectuais para comer e beber, também participar de exposições e leilões de obras, lançamentos de livros e apresentações musicais em meio a garfadas de caruru. Curioso é que o lugar, apesar de toda a máxima muvuca, possuía área de uma sala.

A geração de *Caderno da Bahia* coincidiu com a gestão do governador Otávio Mangabeira, a quem Jorge sucedera na Academia Brasileira de Letras — "pense num absurdo; na Bahia tem precedente". Baiano de velha cepa, fora o principal articulador do movimento "autonomista", período em que a antiga elite dirigente saiu do comando quando quem mandava era Getúlio, durante o Estado Novo. Quando se tornou governador com as eleições da reabertura, concentrou-se no incentivo à cultura popular e ao turismo, movimento entendido por empresários locais que também se beneficiavam da vinda de visitantes. Seu secretário de Educação e Saúde, patrocinador das artes e cultura, era Anísio Teixeira, de quem Jorge fora brevíssimo assistente antes da primeira prisão.

Andava pela Bahia Roger Bastide, antropólogo francês que lecionava na Universidade de São Paulo e concentrava ali grande parte de suas pesquisas sobre religiões afro-brasileiras. Uma leva de cientistas sociais americanos, patrocinados pela Unesco, também desembarcou para estudar as relações raciais na Bahia — projeto que se estendeu posteriormente a outras regiões — em comparação com os Estados Unidos. Os cientistas do Projeto Unesco tentavam entender as lições de civilização à brasileira, dado o consenso à época de que havia convivência em harmonia racial; o que encontraram foi apenas um modo à brasileira de discriminação, a correlação entre cor e status socioeconômico se confirmou. Com tanta atenção dada às religiões afro-baianas naqueles dias, os jornais locais passaram a receber cartas de leitores descontentes, a reclamar que a antes chamada feitiçaria se tornara tema de estudo.

Seduzidos pelo candomblé, dois leitores de primeira hora do *Jubiabá* se dedicaram a estudá-lo e a representá-lo plasticamente, com repercussão sísmica em seus campos de atuação: o pintor argentino Carybé, em nova e definitiva estada em Salvador, e o fotógrafo Pierre Verger, que permaneceria décadas em trânsito até fixar residência ali.

Carybé visitara a Bahia pela primeira vez em 1938, financiado pelo jornal onde trabalhava, *El Pregón*, de Buenos Aires. Foi quando conheceu Jorge em Estância. Contava, entre risos, que se frustrou: achou que ia encontrar um homem negro, e era branco. Depois, cumpriu temporadas curtas em 1941 e 1944, ambas para o Calendário Esso. Estava sempre em busca de "lugares típicos" para inspirar-se. A capital portenha não tinha graça alguma; na argentina Salta, menos urbana, encontraria sua mulher, Nancy, e cenários para quadros. Em fins de 1949, passou a quarta vez pela Bahia. Com uma carta de recomendação de um amigo brasileiro, Rubem Braga, endereçada a Anísio Teixeira, conseguiu uma bolsa para, durante um ano, pintar tipos e costumes do Recôncavo Baiano. No ano seguinte, expôs as obras no Anjo Azul.

Verger desembarcou em 1946 — no dia 5 de agosto, data que gostava de repetir com exatidão. Suas fotografias feitas em rituais na Bahia e na África Ocidental o ajudaram a conseguir bolsas francesas para estudar as trocas culturais dos dois lados do Atlântico. Quando o Projeto Unesco iniciou as pesquisas na capital baiana, não foi outro senão Verger o fotógrafo contratado. Como freelance, publicou séries de reportagens sobre a vida e a cultura locais em *O Cruzeiro*. Parte dos textos foi assinada por Odorico Tavares, que depois os reuniu no livro *Bahia: Imagens da terra e do povo*, ilustrado por Carybé. Uma série de guias turísticos da Bahia semelhantes ao de Jorge iam surgir, de autores de dentro e fora da cidade. Verger se aproximava cada dia mais do candomblé, autodidata que se doutorou pela Sorbonne e passou a publicar obras sobre a cultura e a religião iorubá.

Carybé e Verger não eram os únicos estrangeiros. Na virada para a década de 1950, o pianista suíço Sebastian Benda, que vendera a casa a Zélia e Jorge, era um dos muitos professores europeus residentes por empenho do reitor Edgard Santos. Conhecidos por suas propostas experimentais ousadas — também com interesse etnológico —, havia o alemão Hans-Joachim Koellreutter, que recrutou Walter Smetak e Ernst Widmer, ambos suíços, para os seus Seminários Livres de Música. Concertos de Schönberg ou Alban Berg ocorriam na reitoria, para umas vinte pessoas, não mais. Yanka Rudzka, polonesa, ocupou a direção da Escola de Dança. Dois filósofos portugueses se destacaram no período inaugural da nova universidade. Agostinho Silva, em longa temporada brasileira, residiu na Bahia e ali fundou o Centro de Estudos Afro-Orientais (Ceao). Eduardo Lourenço ministrou por um ano aulas de fenomenologia. No departamento de teatro, viera um pernambucano que vivia no Rio, Eros Martim Gonçalves.

 A arquiteta italiana Lina Bo Bardi escolheu um antigo engenho urbano, o Solar do Unhão — lugar sugerido por Cravo — para sediar o Museu de Arte Moderna da Bahia. Para além das artes plásticas, talentos locais floresceram no mesmo período em áreas diversas. Milton Santos, na geografia. Vivaldo da Costa Lima, na antropologia. Walter da Silveira, ex-integrante da Academia dos Rebeldes, liderou um cineclube para debater o cinema soviético de Eisenstein, o neorrealismo italiano, a nouvelle vague francesa. Esses dias assistiriam ao surgimento de um gênio baiano no cinema, Glauber Rocha. A sua seria a geração seguinte à do *Caderno da Bahia*: a princípio ele e outros colegas do Colégio Central, os poetas Fernando da Rocha Peres e João Carlos Teixeira Gomes, constituíram as Jogralescas, série de espetáculos de poesia teatralizada. Juntaram-se depois para fazer a *Mapa*, revista que daria nome ao grupo, entre 1957 e 1958. Em seu entorno, estariam o gravador e escultor Calasans Neto, os poetas Myriam Fraga e Florisvaldo Mattos. Revistas que também marcariam o período foram *Seiva* e *Ângulos*. Glauber ainda fundou, com Fernando da Rocha Peres e Paulo Gil Soares, a Yemanjá Filmes, cooperativa de cultura cinematográfica. Com Calasans Neto, iniciou as Edições Macunaíma. Eram frequentadores do Anjo Azul, mas não só. Da lista de pontos de encontro, havia o restaurante e bar Cacique, na praça Castro Alves, point dos cinéfilos do Clube de Cinema da Bahia, o de Walter da Silveira. Acima, na rua Chile, a sorveteria A Cubana e o cabaré Tabaris. De Dmeval Chaves, era a livraria mais importante, filial da Civilização Brasileira. Um pequeno colosso local, a Livraria e Editora Progresso, comandada por Manuel Pinto de Aguiar, passou a publicar a todo vapor. Entre os títulos lançados, um dicionário de iorubá causava naqueles dias sensação entre artistas e intelectuais.

Glauber conclamava as novas gerações a "abrir guerra contra a província". Os "dois tanques de choque" eram a universidade e o MAM baiano, "contra o doutorismo, a oratória, a gravata e o bigode". Acreditava que estava sendo derrotada na província a própria província, "na sua linguagem convencional, no seu tabu contra a liberdade de amar, na sua conveniência do traje". Convidava a todos que agissem, pois no dia "em que Juracy Magalhães [governador em segundo mandato, 1959-1963], Jorge Amado e Caymmi estiverem mortos, a Bahia não passará de uma digna sepultura saudosista".

A conversa ao telefone chamou a atenção de Zélia. Eulália dizia a Jarde, seu irmão mais novo, que os amigos do filho eram todos artistas que só cantavam e pintavam quadros. "O único que trabalha é Jorge", a mãe se compadecia. "Vive escrevendo o coitadinho, às vezes tenho até pena."

A mãe exagerava no zelo com Jorge, tentava protegê-lo da nora e acusava-a de tê-lo feito ateu. Não somente Zélia, as duas outras noras tinham de lembrar Eulália que seus filhos jamais frequentaram igreja. Indignada Eulália reagiu quando Angelina, mãe de Zélia, deslumbrada com o espaço verde da casa, sugeriu que Jorge não desperdiçasse a fartura de frutas e verduras, havia como vendê-las aos vizinhos de bairro. "Dona Angelina, nunca mais repita isso. Só faltava agora que meu filho, escritor famoso, vire verdureiro." Eulália costumava comemorar que nenhum tinha se metido com política. Quando certo dia, para lhe rebater, alguém mencionou o Partido Comunista, escutou pronta resposta de que este não contava: "Um partidinho de merda!".

Tal a força da declaração que amigos de gerações diferentes contariam ter escutado na exata ocasião em que fora proferida, o que não parece possível, pois a mãe de Jorge, exímia na arte do improviso, não repetia frases de efeito.

De fato, não eram só artistas que frequentavam a casa do Rio Vermelho. Havia também os etnógrafos e os antropólogos. O círculo mais próximo reunia Carybé, Mario Cravo, Glauber e Vivaldo, Verger e Calasans. Aos novos juntavam-se os antigos amigos, como Mirabeau e outro do tempo do colégio de jesuítas, Giovanni Guimarães. Mirabeau, que nunca exerceu a medicina, herdou uma rede de sapatarias do pai. Em sua casa havia pôquer, sempre aos domingos. Giovanni era jornalista de *A Tarde*. De posição política contrária, Wilson Lins, filho do coronel Franklin Lins de Albuquerque, continuava a ser considerado amigo. Odorico Tavares, além de grande mecenas, dirigia a sucursal baiana dos Diários Associados. Vadinho tinha morrido.

Os artistas amigos parecem ter se animado em fazer a casa do Rio Vermelho funcionar como vitrine de seus dotes. A porta de entrada principal, em baixo-relevo, é do gravador Hansen Bahia. Carybé fez, entre tantas contribuições, o desenho dos azulejos que revestem a casa, com as armas de Oxóssi e Oxum. Os azulejos foram executados pelo ceramista Udo Knoff, que cedeu os cacos coloridos que pavimentam os caminhos externos — uma ideia de Lina Bo Bardi, aproveitar aquilo que seria praticamente entulho para o ceramista. De Mario Cravo há muitas esculturas: no alto da casa, são Lázaro com seu cachorro e um pássaro de ferro; no alto da sala, Iemanjá talhada em madeira. Jenner executou a porta do quarto do casal que se abre para a varanda. Lênio Braga ficou encarregado do Peji de Oxóssi. Dentro de casa, poucos e grandes móveis. O arquiteto Lev Smarchewski produziu as poltronas de madeira e couro, cadeiras e bancos. As camas são de alvenaria, e a chaise longue, de Niemeyer, veio do Rio. Cerâmicas do piso da varanda e da suíte chegaram de Conceição do Almeida, executadas por um oleiro, modelo usado desde o tempo da colonização. Com sobra dos caibros do telhado, duas mesas de centro foram improvisadas, para a varanda e para a sala de estar.

A coleção de arte popular de todas as partes do mundo começou a cobrir a casa. O hábito de comprá-las durante as viagens só se intensificaria. E havia os santos: são Jorge, de Floriano Teixeira; santa Bárbara, de Osmundo Teixeira; são Francisco, de Volpi; a Virgem Afro, de Agnaldo dos Santos; o anjo, de mestre Dezinho, do Piauí. Somavam-se à arte contemporânea do Brasil e do exterior, entre novos e veteranos. As paredes reuniam nomes como Djanira, Diego Rivera, Genaro de Carvalho, Emanoel Araújo, Mestre Didi. Ainda havia a carranca do São Francisco, um grande pássaro de Francisco Brennand, a cabeça em pedra de Vasco Prado.

Um mastro de saveiro de dezessete metros erguia-se ao lado do lago onde estava a Iemanjá de Mario Cravo — de onde se hasteava bandeira no dia de sua festa. No jardim, um grande Exu fora plantado entre as árvores, obra de Manu, do Gantois.

Mãe Senhora ouviu dizer que o orixá fora plantado lá sem sua consulta e procurou os donos da casa para passar um sermão. "Não tem juízo, seu Jorge?", ela reclamou. "Onde já se viu botar dentro das portas um orixá forte desses, sem o fundamento?"

O fundamento era a base para instalar o orixá. Loló, emissário de Mãe Senhora, apareceu no dia seguinte com sacola enorme, composta de ingredientes para realizar o ritual necessário para assentar o santo. Zélia se recordaria: dentro, havia um litro de azeite de dendê, um litro de cachaça, farofa amarela, alguns charutos. Loló cavou a terra, fez valeta em torno da escultura, atirou os charutos, despejou o dendê, a cachaça, a farofa, e o sangue do galo de pescoço decepado na hora. Às segundas-feiras os donos da casa ficaram com a obrigação de despejar meio copo de cachaça.

Um tempo depois, Mãe Senhora voltou a lhes dar bronca porque, ao lado do Exu, colocaram a entidade da umbanda Maria Padilha, em escultura de Tati Moreno. "Onde já se viu botar o compadre com Maria Padilha?"

Para não ter confusão, transferiram a escultura para o outro lado da casa, junto da piscina oval de bordas amarelas.

Com Verger, Jorge andou atrás de descendentes dos malês, escravizados muçulmanos que no século XIX estiveram à frente de uma grande rebelião negra no país, uma tentativa de tomar o poder duramente reprimida. Busca inglória, era tal o receio de declarar a origem que tiveram a impressão de que muitos dos netos ou bisnetos dos malês negavam o parentesco. Mais que um cientista, Verger era visto com dotes de feiticeiro. Zélia contava anos mais tarde que tentou registrar de Verger segredos do candomblé sem que ele soubesse que o gravador estava ligado. Quando, na ausência dele, conferiu o resultado, encontrou um chiado estranho no lugar da voz.

Entre amigos baianos, a brincadeira era pregar peças uns nos outros. Recém-instalado na obra da casa, Jorge certo dia recebeu uma intimação. Viera em papel timbrado da Justiça do Trabalho, notificando-o para uma audiência, o não comparecimento indicava revelia e confissão: "Pede-se trazer contestação por escrito", "documentos oferecidos como prova em ordem cronológica e reunidos em pasta, caso ultrapassem cinquenta folhas". Deduziu que só poderia ser reclamação de um primeiro jardineiro que dispensaram. "Quem é esse juiz?", espantou-se Carybé, que especulou: "certamente um reacionário". Jorge telefonou para Walter da Silveira, o do cineclube, que era advogado trabalhista. Carybé, preocupado com o desenrolar dos acontecimentos, acabou confessando a Zélia que se tratava de um trote, seu e de outros dois amigos, Tibúrcio e Gisela. Zélia contou tudo a Jorge, que continuou a fingir que nada sabia e aprontou a vingança. No jornal *A Tarde*, colocou anúncio de bolsas de estudo oferecidas pela escola de inglês de Gisela. Os vinte primeiros candidatos a se apresentar na segunda-feira passariam três meses nos Estados Unidos com todas as despesas pagas, e ainda recebia uma verba de duzentos dólares por mês. Centenas fizeram fila. Gisela ainda teve de pagar a fatura do anúncio enviada pelo jornal.

Fazer desaparecer objetos era prática realizada com denodo. Caymmi surrupiou um rádio russo de Jorge, que carregou um sapo de cerâmica do jardim de Carybé. Este, por sua vez, era um ás renomado em roubo de santos, sem distinção de espaço, seja igreja, seja particular. Carybé certa vez levou da casa de Mirabeau uma imagem de Nossa Senhora esculpida por frei Agostinho da Piedade, do século XVII. Colocou-a no carro e foi até a casa do Rio Vermelho, depositou-a no batente, tocou a campainha e saiu correndo. Mirabeau ligou para reclamar com Jorge, pois dera pela falta da santa: ouvira de Carybé que estava na casa do Rio Vermelho. Carybé acabou por confessar: deixou-a na porta, acreditava que os amigos a encontrariam assim que a abrissem. Ocorre que Jorge, ao encontrá-la, escondeu a peça no armário de Eulália e continuou a negar que a tivesse visto. Por muito tempo manteve a aflição de Carybé, até que Zélia falou a verdade ao pintor.

De outra vez, Jorge e Carybé foram ao quartel da polícia militar contratar a banda para tocar na frente da casa de Odorico Tavares, no Morro do Ipiranga, bem na hora da festa de seu aniversário de cinquenta anos, uma recepção luxuosa que contava com governador e cardeal. Não seria a maior peça que pregaram no diretor-geral dos Diários Associados. Numa vez de Colóquio Luso-Brasileiro em terras baianas, Jorge levou os visitantes de Portugal para almoçar no restaurante de Maria de São Pedro, no Mercado Modelo. Couberam todos apertados numa Kombi. A seu pedido, o chofer parou na ladeira da Montanha, diante dos castelos ali estabelecidos, nas portas e janelas, putas seminuas palitavam os dentes, acenando com convites. O anfitrião informou aos nobres congressistas de além-mar como funcionava o meretrício, do mais pobre ao mais rico, os muitos castelos distribuídos pela cidade. "Aquele ali pertence a Odorico Tavares." "A casa?", indagou uma senhora. "A casa não sei a quem pertence, falo do negócio." "A quem?", ela não quis acreditar. "A Odorico Tavares." "O Jorge Amado se refere ao nosso amigo, ao poeta, ao jornalista, ao diretor dos Diários Associados? Não é possível." Caprichou na resposta: "Não é só essa a pensão que ele possui, é comanditário de mais três, de muita freguesia". Continuou: "Pensavam que vive com o mísero salário que Assis Chateaubriand lhe paga?". O pasmo e a reprovação se mantiveram até a chegada ao hotel. Quando apareceu Odorico, foi informado do blefe e quis continuar a brincadeira com os visitantes portugueses: "Aproveitando que as senhoras foram à sesta, já dei ordens às cafetinas para fazerem 15% de desconto nos preços de tabela".

Os visitantes não paravam de chegar à Bahia para tê-lo como cicerone — um colunista de jornal registrou certo dia que hospedava quarenta pessoas de uma só vez. Aparecia em sua casa uma plêiade variada: o ator negro Grande Otelo e o humorista Zé Trindade — uma das empregadas, ao deparar com o dono do bordão "Mulheres, cheguei!", se deu conta do quanto o patrão era importante. Editores como o americano Alfred Knopf e o português Lyon de Castro. Harry Belafonte, ator e ativista negro americano, levara toda a família para conhecer a Igreja de Nosso Senhor do Bonfim. De passagem pelo Brasil, o cineasta Roman Polanski lhe telefonou para dizer que queria conhecê-lo. Em viva voz, agradecera pelos livros seus que lera na Polônia antes de emigrar para os Estados Unidos. Confessou que graças à sua literatura conhecera a vida — os livros que permitiam circular no país do Leste Europeu eram mais militância que literatura. Polanski chegou com um colega de chapéu que só depois de muitos anos, vendo as fotos daquele dia, a família Amado se deu conta de que era o ator Jack Nicholson.

Convocar os amigos para viagens em conjunto, de carro ou navio, era um dos comandos dados por Jorge que ninguém recusava. Os passeios fugiam do padrão. Knopf, por exemplo, que vinha acompanhado da nova mulher, Helen, foi levado para conhecer a Usina Hidrelétrica de Angiquinho, em Delmiro Gouveia, Alagoas, a primeira da cachoeira de Paulo Afonso, primeira também do Nordeste. A lista de acompanhantes reuniu Caymmi, Paloma e até Norma, mulher de Mirabeau, que nada tinha a ver com a atividade editorial. Com janela aberta e poeira na estrada, Caymmi repetia que ia acabar loirinho. O editor americano e a mulher preferiram ir de avião até o Recife, e de teco-teco chegaram ao sertão. Knopf ficou, por sua vez, verdinho, na lembrança de Paloma, depois que o piloto fez rasantes na cachoeira, a fim de que admirassem a vista suntuosa.

Um apaixonado por feiras, Jorge as incluía em todas as paradas, de Feira de Santana, na Bahia, a Xian, na China. Sentia-se em casa como se fora a região grapiúna de sua infância.

Na feira de Garanhuns, deu-se episódio que gostava de contar: comprava um litro de bunda de tanajura torrada e, enquanto escolhia cajus num cesto, ouviu o pedido do vendedor que precisava sair por uns minutos e o considerou suficientemente distinto para requisitar um favor. Se aparecessem outros fregueses, que informasse o preço e vendesse a mercadoria. Outra cena, esta em Marrakesh, no Marrocos, é contada em família. Jorge viu um homem em pé numa praça, a dizer histórias a um círculo de pessoas sentadas no seu entorno. Entusiasmado, confessou ao filho, João Jorge: "Está vendo? Se eu fosse analfabeto, essa seria a minha profissão".

Nas viagens, levava uma lista com nomes e endereços para enviar postais a cada amigo. Noutra lista, os presentes: bonés, bengalas, xales. Uma terceira registrava as encomendas, aceitas apenas quando feitas por raros amigos, como Carybé e Mirabeau. Aportado o navio, a babagem descarregada era inimaginável. Por vezes, os produtos de origem animal, como queijos e presuntos, eram recolhidos pelas autoridades que proibiam sua entrada. Voltava das viagens com uma nova lista, a de pessoas que conhecera e para quem enviaria exemplares de livros seus. E enviava.

Os visitantes que se despediam da Bahia recebiam do anfitrião, envoltos em papéis de presente, imensos potes de barro que mal conseguiam carregar no embarque. Dizia a eles, escondendo o riso, que se tratava de ânforas originalíssimas de tradição do Recôncavo, deviam levar como luxuosa recordação da Bahia. Custavam baratíssimo na Feira de Água de Meninos, e ali escolhia entre os mais feios. Num cartão breve, assinava o nome do prefeito, do governador ou de algum intelectual de evidência local. "Podia ser menor", Jorge garantiu ter escutado do crítico Afrânio Coutinho. O trote só não era maior do que aquele aplicado em certas visitas logo ao chegar, levadas pelo motorista Aurélio para comer um acarajé "bem quente". A baiana estava já avisada para colocar doses generosas de pimenta no bolinho de feijão-fradinho, preparado numa fritura feita em caçarola repleta de óleo de dendê. De um desses acarajés demasiadamente ardidos por graça do anfitrião, o editor Jorge Zahar jamais esqueceu.

A imprensa registrava um provérbio russo que Jorge costumava repetir: "Só se vive de verdade o tempo que se dedica à amizade".

32.
O golpe e a flor

Os pedreiros colocavam a casa abaixo para erguer outra. No meio da bagunça de tijolos e cimento, Jorge tentava escrever, com intervalos para visitar amigos e chegados, ora um almoço, ora um jantar. Dia a dia se reintegrava à atmosfera baiana.

Antes da mudança definitiva, Jorge passara dois anos em viagens entre Salvador e Rio. "Vou-me demorando cada vez mais", dizia à imprensa. Estando na Bahia, como notava Zélia, ficava diferente: "Menos áspero, mais cordial e alegre", "a casa nova lhe encheu a alma". Ao andar na rua, comentava com quem estivesse do lado: "Aquele foi capitão de areia", "esta é a casa em que morreu Quincas. Por esta ladeira foi arrastado". "Lá vai o cabo Martim. Me inspirei nesse tipo." De um lado, distanciava-se da turbulência nacional. Como admitiu ao amigo Antônio Olinto, quando lhe escreveu em setembro de 1962: "Na Bahia tudo calmo, no Brasil muito rebuliço político". Após a saída de Jânio, veio o movimento para garantir que o vice, João Goulart, assumisse o poder. Começaram também as pressões da direita contra sua gestão.

Olinto acabava de ser nomeado adido cultural em Lagos, na Nigéria, e por lá ficaria três anos, quando intensificou seu interesse pela cultura iorubá e afro-brasileira, somando-se a Jorge no pequeníssimo círculo de autores a escrever sobre esses temas no país com a trilogia de romances *A Casa da Água*, *O Rei de Keto* e *Trono de vidro*.

O convite para um simpósio nos Estados Unidos chegou a Jorge pouco tempo depois do começo do bloqueio econômico a Cuba, após a crise suscitada pela instalação dos mísseis soviéticos na ilha, em outubro daquele ano. Tinha participado de um abaixo-assinado na imprensa contra a tentativa de invasão de Cuba a partir da baía dos Porcos. Estava prestes a renovar contratos com a editora Knopf e fechar um com a companhia cinematográfica Metro-Goldwyn-Mayer. Achava que agora, com o cerco naval a Cuba, não deveria ir aos Estados Unidos. "O ambiente aqui, de medo da guerra, é quase de pânico", disse em carta a Zélia, que estava no Rio.

O estado interior de Jorge parecia contrastar com o caos externo. Os tempos eram turbulentos, e sua serenidade na volta à Bahia o colocava em ritmo de produção constante. Não era tão ágil como nos primeiros anos de escritor. Antes aprontava um novo título em um ou três meses, agora isso lhe custava dois ou três anos, no entanto emendaria um romance no outro, sem intervalos tão longos quanto antes. Tinha sido até aquela data um romancista nascido na Bahia que contava histórias da Bahia. Agora outro se cristalizava, em quase tudo parecido com o anterior, porém com um modo de narrar depurado que só se pode perceber a partir de *Gabriela*. No andamento das frases, no encadeamento dos episódios, no arremate da história inteira incorporava a prosódia, o vocabulário e o humor baianos. Um humor que passa pela adjetivação que é quase deboche, pela enumeração que se prolonga como recurso da picardia, pelo nonsense visto como coisa natural. Em *Os velhos marinheiros*, cristalizara-se essa feição.

Muitas vezes os críticos apontavam influência do realismo socialista. De início, era o romance proletário, e mesmo o romance social americano, que o influenciaram, tanto quanto as narrativas portuguesas e hispano-americanas. Com o retorno à Bahia, não estaria distante na escolha de temas de ficcionistas baianos anteriores a ele, como Afrânio Peixoto e Xavier Marques, da virada para o século XX. Com a maturidade promovia outra mudança. A adesão à oralidade defendida nos primeiros livros, que muitas vezes o fazia ser acusado de "escritor sem estilo", seria substituída pelo empenho em retrabalhar o texto. As frases e os parágrafos, quando comparados, tornam evidente a diferença entre o Jorge jovem e o maduro, em seu estilo próprio, *amadiano*. Deixava também de escrever histórias de relação imediata com o tempo que vivia. Enquanto *Cacau*, *Suor* e *Capitães da Areia* transcorriam no mesmo período em que os escreveu — *Terras do sem-fim* era exceção —, os enredos das novas histórias a partir de *Gabriela* iam se passar duas, três décadas, por vezes meio século, antes da época em que vivia.

A volta à Bahia reavivara "elementos do viver baiano", admitiria. "A própria linguagem baiana da qual eu já estava bastante distante e afastado. Essa linguagem que é hoje a minha linguagem cotidiana." Antes cultivador do poeta do romantismo Castro Alves, pelo lirismo e pelo olhar social, na mudança para a Bahia colocaria ao seu lado, no panteão de ascendências, Gregório de Matos Guerra, o grande satírico do barroco baiano — cuja obra completa, não por coincidência, seria reunida e publicada pelo irmão James, que também voltava à Bahia, acompanhado da mulher, Luiza Ramos, filha de Graciliano. Entre as definições de si mesmo que daria à imprensa, repetia: "Além de escritor brasileiro, sou um escritor baiano", "me considero baiano e cada vez mais baiano", "só escrevo bem sobre a gente baiana; é a gente que sinto", "jamais escreverei um romance carioca — não sou um romancista carioca", "sou rebento de Antônio [de Castro Alves] e Gregório [de Matos]". O aprendiz que, no primeiro ciclo da Bahia nos anos 1930, se dedicara a relatar a miséria tinha crescido e passou a contar os vícios e as virtudes locais num ciclo da Bahia retomado em 1958; se antes o viam como um Dickens baiano, agora passava a ser quase um Boccaccio mergulhado no dendê.

A rotina na casa do Rio Vermelho se repetiria. Na varanda, montava a mesa dobrável. Quando deparava com um nó narrativo para desatar, distraía-se acompanhando o caminho das formigas, o viveiro de passarinhos ou o crescimento das plantas. Comia até menos que o habitual, exagerando apenas no chocolate. Tinha parado de fumar após uma cirurgia na garganta — tivera um nódulo e, sem voz, passou dias temendo que fosse doença mais grave. À noite, o hábito era a leitura de romances policiais. Escrevia em carta a Zélia: "Continuo a quebrar a cabeça e por vezes fico como me viste por ocasião do começo de *Gabriela*. No entanto creio ter finalmente encontrado o caminho e vou me tocar. Almoço em casa de Wilson [Lins] que é perto, mas não consigo trabalhar logo após o almoço. Vou à cidade, volto, caio na máquina. Até agora é a luta. Mas, tu o sabes, a gente sempre termina por encontrar a saída. Mas, com certeza, não levarei as cem páginas imaginadas, a não ser que de hoje em diante a coisa corra. Duvido, não está fácil". Em outra carta, mais aliviado: "O livro está desamarrando. Tudo seria fácil se eu não quisesse contar de determinada maneira. Decidi fazer assim e assim farei. Custa sangue e nervos, mas já estou começando a ficar satisfeito com uns primeiros resultados. Tenho trabalhado diariamente, toda a manhã e por vezes até a tarde. Mesmo quando o trabalho não rende, pois sem essa disciplina não vai. Agora já estou certo de que resolvo a coisa e o livro sai. Estou muito curioso de tua opinião sobre os trechos — pequenos — já escritos. Talvez essa semana o rendimento seja maior".

Em minúcias contava a Zélia seu roteiro de amigos e comidas. Com Odorico, almoçava "como um boçal" em casa de Moysés Alves. Jantava com Giovanni e um engenheiro, Fernando Carneiro, ex-secretário de Viação, com "uma bela casa" no Dique do Tororó, que lhe ofereceu certa vez uma carne de sol com pirão de leite, "uma das obras de arte mais perfeitas já vistas". No domingo estivera com o governador, Juracy Magalhães. À noite, com Mãe Senhora. Fazia tempo que não encontrava os amigos para o pôquer, possivelmente jogariam no sábado seguinte. A festa de Oxum de Mãe Senhora ia ocorrer também no domingo seguinte. A ialorixá lhe dissera que a festa seria também de Zélia. "Tua cadeira estará ao lado da dela, vazia, com flores em cima. Levarei as flores."

A pedido de Knopf, seu editor americano, Jorge escreveu naqueles dias a apresentação da edição americana, em 1963, de

Grande sertão: veredas, logo alçado à categoria de obra-prima. Assim foi que declarou Guimarães Rosa, mineiro de origem, "um romancista baiano", filiando-o à narrativa nordestina, "escrita com sangue, não com tinta". Discordava dos termos em que a crítica brasileira o enquadrava. O que fazia sua obra "eterna e universal" não era a linguagem, de elogios "justos e merecidos" que no entanto se perdia conforme sairiam traduções mundo afora, e sim "o Brasil e o povo brasileiro, o sertão desmedido, a desmedida bravura, a ânsia e o amor".

O encontro mais duradouro com Rosa só ocorreria quatro anos depois, quando compôs com ele e Olinto o júri do prêmio de literatura Walmap, que premiou Oswaldo França Júnior e seu *Jorge, um brasileiro*. Não foi operação amena: na casa do Rio Vermelho, um caminhão despejara "uma tonelada de romances", e "se não chegavam a quinhentos andavam perto", como contabilizou Jorge. A cada leitura, escrevia num caderno título, pseudônimo e brevíssimo comentário, uma ou duas palavras. Anotou sobre França Júnior "extraordinário", "a vida transbordando". A discussão sobre vencedores se deu no escritório de Olinto, no Rio. Coincidiram sobre o primeiro colocado. Como vice, escolheram "um romance escrito por homem macho", teria dito Rosa. Era uma autora, Maria Alice Barroso. Por certo tempo, Jorge recebeu a visita de Rosa no apartamento da Rodolfo Dantas, curioso para comparar o que cada um achara dos concorrentes em suas anotações. Descobriram que, em comum, liam até o fim um livro muito ruim, ainda que tivesse centenas de páginas, se houvesse nele cenas de sexo.

Rosa guardava do colega de júri visão afetuosa. Disse, numa entrevista em alemão, quando lhe perguntaram sobre literatura, ideologia e a obra amadiana: "Jorge Amado é um sonhador, é com certeza um ideólogo, mas é a ideologia da fábula, com suas regras de justiça e expiação". Adiante: "Uma criança que continua acreditando na vitória do bem. Defende a ideologia menos ideológica e mais amável que conheço".

O primeiro romance que Jorge escreveu valendo-se dos ares do bairro do Rio Vermelho trazia personagens aparecidos no *Quincas Berro Dágua*, da época em que, na década de 1940, quando ali se refugiara por pressão do Estado Novo, conheceu a boêmia da Bahia. À imprensa, dizia que, depois de *Os velhos marinheiros*, o novo romance ia tratar do drama dos trabalhadores pobres da Bahia. De uma cena real começara a fabular. Encontrou certo dia um apressado Mestre Didi, filho de Mãe Senhora e artista plástico: dirigia-se a um batizado, seria padrinho ao lado de Ogum. Desse diálogo inesperado surgiu uma das narrativas. Outras duas compõem o livro. Unidas pelos personagens e pelos ambientes, as três funcionam de modo independente. A primeira conta do casamento de cabo Martim, às do baralho e dos dados, sedutor afamado, um dos quatro amigos fiéis de Quincas Berro Dágua. A última narra a tragédia do fictício morro do Mata Gato, incendiado para que a área fosse liberada à especulação imobiliária, sobre o que silencia a imprensa comprada pelos grandes empresários do ramo.

Cercado de tanta gente, houve recorde de dedicatórias. Ofereceu o livro, como sempre, a Zélia, e também a outros catorze nomes da Bahia e um do Maranhão. Dos baianos, Carybé, Jenner, Mario Cravo, Odorico Tavares, Gilberbet Chaves, Mirabeau e Walter da Silveira, Antonio Celestino e Eduardo Portella. O maranhense, Josué Montello. Numa das epígrafes, um ditado que disse ter escutado: "Não se pode dormir com todas as mulheres do mundo mas deve-se fazer esforço — provérbio do cais da Bahia". Desde então, muitos citarão a frase como sendo do próprio Jorge. Como o provérbio do cais da Bahia pode ter sido inventado, não estão de fato errados.

Enquanto entregava *Os pastores da noite* para o editor, aconteceu o golpe civil-militar que derrubou Jango. A família Amado estava com mau pressentimento desde que tinham participado, no Rio, de uma reunião convocada pelo presidente no apartamento de

Di Cavalcanti, em meio a um grupo de artistas e intelectuais. Jango tentou lhes transmitir confiança. O casal Amado pressentia a deposição, tendo já vivido retrocessos políticos. Na véspera do golpe, Jorge estava na Bahia, e em conversa com o pintor Jenner Augusto e sua mulher, Luiza, previu que era coisa para dali a quinze ou vinte dias. Na manhã do acontecido, 1º de abril de 1964, quem chegou para lhes avisar foi Wilson Lins. Partidário dos que tomavam o poder, chamou o golpe de revolução, para horror de Zélia, que se exaltou. "Vim aqui para oferecer meus préstimos, apenas isso", defendeu-se Lins.

Após o golpe, os telefonemas se sucederam, começou a ouvir sobre as prisões. Nas batidas policiais, uma das razões que incriminava os donos das casas era possuírem livros de Jorge Amado. Amigos queriam saber se ia se exilar. "Daqui não saio." A repercussão de sua obra no exterior talvez fosse garantia para sentir-se protegido. "Estamos desde março na Bahia", contou ao amigo Olinto na carta seguinte que lhe enviou. "Impossível por carta dar-te sequer uma ideia de tudo que se passa por aqui. Só pessoalmente. Vocês poderão se dar conta, quando voltarem. Não vou tentar. Este bilhete é para dizer que Senhora está esperando o casal aqui para as festas de Xangô. E para reafirmar a vocês a velha e constante amizade que se mantém a mesma. Mudam os regimes, a amizade não."

Depois de enfrentar a ditadura do Estado Novo, Jorge atravessava outra, sem se envolver como antes. O regime militar coincidia com o afastamento do Partido Comunista, a renovação literária e a mudança definitiva para a Bahia. Entre muitos comunistas, a guinada não era bem-aceita, e os ruídos só aumentariam.

O amigo livreiro Dmeval Chaves chegou a sugerir adiamento da tarde de autógrafos de *Os pastores da noite*. Jorge não concordou. No Rio e em São Paulo, assinou os livros em junho de 1964. Em agosto, recebeu os leitores na Bahia. Naqueles dias foi com o amigo português Antonio Celestino ver óleos de Heitor dos Prazeres — quando recontou o episódio, confundiu-se e disse que era Henrique Oswald o artista cuja exposição visitara. Lembrava-se de cada um ter comprado um quadro. Não queria concorrer para que os milicos restringissem sua vida, e assim não modificou os hábitos. Zélia se recordava de terem ido juntos ver o show *Nós, por exemplo*, que inaugurava o Teatro Vila Velha naquele mês. Jovens músicos baianos se apresentavam: Caetano Veloso, sua irmã Maria Bethânia, Gilberto Gil, Maria da Graça e Antonio José, ainda sem se chamarem Gal Costa e Tom Zé.

Para não fugir à regra, apareceu uma cartomante Madame Beatriz, famosa naqueles dias, reclamando que estava retratada em *Os pastores da noite*. "Este Jorge Amado é um absurdo", reclamou, convicta de que devia processar o autor. "Não conheço Jorge Amado, quer como homem, quer como escritor". Ao escritor restava concordar: "Também não a conheço, quer como pessoa, quer como cartomante". Mas frisou: "Gostei do adjetivo absurdo".

O episódio pertenceu à história do jornalismo baiano da segunda metade do século XX, recordaria o poeta e então chefe de reportagem do hoje extinto *Jornal da Bahia*, Florisvaldo Mattos. "A cartomante estava furibunda. E queria processá-lo." Não deu em nada. Numa crônica, Odorico Tavares, fazendo troça com o amigo, imaginou um destino pior, atrás das grades.

Leitor de *Mar morto*, Caetano ficaria com a impressão de Jorge como um homem grave. Gil guardou a imagem de uma casa repleta de gente. No Rio Vermelho, apareciam jovens baianos levados pelos filhos. Com presumível espanto Jorge viu entrar porta adentro Katia Badaró, colega de Paloma no curso de psicologia, descendente dos Badaró que foram seus personagens em *Terras do sem-fim*. A nova amiga, apesar da diferença de idade, lhe apresentou Batatinha e Riachão, sambistas populares. Da turma do filho João Jorge, Arlete Soares foi uma das pessoas que Jorge tentou livrar de perseguição política. Conseguiu-lhe uma bolsa de estudos em Paris. Arlete se lembra de receber de Jorge, via correio, envelope contendo dinheiro. O amigo escritor lhe oferecia um jantar e pedia que, com o troco, comprasse os biscoitos de que ele gostava. Em Paris, Arlete conheceu Verger e, anos depois, publicaria a obra inédita do francês nos campos da fotografia, etnologia e historiografia afro-brasileiras.

Um ano depois do golpe contra Jango, em agosto de 1965, Jorge recebia convite para um congresso em Dakar. Escreveu a Olinto: "É claro que não irei fazendo parte de uma delegação governamental, nem mesmo na delegação de um órgão paraestatal, como a Universidade da Bahia, por exemplo. Eu só iria ao congresso convidado de lá, ou seja, de Dakar". A seu modo, marcava limite.

Com Mirabeau numa tarde no Pelourinho, Jorge avistou um sujeito que dormia numa escadaria debaixo de sol, um exemplo do que lhe parecia "alegria de viver". Disse ao amigo: "Olha que beleza". Mirabeau falou de um companheiro falecido: "Lembra Vadinho". Um pouco mais de caminhada, e também viu uma placa que dizia: Escola de Arte Culinária Sabor e Arte. Naqueles dias, era chamado para almoçar e jantar e ficava impressionado com a repetição de uma mesma receita, sempre transbordante de catupiry. Sentia falta da comida baiana que considerava a legítima. Até que soube que a repetição do catupiry se devia a uma professora de culinária instalada na cidade, que ensinava a mesma receita às donas de casa baianas.

Um novo romance progrediu com rapidez. Zélia passava dias no Rio e, quando voltou, soube que já havia cinquenta páginas prontas.

Sentado na varanda, ou instalado na mesa de jantar quando a chuva era de açoite, tinha ao lado da máquina de escrever um gato, Nacib, siamês sem cauda que se estirava sobre as páginas. Acompanhou todo o trabalho, funcionando como seu peso de papel. Não raras vezes o autor ficava parado diante da máquina. Precisava consultar uma das páginas prontas, e tinha pena de acordar o gato.

Anunciou na imprensa que a ação do novo romance se passava à margem das rodovias do Nordeste. O personagem central era a dona de uma pensão de beira de estrada. Estava em dúvida sobre o título. Podia tanto se chamar *Dona Flor e seus maridos* quanto *Dona Flor e seus três maridos*. Adiantava que seria "uma história de amor", ao tempo em que era, igualmente, "uma dura crítica à moral vigente, uma sátira à pequena burguesia baiana". Logo voltaria a falar do livro nas entrevistas, citando o título já definitivo, *Dona Flor e seus dois maridos*, e o enredo que prevaleceu: a jovem Florípedes Paiva se casa com o boêmio Vadinho, que morre precocemente. Cozinheira que ensina receitas baianíssimas, Flor arranja como segundo marido o farmacêutico Teodoro, oposto do primeiro, sensato e trabalhador. Um dia, o novo casamento consolidado, o fantasma de Vadinho aparece, procurando-a para safadezas.

Álvaro Moreyra morrera naqueles dias, e Jorge se lembrava do triângulo amoroso inesperado da qual ouvira falar quando, com o amigo, no Rio, visitara uma mulher que se dizia assediada pelo fantasma do primeiro marido, atordoada por temer trair o segundo. Entregue à escrita, Jorge se liberava de todos os compromissos. Como contava a Olinto, em setembro de 1964: "Não posso sair daqui neste momento, entre outras coisas por estar enterrado no pequeno livro que me apaixona. Trabalho cada manhã, vagarosamente porém com alegria, escrevendo uma pequena página, revendo duas, três, quatro vezes. Uma história bem baiana e divertida. A pergunta do livro é: onde está a felicidade, no assentado, no correto, no bem-feito e direito ou na pura alegria de viver?".

Na vaga de Álvaro Moreyra na ABL, assumiria Adonias Filho, grapiúna como Jorge e seu ex-colega dos tempos do Ginásio Ipiranga. Era Jorge, empenhado na vitória do conterrâneo no pleito, o encarregado do discurso de recepção na cerimônia de posse, em 28 de abril de 1965. Teve de interromper o novo romance para viajar até o Rio. "Que diriam os coronéis de cacau, sr. Adonias Filho, aqueles que matavam e morreram para plantar a terra, ao ver-nos aqui, a vós e a mim, com tão estranho fardamento, membros da Academia Brasileira?", perguntou. "Os seus meninos, que eles desejavam doutores, médicos, advogados ou engenheiros, cresceram mais do que eles pediram e esperaram, e, em vez de bacharéis, foram escritores, criadores de vida. E somos apenas dois entre os muitos escritores de cacau."

A obra de Adonias, Jorge descreveu com afeto. Citou romances como *Corpo vivo* e *O forte*, desculpando-se por não falar como "crítico literário", função para a qual jamais teve "vocação, qualidade ou gosto", afinal era "apenas um modesto contador de histórias de minha gente, de meu povo, do cais da Bahia e das matas do cacau e jamais almejei ser outra coisa". A diferença política entre ambos suscitara mexericos sobre a posse. "Houve quem tentasse, mesquinhamente, maliciar com o fato de ser eu, velho e provado homem de esquerda, a receber-vos aqui, esta noite, devido às divergências que separam a vossa e a minha atuação política, o vosso e o meu pensamento político. Como se o fato de ser vosso adversário no terreno das ideias políticas pudesse influir em minha opinião e em minha estima por vossa obra de romancista (e a obra de um romancista não se limita aos quadros de uma posição política nem mesmo quando o próprio romancista assim o deseja, pois basta que ela possua um sopro de humanidade para romper com todas as tolas concepções de escola, tendências ou sectarismo), como se não pudéssemos ser amigos de fraterna amizade pelo fato de discordarmos sobre concepções e soluções políticas. Bem idiotas são esses sectários e dogmáticos de qualquer posição, partido ou ideologia, de qualquer seita seja ela de esquerda ou de direita." Jorge se colocava em oposição ao que fora no passado.

Dona Flor o recebia na máquina de escrever em sua volta do Rio. Zélia se encarregava de responder as cartas, liberando o autor da tarefa. Ao casal Zora e Olinto contou, em junho de 1965: "Jorge trabalha *jour et nuit* no romance. Espero que a *deliverance* se dê em princípios de julho, meados no máximo". Dizia que poderia recebê-los nas férias. Seriam eles e os Loureiro, do Recife, suficientemente íntimos para deixarem Jorge à vontade e não interromper sua operação romanesca. "Com vocês ele não faz cerimônia, trabalha do mesmo jeito." Em julho, o próprio Jorge assumiu a correspondência para uma recusa veemente: "Não arredo a bunda desta cadeira em que estou sentado antes de terminar com a história de Dona Flor". O amigo lhe propunha uma viagem que duraria uma semana, para receber uma homenagem no Rio. "Isto significa para o meu trabalho uma interrupção de vinte dias a um mês." No seu cálculo, ia gastar uma semana nos preparativos da viagem, na volta, duas para retomar a mesma concentração. "Creio que compreenderá minha decisão de antes de tudo terminar o livro que está num ponto onde não pode ser mais interrompido." Zélia disse na carta a Zora, em agosto: "Taí uma rival que me dá gosto de ter".

O acompanhamento dos originais não se interrompia quando Zélia ia ao Rio, como naquele novembro. Jorge lhe contava: "Verás pelas primeiras cenas da quarta parte que mudei o ritmo da narrativa: cenas curtas e de ação. Vamos ver o que dá. E o que fará Dona Flor, que não sei ainda". O escritor aproveitou a passagem de um casal amigo pela Bahia para pedir que levassem até Zélia o que estava pronto. Avisava à mulher: "Tira cópias e passas ao Miécio [Táti] para ir revendo. No fim de semana te mandarei mais". A prática era comum para Jorge: ia ao aeroporto para encontrar um portador que levasse a encomenda ao Rio ou a São Paulo. Avisava a quem deveria recebê-la para ir ao Galeão ou a Congonhas. Numa dessas, avistou o filho de um antigo amigo. "Você não é filho do Sérgio?" E entregou originais para Chico Buarque de Holanda.

Em dezembro, Jorge dizia à mulher ainda ausente: "Essa senhora vai indo. As últimas duas cenas da quarta parte saíram logo, a primeira facilmente, num dia, a segunda custando-me quatro dias: também era a da chegada de Vadinho. Comecei a quinta parte, estou fazendo hoje a primeira cena, está já escrita em bruto, faltando reescrever. Mas agora estou nos problemas dessa quinta parte que é fogo. Enfim, vamos ver se tenho — como é meu *desideratum* — o livro pronto e entregue antes de viajar". Depois: "O livro marcha, estou ainda me batendo com a quinta parte, entrei nela cru e estou escrevendo e pensando ao mesmo tempo, o que é duro e fatigante. Estou trabalhando praticamente dia e noite, mas assim mesmo, dia e noite, e temo cansar-me antes de terminar o livro. Faço tudo para me defender, mas não é fácil. Enfim... Fico por aqui, meu bem (como diria Vadinho), querida minha (como diria o doutor Teodoro)".

Uma pessoa não estava satisfeita com aquele ritmo, Jorge avisava no postscriptum. "Lalu passa o dia dizendo que eu estou trabalhando demais e isso me enlouquece." Ia despachá-la para o Rio pelo DC-6 da Varig.

Dias depois, dizia a Zélia: "Recebi teu telegrama, espero que já tenhas batido as cenas e entregue cópia ao Miécio. Hoje não te mando originais como pensava porque o que tenho ainda necessita revisão. Acontece que terça-feira, ao voltar do aeroporto, senti que se eu não parasse um dia pelo menos ia entrar numa estafa (mais nervosa que física): mil problemas diferentes, a cabeça em várias coisas diversas. Inclusive necessitava pensar, pôr a cabeça no romance pois há problemas a resolver. Foi o que fiz, ficando sem escrever o resto da terça. Ontem voltei ao trabalho mas pouco fiz pois tinha ainda certas coisas a amadurecer. Hoje trabalhei duro e tenho aqui duas cenas feitas, mas quero ainda adiantar mais duas ou três para ter um certo conjunto que tem que ser julgado completo, digamos o primeiro movimento da última parte que comporta dois movimentos. Certas coisas começam a ficar claras. Continuarei a meter a cara de amanhã em diante, agora que uns tantos problemas já estão resolvidos. Passo a eles".

Ficou atônito com o novo final que se desenhou contra sua vontade. Tinha contado à sobrinha Janaína como terminaria. No que pensava inicialmente, Vadinho desaparecia pelos ares depois de um feitiço feito por Dona Flor. Só que a própria Dona Flor indicava ao autor outra solução. O editor Martins o apertava com um telegrama todo dia: "Cadê o livro?". Para refletir um pouco sobre o andamento da obra, partiu para o Rio de carro, àquela altura atendido por um motorista particular, Aurélio, que estaria com ele por décadas. Na viagem se dava conta: "Por que esta moça revelou-se assim tão sem-vergonha?". Começou a ver que o fim do romance fora construído pelo personagem. Seu fim era outro, "um negócio talvez meio tolo". Pediu à mulher por carta que guardasse sigilo sobre seu paradeiro: "Não digas a ninguém de minha chegada ao Rio, pois senão é impossível rever o livro".

Em *Dona Flor*, romance entrecortado de histórias paralelas, muitas personagens são pessoas reais. Três já apareciam em outros romances: o santeiro Alfredo, da rua do Cabeça, o cantor e dono de restaurante Camafeu de Oxóssi e o amigo jornalista Giovanni Guimarães. Pelo menos duas dezenas se distribuíam nos mais impressionantes papéis. Eduardo Portella se tornava, no romance, o "príncipe das viúvas". Vivaldo da Costa Lima, um dono de funerária. Gilberbet Chaves, um arquiteto "contratado a peso de ouro" que "não media despesas". Nas entrevistas sobre o novo romance, garantiu a despretensão: "Pretendi fixar apenas aspectos do viver baiano e, na companhia dos leitores, sorrir à custa de certas ambições e certos hábitos da pequena burguesia definitivamente sem jeito, de quando em quando enternecido com essa ou aquela figura torta, porém humana".

Jorge fazia de fato uma crônica do viver baiano, com expressões, hábitos, vadiagens e mexericos que persistiam até aquela década de 1960. O que servir em velório de defunto, a receita da moqueca de siri-mole e o passo do siri-boceta, que somente dançarinos exímios sabiam dançar. Atualizava, a seu modo, a *Crônica do viver baiano seiscentista*, de Gregório de Matos Guerra, tal como intitulara a edição de James Amado, organizador dos volumes e editor da obra do poeta barroco.

Na lista de agradecimentos, Edna Leal de Melo, diretora da Escola de Arte Culinária Sabor e Arte — com quem descobriu ter grau de parentesco: eram primos de segundo grau. Também agradecia as receitas fornecidas por Alda Ferraz, Carmen Dias, Dorothy Alves, Norma Sampaio. Em seu entender, existiam três ou quatro cozinhas no mundo: a chinesa, a francesa e a baiana, antes mesmo da italiana. O novo livro o obrigara a entender também de farmácia. Dois farmacêuticos o ajudaram, Alberto Schmidt e Paulo Paternostro. Ao maestro Carlos Veiga agradeceu a explicação sobre música e instrumentos, e a Ieda Machado, sobre particularmente o fagote. Registrava ainda a ajuda do pintor Cardoso e Silva, pela sua assistência "no onírico e mediúnico universo".

"Viva 1966", escreveu no primeiro dia do ano a Olinto. Contava que João Gilberto viera passar o réveillon na casa do Rio Vermelho, de modo que trouxera de volta o casaco de frio que o padrinho de casamento lhe emprestara. Agora Jorge poderia usar outra vez o Encouraçado Potemkin na viagem que ia fazer depois de concluir o novo romance. Por carta, havia dias tentara que o resgate da peça de roupa fosse realizado pelo próprio Olinto, no Rio. No postscriptum, informou-lhe que em *Dona Flor* veria o "embrião de um novo romance", que seria dedicado a ele e a Zora. Tinha nome, *A guerra dos santos*. Planejava finalizá-lo até 1968.

Com tanta gente baiana contemplada na história, não deu outra. No dia do lançamento na capital baiana, o feriado de 2 de julho, Jorge autografou mil exemplares na livraria Civilização Brasileira. Outro lançamento teria de ser providenciado para dar conta dos pedidos. "Para evitar bofetões, processo ou morte", o autor avisava na introdução "que nenhum vivente se encontra retratado".

Diante de mais um romance com nome de mulher no título, a repórter do baiano *A Tarde* lhe perguntou se o mundo era das mulheres. "O mundo é de quem vive com coragem, de cara para a vida, seja mulher, seja homem." A questão seguinte discorria sobre a mulher na literatura. "A mulher tem na literatura as mesmas possibilidades dos homens; sempre existiram grandes escritoras e, no Brasil, elas existem em número apreciável." Não queria citar nomes para não cometer esquecimento. Depois decidiu falar apenas um, o da poeta Gilka Machado, em quem votara em 1932, no pleito de *O Malho* para escolher a maior poeta do país. A repórter levantou a dúvida sobre por quais das suas personagens femininas mais se apaixonou. "Lívia, de *Mar morto*, e Dona Flor, do romance que está saindo." A pergunta que veio depois era capciosa, se a mulher estava "se desfeminilizando". Jorge não se abalou. "Talvez se modernizando seja o termo mais justo. A mulher era, e ainda é, vítima de preconceitos. Vem se libertando dessa massa de restrições, daí acusarem-na de masculinizar-se." Por fim, quis saber se o verdadeiro amor só acontece uma vez na vida. "Muitas. O amor se renova sempre, sobretudo o verdadeiro amor."

O sectarismo perdia um dos seus adeptos naquele 1966. Carlos Lacerda, que construíra sua trajetória como opositor feroz dos governos de Getúlio, Juscelino e Jango, incondicional líder civil do golpe dois anos antes, assumiu-se como figura de oposição do regime. Aliou-se a Juscelino e Jango para constituir uma Frente Ampla, na tentativa de articular a oposição. Dadas as contradições internas, não avançaram, e a Frente Ampla foi proibida.

Nacib morreu engasgado com uma espinha de peixe e, por um tempo, Jorge resistiu a ter outro gato. Até aparecer uma gatinha persa azul, que ele chamou de Dona Flor. Mas, quando o animal cruzou com Gabriela, descobriu-se que era macho. Virou Dom Floro.

33.
Lisboa

O jantar supresa no aeroporto não era a única lembrança que Jorge guardava de uma Lisboa que lhe era proibida. Houve um encontro inesperado com a cidade, sem repercussão, tendo como única testemunha um incansável policial que permaneceu todo o tempo em seu encalço. Retornava de uma das viagens à Europa quando a companhia aérea escandinava SAS anunciou uma greve no meio da jornada. O avião deixou os passageiros na capital portuguesa, onde poderiam encontrar outros voos. Jorge descobriu que só conseguiria passagem para o dia seguinte, pela manhã. Levados para a imigração, os passageiros receberam visto para 24 horas.

Um ônibus os levara para um hotel do centro. Foram convidados pela SAS para um jantar numa casa de fados. Pensou em telefonar para Álvaro Lins, agora embaixador do Brasil. Podia ter ido a uma revista com Beatriz Costa, sua amiga. Diante da cidade interditada e desejada, entretanto, decidiu "andar pelas ruas". Na portaria trocou dinheiro, perguntou como ir até o Rossio, num caminho em que se sentia "comovido com as cores, os cheiros e ruídos", prestou atenção em vitrines e tabuletas. Na livraria, viu um exemplar de *Degelo*. Tinha entregado a edição brasileira ao amigo russo. Encontrou também um livro de Cesário Verde, seu poeta português preferido. Saiu para a praça do Comércio e notou o sujeito de chapéu e gabardine em seu encalço — já avistara o tipo no saguão do hotel. De volta ao Rossio, tomou café, se informou sobre Mouraria e Alfama. Por acaso, avistou os companheiros de avião saltarem do ônibus em direção à casa de fados. Voltou altas horas para o hotel. "Nas ruas calmas e quase desertas de inverno", entendeu que tinha sido "um encontro de amor", "com a mesma infinita emoção com que se toca pela primeira vez o corpo de mulher desejada e proibida". Pegou a chave, dirigiu-se ao elevador e notou o sujeito de gabardine na porta. Teve ímpetos de lhe acenar para se despedir. De manhã, quando se dirigiu ao ônibus que os levaria até o aeroporto, estava lá de novo, na calçada. Sentou-se num lugar dos fundos do veículo e acompanhou Jorge até a sala de trânsito do aeroporto.

Em Lisboa, logo deixaria de ser contrabando literário. Para circular livremente, *Gabriela* fora seu salvo-conduto. Francisco Lyon de Castro era o editor disposto a enfrentar as autoridades portuguesas do salazarismo. De tão empenhado, recebeu primeiro ameaça de fechamento de sua casa editorial. Um exemplar acabou ficando com os homens do regime, e, quando menos esperavam, o livro foi liberado, contanto que fossem trocadas certas palavras. Consultado, o autor aceitou substituí-las por mais comportadas. Quem assinou o prefácio não foi outro senão Ferreira de Castro. A primeira edição, de março de 1960, vendeu 10 mil exemplares. Em três anos, seriam 17 mil. Com a aceitação do autor outrora proibido, outros livros acabaram autorizados. Até 1982, seriam quinze edições de *Gabriela*, 110 mil exemplares vendidos. A mudança do conceito sobre o autor pode ser comprovada nos pareceres da censura, os de antes e os de depois da liberação. A história de sua proibição era longa.

Antes, em 1951, *Terras do sem-fim* não fora aprovado pelo major português David dos Santos, funcionário da censura: "A própria dedicatória do livro vale por todos os escritos e relatórios. A comunista oferta e homenagens comunistas. Não se deve permitir a circulação deste livro". Na mesma data, sobre *São Jorge dos Ilhéus*, quem fez o relatório de censura era o mesmo major: "Este livro é dum categorizado comunista brasileiro. O tema é — como se segue — explorar as desigualdades sociais, com vista aos triunfos dos comunistas. Por esta razão julgo de proibir". No ano seguinte, em fevereiro, um novo leitor-censor, o tenente

Antonio Afonso Raposo, não era tão taxativo sobre *Mar morto*: "Romance que decorre entre marítimos e rameiras, tem passagens condenáveis mas talvez não seja o suficiente para ser proibido". No entanto a anotação e o carimbo de autoridade superior não o liberaram. O parecer referente a *Capitães da Areia*, datado do mesmo mês e ano, assinado de novo por Raposo, continua a recusá-lo: "Os capitães da areia são rapazes abandonados em número superior a cem que vivem do roubo, do assalto e de todas as formas condenadas. Admiradores do bandido Lampião. Nele existem todos os vícios postos a claro. No final do livro já alguns são apresentados como agitadores e propagandistas perseguidos. Entendo que deve ser proibido". O carimbo referenda, com anotações: "imoralidades e misérias sociais".

Uma obra como *Os subterrâneos da liberdade* não receberia avaliação diferente. De abril de 1956, o parecer sobre o livro tem como autor o chefe da censura, J. B. Pereira de Mello: "É uma obra inteiramente de propaganda comunista, de exaltação do comunismo brasileiro e do seu chefe Luís Carlos Prestes. Parece-me, pois, de proibir sem hesitação". Em fevereiro de 1957, o *ABC de Castro Alves* não encontraria outra sorte; o texto do leitor Antonio Borges Ferreira é mais longo: "Jorge Amado é já conhecido como comunista ou comunisante; portanto, apresentando este livro sobre Castro Alves — o cantor dos escravos — torna-se apologista da obra do poeta, tendo em vista a grande afinidade existente entre os dois — Jorge Amado e Castro Alves. Lendo vários episódios deste livro, observa-se um realismo extraordinário, que roça, por vezes, pela imoralidade. A cada passo se topa com sinais de revolta, muito e muito do agrado do autor; pois se os temperamentos são semelhantes não é de estranhar o amor manifestado pela vida e obra de Castro Alves. Em qualquer altura que se abra este livro, vê-se logo a índole do autor. Por todas estas razões, sou de parecer que o livro deve ser proibido de circular em Portugal".

Gabriela, cravo e canela de início teria o mesmo destino. Assinado pelo leitor Fernando Carvalho Tártaro, cuja patente não está identificada, o parecer diz, em outubro de 1958: "É um romance popular, passado nos princípios do século XX, de sabor nativo, bastante imoral e algumas vezes obsceno, em que foca o panorama excepcionalmente vivo dos Ilhéus e zonas adjacentes, na Baía [sic], na sua fase de transição, baseadas em novas ideias orientadas pelo progresso. Quadro de paixões políticas e lutas pelo poder entre 'coronéis' fazendeiros de cacau, nativos e 'jagunços' (assassinos profissionais), cenas de adultério, morte dos amantes pelo marido ultrajado, seus comentários; mas sendo talvez o principal personagem Gabriela, a mestiça e os seus amores. Julgo não ser de autorizar a sua venda". O carimbo de autorização é de janeiro de 1960, desde que sejam "suprimidas expressões".

A disposição passou a ser outra depois que o autor foi liberado. "Romance cem por cento brasileiro de índole muito maliciosa em que são descritas algumas cenas pouco edificantes, senão imorais", disse o leitor-censor Estevão Martins sobre *Dona Flor*, em 1966. "Porém a beleza da prosa e a delicadeza com que são apresentadas as brejeirices forçam-nos a uma certa condescendência favorável na nossa apreciação", aquiescia. "Uma vez ou outra aparece uma palavra obscena, o que aliás está muito em voga nos escritores da atualidade. Atendendo à categoria literária do autor e ao fato de o livro ser volumoso e caro, o que de certo modo só o torna acessível a adultos, e não a todos, proponho que este livro seja 'autorizado.'" Liberariam, em 1971, até mesmo o militante *Seara vermelha*, no relatório mais longo, com duas páginas, que se refere a "tendências nitidamente esquerdistas". "As suas obras procuram focar temas sociais do Brasil com um realismo (ou neorrealismo) talvez exagerado, o que o leva a encará-las mais como obras de ficção do que como um retrato da vida real." Segue-se longa descrição do enredo. "O gênio do escritor teceu esse romance que, apesar de tudo e das denúncias de uma sociedade 'fortemente' capitalista no seu pior sentido, não deixa de ser encarado como romance, tanto mais que as condições em

Portugal, por piores que sejam, nem de longe se podem comparar com as descritas pelo autor, no Brasil, daí que, em conclusão e em minha opinião, não haverá grave inconveniente em que o livro em causa seja autorizado a circular." O leitor era o tenente coronel Paranhos Teixeira.

A ditadura portuguesa não controlava apenas a obra de Jorge. Seus menores passos no país eram descritos em relatórios de arapongas, recortes de jornais e revistas que engordavam a pasta com seu nome na Pide. Quando houve o Colóquio Luso-Brasileiro, na Bahia, em setembro de 1959 — o mesmo evento em que Jorge pilheriou sobre os negócios de Odorico Tavares no meretrício —, chamou a atenção do regime seu discurso, que, como anotaram os espiões, fazia apologia do mundo afro-brasileiro e funcionava como libelo contra o Portugal oficialista, cuja delegação era chefiada pelo ministro Marcelo Caetano. A Pide via o escritor como um dos mais importantes agentes de ligação entre os partidos da América Latina e Moscou. Até a década de 1950, os agentes de Salazar acreditavam que, mesmo nunca tendo ocupado cargo dentro do PCB, Jorge atuava como conselheiro do secretário-geral do partido e portador de instruções de Moscou para o Brasil nas suas frequentes viagens pelos países da Cortina de Ferro, sobretudo como membro diretivo do Conselho Mundial da Paz.

O distanciamento do partido não diminuiu a espionagem. Nos registros da década de 1960, consta a criação do Movimento Afro-Brasileiro Pró-Libertação de Angola — então colônia portuguesa —, no qual Jorge se destacava como um dos integrantes. Os encontros que ele e Eduardo Portella tinham no Rio com intelectuais e ativistas de Angola eram acompanhados de perto, com fotos. A polícia política portuguesa recebia do Brasil cópias de artigos e discursos, como os que Jorge escreveu na revista *Tempo Brasileiro*, fundada por Portella, contra a política ultramarina portuguesa, e na imprensa baiana e russa em defesa de Mário Pinto de Andrade, o Buanga Felê, ativista angolano e líder do Movimento Popular de Libertação de Angola (MPLA).

A liberação dos livros não garantia que de fato circulassem livremente. Na carta de Lyon de Castro, em julho de 1965, a notícia não era boa. *Mar morto* estava sendo apreendido pela Pide depois que fora autorizado pela Direção dos Serviços de Censura. Na mesma situação estava *Os pastores da noite*. Liberado até então em Angola, começou a ser censurado no país africano.

Os relatórios logo mudariam o tom para referir-se a ele. Usava-se, como no Brasil, o termo "aburguesado", e se contava que teria sido afastado do PCB — informação decerto imprecisa, pois o afastamento se deu por decisão de Jorge — e afinal um filho estava prestes a se casar com uma senhora portuguesa. Era apresentado como "homem de meia-idade, muito rico, futuro Prêmio Nobel". Sua casa era descrita "como uma das mais lindas da Bahia, frequentada por gente ilustre, autoridades do Brasil e de Portugal".

Faltava suspender a proibição de décadas que impedia Jorge de pisar em Portugal. Consultado pelo editor, disse que só aceitaria ir se não fosse seguido. Em 1965, partiu da Bahia sem saber se conseguiria entrar no país. Quando embarcou no navio, tinha permissão do governo da Espanha, mas não do português. Esforços de Maria de Lourdes Belchior, adida cultural de Portugal no Brasil, e Odylo Costa, filho, adido do Brasil em Portugal, contavam a seu favor. Argumentaram que seria um escândalo proibir sua entrada já que a Espanha franquista deixava. O navio se aproximou do cais. Jorge divisou velhos e novos amigos: Álvaro Salema, Ferreira de Castro, Francisco Lyon de Castro. Teve permissão para desembarcar, mas foram proibidas notícias suas na imprensa. A visita foi discreta e vigiada. Por quarenta anos fora escritor maldito, havia receio de que fosse alvo de exaltação demasiada.

A primeira viagem pública ocorreu poucos meses depois, em janeiro de 1966, e a polícia política sempre o acompanhava entre os autógrafos em Lisboa e no Porto. O editor promoveu sessão de autógrafos e, desobedecendo a interdição do nome na imprensa, colocou anúncio nos jornais. Na Sociedade Nacional de Belas Artes, às três da tarde, a fila se estendia desde as onze da manhã. Cada leitor lhe contou uma história de como conseguiu exemplar de seus livros, levavam-nos aos montes para pedir autógrafo. Um deles confessou-lhe que os capítulos de *Capitães da Areia* eram transcritos em pequenos pedaços de papel passados de cela em cela. Num dos encontros inesperados com leitores, seria um dia abordado por Manuel Cabral, sobrinho-bisneto do padre Cabral, que lhe adivinhou o destino de escritor.

Na pasta da Pide, ficou registrada a indignação por tal liberalidade: em meio a recortes de vários jornais — *Diário de Notícias*, *Diário Popular* —, dizeres à mão. Numa notícia sobre sua presença na Conferência Latino-Americana para Anistia de Prisioneiros e Exilados Políticos Espanhóis e Portugueses, em 1969: "Da melhor e mais inteligente propaganda comunista! Onde está a verdadeira censura? Na Lua?!". Distribuíam-se desenhos como o símbolo da foice e do martelo, feito com caneta azul e vermelha.

Novos admiradores se somaram aos antigos. Jorge se mantinha próximo dos comunistas portugueses, cujo partido era então fortemente reprimido. Aquela ideia do seu "aburguesamento" não fazia tanto sentido em Lisboa, dado que ele povoava grandemente o imaginário oposicionista. Até os salazaristas gostavam dele. Franco Nogueira, o último ministro dos Negócios Estrangeiros de Salazar — o rosto internacional da política colonialista e de guerra do regime na África — e, posteriormente, biógrafo do ditador, dizia que o grande escritor surgiu no pós-*Gabriela*; antes, era o panfletário.

Na primeira visita a Lisboa após a Revolução dos Cravos, em outubro de 1974, comemorava "estar pela primeira vez num Portugal sem ditadura", "ele, que durante décadas estivera proscrito do nosso país, que só conhecia Lisboa pelos telhados, vislumbrados de avião — essa Lisboa que ele sabia apenas dos livros do seu amado Eça de Queirós, e que, uma vez livremente franqueada, o fazia sentir-se em casa, lembrando-lhe a Bahia". Em meio à alegria, havia uma razão para tristeza, relatava ao *Diário de Notícias*: a ausência de Ferreira de Castro, morto quatro meses antes. "Reconfortou-me um pouco saber pelos nossos amigos comuns", afirmou Jorge, "quanto ele vibrava de entusiasmo e de esperança nos dias que mediaram entre o 25 de Abril e o colapso que o derrubou. Ele foi um dos grandes mestres da vossa liberdade, da liberdade de todos os homens. O meu grande desejo é que o Portugal de amanhã, como o de hoje, prossiga e consagre a sua admirável lição."

As idas a Lisboa se tornaram frequentes: duas vezes por ano degustava sua ginginha e escutava fados nas zonas históricas. Na ausência de Ferreira de Castro, Beatriz Costa continuou a ser cicerone, e logo o círculo de lugares e amigos se ampliou. No restaurante Amadora, no parque Mayer, almoçavam caldo verde e sarrabulho, queijo fresco, pão saloio e meloa. Quando apareciam brasileiros por lá, os donos perguntavam por Jorge, como se todos fossem íntimos.

Um dia, o jornalista José Saramago, que ainda não se firmara como escritor, viu Jorge numa rua de Lisboa. O brasileiro estava rodeado de um grupo de escritores portugueses. Saramago quis estar ali, mas, encabulado, seguiu em frente, com pena de não poder cumprimentá-lo. Alguém o reconheceu e disse que se achegasse para ser apresentado. O pudor de Saramago foi maior que seu desejo: pensou que não tinha direito de molestar, quem era ele para interromper a conversa, assim foi que disse não, obrigado, e seguiu seu caminho.

34.
Obá de Xangô

A carta que enviava a Antônio Olinto, em fevereiro de 1967, não podia ter maior gravidade. "Escrevo para dar uma notícia terrível", iniciava, "nossa boa Mãe Senhora faleceu hoje às 5h20 da manhã."

Em vão Jorge tentara ajudá-la. "Às 6h eu estava lá com médico mas era tarde." Desde que a ialorixá adoecera, vinha sendo chamado para acudi-la. Depois de uma melhora sensível, quase todos acreditaram que fora apenas um susto. A saúde voltou a se agravar e se foi a ialorixá, vítima de uremia aguda aos 76, dos quais 25 à frente do terreiro mais venerado naqueles dias. No ritual necessário antes de seu enterro, somente outra líder espiritual de seu porte devia tomar a frente. Outra vez foi Jorge o encarregado de ir buscar Mãe Menininha do Gantois, na mesma hierarquia de importância de Mãe Senhora, única capacitada para tal tarefa, que requeria um rol de ingredientes também a serem providenciados para o ritual de despedida.

Não era sem motivo que chamavam o escritor em horas de aflição. Tinha recebido o título de obá de Xangô, uma espécie de ministro e protetor vitalício. Eram doze os obás do Ilê Axé Opó Afonjá. Morrendo um deles, escolhe-se outro para substituí-lo em jogo aberto com os búzios. Até aquele dia, Jorge tinha recebido dois títulos: primeiro, o de ogã de Oxóssi, concedido por Procópio, depois o de ogã de Iansã, este dado por Joãozinho da Gomeia, à frente de um candomblé de caboclo. Por escolha de Mãe Senhora, foi designado Obá Otum Arolu.

Obá, como entendia Jorge, é alguém que o povo ama e respeita. Um respeito à baiana, como ressaltava, "sem submissão e com intimidade", e explicava dizendo: quando visto na rua, ninguém se referia a ele como senhor, doutor, mestre ou professor. Era Jorge, às vezes até Jorginho. Nas doze cadeiras de obá, outros amigos seus se distribuíam. Eram obás o próprio Antônio Olinto, também Caymmi e Carybé, entre os mais íntimos, e Camafeu de Oxóssi. Levar médico e responsabilizar-se por funerais importantes no terreiro eram tarefas de grande excepcionalidade; havia as corriqueiras, como arrumar escola e garantir emprego aos filhos da ialorixá, os de sangue ou os de santo, como se pode notar pela correspondência trocada por Jorge e Olinto. Os assuntos do Ilê Axé Opó Afonjá ocupavam parte das conversas.

Olinto tinha o posto de primeiro obá sentado à direita de Mãe Senhora, e Jorge, o de primeiro à esquerda. A ordem da posição fazia Olinto brincar: "Está direitinho porque sei que você é de esquerda, acontece que eu não sou de direita".

Na lembrança de Mãe Carmen, filha de Mãe Menininha, cedo Jorge bateu na porta. Deu-se "um corre-corre dentro de casa, ninguém sabia mais o que fazer, o que pegar; juntaram roupa, todo mundo chorando, um desassossego, e a Bahia toda, também". O chamado axexê, cerimônia fúnebre, durou sete dias no terreiro. As últimas horas envolviam o rito católico: o enterro saiu da Igreja de Nossa Senhora do Rosário dos Pretos, no largo do Pelourinho. Nesse mesmo lugar, trinta anos antes, fora velado o corpo de Mãe Aninha, fundadora do Ilê Axé Opó Afonjá, mãe de santo que preparou Mãe Senhora para sucedê-la. Outras filhas de santo também desejavam o posto, e uma guerra de santos se desencadeou durante anos e anos, até que a confirmação de Mãe Senhora fosse assunto pacífico. Esse era o tema do novo romance que Jorge planejava fazer depois de *Dona Flor*.

Com a morte de Mãe Senhora, Jorge se perguntava se haveria outra guerra de santo. Às cinco da tarde saía o enterro em direção ao cemitério de Quinta dos Lázaros. De branco todos, a cor do luto nagô, desembarcaram dos carros no sopé da ladeira para seguir andando. Tomaram do caixão ogãs e obás, três vezes o suspenderam, três vezes o baixaram, tendo ao fundo a voz do pai de santo Nezinho num canto fúnebre em língua iorubá. O cortejo seguiu com três passos em frente, dois atrás, coreografia feita com o caixão em cima dos ombros. A entrada no cemitério se deu com todos de costas.

Oswald de Andrade renascia em 1967, quando seu *O Rei da Vela* recebeu montagem corajosa do Teatro Oficina, de José Celso Martinez Corrêa. Era um dos marcos do movimento cultural que se tornou conhecido como Tropicalismo. Na música, sua origem era o show dos jovens baianos que Jorge e Zélia tinham assistido três anos antes. Hélio Oiticica e Lygia Clark, nas artes plásticas. A ditadura recrudescia.

A escalada do horror foi sentida na casa do Rio Vermelho quando um telefonema tirou Jorge da cama às cinco da manhã. O pai de um colega de João Jorge lhe contava que seu filho e o dele tinham sido presos de madrugada durante vigília universitária de protesto. Jorge decidiu acordar Wilson Lins, que o tranquilizou: "Estou chegando agorinha mesmo da polícia, consegui soltar quase todos, mais de cem".

A censura prévia de espetáculos, cinema, rádio e televisão já existia. Por uma nova lei, proibiu-se a circulação de livros, jornais e revistas que atentassem contra a moral e os bons costumes. As restrições se estendiam a títulos estrangeiros. Os filmes nos cinemas e os programas a serem exibidos na televisão deveriam apresentar na tela, antes do início, uma autorização rubricada pelos censores de plantão. Entre outras medidas, no caso de decretação de estado de sítio, o governo poderia enviar agentes às redações de jornais e revistas e às emissoras de rádio e televisão para fazer a censura prévia do noticiário. Em dez anos, 950 filmes e peças foram proibidos. Dos livros de Jorge, só *O Cavaleiro da Esperança* e *O mundo da paz* deixaram de circular, o último por decisão do autor, que o considerava por demais sectário.

Em dezembro de 1968, houve o AI-5 e o regime de exceção entrou em seu período mais duro, com prisões, tortura e morte de dissidentes. Até o conservador e anticomunista Sobral Pinto foi parar na prisão. Defensor dos direitos humanos — esteve à frente da batalha para tirar Prestes da prisão —, tinha 75 anos quando os policiais o levaram, temendo por seu discurso como paraninfo de uma turma de formandos em direito, de Goiânia. Uma nova leva de exilados saía do país. Primeiro, foram políticos como Jango, Juscelino, Miguel Arraes e Leonel Brizola, o líder camponês Francisco Julião e o antropólogo Darcy Ribeiro, ligado à causa indígena. Agora partiam estudantes, sindicalistas, intelectuais, artistas, cientistas e militantes de organizações clandestinas de oposição, armadas ou não. As estimativas sobre o número de pessoas forçadas a partir durante a ditadura militar variam entre 5 mil e 10 mil, a maior diáspora da inteligência brasileira. Entre os amigos de Jorge, naquela década deixavam o Brasil o arquiteto Oscar Niemeyer, seu companheiro no *Para Todos*; o cineasta Glauber Rocha; Samuel Wainer, cujo jornal *Última Hora* tinha perecido depois de campanha pesada de Lacerda; o poeta e diplomata Vinicius de Moraes, desligado do Itamaraty; os compositores Caetano Veloso e Gilberto Gil, que saíram depois de passar temporada na prisão. Saíram também comunistas célebres, como o próprio Prestes e Gregório Bezerra. Professores universitários e cientistas, aposentados compulsoriamente, se despediram do país. Entre eles Celso Furtado, Josué de Castro, Florestan Fernandes, Paulo Freire, Milton Santos, Fernando Henrique Cardoso. Tinha mais gente. Os diretores de teatro Augusto Boal e José Celso Martinez Corrêa. Artistas plásticos, Lygia Clark, Hélio Oiticica, Rubens Gerchman, Antônio Dias. Os poetas Ferreira Gullar e Thiago de Mello. Compositores como Chico Buarque de Holanda, Geraldo Vandré, Taiguara, Jards Macalé, Jorge Mautner, Nara Leão, Raul Seixas.

Na casa do Rio Vermelho, vinham rasgando muita coisa por temer buscas da polícia, como recordava Paloma. Jorge não pensou em sair do país outra vez. A vulnerabilidade não era a mesma de duas décadas atrás, ainda que não fosse recomendável baixar a guarda. Estudantes matriculados em colégio público, João Jorge e Paloma frequentavam passeatas que iam da avenida Sete de Setembro à praça Castro Alves, dispersadas com cassetetes e bombas de gás lacrimogêneo. Em solidariedade aos filhos, Zélia também comparecia. Numa dessas vezes, Paloma e outros estudantes conseguiram se abrigar no Mosteiro de São Bento, cujo abade, dom Timóteo, ficou famoso por sua acolhida à esquerda perseguida. João Jorge não teve a mesma sorte. As marcas dos golpes da polícia em suas costas impressionaram a quem as viu, e um jornal baiano chegou a publicar sua foto identificando-o como o filho de quem era.

Numa tarde, quando bateram na porta, Jorge foi avisado de que era Carlos Marighella, naqueles dias procurado como um dos principais líderes da luta armada contra a ditadura. O Partido Comunista de novo na clandestinidade rejeitara a guerrilha, e expulsou os militantes que defendiam essa saída extrema. Marighella era um dos que levaria adiante a Ação Libertadora Nacional (ALN), assim como Jacob Gorender fundaria, com outros camaradas, o Partido Comunista Brasileiro Revolucionário (PCBR). Ao ouvir da empregada o aviso de presença tão atordoante, o dono da casa apareceu apressado para que outras visitas não soubessem o que se passava e resolveu atender quem chegava na varanda. Com certo alívio viu que era o filho do seu amigo, com o mesmo nome do pai, em busca de apoio para o movimento estudantil baiano ir até um encontro em Ibiúna, cidade próxima à capital paulista. Carlinhos, como é chamado, viu entrar de volta o amigo do pai, demorar-se um pouco e retornar com um bom punhado de dinheiro.

Quando terminava o ensino médio, João Jorge tinha a expectativa de passar uma temporada em Moscou com uma bolsa de estudos. Foi quando ocorreu a invasão soviética em Praga. O pai sabia que, na hora em que se posicionasse a favor dos tcheco-eslovacos, o benefício seria retirado. Chamou o filho para avisar: "Não posso deixar de me manifestar. São nossos amigos". De fato, João Jorge ficou sem a bolsa. Depois, quando planejou prestar o concurso do Instituto Rio Branco, pelo qual se inicia a carreira diplomática no país, recebeu informação de um diplomata amigo da família que nem adiantava tentar, no governo não simpatizavam com a ideia.

Marighella, amigo de Jorge e ex-colega da época de deputado comunista, acabou morto pela polícia política em 4 de novembro de 1969, em São Paulo.

Imerso na cultura afro-brasileira como nunca antes no momento mais grave da ditadura, chegava a hora de fazer seu grande romance sobre o candomblé.

No sítio de Genaro de Carvalho, a vinte quilômetros da capital, num jardim que mais parecia bosque, se enfurnou disposto a iniciar a história — e ali conseguia concluí-la cinco meses depois. Tinha dois temas amadurecidos quando se sentou diante da velha Royal. Um era o da guerra de santo: contaria a evolução e a modificação na Bahia, de sociedade rural arcaica para a de consumo. Chegou a produzir as primeiras cenas. Do segundo, ainda sem título, fez o capítulo inicial. A história se passava no Rio em 1942, durante o Estado Novo, quando o país iniciou a luta pela democracia. Até que se deu conta de que seriam ambos livros para mais de quatrocentas páginas. Decidiu-se por fazer um título de menor porte, duzentas páginas ou pouco mais, com um terceiro tema.

Um acontecimento o fizera repensar a prioridade literária. Fora escolhido como tema da escola de samba Filhos do Tororó para o Carnaval de 1969. Quando escrevia o novo romance na casa do amigo pintor, mandou chamar Walmir Lima, autor do samba-enredo, para dizer que colocaria a transcrição inteira da letra no livro, só que, em vez de Jorge, na ficção, o homenageado pela agremiação seria a principal personagem, Pedro Archanjo. A escola ficou com o segundo lugar na classificação geral, e o samba, com o primeiro. Jorge participou do desfile, cujas alegorias Carybé aceitou fazer porque tudo faria pelo compadre.

Esse novo livro era considerado praticamente a reescrita de *Jubiabá*, com outra conotação. Com embrião ainda mais antigo: estava de volta Archanjo, aquele seu protagonista de *Rui Barbosa nº 2* que um dia jogara no lixo.

No enredo, tudo começa quando chega à cidade James D. Levenson, um Prêmio Nobel, em busca de obras escritas por um tal Pedro Archanjo, "preto, pobre e paisano", "um pequeno herói do povo" cujo centenário de nascimento é comemorado por aqueles dias. Enquanto a elite local pouco o valorizava, havia um estrangeiro para enaltecê-lo. Archanjo fora idealizador de um centro de candomblé, capoeira e folhetos de literatura popular. Viveu em conflito com Nilo Argolo, erudito de ideias eugenistas e representante da elite baiana no começo do século XX. O enredo transcorre em dois tempos. Primeiro, entre 1895 e 1943, quando morre Archanjo, aos 75 anos. Vivera toda a virada para o século XX, quando as teorias racistas dominavam grande parte da intelectualidade brasileira. O centro dessas ideias era o Instituto Geográfico e Histórico e a Faculdade de Medicina baianos, repletos de "doutores verbosos, literatos, retóricos, dissimulando uma pseudociência reacionária". Depois chega-se a 1968, quando a Bahia prepara os festejos para seu centenário de nascimento.

Uma testemunha do racismo que impulsionara guerras mundiais, Jorge escrevia o livro quando leis segregacionistas mal se extinguiam nos Estados Unidos e ainda perduravam na África do Sul, com o maior ativista da causa negra preso, Nelson Mandela. A intenção era, sem poupar os racistas brasileiros, celebrar a cultura popular e um modo de existência que apostava na mistura, e não na divisão.

Jorge dedicava-se a apresentar a mestiçagem como característica brasileira, como repetia à imprensa quando lançou o novo título. A primeira mistura, como notava, se deu entre as etnias africanas. Houve uma tentativa de fazer o candomblé voltar ao que fora em suas origens, "a fim de restituir-lhe a identidade africana, e principalmente da nação keto, à custa de sua identidade brasileira", o que, como entendia, era também "uma posição racista". Considerava absurda a ideia de setores do movimento negro negarem o sincretismo. "Que bobagem. Não se pode decretar o fim das coisas", repetia em entrevista. Ia mais longe. "A meu ver, a religião que a cada dia ganha mais terreno, a mais brasileira de todas, é a umbanda", resultante da combinação de catolicismo, kardecismo e religiões de matrizes negras e indígenas. O avanço de religiões afro-brasileiras não impedia que todos se declarassem católicos. Lembrava que os ciclos do calendário do candomblé começam com uma cerimônia na igreja. Não seriam posições neutras; tal independência tinha potencial para causar controvérsia entre brancos, negros, conservadores e progressistas.

Enquanto escrevia, interrompeu seu isolamento para receber uma repórter inusitada. A escritora Clarice Lispector, que naqueles dias colaborava com a imprensa, foi ter com ele a mando da revista *Manchete*. Jorge lhe explicou a quantas andava sua relação com o candomblé, que, se despertava desconfiança entre comunistas, causava estranheza entre a intelectualidade laica: "Não sou religioso, não possuo crença religiosa alguma, sou materialista. Não tive experiências místicas, mas tenho assistido a muita mágica, sou supersticioso e acredito em milagres, a vida é feita de acontecimentos comuns e de milagres. Não sendo religioso, detenho um alto título no candomblé baiano, sou um Obá Otum Arolu, distinção que meus amigos do candomblé me conferiram e que muito me honra". Pensara chamar o novo romance de *Meu bom*. A expressão baiana é usada como tratamento de carinhoso respeito.

A identificação de Jorge com Archanjo era grande, de todos as personagens criadas seria esse o seu alter ego, como se sabia em casa e entre amigos. De Archanjo era a frase que gostava de repetir quando lhe perguntavam como podia, sendo ateu, aproximar-se tanto do mistério: "Meu materialismo não me limita". Numa versão remodelada do que dissera a Clarice, repetiria anos depois que acreditava nos "milagres do povo". Não sendo um fiel, o candomblé lhe parecia "uma religião alegre, que não esmaga as pessoas", em que "os deuses cantam e dançam com os homens". Tivera "papel importante na luta dos negros contra a escravidão"; continuava a ter "na luta contra forças reacionárias, obscurantistas, racistas e escravagistas, como força cultural engajada e ativa". O conceito marxista de religião como ópio do povo, considerava "de uma infinita tolice, terrivelmente sectário". Via na religião dos negros brasileiros "uma força revolucionária imensa". Dizia-se ligado ao candomblé em razão da luta contra o racismo, e não por motivos religiosos: "um vínculo com a cultura negra, [num] contexto político progressista". *Tenda dos Milagres*, como título final, saiu em 1969.

Como em poucas vezes, agora revelava uma das pessoas reais em que se baseou para construir o personagem: Miguel de Santana, cujo segundo nome era também Archanjo. Ainda vivo à época da escrita do romance, era o mais antigo dos obás, o último dos consagrados por Mãe Aninha. Na descrição que fazia do Archanjo real: Vestia-se "no maior apuro", sabia "mais sobre a Bahia do que os doutores, os eruditos do Instituto, os historiadores e os membros da Academia". Sabia "por ter vivido", "com a voz grave e mansa" contava "histórias de assombrar, seus olhos viram o bonito e o feio, suas mãos tocaram o bom e o ruim, nada lhe é estranho e indiferente". Enriquecera na área da navegação, teve filhos incontáveis e depois ficou pobre. Sua casa no Rio Vermelho era conhecida como palco de grandes festas.

Cada vez mais nas entrevistas, Jorge tinha de se justificar sobre a transformação em sua obra, a mesma acusação levantada por Jacob Gorender na *Novos Rumos*. Como variações da pergunta de Clarice, queriam saber se "mudou de temática, amansando a linguagem de denúncia forte, acomodando-a às glórias de um sucesso sem precedentes". Por vezes respondia mais rispidamente. "O panfleto inicial, às vezes ingênuo e pueril, foi substituído pelo riso que vai além da condenação e é arma da maior violência. Hoje minha novelística não faz concessões de nenhuma espécie — nem se aburguesando, acho que ela é a negação da burguesia, nem se limitando num circunstancialismo tolo e pobre", argumentava. "Aliás, é curioso que os autores de pífia acusação são os mesmos que antes criticavam minha novelística, segundo eles branco e preto, política, social. Uns palhaços", dizia, perdendo um pouco a paciência. "Minha temática sempre foi, é e continuará a ser profundamente social, apenas a maneira de exercer a denúncia e a crítica social adquiriu um caráter a meu ver mais profundo e de resultados bem mais permanentes e consequentes", acrescentava. "Sou um escritor comprometido com o povo brasileiro, para ele escrevo, o que sei aprendi com o povo e a ele restituo em meus livros aquilo que ele me deu. Sou, sim, um escritor engajado, como se vê."

A sequência de livros passados na Bahia levava a juízos de que abusava da baianidade, expressão empregada a partir de um ponto de vista depreciativo. Comentava: "Outro dia um desses críticos amargos tentava ridicularizar o que ele chamava baianidade. Deu-me pena. A verdade é que a Bahia possui uma grande e poderosa cultura popular, uma civilização que é sua e que está presente em todas as esferas de nossa vida e influencia toda a nossa criação artística dando-lhe uma inconfundível marca de ligação com o povo e com a vida". Para "quem sabe ler", dizia, seus livros "não mudaram — ficaram mais complexos, menos primários". As questões sobre seu estilo não haviam desaparecido. "Acho que a literatura nada tem a ver com linguagem formalmente correta." Perguntavam se fazia apologia do marginal e da prostituta. "Sempre fiz apologia do marginal e da prostituta, não da prostituição ou do marginalismo." Um pouco mais irritado, dizia: "Não dou a menor importância ao recalque dos críticos, já estou sem idade de me preocupar com isso". Repetia que pensava "por sua própria cabeça". À pergunta sobre o que fazia quando não estava escrevendo, era curto: "Vivo e intensamente". Depois de lançar a história de Pedro Archanjo, deu declarações sobre um novo projeto. "Há muito o que escrever sobre a Bahia, seu mano. Há um tema, por exemplo, praticamente virgem, a Revolta dos Malês em 1835. Uma história de espantar."

De branco estavam Jorge, Zélia, Calasans Neto e Auta Rosa, os quatro padrinhos no casamento de Vinicius e Gessy Gesse, atriz baiana do Cinema Novo por quem o poeta se apaixonara e com quem viera morar em Itapuã, os dois com a mesma cor em batas esvoaçantes e coroas de margaridas na cabeça. "A que nos conduz uma amizade", Jorge resumiu durante a cerimônia cigana de 1970, tendo como celebrante não um padre, e sim Nilda Spencer, nome consagrado do teatro local.

Nilda era amiga de Gessy, que não conseguiu levar Olga de Alaketu, iminente mãe de santo baiana, para conduzir o casamento, uma surpresa para Vinicius naquela que seria apenas uma festinha de aniversário, seus sessenta anos. O espanto maior viria no fim. Em vez da troca de alianças, um Vinicius de conhecido pavor de sangue, ainda mais depois que se descobriu diabético, teria de fazer um corte nos pulsos, assim como Gessy, para selarem a união. A festa de trezentos convidados durou até a manhã do dia seguinte. Carybé comentou com Jorge: "Agora não é Vinicius que se casa com as mulheres, são elas que se casam com Vinicius".

Chegava para viver na Bahia outro casal de quem Jorge e Zélia tinham sido padrinhos. Caymmi e Stella Maris não escolheram o Principado Livre de Itapuã, como o definiu Vinicius, onde construíram casas também Calasans e Auta Rosa, Sante Scaldaferri e Marina, Carlos Bastos e seu companheiro,

Altamir Galimberti. O bairro da família Caymmi era Ondina, um trecho que avança sobre o mar chamado Pedra da Sereia. Agora eram muitas as casas, além da de Jorge, para receber ônibus turísticos.

"Considero Jorge um santo", disse Vinicius à revista *Manchete*, "lhe daria, fácil, o título de 'saco de ouro', porque o que lhe infernizam a vida não é normal." Com a multiplicação dos intrusos, o poeta contava que a barra pesou a ponto de ter de passar o cadeado no portão. A família Amado colecionava histórias de visitantes que entravam na casa — de portas sempre abertas — e posavam para fotos nas camas. Ao turista comum, Vinicius recomendava de gozação um roteiro que incluía, entre a ingestão de batidas e lambretas, uma visita à recente escultura *Fonte da Rampa do Mercado*, de Mario Cravo, de 1970, na praça Cairu, "para falar mal", a compra de uma bolsa de sisal com a frase "Lembrança da Bahia", e uma ida indubitável à casa de Jorge ou Caymmi. "Se estes, por azar, derem uma sopa", o turista poderia "invadir sua casa, tirar fotografias juntos, e no caso especial de Caymmi, insistir muito para ele cantar 'Maracangalha', que é para entrar no coro".

O roteiro que Vinicius recomendava era o mais típico para um visitante, à exceção da cantoria de "Maracangalha" com Caymmi. O nome Cidade da Bahia caíra em desuso, e era só evocado com saudosismo. Salvador chegava à década de 1970 com 1 milhão de habitantes. Ainda comportava pessoas e lugares de quando Jorge retornara, e havia os novos, que surgiam com a contracultura, o tropicalismo e o movimento hippie. Aconteciam experimentos de arte, teatro, música e dança, ainda que a atmosfera do regime militar jamais se dissipasse. Poetas, artistas e intelectuais continuavam a comparecer no Anjo Azul e na Cubana, nos mercados Modelo, do Peixe e das Sete Portas, no Terreiro de Jesus e na Sorveteria da Ribeira. De novidade, tinha a concha acústica e a sala do coro do Teatro Castro Alves, os teatros Gamboa e Vila Velha, o Instituto

Cultural Brasil-Alemanha, os cines Bahia, Guarani, Roma e Rio Vermelho, o MAM baiano e a Galeria 13. Itapuã não era mais um reduto distante, e quarenta quilômetros de praias estavam integradas ao dia a dia da cidade depois das obras de abertura da orla. Havia mesmo um bar chamado Berro Dágua e outro, Barravento. O terno de linho branco e o vestido de saia larga foram abandonados, usavam-se calças boca de sino. Em 1978, deixaria de existir o Anjo Azul.

Vinicius procurou Jorge para escreverem juntos um "canto geral do candomblé baiano", a se tornar "um grande espetáculo dramático e coreográfico, de teatro ou cinema, e um disco, a viajar e representar o Brasil através da Bahia". Via o candomblé como "uma mitologia importantíssima, tão complexa quanto a grega". O projeto conjunto não vingou. Um disco de Jorge lendo textos de seu guia da Bahia saiu em 1980 pela Som Livre, *Guia das ruas e dos mistérios da Cidade do Salvador da Bahia*, com músicas, arranjos e regências de Egberto Gismonti. "Vem, a Bahia te espera."

35.
Tereza e Tieta

Um lamaçal e três tamarineiros serviram de pretexto para a carta aberta, divulgada em jornal baiano e reproduzida em outro diário carioca, a Antônio Carlos Magalhães, a ficar conhecido pela sigla ACM, em fevereiro de 1970.

O dito lamaçal espalhava-se pela rua Irará, a entrada dos fundos da casa do Rio Vermelho. Contava ao prefeito que, aos amigos vindos de todas as partes do mundo, atribuía a falta de pavimentação ao laço inusitado entre os dois. De ACM, era "amigo e adversário político, duas ótimas razões para fazer dessa rua exceção à regra do asfalto". A reclamação disfarçada de gracejo terminava com um reforço do pedido: "Meus vizinhos, bons baianos com os impostos em dia, não são culpados nem da velha amizade nem da funda divergência ideológica. Ao cogitar da rua Irará, pense neles e não em mim".

Quanto aos três tamarineiros, eram os últimos de Periperi, onde vivera e situara seu Vasco Moscoso de Aragão, de *Os velhos marinheiros*. Estavam para ser derrubados como parte da implantação de uma nova avenida. Para evitar tal disparate, o remetente sugeria que mudassem o traçado previsto, uma diferença de poucos metros, para não destruir as árvores que restavam.

Fã declarado de Otávio Mangabeira, ACM, ao iniciar a vida pública, fora assessor de Edgard Santos, o primeiro reitor da UFBA. Um frequentador da casa de Wilson Lins, vinha sendo muito bem avaliado por Jorge na imprensa em reportagens sobre as obras que remodelavam a cidade: "Sou adversário político mas não sou cego", garantia. "Está construindo uma outra cidade dentro de Salvador". A carta naquele fevereiro se estendia. Os elogios se proliferavam após os reclamos iniciais. O amigo e adversário político não foi discreto ao exaltar as qualidades do prefeito nomeado pelos militares, prestes a renunciar para entrar na disputa ao cargo de governador por voto indireto, numa escolha interna de autoridades da ditadura: "Fazia de sua administração um ato de amor", "modernizava sem destruir o patrimônio histórico", "força de paixão desatinada a serviço da cidade". Nas entrelinhas o grau de camaradagem: agradecia-lhe por ter enviado emissário de boas-vindas ao cais, registrava que de volta de Londres, onde ia com frequência visitar o amigo e agora adido cultural Antônio Olinto, lhe trouxera um livro em inglês sobre a Santa Casa de Misericórdia da Bahia. No fim da carta, fazia um reparo: "Só entendo de eleição direta, das indiretas nada sei nem quero saber. Gosto é de ver o povo votar em quem merece seu voto".

No primeiro dia como novo governador, ACM foi à casa do Rio Vermelho para almoçar — a visita, assim como a carta sobre o lamaçal e os três tamarineiros, também foi divulgada na imprensa. A diferença ideológica não impediria o convívio. O político baiano não era parte do círculo íntimo da família Amado, ao menos não como Caymmi e Carybé. Estariam unidos por lugares e pessoas da cultura popular baiana, e sobretudo compartilhavam a aproximação com o candomblé. Nas páginas dos jornais, Jorge fazia solicitações públicas de modo a evitar recusas do político, não somente pedidos breves sobre tamarineiros e pavimentação, também apoios para artistas e o povo de santo. Como quando interveio em nome da Irmandade da Boa Morte, localizada em Cachoeira, Recôncavo Baiano. "Tomo da minha cuia de esmoler", começaria o texto em que tentava angariar dinheiro destinado às senhoras negras que integravam a secular associação cultural.

Um político disposto a modernizar o estado, ACM estava mais para o intrépido intendente Mundinho Falcão do que para

Ramiro Bastos, coronel do cacau de *Gabriela, cravo e canela*. A sua atuação, como entendiam analistas políticos anos depois, não significava a persistência do coronelismo. Agia como representante do Estado, comandado por outras elites baianas e nacionais, a enfrentar oligarquias mais arraigadas e retrógadas, ainda que com métodos autoritários. Odorico Tavares, à frente dos Diários Associados na cidade, era aliado seu. ACM teria depois sua própria rede de comunicação, com jornal, rádio e TV.

Um dos acontecimentos que simbolizava a aliança cultural-religiosa estabelecida entre Jorge e ACM seria o jubileu de ouro de Maria Escolástica da Conceição Nazaré, a Mãe Menininha do Gantois, celebrada como a última das grandes ialorixás da Bahia ainda viva, em 1972. A intolerância religiosa e o preconceito de cor continuavam a existir, e o gesto foi visto como uma demonstração de apoio inconteste à comunidade negra. No século XXI, haveria políticos baianos em campanha contra os terreiros, e gente da cidade a apoiá-los e a lhes dar votos.

Tenda dos Milagres continuava nas listas de mais vendidos nas livrarias cariocas no começo de 1970. Em outras capitais do país, figuravam títulos anteriores, como *Mar morto* e *Os velhos marinheiros*.

No caminho da consagração, ia acumulando distinções nacionais e internacionais. A União Brasileira de Escritores o escolhera como intelectual do ano. De Portugal vinha a notícia de que, ao lado de Ferreira de Castro, receberia prêmio importante concedido pela Fundação Calouste Gulbenkian. Os títulos honoris causa logo começariam a vir de universidades estrangeiras.

Na vida familiar, a maturidade se refletia nos eventos que sucediam. Nos primeiros meses do ano ia casar os dois filhos. O agora sociólogo João Jorge se juntaria a Maria, filha de um português amigo seu, residente na Bahia, Antonio Celestino, executivo de um grande banco. Estudante de psicologia, Paloma se uniria a Pedro, filho de escritor de sua geração, Odylo

Costa, filho. A uma coluna do *Jornal do Brasil*, contou, para fazer graça com o ritual que o envolvia: para ceder a mão da filha pedira "carta por escrito do pai do candidato, festa de noivado com peru e champanha, fartura de discursos, farta choradeira dos pais e parentes".

A família Costa tinha convívio com outra, a Sarney, as duas originárias do Maranhão. Jorge se aproximava de mais um político da direita que teria lugar de peso na cena nacional nas décadas seguintes. O patriarca, José Sarney, do círculo literário em torno da revista *A Ilha*, era o governador. Sarney dava guarida naqueles dias a gente da esquerda em apuros, o que pode ser a origem de certa anedota que circulava em círculos comunistas da época quando alguém estava sob a mira da polícia política: "Pede a Jorge [Amado] que te mande para o Maranhão". Décadas à frente, o maranhense diria que não recebera dele esse tipo de solicitação. Quando via militantes próximos em apuros, Jorge tratava de retirá-los do país. Como a ajuda que dera à fotógrafa Arlete Soares para residir em Paris. Jorge não só tirara gente, como documentos. Conseguiu fazer com que o acervo de militantes saísse do país transportado por avião para a Itália, como se fossem romances seus embarcados via Air France. No aeroporto de Milão quem recebia a carga era José Luiz del Roio, companheiro de Marighella na ALN que ali fundaria o Archivio Storico del Movimento Operaio Brasiliano — o acervo um dia retornaria ao país para ficar sob a guarda da Universidade Estadual Paulista (Unesp). Era mais uma ocasião em que deixava a salvo material que poderia sofrer confisco pela polícia política.

O casamento dos filhos mudou a impressão que Jorge causava na imprensa portuguesa. Quando viajou a Lisboa, perguntaram se era verdade que estava em busca do enxoval da noiva. Respondeu à repórter com uma reprimenda: aquela era "pergunta de fofoqueira de aldeia portuguesa". Num relatório da Pide, seu trânsito livre não era malvisto, pois que "estava a casar o filho com a filha de um banqueiro português". "Está aburguesado", concluía o araponga.

O livre trânsito de seus livros, permitido em solo lusitano, estaria ameaçado em seu próprio país. O endurecimento da ditadura brasileira era acompanhado por controle cada vez maior em nome do que entendiam como "a moral e os bons costumes". Na Biblioteca Pública do Estado do Rio de Janeiro estava proibido, numa lista que incluía, entre os brasileiros, autoras de obra erótica como Adelaide Carraro e Cassandra Rios, e estrangeiros que, não sendo necessariamente eróticos, eram vistos como licenciosos, como Henry Miller, Vladimir Nabokov e D. H. Lawrence. Pela justificativa, parecia que a direção não lera qualquer dos censurados: "suas obras, de pseudorrealismo, estimulam os jovens ao ódio através do uso de tóxicos e da depravação sexual".

Surgiu uma ameaça ainda maior em 1970, a de uma censura aos livros tal como existiu em Portugal. Houve tempo de reagir contra o decreto que pretendeu estabelecer a censura prévia nos livros e periódicos.

Quando a imprensa perguntou a Jorge o que achava, primeiro declarou-o "monstruoso", "profundamente lesivo à cultura". Acreditava que "todo verdadeiro escritor deve protestar contra a medida do governo", que colocaria "o ato de criação sob a batuta da polícia". Depois, conforme se tornava cada vez mais real a possibilidade, ameaçaria: seria melhor "ter os livros publicados no exterior do que se submeter à censura infame".

Uma troca rápida de telefonemas uniu Jorge outra vez a Erico Verissimo. Contra a censura prévia lançaram um manifesto que teve a assinatura de artistas e intelectuais de todo o país, e com a grande divulgação ocorreu o recuo dos militares. O episódio teve motivo extra para comemoração: a retomada da correspondência mais assídua com o velho amigo gaúcho. Por gozação, Jorge continuaria a chamar Luis Fernando, filho de Erico, de João. Numa das cartas, explicava que o seu João

Jorge, a se formar em sociologia, gastava o pouco que ganhava em suas montagens de peças de teatro infantil, e àquela altura "esteve preso duas vezes e levou umas borrachadas em conflito estudantil".

A ditadura civil-militar proibiria 46 revistas estrangeiras e catorze nacionais, entre aquelas de atualidades, sexo e humor. Na Bahia, um dos presentes dados a uma noiva na véspera do casamento era a coleção completa de Jorge Amado, para que se iniciasse em práticas de alcova. Numa nova carta a Erico, fazia o convite: "A casa vos espera, temos flores e cigarras. E velhos corações amigos".

As viagens ao exterior não se interromperam depois do afastamento da vida partidária. Havia as temporadas voluntárias em Portugal, e o lado ocidental abria-se cada vez mais a suas visitas — recebia convites para seminários e feiras literárias na Alemanha, na França e na Itália. Em fins de 1971, ficaria longa temporada nos Estados Unidos.

A Universidade Estadual da Pensilvânia o chamara para ser professor convidado. Era sua primeira vez em território americano depois de um histórico de convites que seguidamente negava, ora por motivos políticos, ora pela incompatibilidade de entrar num avião que o impedia de aceitar compromissos que exigiam rapidez para o deslocamento. Aproveitou para lançar *Tenda dos Milagres* no mercado americano. Ao *New York Times*, declarava: "A alma do Brasil, dessa gente extraordinária que dança, canta e ri apesar da miséria, palpita em minha obra". No *Library Journal*, o livro fora definido como "encantador", "maravilhosa mistura de emoção, fatos reais e imaginários, um chamamento internacional à confraternização entre brancos e negros".

Antes de chegar aos Estados Unidos, dois novos romances estavam em curso. Projeto mais antigo, contava em entrevistas que havia uma história para se passar no Rio durante o Estado Novo, no final da Segunda Guerra Mundial. Outra tratava de um artista popular da Bahia que, depois da fama, esquecendo-se de sua origem, morria na solidão. No intervalo das aulas, adiantava um terceiro, este o que vingaria, *Tereza Batista cansada de guerra*. A nova protagonista, como adiantava, era "uma prostituta em quase todo o livro"; e o relato "seria muito bruto, muito violento", numa tentativa de denunciar o abuso contra as mulheres.

Com saudade dos amigos, passou a lhes enviar, dentro dos envelopes, fitas de áudio dando-lhes notícias. Para alguns não desistiu dos telegramas. Animado com a leitura de *Incidente em Antares*, crítica ao Brasil da época sob a forma de realismo mágico, mandou um cabo para Erico em 1º de dezembro de 1971: "Grande romancista. Grande cidadão". Num passeio por Nova York, não deixou de ir ao Harlem em busca de candomblés cubanos, apesar da insistência de seu editor, Alfred Knopf, de que não deveria perder tempo nessas andanças.

Quando retornou do giro norte-americano, usava um perfume jamaicano de cravo — não a flor, a especiaria —, tal como era o cheiro de sua Gabriela. Acompanhava a medida do frasco para que não acabasse antes de ter outro, encomendava-o a quem ia viajar a lugar onde se pudesse comprá-lo. Do Caribe adotara também as *guayaberas* claras e frescas, a tal ponto que fez o figurino virar moda entre gente das artes na Bahia. O guarda-roupa de camisas coloridas se enriquecia em viagens à Escandinávia, a resplandecer com as padronagens da Marimekko, sua rede de lojas preferida. Em Londres e Paris comprava aquelas de tecidos com estamparias de ex-colônias britânicas e francesas no Índico ou no Pacífico, em tamanhos que variavam conforme estava mais gordo ou mais magro. Quando começou a ir à África, anos mais tarde, descobriria os *boubous* e usaria esses longos vestidos sem recalque nos dias mais quentes de Salvador. O boné na cabeça lhe dava um aspecto de comandante do mar. Nos pés, onde sentia muito calor, usava, no hábito baiano, chinelos ou alpercatas.

A história de Tereza Batista foi a primeira que terminou no pequeno apartamento que pedira a Gilberbet Chaves para construir nos fundos do jardim. No quiosque, como todos na família se referiam ao pequeno imóvel, passou a ficar trancado, mandando dizer, a quem o procurava, que tinha viajado.

Calasans Neto fez xilogravuras para o livro. Uma porta de entrada com a personagem central foi providenciada pelo gravador para instalar na casa do Rio Vermelho. Erico se admirou: "Você é um monstro. Tem um livro novo pronto". Talvez nenhum outro elogio, vindo de quem veio, pudesse lhe causar maior orgulho. O amigo gaúcho reclamava que, no retrato, Jorge se escondia atrás da mocidade de Zélia. "Não vale", argumentava, e admitia que quem falava era alguém "despeitado que inveja sua cabeleira".

Antes mesmo do lançamento alardeavam-se os valores envolvidos, 1,5 milhão de cruzeiros pagos antecipadamente pela distribuidora Catavento. Sairia em 1972, quando se tornava avô. De João Jorge já havia Bruno. Paloma dava à luz Mariana. O mesmo ano de 1972 foi o da morte da mãe, aos 88 anos. Eulália fechou um dia os olhos, sem doença ou alarde, e depois disso nunca mais houve na casa do Rio Vermelho festa no dia de Iemanjá.

Um chamado urgente o levou até a sede da editora Martins, em São Paulo, assunto para grande diligência, em novembro de 1974. Estava falido, e pelos seus cálculos tinha um prejuízo de 300 mil dólares.

Meses antes, José de Barros Martins tinha procurado Alfredo Machado para dizer que a distribuição do romance mais recente, *Tereza Batista cansada de guerra*, fora desvantajosa, com repercussão aquém do esperado e sem aproveitamento do catálogo — no costume do mercado, um livro novo puxava a venda dos anteriores. Convencera-se a dispensar a firma que cuidava da operação, a Catavento, para buscar outra. Esse é o relato tal como recordou Sergio Machado, braço direito do pai, Alfredo, à frente da Record, uma distribuidora estabelecida no Rio de Janeiro que também publicava best-sellers com boa saída. Martins deslocara-se até ali para perguntar se não queriam assumir a próxima — e importante — empreitada.

Não se podia dispensar oferta tão tentadora do editor paulista: contrato exclusivo de distribuição do romance que seu autor mais popular estava prestes a concluir — faltavam apenas as revisões finais — sob a condição de que fossem adquiridos antecipadamente 50 mil exemplares, como costumava ser a tiragem inicial, com um desconto bom, de 60%, e prazo alongado para pagar, em três vezes, em sessenta, noventa e 120 dias. Do ponto de vista do comprometimento financeiro, era uma aposta arriscada. O usual era receber o livro em consignação e, conforme as vendas, ir prestando contas. Não parecia haver motivo para se preocupar, no entanto. Primeiro, não se tratava de um escritor qualquer. Depois, foram vendidos 80 mil exemplares do título anterior, como lhes dizia Martins, 50 mil não seria número difícil de alcançar. Visto como grande acontecimento literário, um romance novo de Jorge Amado "salvava a lavoura do mercado livreiro inteiro", recordou-se Sergio Machado. Com o dinheiro ganho com o anterior, livrarias puderam pagar contas atrasadas, até as que deviam à Record. E se o autor ou a gráfica atrasassem? O então jovem executivo ponderou sobre prováveis implicações. Martins garantiu: se isso ocorresse, colocaria a primeira duplicata no fim da fila. Mais que oferta comercial, o negócio conferia prestígio. Alfredo Machado afeiçoara-se ao autor desde que foram apresentados por outro Alfredo, na verdade, um Alfred, o Knopf, editor americano, com quem guardava aliás impressionante semelhança física. "Pois é uma honra estar associado ao mais novo lançamento do mais importante escritor brasileiro vivo", disse o pai, encerrando o encontro.

Os Machado tiveram uma surpresa ruim quando souberam por um jornal a notícia de que a Martins pedira concordata — expediente preventivo que permitia a lei na época. A Record se tornava, assim, devedora de faturas a vencer, não mais prorrogáveis e cujo aceite haviam dado.

À reunião convocada emergencialmente, Jorge chegou acompanhado de James. Juntavam-se a credores, representantes de bancos e advogados na sala de reunião decorada com um quadro de Tarsila do Amaral. Da Record, estavam Alfredo e Sergio Machado. Henrique Maltese era o comissário da concordata, o maior credor em São Paulo. Pela Martins, José de Barros Martins e seu filho, José Fernando de Barros Martins. Havia muitas dívidas e poucos ativos, o maior, talvez, o contrato de edição do escritor, que poderia ir a leilão. Foi aventada a hipótese de um banco explorar o contrato, editando os livros como ressarcimento de seus créditos. O valor apurado seria rateado pelos credores.

Foi quando Jorge tomou a palavra. Disse, como recordou décadas mais tarde Sergio Machado: "Sou advogado formado totalmente ignorante nas questões de direito, a minha universidade foram as ruas da Bahia; mais importante que um contrato, é a palavra empenhada e a amizade". De modo que, ao sair dali, pretendia escrever um novo livro, a ser entregue a Alfredo Machado para que o publicasse quando a justiça o permitisse. A Record pagou as duplicatas em seus vencimentos, considerando a operação como um investimento — o melhor, passaria a ser sua editora. Um benefício indireto para a Record foi o de passar a publicar também a obra de Graciliano Ramos, o parentesco entre Jorge e James, casado com Luiza Ramos, estreitava o diálogo.

Do episódio, décadas depois, José Fernando de Barros Martins recordava a inflação brasileira fora de controle que atingia sobretudo editoras que vendiam no crediário, como era o caso da pertencente a sua família — José Olympio e Brasiliense seriam as próximas atingidas. Contava que a Martins fizera uma "promessa de venda e cessão"; "se o livro não fosse entregue no prazo estipulado, haveria prorrogação dos pagamentos". Com o pedido de concordata preventiva, subestabeleceram seus direitos no contrato de edição de todas as obras. Não acreditava que teria sido prejuízo para a então distribuidora Record. Pela venda antecipada de um só livro, levou oito anos de contrato de exclusividade para a publicação de toda a obra do autor até 1982. "Pelas quantias que pagou, foi sobejamente ressarcida", argumentava o filho de Martins.

O novo contratado fez um pedido que pareceu inusitado aos Machado, que o repetiram por muito tempo.

Alfredo Machado tinha viajado até a casa do Rio Vermelho para acertar lançamentos e pagamentos. Antes de sair livro novo, começariam as reedições, operação que demoraria meses, pois teriam de preparar projeto gráfico e capas, imprimir, anunciar, distribuir e vender. O autor estava sem receber fazia tempo e precisava de dinheiro para viver. A proposta de Machado era a de, na primeira fase, lhe pagarem 50 mil cruzeiros por mês. As somas seriam contabilizadas num fluxo de royalties que logo se regularizaria. Por mais de duas horas o autor argumentou para enfim convencê-los de que não deveria receber 50 mil, e sim 30 mil. Ficava apreensivo com a ideia de que poderia dever dinheiro à editora.

Tinha uma vida de conforto: comportava família grande, abria a casa para amigos de todas as partes, estendia compromissos no exterior em viagens de lazer. No entanto, era controlado, e Zélia o ajudava a se manter na linha, evitando exagero de gastos. Um padrão possível para um artista brasileiro de sucesso na música popular, por exemplo. Manter-se nunca deixou de ser uma grande preocupação. Em família, a falência de Martins foi um susto. Os filhos se recordariam de ter visto o pai "ardido" e "magoado". A principal fonte de recursos foi sempre a casa editorial no seu país: retiradas de direitos autorais que funcionavam como salário fixo. A certa altura da trajetória conseguia receber 15%, quando o usual são 10%. Com as traduções mundo afora o controle era mais difícil. Adiantamentos eram recebidos na contratação, depois havia a prestação de contas que se dava às vezes de modo tão remoto quanto a distância e o regime dos países. Na União Soviética, recebia quando viajava até lá, pagamento em rublo que só podia gastar em território soviético. Com isso comia-se à beça caviar em casa, na volta das viagens, quando eram trazidos vários pacotes de meio quilo; e Zélia desfrutava de casacos de pele de todos os tipos. No exterior, não eram poucas as vezes que um livro era contratado para uma tiragem de 5 mil exemplares e saía com 10 mil ou 20 mil. Edições em língua espanhola acertadas exclusivamente para um país às vezes eram encontradas em toda a América Latina. Encerrado o contrato e tendo Jorge assinado com outro editor, o antigo não necessariamente cumpria o acordo. Para ajudar a não fechar a editora, em apuros por perseguição política ou mesmo insucesso comercial, não reclamava. Havia ainda a pirataria: quando descobria edição não autorizada, fazia questão de ter um exemplar no acervo pessoal. Certo dia soube que uma editora no Iraque publicara seus livros sem autorização. Pediu à filha Paloma que telefonasse ao tal editor. "Ah, sim, o Ahmed", disse, do outro lado da linha, "nós temos muito orgulho de nosso autor árabe na Bahia."

A ideia de contratar um agente literário de gabarito não o apetecia. Alguém como Carmen Balcells, por exemplo, responsável pelo sucesso internacional — e financeiro — de autores latino-americanos. Zélia perguntava sempre: "Por que não entregar a ela?". Ouvia de resposta: "Sou dono de mim mesmo. Não quero ficar como gado, 'agora você precisa ir para tal lugar'". De vez em quando a contratava para negócios específicos. Com Alfredo Machado, que passaria a funcionar como um agente, viveria novo boom de divulgação no exterior e adaptações para TV e cinema. O novo editor conseguiu liberá-lo de contratos péssimos, como aqueles que o levavam a vender a obra para a vida inteira. Machado escutou de outros editores que seu autor, mestre no romance, como negociante era péssimo.

Dar conta das encomendas exigia isolamento. Refugiou-se com Zélia na chácara de Dmeval Chaves, na Boca do Rio. Logo começaram a aparecer visitas. Seguiram para outros esconderijos costumeiros, a casa de Nair e Genaro de Carvalho na estrada velha do aeroporto. De novo foram descobertos. O terceiro ponto de refúgio foi a granja de Ligia e Zitelmann de Oliva em Buraquinho. Ante o insucesso da concentração, decidiu ir para Londres, onde estavam vivendo Zora e Antônio Olinto, adido cultural do Brasil.

Quando chegaram, fazia treze graus, e ligaram o aquecedor. "Tudo muito bom, Londres linda, linda, linda, os amigos ótimos", escreveu a Calasans Neto e Auta Rosa, casal que se tornou dos mais íntimos naqueles dias. Fora Calá, como o chamava, o responsável pela ilustração de *Tereza Batista*. Uma cesta de frutas enviada por Alfredo Machado os esperava. Logo entenderam que, aonde fossem, o editor zeloso providenciaria anfitriões e guias, cercando-os de atenções e presentes. Alugaram um flat no quinto andar do mesmo edifício em que viviam Zora e Olinto, em Landward Court, Marble Arch, endereço de alto gabarito. Por semana, sessenta libras, 240 libras o mês pago adiantado. Como dizia na próxima carta a Calasans e Auta Rosa: "50 mil cruzas por mês, de graça para aqui". A pechincha tinha razão de ser. Meses antes, o edifício fora escolhido por membros do IRA para ali explodir uma bomba. O elevador que servia os andares ímpares estava sem funcionar. Desciam no quarto andar e dali subiam para o quinto. Residiram de maio a setembro nesse refúgio insólito.

Bahia de Todos-os-Santos recebeu nova versão atualizada. Acrescentou nomes e lugares, alterou certo vocabulário da época de militante severo — em vez de "proletário", usava agora "classe baixa ou média-baixa" —, retirou extravagâncias como a de enviar o turista para ver enterros de recém-nascidos mortos. Num pequeno desafio aos milicos, fez um verbete para o amigo morto que inicia assim: "Retiro da maldição e do silêncio e aqui inscrevo seu nome de baiano: Carlos Marighella".

Pela primeira e única vez, alterou uma dedicatória. Onde havia de início o brevíssimo "Para Matilde, quase baiana", colocou longo texto: "Na portada deste livro, na entrada da barra da Bahia de Todos-os-Santos, quero escrever teu nome de baiana. Um dia vieste de passagem conhecer minha cidade, ficaste para sempre. Aqui neste jardim onde cresceram nossos filhos e crescem nossos netos, entre as árvores que plantamos, no culto da amizade, tomo de tua mão de namorada e te proclamo Zélia de Euá, filha de Oxum, mulher de Oxóssi, doce companheira, jovem coração irredutível, única e sem comparação".

Outro livro que saiu para inaugurar seus dias na Record fora escrito décadas antes. João Jorge tinha encontrado os originais da historinha que o pai lhe dera como presente de aniversário em Paris. Bateu à máquina, Carybé a viu e levou para ilustrar. Jorge não o considerava propriamente um livro infantil — não se sentia com a necessária inocência —, e sim uma história de namorados para todas as idades. Saiu com o título *O Gato Malhado e a Andorinha Sinhá*, praticamente uma história queer.

Em Londres, passou a se dedicar a *Tieta*, "senhora de muito respeito", contava a Calasans. "Como vou trabalhar firme, para terminar o mais breve possível, combinei com Zélia que a correspondência pesada, notícias, fofocas, contar histórias etc. ficaria com ela, eu vou pongando de postscriptum, vou mandando uma coisinha hoje, outra, amanhã, a saudade de todas as horas." Assim fez. As cartas de Zélia eram longas. No pé, aparecem frases de Jorge, perguntando pelos amigos. Aos antigos como Mirabeau e Carybé, somava uma turma nova, como o cineasta Glauber Rocha, e os escritores Guido Guerra e João Ubaldo Ribeiro.

Escrevia das seis à uma e meia e de novo das dezessete às dezenove. Zélia, além de datilógrafa, passou a funcionar como arrumadeira e cozinheira, na ausência de Eunice e Agripina. Uma espanhola ia duas vezes por semana fazer a limpeza pesada. Estavam próximos do supermercado Selfridges. Comiam peixes frescos, aves as mais variadas, entre elas faisões e codornas, milho verde todos os dias, uma variedade de frutas — ameixas, cerejas, mangas, melões, peras e pêssegos. "Eu me esbaldo nas compras", comemorava Zélia, "faço pratos e mais pratos, vario todos os dias, Jorge se regala. Trato bem o escritor que precisa, nas vésperas do parto, de carinho de toda espécie."

Tereza, que precedeu Tieta, é uma personagem do sertão baiano. Órfã, vendida pela tia a um fazendeiro pedófilo e violento, foge, vira prostituta, vai presa, é sambista de cabaré, enfermeira e líder comunitária. Sua epopeia é narrada por vozes diversas, de Mãe Senhora ao poeta Castro Alves defunto, e, a certa altura, à maneira de um romance de cordel. É ousado do ponto de vista político e erótico. Duas personagens anteriores serviram de embrião, como admitiu o autor. Maria Cabaçu, de *Suor*, e Rosa Palmeirão, de *Mar morto*. Um amigo contaria mais tarde que escutara do escritor que tinha, em passado remotíssimo, conhecido uma ex-prostituta que se declarara "cansada de guerra".

Cinco histórias eram entrelaçadas, cada uma com princípio, meio e fim. Do cordel, aproveitara temas. Um era o do castigo do usurário. Outro, o da vida sexual das meninas pobres do Nordeste. Ainda havia o da luta contra o mal, representado pela epidemia. E o tema da solidão. Como repetiria, não se tratava de um pastiche de cordel, nem sequer tentava recriá-lo. Apenas utilizava certos elementos para uma recriação romanesca. Cada vez demoraria mais para encerrar um livro. Contou numa entrevista que, pronto o romance, procurava "melhorar certas passagens, num trabalho que considera essencial, inclusive do ponto de vista estilístico". Dizia: "tudo o que é criação te coloca numa série de problemas. Problema de romance você pode resolver de duas maneiras: da maneira certa ou com um truque. Esse não presta, mas é o que ocorre mais fácil, aparentemente simples. Mas o leitor vai se dar conta. Para encontrar a solução correta a gente tem de quebrar a cabeça".

Tieta faz o caminho inverso de Tereza. Da capital, está de volta a sua terra de origem, Santana do Agreste, depois de ter enriquecido e obtido influência política — a princípio, sabe-se que como mulher de um comendador àquela altura falecido. Fora pastora de cabras e expulsa dali depois que a irmã pudica contou ao pai suas aventuras amorosas. Saiu aos dezoito e reaparece 26 anos depois. O narrador aos poucos revela mais daquela filha pródiga que retorna, com avanços e recuos, e mudanças de ponto de vista. Como se passa numa cidade pequena, pensou num andamento vagaroso de contar. Se não modificasse o ritmo, daria para mil páginas. E para honrar o formato rocambolesco de folhetim, o título inteiro 24 palavras, vírgula, dois-pontos e um ponto de exclamação: *Tieta do Agreste Pastora de Cabras ou A volta da filha pródiga, melodramático folhetim em cinco sensacionais episódios e comovente epílogo: emoção e suspense!*.

A ideia lhe surgiu depois de uma visita a Estância, onde passara quase dois anos em autoexílio e escrevera *Capitães da Areia*. O ponto de partida era a questão ambiental. Durante uma festa de São Pedro, escutou um jovem político dizer que lutava para levar para lá uma fábrica; aos que argumentavam contra o projeto, respondia que não "se pode progredir sem poluição". Jorge contava: "Não podia pegar o problema e botar a seco no livro", "ficaria artificial, sem sentido". A poluição entraria aos poucos, de leve no começo, tornando-se elemento central da metade do livro em diante.

A intenção na época não era fazer um quarto livro com protagonista feminina, recordou Sergio Machado anos depois. Com as três até ali — Gabriela, Dona Flor e Tereza — completara um ciclo. Dada a falência da Martins, sua preocupação passou a ser a de escrever um livro que fosse sucesso comercial garantido. Apostou em outro romance com uma mulher forte para centralizar o enredo.

Ao terminar os capítulos, enviava para James, que lhe chamou a atenção para a lentidão da trama. Em meio aos palpites do irmão, que previa o fracasso de vendas, Jorge teve a ideia de criar um narrador que a todo tempo comentava a trama.

Tecnicamente, o recurso lembrava o de sua história do capitão Vasco Moscoso de Aragão. No começo da quarta e última parte do livro, exagerava com Calasans: "Creio que daqui a uns cinco anos concluo esse romance". No cálculo do tempo, era de fato preciso: "Devo ter ainda um mês de trabalho". Avisava adiante: "Quero botar esta carta no correio antes das 13h para ver se pego a última recolha, nos sábados às 13h. Se o carimbo marcar 14h é porque consegui colocar antes das 13h, se marcar 16h é porque não deu tempo. Já são 12h53, vou parar aqui, ainda tenho de me vestir".

Uma pequena crise no apartamento o fez adiar o término do romance. O pai da moradora procurou Olinto — "não tendo coragem de falar comigo no que obrou bem", relatou Jorge a Calasans — para dizer que a filha nos Estados Unidos regressaria antes do previsto. Precisava entregar o flat antes. Ficou na casa de Olinto, enquanto procuraram nova moradia. Encontrou-a em dois dias, a menos de um quilômetro dali. Mudaram-se para a George Street, em Marylebone, "tendo perdido quatro dias de trabalho e embaralhado a correspondência". Por vezes, precisava comparecer a recepções e jantares. "Trabalho como um cavalo, um cavalo cansado. Cansam-me o trabalho e ter de atender a certa vida social, impossível de evitar." Reclamava que Calasans não lhe escrevia cartas; apenas mandava "recado apressado em letra enorme". Sentia falta de "notícias, conversas, pilhérias, fofocas como deve ser uma boa carta". Um compromisso, no entanto, inventou para ele e Zélia. Visitar Caetano Veloso e sua mulher, Dedé. No dia da visita, um dos hóspedes do apartamento onde estavam teve uma bad trip com ácido e tirou a roupa na frente de Jorge e Zélia.

De Caymmi veio uma carta saudosa da Bahia. "Quero te dizer uma coisa que já te disse uma vez, há mais de vinte anos quando te deu de viver na Europa e nunca mais voltaras: a Bahia está viva, ainda lá, cada dia mais bonita, o firmamento azul, esse mar tão verde e o povaréu. Por falar nisso, Stella de Oxóssi é a nova ialorixá do Axé e, na festa da consagração, ikedes e iaôs, todos na roça perguntavam onde anda Obá Aloru que não veio ver sua irmã subir ao trono de rainha?" "Pois ontem, às quatro da tarde, um pouco mais ou menos, saí com Carybé e Camafeu a te procurar e não te encontrando, indagamos: que faz ele que não está aqui se aqui é seu lugar? A lua de Londres, já dizia um poeta lusitano que li numa antologia de meu tempo de menino, é merencória. A daqui é aquela lua. Por que foi ele para a Inglaterra? Não é inglês, nem nada, que faz em Londres? Um bom filho da puta é o que ele é, nosso irmãozinho."

Caymmi tinha vendido a casa na Pedra da Sereia porque construíram ao lado um "edifício medonho", cujo anúncio nos jornais era: "venha ser vizinho de Dorival Caymmi". Irritado, o compositor fora morar num apartamento na Pituba, vizinho de James e João Ubaldo — "duas línguas viperinas, veja que irresponsabilidade a minha". Concluía: "A bênção, meu padrinho, Oxóssi te proteja nessas inglaterras, um beijo para Zélia, não esqueçam de trazer meu pano africano, volte logo, tua casa é aqui e eu sou teu irmão Caymmi".

De novo Zélia dava notícias a Auta Rosa e Calasans em outubro de 1976: "Tieta se recusa a nascer no estrangeiro". Jorge comentava com o casal amigo: "Não terminei o livro. Tenho já 530 páginas. Quando terminarei, só deus sabe". Tinha de ir a Frankfurt, o evento mais importante do mercado editorial. Aqueles eram os dias do boom latino-americano, e Julio Cortázar, Gabriel García Márquez e Mario Vargas Llosa eram nomes de valor literário que alcançavam sucesso comercial. Quando saiu *Cem anos de solidão* no Brasil, pela mesma Record e com ilustrações de Carybé, a revista *Veja* disse que García Márquez era "um contador de histórias como Jorge Amado, e sua Colômbia lembrava a Bahia". Jorge iniciara a trajetória décadas antes e tinha sido leitura de autores como o próprio Vargas Llosa. Não era confundido com a nova geração, no entanto passava por um rejuvenescimento quando leitores se interessavam pela região. Íntimo do jet set editorial internacional, Alfredo Machado se encarregava de renovar seus contratos em muitas partes do mundo.

Jorge e Zélia trouxeram na bagagem um casal de pugs que lhes serviriam de sombra onde estivessem, em casa ou pelas ruas. O macho, batizaram de Mr. Pickwick, como o personagem de Dickens, e era mais chamado pelo apelido, Picuco. A fêmea virou Capitu, para lembrar uma das mais emblemáticas personagens femininas da literatura brasileira, criada por Machado de Assis. Diante de raça da sua pouca familiaridade, Carybé os definiu como "mistura de morcego, porco e telefone", "experiências genéticas" que Jorge vinha fazendo.

Encontraram no retorno de Londres uma carta de Carlos Lacerda, que tinha lançado um livro de memórias, *A casa do meu avô*. Depois de vereador, deputado federal e governador do estado da Guanabara, de 1960 a 1965, fundara uma editora, a Nova Fronteira, e vinha tentando se reconciliar com os velhos amigos. Zélia foi contra, Jorge respondeu. "Desavenças nascidas da política não significam separação, ainda bem. Um abraço do velho Jorge Amado, Salvador, abril de 1977." Deu tempo de Lacerda receber sua resposta e um exemplar de *O Gato Malhado e a Andorinha Sinhá* antes de morrer um mês depois, em maio.

Samuel Wainer, que sofrera pesada campanha de Lacerda, partiria três anos depois, deixando com a família o pedido de entregar a Jorge a responsabilidade pela edição de suas memórias. Com tal incumbência o amigo, ao escrever o prefácio de *Minha razão de viver*, publicado pela Record em 1987, garantiu nacionalidade ao nascido na Bessarábia: "O brasileiro Samuel Wainer".

Ainda em maio de 1977, Zélia informava a Zora e Olinto, ou Zoringa e Olimpicus, que o romance chegara ao fim: "Acabei de bater a última página — 660. Vocês, padrinhos do livro, que acompanharam toda a gravidez com desvelo e carinho, são os primeiros a serem comunicados".

36.
Pedra do Sal

Um monomotor sobrevoava as praias do Rio para, pela primeira vez na cena literária brasileira, fazer propaganda de um livro. *Tieta do Agreste* chegava às livrarias em agosto de 1977. Alfredo Machado não escondia a satisfação de abarcar o escritor mais popular do país em sua distribuidora, dali para a frente a se tornar um grande conglomerado editorial.

Acumulou-se expectativa sobre o novo romance no decorrer dos meses. O autor antecipara o enredo em sucessivas entrevistas; trechos saíram em jornais e revistas. Por temperamento, desde a juventude procedia assim; agora tinha a seu lado um editor que se dedicava com afinco ao marketing editorial. Somava 350 mil cruzeiros a publicidade em larga escala na imprensa, inspirada na que vinha sendo praticada no mercado internacional. Machado comemorava: a obra sairia com tiragem inicial de 100 mil exemplares, duas reimpressões de 50 mil exemplares estavam engatilhadas. À *Veja* declarou, para algum espanto e mesmo críticas a se registrar por semanas na imprensa, "que livro era um produto tão comercial como um sabonete". Em dezembro, circularia nos Estados Unidos a edição da Knopf, com tradução de Barbara Shelby. Machado se encarregava de renovar contratos em outros países ocidentais, novas edições no exterior estariam a caminho, títulos sairiam no formato de bolso e integravam clubes de livro. Era best--seller internacional.

As traduções para o francês e o inglês, como ocorria desde o início, levavam-no para outras línguas. Antes mesmo de o livro sair, havia pedidos de opção por parte de editoras de outros países. Uma vez reclamou com o editor francês da Nagel o pagamento de direitos autorais. Ouviu que não deviam se queixar. Contava que a frase escutada foi: "Talvez sejamos maus pagadores, mas em compensação levamos os senhores ao mundo todo". Os livros em alemão repercutiam na Escandinávia. Os que saíam em língua espanhola distribuíam-se por todos os países *hispanohablantes*. Jorge dizia que a boa tradução, do ponto de vista do autor, "é aquela que é feita numa língua que não possa ler; não é piada, não, é verdade. Neste caso, você, que é autor, não se chateia". Quando lhe perguntavam por que interessava a tantos leitores do mundo, entendia que era "a qualidade brasileira dos meus romances; o que interessa ao público estrangeiro é a vida do povo brasileiro recriada em meus livros".

Uma nova versão de *Gabriela* estreara na TV Globo dois anos antes, com direção de Walter Avancini e Gonzaga Blota, dois experientes nomes do mundo da novela. A atriz Sônia Braga substituiu Janete Vollu como a cozinheira do bar Vesúvio. As adaptações para o cinema se multiplicavam. A procura dos cineastas pelo autor levou um deles, o amigo Glauber, a baixar com sua equipe na casa do Rio Vermelho para fazer um documentário, *Jorjamado no cinema*, produção do setor de rádio e televisão da Embrafilme. O diretor inicia a gravação dizendo que Jorge é o escritor mais filmado do mundo, com três romances adaptados e outros quatro prestes a sair. O próprio Glauber prometia fazer um novo filme com *Terras do sem-fim*, o primeiro de Jorge a ser adaptado, em 1948, uma produção da Atlântida dirigida por um americano, Eddie Bernoudy. O livro virou também novela em 1966, pela TV Tupi, e de novo em 1981, dessa vez pela TV Globo.

Seara vermelha chegara às telas em 1964. *Capitães da Areia* virou *The Sandpit Generals*, depois rebatizado *The Defiant*, filmado na Bahia, com direção de Hall Bartlett e lançado em 1971. Não foi nos Estados Unidos, tampouco no Brasil, onde a censura o proibiu, que o filme fez sucesso, e sim na União Soviética, com uma audiência estimada em mais de 40 milhões de espectadores. Parte da trilha sonora, "A canção da partida", de Caymmi, virou hit entre os russos.

O mais novo a chegar à tela grande fora *Dona Flor e seus dois maridos*, em 1976, de Bruno Barreto, de novo Sônia Braga no papel principal, durante décadas a maior bilheteria do cinema brasileiro. Em 1977, ano em que saiu o documentário de Jorge feito por Glauber, estreavam as adaptações de *Tenda dos Milagres*, de Nelson Pereira dos Santos, e de *Os pastores da noite*, do francês Marcel Camus, o mesmo de *Orfeu negro*. Haveria ainda um filme de seu *Gabriela* pela Metro, contrato que caducou. A adaptação só seria realizada em 1983, no Brasil, de novo por Bruno Barreto, com Sônia Braga no papel principal e Marcello Mastroianni como Nacib. Em 1986, Pereira dos Santos adaptaria *Jubiabá*.

Com frequência queriam saber de Jorge se gostou desta ou daquela adaptação. A resposta nunca era taxativa. Primeiro, lembrava que era um "profissional": "Vivo de escrever, não tenho nenhuma outra espécie de rendimento, não ganho um tostão com nenhuma outra coisa a não ser com meus direitos autorais". Não era raro fazer piada de sua condição após o tombo causado pelos apuros financeiros do seu antigo editor. "Outro dia, quando a editora Martins entrou em concordata, veio aqui em casa um jovem e me disse mostrando os originais: 'O senhor sabe, eu sou um jovem escritor iniciando carreira'. Disse a ele: 'Meu filho, sua situação é muito melhor que a minha. Eu sou um velho escritor iniciando carreira'."

Jorge defendia a ideia de que, sendo uma adaptação, tratava--se de obra de outro autor. O seu era "um trabalho artesanal". Vendidos os direitos, "quando passa para o cinema, ou a televisão, já é industrial, não é artesanal; não é mais pessoal, mesmo que seja um filme de Glauber Rocha ou um filme de Fellini, ou de Chaplin, de quem quer que seja". E continuava: "A adaptação só é válida quando é uma recriação, não um pastiche". Na resposta mais completa, reafirmava: "Quando cedo os direitos de adaptação de um livro meu para cinema, teatro, TV, rádio, busco não me envolver na adaptação. Sou romancista, não sou nem cineasta, nem teatrólogo, nem radialista, nem homem de TV e penso que a adaptação de uma obra literária a outro meio de expressão deve ser uma recriação. Assim sendo, busco envolver-me o menos possível no trabalho do adaptador. As adaptações de livros meus não me satisfizeram muito. Algumas mais próximas de minha visão, outras mais distantes".

Não lhe parecia favorável o saldo quando atuava diretamente na produção de filmes. "Todas as vezes que me envolvi", dizia, "me dei mal." Por exemplo, *Seara vermelha*, dirigido por Alberto D'Aversa, que fez um primeiro roteiro e lhe mostrou para saber se aprovava. "Li e discordei profundamente. De fato, modificou duas ou três coisas sem importância. O que era sério não modificou. E saiu lá no filme que o roteiro era de D'Aversa e Jorge Amado." Em *Dona Flor*, deu palpites no roteiro, em parte aceitos. Dizia que fora o pior negócio possível do ponto de vista comercial. Por insistência de Luiz Carlos Barreto, que lhe aporrinhara durante três anos para conseguir que seu filho, Bruno Barreto, tivesse permissão para fazer a película. Sobre o resultado, elogiava a atuação da direção com os atores, de quem tirara "o máximo". A interpretação do ator Mauro Mendonça como Teodoro fora "perfeita", a ponto de lhe enviar telegrama. Quanto ao *Tenda dos Milagres* do carioca Nelson Pereira dos Santos, dizia que havia "certas cenas" que saíram "exatamente" como pensara, e que era "tão baiano como se fosse Glauber Rocha". Do ponto de vista político considerava-o um filme "exemplar". Apresentava "a luta do povo brasileiro para construir uma nação com sua cultura original, uma grande nação mestiça no mundo"; sem contar "toda beleza plástica", era ainda "um filme didático". Escutara de Pereira dos Santos que seu sonho era filmá-lo, mas não tinha como pagar o preço. Admirava tanto o cineasta, a quem considerava "gênio", que não titubeou: "Eu disse: não precisa pagar, eu te dou". Não significa que seus palpites foram atendidos de todo. "Discordava disso, daquilo e ele me dizia 'você tem toda a razão, Jorge'. Aí ia filmar e fazia exatamente o que queria e não aquilo que eu tinha dito. No que tinha toda a razão, pois estava fazendo o filme dele, e eu não tinha nada com isso."

Os pastores da noite, de Marcel Camus, baseou-se na tradução francesa do livro. Camus lhe pediu que visse o roteiro. "Não tinha nenhuma obrigação de fazer isto, mas é um velho amigo e atendi a seu pedido. Discordei de duas ou três coisas. Algumas ele aceitou, outras não aceitou de jeito nenhum. Disse: não, isto do ponto de vista da França é muito importante. Constatei que ele tinha razão quando vi o filme, vi o público reagindo àquelas coisas. E ele botou que o roteiro era de Marcel Camus e Jorge Amado. De forma que, neste negócio de adaptação, quanto menos me meto, melhor." Jorge dizia que Camus fez o filme "com muito amor", com um resultado "um pouco pitoresco".

Na televisão, as variáveis eram mais difíceis de controlar. Duas coisas considerava "terríveis". A primeira, a censura. Contava que durante a filmagem da segunda versão de *Gabriela*, Walter George Durst, responsável pela adaptação, lhe enviou um recado: "Jorge, a censura acaba de cortar vinte capítulos, e vou ter só alguns dias para refazer esses capítulos tal como a censura exige. Você me perdoe pelo amor de Deus". Havia outro fator "tão terrível quanto", a cobrança por audiência a partir dos números que levantava o Ibope. "Ora, quando estou sozinho diante do meu papel, não tenho nem censura nem Ibope diante de mim. Diante de mim só tenho o que eu quero contar, que conto dentro da minha capacidade e das minhas limitações, acabou-se."

Suas obras chegavam ao teatro sem que se envolvesse. A única vez que incursionou como autor considerava inglória. Dizia que *O amor do soldado*, obra feita por encomenda de Bibi Ferreira no começo da década de 1940, era "muito ruim". "Creio que chegou a ser montada porque já recebi." Não teve mais contato direto com o teatro, além da participação na trilha composta com Caymmi na adaptação de *Terras do sem-fim*, encenada pelas companhias Os Comediantes e Teatro Experimental do Negro, em 1946.

A postura diante de traduções e adaptações — liberando obras sem necessidade de controle ou sem impor exigência, e sem reclamação pública dos desagrados, que eram muitos — o fazia o autor ideal para traduzir e adaptar. O desprendimento pode ser compreendido como escolha consciente. Renunciava à busca pela perfeição porque era maior sua vontade de conseguir que sua obra circulasse pelos quatro cantos. O efeito imediato é que, na proporção em que era autor lido, também era autor não lido. Há quem assista aos filmes e novelas e passe a se dar por conhecedor de sua obra, atribuindo ao autor responsabilidade por uma visão da Bahia e dos baianos que nunca foi a sua, uma versão que resulta de camadas de contribuição de roteiristas, diretores e produtores. Por exemplo, não há em seu livro trecho em que Gabriela sobe no telhado para recuperar uma pipa. A cena imortalizada pela atriz Sônia Braga na TV é uma das muitas que ficaram no imaginário nacional sem que o autor tivesse qualquer participação nela.

Não eram todos os pedidos de adaptação que incentivava. O documentarista Silvio Tendler o procurou certa vez para adaptar *Os subterrâneos da liberdade*. O desejo era fazer um filme que contasse a história do Partido Comunista que conheceu. Jorge o desaconselhou: o livro estava demasiadamente comprometido por sua visão sectária da época.

Em junho de 1978, com 29 títulos, Jorge somava 684 edições brasileiras, quarenta portuguesas e 260 traduções em 38 idiomas, em 48 países. O espanhol estava em primeiro, com 35. Vinham depois o francês, 29, o alemão, 25, e o russo, 20. Não era possível calcular a quantidade de exemplares vendidos. Não havia como contabilizar os números da Martins. A Record calculava, entre abril de 1975 e 15 de dezembro de 1978, 1 milhão e 31 exemplares.

A dificuldade quanto às edições estrangeiras era ainda maior. Jorge tinha o hábito de anotar apenas as primeiras edições. Estimava-se na imprensa 1 milhão de exemplares vendidos nos Estados Unidos, Polônia e antiga Tchecoslováquia, outro 1 milhão e meio nas duas Alemanhas e União Soviética.

Estava cada vez mais difícil escrever com sossego no Rio Vermelho. Pouco afeito a praia, sabia que Zélia gostava de ficar bronzeada. Deu à mulher um presente que atendia a uma necessidade sua. Ainda que o incomodasse pensar que viveria suado em meio ao cheiro de maresia, aderiu a Itapuã. Comprou um lugar para veraneio: a casa pré-fabricada veio da Escandinávia e foi instalada num condomínio de terrenos em Pedra do Sal na virada para a década de 1980. Estrategicamente, não colocou telefone.

Em combinação com Carlos Bastos, seu vizinho, inventou nome para a rua, que passou a ser Lagarto Azul. Escolheram também numeração. A de Bastos era a 500, a sua, logo ao lado, 1000.

Quem passou a receber chamadas foi Bastos. Pediam que chamasse o escritor ou lhe desse recado. Num desses telefonemas, Cid Seixas, titular da cadeira de literatura portuguesa da Universidade Federal da Bahia (UFBA), que se tornara próximo de Jorge, lhe contou que um ensaísta italiano em visita ao estado queria conhecê-lo. "Não diga que estou na cidade, não posso receber todo professor italiano que vier à Bahia." Umberto Eco não pôde encontrá-lo, no entanto o colocou no livro que lançaria uma década depois, *O pêndulo de Foucault*.

Um repórter da *Vogue* que o visitou naqueles dias notou que não parava. Usava o telefone todo o tempo. Comprava todos os jornais. Estava sempre atento e participando de todos os mundos, do mais velho ao mais jovem. Na família e entre amigos era descrito como "modesto e simples, ranzinza e amável, imperador e desconfiado". Ninguém botava a mão no bolso quando saía com ele, seria uma ofensa. Àquela altura, carregavam entre a casa do Rio Vermelho e a da Pedra do Sal os dois pugs que trouxeram de Londres, Capitu e Pickwick. Na foto na praia, ao lado de Zélia, anda com um cajado.

Na casa da Pedra do Sal, escreveu *Farda, fardão, camisola de dormir*. Produziu de um modo muito mais rápido do que seu padrão mais recente, em seis meses, entre janeiro e junho de 1979.

Na trama, a disputa pela entrada na Academia Brasileira de Letras durante o Estado Novo, um modo de tratar do autoritarismo escapando da censura imediata que poderia sofrer no regime militar em que vivia. Morre o poeta boêmio Antônio Bruno e abre-se uma vaga. Dois literatos entram na disputa. O coronel Agnaldo Sampaio Pereira, simpático ao nazismo, e o general reformado Waldomiro Moreira, nenhum dos dois à altura do antecessor. É escrito num ritmo oposto ao de *Tieta*. Em capítulos breves, a narrativa é ágil, o tom de sátira prevalece, e os alvos são o conservadorismo, a hipocrisia das tradições familiares e a vaidade intelectual dos literatos. A pressão pela reabertura política apontava para o fim do período de exceção. Seu narrador é explícito. "Veja: em toda parte, pelo mundo afora, são as trevas novamente, a guerra contra o povo, a prepotência. Mas, como se comprova nesta fábula, é sempre possível plantar, acender uma esperança." É sua segunda obra que não se passa na Bahia. *Os subterrâneos da liberdade* transcorria em São Paulo, e o novo romance, no Rio. Ambos são considerados menos parecidos com seu autor, e quem sabe por esse motivo nunca obtiveram o mesmo resultado comercial dos demais.

Na batalha por vezes sutil, por vezes escancarada pela mudança nos comportamentos, era um dos entusiastas da entrada de autoras mulheres na Academia Brasileira de Letras. "Sou a favor das saias", declarou. "Eu e a maioria. Acontece que a maioria nunca teve muita vez por aqui." Iniciativa dos imortais Raimundo Magalhães Jr. e Oswaldo Orico, a tentativa de abrir caminho para o sexo feminino na instituição rompia tradição de mais de sete décadas.

O começo da reviravolta se deu quando Dinah Silveira de Queiroz candidatou-se a uma vaga em 1970. Nascia o debate sobre o controvertido problema do ingresso das mulheres na Academia. Jorge continuaria as declarações na imprensa: "Sou a favor de corpo e alma. Não concebo uma academia que se diz brasileira onde não se vê uma Clarice Lispector, uma Lygia Fagundes Telles, uma Rachel de Queiroz, uma Dinah Silveira de Queiroz e tantas outras que temos do mais alto gabarito literário. E podem tomar nota: se algum dia o assunto for levado a plenário, a parada vai ser dura".

A batalha prosseguiu por mais cinco anos. Em 1977, o estatuto seria modificado. Tentou ele mesmo convencer sua preferida a concorrer. "Cara amiga Gilka Machado", escreveu à poeta octogenária que causara espanto pelo ativismo político e pela poesia erótica décadas antes, "ao tomar conhecimento da vaga aberta nos quadros da Academia Brasileira de Letras com a morte do ilustre crítico Candido Motta Filho, a primeira após a modificação do regimento permitindo a eleição de mulheres na Casa de Machado de Assis, pensei imediatamente em seu nome. Creio que entre as escritoras brasileiras nenhuma merece tanto quanto a cara amiga, pertencer aos quadros da Academia, devido à importância de sua obra poética, uma das mais belas da língua portuguesa. Caso venha a se candidatar, saiba que tem o meu voto, nos quatro escrutínios." A poeta não quis se candidatar. Eleita em 4 de agosto, Rachel de Queiroz tomou posse em novembro, na cadeira de número 5.

A casa da Pedra do Sal favoreceu Zélia, os cabelos cada vez mais curtos até chegarem ao corte joãozinho, que concluiu seu livro de memórias, *Anarquistas, graças a Deus*. Começou tudo quando vira anúncio de um concurso de contos eróticos de uma revista e pensou em concorrer com pseudônimo. Não levou adiante a ideia. Em vez disso, redigiu um conto sobre um disco da família, acontecimento de sua infância paulista. Atendia a pedido insistente dos filhos a quem contou aquele e outros casos.

Jorge, quando soube de sua intenção de escrever ela própria, a fiel datilógrafa de seus livros desde 1946, sugeriu que fizesse outra coisa, abandonasse a ficção e colocasse no papel suas histórias de menina e adolescente. "História ingênua, o conto não me interessou grandemente. Em compensação encontrei, nas quinze ou vinte páginas do original, elementos os mais curiosos sobre a vida de uma família de imigrantes italianos e anarquistas em São Paulo no primeiro quartel do século XX. Pequenas anotações perdidas na tentativa ficcional. Eu lhe disse, 'jogue o conto fora e escreva suas memórias de infância e juventude. Descreve a vida em tua casa, a família, os amigos, os parentes, a rua, o bairro, a vinda dos avós e pais para o Brasil, anarquistas e plantadores de café, as reuniões proletárias, os primeiros automóveis. Farás um livro único, um depoimento singular'."

Numa carta a Zora e Antônio Olinto, em maio de 1979, Zélia contava que tinha terminado o livro de memórias havia dois dias. "Estou leve como um passarinho. Mais do que isso estou meio zonza, sentindo que me falta algo. Me deu muito trabalho, pois fui buscar lá longe recordações praticamente esquecidas. São páginas escritas com muita simplicidade, da maneira como sou, sem nenhuma pretensão intelectual, pois nunca fui e, certamente, não serei. Se um dia ele for publicado — espero que sim — vocês lerão e vão rir, vão conhecer a face oculta dessa vossa comadre." Adiante, falava dos próximos passos do casal: "Nosso plano é viajar para a Europa logo que o livro de Jorge (que está ficando formidável) estiver pronto. Não temos reserva para a ida, mas já temos para a volta. Conosco é assim".

Na hora de assinar o livro, Zélia manteve o sobrenome do pai, não usou o de Jorge, que se tornara oficialmente seu marido. Depois da lei do divórcio, em 1977, o trâmite para separar-se de Matilde fora concluído. No mesmo ano casara-se com Zélia, pela lei viúva havia quatro anos depois que falecera Aldo Veiga. A cerimônia aconteceu na casa dos padrinhos, Calasans e Auta Rosa. Asseguraram discrição porque o juiz era amigo de

Auta Rosa e impediu que as proclamas saíssem no *Diário Oficial*, tal como determina a lei. Os noivos — ele de bermuda e camisa colorida, ela de bonito vestido — escolheram para o grande dia um 13 de Maio, data de libertação dos escravos. A solenidade causou graça e estranheza entre os netos — àquela altura já eram seis. Tinham nascido Cecília, outra filha de Paloma e Pedro, Maria João e João Jorge Filho, filhos de João Jorge e Mariinha. A família ampliou-se também da parte de Zélia. Luís Carlos, após a morte do pai, se reaproximou da mãe e passou a frequentar a casa do Rio Vermelho com a noiva, depois sua mulher, Conceição, com quem teve três filhas, Adriana, Camila e Valeria.

Na orelha que escreveu apresentando a mulher, Jorge registrou que o livro fora "escrito sem pretensão de fazer literatura — pretensão de fazer literatura que quase sempre resulta em literatice — uma narrativa correntia e simples. A vida que decorre, os pequenos incidentes, os grandes eventos, as dificuldades, a luta, os ideais, os sonhos, a indomável coragem de uma gente sofrida. Os italianos se fizeram brasileiros iguais aos árabes, negros, judeus, eslavos, húngaros, alemães que aqui aportaram. Livros como estes são raros no Brasil, são inúmeros nas línguas inglesa e francesa. Risonha e terna, valente, doce, sensível e vivida brasileira a quem as circunstâncias de vida possibilitaram andar o mundo, conhecer as maiores figuras intelectuais de seu tempo, viver intensamente, face bela e coração ardente".

No lançamento, em 1979, Zélia tinha 63 anos. A adaptação em minissérie da Globo fez com que se tornasse um pequeno best-seller. De estreia tardia, não perderia o ritmo. Até 2000, apareceriam outras dez obras. De memórias, em 1982, *Um chapéu para viagem*, no qual conta sua história a partir do momento em que conhece Jorge, no fim da Segunda Guerra Mundial, tendo como pano de fundo a queda da ditadura de Getúlio e a redemocratização do país. Logo seria adaptada para o teatro. Em 1984, *Senhora dona do baile* registra o período em que se mudaram para Paris e realizaram as primeiras viagens pelo mundo soviético. Em 1988, *Jardim de inverno*, o quarto, reuniria recordações do exílio já no período em que viveram em Dobříš. Em 1992, chegaria às livrarias o quinto, *Chão de meninos*, sobre a vida no Rio após a temporada europeia. Em 1999, *A casa do Rio Vermelho*, o sexto, retrata os anos que transcorreram na Bahia com a mudança na década de 1960. *Reportagem incompleta*, quando viria a público uma pequena amostra de seu acervo fotográfico, sairia em 1987. Nos intervalos entre um e outro livro de memórias, publicaria um romance, sua tentativa na ficção para adultos, *Crônica de uma namorada*, em 1995, e três para crianças, *Pipistrelo das mil cores*, em 1989, *O segredo da rua 18*, em 1991, e *Jonas e a sereia*, em 2000.

Jorge preferia ficar distante durante a escrita de seus livros. Quem lhe acompanhava mais diretamente era James, ghost-writer do irmão quando se tratava de fazer apresentações, orelhas e prefácios de que não podia dar conta. Ganhava a vida como tradutor e, por um tempo na Bahia, fundou e tocou a editora Janaína. James e Luiza eram dois ativos leitores dos originais de Jorge, assim como Miécio Táti. Por vezes, havia leituras em voz alta tendo a família inteira ao redor. Luiza se recordaria de um Jorge que agradecia pelas sugestões, no entanto aceitava apenas as que queria. Costumava rejeitar sobretudo mudança na fala das personagens: sempre as mantinha na versão oral, nunca alterava o estilo para torná-las mais próximas de um texto escrito.

Sergio Machado, filho de Alfredo, recordaria que, ao chegar livro seu novo na editora, ninguém mexia. Ia diretamente para a gráfica. "Quem iria se atrever a alterar o que fez Jorge Amado?" Um escritor brasileiro, Jorge tinha diante de si um país ainda com poucos leitores e uma indústria editorial que demoraria a incorporar à produção o batalhão de preparadores de texto e revisores comuns nos mercados modernos.

37.
O jogo do dicionário

O burburinho para levantar a candidatura de Jorge ao Prêmio Nobel crescera uma década antes, no começo de 1965, quando entusiastas baianos enviavam cartas à embaixada da Suécia no Brasil e diretamente à Academia que concede a láurea em Estocolmo. Adeptos do autor temiam que o Itamaraty indicasse candidatos não identificados com a esquerda, como o ensaísta Gilberto Freyre, o romancista Guimarães Rosa ou o pensador católico Gustavo Corção. Jorge soube do entusiasmo em torno de seu nome na volta de uma viagem e declarou à imprensa que de nada participara. Os fãs argumentaram que o autor não precisava tomar parte e lembravam que Sartre, seu amigo, vencera o Nobel uma década antes e o recusara, numa carta de escassas catorze linhas.

Não havia razão para pensar que a vinculação de Jorge com o comunismo pudesse atravancar seu caminho. Em 1965, venceu o russo Mikhail Sholokhov, dono de um Prêmio Lênin havia cinco anos. A campanha que passou a se chamar "Um Nobel para Jorge Amado" continuava em 1966 e reunia não só baianos como gente de estados vizinhos do Nordeste, com adesões no Rio, São Paulo e Curitiba, e planos de uma exposição na Biblioteca Nacional e de um selo comemorativo.

Os leitores se movimentavam; no entanto, há um protocolo. As indicações só podem ser feitas por instituições ligadas à literatura, ou por outros autores de relevo e autoridades.

Em Lisboa e na Bahia, Jorge respondia que só aceitaria a indicação se, de língua portuguesa, também concorresse o português Ferreira de Castro. Quando Castro morreu, lembrava que, antes de receber a láurea, havia em Portugal Miguel Torga. Aos jornalistas brasileiros que na mesma frequência o atordoavam com a questão, citava Erico e Drummond em sua frente. Após a morte de Erico, restou propagandear Drummond. O laço com o poeta mineiro se estreitara, o editor em comum, Alfredo Machado, contribuía para a aproximação, e a filha de Drummond, Maria Julieta, passava férias na casa do Rio Vermelho — sem o pai, que nunca esteve na Bahia e fez dois poemas fazendo troça da viagem irrealizada.

A ata divulgada pelo Nobel sobre a decisão de 1967 — após cinquenta anos cai o sigilo do documento — mostra que Jorge fez parte de uma lista final de possíveis laureados. Seu nome fora indicado, em conjunto, pela União Brasileira de Escritores e pela Sociedade Brasileira de Autores Teatrais, e por professores das universidades Columbia, do Texas e Vanderbilt, nos Estados Unidos. Drummond esteve na mesma lista, sugerido pelo poeta sueco Gunnar Ekelöf. Quem venceu em 1967 foi um amigo de Jorge, também pertencente aos quadros do comunismo internacional, o guatemalteco Miguel Ángel Asturias, laureado com o Prêmio Lênin dois anos antes. Asturias garantiu seu lugar no prestigioso panteão por ter realizado, diz a ata, uma "literatura vívida fortemente baseada nas tradições dos povos indígenas da América Latina". Quase dividiu o posto com o argentino Jorge Luis Borges, também finalista, com projeto literário oposto, erudito e cosmopolita. Outro amigo de Jorge nessa lista final era Neruda, que vencera o Prêmio Lênin em 1953 e levaria o Nobel em 1971.

A lenga-lenga do Nobel deve ter persistido na cabeça de Jorge, pois não é outro senão um laureado, James D. Levenson, quem chega à Bahia em busca da obra de Pedro Archanjo em *Tenda dos Milagres*, publicado em 1969. Não contente, fez das intrigas político-literárias o fio condutor de *Farda, fardão, camisola de dormir* uma década depois.

A láurea nunca chegaria, e Jorge desconfiava que talvez um dos mais resistentes a sua vitória fosse alguém de dentro do júri de Estocolmo, Artur Lundkvist. Asturias e Neruda lhe contaram, e outros comunistas do circuito internacional ouviam falar, que Lundkvist não o perdoava por sua recusa ao compositor finlandês Jean Sibelius numa votação do Prêmio Lênin. Sibelius era candidato de Lundkvist, também um dos jurados. Secretário do júri na ocasião, Jorge dispunha de "certo poder de manobra e decisão, respeitados os limites políticos". No entanto, os prêmios não eram decididos sem a aprovação dos soviéticos. Teve a incumbência de informar ao presidente do júri, Pierre Cot, que Sibelius estava no índex por obras em homenagem aos compatriotas que combateram o Exército soviético na guerra russo-finlandesa. Cot tentou argumentar com os camaradas do Partido Comunista da União Soviética que quem devia mandar era o júri internacional. Não avançou no convencimento. "Levei a culpa, alguma tive, não fui contudo o autor do crime, não passei de mero cúmplice." "Não tirava a razão" de Lundkvist se o sabotava pelo veto a Sibelius, e "lhe dava razão de sobra" se agia por considerar seus romances "de baixa extração", em palavras suas. "Conheço meus limites melhor do que qualquer dos críticos que desancam meus livros."

Jorge alardeava que não lia críticas havia décadas; notava que os críticos contradiziam uns aos outros; recomendava aos jovens escritores que não lessem o que escreviam sobre suas obras, ou não conseguiriam realizar o que desejavam.

As declarações à imprensa sobre o Nobel prosseguiram. As respostas também: "não escrevo para prêmios, cargos, postos, títulos", "não sou um escritor comercial, e sim profissional", "o escritor menos literato do Brasil, exatamente por ser um escritor profissional, que vive exclusivamente de direitos autorais", "não faço vida literária", "escrevo porque, mal ou bem, é tudo o que sei fazer", "considero que meu prêmio é meu público".

O picaresco Dickens, morto décadas antes de o Nobel existir, era um dos autores que Jorge celebrava, invejando quem teria o prazer de abrir livro seu pela primeira vez. Mark Twain, que pilotava barcos e não recebeu o Nobel com suas histórias de aventura líricas, exaltava como outro grande clássico que apreciava e lia em voz alta para os netos. Alice, de Lewis Carroll, e Quixote, de Cervantes, citava como personagens favoritas. Uma quantidade razoável do que parecia não esquecer, no entanto, estava longe de ocupar o time de consagrados, nomes imprevistos ou menos conhecidos, não por acaso donos de títulos satíricos, como o francês Gabriel Chevallier, de *Clochemerle*, e o tcheco Jaroslav Hašek, de *As aventuras do bom soldado Svejk*. Jorge preferia Hašek a Kafka, assim como, na poesia, colocava o português Cesário Verde à frente de Fernando Pessoa. Das perguntas que mais o irritavam, sobre o maior poeta ou prosador de um país ou idioma, declarava a impossibilidade de "medir um autor a régua". Aos netos, recomendava também *Zorba, o Grego*, do grego Níkos Kazantzákis, e *Memed, meu falcão*, do turco Yaşar Kemal — dois autores sem Nobel, aliás. A certa idade, começou a se desfazer dos seus livros. Enviou uma parte à Biblioteca Orígenes Lessa, em Lençóis Paulista, no estado de São Paulo, outra, à Academia de Letras da Bahia. Continuaram a existir as estantes no apartamento da Rodolfo Dantas, com títulos que leu entre as décadas de 1930 e 1950. Na casa do Rio Vermelho, além de edições suas em todos os idiomas para os quais fora traduzido, guardava "apenas poucos tomos, de minha preferência absoluta".

Os gêneros tradicionalmente vistos como de segunda linha o animavam: os folhetins, sendo entusiasta do maior de todos, *Os mistérios de Paris*, de Eugène Sue, que sempre procurava nos sebos parisienses em variadas edições; as memórias, que lia e recomendava que outros não só as lessem como as realizassem; os policiais, desde a Coleção Amarela da editora Globo, época em que conheceu Erico. Um dos presentes que gostava de dar a pessoas próximas era a coleção de um mestre do gênero, o belga Georges Simenon — Paloma ganhou uma edição completa. Jorge achava um absurdo que Simenon não tivesse merecido um Nobel.

Com tais preferências, a definição que dava a si mesmo, "sou um modesto romancista baiano", ou "sou apenas um baiano romântico e sensual", parece significar uma distinção pessoal que lhe dava mais orgulho do que se pode supor.

A cena que os netos registram da primeira infância é do avô de bermuda escrevendo na grande mesa da sala, de camisa colorida aberta ou pendurada na cadeira, à sua frente uma velha máquina. Sem ter o impedimento de ir até ele, tampouco de fazer barulho, as crianças o rodeavam. Depois de Bruno, Mariana e Maria João, nasceram Cecília, João Jorge Filho, de apelido Jonga, e Jorge Amado Neto, Jorginho.

Cecília recorda do avô na piscina: desafogado das lides na máquina de escrever, mergulhava com uma boia colorida enfiada na cintura, catava as folhas do flamboyant que se espalhavam pela superfície da água e tomava seu gelado de pitanga, umbu, manga e mangaba. Jorge não sabia nadar, dançar ou cantar, embora fizesse composições com Caymmi ou João Gilberto. Não abria lata de conserva, atrapalhava-se com o controle remoto, ao menos conduzia bicicleta. O motorista Aurélio o transportava ao passeio frequente de final de tarde, para onde levava amigos ou toda a família, a tradicional Sorveteria da Ribeira, na Cidade Baixa. Moradores e turistas o reconheciam, ele falava com os funcionários, de todos sabia o nome. Quando havia hóspedes, Aurélio parava no Mercado Modelo, onde comiam no restaurante de Maria de São Pedro ou no de Camafeu de Oxóssi. Ao andar pelo Pelourinho, gente o abraçava, citava personagens e episódios. Com Zélia ao seu lado, frequentaria assiduamente uma das primeiras delicatessens baianas, a Perini.

O avô gostava de alimentar quem estivesse em casa. Mariana ainda bebezinha no colo da babá, Jorge enfiava melancia em sua boca e a sensação que ela guarda é a de quase sufocamento, e por muito tempo não comeria a fruta. Ao dar de comer, ele agia de maneira leve se diante dele havia uma visita, com os netos usava tom mais imperativo. "Coma esse bolo de aipim", "prove esse cuscuz", "vou abrir uma jaca". O avô também gostava de criar namorados e namoradas fictícios para a prole. Maria João se recorda de um namorado francês, filho de um amigo, que lhe enviava presentes incríveis — ao crescer, teve certeza de que eram comprados pelo avô. O temporão Jorginho não via graça quando aparecia alguma noiva distante. Até alcançarem a idade de ouvir conversas impróprias, os netos encontravam a barreira do idioma. Os adultos falavam em francês quando não queriam que entendessem o que diziam. Conforme os netos cresciam, Jorge ficava um pouco mais contido ou menos espontâneo, não podia mais lhes pagar para que lhe coçassem a cabeça; mas podia investir em provocações mais sérias, como torcer de propósito para o time oposto diante da TV. Um desafio que Jorge fazia a Jonga e seus amigos de mesma idade era para que se aproximassem das moças: "Cinquenta reais para quem beijar primeiro, se trouxer a calcinha ganha cem".

Nas horas de pôquer com os amigos, quando aconteciam em casa, Jorge organizava concursos de poesia e discursos para distrair as crianças. O anfitrião topava todos os jogos: não apenas pôquer, também biriba, canastra ou crapô. Gostava também de jogos de tabuleiro e gamão. Divertia-se do mesmo modo com batalha-naval e general, e havia uma brincadeira de palavra secreta vendida em papelaria, em que cada jogador tem de adivinhar a palavra imaginada pelo outro, do qual se saiu campeão em família. Os cassinos não lhe apeteciam, apostar era empolgante, mas com jogos que dependiam de raciocínio, e não sorte, como roleta ou bacará, esses preferidos de sua personagem Vadinho.

Um jogo era o mais frequente e juntava todos, adultos e crianças: o dicionário. A disputa é iniciada por um participante que escolhe no dicionário palavra desconhecida de todos e a diz em voz alta. Os demais são desafiados a inventar um verbete. Lidos todos os verbetes, cada um vota naquele que considera o correto.

Acertar a definição tal qual registrada no dicionário vale um ponto para o jogador. A graça é fazer com que o maior número de jogadores considere correto o verbete inventado, um ponto cada voto recebido. Aquele que escolhe a palavra ganha pontos se ninguém acertar a definição correta, um ponto por jogador.

João Jorge notava que o pai se divertia com a imaginação dos participantes ao fazer os verbetes, a capacidade de burla que induzia os outros adversários ao engano. Um dos verbetes mais comemorados, de autoria de Calasans Neto, para a palavra "cucúrbita": duplo cu que exorbita de suas funções normais e paranormais. Jorge esmerava-se em forjar citações. Como a que fez para "mamote": jovem mancebo que se presta aos desejos lúbricos de mulheres idosas. Exemplo: "Papaste o mamote, hein, sua sabichona? Claro, era um docinho de coco". E citava Cassandra Rios, no livro *O efebo*.

O efebo é obviamente título inventado. Cassandra Rios era escritora brasileira combatida pela ditadura que, à época, vendia milhares de exemplares por ano com suas histórias de amor e sexo lésbico, encontradas em bancas de jornal e revista porque as livrarias de prestígio evitavam tais edições. Jorge era, entre autores de peso, aquele que a elogiava publicamente.

Dicionários eram companheiros ativos de Jorge enquanto fazia romances, o uso mais colorido de sinônimos o divertia. Quando Antonio Lins, filho de Wilson, lhe pediu conselho certo dia sobre o que ler para seguir carreira literária, recomendou-lhe prontamente: "Leia dicionário".

Uma brincadeira só ele, Jorge, era capaz de realizar, numa exibição de memória assombrosa. Começava assim: alguém fazia uma lista com quarenta palavras, lia apenas uma vez e, passadas horas, ele a repetia e podia dizer, a qualquer momento, qual palavra era a de número quinze ou 37. Dias depois, podia repetir a tal lista ou dizer a que palavra se referia cada número.

Os netos serviam de plateia quando Jorge concluía capítulos de seus romances e fazia leituras na sala. Quando aprontou seu segundo infantil, *A bola e o goleiro*, em 1984, reuniu Jonga e seu amigo inseparável, Dirceu, para apresentá-lo em voz alta e ver a reação da dupla diante da história de amor entre o goleiro incompetente Bilô-Bilô e a bola que fazia gols olímpicos Fura-Redes. Na idade de entender um pouco mais de política, Jonga perguntou: "Meu avô, você que sempre foi de esquerda, como pode ser amigo de Antônio Carlos Magalhães, que é de direita?". Um Jorginho mais crescido quis saber: "Você ainda transa com a vovó?". À primeira, respondeu que a divergência política não transformava as pessoas em inimigas. Não consta que tenha respondido à segunda.

Os escritores de norte a sul naqueles primeiros anos no Rio "não passavam de 300". Meio século depois, "300 deviam ser apenas no seu bairro", o Rio Vermelho, Jorge calculava. O espantoso é notar, pelos registros de correspondência, que todos agora enviavam cartas para o número 33 da Rua Alagoinhas.

O seu nome, endereço e telefone constavam do catálogo telefônico. A rotina diária com a secretária para dar conta de mensagens vindas de todas as partes começava no fim da manhã, logo depois de escrever o romance que estivesse em andamento. Dentro dos envelopes, páginas de escritores novatos, amigos, editores, tradutores, e uma quantidade assombrosa de cartas de fãs. Havia os convites para eventos e, claro, dúvidas e solicitações de editores e tradutores de todo o mundo. Não era toda a correspondência que respondia ele mesmo: muitas vezes ditava o texto em voz alta para que a secretária datilografasse.

Gerações de autores brasileiros tiveram intimidade com seus livros. Na década de 1950, a ainda adolescente Maria Valéria Rezende, santista mais tarde radicada em João Pessoa, lia Machado de Assis, até que fora "desencaminhada" com *Capitães da Areia*, "uma revelação em dois sentidos": "se podia fazer literatura apaixonante a partir da vida do povo, com uma linguagem que todo brasileiro entende"; e "o Brasil era mais do que aquilo que conhecia, entre São Paulo e Minas".

Maria Valéria não escreveu carta, mas Raimundo Carrero, sim. Um adolescente que morava em Salgueiro, sertão de Pernambuco no começo da década de 1960, Carrero tinha de ir todos os meses ao Crato, no Ceará, para pagar o colégio do irmão que estudava ali em regime de internato. Com estradas ruins e transportes piores, viajava-se de marinete sentado em banco de madeira. "E foi aí que li *Capitães da Areia*, com grande entusiasmo. Quase não senti a viagem." Em sua casa nunca houve censura. *Gabriela*, consumido com avidez em seguida, tratou-se do primeiro livro comprado com a própria mesada. A carta, escreveu a Jorge quando era chefe de redação do *Diário de Pernambuco*, já vivendo no Recife. Pouco depois o conheceu, quando o entrevistou na casa de Paulo Loureiro, amigo de Jorge.

No Crato da mesma época, Ronaldo Correia de Brito, depois radicado também no Recife, o descobriu com *Seara vermelha*, sugerido por um professor de língua portuguesa. O deslumbramento se deu com *Terras do sem-fim*. Com *Gabriela*, tornou-se "assumido leitor". "Ler Jorge Amado é como ler Balzac", atesta.

Cristovão Tezza, catarinense de Lages e radicado em Curitiba, construía uma obra diferente da de Jorge e assim mesmo lhe mandou carta: "Amado ou odiado, sempre foi obrigatório. Todo mundo lia". Até hoje guarda a resposta.

Com o mineiro Carlos Herculano Lopes deu-se episódio curioso. Jorge se enganara com o endereço e o correio a retornou ao número 33 da rua Alagoinhas. O escritor famoso enviou outra vez a carta devolvida para o novato. Era 1977, e Carlos Herculano ainda não tinha publicado o primeiro livro, o que ocorreria três anos depois.

Um romancista nascido no Rio, dedicado a narrar o Brasil mestiço, Alberto Mussa diz que se tivesse de nascer Guimarães Rosa, preferia ser Jorge Amado. Luiz Antonio Simas, historiador e cronista carioca, diz que fora Jorge "o fabulador que despertou seu gosto pela leitura, o respeito pela arraia-miúda e uma atração furiosa e mítica pela vagabundagem romanceada". "Bato cabeça ao sujeito que dessacralizou os livros que leio e consagrou as esquinas que piso." Um exemplar de *Bahia de Todos-os-Santos* caiu certa vez de uma estante de livraria quando passava a mineira Ana Maria Gonçalves, logo incentivada a visitar a Bahia para escrever sobre Luiza Mahin, personagem da Revolta dos Malês — "uma história de espantar", que Jorge pensou contar um dia.

Baiano do interior de Sátiro Dias, Antônio Torres manteve-se discretamente sem importunar o autor. Até o dia que Jorge soube do lançamento de seu livro de estreia pelo jornal e foi até ele cumprimentá-lo. De outro baiano, João Ubaldo Ribeiro, este da ilha de Itaparica, Jorge se aproximara com tal intimidade que o jovem escritor passou a ser, assim como o cineasta e amigo Glauber Rocha, rebento seu.

Ubaldo leu Jorge numa época em que "os meninos eram mais bestas" e se usava o termo "realista" como eufemismo para livro com cenas de sexo. "Um palavrão ou outro. Um frenesi para a época." O primeiro encontro se deu quando saiu uma antologia de escritores baianos pela Empresa Gráfica da Bahia, dirigida pelo geógrafo Milton Santos. No dia do lançamento, um Ubaldo muito tímido foi abordado por Jorge, que tinha lido seu texto e fora cumprimentá-lo. "Fiquei surpreendido. Quanto ele me pediu um autógrafo, não me lembro o que escrevi. De tão nervoso, a minha mão tremeu." Em respeito ao amigo mais velho, Ubaldo e Glauber evitavam falar em maconha em sua presença. Quando a mulher de Ubaldo ficou grávida, Jorge pediu para ser padrinho do menino ainda na barriga. "Esse é meu." Viraram compadres. De Jorge recebia conselhos: "Escreva muito para cada vez pingar um pouco na conta". E esforço de divulgação: "Quando entrevistado, dava um jeito de citar meu nome, 'aliás, João Ubaldo'". Espontaneamente comentavam sobre obras em andamento por telefone ou fax — os dois se apaixonaram pelo aparelho e passaram a usá-lo a toda hora. "Aprendi com ele a empregar a palavra nó para a situação do romance que não dá para resolver. Você sofre. Diz que nunca mais escreve. Mas sabe que um dia desata."

Boris, o vermelho, que Jorge começava a prometer na década de 1980, o desafiou com muitos nós. Nunca alcançaria o ponto final a trajetória do jovem líder estudantil baiano ruivo que entra para a política durante o governo Médici.

O regime colonial português que proibia Jorge na metrópole permitia sua circulação nas colônias da África. Fernando Couto, jornalista e poeta de esquerda em Moçambique, era um dos leitores ávidos: ao nascer os filhos, um se chamou Jorge, o outro, Amado. Sendo o terceiro filho, Antonio Couto, mais tarde apenas Mia Couto, se recorda: "A ideia talvez fosse a de que os cidadãos das colônias fossem ignorantes e iletrados. O meu pai comprou-os abertamente nas livrarias de Moçambique. Vivíamos sob a dominação colonial mas o meu ambiente familiar era de oposição ao regime". A primeira história que o impressionou, a de Quincas Berro Dágua. "A novela teve um efeito de despertar; sentia os personagens como que emergindo das ruas da minha pequena cidade." Guimarães Rosa o influenciou mais, no entanto Jorge continuou a ser "essencial na descoberta entre o mundo e a ficção, na transgressão da distância entre a voz e a escrita, a oralidade e o texto".

De tão devotado ao autor, o angolano José Luandino Vieira contava que dera o sangue pela sua obra. Não tinha nem metade do valor para comprar os três volumes de *Subterrâneos da liberdade* que vira numa livraria. Correu para o banco de sangue aberto do hospital que oferecia dinheiro em troca de doações. Outro angolano, Artur Pestana, antes de se chamar Pepetela, era parte dos bandos de garotos de todas as cores e classes que viviam pelas ruas de Benguela, cidade de frente para Salvador, com o Atlântico no meio. "Fiquei fascinado pela história e pela linguagem, muitas vezes entendida com dificuldade, pois continha palavras e formas desconhecidas para mim, mas ao mesmo tempo com ressonâncias familiares." Não parou mais. Viu depois a livre circulação de Jorge em Portugal como "o triunfo de um velho amigo".

Um dia Jorge carregou um conjunto de 37 recortes de jornal até a Bahia para mostrar ao pai os elogios recebidos por *Jubiabá*. As caixas com o clipping de notícias sobre sua obra abarrotavam os armários meio século depois.

Mais que as resenhas e os perfis em jornais e revistas, a sua recepção na academia crescera em todo o mundo. Desde a década de 1940, existiam estudos nos Estados Unidos e na União Soviética. Distribuíram-se por universidades brasileiras, da Bahia ao Rio Grande do Sul, e estrangeiras, em Paris e Old Main, Manizales e Nagoya, Berlim e Barcelona, Jerusalém e Roma. No interesse dos pesquisadores de letras, história, sociologia, antropologia, psicologia social, há aspectos como o riso, a ironia trágica, os coronéis, as mulheres protagonistas, os vagabundos, os excluídos, a representação do negro, a cultura afro-brasileira, a mestiçagem, a ideia de povo, a questão nordestina, a literatura política, a militância comunista, a oralidade e as técnicas narrativas, as traduções e a recepção crítica em idiomas os mais variados, a influência na literatura portuguesa ou africana, as adaptações para o cinema e a TV, as cartas que recebeu de fãs, o mito de Iemanjá.

A divisão da obra de Jorge em duas fases lhe parecia "um bolodório". Admitia que com o amadurecimento introduziu o humor, arma que considerava mais poderosa porém "bastante mais difícil" para um escritor dominar, o que só aconteceu depois que teve "experiência humana e literária". Costumava repetir, demonstrando orgulho, a frase desabonadora de um crítico conservador que, certa vez, o definira como "romancista de putas e vagabundos".

Somado ao humor, e como seu desdobramento, o erotismo se intensificou, com a alegre sensualidade de suas personagens em contraste com a moral católica repressora. Nos primeiros livros, aludia ao sexo em palavras e frases aqui e ali. Os mais recentes apresentavam um regozijo de tramas em que desejo e cópula não eram escondidos, e o uso divertido de sinônimos para os órgãos sexuais criava dificuldade extra para tradutores que não encontravam tal abundância de vocábulos em seu idioma de origem. A quem lhe perguntava por que havia sexo em seus livros, respondia que o sexo era parte da vida, e se o leitor não quisesse encontrar sexo em livros, não devia ler os seus.

No Jorge jovem reclamavam do engajamento explícito, a separação entre bons e maus, o domínio ainda pouco firme da narrativa, até mesmo erros gramaticais.

Um projeto de revisão de sua obra sob responsabilidade da filha Paloma, que recorria ao pai para dúvidas, comparou as primeiras e as últimas edições de cada livro. Em meio a uma longa história de revisões e reimpressões em editoras diferentes, muitos erros se somaram ao texto original. Em *Capitães da Areia*, talvez pela quantidade de exemplares vendidos e novas tiragens, havia a maior quantidade de reparos a fazer, pontuações que mudavam o sentido de frases, ortografia e sintaxe, trocas de palavras: 2265 emendas. A contagem não levou em conta as alterações com as mudanças ortográficas do país. Quanto mais lido, mais erros Jorge passou a ter. Ao checar a versão correta, Paloma notava o quanto era surpreendente a memória do pai. Às vezes encontrava trechos incompreensíveis, e ele se lembrava do que escrevera cinquenta anos antes.

A década de 1970 marcou a mais dura inflexão crítica. Uma geração de ensaístas que se estabelecia em universidades de São Paulo e Rio, com um arsenal teórico que ia de Adorno ao pós-estruturalismo, por vezes voltava aos primeiros livros para fazer os mesmos reparos de antes e prestava rara atenção na produção recente. Quando debruçados sobre os títulos recém-publicados do Jorge maduro, demonstravam por vezes pouca compatibilidade com a sua proposta de fazer rir. Para tornar as coisas mais difíceis, um defensor dos primeiros anos dentro da academia desistira de acompanhá-lo: Antonio Candido, agora formador de gerações de alunos em São Paulo, perdera o interesse depois de *Subterrâneos da liberdade*, na já distante década de 1950. Ocorreria, assim, que a produção crítica sobre Jorge nas principais faculdades durante três décadas não seria grande; e, quando existia, era quase sempre desproporcionalmente adversa. O tratamento de best-seller dado pelo novo editor na Record contribuía para a indisposição: a venda dos livros e a quantidade de leitores eram vistas como indício de pouca qualidade, em textos cujo objetivo deveria ser o de analisar as obras.

As rixas entre conservadores e comunistas e entre comunistas e trotskistas contaminavam parte dessa recepção — as referências ao seu período ligado ao stalinismo muitas vezes aparecem fora de contexto. Em certa escala, se disseminara a tentativa de polarizar o estilo seco de Graciliano e o seivoso de Jorge, assim como havia a persistente caracterização de sua obra como regionalista — como se fora pejorativo — ou, a partir de certa altura, como folclórica, refletindo as antigas disputas entre norte e sul. A presença de elementos da cultura afro-baiana incomodava a intelectualidade mais racionalista, ou mesmo racista, e causa surpresa que tenham se unido progressistas e conservadores como guardiões do vernáculo.

Uma das recusas mais eloquentes à obra amadiana naqueles dias partiu da ensaísta Walnice Nogueira Galvão, em São Paulo. Quando elogiou a "coragem cívica" de Jorge e Erico ao reagirem à censura prévia, apontou um problema. Os dois autores, em seu raciocínio, eram independentes do Estado já que dependiam do gosto dos leitores. Essa oposição entre qualidade e mercado serviu de ponto de partida para seu ensaio pesadíssimo sobre *Tereza Batista cansada de guerra*. Começava por apontar uma idealização da marginalidade baiana; e terminou por dizer que a cena inicial de estupro da personagem fora construída para excitar. Os livros "estavam cada vez maiores para custar mais", e "a preguiça" impedia o autor de revisar melhor o que escrevia. A menção à preguiça não aparece por acaso. Compõe o estereótipo do baiano — quase sempre afrodescendente — tal como é visto nos grandes centros do Sudeste. Quatro décadas depois, Walnice aliviou sua posição, e passou a destacar a importância de Jorge como um "luminar do regionalismo".

Das pós-graduações em letras aos secundaristas, não demoraria que uma leva de livros de introdução à literatura brasileira consumidos por estudantes de diferentes idades disseminassem mais má do que boa impressão. Um exemplo é *A literatura no Brasil*, organizada por Afrânio Coutinho, que tinha Jorge em alta conta. O verbete correspondente a sua obra ficara a cargo de um jovem crítico maranhense, Luiz Costa Lima, que, ao radicar-se no Rio, trabalhara com Carpeaux na *Enciclopédia Mirador*. Costa Lima não nega o desprezo por narradores, ao definir o ofício como o de "juntar alhos com bugalhos". Numa categoria mais elevada, estaria o que chama de "escritor de peso", cuja leitura "nunca é leve". No seu verbete, resume os três primeiros livros "ao caráter documental" e reclama de "passagens de extremo mau gosto"; elogia *Terras do sem-fim*, "de grandeza épica que deixara vislumbrar por fragmentos de seus livros passados" e *Os velhos marinheiros* — o último publicado até aquela data —, "obra de linguagem, um saber de palavras, tenso e plástico". O seu culto manifesto do vagabundo lhe parecia, no entanto, incompatível com o caráter político-social que Jorge procurava inculcar na obra.

Um discípulo de Carpeaux com sólida formação católica, o paulista Alfredo Bosi tampouco poupara Jorge em sua *História concisa da literatura brasileira*, em 1970. O "festejado romancista baiano", como o define, faz "populismo literário" — termo usado também por Walnice. O veredicto ácido atinge não só o escritor como os seus apreciadores. O crítico diz que "ao leitor curioso e glutão a sua obra tem dado de tudo um pouco: pieguice e volúpia em vez de paixão, estereótipos em vez de trato orgânico dos conflitos sociais" e que, "a despeito da oralidade que é construída", apresenta "descuido formal" e "uso imotivado do calão".

O mineiro Silviano Santiago retomou formulações de Walnice, e a carioca Flora Süssekind, cujos orientadores foram Santiago e Costa Lima, discutiu a obstinação de ficcionistas e seus leitores em torno de uma identidade nacional — tendo livros de Jorge da década de 1930 como parte de seu objeto de estudo —, com uma literatura vista menos como linguagem e mais como documento, tal como reclamara Costa Lima.

Em sua defesa acorria outro pequeno batalhão, de atuação não vinculada ao círculo acadêmico: os amigos Antônio Olinto, escritor, e Eduardo Portella, crítico; o filólogo Antônio Houaiss, os poetas Haroldo de Campos e José Paulo Paes, o crítico José Guilherme Merchior. Entusiasta que talvez usasse os maiores superlativos, Glauber Rocha, que proclamava um "estilo de filmar profundamente ligado à cultura popular brasileira", via em Jorge um diretor de cena ao construir romances, e não tinha dúvida quando publicava sobre ele na imprensa: "o maior escritor do Brasil".

Os estudos de gênero e raça nos departamentos de literatura a partir da década de 1970 encontraram em Jorge um autor passível de análise, pois foi o romancista que mais se dedicou à cultura afro-brasileira, com um elenco pródigo de personagens mulheres. Mais atento a ambiguidades e contradições, o sociólogo Teófilo de Queiroz Junior (USP) estudou o preconceito de cor e a convenção literária da mulata, um itinerário que vai das mouras encantadas às nativas brasileiras. Gabriela seria ápice do modelo, com realce da sensualidade e do impudor. Ela e outra personagem, Ana Mercedes, de *Tenda dos Milagres*, igualmente exaltada pelos dotes físicos, põem à prova padrões, sistemas e instituições, fazendo transparecer inadequações sociais.

À frente, a partir da década de 1990, leituras mais favoráveis se dedicaram a compreender as relações entre a literatura de

Jorge, a valorização do negro e a cultura afro-brasileira, como a do mineiro Eduardo Assis Duarte. O seu elogio da mestiçagem e o empenho em criar protagonistas mulheres constituíram objeto de pesquisa da antropóloga Ilana Seltzer Goldstein, também paulista. Um ensaísta baiano do campo da literatura portuguesa, Cid Seixas notou alegoria épica e a crítica ao eurocentrismo na faceta de narrador-feiticeiro, e Gildeci de Oliveira Leite, outro baiano, investigou o aproveitamento ficcional do repertório afro-brasileiro e o vocabulário amadiano. O retrato que Jorge faz de putas e vagabundos ganharia sentido transgressor no olhar do antropólogo fluminense Roberto da Matta, e contra as polaridades a ensaísta baiana radicada na França Rita Olivieri-Godet proporia uma análise que o reconsidere dentro de seu tempo, sem anacronismos, com uma "dimensão humanista, libertária e intercultural".

"Jorge Amado leva tiros dos dois lados, e vende livros aos milhões", notava Marcos Santarrita no *Jornal do Brasil*. Santarrita o comparava a Ernesto Sabato, em igual situação. O curioso é que Sabato, para Jorge um justo merecedor do Nobel, lhe teria confessado que no júri Artur Lundkvist também o boicotava, por considerar a obra dele, Sabato, "escassa".

38.
Outono do patriarca

O país pressionava os militares pela reabertura, e Jorge se viu ocupado com duas sepulturas. De uma terceira, recusou-se a tomar parte.

Sérgia Ribeiro da Silva precisava fazer o enterro derradeiro de seu companheiro Cristino Gomes da Silva Cleto, morto três décadas antes. Ela, mais conhecida como Dadá, e ele, como Corisco, viveram como figuras lendárias do cangaço, o banditismo como revolta social que o Estado Novo reprimiu no sertão. Abatido por uma força policial volante em 1940, Corisco teve um primeiro funeral em Miguel Calmon, na Bahia. Antes, sua cabeça foi retirada para exposição num museu baiano, conservada em formol em redoma de vidro como as de outros cangaceiros, inclusive seu principal líder, Virgulino Ferreira da Silva, o Lampião, que morrera dois anos antes que ele.

Dadá perdeu uma perna após o tiroteio que matou Corisco, permaneceu presa por dois anos e, libertada, residia na capital baiana como costureira de bolsas sertanejas, os embornais. Os restos de Corisco, recolhidos do cemitério no final dos anos 1960, eram guardados num baú de flandres debaixo da cama da mulher, que desejava dar sepultura ao corpo inteiro. A possibilidade surgiu quando, ao ser empossado governador, Luís Viana Filho encerrou a exposição em 1969 e prometeu devolver as cabeças às famílias que as reclamassem. Somente em junho de 1977 Dadá, com a ajuda de Jorge, conseguiu o suficiente para custear o caixão e colocar Corisco num jazigo perpétuo no cemitério de Quinta dos Lázaros.

O apreço de Jorge por Dadá, uma de suas personagens em *Bahia de Todos-os-Santos*, o fazia levar jornalistas para entrevistá-la. Cobrava publicamente que pesquisadores aproveitassem melhor o testemunho de Dadá sobre sua época. Na saída do enterro de Corisco, gravou um depoimento para a TV baiana. Em tom grave, descreveu Dadá de modo superlativo, "admirável, extraordinária, um símbolo por sua coragem, obstinação e capacidade de se sobrepor a todas as adversidades". Julgava que ela cumpria o que considerava "um dever para com seu grande amor". Não deixou de encerrar com uma mensagem política: "Lampião e os cangaceiros", disse, "eram o povo brasileiro, o povo protestando contra os latifundiários, contra o regime de economia da terra atrasado, feudal", sendo "vítimas da injustiça, levantavam em armas para protestar". A exposição de suas cabeças no museu, frisou ele, era "uma coisa miserável", "troféus de guerra para amedrontar o povo".

A diligência de Jorge para outro mausoléu ocorreu dois anos depois. Marighella encontrava-se sepultado como indigente no cemitério de Vila Formosa, em São Paulo. O filho, o agora advogado Carlos Marighella, lembrava que foi o amigo do pai quem insistiu na ideia de dar sepultura digna ao militante abatido. Jorge contou que recebera na casa do Rio Vermelho um telegrama anônimo enviado de São Paulo, avisando-lhe que os ossos de Marighella, se não aparecesse parente para reclamá-los, seriam atirados à vala comum. "Quem telegrafou não sei", Jorge garantia, "porque a mim, entendo."

A família de Marighella pressionou, um grupo de militantes comunistas aderiu, e os ossos do líder da ALN, uma década depois de seu assassinato, foram transferidos para o mesmo cemitério de Corisco, o Quinta dos Lázaros, dos mais antigos da cidade, que continuava a ser o mais utilizado por baianos de baixa renda. O desenho da lápide ficou a cargo de Oscar Niemeyer, e resultou na silhueta de um homem com marcas de tiros, um dos braços levantados e a inscrição de uma frase: "Não tive tempo para ter medo".

Coube a Jorge preparar o discurso da cerimônia fúnebre, e a leitura, a Fernando Sant'Anna, um quadro do comunismo baiano.

No texto, menciona a campanha de difamação feita pela imprensa, sutilmente registra a luta armada como um erro de Marighella, para declará-lo um herói do povo e de sua causa, justa: "Vens de um silêncio de dez anos, de um tempo vazio, quando houve espaço e eco apenas para a mentira e a negação. Quando te vestiram de lama e sangue, quando pretenderam te marcar com o estigma da infâmia, quando pretenderam enterrar na maldição tua memória e teu nome. Para que jamais se soubesse da verdade de tua gesta, da grandeza de tua saga, do humanismo que comandou tua vida e tua morte", inicia. "Aqui estás e todos te reconhecem como foste e serás para sempre: incorruptível brasileiro, um moço baiano de riso jovial e coração ardente. Tua luta foi contra a fome e a miséria, sonhavas com a fartura e a alegria, amavas a vida, o ser humano, a liberdade. Aqui estás, plantado em teu chão e frutificarás."

No enterro do ex-colega da bancada comunista, Jorge estava fora do país. Não se sabe se arrumou uma viagem para fugir de assistir à despedida de um amigo, ou se fora uma coincidência. Naquele 1979, se recordava de sua primeira visita a Angola.

"Nem em Luanda nem em Lisboa", Jorge anotou, "me sinto fora de casa, somos [os baianos] angolanos e portugueses ao mesmo tempo, misturados." O poeta Agostinho Neto, tornado presidente após o fim da guerra de descolonização, o convidava para conhecer o país africano. Jorge não o encontrou quando ali esteve em 1979: o líder angolano viajara para operar-se de um câncer de fígado em Moscou e não resistiu, morreu no hospital soviético pouco antes de completar 57 anos. O mais alto posto em seu país foi ocupado por outro membro do comunista MPLA, José Eduardo dos Santos. Em regime monopartidário à semelhança do Leste Europeu, permaneceria quatro décadas no poder, Angola em guerra civil.

Daquela visita guardou ceticismo: "Viajo pelo interior, não vou longe, a guerra civil não permite andanças maiores, mas posso constatar aqui e ali os males da ideologia, repetidos". Via que o "imenso latifúndio" foi transformado em "cooperativa socialista". "Terá havido de fato alguma mudança ou mudou apenas o rótulo, o patrão?" Os camaradas o levaram ao bairro operário para encontro com quadro e militantes. Esperava perguntas sobre "ditadura militar, injustiças sociais, problemas do socialismo", mas as que apareceram tratavam de *Gabriela*, a novela passava naquele ano em cadeia oficial e única. Jorge notou que, a cada capítulo, aparecia na TV alguém do comitê central para alertar sobre desvios e correções no conteúdo da telenovela. As mensagens transmitidas foram suspensas depois que descobriram que os telespectadores desligavam a televisão para não ter de vê-las.

Em Luanda, esteve com Luandino Vieira e Pepetela, este, mais tarde, numa visita à casa do Rio Vermelho, viu plantada a árvore imbondeiro que Jorge levara de Angola. Não crescia bem no seu quintal cheio de árvores. "Água a mais", lhe disse Pepetela, "isso é árvore de terreno seco."

Na mesma passagem pelo continente africano em 1979, Jorge esteve no Senegal, cujo presidente era Léopold Senghor, que conhecera desde os dias de exílio em Paris, três décadas antes. Via o Senegal como única democracia na África onde coexistiam em paz muçulmanos e católicos, o multipartidarismo funcionava e realizavam-se eleições. Senghor aproveitou a viagem para propor o nome de Jorge à Academia Sueca para o Nobel de Literatura.

Jorge quis visitar a ilha de Gorée, um dos grandes portos de saída de escravizados. Foi ciceroneado pelo romancista martiniquenho Xavier Orville. "A visão da porta do nunca mais — quem por ela sai não voltará — me agonia, cerra-me a garganta", escreveu. "Já não são páginas da história, relatos, nem sequer o poema imortal de Castro Alves: os gritos, os gemidos, os lamentos que ali permaneceram, na ilha de Gorée, ecoam em meus ouvidos." Em outra viagem ao continente africano na década seguinte, pediu para conhecer Tarrafal, na cidade de Praia, em Cabo Verde, onde ficaram presos, além de Agostinho Neto, o escritor Luandino Vieira e o editor na Europa-América, Francisco Lyon de Castro. Achava semelhanças entre Bahia e Cabo Verde ao observar as mulheres e a religião: "Nas cabrochas cabo-verdianas, mesmo requebro e graça. Os encantados dançam acima e além das ideologias".

Jorge lamentava que Gabriel d'Arboussier, intelectual negro que conhecera na época do exílio europeu, não viu seu plano dar certo, um mapa para o continente negro após a independência com um traçado que passava pela realidade das etnias, a fim de compor estados com unidade. Do jeito que ficara, acreditava Jorge, "mantiveram-se as fronteiras colonialistas, o domínio das metrópoles continuava inteiro, aproveitando-se das dissensões e lutas entre as etnias que compunham cada uma das colônias". O receio do pensador africano era o de não haver democracia, tampouco desenvolvimento, com a divisão existente. Acertou: à direita e à esquerda, estabeleceram-se ditaduras. "Os governantes da negritude conseguiram o que o PC francês não tinha conseguido: eliminar D'Arboussier da vida política."

O movimento negro brasileiro florescia depois que, no mesmo mês de junho de 1978, o assassinato de dois trabalhadores negros pela polícia de São Paulo e a proibição de que quatro jogadores de vôlei negros entrassem num clube paulista levaram a um grande protesto em frente às escadarias do Theatro Municipal. A manifestação, que reuniu mais de 2 mil pessoas e teve repercussão em muitos estados, culminou com a criação do Movimento Negro Unificado, em defesa de direitos e no combate à discriminação racial, o primeiro dessa monta desde o fim da escravatura, noventa anos antes. Na Bahia, em meio ao racismo de clubes e blocos da elite, surgiam agremiações negras, com vestimenta e música de ritmos afro-brasileiros, que chegavam à festa com a intenção de fazer resistência política, como Ilê Aiyê, Ara Ketu e Olodum.

O ativismo negro brasileiro passou a combater a ideia de que houvesse no país uma democracia racial, intensificando a crítica de obras e estudos que pudessem contribuir para a construção dessa mentalidade. Jorge se viu diante de uma situação que pouco podia esperar: para alguns setores, se tornou vilão.

A investida mais radical partiu de Abdias Nascimento, um dos fundadores do Teatro Experimental do Negro — que levara aos palcos obras de Jorge, como *Terras do sem-fim* —, deputado e depois senador pelo Rio de Janeiro, autor de *O genocídio do negro brasileiro: Processo de um racismo mascarado*. O ativismo acirrado levara um amigo seu, o dramaturgo Nelson Rodrigues, a defini-lo em crônica como "o único negro brasileiro". Abdias via com reserva a ideia de mestiçagem e o sincretismo. Jorge entrava, em seu entendimento, no mesmo rol de autores brancos que trataram da questão racial em tempos históricos diferentes e sob ângulos os mais diversos, como os eugenistas Nina Rodrigues e Monteiro Lobato, o ensaísta Gilberto Freyre e o etnofotógrafo Pierre Verger. No caso de Jorge, a leitura de sua obra em busca de sinais de racismo lembra operação semelhante por que passou Mark Twain. Um século antes, Twain tinha construído uma grande personagem negra da literatura americana, Jim, que foge da escravidão e é o companheiro de Huck, em *As aventuras de Huckleberry Finn*. No entanto, o uso de *"nigger"* (crioulo) em vez de *"black"* (negro) era visto como motivo para banir toda a sua obra.

Depois do livro, uma das ações mais eloquentes de Abdias se deu em 1983, quando fez um discurso na Câmara de Deputados sobre a literatura de Jorge, acusando-o de realçar inapropriadamente a sensualidade da mulher negra. Em sua argumentação, citava o sociólogo Queiroz Junior, do estudo sobre a mulata na literatura brasileira. E ressaltava que, quando lançou *Tenda dos Milagres* nos Estados Unidos, a reportagem do *New*

York Times — republicada por *O Estado de S. Paulo* — atribuiu-lhe a frase "Meu país é uma verdadeira democracia racial". Não se tem notícia, porém, que "democracia racial" fosse uma expressão que Jorge alardeasse. Em suas falas, defendia a ideia de mistura em oposição à de segregacionismo. Não é improvável que, com seus tropeços com a língua inglesa, tenha tido pouca responsabilidade no resultado final da entrevista.

Em defesa de Jorge, entrou em cena um deputado baiano, França Teixeira. Acusou Abdias de "ideólogo do ódio" e de "profissional da negritude". Abdias voltou a se pronunciar numa carta aberta, "Resposta aos racistas da Bahia". "É hora de perguntar: qual a legitimidade de uma Assembleia Legislativa, de um estado majoritariamente negro, onde não existe nenhum deputado afro-brasileiro representando sua comunidade? Só nos ocorre aquela idêntica legitimidade dos parlamentos de países tais como a África do Sul, onde a maioria negra é usurpada no seu direito fundamental de participação democraticamente majoritária nos processos de decisão e governo de seu país". Argumentou que os verdadeiros "industriais da negritude" eram aqueles que produziam obras com motivos afro-brasileiros e em nada contribuíam para resolver os impasses do racismo.

Curioso é que nem Abdias nem Teixeira tenham se lembrado da lei de liberdade religiosa de Jorge quando deputado.

A contribuição de Jorge para a valorização da cultura afro-baiana e afro-brasileira continuou a ser festejada por outros segmentos do movimento negro. A escola de samba Império Serrano, em 1989, o homenageou com o samba-enredo de Arlindo Cruz, "Jorge Amado — Axé Brasil". Jorge, Zélia, família e amigos desfilaram em carros alegóricos. Oito anos depois, a homenagem foi do Olodum. À frente do grupo musical de resistência cultural, João Jorge Santos Rodrigues, que de início concordou com as críticas feitas por Abdias, reavaliou sua posição depois de ler *Tenda dos Milagres* e identificar o projeto de Pedro

Archanjo com o seu. No disco *Liberdade*, que o Olodum lançou em 1992, a música "Amado para sempre", de Marquinhos Marques, saudava: Ô Jorge/ Ô Jorge Amado para sempre/ Sempre". O homenageado respondeu numa carta pública: "Por que esconder a emoção que me toma inteiro, que me enche o coração? Tomo da mão de Zélia e partimos a dançar no compasso do Olodum".

Uma baixa sensível no Principado de Itapuã ocorrera quando Vinicius e Gessy se separaram. O poeta voltou ao Rio e estava casado pela nona vez, com Gilda Mattoso, quando morreu, aos 66 anos, em 1980, quatro anos depois de sair da Bahia. Caymmi e sua família também retornavam ao Rio, pouco adaptados à vida em Salvador.

Entre tantas despedidas, um amigo estava de volta ao país. Glauber, ainda no exílio, precisou ter certeza de que não seria processado ou preso. Jorge intercedeu por ele com Luís Viana Filho, e nos dias em Londres enviara uma carta em 14 de junho de 1976 para contar que outro procurado para ajudar, o general Golbery do Couto e Silva, chefe da Casa Civil e articulador da reabertura, dera ao Itamaraty ordens de liberar o passaporte em Los Angeles, e uma vez no país não seria incomodado. As razões para temer o retorno não eram infundadas. Por sua obra e declarações, era visto como um subversivo perigoso, e de fato corria risco, como mostrariam documentos revelados décadas depois.

Glauber passou a enfrentar ataques de todos os lados por posições que pareciam não se alinhar à esquerda, tampouco à direita. Tinha já chamado Golbery e Darcy Ribeiro de "gênios da raça", dois que "terminam em y" e "se complementavam". A Darcy, dizia faltar visão militar, a Golbery, visão antropológica. Anos mais tarde, Darcy diria que tinha sido ele a elogiar Golbery para Glauber, e se sentia culpado pela exaltação que o amigo fazia do general. Glauber acreditava que os russos e os americanos estavam de mãos dadas para manter o mundo colonizado. Enquanto reclamava da Igreja católica e da patrulha de intelectuais de esquerda, o roteiro de seu *A idade da terra* — inspirado num verso de Castro Alves — vinha sendo proibido pela censura. Acreditava que seria o filme "mais moderno e revolucionário dos anos 1970 no mundo", "novo no enquadramento, em som, interpretação, montagem, uma novidade barroco-épica", "o épico de Brecht no brabo barroco de Jorge". Quando concluído, o filme que chamou de "barato audiovisual" causaria nova polêmica, com o cineasta acusado exatamente de ter traído os ideais revolucionários. No programa *Abertura*, que passou a realizar na TV Tupi, elogiou como "grande mestre" ACM, governador da Bahia em seu segundo mandato, que, durante a entrevista, para confundir ainda mais as expectativas, defendeu a anistia, a liberdade de expressão e a luta dos pequenos lavradores contra o latifúndio.

Alvejado por todos os lados, Glauber saiu outra vez do país para viver em Portugal, e recebeu uma carta de despedida de Jorge, em 1980, sobre sua "enorme importância" "nesse último tempo brasileiro", quando "os inimigos entenderam todo o significado de sua atuação e tentaram destruir ao artista e ao homem usando 'todas as armas'". O que Jorge diz para Glauber parece refletir sua própria experiência: "Tinha que tomar muita porrada por isso", dizia. "É claro que ninguém poderia esperar que essa intelectualidadezinha pequeno-burguesa, limitada, contida, ignorante, patrulheira, dogmática, meio século de atraso etc. etc. fosse aceitar você e sua clareza de visão — continuam aí no seu círculo de peru arrotando teorias lidas em más traduções e não digeridas. De qualquer maneira foi extremamente estimulante e benéfica a presença de alguém como você em meio à disparatada e ao mesmo tempo bela realidade brasileira."

No postscriptum prometia: "Em Paris nos vemos mais dia menos dia com certeza e então voltaremos a conversar e a sonhar". Em breve, também João Ubaldo estaria em Portugal. "Estou futucando para conseguir uma bolsa para ele em Lisboa." Por intermédio de Jorge, o escritor baiano pôde de fato ser atendido pela Fundação Calouste Gulbenkian. Glauber pensava numa cinematografia de língua portuguesa, aberta ao Brasil e à África, que dependia de um acordo luso-brasileiro. O projeto era a concretização do tricontinentalismo que defendia, um novo movimento de cinema com a livre circulação dos filmes brasileiros, portugueses e africanos, ao abranger o mundo de fala portuguesa.

A coincidência é que estavam todos em Lisboa quando uma estranha doença do cineasta acusou gravidade em agosto de 1981.

Após uma feijoada num domingo, Jorge, Zélia, João Ubaldo e sua mulher, Berenice, um filho recém-nascido no colo, notaram que Glauber estava verde e tossia sem parar. Ubaldo escutou do amigo: "Veja você, nós dois, irmãos, aqui em Portugal, o patriarca aqui também, seu filho nascendo e eu morrendo".

Um tempo depois, um telefonema acordou Jorge. O cineasta teve de sair de Sintra, onde estava vivendo, para que fosse internado no hospital na capital portuguesa. Os médicos não sabiam se era tuberculose ou câncer no pulmão, os exames deram negativo para os dois casos. Jorge se recordaria da intensidade do amigo: "Se às onze da manhã eu ainda não chegara ao hospital, o telefone soava — cadê você, também me abandonou, não vem mais me ver? Lá ia eu, vazio, um zumbi nas ruas de Lisboa, trespassado". E das visitas: "Glauber no hospital morrendo, os olhos esbugalhados, tentando manter-se inteiro, guloso da vida, vivendo anelante os dias derradeiros, eu, Zélia e João derrotados, os únicos a amá-lo deveras em meio à multidão que lhe enchia o quarto de fumaça e ilusão". "Ainda vejo na fresta da porta o olhar de desespero, de adeus para sempre adeus, quando partimos do hospital quase correndo, Zélia, João e eu, para não vê-lo na maca a caminho do avião. Embarcaram-no a tempo de morrer no Brasil."

Dias depois, Glauber morreu no Rio, aos 42 anos, depois de presumir que partiria com essa idade, invertendo a de Castro Alves, que se foi aos 24. No laudo médico, embolia pulmonar, choque bacteriano, septicemia. Só restou a Jorge um protesto silencioso: "O funeral coube às carpideiras, aos que na antevéspera tanto concorreram para sua morte, os que o enterraram em vida, os que o acusaram de traidor, vendido, covarde, gorila. Esses que hoje são as viúvas de Glauber Rocha, vestem luto, choram lágrimas de crocodilo, se aproveitam, se apropriam, usufruem. Deles o funeral, são os coveiros".

Glauber morreu sem adaptar *Terras do sem-fim* para o cinema. Jorge contou um ano para se recuperar da perda.

Giocondo Dias, herói de Jorge em *Seara vermelha*, ocupava o primeiro plano no campo da esquerda brasileira na reabertura. Entre fugas e prisões, a clandestinidade e o período como deputado estadual na Bahia, atravessara meio século como quadro importante do Partido Comunista, contribuindo para sua existência depois das denúncias dos crimes de Stálin. Com o golpe, exilara-se até 1979, e quando houve a anistia, retornou ao país. As discussões internas sobre como os comunistas iam se posicionar durante a redemocratização acabou por levar Dias, de perfil mais conciliador, ao posto de secretário-geral do PC, ocupando o lugar de Prestes, que primeiro se afastou denunciando os dirigentes e, depois, foi expulso.

À imprensa, Jorge insistia em declarações pela volta da democracia. Na virada para a década de 1980, quando os repórteres o encontravam, passou a pedir reforma partidária que desse representação a agremiações da extrema direita à extrema esquerda, e convocação de uma Assembleia Nacional Constituinte para a confecção de uma nova Constituição. "O fundamental é termos democracia", dizia. Quando lhe perguntavam sobre sua posição política, reiterava: "ao lado do povo e contra os inimigos do povo".

Em outro tipo de eleição Jorge se viu envolvido durante toda a ditadura civil-militar, a da Academia Brasileira de Letras. Os netos se recordam de que se divertia loucamente com as altas conjecturas, as ações diplomáticas — se tinha pendor político, a pompa era de difícil execução —, a liderar correntes inteiras de votantes nos pleitos acadêmicos. José Sarney, líder político maranhense de quem Jorge se aproximara, alimentava esperanças de ir para a vaga de José Américo de Almeida, em 1980. Contava com Jorge, e logo ouviu a negativa: tinha se comprometido antes com Orígenes Lessa e não podia recuar. Como cabo eleitoral, Jorge não teve êxito. Sarney entrou na ABL, Lessa só garantiria vaga um ano depois.

Mal podia prever Sarney que, dentro de cinco anos, contaria com o escritor baiano em defesa ainda mais valiosa.

Um desabafo chegava a Olinto em outubro de 1983: "Trabalho como um burro", Jorge reclamava, e "o novo romance marcha lentamente".

A história o levava outra vez à infância. Ao ler verbetes em dicionários e enciclopédias sobre si mesmo, se dava conta de que, por engano, o faziam nascido em Pirangi, e tinha sido exatamente o contrário, vira Pirangi nascer e crescer, o arraial próximo às terras do pai se transformara no município de Itajuípe em 1952. Desejou romancear o nascimento de uma cidade, em meio a outra inspiração, a família anarquista de Zélia. Assistira ao encontro entre Angelina, sua sogra, e o escritor libertário português Tomás da Fonseca, que o visitara no apartamento da rua Rodolfo Dantas, no Rio. Zélia chamou às pressas a mãe, no quarto, para dizer que seu ídolo estava na sala. Teve Jorge de ir buscá-la, Angelina pensava que era uma brincadeira da filha. Em lágrimas, beijou as mãos do visitante e recitou de cor trechos que escrevera, enquanto Zélia e Jorge assistiam. A cena com tal força lírica o fez pensar em narrar a história de uma comunidade anarquista.

Disposto a se dedicar à empreitada, isolara-se em São Luís, no Maranhão, onde vivia a filha em 1982, ano em que completava setenta. Esteve no Estoril, em Portugal, depois na casa do filho em Itapuã no ano seguinte. Só conseguiu terminá-lo escondido por seis meses em Itaipava, numa casa de férias de

Alfredo Machado e sua mulher, Glória. Com *Tocaia Grande: A face obscura* retomava o ciclo do cacau. A seu lado, Zélia se ocupava do terceiro livro de memórias, *Senhora dona do baile*. Contava com Glória para lhe dar a opinião mais sincera, antes mesmo do editor.

O tema o acompanhava, no entanto o plano do romance oferecia um desafio novo. Em *Cacau*, de 1933, a vida dos pequenos trabalhadores em regime de quase escravidão é contada a partir da narrativa em primeira pessoa de um deles. *Terras do sem-fim*, de 1943, trata do enfrentamento de grandes coronéis, cada qual baseado em sua fazenda, na conquista do então chamado Sequeiro Grande, no começo do século XX. Mais citadino, *São Jorge dos Ilhéus*, de 1944, desdobramento do título anterior, transcorre anos mais tarde e se detém nas intrigas políticas e na especulação financeira, quando, desbancando antigos coronéis, passam a dar as cartas as firmas de crédito e exportação, os negociantes — no clímax, a quebra da Bolsa. *Gabriela*, de 1958, se assenta no mesmo cenário e tempo de *São Jorge dos Ilhéus*, mas o problema a tratar é outro: a permanência de costumes conservadores, com o julgamento moral e a hipocrisia, numa cidade que progride em ritmo acelerado.

O quinto romance sobre o cacau que escrevia tem como personagens gente que não vende sua força de trabalho. Atuam como artesãos, roceiros, pequenos comerciantes, prostitutas. Não há, como nos quatro títulos que o precederam, um enredo central — além, claro, da própria transformação do lugar em arraial, numa espécie de comunidade anarquista. O que se apresenta é uma infinidade de microenredos líricos, satíricos e dramáticos que se resolvem no tempo de cada capítulo. A um núcleo inicial de moradores, se vão somando outros, que estão de passagem, estabelecem-se por um tempo ou fincam raízes.

Entre os principais, há o mascate libanês Fadul Abdala, de apelido Turco; a prostituta Jacinta Coroca, mais velha e experiente, que um dia se torna a parteira oficial do aglomerado; o negro Castor Abduim, ou Tição, filho de escravos forros fugido de um engenho do Recôncavo Baiano onde o regime ainda preservava traços do período de escravidão; Natário da Fonseca, fazendeiro e com título de capitão, andará por frequência por ali para visitar uma antiga afilhada que se torna sua amante, Bernarda, protegida de Coroca. À distância, prospera o coronel Boaventura Andrade, preocupado com o herdeiro, Boaventura Andrade Filho, o Venturinha, que se formou em direito no Rio e não quer retornar à região que o espera para bacharel e líder político. O arraial vai crescendo, e aparecem novos habitantes, como o pedreiro Bastião da Rosa, o sanfoneiro Pedro Cigano, o barbeiro Dodô Peroba, o caixeiro Durvalino, que chega para ajudar Fadul Abdala. Famílias vêm de Sergipe para se juntar à comunidade: Ambrósio e Vanjé, Dinorá e Jãozé, Agnaldo, Lia e Diva, Zé Luiz e Merência, José dos Santos e as três filhas. Entre Itabuna e Ilhéus, há para consultar um padre Afonso, uma médium Zorávia, da Tenda Espírita Fé e Caridade, e um pai de santo, Arolu. As intrigas e os dramas de amor são parte substancial, assim como as histórias de solidariedade. Como o irremediável xodó entre Fadul e Zezinha do Butiá, prostituta que, em Itabuna, o esnoba e ao mesmo tempo lhe é fiel; depois, seu quase casamento com duas candidatas seguidas, ainda em Itabuna, a donzela Aruza, filha de Jamil Skaf, e a viúva Jussara Ramos Rabat, com duplo dote.

O modo como a narrativa é conduzida distingue-se neste romance dos três outros do ciclo do cacau que operam na terceira pessoa. O narrador, ao contrário de se tornar invisível, está presente, e não raro dirige-se ao leitor para justificar, por exemplo, por que algo entra ou não no rol de sucessos ali registrados; é a interlocução entre narrador e leitor que se estabelecera desde *Tieta do Agreste*. Tampouco Jorge mantém a linearidade: embora anuncie em cada capítulo o que vai ocorrer, maneja os suspenses, alternando avanços e recuos. Um mesmo episódio por vezes é desdobrado em várias partes, e, quando repetido, adquire novo ângulo.

Jorge dizia no começo de sua trajetória de escritor que levantava as personagens e depois elas agiam por vontade própria. No seu outono, explicava que havia um jogo de tempo e espaço que o fascinava durante a escrita de um romance.

Tocaia Grande propõe-se a revelar o avesso do que está escrito oficialmente. Outras histórias, afinal, se contavam pelas estradas, pelos caminhos e atalhos da terra grapiúna a respeito do assalto e da ocupação do arraial. O que dá a entender o narrador é que suas fontes foram essas, recolhidas nos cordéis e nas cantigas, no *ABC de Castor Abduim, dito Tição*, e na *História verdadeira do capitão Natário da Fonseca*. Pois como anunciara no preâmbulo: "Quero descobrir e revelar a face obscura, aquela que foi varrida dos compêndios de história por infame e degradante, quero descer ao renegado começo, sentir a consistência do barro amassado com lama e sangue".

A obra parece condensar as preocupações literárias de toda uma vida. Para não perder a graça, Alfredo Machado virou coronel em *Tocaia Grande*, e Jorge Medauar prosseguiu poeta. Quando colocou ponto-final, admirava-se de ter conseguido, na idade em que estava, parir tanta gente. Usava mesmo o verbo parir.

Mais um lançamento que coincidia com uma virada no país acontecia em clima arejado, o contrário do que ocorrera com *Os pastores da noite*, que chegara às livrarias após o golpe de 1964. A campanha pelas eleições diretas, as Diretas Já, mobilizava multidões nas ruas. A emenda acabou rejeitada, e as eleições indiretas por meio de um Colégio Eleitoral colocaram como adversários o paulista Paulo Maluf, candidato mais ligado aos militares, e o mineiro Tancredo Neves, do Partido do Movimento Democrático Brasileiro (PMDB), de oposição. Naqueles dias agitados da reabertura, Jorge protagonizara pelas páginas dos jornais uma brevíssima briga pública com Maluf, já desafeto de ACM.

Alfredo Machado providenciou que um exemplar de *Tocaia Grande* chegasse a Tancredo. Como brincou um colunista, numa nota que fazia piada com os bastidores políticos: "Apesar do título, não se trata de obra sobre o Colégio Eleitoral".

O novo romance saiu com tiragem inicial de 150 mil exemplares. Machado contabilizava recorde novo, 20 milhões de cruzeiros em anúncios. A quantia era "muito alta para a publicidade de um livro", argumentava, "e insuficiente para qualquer campanha publicitária que pretenda vender, por exemplo, um sabonete", o editor insistia na comparação. Já tinham sido contratados os direitos em sete países: Portugal, Espanha, França, Itália, as duas Alemanhas e Argentina. Como Zélia lançava *Senhora dona do baile*, o editor decidiu que o evento ocorreria em conjunto, "uma forma de poupá-los, para não precisarem se desgastar em viagens e noites de autógrafos". No dia do lançamento em São Paulo, numa livraria dentro de um shopping center, passava por acaso o jornalista Vladimir Sacchetta, o pai Hermínio tinha morrido fazia dois anos. Entrou na fila e, ao se apresentar para Jorge, viu uma expressão que lhe pareceu incômoda. Zélia se levantou, lhe deu um beijo na face e disse: "Seu pai foi um bom homem".

Oito anos depois de *Tocaia Grande* publicado, Jorge recuperaria de seus rascunhos outro livro, *A descoberta da América pelos turcos*, publicado em 1992. Enquanto escrevia os sucessos de Fadul, Tição e Coroca, acabou por criar uma história paralela que decidiu descartar para não comprometer o andamento da trama original. Chegavam a cerca de 45 as páginas que pensou em jogar no lixo. Mais tarde, retrabalhadas e acrescidas de outras oitenta, dariam origem à pequena novela.

Tancredo Neves foi eleito e não tomou posse. Atacado por uma diverticulite, morreu de infecção generalizada. Assumiu seu vice, José Sarney, antes ligado à Arena, o partido que dera sustentação ao regime de exceção. Em Paris, Jorge passou semanas a tranquilizar a imprensa internacional dando garantias de que se tratava de um democrata, que a reabertura não sofreria recuo apesar da trajetória do político maranhense. A sua defesa de Sarney incluiu, além das declarações favoráveis, três idas ao exterior como parte de uma ampla comitiva para divulgar o país. Esteve em Portugal, na França e na União Soviética, países de sua intimidade fazia décadas.

Um dia procurado para um depoimento a respeito de Jorge, Prestes só aceitou falar porque se tratava de um pedido feito por outro escritor, Fernando Morais, autor de uma biografia de Olga Benário. "É um instrumento do Sarney", reclamou, "num governo reacionário, em que toda legislação fascista ainda está de pé e nenhum torturador foi condenado." O antigo personagem de Jorge ressaltava que nada tinha contra ele, mas que era "um escribazinho de servilismo total", que "passou a uma literatura muito imoral". Jacob Gorender, militante à frente das críticas na *Novos Rumos* duas décadas antes, lembrava que Carlos Marighella perdeu a vida, e Hermínio Sacchetta arriscara perder a sua. Os dois, que tinham sido inimigos na vida real e na ficção de Jorge, se reconciliaram para combater "a pior opressão que já se abateu sobre o povo brasileiro desde a conquista da Independência". Perguntava: "E Jorge Amado: esteve à altura?". Gorender, assim como Marighella, optara pela luta armada, o que, para Jorge, não pareceu a melhor solução. E Sarney, ao contrário do que temia Prestes, cumpria o compromisso de realizar eleições diretas no fim de seu mandato, consolidando a reabertura.

Enquanto o bom convívio com ACM e, agora, com Sarney indispunha Jorge com a esquerda, na Bahia era incorporado ao patrimônio cultural do estado.

Chegava a vez de ingressar na Academia de Letras da Bahia em março de 1985. De smoking — a instituição baiana dispensava o pesado fardão da ABL. Uma repórter quis saber como se sentia: "Me sinto suadíssimo, minha filha". Seu discurso de posse terminava com a lista de nomes de seus ex-companheiros da Academia dos Rebeldes. Fora o único a chegar à casa antes combatida. Um ano depois uma cerimônia em Brasília, com Sarney e um Jorge de gravata vermelha, fazia surgir uma fundação para guardar seu acervo, que vinha recebendo ofertas de universidades americanas. Zélia o convenceu a não retirar da Bahia seus manuscritos, cartas e livros.

Exu foi plantado por Mãe Stella no maior casarão do largo do Pelourinho, numa época em que a área estava deteriorada. Do Rio, o chefe do Iphan solicitou que retirassem o orixá da fachada para que não se criasse precedente em área tombada pela Unesco. A poeta Myriam Fraga, diretora executiva escolhida por Jorge, teve de viajar para argumentar in loco, e quando viu que perdera a batalha, quis saber quando o funcionário do Iphan chegaria a Salvador para fazer a remoção. "Não tem ninguém na Bahia para fazer o serviço?", ela escutou. "O senhor acha que alguém na Bahia vai retirar Exu que Mãe Stella assentou?" O orixá ficou.

A habilidade para conciliar antagonistas se nota na lista de convidados para a festa de inauguração. Jorge orgulhava-se de ter reunido "os opostos, os adversários, os inimigos políticos e até pessoais". Lembrava-se que tinham ocorrido fazia pouco as eleições para o governo, senadores, deputados federais e estaduais. "Como se haviam xingado, ofendido, de ladrão, corno e canalha, as senhoras mães não escaparam da baixaria sem limites." Deu a Paloma e Pedro "a incumbência de dispor os convidados nas mesas usando a conveniência e o respeito". A serenidade do convescote talvez tenha sido assegurada pela falta de uísque. Combinou com todos que dispensaria a bebida, pois era um escritor que vivia de direitos autorais.

Nas primeiras eleições diretas, em 1989, Jorge declararia voto em Roberto Freire, candidato do Partido Comunista. No segundo turno, ficou com Luiz Inácio Lula da Silva, o líder sindical à frente do Partido dos Trabalhadores, contra Fernando Collor de Mello, ligado às oligarquias do Nordeste. A sua escolha nas eleições de 1994 seria o sociólogo Fernando Henrique Cardoso, em disputa com Lula, a quem Jorge considerava um bom rapaz, porém sectário, que o fazia se recordar de políticos que conhecera no Leste Europeu. Somente na década seguinte Lula suavizaria seu programa e chegaria à presidência.

Na primeira viagem que fez à União Soviética depois da perestroika, como parte da comitiva do presidente Sarney, Jorge esteve com os velhos amigos, que viviam todos muito mal. O choque emocional talvez tenha sido o motivo, lhe diria o médico, para sua pálpebra esquerda cair e só voltar ao normal depois de seis meses.

Os críticos russos continuaram a dizer que o Jorge maduro prosseguia o caminho do Jorge jovem. A sua condenação da invasão de Praga pelas tropas soviéticas não mudou o curso da publicação, no entanto o autor ficara de 1967 a 1987 sem visitar o país. Depois de *Gabriela*, fizeram sucesso *Os velhos marinheiros* e *Os pastores da noite*. Um pouco atrasado, *Dona Flor e seus dois maridos* saiu em 1970 e se tornou o mais vendido. Brasileiros que residiam lá, como o tradutor Paulo Bezerra, eram procurados para tirar dúvidas sobre as receitas. Mais que os temperos, novidade mesmo para o leitor russo era a existência, na ficção, de um amor sensual e feliz. O que Jorge oferecia era aquilo que lhes fazia falta: "uma percepção alegre da vida", notou a ensaísta Elena Beliakova.

Tenda dos Milagres chegava aos russos em 1972. No ano seguinte, dois anteriores, *Jubiabá* e *Mar morto*, ocupavam as livrarias. Ainda não circulava *Capitães da Areia* quando ocorreu o sucesso, em 1973, de *The Sandpit Generals*, do diretor Hall Bartlett, com a história de Pedro Bala e seu bando de amigos. *Tereza Batista*, em 1975, tinha sido o último a atrair o leitor russo com devoção. As obras reunidas sairiam em três volumes no 75º aniversário, um reconhecimento de Jorge como um clássico na literatura universal do século XX. Imediatamente depois do fim da União Soviética o interesse nos livros se reduziu, tanto entre os editores quanto entre os leitores, talvez como uma reação imediata àquele que fora fiel amigo nos anos soviéticos.

39.
Rive Gauche

Da janela, Jorge avistava a baía de Cascais e a foz do rio Tejo como hóspede convidado do Hotel Estoril Sol. Dali, nos intervalos da lida em *Tocaia Grande*, ia com Zélia e o anfitrião Nuno Lima de Carvalho, gerente da rede hoteleira, a pequenos passeios em vilas não muito distantes, como Sintra, Ericeira, Mafra e Queluz. Seguia por vezes até o interior, Évora, a capital do Alentejo; subia até o norte, chegando a Guimarães e Minho. Em Viana do Castelo, onde voltara a residir o amigo Antonio Celestino, se tornou cidadão honorário. Entre almoços de bacalhau ou cação, pães e azeites, idas às feiras e conversas com amigos, sentia-se próximo da Bahia. As idas a Portugal se tornavam tão assíduas que fazia sentido a declaração de um motorista de táxi de Lisboa entrevistado por uma jornalista americana: Jorge Amado era um escritor português que vivia no Brasil.

Arrumar uma casa portuguesa para temporadas mais longas de escrita ficou por certo tempo em sua cabeça. Desistiu ao se dar conta da quantidade de amigos para visitar e receber, e ainda havia a possibilidade de ser reconhecido na rua — seria como no Rio Vermelho. Escolheu outra cidade no continente europeu onde vivera e fora feliz, ao ouvir o conselho de García Márquez, que conhecia desde uma de suas passagens por Frankfurt: "Um homem sensato faz o que ele [García Márquez] fez na idade em que estava: compra um apartamento em Paris".

A verba para o imóvel chegou depois de um contrato internacional. *Tocaia Grande* teve seus direitos vendidos por meio de um leilão capitaneado pelo editor Alfredo Machado e pelo agente literário Thomas Colchie, que fazia a ponte entre autores de língua portuguesa e o mercado editorial americano. O "western baiano", como o divulgaram, foi arrematado pela Bantam Books, de Nova York. A editora fizera uma oferta inicial de 130 mil dólares que Colchie rejeitou, até fecharem em 250 mil (o equivalente a 570 mil dólares atuais). Um recorde de adiantamento a um título estrangeiro, a cifra só era superada por não mais que meia dúzia de autores como Danielle Steel e Stephen King. Nas livrarias brasileiras, tinha vendido 400 mil cópias desde o lançamento, em 1984, e em países da Europa iniciava trajetória animadora de vendas, com aquisições nas duas Alemanhas, França, Espanha, Itália. Gregory Rabassa acabava de traduzir *Mar morto* para a Avon Books quando recebeu a incumbência de enfrentar o novo romance. Logo se deu conta da empreitada: "A combinação do velho Jorge Amado, que escreveu seus primeiros romances sobre a Bahia, e o novo Jorge Amado, com o espírito de *Gabriela*". Notou que não faltariam dificuldades de tradução, como as descrições da terra, e a variedade de sinônimos para o órgão sexual masculino e o feminino — não acreditava que pudesse encontrar tantas correspondências em inglês. A edição em capa dura de *Showdown* saiu em 1987. No ano seguinte, aparecia em *paperback*. "Amado não é apenas um dos grandes autores vivos, ele é um dos mais divertidos", garantiu Mario Vargas Llosa, chamado a fazer uma frase para divulgar o romance. Tinham se aproximado desde que Llosa recebera a ajuda de Jorge para visitar Canudos e escrever seu *A guerra do fim do mundo*. Na conquista dos leitores americanos, o desafio adicional é que não falava inglês para a turnê publicitária prevista para o lançamento.

Jorge e Zélia demoraram dezesseis anos para voltar a Paris após a expulsão. Liberados para entrar e sair em 1967, visitaram madame Salvage, que os recebeu com beijos e os hospedou de graça. Havia agora uma ducha em cada quarto. De passagem pela cidade, saindo de Portugal ou partindo para a Itália, iam visitá-la com frequência, no entanto passaram a se acomodar no novíssimo Hotel de l'Abbaye, na rue Cassette, número 10. Jorge recebia nesses dias parisienses o convite do velho amigo Roger Bastide, o antropólogo já de retorno ao país, para participar de programas de TV e rádio sobre a cultura brasileira. As idas a Paris se sucediam; no mercado editorial francês a partir de 1970 havia reedições das obras mais antigas, circulavam as mais recentes e também Zélia passou a interessar aos editores locais. Houve uma época "em que tudo o que Jorge fazia interessava à França", como se recordava Sergio Machado anos depois. Por vezes era reconhecido na rua como "Amadô". A poeta Myriam Fraga certa vez viu o jornaleiro abordar Jorge: "Disseram na TV que o senhor é o Dickens brasileiro!". Não podia se queixar mesmo assim: com assédio pontual da imprensa, tinha incomparavelmente mais liberdade para caminhar.

Como Jorge não encontrava opção em meio às tantas visitas a apartamentos à esquerda do Sena, a boêmia Rive Gauche — tinha interesse particular no Quartier Latin, seu bairro durante o exílio —, adaptou-se ao que apareceu, um no Marais, à margem direita do rio, com sala dupla, duas suítes, uma cozinha mínima e um lavabo, no sexto andar. O edifício ficava numa esquina, o número 6 da rue Saint Paul. Era a elegante Rive Droite, porém no mais perto da Rive Gauche que a Rive Droite podia estar. Da janela, acenava para a de outro prédio, a de um novo amigo parisiense, um dos mais íntimos a partir de então. Era o vizinho Georges Moustaki, francês nascido na egípcia Alexandria, judeu de origem greco-italiana, compositor de Edith Piaf e Françoise Hardy, ele mesmo cantor. Na escolha dos móveis, a preferência de Jorge recaía nos de madeira, e como era um homem de mesas, comprou muitas para distribuir pelos cômodos. A cama acolchoada de quadrados coloridos viu na capa de uma *Marie Claire* francesa, exemplar que carregou até a loja para garantir igual. Imediatamente Jorge fez amizade com o fruteiro, o jornaleiro e o padeiro, onde ia diariamente buscar o pão e as sobremesas que acompanhavam as refeições preparadas por Zélia, que improvisava com pratos semiprontos comprados pelo bairro. Em contraste com os cinco empregados da casa do Rio Vermelho, não havia ninguém além dela mesma para cuidar da morada parisiense.

As manhãs passava a escrever, como de costume. Ocupações mais pedestres preenchiam suas tardes: ir ao correio todos os dias, comprar jornais e revistas, levar objetos para consertar. As idas às livrarias constituíam divertimento à parte. Das preferidas, havia a Epigramme e a L'Œil Écoute. Às margens do Sena frequentava os buquinistas. Nas cercanias, dois restaurantes eram os mais frequentados. A Enoteca, um italiano na mesma rua em que morava, tinha como donos dois ex-membros da Brigadas Vermelhas radicados na França. Jorge e outro frequentador, o vizinho Chico Buarque, assinaram certa vez um manifesto pela libertação de Toni Negri, ideólogo da organização paramilitar de guerrilha italiana. Um dos donos da Enoteca procurou Paloma certo dia para contar: "Quero que saiba que seu pai me deu a senha do cartão para digitar na hora em que paga a conta".

Duas, três vezes por semana Jorge ia ao outro favorito de muito tempo, um restaurante chinês no Quartier Latin, o Tai San Yuen, na rue Du Sommerard, em frente à Sorbonne. A mesa do canto atrás da porta de entrada era a de sua preferência. Desde os tempos do exílio conhecia o estabelecimento, que mudou de dono várias vezes, de cada qual se tornava igualmente íntimo. Um guia feito por Jorge para quem desejava comer e beber incluía ainda Au Pont Marie e Pinot, na ilha de Saint Louis, Chez Maître Paul, na rue Monsieur Le Prince, L'Amis Louis, na rue du Vert Bois.

Tan, o garçom que lhe atendia no restaurante chinês, fez pedido inusitado a Jorge. Queria ser seu filho. Contou-lhe que no Camboja, onde nascera, quando se fica órfão é possível eleger pais novos. Não tendo burocracia a cumprir, Jorge e Zélia passaram a ser chamados de pai e mãe, e Paloma, de irmã. Nunca deixaram de se corresponder, mesmo quando se casou, mudou para o interior da França e teve quatro filhos — outros netos de Jorge e Zélia.

Com tanto tempo em convívio com o idioma francês, esperava-se que Jorge falasse sem sotaque ou erro. Era fluente, como notou Simone de Beauvoir já na década de 1960. No entanto, se enganava com o masculino e o feminino. Às vezes acertava, depois tentava corrigir e saía errado. Zélia, ao contrário, era um primor na pronúncia.

Em Paris, o escritório ficava num canto de teto rebaixado por uma escada. Deixara de lado *Boris, o vermelho*, e tentava avançar num romance que planejava fazia duas décadas, *A guerra dos santos*. Abandonaria o épico que sugeria o título inicial pelo prosaico, sem deixar de contar uma batalha de deuses, o dos cristãos de um lado, do outro os encantados africanos do candomblé da Bahia.

Não era mais a dificuldade de se concentrar o maior entrave, e sim as mudanças na disposição física, como contava ao cronista Otto Lara Resende, seu interlocutor nessa temporada, em setembro de 1987, com quem se desculpava pelo atraso na correspondência: "A historinha do sumiço da santa que estou batucando na máquina toma a manhã até a hora do almoço — nunca antes das 14 horas — e à tarde sou inútil para qualquer escrita, leio um pouco, cochilo, vejo com a ponta do olho a tevê francesa ainda menos boa que a brasileira, viva a Globo! A velhice é fogo, quem quiser diga que é a idade melhor, fale em juventude de espírito, não serei eu: a velhice é de lascar".

Otto lhe perguntara sobre a recusa de ser embaixador em Paris, convite de Sarney alardeado na imprensa. Explicou ao amigo mineiro: "Não me sinto capacitado para ser um bom embaixador e a tarefa certamente não me divertiria. Se fosse mais moço ao menos dez anos, talvez me tentasse, a vaidade levando-me a pensar que poderia ser útil ao Brasil, como dizem você e alguns outros. Aos 75 anos feitos, não creio poder aguentar mesmo dois anos de embaixador. Além da estatura que me falta: não a tenho nem para adido cultural, cargo que você exerceu com competência e brilho, posso dar testemunho". Sem trégua continuou a trabalhar no novo livro. "Fico por aqui enrolando umas magras letras numa historinha de bruxaria, bem baiana e simples que me diverte escrever mesmo que não agrade a ninguém por tão pouco à altura da crítica universitária que dirige e promove os novos livros, modestíssima fábula sobre o hoje tão controvertido tema do sincretismo religioso e cultural." Nove meses depois, o romance não fora concluído. "A falta de tempo — todo tomado pelo miserável romance cujo fim não consigo ver — e o excesso de ignorância impedem-me resposta decente à tua carta de 18 de maio." Era junho de 1988.

Na conversa com Otto, perguntava do amigo em comum Fernando Sabino, também de Paulo Mendes Campos, lamentava a morte de Hélio Pellegrino. Não desejava falar dos mortos de um ano que fora medonho; falando dos vivos, dizia que ia votar no tradutor de origem húngara Paulo Rónai no dia que se decidisse candidatar à ABL. Não só pela importância do trabalho intelectual que realizou no Brasil, também porque era um brasileiro naturalizado, o que faltava à instituição, "entre muitas outras coisas". Reagia contente ao saber que Otto escrevia um novo livro. Logo lamentava, em outra carta, a morte do escritor José Cândido de Carvalho, de obra que fundia cordel e realismo fantástico. "Sinto imenso: fomos amigos por mais de cinquenta anos."

O *sumiço da santa: Uma história de feitiçaria* transcorre durante dois dias na Salvador do início dos anos 1970, período em que se passaria *Boris, o vermelho*. A trama começa quando desaparece a imagem de santa Bárbara — Iansã no sincretismo — que chegava ao cais vinda de Santo Amaro da Purificação. Em paralelo à busca pelo objeto sacro, brigam duas irmãs, Adalgisa, uma católica filha de negra com espanhol, e sua sobrinha,

Manela, adepta do candomblé. Histórias se entrelaçam, reunindo personagens fictícias e reais. De modo mais explícito que nas outras tramas, Jorge faz troça de católicos e do catolicismo, enquanto enaltece o candomblé e seus adeptos. Entre fábula mística e sátira, o seu trigésimo romance guarda parentesco com dois anteriores, *Os pastores da noite* e *Tenda dos Milagres*. Quando publicado, em 1988, tinha como anúncio o slogan: "Um romance baiano só na Bahia podia acontecer". Em *Tocaia Grande*, retornara a seu romance rural da zona cacaueira. *O sumiço da santa* significava o mesmo para o romance urbano situado em Salvador que iniciara com *Suor* e prosseguiu até *Tenda dos Milagres*.

Nos principais jornais e revistas brasileiros, sua história de feitiçaria era recebida como material extemporâneo. Na mesma ocasião saía *Vastas emoções e pensamentos imperfeitos*, romance ágil e conciso de Rubem Fonseca, comemorado na mesma proporção em que Jorge enfrentava resistência. Fonseca funcionava quase como seu antípoda, e na imprensa havia a intenção de polarizar os dois.

Não adiantavam as tentativas de fazer intrigas entre Jorge e outros autores. Paulo Coelho começava a se tornar best-seller mundial, e os jornalistas abordavam o escritor veterano com perguntas sobre os livros do mago. Elogiava. Coelho, por sua vez, colecionava episódios afáveis. Como quando alcançou a lista de mais vendidos na França e recebeu pelo correio um recorte da notícia, acompanhado de carta de Jorge cumprimentando-o pelo feito. Coelho seria grato: "Jorge passou a ser meu defensor em um momento difícil para mim quando a maior parte dos comentários sobre meu trabalho era muito dura".

Em Paris, Jorge se encontrava com autores brasileiros que começavam trajetória internacional. No Tai San Yuen, levou para jantar Milton Hatoum, que fazia sucesso de crítica com seu livro de estreia *Relato de um certo Oriente*. A amiga em comum, Alice Raillard, providenciou o encontro. Sem conseguir avançar no segundo livro, Hatoum escutou que não podia ficar travado. "Para viver disso, você tem de publicar vários títulos", Jorge repetiu o que sempre dizia a Ubaldo. "Aí pinga um dinheiro no banco, depois outro." Num segundo conselho, Hatoum entendeu que podia fazer um romance que não ficasse restrito a leitores mais intelectualizados, e assim concluiria o título que publicou a seguir, *Dois irmãos*.

De um José Saramago já autor de grande sucesso se aproximara naqueles dias de Paris. Pilar del Río, companheira do escritor português, recorda que nunca se podia jantar à mesa da sala porque estava sempre repleta de cartas. Iam aos restaurantes preferidos de Jorge na vizinhança. O pudor que teve Saramago quando ainda era estreante e se recusou a ser apresentado a Jorge se transformava, agora, em anedota a cada reencontro. Os dois casais coincidiram em viagens pela Espanha e pela Itália, visitaram-se em Portugal e no Brasil. Dois romancistas de esquerda que não dispensavam o bom-humor e trocavam assídua correspondência, falavam de júris de prêmios, pintura e política, entre anedotas intermináveis.

Um jantar em Brasília ficou na memória do escritor e tradutor Eric Nepomuceno, acompanhante do grupo. "Jorge e Saramago discutiam, muito agitados, em voz baixa e com ar conspirativo. Nas outras mesas as pessoas prestavam uma atenção quase religiosa, tentando descobrir, em vão, os assuntos de altitudes estratosféricas enquanto o resto da mesa permanecia em respeitoso silêncio". Com Zélia e Pilar acrescidas à discussão, entendeu do que se tratava. "Tentavam concluir em qual idioma a letra de 'A Internacional' era mais absurdamente feia". A conversa toda deve ter durado quase meia hora, "sempre com ar circunspecto e muita molecagem no ar", enquanto a curiosidade se espalhava pelos outros clientes. No tira-teima, entoaram, em alto e bom som, "A Internacional" em português, depois em espanhol.

As amizades epistolares no Brasil continuavam. Com Otto, Jorge comentava com alegria que o livro de Oswaldo França

Junior, aquele que premiara com Olinto e Rosa, saía naqueles dias na França com apresentação sua. Nos envelopes, enviava ao amigo mineiro livros que comprava em Paris. "Se eu fosse homem rico todas as semanas mandaria um bom livro para você, assim receberia de volta uma carta igual à que recebi hoje: página da melhor literatura epistolar, encheu-me as medidas, ganhei o dia", comentava em agosto de 1989: "Não sou rico, apenas um pobre escritor baiano, aliás em decadência como soube que discursa uma adida ou leitora, não sei bem, de uma nossa embaixada". Ao se aproximar dos oitenta, deixava entrever um incômodo com as recusas à sua obra que antes não deixava transparecer.

"Como desejar feliz Natal quando os amigos estão morrendo? A velhice é triste, ai", Jorge lamentava outra vez as perdas. "Mas, ainda assim, vão nossos votos para 1991." No postscriptum, não perdia o vício: recomendava Dias Gomes para a vaga aberta na ABL. Em 1992, contava a Otto de novo projeto. Estava "levando o barco de *Navegação de cabotagem*", que seria dedicado a ele, seu "guru".

Deu tempo de o interlocutor receber a notícia de que o livro ficara pronto em agosto de 1992. Otto morreria em dezembro.

Não chegava o Nobel, e estava difícil conquistar o Camões. O maior galardão de língua portuguesa fora criado em 1989 e, em decisões unânimes, convencionou-se um revezamento entre autores de Portugal, Brasil e países africanos de língua portuguesa. Os vencedores até 1993 seguiram essa sequência: Miguel Torga, João Cabral de Melo Neto, José Craveirinha e Vergílio Ferreira. A expectativa era a vitória de Jorge, porém deu Rachel de Queiroz.

Editor do veterano *Jornal de Letras*, José Carlos de Vasconcelos não deixaria barato. "Escândalo no Prêmio Camões", estampou a capa da edição que circulava entre 6 e 12 de julho de 1993. Contava o periódico literário que três votos portugueses foram para Jorge Amado, três votos brasileiros, para Rachel de

Queiroz. Nenhum dos brasileiros era especialista em literatura. Com o impasse que se criou, os portugueses cederam, vendo que os visitantes chegaram determinados a fazer a autora vencer. "Não só determinados a votar em Rachel de Queiroz. Jorge Amado era um nome que não queriam sequer considerar", relatava o periódico. Para sair do impasse, e por cortesia de anfitriões, já que se tratava também de escolher um brasileiro, o júri cedeu. Um dos jurados portugueses votou em Augusto de Campos, resultando num desempate.

Um pouco da indisposição com Jorge pode ser entendida pelo abaixo-assinado que, na Bahia, circulou na universidade, em prol da premiação de Rachel no Camões, em grande medida reação ao vínculo de Jorge com ACM, àquela altura governador em terceiro mandato. A ironia é que Rachel tinha sido entusiasta de primeira hora do regime civil-militar. A amizade com Jorge ficara no passado, embora se falassem como se nada houvesse acontecido. Rachel admitiu anos depois que, quando Cabral recebeu o Camões, fez parte da manobra para evitar que o escolhido fosse Jorge, "que sempre ganhava tudo".

O *Jornal de Letras* reclamava da baixa representatividade de Rachel em território lusófono. Apenas *O Quinze* estava disponível, e sua obra, constituída por crônicas entre as décadas de 1940 e 1960, não tivera repercussão fora do Brasil. Dois autores portugueses comentaram os bastidores do Camões, José Saramago e José Cardoso Pires. Saramago defendia Jorge: "Não discuto os méritos da premiada, o que não entendo é como e por que o júri brasileiro ignorou ostensivamente (quase apeteceria dizer provocatoriamente) a obra de Jorge Amado. O Prêmio Camões nasceu mal e vai vivendo pior. E os ódios são velhos e não cansam". Não foi diferente a reação de Cardoso Pires: "Não creio sinceramente que a obra desta autora avalize a exigência literária que tem caracterizado um prêmio como este, empenhado em reconhecer o que de mais inovador se tem produzido nas obras de língua portuguesa. Penso em Jorge Amado, penso noutros".

No ano seguinte, o Camões teve um resultado que soou quase como desagravo. A vez era de um autor africano, Pepetela ou Luandino Vieira, os favoritos, e no entanto foi Jorge o vencedor. Quando soube do resultado, Zélia o cumprimentou: "Parabéns, Pedro Archanjo".

No canto do jardim onde fica uma grande mangueira na casa do Rio Vermelho, o banco feito de cimento e azulejos azuis serviu por décadas para conversas de Zélia e Jorge. Nesse lugar as fotografias os mostram em diferentes idades, as camisas e os vestidos coloridos, ela de cabelos curtos, ele de fios brancos compridos aos sessenta anos, depois cortados ao passar dos setenta.

Nesse banco Paloma teve com o pai uma conversa que jamais tivera. Naquele dia Jorge lhe contou o tempo com Matilde. O adoecimento da primeira mulher tornara o convívio impossível, as crises eram sobretudo provocadas pela sua presença, a ponto do internamento. Jorge contou também a Paloma que sentia saudade de Lila, calculava que, se estivesse viva, teria pouco mais de sessenta anos e, no entanto, permanecia uma menina em sua lembrança. Contou à filha de amores secretos da mocidade. De amizades intimamente desfeitas sem que precisasse interromper o diálogo com aquele que perdera seu afeto. Como repetia, havia um cemitério particular onde colocava os que não mereciam mais sua confiança, esses mortos não suspeitavam do quanto passavam a ser desprezados. Contou ainda que desconfiava da má intenção de editores e agentes — por vezes sentira-se enganado, com contratos desfavoráveis, tiragens maiores do que lhe declaravam, cálculos malfeitos.

"Quero um grande favor", lhe disse, "não gostaria que meu corpo fosse enterrado em cemitério, me repulsa a ideia de ser comido pelos vermes." Pediu à filha que fosse cremado, as cinzas depositadas ali no lugar onde estavam, ao lado do banco, ao pé da mangueira. "Sei que não será fácil, vão querer me levar para o mausoléu da Academia. Prometa que me ajudará nisso."

De saúde estável, afora o nódulo na garganta retirado décadas antes, que o levou a decidir parar de fumar, ou a queda da pálpebra ao retornar da Rússia, Jorge não só prescindia de médicos como os evitava diligentemente. O oposto do hipocondríaco, não dava a mínima para risco ou sintoma, agia com folgada irresponsabilidade. Não raro pegava os óculos de Zélia emprestados e, quando funcionavam mais que os seus, mandava fazer igual para evitar de ir à consulta. De vez em quando o escutavam avisar à mulher: "Está na hora de trocar de óculos que esses já não estão bons". E o comando: "Vá ao oculista".

Jorge desejava uma morte que acontecesse de uma hora para outra. Não foi como quis: a sua agonia se prolongaria por quase oito anos.

Capitão de longo curso é a mais alta patente na marinha mercante brasileira. O oficial com tal insígnia comanda qualquer navio de transporte, indo a todos os continentes, na assim chamada navegação de longo curso. Um degrau abaixo está o capitão de cabotagem, que leva sua embarcação entre portos de um mesmo país. Até pode chegar a outro país, no entanto é uma navegação rente à costa, trajetória de constantes paradas, menos arriscada ou gloriosa, uma viagem que não singra mares.

Um admirador de livros de memória, Jorge ingressara no gênero com os fragmentos de sua infância reunidos no despretensioso *O menino grapiúna*, de 1981, publicado de início como artigo da revista *Vogue*. A chegada dos oitenta anos o levara a enfrentar o projeto que tentara evitar. Incumbiu-se de *Navegação de cabotagem*, que publicaria em 1992, subtítulo cravado na capa debaixo do título: "Apontamentos para um livro de memórias que jamais escreverei". Os episódios que viveu foram contados sem linearidade, propositadamente embaralhados, sem fluxo único organizado com causa e efeito, numa sucessão lacunar de acontecimentos. De onde se tira o drama, salienta-se o humor.

O maior contador de histórias, quando contou a sua, fez um antifolhetim, sem fio condutor, suspense ou surpresa.

Quando começou a escrevê-lo, Jorge estava em Paris, na época em que Zélia se dedicava a *Chão de meninos*. Não sobrava tempo para ela passar os originais do marido para o computador — ou quem sabe tenha intuído que seria melhor deixá-lo completamente livre para dedicar-se à tarefa. Pela primeira vez, outra pessoa a substituiu nessa função, Paloma.

A filha se lembra de que ele afirmava com veemência que não eram memórias. Dizia que o livro contava episódios — que chamava de notas. E continha reflexões — que chamava de grifos.

Paloma tinha transcrito cem textos, entre notas e grifos, quando o alertou para o fato de que teriam um grande trabalho para ordenar aquilo. A solução foi fazer uma espécie de jogo, um puzzle, que consistia em fichas contendo todos os elementos principais do texto: data, local, personagens, se o teor era alegre ou triste, se o assunto era político, literário, relativo à família ou à amizade. Essas fichas foram pregadas às paredes da sala de jantar, e assim o pai ia tirando uma ficha daqui e substituindo por outra dali, alterando a arrumação conforme avançava a escrita. Mais uma vez tinha como *deadline* uma viagem, uma volta de navio pela Grécia e Turquia. Iriam ele, Zélia e Misette. Não conseguiu terminar a tempo. Passou todo o período dentro da embarcação a escrever notas e grifos. Zélia, de volta à tarefa, passava a limpo à mão e ele enviava por fax. Assim Paloma começou a receber faxes diários com episódios novos, que colocava no computador e enviava ao navio de volta.

Como telefonar do navio custava uma fortuna, Paloma teve a surpresa de um telefonema da France Télécom para saber se o dono do telefone tinha conhecimento do absurdo e se permitia as ligações. Naquele dia tinha recebido um fax com onze metros de comprimento. Cada nova nota ou grifo enviado devia ser inserido em determinado lugar, o que mudava toda a composição feita. Cada um deles vinha com imenso pedido de desculpas, promessas de ser aquele texto "o último" — às vezes usava as palavras "final" e "derradeiro". Quando estavam chegando a Veneza, veio mais um com o seguinte bilhete: "Este é o último mesmo, meu amor. Eu juro pela alma de sua mãe". A filha respondeu: "Jure pela alma da sua mãe, que aliás já morreu. Deixe a da minha em paz, que ela está viva". Ao receber o fax, o pai lhe telefonou e ela escutou sua voz dando risada. Aconteceu que, ao desembarcar em Veneza, lembrou-se de outro episódio, mandou mais uma nota, pedindo perdão.

Jorge se recordou de Mariá até o fim da vida. A primeira noiva não aparece no livro, no entanto menciona sutilmente Maria, com quem vivera no exílio em 1941. Não há referência alguma a Rachel de Queiroz, tampouco a Joel Silveira, outro que andava a dizer cobras e lagartos a seu respeito. Amigos não faltariam, com Carybé e Mirabeau entre campeões de citação. Diz-se até hoje na Bahia que em *Navegação de cabotagem* abarcou todos os nomes que não tinha conseguido em seu *Bahia de Todos-os-Santos: Guia de ruas e mistérios*.

A festa de oitenta anos movimentou a Bahia como poucas. Com o centro histórico recuperado, ACM não desperdiçaria a oportunidade de angariar simpatia pública com seu autor mais celebrado, num grande encontro no Pelourinho com discursos e shows. Não agia diferente de outras autoridades. Entre condecorações e títulos honoris causa, os oitenta anos faziam alarde em outras partes do mundo. Em Paris, uma grande exposição em sua homenagem seria inaugurada no Centro Georges Pompidou, primeiro brasileiro a receber tal distinção.

Na coletiva de imprensa na Fundação Casa de Jorge Amado, o calor abafado e o lugar lotado de jornalistas, perguntaram a Jorge qual o maior problema do país. "O da posse e distribuição de terra." Estava preocupado naqueles dias com as denúncias que o empresário Pedro Collor de Mello fazia contra o irmão, então presidente da República, Fernando Collor de Mello.

Vencedor das primeiras eleições diretas após a redemocratização, Collor de Mello vinha sendo denunciado por corrupção, e a entrevista bombástica concedida à revista semanal *Veja* seria estopim para o impeachment. Não sendo eleitor de Collor, Jorge dizia que lamentava que a cultura da delação se precipitasse no Brasil, país onde essa prática jamais existira e o fazia lembrar dos tempos da cortina de ferro. A certa altura, interrompeu para lembrar que outro baiano fazia aniversário na cidade, um "novo Castro Alves", o cantor e compositor Caetano Veloso. Castro Alves funcionava como uma senha.

Nas incontáveis entrevistas concedidas por ocasião dos oitenta anos, os temas recorrentes eram a abertura econômica e política da ex-União Soviética, a queda do muro de Berlim e a reconfiguração democrática no Leste. "Não é o socialismo que está acabando", dizia, "o socialismo do Leste Europeu foi apenas mentira e ilusão, mísero engano, ignomínia. O sonho permanece íntegro, permanecem atrozes e urgentes os problemas." E continuava: "Não se trata, como os reacionários desejam crer, da batalha final entre capitalismo e socialismo, mas entre democracia e ditadura. Socialismo sem democracia é ditadura, e nenhuma presta, nem de direita nem de esquerda, a mesma merda".

Ubaldo se recordava de um telefonema recebido após a queda do muro de Berlim. "Não estava triste nem amargurado. Amargo, talvez. Cético em relação ao ser humano. E me disse: 'Você veja, meu compadre, tanta vida destruída, tanta gente morta, tanta inimizade, tanta família desfeita, tantos países esfacelados, para nada'."

À imprensa, Jorge imprimia seu estilo em meio às respostas sobre coisas sérias. "Não tenho paciência com quem se dá muita importância." A sua divisa? "Viver ardentemente." O que pensa em escrever? "Uma história de amor." Quando lhe perguntavam por que se tornou o romancista mais lido no país, dizia que, ao chegar à maturidade, achava que seriam trinta na mesma situação que ele. No humor dos amigos ouvidos, a intimidade de poder falar mal à baiana como gesto de amor. Carybé o descreveu, de chofre: "É uma pessoa ruim... Rouba o sapo do jardim dos outros só para fazer pirraça". Calasans: "Não fale mal de Jorge Amado. Depois ele descobre e transforma você em corno no próximo romance. Em 49 idiomas".

Carybé dizia que Jorge possuía uma virtude grande, "a impossibilidade de estar sozinho". Calasans ria da confusão que Jorge causava nos portugueses, ainda mais rígidos que os brasileiros, por não diferenciar amigos de esquerda ou direita. "Uma vez almoçou com Álvaro Salema, de esquerda, e à noite jantou com Forjaz Trigueiro, de direita. Foi um susto", ria o pintor, e concluía: "É o sentido mais grandioso da democracia". Carlos Scliar o descrevia como "um homem sensível, muito questionado pelos donos da verdade na arte do Brasil e também muito invejado". Comentava que a mesma revelação que teve ao ler *Cacau* se repetira com *Tocaia Grande*. Wilson Lins lembrou que, depois de Zélia, era possível apresentar as mulheres a Jorge "tranquilamente". A vigilância de Zélia não dava trégua, dizia-se que Jorge eventualmente a burlava, rastros difíceis de encontrar.

Entre providências e movimentações da festa dos oitenta anos, Jorge repetia: "Não vão vocês me fazer enfartar". A frase soava como boutade.

O infarto que previra ocorreu perto de completar 81, em maio de 1993, a primeira de uma série de expedições à UTI. Estava de volta de uma viagem ao Rio, sentiu-se mal e foi internado às pressas. Na ambulância, sofreu duas paradas cardíacas. Por sorte o hospital Aliança, um dos melhores da cidade, estava a quinze minutos do Rio Vermelho. Quando Zélia escutou do cardiologista que mandasse trazer os exames, teve de responder que só se fossem de outro paciente, aquele nunca os fazia.

Um mês de recuperação incompleta, ainda que alquebrado, avisou que embarcaria para Paris. Não havia quem o demovesse da empreitada. A Paloma, confirmou que a decisão nada tinha de inconsequente: "Se não voltar agora para a Europa, não volto nunca mais", temia. "Não vou aceitar que agora sou um homem doente. Tive um infarto e fiquei bom." Tomou com a mulher e a filha o navio que os deixou em Lisboa. Por uma semana reviu os amigos e os lugares de que gostava, sem deixar de tomar remédios e seguir a dieta a sério, ao menos cumpria o recomendado pelo médico. Em Paris, se entregou à máquina de escrever com novo romance. Deixava de lado *Boris*, que tentava realizar desde 1983. O novo chamava-se *Apostasia universal de Água Brusca*. Ao *Jornal do Brasil*, em 1994, contou que a história se passava no médio São Francisco durante a década de 1920. Tratava da luta de um coronel baiano e um bispo católico. O nome Água Brusca fora tirado de uma ladeira na capital baiana. Àquela altura, tinha oitenta páginas da história de *Boris*. Primeiro, fora interrompida para fazer *Tocaia Grande*, depois *O sumiço da santa*. Interrompeu-a outra vez para os arremates finais de *A descoberta da América pelos turcos*. Na quarta tentativa, parou para o *Navegação de cabotagem*.

O novo romance tampouco tinha como avançar. Os óculos de Zélia, ou quaisquer outros, não iam lhe servir mais. Nos dias do infarto, sentia dificuldade de enxergar com o olho direito. Resignou-se a consultar um oftalmologista na Bahia antes de embarcar. O diagnóstico era o melhor possível — nada tinha. O médico lhe receitou lentes multifocais que não funcionaram. Voltou ao consultório, e escutou um ligeiro sermão: "Se fosse uma pessoa qualquer, em uma semana estava adaptado". Dois meses se passaram e os óculos continuavam sem lhe servir. Tropeçava, às vezes caía. Em Paris, procurou outro médico. Dessa vez o diagnóstico, correto, foi tenebroso — tinha a mesma doença que fizera Joelson, o irmão do meio, perder a visão precocemente aos quarenta.

"Nenhum dia teria sido pior que aquele 25 de junho, uma sexta-feira", escreveu o escritor baiano Guido Guerra, amigo que acompanhou os dias em Paris quando ele descobriu a doença. Era Copa do Mundo, Zélia tinha feito um bacalhau para prender o marido em casa, evitando assim a exposição ao sol ao aventurar-se com as visitas a um restaurante, o chinês de preferência. Celi, mulher de Guido, notava que Jorge estava introspectivo, talvez triste. Zélia tentava disfarçar. O telefone tocou, ela foi atender, chamavam da clínica. "Adiantaram alguma coisa?", Jorge perguntou. Zélia, sem querer lhe contar de improviso, disse que seriam necessários novos exames. Jorge continuou sentado na cadeira de espaldar, diante da televisão, que retransmitia um jogo do Brasil. A quietude logo desapareceu: "Levantou-se de repente, discou um número, outro e tantos, falou com Alice Raillard, com José Saramago, repassando a notícia, a da cegueira próxima".

Jorge passou por uma intervenção a laser em Paris. O que dava para fazer não era muito: já havia perdido 70% da visão central do olho esquerdo, o direito estava bastante comprometido, em 40%. Tinha de manter vigilância permanente e, ao menor sinal de piora, correr ao médico. De volta ao Brasil, frequentou o Centro Brasileiro de Cirurgia de Olhos, referência no país, onde lhe foram indicados óculos especiais, uma espécie de lupa com que enxergava bem melhor. Uma máquina de escrever adaptada ao seu problema também foi providenciada. O mesmo médico brasileiro, ele recomendou a João Cabral de Melo Neto, que padecia do mesmo mal. Certo dia se perdeu no caminho de volta para o apartamento. A bordo do navio, acabou a graça das histórias inventadas para os passageiros, só se animava no jogo de cartas. Perdendo a vista, dizia que era como se perdesse a única vida que importava, a sensorial.

A dificuldade de ver o mundo fez em Jorge o que parecia impossível. De ativo, ficou inerte. Com o irmão Joelson se passara o oposto. Quando descobriu a doença, deixou de atuar como médico, aprendeu a dançar tango e enveredou pelo teatro amador; viúvo, arrumou duas namoradas, até ser obrigado por uma delas a escolhê-la. "Joelson é quem sabe viver", repetia.

O esforço para avançar no novo livro não deu em nada. Paloma sugeriu ao pai que lhe ditasse o romance, como fazia quando tinha de preparar artigos e prefácios. A resposta foi que com um livro não funcionava do mesmo jeito. Sem a entrega física — "este livro está comendo minhas carnes", como dizia —, não conseguia criar nada.

Em Paris, em maio de 1996, teve um edema pulmonar e ficou na UTI. As anginas recorrentes o levaram a uma angioplastia em outubro — o risco de não sair vivo era alto. Para seu tipo sanguíneo — AB negativo —, encontrar doadores exigia esforço, e os médicos pediram que se evitasse um anúncio. Em abril de 1997, instalaram na Bahia um marca-passo para controlar o ritmo cardíaco. Nas entrevistas, declarou com bom humor que estava com pilha nova. Com Carybé, riu, dizendo: "Eu tenho tanta saudade de ficar bom".

Os olhos se apagavam, o coração funcionava mal, e se abatia mais a cada vez que perdia um amigo. Estava já sem Giocondo Dias, morto em 1987, Alfredo Machado, em 1991, e Mirabeau Sampaio, em 1993. Fazia o possível para escapar de vê-los ir embora: inventava viagens para fugir da despedida no cemitério. O golpe derradeiro foi a morte de Carybé. Em setembro de 1997, para animar o pai, Paloma fez um caruru de são Cosme e são Damião, uma festa sincrética tradicional na Bahia. Convidado de honra também bastante adoecido, o pintor teve uma parada cardíaca no meio da festa. Morreria uma semana depois, quando estava de saída do Axé Opó Afonjá.

De novo em Paris, Jorge recebeu o título de doutor honoris causa na Sorbonne, em março de 1998. A caminho do microfone, em vez de desenrolar o discurso para ler, meteu-o num bolso. Na tribuna, disse que tudo o que podia ser dito o fora dito pelos mestres. "Resta-me, pois, dizer-lhes apenas — muito obrigado, de todo coração."

Com quedas acentuadas de pressão, outra vez ocupou a UTI do hospital Aliança em abril de 1998. Começaram as crises de angústia — não dormia nem deixava Zélia dormir. As crises desse tipo voltaram a acontecer e ele ia se apagando cada vez mais. Às vezes ficava lúcido e coerente, o que não durava mais que dois dias. As visitas que o encontravam desse jeito diziam que estava ótimo. Quando saíam, voltava à prostração.

Saramago dizia que Jorge devia receber o Nobel antes de qualquer outro autor de língua portuguesa. Em outubro daquele ano, a láurea chegou para o português. Jorge pediu que lhe telefonassem e dissessem que beberia em sua homenagem.

Uma nova internação ocorreu em setembro de 1999, o pulmão voltara a falhar com a insuficiência cardíaca.

Contou na última conversa com a filha o que sentia nos dias de inércia: enquanto ficava recostado, de olhos fechados, construía personagens, montava histórias, acumulava enredos inteiros. Animou-se naquele dia a ditar um romance e aceitou que lhe trouxesse um gravador. Paloma quis saber: *Apostasia* ou *Boris*? Nenhum dos dois, lhe garantiu. Havia um livro novo inteiro na cabeça e só precisava passar para o papel. Nesse dia, deu à filha instruções sobre seu espólio: após a morte, não queria que inédito ou original inconcluso fosse publicado, desde poemas feitos na juventude às obras iniciadas que não conseguiu avançar em meio à doença.

Zélia aproveitou a vivacidade repentina para ler trechos de seu *Città di Roma*. Entre observações de estilo, ele falou que seria o melhor livro da mulher. Queria que depois o lesse inteiro para ele. Quando Paloma retornou com o gravador, o pai já estava triste e calado. "Mais tarde, minha filha." E pediu à mulher: "Me coça, Zélia".

Em junho daquele mesmo ano, foi internado com hiperglicemia, teve depois infecção renal e outra pulmonar. Regressou à casa do Rio Vermelho em julho.

Quando Zélia avançou no livro, perguntou se queria que lesse um capítulo. "Depois." No dia seguinte, uma segunda-feira, se sentiu mal, foi levado às pressas para o hospital Aliança, seguiram Zélia, Paloma e Jonga. As tentativas de reanimação não surtiram efeito. Morreu às 19h30 do dia 6 de agosto de 2001.

Obá de Xangô, antes do velório havia as obrigações. João Jorge telefonou a Mãe Stella, que chegou ao hospital com sua ajudante para um ritual guardado em segredo. Como seu corpo seria cremado, o marca-passo teve de ser retirado — como acontece nesses casos —, numa cirurgia acompanhada pelo filho.

O Corpo de Bombeiros levou o caixão para o Palácio da Aclamação. Num carro logo atrás, Jonga viu os alunos das escolas por onde passavam baterem palmas das janelas. O velório teve um número estimado em 15 mil pessoas, entre políticos, gente das artes plásticas, da música e da literatura, representantes de blocos carnavalescos. Aurélio, o motorista que não viam fazia anos, foi um dos que mais chorava. Quem esteve naquela noite conta que parecia um velório de romance amadiano. Caetano apresentava-se no Teatro Castro Alves, era madrugada de seu aniversário de 59 anos. Ao fim do show, descansava no camarim antes do bis quando sua mulher, Paula Lavigne, o avisou de que precisava fazer uma homenagem. "Jorge Amado morreu", ela acabou por dizer. O cantor chorou e, de volta ao palco, cantou "Milagres do povo", trilha de Tenda dos milagres na TV, a letra inspirada em frases de Jorge ditas ao Pasquim. A Irmandade da Boa Morte não deixou de comparecer para um ritual de passagem: em silêncio, as senhoras com vestidos em vermelho e preto levantaram e embalaram o caixão. Por volta das três e meia da tarde, o levaram do Palácio da Aclamação outra vez para o carro de bombeiros sob aplauso. Foi decretado luto oficial, e também nos terreiros. O cortejo atrasou, chegou meia hora depois do fim do expediente no cemitério Jardim da Saudade. A cremação ocorreu no dia seguinte, ao meio-dia da quarta.

Na quinta de manhã, o filho buscou as cinzas. Mãe Stella encarregou-se da cerimônia do axexê, culto ao espírito dos mortos, os eguns. No dia 10, quando completaria 89 anos, a família se reuniu para depositar suas cinzas debaixo da mangueira, em meio a cachaça e mingau. Joelson lembrou o trecho das três irmãs, do *Terras do sem-fim*. James ficou mais reservado. Não eram muitos os convidados. Os filhos, netos, as famílias de Carybé, Mirabeau. Fernando, marido de Maria João, fez o buraco, depositou a urna e prendeu a placa, com frase do *Navegação de cabotagem*: "Aqui, neste recanto de jardim, quero repousar em paz quando chegar a hora, eis o meu testamento". Maria João levou mudas de maria-sem-vergonha para plantar no entorno.

Ao morrer, Jorge estava traduzido em 49 idiomas, e pelos cálculos da imprensa somavam-se 21 milhões de exemplares vendidos no país e 80 milhões no mundo. O *Le Monde* lembrou que Jorge dedicara sua obra à defesa dos oprimidos. O *New York Times* o chamou de "Pelé da literatura".

O cacau de Nacib, um chocolate em formato fálico, e a flor de Gabriela, seu correlato que imita uma vulva, são duas das lembranças de Ilhéus que animam turistas há décadas. Com o nome de Gabriela, batizam-se cigarrilhas de Menendez Amerino, cuja linha de charutos Premium denomina-se Dona Flor. Em Olivença, praia perto de Ilhéus, há um hotel chamado Jubiabá, personagem que, no entanto, vivia no Pelourinho. No Pelourinho, depois da revitalização empreendida pelo governo de Antônio Carlos Magalhães na virada para a década de 1990, três novos largos receberam nomes de personagens seus. Quando soube do projeto, Auta Rosa tentou fazer com que seu preferido, Vasco Moscoso de Aragão, fosse homenageado. Jorge nem quis conversar. Primeiro, porque não queria interceder, depois porque o capitão de longo curso era morador de Periperi, subúrbio ferroviário, nada tinha a ver com o centro histórico.

Em lugares onde jamais estiveram, Dona Flor é nome de floricultura em Belém, no Pará, e de praça em Itajaí, Santa Catarina. Tereza Batista se tornou grupo feminista italiano. Seara

Vermelha batiza a união de cooperativas agrícolas e fábricas transformadoras em Portugal. Incontáveis são os bares Quincas Berro Dágua, ou apenas Quincas. Jorge Amado é nome de rua em Estância e de faculdade em Salvador.

Uma década depois da sua morte, Eduardo Portella ponderava: "Às vezes penso que sua grande luta, a luta de toda sua vida, foi mesmo contra o pedantismo".

A família temia que Zélia não suportasse a ausência de Jorge. Viveu mais sete anos, a cuidar da prole, ocupar-se com a memória do marido e escrever quatro novos livros.

No velório, a imprensa estivera ávida pela notícia de sua provável candidatura à ABL na vaga do marido. Na cerimônia em homenagem ao escritor no Petit Trianon, acadêmicos defenderam abertamente sua eleição. Arnaldo Niskier disse que ela tinha aceitado. "Já tem 25 votos, com a campanha, terá mais", calculava. Eduardo Portella entusiasmava-se: "É uma grande candidata e na segunda-feira já estará com os votos garantidos". Por fax, Paulo Coelho lhe garantiu que se ela concorresse, retiraria a candidatura. Ao jornal *A Tarde*, ela desconversou: "Agora só penso em Jorge vivo".

Em outubro, Zélia lançava *Città di Roma* em Porto Alegre. Encontrou-se com a amiga Mafalda, viúva de Erico, falecido fazia 26 anos. "Sinto saudades de Erico todos os dias", Zélia escutou, e viu em Mafalda um exemplo. "Estava cheia de coragem, sem aquele desespero, aquela vontade de chorar" que ainda sentia. A vaga na ABL foi conquistada em 7 de dezembro. A votação durou menos de vinte minutos, e os integrantes a elegeram com 32 votos. O escritor Joel Silveira, 82, seu principal concorrente, teve quatro. Atacou: "Aclamada por ser viúva, não por ser escritora". Houve uma abstenção, a de Ariano Suassuna, cuja carta não chegou a tempo. Zélia esperava vitória, no entanto ficou surpresa com o número de votos que recebeu. Fizera um "bolão" na família para adivinhar quantos seriam. "O mais otimista era meu filho

João Jorge, que apostou que seriam trinta votos", disse, rindo. "Foi uma goleada", concluiu o presidente da ABL, Tarcísio Padilha.

Zélia tornava-se a quinta escritora a ocupar uma vaga na ABL. A primeira tinha sido Rachel de Queiroz. Depois, Dinah Silveira de Queiroz, Lygia Fagundes Telles e Nélida Piñon. Continuou a escrever. Logo preparou *Códigos de família*, publicado em 2001. *Um baiano romântico e sensual*, com os dois filhos, em 2002, quando se completou um ano da morte de Jorge, em seus noventa anos.

A mudança da casa do Rio Vermelho se deu em 2003, e ao lado de Zélia estava o último pug do casal, Fadul. Só voltaria mais duas vezes. A intenção da família era, além de fazer reforma, evitar que ela sofresse com a ausência de Jorge. O novo apartamento ficava no bairro de Brotas, no mesmo edifício onde vivia o filho. Zélia via jogos e novelas na TV, lia e escrevia. Ainda publicou *Memorial do amor*, em 2004, e *Vacina de sapo e outras lembranças*, em 2006. De Natal, ganhou do filho uma mesa de bilhar para se distrair. "Quando encaçapo uma bola, fico na maior felicidade!", contou à revista *Época*.

Até que aconteceu a morte de Luís Carlos, aos 65 anos, de câncer de medula óssea. Paloma, que acompanhava o irmão no hospital, voltou a Salvador para dar a notícia. Com a partida do primeiro filho, veio o declínio de saúde de Zélia. Morreu dois meses depois, em 17 de maio de 2008. "Não é de direito que um filho vá embora antes de pai e mãe", ela dizia, e os netos a viram chorar como nunca antes. A urna com suas cinzas está ao lado da de Jorge, no mesmo canto do jardim onde tem a mangueira.

40.
Archanjo

Jorge dizia que depois de morrer ficaria vinte anos esquecido. Uma editora paulista, a Companhia das Letras, assumiu a reedição de toda obra antes que completasse uma década de sua partida. Novas adaptações na TV, cinema e teatro somaram-se às reimpressões e traduções para apresentá-lo a leitores jovens, outra vez de Nova York a Moscou.

O calendário de comemoração do centenário de seu nascimento começava a se anunciar em cidades de todo o mundo quando, em outubro de 2011, um evento de ciência e tecnologia levou a Salvador o norte-americano Martin Chalfie, Prêmio Nobel de Química.

À frente de uma plateia de professores e estudantes no auditório da reitoria da UFBA, no bairro do Canela, Chalfie esclareceu que não era o primeiro cientista americano vencedor do Nobel a visitar a cidade. Antes estivera um nobilíssimo antecessor, ninguém menos que James D. Levenson, em busca de Pedro Archanjo, um sujeito preto, pobre e paisano, alta expressão do humanismo.

Três, cinco segundos se passaram, na plateia começaram a entender a piada, surgiram as primeiras risadas. Chalfie confessou depois que, leitor de Jorge desde a juventude, era *Tenda dos Milagres* seu livro preferido.

Este livro

A primeira biografia de Jorge Amado foi publicada por Miécio Táti em 1961. O material histórico e biográfico mais substancioso depois daquele realizado por Táti apareceu nos dois livros de memória do escritor e em outros dez de sua companheira, Zélia Gattai. Perfis breves saíram, em grande parte memórias de amigos, sem que esclarecessem novos pontos da trajetória do biografado, que se prolongou até 2001.

Embora seu acervo esteja preservado num único lugar — a Fundação Casa de Jorge Amado, no Pelourinho (BA) —, trata-se de uma pesquisa transoceânica, que se espraia pelos cinco continentes e abrange não apenas sua atuação como escritor e político, mas também sua tradução, recepção entre leitores e pesquisadores e retomada em épocas e lugares os mais diversos. Os estudos sobre sua obra, que começaram ainda na década de 1940, em todo o mundo, dos Estados Unidos à Rússia, têm se renovado particularmente após sua morte.

Concluo sete anos de trabalho com a certeza de que Jorge Amado é uma área de investigação interminável, que ainda deve ser explorada em muitos campos.

Agradecimentos

Devo a ideia deste livro ao editor Alcino Leite Neto; uma sorte contar com sua inteligência gentil e humorada para iniciar este projeto. O entusiasmo dos editores Ana Paula Hisayama e Leandro Sarmatz tem sido valioso até aqui, quando o livro chega a sua fase de publicação.

Agradeço a toda família Amado, que me confiou lembranças e intimidades. Paloma Amado, não bastasse a ajuda com sua memória prodigiosa, me garantiu acesso a inéditos. Fiz um milhão de pedidos à equipe da Fundação Casa de Jorge Amado: agradeço às calorosas Angela Fraga e Bete Capinan. E também a Bruno Fraga, Karina Barbosa, Marina Amorim e Neide Correia, gente de simpatia e dedicação.

Recebi presentes de grande valor. Luciana Sampaio me permitiu a consulta ao acervo de sua avó, Mariá Sampaio. Gilfrancisco Santos, um pesquisador minucioso da Academia dos Rebeldes e de toda literatura baiana, me enviou material exclusivo. Claudio Leal, Gonçalo Jr. e Mário Magalhães, escritores que se dedicam incansavelmente à pesquisa, fizeram chegar até mim achados de arquivos toda vez que viam Jorge Amado em sua frente. Bruno Gomide, historiador dedicado à literatura russa, me deixou conhecer estudos inéditos seus antes da publicação.

Tive acesso a edições e cartas que não estavam abertas ao público com a ajuda de editores e colecionadores: José Mario Pereira, da Topbooks; Luiz Barreto, da Letra Viva; Mathias Meyer, do Glórias; o crítico João Cezar de Castro Rocha e o editor Édson Filho, da É Realizações. Os poetas e bibliófilos Antonio

Carlos Secchin e Ésio Macedo Ribeiro abriram seus acervos para que eu pudesse consultar raridades. A editora Cilene Vieira e a escritora Maria Esther Maciel generosamente me deram primeiras edições de Jorge Amado, desfalcando suas bibliotecas. Fora do país, tive a ajuda de três pesquisadores em momentos-chave: Juliana Doretto, em Praga, e Marina Darmaros, em Moscou, ambas no ano de 2012; em Princeton (EUA), Mauricio Acuña, após minha visita, em 2018.

Olivia Soares contribuiu para que eu encontrasse muitas pessoas na Bahia e no Rio de Janeiro. Rita Suzart, jornalista com quem tanto aprendi há vinte anos, foi a primeira leitora minuciosa; Tina Vieira, a última, ainda na fase dos originais.

Pequenos e grandes achados, empréstimos de livros esgotados, dicas e dúvidas durante a pesquisa tiveram a intermediação de Alessandro Lins, Almir de Freitas, Álvaro Costa e Silva — o Marechal —, Ana Bárbara Pedrosa, Ana Lúcia Rodrigues, Carlos André Moreira, Claudia Antunes, Eduardo Capocchi, Ellen Costa, Fábio Victor, Idelber Avellar, José Alan Dias, Lair Alves, Hugo Prudente, José Geraldo Couto, José Luiz Passos, Júlio Pimentel Pinto, Luciana Araujo, Maria Amélia Mello, Marion Aubree, Maurício Meireles, Valéria Lamego, Vera Magalhães, Marisa Lajolo, Oscar Pilagallo, Pedro Meira Monteiro, Romério Romulo, Vilmar Ledesma.

As conversas iniciais com Isabel Lustosa, Fernando Morais e Ruy Castro foram valiosas. No decorrer da pesquisa, consultei especialistas em literatura brasileira e portuguesa, história política e história baiana, a quem agradeço pelo tempo e pelas informações compartilhadas: Ana Rosa Neves Ramos, Antonio Dimas, Augusto Buonicore, Benjamin Moser, Bernardo Buarque de Hollanda, Daniel Aarão Reis, Dênis de Moraes, Edilene Mattos, Edson Nery da Fonseca, Fernando Garcia, Ilana Seltzer Goldstein, João Marques Lopes, José Luiz Passos, Lincoln Secco, Lilian Fontes, Luís Bueno, Maria Eugênia Boaventura, Maria da Glória Bordini, Milena Britto, Oswaldo Bertolino, Paulo Fábio

Dantas Neto, Priscila Loyde Figueiredo, Regina Zilberman, Ricardo António Alves, Vânia Chaves, Thiago Mio Salla.

Rafael Moraes, atual dono do apartamento na rua Rodolfo Dantas, permitiu que eu fizesse visitas — o imóvel permanece em grande medida tal como a família Amado o deixou, dos livros ao mobiliário. Ana Passos e José Terra me ajudaram muito mais do que imaginam. Na reta final, recebi conselhos importantes de Marianna Teixeira Soares e Mirna Queiroz. E tive o valoroso cuidado editorial da equipe da Todavia: Aline Valli, Mario Ferraz Jr. e Mario Santin Frugiuele.

Uma pena que não estão aqui para conhecer esta história tal como a contei dois dos entrevistados que partiram antes deste livro ficar pronto: Eduardo Portella e Myriam Fraga.

Agradeço sobretudo a minha família: dedico este livro também a meus sobrinhos, os novos leitores Tiago e Mateus.

Notas

1. O cordel e as putas [pp. 11-20]

11 *Não foi por devoção* [...] *mais próspera*: Entrevista de Paloma Amado; também há detalhes em Zélia Gattai, *Um chapéu para viagem*.
11 *O preferido* [...] *mais uma a sofrer*: Em Zélia Gattai, *Um chapéu para viagem*.
11 *No registro*: Certidões de nascimento, Acervo Fundação Casa de Jorge Amado.
11 *O Amado prevalecia* [...] *africano escravizado*: Jorge fala sobre a origem da família em depoimento ao MIS e em entrevista a Sergio Marras, *América Latina, marca registrada*; também em entrevista de Paloma Amado.
11-2 *Não apenas árabes* [...] *donos de firmas de crédito*: Francisco Borges de Barros, *Memória sobre o município de Ilhéus (1915)*; e Silva Campos, *Crônica da Capitania de São Jorge dos Ilhéus*, cuja primeira edição data de 1930.
12 *João vinha de Estância* [...] *branda infidelidade do marido*: Entrevista de Paloma Amado; também em Zélia Gattai, *Um chapéu para viagem*.
12-3 *O dia exigiu operação de monta* [...] *oratória empolada*: Em Zélia Gattai, *Um chapéu para viagem*.
13 *A sorte por toda a vida* [...] *três dedos de uma das mãos*: Jorge fala sobre a tocaia sofrida pelo pai em diversas oportunidades; no depoimento ao MIS e em Jorge Amado, *O menino grapiúna*; também há detalhes em Zélia Gattai, *Um chapéu para viagem*.
13-4 *A natureza era mais difícil* [...] *e os rios Cachoeira e Engenho*: Em Jorge Amado, *O menino grapiúna*; e Zélia Gattai, *Um chapéu para viagem*.
13-4 *Diz-se na cidade*: A famosa enchente é relatada em Silva Campos, *Crônica da Capitania de São Jorge dos Ilhéus*.
14 *Coronel sem posses* [...] *os porcos espantavam as cobras*: Em Jorge Amado, *O menino grapiúna*; e Zélia Gattai, *Um chapéu para viagem*.
14-5 *Não há registro* [...] *passou por excêntrica*: Em Jorge Amado, *O menino grapiúna*; e Zélia Gattai, *Um chapéu para viagem*; sobre a excentricidade de Eulália Amado, depoimento de Sá Barreto/Acervo Thomas Colchie/Princeton; o relato de quem os visitou e se lembrava do desconforto em cômodos requintados está em Rachel de Queiroz e Maria Luiza Queiroz, *Tantos anos*; o cartão-postal foi encontrado no arquivo de Mariá Sampaio.
15-6 *Em Ilhéus* [...] *uma década e meia depois daquele*: Francisco Borges de Barros, *Memória sobre o município de Ilhéus (1915)*; e Silva Campos, *Crônica da Capitania de São Jorge dos Ilhéus*.

16 *João não chegou* [...] *ano de 1930*: Gustavo Falcón, *Os coronéis do cacau*.
16-7 *A fama de terra* [...] *ainda que incipiente*: Francisco Borges de Barros, *Memória sobre o município de Ilhéus* (1915); e Silva Campos, *Crônica da Capitania de São Jorge dos Ilhéus*.
17-20 *Os acontecimentos anteriores* [...] *como dizia um amigo*: Em Jorge Amado, *O menino grapiúna* e *Navegação de cabotagem*. Depoimentos de Jorge Amado e Sá Barreto/Acervo Thomas Colchie/Princeton; depoimento de Jorge Amado ao MIS; sobre a imaginação da mãe e senso crítico do pai, ver Wilson Lins, *Histórias de Jorge Amado*.
20 *um tabaréu*: Depoimento de Calasans Neto/ Acervo Thomas Colchie/ Princeton.

2. Academia dos Rebeldes [pp. 21-38]

21 *Não se lê sem licença*: Sá Barreto, *A Tarde*, 1988.
21 *disfarçado de vendedor* [...] *não fora impedido*: Entrevista com Manuel Cabral.
21-2 *Padre Cabral encarregava-se* [...] *vai ser escritor*: O relato sobre a redação e o veredicto do professor jesuíta será repetido em muitos momentos; está, por exemplo, em Jorge Amado, *O menino grapiúna* e *Navegação de cabotagem*, e no depoimento no Acervo Thomas Colchie/Princeton; sobre o Colégio Antônio Vieira e o dia a dia dos alunos, ver Stela Borges Almeida, *Negativos em vidro: Coleção de imagens do Colégio Antônio Vieira*; e Waldir Freitas Oliveira e Edilece Souza Couto, *Colégio Antônio Vieira 1911-2011*.
22 *Mais do que lhe prever um destino* [...] *de Alexandre Dumas*: O relato sobre os primeiros livros se encontra em muitas entrevistas no decorrer da vida; também em Jorge Amado, *Navegação de cabotagem*.
22 *Um "quase noviço"* [...] *bolchevique*: Sá Barreto, *A Tarde*, 1988.
22-3 *Escondido de todos* [...] *futuro governador da Bahia*: O relato sobre os primeiros livros se encontra em muitas entrevistas no decorrer da vida; também em Jorge Amado, *Navegação de cabotagem*.
23 *Dois dos melhores amigos* [...] *jesuítas*: Jorge Amado, *Navegação de cabotagem*.
23-4 *Apesar dos livros* [...] *"o maior mentiroso da Terra"*: Jorge Amado, *Navegação de cabotagem*; sobre o Colégio Antônio Vieira e o dia a dia dos alunos, ver Stela Borges Almeida, *Negativos em vidro: Coleção de imagens do Colégio Antônio Vieira*; e Waldir Freitas Oliveira e Edilece Souza Couto, *Colégio Antônio Vieira 1911-2011*; sobre o vizinho do tio, ver depoimento de Jorge Amado ao MIS.
24 *Aos doze anos* [...] *era o próprio Jorge*: A história da fuga é contada pelos pais e em Zélia Gattai, *Um chapéu para viagem*; Jorge também reconstitui o relato em diversos momentos, como em *O menino grapiúna*, e há mais detalhes no depoimento no Acervo Thomas Colchie/Princeton.
25 *A alegria terminou* [...] *o fez ver o mundo*: Jorge Amado, *O menino grapiúna*.
25 *Jorge recuperaria* [...] *"como mensagem"*: Depoimento de Jorge Amado no Acervo Thomas Colchie/Princeton.

25 *De uniforme azul* [...] *em vão*: As declarações sobre Anísio Teixeira e o Ginásio Ipiranga estão em depoimento ao MIS e no Acervo Thomas Colchie/ Princeton.

25-6 *Em quartos alugados* [...] *Pelourinho*: Jorge Amado, *Navegação de cabotagem*.

26 *A Pátria* e *A Folha*: Acervo/Fundação Casa de Jorge Amado.

26 *A baía de águas tranquilas*: Kátia de Queirós Mattoso, *Bahia, século XIX: Uma província no império*.

26-7 *"A gente mal pisou"*: As impressões sobre a Bahia estão em Manuel Bandeira, *Crônicas da província do Brasil*.

27 *O que sobrava era fé*: Kátia de Queirós Mattoso, *Bahia, século XIX: Uma província no império*.

27 *Como repórter iniciante* [...] *o Pedrito*: Depoimento ao MIS.

27 *Mal começara* [...] *"plataformas"*: O pesquisador Gilfrancisco Santos encontrou a reportagem mencionada, "Uma esperança que se desfaz", *Diário da Bahia*, dez. 1927.

28 *Quando chegava* [...] *alegria das primas*: Depoimento ao MIS; a carta de tio Fortunato foi lembrada em entrevista com Paloma Amado.

28-33 *Sob sol a pino* [...] *o delegado Pedrito*: Sobre a Academia dos Rebeldes, ver Wilson Lins, *Musa vingadora: Crônicas do epigrama na Bahia*; e Nonato Marques, *A poesia era uma festa*; há manuscritos de Jorge sobre companheiros da Academia dos Rebeldes em Acervo/Fundação Casa de Jorge Amado.

34 *Magrelo no seu*: Carteira de identidade, Acervo/Fundação Casa de Jorge Amado.

35 *O cartão pessoal*: Acervo/Mariá Sampaio.

35-6 *Maria José Sampaio* [...] *um deles escrito por ele mesmo*: Ibid.

36-8 *O maior feito literário* [...] *nenhum dos três desanimou*: *Lenita* encontra-se fora de catálogo e não havia interesse do autor em fazer com que voltasse a circular; os detalhes sobre a produção do livro estão em muitas entrevistas suas e também relatados em *Navegação de cabotagem*; e em Miécio Táti, *Jorge Amado: Vida e obra*.

38 *O curso do noivado* [...] *linha do caderninho*: Acervo/Mariá Sampaio.

3. Na gaveta do editor [pp. 39-53]

39 *Nos gramofones* [...] *gostar de mim*: Ruy Castro, *Carmen: Uma biografia de Carmen Miranda*.

39-46 *Mariá soube* [...] *do primeiro noivo*: Acervo/Mariá Sampaio; a versão da família para o primeiro noivado está em Zélia Gattai, *Um chapéu para viagem*.

46-9 *Numa gaveta* [...] *do início ao fim*: Sobre a gaveta de Schmidt, Jorge comenta no depoimento ao MIS e também em Jorge Amado, *Navegação de cabotagem*; os dados sobre o mercado editorial brasileiro estão Laurence Hallewell, *O livro no Brasil*; e Gustavo Sorá, *Brasilianas: José Olympio e a gênese do mercado editorial brasileiro*.

50-1 *Não foi outro senão* [...] *"perfeitos documentos"*: Miécio Táti, *Jorge Amado: Vida e obra*.
52-3 *Os mil exemplares* [...] *escritor*: Ibid.

4. Juventude comunista [pp. 54-65]

54-5 *Um poeta-viajante* [...] *"afastar o concorrente"*: Crônica de Jorge Amado em *Folha da Manhã*, 1945.
55 *Encontrou Bopp* [...] *"em latim"*: Ibid.
55 *Os moradores* [...] *para conversar*: Ibid.
55 *A balbúrdia* [...] *embarcar novamente*: Ibid.
56-7 *Animado com a recepção* [...] *sem entusiasmo*: Uma cópia de *Ruy Barbosa nº 2* encontra-se no Acervo/Fundação Casa de Jorge Amado; sobre o processo de produção e o recuo, ver Miécio Táti, *Jorge Amado: Vida e obra*.
57-9 *Dentro de uma livraria do Rio* [...] *brasileiro naqueles dias*: Maria Eugenia Boaventura, *O salão e a selva: Uma biografia ilustrada de Oswald de Andrade*; e Oswald de Andrade, *Ponta de lança: Polêmica*.
59 *Nos cálculos*: Alice Raillard, *Conversando com Jorge Amado*.
59-60 *Com uma carta* [...] *ajudou na fuga*: Depoimento no MIS e no Acervo Thomas Colchie/Princeton; também em Rachel Queiroz, *As melhores crônicas de Rachel de Queiroz*.
60-2 *Rachel e Jorge* [...] *uma colher de cada vez*: Ibid.
62 *A entrada* [...] *escaparam ilesos*: Depoimento no MIS e no Acervo/Thomas Colchie. Também em Alice Raillard, *Conversando com Jorge Amado*.
63-5 *Na gaveta de Schmidt* [...] *frutas e legumes*: Jorge fala sobre a leitura de *Caetés* e o encontro com Graciliano Ramos em muitos momentos, como em *Navegação de cabotagem*; nas biografias do autor alagoano, há mais informações: Dênis Moraes, *O velho Graça: Uma biografia de Graciliano Ramos*; e Ricardo Ramos, *Graciliano: Retrato fragmentado*; também Rachel de Queiroz em suas memórias, Rachel de Queiroz e Maria Luiza Queiroz, *Tantos anos*.

5. Cadernos de aprendiz [pp. 66-78]

66 *"Achava que [o rapaz]"* [...] *"caminho da Rússia"*: Miécio Táti, *Jorge Amado: Vida e obra*.
66-7 *Não devorava só os brasileiros* [...] *leituras da época*: As menções aos livros lidos na época encontram-se em muitos lugares, como em Jorge Amado, *Navegação de cabotagem*; e Alice Raillard, *Conversando com Jorge Amado*.
67-8 *À leitura* [...] *falado no Brasil*: Coleções de *A Manhã*, *Boletim de Ariel* e *Diário de Notícias*/FBN.
68 *"O que está aí"* [...] *resenhas publicadas*: Miécio Táti, *Jorge Amado: Vida e obra*.
69-70 *Entre os que aprovaram* [...] *"simples assim"*; *"Achava que o rapaz"* [...] *"caminho da Rússia"*: Miécio Táti, *Jorge Amado: Vida e obra*.

71-2 *Schmidt, seu primeiro* [...] *"tudo nos livros"*: Miécio Táti, *Jorge Amado: Vida e obra*.
72 *Lúcio Cardoso* [...] *não se concretizou*: Lúcio Cardoso, *Diários*.
73-4 *Não era a Schmidt* [...] *até o céu*: Álvaro Moreyra, *As amargas, não... lembranças*.
74-5 *O começo* [...] *lusa de esquerda*: Casa-Museu Ferreira de Castro.
75-8 *Jorge procurava acertar* [...] *muitas fontes*: William Rougle, "Soviet Critical Responses to Jorge Amado".

6. A cizânia norte-sul [pp. 79-88]

79 *Entre casos grandes ou pequenos*: Certidão de casamento, reproduzida em Rui Nascimento, *Jorge Amado: Uma cortina que se abre*.
80 *Matilde pertencia* [...] *conhecido Jorge*: Rui Nascimento, *Jorge Amado: Uma cortina que se abre*.
81 *Matilde incorporou-se* [...] *Cascalho*: Rubem Braga, *1939: Um episódio em Porto Alegre*; e Herberto Salles, *Andanças por umas lembranças: Subsidiário 2*.
81-3 *A abertura da Livraria José Olympio* [...] *Humberto de Campos*: José Mário Pereira (Org.), *José Olympio: O editor e sua casa*; Lucila Soares, *Rua do Ouvidor 110: Uma história da livraria José Olympio*; e Gustavo Sorá, *Brasilianas: José Olympio e a gênese do mercado editorial brasileiro*.
85 *Jorge se envolveu diretamente*: Coleção de *O Jornal*/FBN.
88 *Em defesa do tipo*: Graciliano Ramos, *Linhas tortas*.
88 *A distinção geográfica* [...] *palavras do primeiro*: Cássia dos Santos, *Polêmica e controvérsia em Lúcia Cardoso*.

7. *Jubiabá* [pp. 89-101]

89 *Um Jorge disposto*: Vivaldo Costa Lima, "O candomblé da Bahia na década de 1930".
89-92 *Não sei quando* [...] *próprio José Olympio*: Correspondência Jorge Amado-Erico Verissimo/Acervo IMS.
92-5 *O relato da vida literária* [...] *"será qualidade"*: Ibid.
95 *Como Jorge anotou* [...] *"rígido na cadeira"*: Jorge Amado, *A ronda das Américas*.
95-7 *O coronel teve sossego* [...] *"poeira acumulada"*: Zélia Gattai, *Um chapéu para viagem*.
97 *Lila ia crescer* [...] *louca por cachorros*: Diário de Lila, Acervo/Paloma Jorge Amado.
97 *Em fúria estava Severiano*: Coleção *O Jornal*/FBN.
98 *Em carta de Graciliano*: Acervo/IEB.
100 *Os negros estão na moda*: Coleções *O Globo*/FBN e *Diário de Notícias*/FBN.
101 *Rubem Braga* [...] *"Brasil tem"*: Miécio Táti, *Jorge Amado: Vida e obra*.

8. Atrás das grades [pp. 102-8]

102 *A militância política* [...] *smoking querido*: Jorge Amado, *Navegação de cabotagem*; e Miécio Táti, *Jorge Amado: Vida e obra*.

102-3 *O ano terminou* [...] *polícia chegar*: Jorge Amado, *Navegação de cabotagem*; e Miécio Táti, *Jorge Amado: Vida e obra*.

103 *Escritor de páginas subversivas* [...] *com Getúlio*: Depoimento a Thomas Colchie/Acervo Thomas Colchie/Princeton; e em Paulo Sérgio Pinheiro, *Estratégias da ilusão: A revolução mundial e o Brasil 1922-1935*.

103 *Atrás das grades* [...] *março de 1936*: Ficha de polícia/Museu do Estado do Rio de Janeiro.

103-4 *Houve certo dia* [...] *numa livraria*: Prefácio de Jorge Amado em Francisco Mangabeira, *João Mangabeira: República e socialismo no Brasil*.

104-6 *Graciliano seria um caso extremo* [...] *entregue à avó brasileira*: Dênis Moraes, *O velho Graça: Uma biografia de Graciliano Ramos*; e Ricardo Ramos, *Graciliano: Retrato fragmentado*.

106 *Jorge contava* [...] *depois de solto*: Depoimento MIS.

107-8 *Provavelmente porque* [...] *lugar para escrever*: Correspondência Jorge Amado-Monteiro Lobato, Correspondência Jorge Amado-Mário de Andrade, Acervo/Fundação Casa de Jorge Amado.

9. Esconderijo em Estância [pp. 109-15]

109-11 *Depois do cárcere* [...] *agruras com o governo*: O período em que vive em Estância está extensamente retratado em Rui Nascimento, *Jorge Amado: Uma cortina que se abre*.

110 *Discutia-se a questão presidencial*: O episódio é relatado numa crônica em Jorge Amado, *A ronda das Américas*.

111-2 *Por um tempo* [...] *reservava à literatura*: Joel Silveira, *Na fogueira: Memórias*.

112-5 *"Está ruim, seu Jorge"* [...] *"abalar a sensibilidade do país"*: Correspondência Jorge Amado-José Olympio/Acervo da Casa de Rui Barbosa.

10. Giro pelas Américas [p. 116-24]

116-8 *"Um viajante que entre"* [...] *"uma infinidade de pratos"*: Os trechos foram retirados das crônicas da viagem de 1937 reunidas em Jorge Amado, *A ronda das Américas*.

118-9 *A visita à Livraria* [...] *de um livro comum*: Correspondência Jorge Amado-José Olympio/Acervo da Casa de Rui Barbosa.

119-20 *As leitoras mulheres que encontrou* [...] *Sylvia Sidney*: Ibid.

120-1 *Na paisagem gaúcha* [...] *cores extravagantes*: Os trechos foram retirados das crônicas da viagem de 1937 reunidas em Jorge Amado, *A ronda das Américas*.

121-2 *Pela América hispânica* [...] *"ficará alucinado"*: Correspondência Jorge Amado-José Olympio/Acervo da Casa de Rui Barbosa.

122 *Em Valparaíso* [...] *a japonesa*: Os trechos foram retirados das crônicas da viagem de 1937 reunidas em Jorge Amado, *A ronda das Américas*.
122 *O destino onde*: Passaporte/Acervo/Fundação Casa de Jorge Amado.
122 *Dada a euforia* [...] *Taller de Gráfica Popular*: Depoimento Acervo Thomas Colchie /Princeton.
122-3 *Do México* [...] *"um livro ao sr."*: Correspondência Jorge Amado-Anísio Teixeira/Acervo FGV.
123 *O casal passou* [...] *"tenho passado"*: Correspondência Jorge Amado-José Olympio/Acervo da Casa de Rui Barbosa.
123 *A viagem terminou*: Passaporte /Acervo /Fundação Casa de Jorge Amado, Correspondência Jorge Amado-José Olympio/Acervo da Casa de Rui Barbosa.
124 *Por onde passou* [...] *tampouco saíram*: Correspondência Jorge Amado-José Olympio/Acervo da Casa de Rui Barbosa.

11. Contrabando literário [pp. 125-36]

125 *Pois o sexto* [...] *impedido de publicar*: Miécio Táti, *Jorge Amado: Vida e obra*.
126 *Quando retornou* [...] *o prendeu em Manaus*: Depoimento Acervo/MIS, Jorge Amado, *Navegação de cabotagem*.
126-7 *No xilindró manaura* [...] *passeio no Amazonas*: Ibid.
127 *Com as portas fechadas* [...] *tiveram de escapar*: Ibid.
128 *Com José Olympio* [...] *a pergunta*: Correspondência Jorge Amado-José Olympio/Acervo da Casa de Rui Barbosa.
128-9 *Discreto* [...] *da sociedade*: O período em que vive em Estância está extensamente retratado em Rui Nascimento, *Jorge Amado: Uma cortina que se abre*.
129 *Comovido em Estância* [...] *"querendo bem"*: Correspondência Jorge Amado--Carlos Drummond de Andrade/Acervo da Casa de Rui Barbosa.
131 *Do assombro* [...] *"mercadoria importada"*: Graciliano Ramos, *Linhas tortas*.
132 *O caminho de Jubiabá*: Jorge Amado, *Bahia de touts les saints*, Gallimard.
134 *Um "contrabando literário"*: Acervo/Casa-Museu Ferreira de Castro, Acervo/ Museu do Neo-Realismo, Portugal/Polícia Internacional e de Defesa do Estado (PIDE)/Arquivo Nacional da Torre do Tombo, Portugal.

12. A interdição nas livrarias [pp. 137-48]

137 *A liberdade vigiada*: "Os intelectuais e o Estado", CPDOC/FGV; Wilson Martins, *História da inteligência brasileira*; Monica Pimenta Velloso, "Os intelectuais e a política cultural do Estado Novo", CPDOC/FGV.
140 *Um Jorge sem tempo a perder*: Coleção Dom Casmurro/FBN.
144 *A rixa entre Jorge e Mário*: Moacir Werneck de Castro, *Mário de Andrade: Exílio no Rio*. Coleção *Dom Casmurro* e *Revista Acadêmica*/FBN.
145 *Dizia Lacerda*: John W. F. Dulles, *Carlos Lacerda: A vida de um lutador*.

146 *Entre as discórdias* [...] "instrumento": Stella Caymmi, *Dorival Caymmi: O mar e o tempo*; Entrevista com Luiza Ramos.
148 *Wainer contaria*: Samuel Wainer, *Minha razão de viver*.

13. Os afazeres na guerra [p. 149-59]

150 "*indicar uma posição*": No texto de introdução do próprio autor, em *ABC de Castro Alves*.
151 *Quando apresentado* [...] "*e Holanda*": Coleção Dom Casmurro/FBN, Coleção Diretrizes/FBN.
152-3 *Vindo de Portugal* [...] *pela Brasiliense*: Depoimento a Thomas Colchie/Acervo Thomas Colchie/Princeton; Jorge Amado, *Navegação de cabotagem*; edições de *A arte de ser bela* e *O livro da beleza*.
153-4 *Esses artistas* [...] *a colecionar*: Jorge Amado, *Navegação de cabotagem*.
154 *Num desses* [...] *hora seguinte*: Alice Raillard, *Conversando com Jorge Amado*.
154-6 *Numa investida* [...] "*pela Transocean*": Joel Silveira e Geneton Moraes Neto, *Hitler/Stalin: O pacto maldito*.
156 *A Martins entrava em cena*: *Jorge Amado povo e terra: 40 anos de literatura*.
159 "*Infatigável globe-trotter*": Coleção Diretrizes/FBN.

14. Exílio ao sul [pp. 160-73]

160 *Mais que um* [...] *Odalisca*: Entrevista com José Luiz Del Roio.
160-1 *Jorge se lembrava* [...] *Estado Novo*: Esse acervo correspondente aos dias de exílio em 1941-2 encontra-se na Universidade Federal de Santa Catarina, mapeado nos trabalhos de Thalita da Silva Coelho, *Entre esparsos e inéditos: A mala de Jorge Amado (1941-1942)*; e Ailê Vieira Gonçalves, *O (in)visível no acervo de Jorge Amado (1941-1942)*.
161 *Deu notícias a Erico*: Correspondência Jorge Amado-Erico Verissimo/IMS.
161 *Contar a história do principal líder comunista*: Depoimento de Luís Carlos Prestes a Thomas Colchie/Princeton; também em Jorge Amado, *O Cavaleiro da Esperança*.
163 *O dossiê que Roberto Morena*: Entrevista com José Luiz Del Roio.
163-5 *no exílio* [...] "*agradável de ouvir*": Esse acervo correspondente aos dias de exílio em 1941-2 encontra-se na Universidade Federal de Santa Catarina, mapeado nos trabalhos de Thalita da Silva Coelho, *Entre esparsos e inéditos: A mala de Jorge Amado (1941-1942)*; e Ailê Vieira Gonçalves, *O (in)visível no acervo de Jorge Amado (1941-1942)*.
165 *Já em dezembro* [...] *Estância*: Ibid.
168 *A edição argentina*: O cotejo foi feito com as edições reunidas no Acervo/Fundação Casa de Jorge Amado.
169 *Sentado à máquina*: Alice Raillard, *Conversando com Jorge Amado*.
171-2 *Na foz do rio da Prata* [...] *autorização prévia*: Jorge Amado, *Navegação de cabotagem*.

172-3 *O jantar homenageava […] contra o Eixo*: Hermenegildo Bastos, Leonardo Almeida Filho e Maria Izabel Brunacci, *Catálogo de Benefícios: O significado de uma homenagem*.

15. A vista de Periperi [pp. 174-86]

174 *À espera do caruru […] "são e alegre"*: Jorge Amado, *Bahia de Todos-os-Santos: Guia de ruas e mistérios*.

174 *De uma pequeníssima trincheira*: Os artigos estão reunidos hoje em Jorge Amado, *Hora da guerra*.

175 *O cabograma de Wainer*: As recordações de Wilson Lins encontram-se em *Histórias de Jorge Amado* e também em *Aprendizagem do absurdo: Uma casa atrás da outra*.

178 *A casa em Periperi*: João Falcão, *O partido comunista que eu conheci: 20 anos de clandestinidade*.

183 Sobral Pinto: A reprodução das cartas trocadas com Jorge estão em John W. F. Dulles, *Sobral Pinto: A consciência do Brasil*.

16. Um guia da Bahia [pp. 187-97]

187 *De origem judaica*: Alfred Knopf, *Portrait of a Publisher 1915-1965*. Jorge Amado, *The Violent Land*, Knopf.

188 *Jorge se recordava […] mercado americano*: Jorge Amado, *Navegação de cabotagem*.

188-91 *Crítico católico […] traduzido no exterior*: Álvaro Lins, *Os mortos de sobrecasaca: Ensaios e estudos 1940-1960*; Otto Maria Carpeaux, *Tendências contemporâneas da literatura*.

192-3 *A bandeira de paz […] "não na imortalidade"*: Coleção Diretrizes/FBN.

193-6 *Maria José […] é uma festa*: Jorge Amado, *Bahia de Todos-os-Santos: Guia de ruas e mistérios*.

197 *Dali, Jorge […] censura a livros*: Os artigos estão reunidos hoje em Jorge Amado, *A hora da guerra*.

17. Zélia [pp. 198-211]

198-9 *Os floristas […] fim da vida*: Zélia Gattai, *Um chapéu para viagem*.

199-201 *Seis meses antes […] Nobre de Melo*: I Congresso de Escritores Brasileiros, CPDOV/FGV, Cláudio Figueiredo, *Entre sem bater: A vida de Apparicio Torelly, o Barão de Itararé*.

204 *Jorge contava que o partido*: Depoimento de Joelson Amado, Fanny Amado e Anna Stella Schic a Thomas Colchie/Princeton

206-8 *Brasileira de pais italianos […] triste da sua vida*: Zélia Gattai, *Anarquistas, graças a Deus*.

208-10 *A primeira vez […] bombons para Lila*: Zélia Gattai, *Um chapéu para viagem*.

18. Escritor do partido [pp. 212-23]

212 *Não é um retrato* [...] *"alma de diabo"*: Jorge Amado, *Navegação de cabotagem*.
212 *A polícia política* [...] *"biógrafo de Prestes"*: Arquivo Público do Estado do Rio de Janeiro, Arquivo Público do Estado de São Paulo.
214 Sobre a atuação no *Hoje*: Coleção *Hoje*/Unesp, Pedro Estevan da Rocha Pomar, *Comunicação, cultura de esquerda e contra-hegemonia: o jornal* Hoje *(1945-1952)*.
217-9 *A disputa política* [...] *"trocadilho"*: Oswald de Andrade, *Os dentes do dragão*. Oswald de Andrade, *Ponta de lança: Polêmica*.
219 *No relato de Jorge*: Jorge Amado, *Navegação de cabotagem*.
221-3 *No apartamento da avenida São João* [...] *novo posto no Congresso*: Zélia Gattai, *Um chapéu para viagem*.

19. Um deputado ativo [pp. 224-34]

224-6 *Zélia cozinhava* [...] *quando respondia*: Zélia Gattai, *Um chapéu para viagem*.
226 *A bancada comunista* [...] *"para letrados"*: Mário Magalhães, *Marighella: O guerrilheiro que incendiou o mundo*.
227 Sobre o perfil dos congressistas e a atuação de Jorge Amado no Congresso: Anais da Assembleia Nacional Constituinte de 1946, Coleção Tribuna Popular/FBN.
230 Sobre a aprovação da lei de liberdade religiosa: Jorge Amado, *Navegação de cabotagem*.

20. Peji de Oxóssi [pp. 235-44]

235-6 *Na procura por moradia* [...] *"meio das galinhas"*: Zélia Gattai, *Um chapéu para viagem*.
237 *Quem sabe* [...] *rendeu dinheiro*: Jorge Amado, *Navegação de cabotagem*.
237 *"A Hora do Amanhecer"*: Coleção Tribuna Popular/FBN.
243 *encontrou no trem Getúlio*: Alice Raillard, *Conversando com Jorge Amado*.
244 *As eleições para prefeito* [...] *buscaram refúgio*: Zélia Gattai, *Um chapéu para viagem*.

21. À deriva [pp. 245-54]

245 *A legalidade dos comunistas* [...] *apreensões dos comunistas*: Osvaldo Peralva, *O retrato*.
245-6 *"Como é que alguém"* [...] *Peji de Oxóssi*: Dênis Moraes, *O velho Graça: Uma biografia de Graciliano Ramos*.
246 *Numa tarde surgiu* [...] *novo marido*: Entrevista com Maria Della Costa, e em Zélia Gattai, *Um chapéu para viagem*.
247 *Mais de uma vez* [...]*sob a legenda*: Osvaldo Peralva, *O retrato*.

248 *Demorou meses a agonia* [...] *"não vai dizer?"*: Osvaldo Peralva, *O retrato*; Zélia Gattai, *Um chapéu para viagem*.
248 *No cômputo dos direitos*: Pela correspondência trocada entre Jorge e Zélia é possível conhecer sua produção como roteirista na época; também em João Jorge Amado (Org.), *Toda a saudade do mundo*.
253 *"Saqueada pela polícia"*: *Jornal Folha do Povo*, Arquivo Público do Estado do Rio de Janeiro.
254 *Disposta a arrumar dinheiro* [...] *"rede de casal"*: Zélia Gattai, *Um chapéu para viagem*.

22. Paris [pp. 255-270]

255 Sobre o encontro em defesa de Neruda: Jorge Amado, *Navegação de cabotagem*.
255 Sobre Picasso e o comunismo: Gertje R. Utley, *Picasso: The Communist Years*.
256 *Um abre-alas providencial*: Depoimento de Carlos Scliar/Arquivo Thomas Colchie/Princeton, João Jorge Amado, *Toda a saudade do mundo*.
260 Sobre a vida em Paris no Grand Hôtel Saint-Michel: Zélia Gattai, *Senhora dona do baile*.
270 Sobre Ehrenburg e o movimento da paz: Ilya Ehrenburg, *Post-War Years: 1945-54*.

23. A Leste [pp. 305-17]

305 *A vitrine em Milão*: Jorge Amado, *Navegação de cabotagem*.
306 Sobre a viagem aos países do Leste Europeu e à União Soviética: Há o relato de Jorge em *O Mundo da paz*; Zélia relata em *Senhora dona do baile*.

24. Dobříš [pp. 318-30]

318 A cena da *mandelinka* é contada em Jorge Amado, *Navegação de cabotagem*; e Zélia Gattai, *Jardim de inverno*.
320 *Jorge era visto*: Depoimentos de André Kedros, Jean Lafitte, Pierre Gamarra, René Depestre/Acervo Thomas Colchie/Princeton.
322 Sobre a vida de Lila no Rio: Diário de Lila, Acervo/Paloma Jorge Amado.
325 *Zélia se recordava*: Zélia Gattai, *Jardim de inverno*.

25. Entre sputniks e exus [pp. 331-44]

331 Sobre a volta de Jorge ao Rio: Arquivo Público do Estado do Rio de Janeiro, Coleção de *O Jornal*, *Tribuna da Imprensa*, *Tribuna Popular* e *Última Hora*/FBN.
335-6 *Onde cabiam seis* [...] *não seriam poucas*: Zélia Gattai, *Chão de meninos*.
337 Sobre as atividades de Jorge ligadas ao partido e ao comunismo internacional: Correspondência de Jorge Amado com Alfredo Varela, Maria Rosa Oliver, Nicolas Guillen, Pablo Neruda.

340 *Os originais foram entregues*: Entrevista com Armênio Guedes.
340-1 *Em carta à mulher* [...] *"um momento por isso"*: João Jorge Amado, *Toda a saudade do mundo*.
342 A reação de Hermínio Sacchetta está em *Tribuna da Imprensa*, 1954.

26. O desencanto [pp. 345-56]

345 *Graciliano adoecera* [...] *estranha e rapidamente*: Jorge Amado, *Navegação de cabotagem*.
345 *No apartamento* [...] *ouvir música*: Zélia Gattai, *Chão de meninos*.
345-6 *Deram a notícia* [...] *"não falou de política"*: Ricardo Ramos, *Graciliano: Retrato fragmentado*.
346 *O desencanto com o stalinismo*: Depoimento de Jorge Amado/Acervo Thomas Colchie/Princeton; e Jorge Amado, *Navegação de cabotagem*.
347 *Num recital de piano*: Depoimento de Lise London/Acervo Thomas Colchie/Princeton.
348 *Depestre seria grato*: Depoimento de René Depestre/Acervo Thomas Colchie/Princeton.
350 *A vida não estava fácil para o próprio Ehrenburg*: Entrevista com Boris Frezinski.
353 *A bomba do relatório secreto*: Osvaldo Peralva, *O retrato*.
353 Sobre a tentativa de pressionar o partido a debater os crimes de Stálin: *Imprensa Popular*/FBN.

27. Para Todos [pp. 357-66]

357 *Oswald de Andrade*: As colunas foram reunidas em Oswald de Andrade, *Telefonema*.
357 Cartas trocadas entre Jorge e Ehrenburg: Arquivo Estatal Russo de História Contemporânea (RGANI).
357 Sobre *Para Todos*: Coleção *Para Todos*/Fundação Casa de Jorge Amado.
358 As entrevistas de Vinicius estão reunidas em Vinicius de Moraes, *Encontros*.
363 *Uma precavida Zélia*: Zélia Gattai, *Chão de meninos*.
364 Os relatos da viagem de Jorge e Neruda estão em Jorge Amado, *Navegação de cabotagem*; Zélia Gattai, *Senhora dona do baile*; e Pablo Neruda, *Confesso que vivi*.

28. Gabrielamania [pp. 367-80]

367 Sobre *Os acontecimentos de Areia Branca*: Coleção *Correio da Manhã*/FBN.
369 Os bastidores da escrita de *Gabriela* também estão em Zélia Gattai, *Chão de meninos*.
372 A repercussão de *Gabriela* pode ser encontrada nos jornais *Correio da Manhã*, *Jornal do Brasil*, *O Globo*, *Diário de São Paulo*, *Última Hora*, e na revista *O Cruzeiro*.

374 *Numa carta ao amigo português*: Correspondência Jorge Amado-Alves Redol/Museu do Neo-Realismo.

29. Os ventos do Nordeste [pp. 381-96]

381 A viagem de Sartre e Simone: Simone de Beauvoir, *The Coming of Age*; há ainda o relato de Zélia Gattai em *Chão de meninos*; e de Jorge Amado em *Navegação de cabotagem*.
381 Sobre as idas ao Recife: Entrevista com Paloma Amado; e Zélia Gattai, *Chão de meninos*.
386-8 *Com Eduardo Portella* […] "*tu e eu*": Entrevista com Eduardo Portella.
394 Os artigos de Jacob Gorender estão em *Novos Rumos*/FBN.
394 Os bastidores da indisposição do Partido Comunista e Jorge Amado podem ser encontradas em *Última Hora, Fatos e Fotos, Binômio da Semana*.

30. De fardão [pp. 397-412]

397 *O colarinho* […] "*sacrilégio*": Jorge Amado, *Navegação de cabotagem*; e Zélia Gattai, *Chão de meninos*.
408 A repercussão do ingresso na ABL pode ser encontrada em *A noite, Diário de notícias, O Globo, Jornal do Brasil*/FBN.
411 Jorge aos cinquenta anos, em conversa com Giovanni Guimarães: *A Tarde*, agosto de 1962.
411-2 *Se começarmos a ter* […] *José Olympio*: Correspondência Jorge Amado-José Olympio/Casa de Rui Barbosa.

31. A casa do Rio Vermelho [pp. 413-28]

413 A procura pela casa na Bahia e o cotidiano após a mudança está em Zélia Gattai, *A casa do Rio Vermelho*.
416 O painel da Bahia dos anos 1950 e 1960 pode ser encontrado em Antonio Risério, *Avant-garde na Bahia*. Outros detalhes foram acrescentados em entrevistas com Fernando da Rocha Peres, Florisvaldo Mattos e Myriam Fraga.
422 Sobre a construção da casa: Entrevista com Gilberbet Chaves.

32. O golpe e a flor [pp. 429-44]

429 As cartas trocadas entre Jorge Amado e Antônio Olinto são de acervo particular. As trocadas com Zélia estão em João Jorge Amado, *Toda a saudade do mundo*.
430 Sobre Jorge e os novos artistas e escritores da Bahia: Entrevistas com Caetano Veloso, Gilberto Gil e João Ubaldo Ribeiro.
438 Discurso de recebimento de Adonias Filho/ABL.

33. Lisboa [pp. 445-52]

449 A documentação sobre Jorge Amado feita pela polícia política portuguesa está em Polícia Internacional e de Defesa do Estado (Pide)/Arquivo Nacional da Torre do Tombo, Portugal.

450 As fichas com o julgamento dos livros estão em Direção dos Serviços de Censura de Portugal/Arquivo Nacional da Torre do Tombo, Portugal.

450 Sobre as viagens a Portugal: Jorge Amado, *Navegação de cabotagem*; Alvaro Salema, *Presença em Portugal*; Museo do Neo-Realismo, *Jorge Amado e o neorrealismo português*.

34. Obá de Xangô [pp. 453-65]

453 As cartas trocadas entre Jorge Amado e Antônio Olinto são de acervo particular.

457 *Numa tarde* [...] *punhado de dinheiro*: Entrevista com Carlos Augusto Marighella.

458-9 *Um acontecimento* [...] *"pelo compadre"*: *Veja*, 1969.

460 *Enquanto escrevia* [...] *muito me honra*: Clarice Lispector, *Entrevistas*.

35. Tereza e Tieta [pp. 466-84]

466-7 *Um lamaçal* [...] *"seu voto"*: A carta enviada a ACM é reproduzida em *Diário de Notícias* e *Jornal do Brasil*.

467 As cartas trocadas entre Jorge Amado e Antônio Olinto são de acervo particular.

473 *Um chamado urgente*: Entrevista com Sérgio de Machado e José Fernando de Barros Martins; depoimento de Jorge Amado/Acervo Thomas Colchie/Princeton.

484 Sobre o pedido de Samuel Wainer à família: Entrevista de Pink Wainer.

36. Pedra do Sal [pp. 485-96]

485 A repercussão do lançamento de *Tieta* está em *Jornal do Brasil*, *O Globo* e *Veja*.

494 As cartas trocadas entre Jorge Amado e Antônio Olinto são de acervo particular.

494 Sobre o cotidiano entre amigos: Entrevista com Auta Rosa.

37. O jogo do dicionário [pp. 497-513]

497-8 *Em Lisboa e na Bahia* [...] *restou propagandear Drummond*: As declarações foram dadas no decorrer de anos nos jornais; sobre Miguel Torga, a fonte é o político português Mario Soares, em entrevista concedida para este livro; especificamente sobre Drummond, há cartas de Jorge para o poeta em que menciona o gesto, Acervo/Casa de Rui Barbosa.

498 *A ata divulgada pelo Nobel*: Ver site do prêmio Nobel (www.nobelprize.org) e *O Estado de S. Paulo*, 12 jan. 2018.

498-9 *A láurea nunca chegaria* [...] "*desancam meus livros*": A informação de que ouvira de Asturias e Neruda o entrave no Nobel, bem como seus comentários a respeito, estão em *Navegação de cabotagem*; também em depoimento de Lise London a Thomas Colchie, Acervo Thomas Colchie/Princeton.

499 *As declarações à imprensa* [...] "*meu público*": Entrevista concedida a Clarice Lispector; à imprensa, essas respostas foram recorrentes.

499-501 *O picaresco Dickens* [...] *não tivesse merecido um Nobel*: As preferências eram comentadas na imprensa; em entrevistas concedidas para este livro, contribuíram filhos e netos; os comentários de Jorge estão em *Navegação de cabotagem*.

501-4 *A cena que os netos registram* [...] *que tenha respondido à segunda*: Os seis netos de Jorge Amado concederam entrevista para este livro: Cecilia Amado, Bruno Amado, Mariana Amado, Maria João Amado, João Jorge Filho, Jorge Amado Neto; os detalhes sobre o jogo do dicionário e a capacidade de Jorge de memorizar são explicados pelo filho, João Jorge Amado, no livro *Um baiano romântico e sensual*.

504-7 *Gerações de autores brasileiros* [...] "*um dia desata*": Entrevistas concedidas para este livro: Maria Valéria Rezende, Raimundo Carreto, Ronaldo Correia de Britto, Cristóvão Tezza, Carlos Herculano Lopes, Alberto Mussa, Luiz Antonio Simas, Ana Maria Gonçalves, Antônio Torres e João Ubaldo Ribeiro.

507 Sobre *Boris, o vermelho*, as declarações foram numerosas: *Jornal do Brasil*, 6 dez. 1984; *Jornal do Commercio*, 5 maio 1986; *Jornal do Brasil*, 6 fev. 1987; o número especial dedicado a ele no Caderno de Literatura do IMS reproduz o trecho; os originais foram consultados no Acervo/Fundação Casa de Jorge Amado.

507-8 *O regime colonial* [...] "*de um velho amigo*": Entrevistas concedidas para este livro: Mia Couto, José Luandino Vieira e Pepetela.

508 *Admitia que* [...] "*experiência humana e literária*": *A casa do Rio Vermelho*, documentário de David Neves e Fernando Sabino.

508 "*romancista de puta e vagabundos*": Outra de suas declarações constantes, está, por exemplo, em *Navegação de cabotagem*.

509 *Um projeto de revisão* [...] *cinquenta anos antes*: Entrevista com Paloma Amado.

510 *Antonio Candido* [...] *década de 1950*: Entrevista com Antonio Candido.

511 *Quatro décadas depois* [...] "*luminar do regionalismo*": *Folha de S.Paulo*, 14 fev. 2018.

38. Outono do patriarca [pp. 514-32]

521 As cartas trocadas entre Jorge Amado e Glauber Rocha foram reproduzidas em Glauber Rocha, *Cartas ao mundo*.

523 A morte de Glauber está relatada em Jorge Amado, *Navegação de cabotagem*.

39. Rive Gauche [pp. 533-56]

533 Sobre o cotidiano em Paris: Entrevistas com Paloma Amado e Cecilia Amado.

537 As cartas trocadas com Otto Lara Resende estão no Acervo do IMS.

548 Os depoimentos de Calasans Neto, Carlos Scliar, Carybé estão em Acervo/Thomas Colchie/Princeton.

551-3 O relato dos últimos dias de Jorge está em Zélia Gattai, *Vacina de sapo*; e também em João Jorge Amado, Paloma Amado, Zélia Amado, *Jorge Amado: Um baiano romântico e sensual*; e Jadelson Andrade, *Crônicas do coração*.

553-5 A repercussão de sua morte pode ser encontrada em *A Tarde*, *Folha de S.Paulo*, *O Estado de S. Paulo*, *Le Monde*, *The New York Times*.

40. Archanjo [p. 557]

557 A brincadeira sobre o Nobel em busca de Pedro Archanjo: Entrevista com Martin Chalfie.

Fontes e bibliografia

Longe de esgotar toda a bibliografia dedicada a Jorge Amado, esta lista reúne livros e estudos mais diretamente citados ou consultados.

Obras de Jorge Amado

Lenita (com Edison Souza Carneiro e Dias da Costa)
O País do Carnaval
Rui Barbosa nº 2 (inédito)
Cacau
Descoberta do mundo (com Matilde Garcia Rosa)
Suor
Jubiabá
Mar morto
Capitães da Areia
ABC de Castro Alves
Brandão entre o mar e o amor (com Aníbal Machado, Graciliano Ramos, José Lins do Rego, Rachel de Queiroz)
O Cavaleiro da Esperança
Terras do sem-fim
São Jorge dos Ilhéus
Bahia de Todos-os-Santos
Seara vermelha
O amor do soldado
O mundo da paz
Os subterrâneos da liberdade. 3 v.: *Os ásperos tempos*, *Agonia da noite*, *A luz no túnel*
Gabriela, cravo e canela
O mistério dos MMM (com Rachel de Queiroz, Antonio Callado, Dinah Silveira de Queiroz, Orígenes Lessa, Viriato Correia, José Condé, Lúcio Cardoso, Guimarães Rosa, Herberto Sales)
Os velhos marinheiros
Os pastores da noite
Dona Flor e seus dois maridos
Tenda dos Milagres

Tereza Batista cansada de guerra
O Gato Malhado e a Andorinha Sinhá
Tieta do Agreste
Farda, fardão, camisola de dormir
O menino grapiúna
A bola e o goleiro
Tocaia Grande
O sumiço da santa
Navegação de cabotagem
A descoberta da América pelos turcos
Bóris, o vermelho (inédito)
A ronda das Américas (póstumo)
Hora da guerra (póstumo)

Obras de Zélia Gattai

Anarquistas, graças a Deus
Um chapéu para viagem
Jardim de inverno
Senhora dona do baile
Reportagem incompleta
Chão de meninos
A casa do Rio Vermelho
Città di Roma
Códigos de família
Memorial do amor
Vacina de sapo
Crônica de uma namorada
Pipistrelo das mil cores
O segredo da rua 18
Jonas e a sereia

Livros, teses, dissertações e artigos sobre Jorge Amado

AMADO, João Jorge (Org.). *Toda a saudade do mundo: A correspondência de Jorge Amado e Zélia Gattai*. São Paulo: Companhia das Letras, 2012.

AGUIRRE, Alicia E. *La realidad en su clave fantástica según Jorge Amado: Una aproximación al ámbito infanto-juvenil*. Córdoba: Instituto Nacional de Educação Superior, 1995. Dissertação (Mestrado em Literatura Infanto-Juvenil).

ALMEIDA, Alfredo Wagner Berno de. *Jorge Amado: Política e literatura*. Rio de Janeiro: Campus, 1979.

ALMEIDA, Roberto Baptista de. *Um padê na encruzilhada para o Exu de Vadinho: Considerações interdisciplinares a partir da cultura afro-brasileira*. Rio de Janeiro: Universidade Federal do Rio de Janeiro, 1999. Dissertação (Mestrado em Teoria da Literatura).

ALVES, Ivia. "De paradigmas, cânones e avaliações — ou dos valores negativos da produção de Jorge Amado". *Letras de Hoje*, Porto Alegre, v. 37, n. 2, jun. 2001, pp. 197-207.

____ (Org.). *Em torno de Gabriela e Dona Flor*. Salvador: Fundação Casa de Jorge Amado, 2004.

ALVES, Lizir Arcanjo. *A cidade da Bahia no romance de Jorge Amado*. Salvador: Fundação Casa de Jorge Amado, 2008.

AMADO, João Jorge; AMADO, Paloma; AMADO, Zélia. *Jorge Amado: Um baiano romântico e sensual*. Rio de Janeiro: Record, 2002.

AMADO, Jorge et al. *Rua Alagoinhas, 33, Rio Vermelho*. Salvador: Fundação Casa de Jorge Amado, 1999.

AMADO, Paloma. *A comida baiana de Jorge Amado*. 4. ed. Rio de Janeiro: Record, 2006.

____. *Bom domingo a todos!*. Salvador: Casa de Palavras, 2018.

ANDRADE, Jadelson. *Crônicas do coração*. Salvador: Caramurê, 2017.

ARAUJO, Bohumila S. de; CAETANO, Maria do Rosário; FRAGA, Myriam. *Jorge Amado e a sétima arte*. Salvador: Edufba; Fundação Casa de Jorge Amado, 2012.

ARMSTRONG, Piers. *João Guimarães Rosa, Jorge Amado and the International Reception of Brazilian Culture*. Los Angeles: Universidade da Califórnia, 1995. Tese (Doutorado em Romance, Linguística e Literatura).

BAHIA, a cidade de Jorge Amado — Atas do ciclo de palestras. Salvador: Fundação Casa de Jorge Amado, 2000.

BADEN, Nancy Tucker. *Jorge Amado: Storyteller of Bahia*. Los Angeles: University of California, 1971. Tese (Doutorado em Línguas e Literaturas Hispânicas).

BANGOURA, Jean Moustapha. *Le Noir dans la société brésilienne à travers l'oeuvre de Jorge Amado*. Montpellier: Université Paul Valéry, Montpellier III, 1976. Tese (Doutorado de 3º Ciclo em Estudos Luso Brasileiros).

BELIAKOVA, Elena. Russki. *Amadu i brazilskaia literatura v Rossii*. Moscou: Ila Ran, 2010.

____. Russki. *Amadu, ili russko-brazilskie literaturnie sviazi*. Livro on-line publicado em 2005. Disponível em: <http://lib.ru/INPROZ/AMADU/about2.txt>. Acesso em: 30 set. 2013.

BERGAMO, Edvaldo. *Ficção e convicção: Jorge Amado e o neorrealismo literário português*. São Paulo: Editora Unesp, 2008.

____. *Jorge Amado no além-mar: Política e literatura na representação da infância marginalizada*. São Paulo: Universidade Estadual Paulista, Faculdade de Ciências e Letras de Assis, 1998. Dissertação (Mestrado em Letras, Literaturas de Língua Portuguesa).

BROWER, Keith H.; FITZ, Earl E.; MARTÍNEZ-VIDAL, Enrique. *Jorge Amado: New Critical Study*. Nova York: Routledge, 2001.

CADERNOS *de Literatura Brasileira* — *Jorge Amado*. n. 3. Rio de Janeiro: Instituto Moreira Salles, 1987.
CALDAS, Sônia Regina de Araujo. *Gabriela — Baiana de todas as cores: As imagens das capas e suas influências culturais*. Salvador: Edufba, 2009.
CALIXTO, Carolina Fernandes. *Jorge Amado e a identidade nacional: Diálogos políticos-culturais*. Niterói: Universidade Federal Fluminense, 2011. Dissertação (Mestrado em História).
CÂMARA, Ricardo Pieretti. *Oralidad y escritura en la obra de Jorge Amado*. Barcelona: Universidad Autónoma de Barcelona, 2001. Tese (Doutorado em Humanidades).
CAPITÃES *da Areia* — *II Curso Jorge Amado*. Salvador: Fundação Casa de Jorge Amado, 2004.
CENTENÁRIO de Jorge Amado. *Discurso da senadora Lídice da Mata e outros textos*. Brasília: Senado Federal, 2012.
CERQUEIRA, Dorine Daisy Pedreira de. *A ironia e a ironia trágica em* A morte e a morte de Quincas Berro Dágua. Rio de Janeiro: Faculdade de Letras, Universidade Federal do Rio de Janeiro, 1984. Dissertação (Mestrado em Literatura Brasileira).
CERQUEIRA, Nelson. *Uma visita a Jorge Amado*. Rio de Janeiro: Imago, 2013.
CHAMBERLAIN, Bobby John. *Humor: Vehicle for Social Commentary in the Novels of Jorge Amado*. Los Angeles: University of California, 1975. Tese (Doutorado em Língua e Literatura Hispânica).
CHAVES, Vania; MONTEIRO, Patrícia (Orgs.). *100 anos de Jorge Amado: O escritor, Portugal e o neorrealismo*. Lisboa: CLEPUL/ Faculdade de Letras da Universidade de Lisboa, 2015.
COELHO, Thalita da Silva. *Entre esparsos e inéditos: a mala de Jorge Amado (1941- -1942)*. Florianópolis: Universidade Federal de Santa Catarina, 2016. Dissertação (Mestrado em Literatura).
COLEÇÃO *Jorge Amado: Leilão de novembro de 2008*. Rio de Janeiro: Soraia Cals Escritório de Arte, 2008.
COLÓQUIO *Jorge Amado: 70 anos de* Jubiabá. Salvador: Fundação Casa de Jorge Amado, 2005.
COLOQUIO *Jorge Amado: 70 anos de* Mar Morto. Salvador: Fundação Casa de Jorge Amado, 2008.
DARMAROS, Mariana. "Por que ler Jorge Amado em russo: a cultura soviética revelada na tradução de Gabriela". *TradTerm*, São Paulo, v. 28, pp. 223-48, dez. 2016.
DIMAS, Antonio. "Jorge Amado e seus editores: Alfred Knopf e Alfredo Machado". *Revista USP*, São Paulo, n. 95, pp. 110-22, 2012.
DUARTE, Eduardo de Assis. *Jorge Amado: Romance em tempo de utopia*. Rio de Janeiro: Record; Natal: UFRN, 1996.
FALCÓN, Gustavo Aryocara de Oliveira. *Os coronéis do cacau: Raízes do mandonismo político em Ilhéus 1890-1930*. Salvador: Universidade Federal da Bahia, 1983. Dissertação (Mestrado em Ciências Sociais).

FISCHMAN, Sara. *Five Characters in Jorge Amado: A Semiotic Reading*. Jerusalém: Universidade Hebraica de Jerusalém, 1991. Dissertação (Mestrado em Literatura).

FRAGA, Myriam. *Memórias de alegria*. Salvador: Fundação Casa de Jorge Amado, 2013.

____; FONSECA, Aleilton; HOISEL, Evelina. *Jorge Amado: Nos terreiros da ficção*. Itabuna: Via Litterarum; Salvador: Fundação Casa de Jorge Amado, 2012.

____. *Jorge Amado: Cem anos escrevendo o Brasil*. Salvador: Fundação Casa de Jorge Amado, 2013.

____. *Jorge Amado: Cacau: a volta ao mundo em 80 anos*. Salvador: Fundação Casa de Jorge Amado, 2014.

GOLDSTEIN, Ilana Seltzer. *O Brasil best-seller de Jorge Amado*. São Paulo: Ed. Senac, 2003.

GONÇALVES, Ailê Vieira. *O(in)visível no acervo de Jorge Amado (1941-1942)*. Florianópolis: Universidade Federal de Santa Catarina, Centro de Comunicação e Expressão, 2016. Trabalho de conclusão de curso.

JESUS, Valdeck Almeida de (Org.). *Homenagem ao centenário de nascimento de Jorge Amado*. São Paulo: Perse, 2012.

JEZDZIKOWSKI, Jaroslaw Jacek. *Pilar do comunismo ou um escritor exótico?: Estudo descritivo das traduções polonesas da obra de Jorge Amado*. Salvador: Universidade Federal da Bahia, 2007. Tese (Doutorado em Letras).

JORGE Amado: Discursos. Salvador: Fundação Casa de Jorge Amado, 1993.

JORGE Amado, literatura comentada. Sel., notas, estudos históricos e crítico e exercícios por Álvaro Cardoso Gomes. São Paulo: Abril Educação, 1981.

JORGE Amado povo e terra: 40 anos de literatura. São Paulo: Martins, 1972.

KOSTRITSYNA, Tatiana B. *A Natureza do milagroso e o caráter do riso carnavalesco no segundo ciclo baiano de Jorge Amado*. Moscou: Universidade de Amizade dos Povos, 1994. Tese (Doutorado em Literatura).

LEITE, Gildeci de Oliveira. *Jorge Amado: da ancestralidade à representação dos orixás*. Salvador: Quarteto, 2008.

LIMA, Felipe Victor. *O Primeiro Congresso Brasileiro de Escritores: Movimento intelectual contra o Estado Novo (1945)*. São Paulo. Universidade de São Paulo, 2010. Dissertação (Mestrado em História Social).

LINS, Wilson. *Histórias de Jorge Amado*. Salvador: Shopping Center Iguatemi, 1981. (Ed. fora de comércio).

LITERATURA viva — Série Depoimentos. Ariano Suassuna, Ferreira Gullar, Jorge Amado. Rio de Janeiro: Museu da Imagem e do Som, 2001.

LIVRO de cabeceira. "O Jorge Amado de hoje", entrevista com Bertholdo de Castro. Rio de Janeiro: Civilização Brasileira, 1968.

LORENZ, Gunter W. "Jorge Amado", in *Diálogo com a América Latina: Panorama de uma literatura do futuro*. São Paulo: Editora Pedagógica e Universitária, 1973, pp. 381-99.

LUCAS, Raphaël. *La Representation du peuple dans l'oeuvre de Jorge Amado*. Bordeaux: Université Michel de Montaigne, Bordeaux III, 1993. Tese (Doutorado em Estudos Latino-Americanos).

MACHADO, Ana Maria. *Romântico, sedutor e anarquista: Como e por que ler Jorge Amado hoje*. Rio de Janeiro: Objetiva, 2006.

MARQUES, Heloísa Borges. *Vozes negras nas ladeiras mestiças da cidade da Bahia: O discurso da mestiçagem na ficção de Jorge Amado*. Feira de Santana: Universidade Estadual de Feira de Santana, 2004. Dissertação (Mestrado em Literatura e Diversidade Cultural).

MOREIRA, Olga Belov. *Problemas de traduzibilidade em Jorge Amado:* Quincas Berro Dágua. Salvador: Universidade Federal da Bahia, 2000. Dissertação (Mestrado em Letras e Linguística).

MOURA, Jacilene Félix. *A representação do poder e da autoridade em* Tocaia Grande *de Jorge Amado*. Paris: Université Paris VIII, Vicennes, Saint Denis, 2003. Dissertação (Mestrado em Língua e Literatura Portuguesa).

NASCIMENTO, Rui. *Jorge Amado: Uma cortina que se abre*. Salvador: Fundação Casa de Jorge Amado, 2007.

OLIVEIRA, Ana Aline Moraes de. *De Ofenísia a Gabriela: A superação de um Arquétipo*. Natal: Universidade Federal do Rio Grande do Norte, 1996. Dissertação (Mestrado em Letras e Literatura Comparada).

OLIVEIRA, Maria-Thereza Indiani de. *L'Oeuvre de Jorge Amado en France: Enquete sur les traductions de ses oeuvres et les réactions de la critique*. Grenoble, 1977. Tese (Doutorado de 3º Ciclo em Letras e Literatura).

OLIVIERI-GODET, Rita. PENJON, Jacqueline. *Jorge Amado: Leituras e diálogos em torno de uma obra*. Salvador: Fundação Casa de Jorge Amado, 2004.

PORTELLA, Eduardo. *Jorge Amado: A sabedoria da fábula*. Rio de Janeiro: Tempo Brasileiro, 2011.

RAILLARD, Alice. *Conversando com Jorge Amado*. Rio de Janeiro: Record, 1992.

RAMOS, Ana Rosa Neves. *L'Idée du peuple chez Jorge Amado: Engagement politique et creation romanesque*. Paris: Universidade de La Sorbonne Nouvelle Paris III, 1992. Tese (Doutorado em Literatura Geral e Comparada).

REBELLO, Janaina Fernandes. *A identidade feminina e a transformação do papel feminino na obra de Jorge Amado*. Rio de Janeiro: Universidade Federal do Rio de Janeiro, Departamento de Letras Vernáculas, 1999. Dissertação (Mestrado em Literatura Brasileira).

_____. "A vida e a vida de Jorge Amado", in *Dimensões*, n. IV. Rio de Janeiro: Tempo Brasileiro, pp. 185-92, 2012.

REVISTA Tempo Brasileiro, número especial, "Jorge Amado, KM 70", Rio de Janeiro, n. 74, jul./set. 1983.

RICCIARDI, Giovanni. "Jorge Amado", in: *Autorretratos*. São Paulo: Martins Fontes, 1991, pp. 47-68.

SILVA, Márcia Rios da. *O Rumor das cartas: Um estudo da recepção de Jorge Amado*. Salvador: Fundação Gregório de Mattos; EDUFBA, 2006.

ROCHE, Jean. *Jorge bem/mal Amado*. São Paulo: Cultrix, 1987.

ROMERO, Dani Leobardo Velásquez. *Jorge Amado e o Novo Romance Latino-americano: Processos de hibridação cultural em* Dona Flor e seus dois maridos *e* O sumiço da santa. [s.l.]: Novas Edições Acadêmicas, 2016.

ROSSI, Luiz Gustavo Freitas. *As cores da revolução: A literatura de Jorge Amado nos anos 30*. Campinas: Universidade Estadual de Campinas, 2004. Dissertação (Mestrado em Antropologia Social).

ROUGLE, William. "Soviet Critical Responses to Jorge Amado". *Luso-Brazilian Review*, Madison, University of Wiscosin Press, v. 21, n. 2, inverno de 1984, pp. 35-56.

RUBIM, Rosane; CARNEIRO, Maried (Orgs.). *Jorge Amado — 80 anos de vida e obra: Subsídios para pesquisa*. Salvador: Fundação Casa de Jorge Amado, 1992.

SÁ, Alzira Queiróz Gondim Tude de. *Do pé ao corpo da página: A recepção crítica de* Gabriela, cravo e canela. Salvador: Universidade do Estado da Bahia, 2008. Dissertação (Mestrado em Estudos de Linguagens).

SALAH, Jacques. *A Bahia de Jorge Amado*. Salvador: Fundação Casa de Jorge Amado, 2008.

SANTANA, Marcos Roberto de. *Jorge Amado e os ritos da baianidade: Um estudo de* Tenda dos Milagres. Salvador: Universidade do Estado da Bahia, 2008. Dissertação (Mestrado em Estudos de Linguagens).

SANTOS, Itazil Benício dos. *Jorge Amado: Retrato incompleto*. Rio de Janeiro: Record, 1993.

SARNEY, José. *Centenário de Jorge Amado*. Brasília: Senado Federal, 2012.

SESSÃO solene do Congresso Nacional para celebrar o centenário de nascimento de Jorge Amado. Brasília: Senado Federal, 2012.

SEIXAS, Cid. "Da guerra dos santos à demolição do etnocentrismo". In: *Triste Bahia, Oh! Quão dessemelhante: Notas sobre a literatura na Bahia*. Salvador: EGBA, 1996, pp. 83-106.

SOARES, Angelo Barroso Costa. *Academia dos Rebeldes: Modernismo à moda baiana*. Feira de Santana: Universidade Estadual de Feira de Santana, 2005. Dissertação (Mestrado em Literatura e Diversidade Cultural).

SPERB, Paula. *A recepção de Jorge Amado no* New York Times *(1945-2001)*. Caxias do Sul: Universidade de Caxias do Sul, 2017. Tese (Doutorado em Letras).

SWARNAKAR, Sudha; FIGUEIREDO, Ediliane Lopes Leite de; GERMANO, Patricia Gomes (Orgs.). *Nova leitura crítica de Jorge Amado*. Campina Grande: EDUEPB, 2014. (Disponível on-line).

TÁTI, Miécio. *Jorge Amado: Vida e obra*. Belo Horizonte: Itatiaia, 1961.

TAVARES, Paulo. *Criaturas e Jorge Amado*. São Paulo: Martins, 1969.

_____. *O baiano Jorge Amado e sua obra*. Rio de Janeiro: Record, 1980.

TOOGE, Marly D'Amaro Blasques. *Traduzindo o Brasil: O país mestiço de Jorge Amado*. São Paulo: Universidade de São Paulo, 2009. Dissertação (Mestrado em Estudos Linguísticos e Literários).

VIDAL, Laurent. *Les Chemins de la faim de Jorge Amado: Le Nordeste brésilien autour des annes 1930; analyses et perspectives*. Grenoble: Université des Sciences Sociales de Grenoble, Departamento de História, 1989. Tese (Doutorado em História Contemporânea).

VEIGA, Benedito José de Araújo. *Ah! Dona Flor, Dona Flor... memória da vida cultural baiana*. Salvador: Universidade Federal da Bahia, 2001. Tese (Doutorado em Letras).

_____ et al. *Jorge Amado de todas as cores*. Salvador: Fundação Pedro Calmon; Anajé: Casarão do Verbo, 2011.

VEJMELKA, Marcel. *A obra de Jorge Amado nas Alemanha Oriental e Ocidental: Suas recepções e traduções*. Salvador: Fundação Casa de Jorge Amado, 2008.

Obras gerais

AARÃO REIS, Daniel. "Entre reforma e revolução: a trajetória do Partido Comunista no Brasil entre 1943 e 1964". In: REIS, Daniel Aarão; RIDENTI, Marcelo. *História do Marxismo no Brasil*, v. 5. Campinas: Ed. da Unicamp, 2002.

_____. *Luís Carlos Prestes: Um revolucionário entre dois mundos*. São Paulo: Companhia das Letras, 2014.

ABIB, Pedro. (Coord). *Mestres e capoeiras famosos da Bahia*. Salvador: Edufba, 2009.

ADEODATO, Guaraci; FARIA, Vilmar (Orgs.). *Caderno Cebrap*, São Paulo, Vozes; Cebrap, n. 34, "Bahia de todos os pobres", 1980.

ALEXANDROVA, Vera. *A History of Soviet Literature 1917-1964*. Nova York: Anchor, 1964.

ALMEIDA, Stela Borges. *Negativos em vidro: Coleção de Imagens do Colégio Antônio Vieira, 1920-1930*. Salvador: Edufba, 2002.

ALVES, Ricardo António (Sel., leitura, apres. e notas). *Cem cartas a Ferreira de Castro*. Sintra: Câmara Municipal de Sintra; Museu Ferreira de Castro, 1992.

ALVES FILHO, Ivan. *Giocondo Dias: Uma vida na clandestinidade*. Rio de Janeiro: Mauad, 1997.

AMADO, Gilberto. *História da minha infância (1954)*. 2. ed. São Cristovão, SE: Ed. da UFS; Fundação Oviêdo Teixeira, 1999.

_____. *Mocidade no Rio e primeira viagem à Europa*. 2. ed. Rio de Janeiro: José Olympio, 1958.

ANDERSON, Edith. *Love in Exile*. Vermont: Steerforth, 1999.

ANDRADE, Carlos Drummond de (Sel. e montagem). *Uma pedra no meio do caminho: Biografia de um poema*. 2. ed. ampl. Eucanaã Ferraz. São Paulo: Instituto Moreira Salles, 2010.

ANDRADE, Mário de. *Cartas a um jovem escritor (destinatário Fernando Sabino)*. Rio de Janeiro: Record, 1981.

ANDRADE, Oswald de. *Os dentes do dragão*. 2. ed. ver. e ampl. São Paulo: Globo, 2011.
____. *Ponta de lança: Polêmica*. 3. ed. Rio de Janeiro: Civilização Brasileira, 1972.
____. *Telefonema*. 3. ed. Rio de Janeiro: Civilização Brasileira, 1976.
ARAUJO, Ricardo Benzaquen de. *Totalitarismo e revolução: O integralismo de Plínio Salgado*. Rio de Janeiro: Jorge Zahar, 1987.
ARQUIDIOCESE DE SÃO PAULO. *Brasil Nunca Mais: Um relato para a história*. 21. ed. Petrópolis: Vozes, 1988.
AS ENTREVISTAS da Paris Review, v. 1. São Paulo: Companhia das Letras, 2011.
ASSOULINE, Pierre. *Gaston Gallimard: A Half Century of French Publishing*. San Diego: Harcourt Brace Jovanovich, 1988.
AYOH'OMIDIRE, Félix. *Àkógbáùn: ABC da língua, cultura e civilização iorubanas*. Salvador: Edufba; CEAO, 2003.
BANDEIRA, Manuel. *Crônicas da província do Brasil*. 2. ed. São Paulo: Cosac Naify, 2006.
____. *Crônicas inéditas 2: 1930-1944*. Org., posf. e notas Julio Castañon Guimarães. São Paulo: Cosac Naify, 2009.
BARRETO, José de Jesus; FREITAS, Otto. *Carybé: Um capeta cheio de arte*. Salvador: Assembleia Legislativa da Bahia, 2009. (Coleção Gente da Bahia).
BARROS, Francisco Borges de. *Memória sobre o município de Ilhéus* (1915). 3. ed. Ilheus: Editus; Fundação Cultural de Ilhéus, 2004.
BASBAUM, Hersch W. *Cartas ao Comitê Central: História sincera de um sonhador*. São Paulo: Discurso Editorial, 1999.
BASBAUM, Leôncio. *Uma vida em seis tempos (memórias)*. São Paulo: Alfa-Ômega, 1976.
BASTIDE, Roger. *O candomblé da Bahia* (1958). Nova ed. rev. e ampl. São Paulo: Companhia das Letras, 2001.
BASTOS, Hermenegildo; ALMEIDA FILHO, Leonardo; BRUNACCI, Maria Izabel. *Catálogo de Benefícios: O significado de uma homenagem*. Brasília: Hinterlândia, 2010. (Homenagem a Graciliano Ramos, 1943).
BATINI, Tito. *Memórias de um socialista congênito*. Campinas: Ed. da Unicamp, 1991.
BESSA-LUÍS, Agustina. *Breviário do Brasil e outros textos*. Lisboa: Babel, 2012.
BLOCH, Marc. *A estranha derrota*. Rio de Janeiro: Zahar, 2011.
BOAVENTURA, Maria Eugenia. *O salão e a selva: Uma biografia ilustrada de Oswald de Andrade*. Campinas: Ed. da Unicamp; São Paulo: Ex Libris, 1995.
BOPP, Raul. *Vida e morte da antropofagia*. Rio de Janeiro: José Olympio, 2008. (Coleção Sabor Literário).
____. *Movimentos modernistas no Brasil 1922-1928*. Rio de Janeiro: José Olympio, 2012. (Coleção Sabor Literário).
____. *Memórias de um embaixador*. Rio de Janeiro: Record, 1968.
BOSI, Alfredo. *História concisa da literatura brasileira*. Nova ed. rev. e atual. São Paulo: Cultrix, 1994.

BOUJU, Marie-Cécile. *Lire em communiste: Les Maisons d'etion du Parti communiste français 1920-1968*. Rennes: Presses Universitaires de Rennes, 2010.
BRAGA, Rubem. *O conde e o passarinho & Morro do Isolamento (1936-1944)*. Rio de Janeiro: Record, 2002.
_____. *1939: Um episódio em Porto Alegre*. Rio de Janeiro: Record, 2002.
_____. *Crônicas de guerra (Com a FEB na Itália)*. 2. ed. Rio de Janeiro: Editora do Autor, 1964.
_____. *Retratos parisienses*. Org. Augusto Massi. 2. ed. Rio de Janeiro: José Olympio, 2013.
BRAGANÇA, Aníbal. *Livraria Idel: Do cordel à bibliofilia*. São Paulo: Edusp; ComArte, 2009.
BRANDÃO, Darwin; MOTTA E SILVA. *Cidade do Salvador: Caminho do encantamento*. São Paulo: Companhia Editora Nacional, 1958.
BRANDÃO, Octavio. *Combates e batalhas: Memórias*, 1º v. São Paulo: Alfa-Ômega, 1978.
BRENT, Jonathan. *Inside the Stalin Archives*. Nova York: Atlas & Co Publishers, 2008.
BROCA, Brito. *A vida literária no Brasil*. 4. ed. Rio de Janeiro: José Olympio, 2004.
BUARQUE DE HOLLANDA, Bernardo Borges. *ABC de José Lins do Rego*. Rio de Janeiro: José Olympio, 2012.
BUENO, Luís. *Uma história do romance de 30*. São Paulo: Edusp; Campinas: Ed. da Unicamp, 2006.
BUONICORE, Augusto. *Comunistas, cultura e intelectuais entre os anos de 1940 e 1950*. Disponível em: <http://www.espacoacademico.com.br/032/32cbuonicore.htm>. Acesso em: 10 maio 2013.
CAMARGOS, Marcia. *Entre a vanguarda e a tradição: Os artistas brasileiros na Europa (1912-1930)*. São Paulo: Alameda, 2011.
_____. *Semana de 22: Entre vaias e aplausos*. São Paulo: Boitempo, 2003. (Coleção Pauliceia).
CAMPOS, Paulo Mendes. *Murais de Vinicius e outros perfis*. Org. Flavio Pinheiro. Rio de Janeiro: Civilização Brasileira, 2000.
CAMPOS, Silva. *Crônica da Capitania de São Jorge dos Ilhéus*. Ed. comemorativa de sua elevação à categoria de Cidade. Rio de Janeiro: Conselho Federal de Cultural, 1981.
CAMPOS, Vera Felicidade de Almeida. *Mãe Stella de Oxossi: Perfil de uma liderança religiosa*. Rio de Janeiro: Jorge Zahar Editor, 2003.
CAMUS, Albert. *Diário de viagem: A visita de Camus ao Brasil*. 2. ed. Rio de Janeiro: Record, 1978.
CANÇADO, José Maria. *Os sapatos de Orfeu: Biografia de Carlos Drummond de Andrade* (1993). São Paulo: Globo, 2006.
CANDIDO, Antonio. *Literatura e sociedade*. 8. ed. São Paulo: T.A. Queiroz, 2000; Publifolha, 2000.
CARDOSO, Lúcio. *Diários*. Ed. Ésio Macedo Ribeiro. Rio de Janeiro: Civilização Brasileira, 2012.

CARONE, Edgard. *O PCB*. 3 v. São Paulo: Difel, 1982.
CARPEAUX, Otto Maria. *Tendências contemporâneas da literatura*. Rio de Janeiro: Ediouro, 1975.
CARNEIRO, Edson. *A cidade do Salvador*. Rio de Janeiro: Ed. da Organização Simões, 1954.
CARVALHO, Apolonio de. *Vale a pena sonhar*. Rio de Janeiro: Rocco, 1997.
CARVALHO, Marco Antonio de. *Rubem Braga — a biografia: Um cigano fazendeiro do ar* (2007). Nova ed. rev. São Paulo: Globo, 2013.
CARYBÉ. *As sete portas da Bahia*. São Paulo: Martins, 1975.
CASTELLO, José. *Vinicius de Moraes: O poeta da paixão*. São Paulo: Companhia das Letras, 1994.
CASTRO, Ruy. *Carmen: Uma biografia de Carmen Miranda*. São Paulo: Companhia das Letras, 2005.
____. *O anjo pornográfico: A vida de Nelson Rodrigues*. São Paulo: Companhia das Letras, 1992.
CATALOGUE Gallimard 1911-2011. Paris: Gallimard, 2012.
CAVALCANTI, Paulo. *O caso eu conto como o caso foi*. 3 v. 2. ed. rev. e ampl. Recife: Cepe, 2008.
CAYMMI, Dorival. *Cancioneiro da Bahia*. Rio de Janeiro: Record, 1978.
CAYMMI, Stella. *Dorival Caymmi: O mar e o tempo*. São Paulo: Ed. 34, 2001.
____. *O que é que a baiana tem?: Dorival Caymmi na área do rádio*. Rio de Janeiro: Civilização Brasileira, 2013.
CERISIER, Alban. *Gallimard: Um Éditeur à l'oeuvre*. Paris: Gallimard, 2011.
CEZAR, Nilson de Oliva (Pixoxó). *O arauto: Memórias de um jornalista*. Salvador: Empresa Gráfica da Bahia, 1987.
CHAVES NETO, Elias. *Minha vida e as lutas de meu tempo*. São Paulo: Alfa-Ômega, 1977.
CLARK, Katerina; DOBRENKO, Evgeny (com Andrei Artizov e Oleg Naumov). *Soviet Culture and Power: A History in Documents, 1917-1953*. New Haven: Yale University Press, 2007.
COELHO, Marco Antonio Tavares. *Herança de um sonho: As memórias de um comunista*. 2. ed. Rio de Janeiro: Record, 2000.
COSTA, Haroldo. *Fala, crioulo*. Rio de Janeiro: Record, 1982.
COSTA LIMA, Vivaldo. "O candomblé da Bahia na década de 1930". *Dossiê Religiões no Brasil. Estudos Avançados*, v. 18, n. 52, São Paulo, Sep/Dec 2004. Disponível em: <http://dx.doi.org/10.1590/S0103-40142004000300014>. Acesso em: 10 jun. 2013.
COUTINHO, Afrânio. *A literatura no Brasil*. Rio de Janeiro: Editorial Sul Americana S.A, 1969.
____; SOUSA, J. Galante. *Enciclopédia de literatura brasileira*. 2. ed. rev., ampl. e atual. sob coord. Graça Coutinho e Rita Moutinho. Rio de Janeiro: Academia Brasileira de Letras; Fundação Biblioteca Nacional; São Paulo: Global, 2001.

COUTO, Edilece Souza. *Tempo de festas*. Salvador: Edufba, 2010. (Coleção Bahia de Todos).

CONY, Carlos Heitor. *O harém das bananeiras*. Rio de Janeiro: Objetiva, 1999.

COSTA E SILVA. Alberto da. *Um rio chamado Atlântico: A África no Brasil e o Brasil na África*. 3. impr. Rio de Janeiro: Nova Fronteira; Ed. da UFRJ, 2003.

D'ARAUJO, Maria Celina; SOARES, Gláucio Ary Dillon; CASTRO, Celso (Orgs.). *Os anos de chumbo*. Rio de Janeiro: Relume Dumará, 1994.

DAMATTA, Roberto. *Carnavais, malandros e heróis: Para uma sociologia do dilema brasileiro*. 6. ed. Rio de Janeiro: Rocco, 1997.

DIAS, Marcelo Henrique. *Farinha, madeiras e cabotagem: A Capitania de Ilhéus no antigo sistema colonial*. Ilhéus: Ed. da Uesc, 2011.

DOYLE, Plínio. *Uma vida*. Rio de Janeiro: Casa da Palavra; Fundação Casa de Rui Barbosa, 1999.

DREIFUSS, René Armand. *1964: A conquista do Estado*. 5. ed. São Paulo: Vozes, 1987.

DULLES, John W. F. *Carlos Lacerda: A vida de um lutador*. 2 v. Rio de Janeiro: Nova Fronteira, 2000.

_____. *Sobral Pinto: A consciência do Brasil*. Rio de Janeiro: Nova Fronteira, 2001.

EHRENBURG, Ilya. *Post-War Years: 1945-54*. Cleveland: The World Publishing Company, 1967.

_____; GROSSMAN, Vasily. *The Complete Black Book of Russian Jewry*. Nova Jersey: Transaction, 2002.

FALCÃO, João. *O partido comunista que eu conheci: 20 anos de clandestinidade*. Rio de Janeiro: Civilização Brasileira, 1988.

_____. *Giocondo Dias: A vida de um revolucionário*. Rio de Janeiro: Agir, 1993.

_____. *Não deixe esta chama se apagar: História do Jornal da Bahia*. Rio de Janeiro: Revan, 2006.

FALCÓN, Gustavo. *Os coronéis do cacau*. Salvador: Centro Editorial e Didático Ianamá, 1995.

FAUSTO, Boris. *A revolução de 1930*. 16. ed. rev. e ampl. São Paulo: Companhia das Letras, 1997.

_____. *História concisa do Brasil*. São Paulo: Edusp; Imprensa Oficial, 2001.

FAST, Howard. *The Naked God: The Writer and the Communist Party*. Nova York: Frederick A. Praeger, 1957.

FEHERVARY, Helen. *Anna Seghers: The Mythic Dimension*. Ann Arbor: University of Michigan, 2004.

FELTRINELLI, Carlo. *Feltrinelli: Editor, aristocrata e subversivo*. São Paulo: Conrad, 2006.

FERREIRA, Jerusa Pires. *Ênio Silveira*. São Paulo: Edusp; ComArte, 2003. (Coleção Editando o Editor).

FIGUEIREDO, Cláudio. *Entre sem bater: A vida de Apparicio Torelly, o Barão de Itararé*. Rio de Janeiro: Casa da Palavra, 2012.

FIGUEIREDO, Guilherme. *Cobras & Lagartos: Rodapés de crítica literária, 1943-1945*. Rio de Janeiro: Nova Fronteira, 1984.
FILHO, João. *Dicionário amoroso de Salvador*. Salvador: Casarão do Verbo, 2014.
FONTES, Lilian. *ABC de Rachel de Queiroz*. Rio de Janeiro: José Olympio, 2012.
FRAGA FILHO, Walter. *Mendigos, moleques e vadios: Na Bahia do século 19*. São Paulo: Hucitec; Salvador: Edufba, 1996.
FREYRE, Gilberto. *Olinda: 2º Guia prático, histórico e sentimental de cidade brasileira*. Apres., atual. e biobibliografia Edson Nery da Fonseca. 6. ed. rev. e atual. São Paulo: Global, 2007.
_____. *Bahia e baianos*. Org. Edson Nery da Fonseca. Salvador: Fundação das Artes; Empresa Gráfica da Bahia, 1990.
FRIEDBERG, Maurice. *A Decade of Euphoria: Western Literature in Post-Stalin Russia, 1954-1964*. Bloomington: Indiana Universtiy Press, 1977.
GALLEGOS, Rómulo. *Dona Barbara*. Trad. Jorge Amado. Curitiba: Editora Guaíra, 1940.
GALVÃO, Walnice Nogueira. *Saco de gatos: Ensaios críticos*. 2. ed. São Paulo: Duas Cidades, 1976.
GARRARD, John e Carol. *Inside the Soviet Writers Union*. Nova York: The Free Press, 1990.
GOMES, Angela de Castro (Coord.). *Velhos militantes: Depoimentos*. Rio de Janeiro: Jorge Zahar Editor, 1988.
GOMES, João Carlos Teixeira. *Camões contestador e outros ensaios*. Salvador: Fundação Cultural do Estado da Bahia, 1979.
_____. *Glauber Rocha: esse vulcão*. Rio de Janeiro: Nova Fronteira, 1997.
GOMIDE, Bruno Barretto. *Da estepe à caatinga: O romance russo no Brasil (1887-1936)*. São Paulo: Edusp, 2011.
_____. *Dostoiévski na rua do Ouvidor: A literatura russa e o Estado Novo*. São Paulo: Edusp, 2018.
_____ (Org.). *Antologia do pensamento crítico (1802-1901)*. São Paulo: Ed. 34, 2013.
GORENDER, Jacob. *Combate nas trevas — a esquerda brasileira: Das ilusões perdidas à luta armada*. 3. ed. São Paulo: Ática, 1987.
GUASTINI, Mário. *A hora futurista que passou e outros escritos*. Sel., apres. e notas Nelson Schapochnik. São Paulo: Boitempo, 2006.
GUILLEN, Nicolás. *Páginas cubanas: Autobiografia de um poeta na revolução*. São Paulo: Brasiliense, 1985.
HALLEWELL, Laurence. *O livro no Brasil*. São Paulo: Edusp, 1985.
HERRERO-OLAIZOLA, Alejandro. *The Censorship Files: Latin American Writers and Franco's Spain*. Albany: State University of New York Press, 2007.
IVO, Lêdo. *Ajudante de mentiroso*. Rio de Janeiro: Educam, 2009.
_____. *O vento do mar*. Rio de Janeiro: Academia Brasileira de Letras; Contra Capa, 2011.
_____. *E agora adeus: Correspondência para Lêdo Ivo*. Rio de Janeiro: Instituto Moreira Salles, 2007.

IUMATTI, Paulo Teixeira. *Caio Prado Jr.: Uma trajetória intelectual.* São Paulo: Brasiliense, 2007.
JAKOBSON, Roman. *A geração que esbanjou seus poetas.* São Paulo: Cosac Naify, 2006.
JORGE Amado e o neorrealismo português. Museu do Neo-Realismo, 2012.
JORGE, Fernando. *A Academia do fardão e da confusão.* São Paulo: Geração Editorial, 1999.
KING, John. *Sur: A Study of the Argentine Literary Journal and its Role in the Developmeny of a Culture, 1931-1970.* Londres: Cambrige University Press, 1986.
KNOPF, Alfred. *Portrait of a Publisher 1915-1965.* Nova York: The Typphiles, 1965.
LACERDA, Carlos. *Depoimento.* 3. ed. rev. e atual. Rio de Janeiro: Nova Fronteira, 1987.
LARRETA, Enrique Rodríguez; GIUCCI, Guillermo. *Gilberto Freyre: Uma biografia cultural.* Rio de Janeiro: Civilização Brasileira, 2007.
LAZAR, Marc. *Le Communism: Une Passion française.* Paris: Perrin, 2005.
LEAL, Geraldo da Costa. *Histórias de Salvador Cidade da Bahia.* Salvador: [s.n.], 1996.
_____. *Perfis Urbanos da Bahia: Os bondes, a demolição da Sé, o futebol e os galegos.* Salvador: Santa Helena, 2002.
LE BOULER, Jean-Pierre. *Pierre Fatumbi Verger: Um homem livre.* Salvador: Fundação Pierre Verger, 2002.
LEONELLI, Domingos; OLIVEIRA, Dante de. *Diretas Já: 15 meses que abalaram a ditadura.* Rio de Janeiro: Record, 2004.
LÉVI-STRAUSS, Claude; ERIBON, Didier. *De perto e de longe.* São Paulo: Cosac Naify, 2005.
LIMA, Herman. *Roteiro da Bahia.* Salvador: Imprensa Oficial da Bahia, 1969.
LINS, Álvaro. *Os mortos de sobrecasaca: Ensaios e estudos 1940-1960.* Rio de Janeiro: Civilização Brasileira, 1963.
LINS, Wilson. *Musa vingadora: Crônicas do epigrama na Bahia.* Salvador: Edufba, 1999.
_____. *Aprendizagem do absurdo uma casa após a outra.* Salvador: Empresa Gráfica da Bahia, 1987.
LISPECTOR, Clarice. *Entrevistas.* Rio de Janeiro: Rocco, 2007.
LONDON, Artur. *L'Aveu: Dans l'Engrenage du procès de Prague.* Paris: Gallimard, 1968.
LUCENA, Suênio Campos de. *21 escritores brasileiros: Uma viagem entre mitos e motes.* São Paulo: Escrituras, 2001.
LUHNING, Angela (Org.). *Verger-Bastide: Dimensões de uma amizade.* Rio de Janeiro: Bertrand, 2002.
_____. *Pierre Verger, repórter fotográfico.* Rio de Janeiro: Betrand, 2004.
MACIEL, Luiz Carlos. *Geração em transe: Memórias do tempo do tropicalismo.* Rio de Janeiro: Nova Fronteira, 1996.

MAGALHAES, Mário. *Marighella: O guerrilheiro que incendiou o mundo.* São Paulo: Companhia das Letras, 2012.
MANGABEIRA, Francisco. *João Mangabeira: República e socialismo no Brasil.* Rio de Janeiro: Paz e Terra, 1979.
MÁRAI, Sándor. *Memoir of Hungary, 1944-1948* (1996). Budapeste: Corvina; Central European University Press, 2005.
MARQUES, Nonato. *A poesia era uma festa.* Salvador: GraphCo, 1994.
MARQUEZ, Gabriel García. *Viver para contar.* Salvador: Record, 2003.
MARRAS, Sergio. *América Latina, marca registrada: Conversaciones.* Santiago: Ornitorrinco, 2015.
MARTELLI, Roger. *L'Empreinte communiste.* Paris: Les Èditions Sociales, 2010.
MARTINS 30 anos. São Paulo: Martins, 1967.
MARTINS, Wilson. *A crítica literária no Brasil.* 2 v. Rio de Janeiro: Francisco Alves, 2002.
____. *História da inteligência brasileira.* 4 v. São Paulo: Cultrix, 1978.
MARX, Warde. *Maria Della Costa: Seu teatro, sua vida.* 2. ed. São Paulo: Imprensa Oficial, 2008.
MASSINI-CAGLIARI, Gladis. *Cancioneiros medievais galego-portugueses.* São Paulo: WMF Martins Fontes, 2007.
MATONTI, Frédérique. *Intellectuels communistes.* Paris: Éditions La Découverte, 2005.
MATOS, Gramiro de. *Influências da literatura brasileira sobre as literaturas africanas de língua portuguesa.* Salvador: Empresa Gráfica da Bahia, 1996.
MEDEIROS, Nuno. *Edição e editores: O mundo do livro em Portugal, 1940-1970.* Lisboa: ICS, 2010.
MEIRELLES, Domingos. *As noites das grandes fogueiras: Uma história da Coluna Prestes.* Rio de Janeiro: Record, 2006.
MESQUITA FILHO, Julio de. *Ensaios sul-americanos.* 2. ed. São Paulo: Martins, 1956.
MESQUITA FILHO, Ruy (Org.). *Cartas do exílio: A troca de correspondência entre Marina e Júlio de Mesquita Filho.* São Paulo: Terceiro Nome, 1996.
MEYER, Augusto. *Ensaios escolhidos.* Sel. e pref. Alberto da Costa e Silva. Rio de Janeiro: José Olympio, 2007.
MICELI, Sergio. *Intelectuais à brasileira.* São Paulo: Companhia das Letras, 2001.
____. *Coleção melhores crônicas.* Sel. e pref. Regina Salgado Campos. São Paulo: Global, 2006.
MORAES, Dênis. *O velho Graça: Uma biografia de Graciliano Ramos.* Rio de Janeiro: José Olympio, 1992.
____. *O imaginário vigiado: A imprensa comunista e o realismo socialista no Brasil (1947-53).* Rio de Janeiro: José Olympio, 1994.
MORAIS, Fernando. *Olga.* São Paulo: Companhia das Letras, 1994.
____. *Chatô — o rei do Brasil: A vida de Assis Chateubriand, um dos brasileiros mais poderosos do século 20.* 4. ed. São Paulo: Companhia das Letras, 2011.
____. *O mago.* São Paulo: Planeta, 2008.

MOREYRA, Alvaro. *As amargas, não... lembranças* (1954). Porto Alegre: Instituto Estadual do Livro, 1990.

MORO, Javier. *O império é você: A fascinante saga do homem que mudou a história do Brasil — romance.* São Paulo: Planeta, 2012.

MOSER, Benjamin. *Clarice,* São Paulo: Cosac Naify, 2011.

NASSER, David. *Falta alguém em Nuremberg: Torturas da Polícia de Filinto Strumbling Muller.* Rio de Janeiro: Edições do Povo, 1947.

NAVARRO, Marcos. *Calasans Neto: O gravador de Itapoan.* Salvador: Assembleia Legislativa da Bahia, 2010. (Coleção Gente da Bahia).

NERUDA, Pablo. *Confieso que he vivido* (1974). Buenos Aires: Debolsillo, 2004.

NETO, Lira. *Getúlio.* 3 v. São Paulo: Companhia as Letras, 2012, 2013, 1014.

NOVAES, Adriana Carvalho. *O canto de Perséfone: O grupo Sur e a cultura de massa argentina (1956-1961).* São Paulo: Annablume, 2006.

OLIVEIRA, Waldir Freitas; COUTO, Edilece Souza. *Colégio Antônio Vieira 1911-2011: Vidas e histórias de uma missão jesuíta.* Salvador: Edufba, 2011.

OLZEWSKI FILHA, Sofia. *A fotografia e o negro na cidade do Salvador 1840-1914.* Salvador: Fundação Cultural do Estado da Bahia; Empresa Gráfica da Bahia, 1989.

ORTIZ, Renato. *A morte branca do feiticeiro negro: Umbanda e sociedade brasileira.* 2. ed. São Paulo: Brasiliense, 1991.

PAGNI, Andrea (Org.). *El exílio republicano español em México y Argentina.* Madri: Iberoamericana, 2011.

PALLARES-BURKE, Maria Lúcia Garcia. *Gilberto Freyre: Um vitoriano dos trópicos.* São Paulo: Editora Unesp, 2005.

PAMUK, Orhan. *O romancista ingênuo e o sentimental.* São Paulo: Companhia das Letras, 2011.

PAPERNO, Irina. *Stories of the Soviet Experience: Memoirs, Diaries, Dreams.* Ithaca: Cornell University, 2009.

PASTERNAK, Boris. *Safe Conduct: An Autobiography and Other Writings.* 2. ed. Nova York: New Directons, 1958.

PEDRO Bloch entrevista: Vida, pensamento e obra de grandes vultos da cultura brasileira. Rio de Janeiro: Bloch, 1989.

PEIXOTO, Silveira. *Falam os escritores.* 3 v. Curitiba: Guaíba, 1941.

PERALVA, Osvaldo. *O retrato.* Belo Horizonte: Itatiaia, 1960.

PERICÁS, Luiz Bernado. *Caio Prado Junior: Uma biografia política.* São Paulo: Boitempo, 2016.

PEREIRA, José Mário (Org.). *José Olympio: O editor e sua casa.* Rio de Janeiro: Sextante, 2008.

PERES, Fernando da Rocha. *Memória da Sé.* Salvador: Macunaíma, 1974.

PESSOA, Ana. *Carmen Santos: O cinema dos anos 20.* Rio de Janeiro: Aeroplano, 2002.

PIERSON, Donald. *Brancos e pretos na Bahia: Estudo de contato racial.* São Paulo: Companhia Editora Nacional, 1945.

PIMENTEL, Irene Flunser. *A história da PIDE.* Lisboa: Círculo de Leitores, 2011.

PINHEIRO, Eloísa Petti. *Europa, França e Bahia: Difusão e adaptação de modelos urbanos*. Salvador: Edufba, 2002.

PINHEIRO, Paulo Sérgio. *Estratégias da ilusão: A revolução mundial e o Brasil 1922-1935*. 2. ed. revista pelo autor. São Paulo: Companhia das Letras, 1991.

PINHO, Péricles Madureira de. *São assim os baianos*. Rio de Janeiro: Editora Fundo de Cultura, 1960.

PÓLVORA, Hélio. *Como morrem os nossos escritores*. Salvador: Casarão do Verbo, 2017.

POMAR, Pedro Estevan da Rocha. *Comunicação, cultura de esquerda e contra-hegemonia: o jornal Hoje (1945-1952)*. São Paulo: ECA-USP, 2006. Tese (Doutorado em Comunicação).

POPPINO, Rollie. *International Communism in Latin America: History of the Movement 1917-1963*. Nova York: The Free Press, 1964.

PRANDI, Reginaldo. *Mitologia dos orixás*. São Paulo: Companhia das Letras, 2001.

PRESTES, Anita Leocádia. *Da insurreição armada à União Nacional: A virada tática na política do PCB*. Rio de Janeiro: Paz e Terra, 2001.

QUEIRÓS JUNIOR, Teófilo. *Preconceito de cor e a mulata na literatura brasileira*. São Paulo: Ática, 1982.

QUEIRÓS MATTOSO, Kátia de. *Bahia, século XIX: Uma província no império*. Rio de Janeiro: Nova Fronteira, 1992.

QUEIROZ, Rachel de. *O homem e o tempo: Crônicas escolhidas*. São Paulo: Siciliano, 1995.

____. *As melhores crônicas de Rachel de Queiroz*. Org. Heloisa Buarque de Hollanda. São Paulo: Global, 2010.

____; QUEIROZ, Maria Luiza. *Tantos anos*. Rio de Janeiro: Jose Olympio, 2010.

RABASSA, Gregory. *If This be Treason: Translation and Its Dyscontentes. A Memoir*. Nova York: New Directions, 2005.

____. *O negro na ficção brasileira: Meio século de história literária*. Trad. Ana Maria Martins. Rio de Janeiro: Tempo Brasileiro, 1965. (Biblioteca de Estudos Literários, 4).

RAMOS, Graciliano. *Cartas*. 6. ed. Rio de Janeiro: Record, 1986.

____. *Garranchos*. Org. Thiago Mio Salla. Rio de Janeiro: Record, 2012.

____. *Conversas*. Org. Ieda Lebensztayn e Thiago Mio Salla. Rio de Janeiro: Record, 2014.

____. *Linhas tortas*. 16. ed. Rio de Janeiro: Record, 1983.

____. *Viventes das Alagoas*. 16. ed. Rio de Janeiro: Record, 1986.

____. *Memórias do cárcere*. 2 v. 16. ed. Rio de Janeiro: Record, 1983.

____. *Viagem*. 16. ed. Rio de Janeiro: Record, 1986.

RAMOS, Ricardo. *Graciliano: retrato fragmentado*. São Paulo: Siciliano, 1992.

REGO, José Lins do. *Ligeiros traços: Escritos da juventude*. Sel., intr. e notas César Braga-Pinto. Rio de Janeiro: José Olympio, 2007.

REIMÃO, Sandra. *Repressão e resistência: Censura a livros na ditadura militar*. São Paulo: Edusp, 2011.

RIBEIRO, Darcy. *Tempos de turbilhão: Relatos do Golpe de 64*. Org. e apres. Eric Nepomuceno. São Paulo: Global, 2014.

RISÉRIO, Antonio. *Carnaval ijexá*. Salvador: Corrupio, 1981.

_____. *Avant-garde na Bahia*. São Paulo: Instituto Lina Bo e Pietro Maria Bardi, 1995.

_____. *Uma história da cidade da Bahia*. Salvador: Omar G. Editora, 2000.

_____. *Adorável comunista: História, política, charme e confidências de Fernando Sant'Anna*. Rio de Janeiro: Versal, 2002.

ROCHA, Glauber. *Cartas ao mundo*. Org. Ivana Bentes. São Paulo: Companhia das Letras, 1997.

ROCHA, João Cezar de Castro. *Crítica literária: Em busca do tempo perdido?*. Chapecó: Argos, 2011.

ROCHA, Fernando. *Progresso Editora: Tribuna e paixão de Pinto de Aguiar*. Salvador: Edufba/EGBA, 1996.

RUBENSTEIN, Joshua. *Tangled Loyalties: The Life and Times of Ilya Ehrenburg*. Nova York: BasicBooks, 1996.

RUBIM, Antonio Albino Canelas. "Marxismo, cultura e intelectuais no Brasil". In: MORAES, João Quartin (Org.). *História do Marxismo no Brasil*, v. III. Campinas: Unicamp, 1988, p. 43.

RUHLE, Jurgen. *Literature and Revolution: A Critical Study of the Writer and Communism in the Twentieth Century*. Nova York: Frederick A Praeger, 1969.

RUIZ, Juan Cruz. *Egos revueltos: Uma memoria personal de la vida literária*. Barcelona: Tiempo de Memoria, 2010.

SÁ CORRÊA, Marcos. *Oscar Niemeyer*. Rio de Janeiro: Relume Dumará, 1996. (Coleção Perfis do Rio).

SABINO, Fernando. *Livro aberto: Páginas soltas ao longo do tempo*. Rio de Janeiro: Record, 1999.

_____. *Gente: Na cadência da arte, e a nostalgia dos anos 70*. 4. ed. rev. e ampl. Rio de Janeiro: Record, 1996.

_____. *O tabuleiro de damas: Trajetória do menino ao homem feito*. Ed. rev. e ampl. Rio de Janeiro: Record, 1999.

SACCHETTA, Vladimir; CARMARGOS, Marcia; MARINGONI, Gilberto. *A imagem e o gesto: Fotobiografia de Carlos Marighella*. São Paulo: Editora Fundação Perseu Abramo, 1999.

SACCHETTA, Vladimir (Org.). *Os cartazes desta história*. São Paulo: Instituto Vladimir Herzog; Escrituras, 2012.

SALEMA, Álvaro. *Jorde Amado: O homem e a obra: Presença em Portugal*. Europa-America, 2016.

SALLES, Herberto Salles. *Andanças por umas lembranças: Subsidiário 2*. São Paulo: Companhia Editora Nacional, 1991.

SANTANA, Valdomiro. *Literatura baiana 1920-1980*. 2. ed. rev. e ampl. Salvador: Fundação Casa de Jorge Amado; Feira de Santana; Universidade Estadual de Feira de Santana, 2009.

SANTIAGO, Silviano. *Vale quanto pesa*. Rio de Janeiro: Paz e Terra, 1982.

SANTOS, Cássia dos. *Polêmica e controvérsia em Lúcia Cardoso*. Campinas: Mercado de Letras; São Paulo: Fapesp, 2001.

SANTOS, Maria Stella de Azevedo (Mãe Stella de Oxossi). *Meu tempo é agora*. 2. ed. Salvador: Assembleia Legislativa do Estado da Bahia, 2010.

60 ANOS: Câmara Brasileira do Livro. São Paulo: Câmara Brasileira do Livro, 2006.

SECCO, Lincoln. *Caio Prado Júnior: O sentido da revolução*. São Paulo: Boitempo, 2008.

SEGATTO, José Antonio. *Reforma e revolução: As vicissitudes políticas do PCB — 1954-1964*. Rio de Janeiro: Civilização Brasileira, 1995.

SENNA, Homero. *República das letras: Entrevistas com 20 grandes escritores brasileiros*. 3. ed. ver. e atual. Rio de Janeiro: Civilização Brasileira; Universidade do Vale da Paraíba, 1996.

SERRA, Ordep. *Rumores da festa: O sagrado e o profano na Bahia*. 2. ed. Salvador: Edufba, 2009.

SHUR, Leonid A. *Relações literárias e culturais entre Rússia e Brasil nos séculos 18 e 19*. São Paulo: Perspectiva, 1986.

SILVA, Janaína Wanderley. *Riachão: cronista do samba baiano*. 2. ed. Salvador: Assembleia Legislativa, 2009. (Coleção Gente da Bahia).

SILVEIRA, Joel. *Tempo de Contar*. 3. ed. rev. e ampl. Rio de Janeiro: Jose Olympio, 1993.

_____. *Na fogueira: Memórias*. Rio de Janeiro: Mauad, 1998.

_____; MORAES NETO, Geneton. *Hitler/Stalin: O pacto maldito*. Rio de Janeiro: Record, 1989.

SOARES, Lucila. *Rua do Ouvidor 110: Uma história da livraria José Olympio*. Rio de Janeiro: José Olympio, 2006.

SODRÉ, Jaime. *Manuel Querino: um herói da raça e classe*. Salvador: [s.n.], 2001.

SORÁ, Gustavo. *Brasilianas: José Olympio e a gênese do mercado editorial brasileiro*. São Paulo: Edusp; ComArte, 2010. (Coleção Memória Editorial).

STEIN, Gertrud. *Autobiografia de todo mundo*. São Paulo: Cosac Naify, 2010.

SÜSSEKIND, Flora. *Tal Brasil, Qual Romance?*. Rio de Janeiro: Achiamé, 1984.

TAVARES, Odorico. *Bahia: imagens da terra e do povo*. 3. ed. rev. Rio de Janeiro: Civilização Brasileira, 1970.

TEZZA, Cristovão. *O espírito da prosa: Uma autobiografia literária*. Rio de Janeiro: Record, 2012.

TODOROV, Tzvetan. *A literatura em perigo* (2007). São Paulo: Difel, 2009.

TORRES, Carlos. *Bahia: cidade feitiço. Guia turístico*. 6. ed. rev. e ampl. Salvador: Editora Mensageiro da Fé, 1973.

TORRESINI, Elisabeth Rochadel. *Editora Globo: Uma aventura editorial nos anos 30 e 40*. São Paulo: Edusp; ComArte; Porto Alegre: Ed. da Universidade do Rio Grande do Sul, 1999.

TOTA, Antonio Pedro. *O imperialismo sedutor: A americanização do Brasil na época da Segunda Guerra*. São Paulo: Companhia das Letras, 2000.

TRIGO, LUCIANO (Org.). *O Globo: grandes entrevistas. Os escritores.* São Paulo: O Globo, 1994.
TUCCI CARNEIRO, Maria Luiza; KOSSOY, Boris (Orgs.). *A imprensa confiscada pelo Deops 1924-1954.* São Paulo: Imprensa Oficial; Ateliê, 2003. (Série Labirintos da Memória).
UTLEY, Gertje R. *Picasso: The Communist Years.* New Haven: Yale University Press, 2000.
VAN DELDEN, Maarten; GRENIER, Yvon. *Gunshots at the Fiesta: Literature and Politics in Latin America.* Nashville: Vandebilt University Press, 2009.
VARGAS, Getúlio. *Diário.* 2 v. São Paulo: Siciliano; Rio de Janeiro: Fundação Getulio Vargas, 1995.
VARGAS LLOSA, Mario. *Dicionário amoroso da América Latina.* Rio de Janeiro: Ediouro, 2006.
_____. *A guerra do fim do mundo.* Rio de Janeiro: Francisco Alves, 1982.
VERISSIMO, Erico. *Solo de clarineta.* 2 v., 20. ed. São Paulo: Companhia das Letras, 2005.
_____. *Um certo Henrique Bertaso.* São Paulo: Companhia das Letras, 2005.
VERGER, Pierre. *Notícias da Bahia — 1850.* 2. ed. Salvador: Corrupio, 1999. (Coleção Baianada).
_____. *Fluxo e refluxo: Do tráfico de escravos entre o Golfo do Benin e a Baia de Todos os Santos dos século 17 a 19.* 4. ed. rev. Salvador: Corrupio, 2002.
VIANNA, Hildegardes. *A Bahia já foi assim.* Salvador: Itapuan, 1973.
_____. *Antigamente era assim.* Salvador: Fundação Cultural do Estado, 1994.
VIANNA FILHO, Luiz. *O negro na Bahia.* Salvador: Edufba, 2008. (Ed. comemorativa ao centenário de nascimento do autor).
VILLAÇA, Antônio Carlos. *José Olympio: O descobridor de escritores.* Rio de Janeiro: Thex, 2001.
_____. *Os saltimbancos a Porciúncula.* 2. ed. Rio de Janeiro: Record, 1996.
VIEIRA, Yara Frateschi; CABANAS, Maria Isabel Morán; CABO, José António Souto. *O caminho poético de Santiago: Lírica galego-portuguesa.* São Paulo: Cosac Naify, 2015.
WAACK, William. *Camaradas.* Rio de Janeiro: Biblioteca do Exército; São Paulo: Companhia das Letras, 1999.
WAINER, Samuel. *Minha razão de viver.* Org. e ed. Augusto Nunes. Rio de Janeiro: Record, 1987.
WEIDHASS, Peter. *A History of the Frankfurt Book Fair.* Toronto: Dundurn, 2007.
WERNECK, Humberto. *O desatino da rapaziada: Jornalistas e escritores em Minas Gerais.* São Paulo: Companhia das Letras, 1992.
_____. *Santo sujo: A vida de Jayme Ovalle.* São Paulo: Cosac Naify, 2008.
WERNECK DE CASTRO, Moacir. *Mário de Andrade: Exílio no Rio.* Rio de Janeiro: Rocco, 1989.
WILLIAMSON, Edwin. *Borges: uma vida.* São Paulo: Companhia das Letras, 2011.

WINOCK, Michel. *As vozes da liberdade: Os escritores engajados do século 19*. Rio de Janeiro: Betrand Brasil, 2006.
WIRES, Richard. *The Politics of the Nobel Prize in Literature: How the Laureates Were Selected, 1901-2007*. Nova York: The EdwinMellen, 2008.
ZACHARIADHES, Grimaldo Carneiro (Org.). *Ditadura militar na Bahia*. Salvador: Edufba, 2009.

Entrevistas

Adenor Gondim
Alberto da Costa e Silva
Alberto Mussa
Alberto Schprejer
Ana Maria Gonçalves
Ana Maria Machado
Ana Maria Santeiro
Angela Fraga
Anita Leocádia
Antonio Candido
Antonio Guerra Lima, o Guerrinha
Antonio Lins
Antonio Maura
Antônio Torres
Arlete Soares
Armênio Guedes
Arthur Andrade
Artur Guimarães Sampaio
Auta Rosa
Bete Capinan
Boris Frezinski
Boris Schnaiderman
Bruno Amado
Caetano Veloso
Carlos Augusto Marighella
Carlos Herculano Lopes
Cecilia Amado
Chico Buarque de Hollanda
Cid Seixas
Clara Charf
Cristina Zahar
Cristovão Tezza
Dacio Malta
Danilo Caymmi
Danuza Leão
Dori Caymmi
Eduardo Portella
Emanoel Araujo
Eric Nepomuceno
Fernando da Rocha Peres
Fernando Sant'Ana
Fernando Valeika de Barros
Ferreira Gullar
Florisvaldo Mattos
Francisco Faria
Gilberbet Chaves
Gilberto Gil
Giovani Ricciardi
Hélio Pólvora
Ignez Cabral de Melo
Ivan Junqueira
Jerusa Pires Ferreira
João Almino
João Carlos Teixeira Gomes
João Jorge Amado
João Jorge Amado Filho
João Jorge Santos Rodrigues
João Ubaldo Ribeiro
Jorge Amado Neto
José Fernando de Barros Martins
José Carlos Cavalcanti
José Jesus Barreto
José Luiz Del Roio
José Sarney
Katia Badaró
Lêdo Ivo
Lídia Jorge
Lídice da Mata
Luis Fernando Verissimo
Luis Henrique Dias Tavares

Luiza Ramos
Luiz Costa Lima
Mãe Stella de Oxóssi
Manuel Cabral
Marcos Rezende
Maria Della Costa
Maria João Amado
Mariana Amado
Mario Cravo
Mario Soares
Martin Chalfie
Mia Couto
Miguel Sanches Neto
Milton Hatoum
Moema Cavalcanti
Myriam Fraga
Nair de Carvalho
Nanã Sampaio
Nancy Bernabó
Nélida Piñon
Neném Werneck de Castro
Nuno Lima de Carvalho
Paloma Amado
Paolo Marconi
Paula Loureiro

Paula Sacchetta
Paulo Bezerra
Paulo Coelho
Pedro Paulo de Sena Madureira
Pepetela
Pilar del Río
Pink Wainer
Raimundo Carrero
Regina Barral
Rita Godet
Roberto Amado
Ronaldo Correia de Brito
Rosane Rubim
Ruy Nascimento
Sante Scaldaferri
Sergio Machado, cineasta
Sergio Machado, editor
Solange Bernabó
Sônia Machado
Sônia Montenegro
Stella Caymmi
Thiago de Mello
Vladimir Sacchetta
Zeferino Coelho

Arquivos

Academia Brasileira de Letras (ABL)
Academia de Letras da Bahia (ALBa)
Acervo da Ditadura Militar/ Arquivo Nacional/ Ministério da Justiça
Acervo das Polícias Políticas/ Arquivo Público do Estado do Rio de Janeiro
Acervo Deops-SP/ Arquivo Público do Estado de São Paulo
Arquivo Edgard Leuenroth (AEL-Unicamp)
Arquivo de Escritores e Intelectuais da América Latina/ Universidade de Princeton, Estados Unidos
Arquivo Público do Estado da Bahia
Arquivo Público do Estado do Rio de Janeiro
Arquivo Estatal Russo de História Político-Social (RGASPI)
Arquivo Estatal Russo de História Contemporânea (RGANI)
Biblioteca do Congresso Americano
Biblioteca Central dos Barris, Bahia
Biblioteca Mario de Andrade, São Paulo

Biblioteca Nacional de Portugal
Câmara Brasileira do Livro (CBL)
Casa de Rui Barbosa
Casa-Museu Ferreira de Castro
Casa Victoria Ocampo
Central Intelligence Agency (CIA)
Centro de Documentação Cultural Alexandre Eulalio — Cedae/ Unicamp
Centro de Documentação e Memória/ Unesp
Cinemateca Brasileira
Direção dos Serviços de Censura de Portugal/ Arquivo Nacional da Torre do Tombo, Portugal
Fundação Astrojildo Pereira
Fundação Biblioteca Nacional (FBN)
Fundação Casa de Jorge Amado
Fundação Dinarco Reis
Fundação Getulio Vargas (FGV)
Fundação José Saramago, Portugal
Fundação Mauricio Grabois
Instituto de Estudos Brasileiros (IEB-USP)
Instituto Geográfico e Histórico da Bahia (IGHB)
Instituto Moreira Salles (IMS)
Museu da Imagem e do Som (MIS-SP)
Museu da Imagem e do Som (MIS-RJ)
Museu do Neo-Realismo, Portugal
Museu do Cacau, Salvador-Bahia
Museu de Literatura Tcheca
Polícia Internacional e de Defesa do Estado (Pide)/ Arquivo Nacional da Torre do Tombo, Portugal

Índice onomástico

A

ABC de Castor Abduim, dito Tição (cordel), 528
ABC de Castro Alves (Jorge Amado), 156-7, 163-4, 168, 185, 447; *ver também* Alves, Castro
Abertura (programa de TV), 522
ABL *ver* Academia Brasileira de Letras
Abreu, Brício de, 142, 173
Abreu, Severiano Manoel de, 97
Academia Alagoana de Letras, 64
Academia Brasileira de Letras (ABL), 30, 55-6, 83, 140, 167, 193, 397-8, 401-2, 408, 417, 438, 492-3, 524-5, 530, 538, 541, 555-6
Academia de Letras da Bahia, 30, 500, 530
Academia dos Dez Unidos, 64
Academia dos Rebeldes, 28, 30-1, 34, 37, 50-5, 64, 68, 87, 111, 138, 141, 176, 179-80, 200, 360, 420, 530
Academia Francesa, 259
Accioly Borges, Pompeu, 163
ACM *ver* Magalhães, Antônio Carlos
"Acontece que eu sou baiano" (canção), 211, 315
Acontecimentos de Areia Branca, Os (Jorge Amado), 367-8, 391
Adonias Filho, 438
África, 56, 195, 337, 387, 419, 451, 472, 507, 517, 523
África do Sul, 459, 520
Agência Brasileira de Distribuição de Notícias, 55

Agonia da noite (Jorge Amado), 143, 149, 156, 169, 341
Agosti, Héctor, 165
Agostinho da Piedade, frei, 425
Agostinho Neto (poeta angolano), 516, 518
Agripina (funcionária da família Amado), 479
Aguiar, Manuel Pinto de, 421
Aguilera Malta, Demetrio, 152, 187
Aizen, Adolfo, 82
Alagoas, 12, 63, 73, 104, 217, 426
Albânia, 355
Alberti, Rafael, 165, 241, 270
Albuquerque, Franklin Lins de, 174, 228, 369, 422
Albuquerque, Medeiros e, 38, 51
Alcântara Machado, Antônio de, 33, 140, 190
Alegría, Ciro, 152
Aleixo, Pedro, 105
Alemanha, 106, 133, 149, 154, 159, 171, 179-80, 202, 218, 270, 315, 430, 471, 529, 534
Alencar, José de, 157, 398, 408
Alexandria (Egito), 535
Alfama (Portugal), 445
Alfaro Siqueiros, David, 122, 388
Alfaya, Carmen, 168
Alger Républicain (jornal argelino), 133
Aliança Liberal, 34, 44
Aliança Nacional Libertadora (ANL), 102, 162-3, 240, 457, 469, 515
Alice (Carroll), 500

Allende, Salvador, 339
Almeida, Aparecida Mendes de, 208-9
Almeida, Guilherme de, 201
Almeida, José Américo de, 33, 61, 63, 199, 203, 229, 525
Almeida, Paulo Mendes de, 208-9
Alves, Castro, 25, 30, 150, 152, 157-8, 165, 174, 176, 185, 194, 196, 240-1, 249, 263, 376, 390, 431, 447, 457, 480, 517, 522, 547; *ver também ABC de Castro Alves* (Jorge Amado)
Alves, Dorothy, 443
Alves, Isaías, 25
Alves, Moysés, 432
Amado de Faria, coronel João (pai de Jorge Amado), 11-4, 16-8, 20, 39, 79, 95-6, 112, 164, 170, 224, 235, 246, 260, 263, 265, 269, 322-3, 335, 345, 399, 406, 409-10
"Amado para sempre" (canção), 521
Amado, Álvaro (tio paterno de Jorge Amado), 19, 24-5, 393
Amado, Dalila Jorge (Lila, filha de Jorge Amao), 92, 97, 117, 127, 130, 153, 154, 164, 171, 175, 204-5, 210, 236, 254, 264, 322-5, 336, 543
Amado, Eulália Leal (Lalu, mãe de Jorge Amado), 11-5, 17-9, 24, 36, 39, 80, 92, 95-7, 147, 212, 224-5, 236, 242, 244, 246, 254, 315-6, 322, 333, 335, 345, 390, 399, 406, 409-10, 413-6, 421-2, 425, 441, 473
Amado, Genolino (primo de Jorge Amado), 17, 42, 200
Amado, Gilberto (primo de Jorge Amado), 17, 40, 42, 47-8, 95, 260
Amado, Gilson (primo de Jorge Amado), 48
Amado, James (irmão de Jorge Amado), 15, 17, 39-40, 80, 94, 96, 153, 179-80, 200, 204, 217, 335, 360, 431, 443, 475, 481, 483, 496, 554
Amado, Janaína (sobrinha de Jorge Amado), 335, 442
Amado, João Jorge (filho de Jorge Amado), 248, 251, 253-4, 265, 270, 306, 308, 321, 325, 329, 333, 335, 343, 345, 356, 363, 390, 406-7, 410, 416, 436, 455, 457-8, 468, 470-1, 473, 479, 495, 503, 552-3, 555-6
Amado Filho, João Jorge (Jonga, neto de Jorge Amado), 495, 501-2, 504, 553
Amado Neto, Jorge (Jorginho, neto de Jorge Amado), 501-2, 504
Amado, Joelson (irmão de Jorge Amado), 15, 96, 225, 253, 323, 325, 549-50, 554
Amado, Jofre (irmão de Jorge Amado), 14, 96
"Amado, Jorge Amado" (samba-enredo da Império Serrano), 520
Amado, José (avô paterno de Jorge Amado), 24
Amado, Maria (companheira de Jorge Amado no exílio), 164
Amado, Melchisedech (tio parterno de Jorge Amado), 17
Amado, Paloma Jorge (filha de Jorge Amado), 267, 325, 333, 335, 361, 363, 365-6, 390, 406-7, 410, 416, 427, 436, 457, 468, 473, 477, 495, 500, 509, 531, 536-7, 543, 545, 549, 551-3, 556
Amado, Vera (filha de Gilberto Amado), 260
Amado, Zélia (esposa de Jorge Amado) *ver* Gattai, Zélia
Amaral, Tarsila do, 75, 475
Amargosa (BA), 12
Amazonas, 127
Amazonas, João, 225, 355-6
Amazônia, 55, 74-5, 381
América do Sul, 44, 76, 102, 121, 124, 169, 314, 369

América Latina, 150, 160, 169, 198, 238, 257, 372, 449, 477, 498
Amor de perdição (Castelo Branco), 23
Amor do soldado, O (Jorge Amado), 183, 489
Amorim, Clóvis, 31, 179-80
Amorim, Enrique, 152, 165, 269, 334, 359
Anahory, Eduardo, 153
Anand, Mulk Raj, 340
Anarquistas, graças a Deus (Zélia Gattai), 493
Andaraí (BA), 81
Andes, cordilheira dos, 266
Andrade Filho, Oswald de (Nonê), 205
Andrade, Almir de, 139
Andrade, Mário de, 29, 33, 58, 107, 114, 138, 144-5, 157, 167-8, 173, 180, 193, 199, 208, 220
Andrade, Mário Pinto de (Buanga Felê), 361, 449
Andrade, Oswald de, 29, 33, 54, 57-9, 84, 92, 144-5, 150, 153-4, 167, 173, 180, 185, 199, 202, 208, 210, 215, 217-22, 239, 256, 357, 361-2, 366, 455
Andrade, Rudá de, 360
Angola, 361, 450, 507, 516-7
Ângulos (revista), 420
Angústia (Graciliano Ramos), 65, 105, 188, 412
Anjo Azul, bar/boate/restaurante (Salvador), 417, 419-20, 464-5
ANL *ver* Aliança Nacional Libertadora
Antes do amanhecer (Renn), 237
Antologia poética (Vinicius de Moraes), 358
Antonina (PR), 207
Antonio Maria, 385
Antônio, santo, 11, 15, 244
Antunes, Laís, 391
Antunes, Rui, 391

Ao meu país (Padre Cabral), 21
Apolônio, Luiz, 208, 215
Apostasia universal de Água Brusca (projeto de Jorge Amado), 549, 552
Apporelly *ver* Torelly, Aparício (Apporelly/Barão de Itararé)
Aracaju (SE), 68, 109, 111, 129
Aragon, Louis, 255-9, 261, 267-8, 312, 341, 357, 360
Araketu (bloco afro-brasileiro), 519
Aranha, Oswaldo, 62, 69, 339
Araraquara (SP), 382
Araújo, Emanoel, 423
Araújo, João, 249
Araújo, Otavio, 379
Arco & Flexa (revista), 31, 34, 180
Arena (Aliança Renovadora Nacional), 529
Arenal, Luis, 122
Argélia, 160, 383, 387-8
Argemiro (jagunço), 19
Argentina, 90, 121-2, 124, 139, 160, 213, 225, 266, 529
Ariel (editora), 56, 65, 68, 72-3, 82, 91, 113; *ver também Boletim de Ariel* (jornal)
Arinos de Melo Franco, Afonso, 139, 227, 399
Arraes, Miguel, 391, 456
Arruda Câmara, Alfredo de, padre, 234
Arte de ser bela, A (Jorge Amado, assinado por Fernando de Barros), 153
Ásia, 337, 363, 367
Assis Valente, José de, 146-7
Assis, Machado de, 140, 142, 155, 157, 197, 398, 408, 484, 493, 504
Associação Auxiliadora das Classes Laboriosas, 206
Asturias, Miguel Ángel, 266, 385, 469, 498

Ataíde, Tristão de *ver* Lima, Alceu Amoroso
Athayde, Austregésilo de, 398-9, 401-2
Atlântida (produtora de filmes), 249, 251, 486
Au Lapin Agile, cabaré (Paris), 264
Augusto, Jenner, 417, 422, 434-5
Aurélio (motorista), 501, 553
Auricídia, fazenda (BA), 12, 14
Auschwitz, campo de concentração de (Polônia), 309-10
Áustria, 172, 180, 320
Auta Rosa (mulher de Calasans Neto), 463, 478, 494-5, 554
Auto, José, 62, 64, 79-80
Avancini, Walter, 486
Aventuras de Huckleberry Finn, As (Twain), 519
Aventuras de Julio Jurenito, As (Ehrenburg), 358
Aventuras do bom soldado Svejk, A (Hašek), 500
Avon Books (editora norte-americana), 534
Azevedo, Alinor, 249
Azevedo, Aluísio, 71

B

Badaró, Katia, 436
Badaró, Sinhô, 18, 170; *ver também Sinhô Badaró* (Jorge Amado)
Bagaceira, A (Almeida), 33, 61, 229
Bahia, 12, 18, 20-3, 25-7, 29-30, 33, 35, 39, 42-5, 50-1, 57, 64, 69-70, 77, 81, 87, 89, 92-3, 95, 99, 101, 108, 112-5, 123, 130-1, 133, 170, 172, 174, 177-8, 180, 182, 187, 193-4, 196-200, 204-5, 210, 214, 216, 226, 228, 232, 235, 240, 249, 256, 325, 341, 359, 371-2, 381, 385-6, 390, 395, 398, 405, 409-10, 413, 415-6, 418-21, 424, 426-31, 434-7, 439-40, 449-50, 452, 454, 458-9, 461-6, 468, 471-2, 475, 477, 482-3, 486, 490, 492, 496-8, 500, 506, 508, 514, 518, 520-2, 524, 530, 533-4, 539, 542, 546, 549, 551, 553
Bahia: Imagens da terra e do povo (org. Odorico Tavares), 419
Bahia Bar (Salvador), 30
Bahia de Todos-os-Santos: Guia de ruas e mistérios (Jorge Amado), 133-4, 194, 478, 515, 546
Bahia, Hansen, 422
Baía dos Porcos (Cuba), 430
Baiano romântico e sensual, Um (Zélia Gattai et al.), 556
Baixa dos Sapateiros (Salvador), 29
Baker, Josephine, 153
Balbino, Antônio, 23, 48
Balcells, Carmen, 477
Baldo, o negro (Alvim Correa), 152
Balk, Teodor, 308
Banana da terra (filme), 147
Banco do Brasil, 62, 156
Bandeira, Antônio, 263, 360
Bandeira, Manuel, 26, 42, 70, 87, 168, 173, 194, 200, 403
Banguê (Lins do Rego), 82, 411
Bantam Books (editora norte-americana), 534
Bar Brahma (Rio de Janeiro), 144, 218
Bar Central (Maceió), 64, 82
Bar e Bilhar Brunswick (Salvador), 30-1
Barata, Agildo, 219, 355, 386-7
Barata, Maria, 386
Barbara (Prévert), 260
Bárbara, Julieta, 153
Barbedo, Alceu, 245, 247
Barbosa, Francisco de Assis, 199, 363
Barbosa, Rui, 13, 30, 57, 195, 226; *ver também Rui Barbosa nº 2* (Jorge Amado)
Barca, A (Redol), 374

Barcelona, 508
Barravento (filme), 390
Barreto, Bruno, 487, 488
Barreto, Lima, 29, 43, 68, 155, 165-6, 363, 368, 370, 392
Barreto, Luiz Carlos, 488
Barrios, Eduardo, 187
Barros, Ademar de, 219, 395
Barros, Fernando de, 152, 246, 249
Barros, João Alberto Lins de, 220
Barros, José Leitão de, 249
Barros, Luiz, 249
Barroso, Ary, 146, 153
Barroso, Maria Alice, 433
Bartlett, Hall, 486, 532
Basílica de Sacré-Coeur (Paris), 264
Bastide, Roger, 133, 195, 200, 210, 418
Bastos, Abguar, 103
Bastos, Carlos, 417, 463, 491
Bastos, Humberto, 100
Bataclan, bordel (Ilhéus), 15, 19, 80, 370, 378
Batatinha (sambista), 436
Batista, Dircinha, 153
Batista, Linda, 153
Batouala – Um romance negro (Maran), 67
Beatriz, Madame (cartomante), 436
Beauvoir, Simone de, 256, 270, 381-3, 385-6, 394, 401, 410, 537
Becker, Cacilda, 246
Beco das Garrafas (Rio de Janeiro), 335, 385
"Beijos pela noite" (canção), 147
Belafonte, Harry, 426
Belchior, Maria de Lourdes, 450
Belém (PA), 124, 126-7, 194, 372, 554
Belém, Augusto, 333
Belgrado (Iugoslávia), 364
Beliakova, Elena, 532
Bellini, Vincenzo, 93
Belo Horizonte (MG), 82, 381, 395
Benário, Olga, 106, 168, 209, 530
Benda, Sebastian, 413, 419

Berg, Alban, 419
Berlim, 193, 198, 349, 508, 547
Berliner Ensemble (companhia teatral), 349
Bernanos, Georges, 180, 200
Bernardes, Artur, 184, 227
Bernoudy, Edmond Francis, 249, 486
Berveiller, Michel, 132
Bessarábia, 331, 484
Bethânia, Maria, 436
Bezerra, Gregório, 227, 248, 456
Bezerra, Paulo, 532
Biblioteca Lênin (Moscou), 380
Biblioteca Nacional (Rio de Janeiro), 394, 497
Biblioteca Orígenes Lessa (Lençóis Paulista), 500
Biblioteca Pública do Estado do Rio de Janeiro, 470
Bilac, Olavo, 376, 398
"Bim Bom" (canção), 388
Binômio da Semana (jornal), 395-6
Birmânia, 364
Bloch, Hamilta, 386
Bloch, Pedro, 386, 407
Blota, Gonzaga, 486
Bluma, Wainer, 150, 153
Bo Bardi, Lina, 420, 422
Boal, Augusto, 456
Boas, Franz, 188
Boccaccio, Giovanni, 431
Boemia (Tchecoslováquia), 318
Bojar, Pavel, 308
Bola e o goleiro, A (Jorge Amado), 504
Boletim de Ariel (jornal), 67-8, 75, 113
Bolívia, 175
Bolonha (Itália), 261
Bompiani (editora italiana), 255, 305
Bonadei, Aldo, 208
"Boneca de piche" (canção), 146
Bonfim, Antonio Maciel, 103
Bonfim, Martiniano Eliseu do, 89, 98, 101
Bopp, Raul, 33, 54-7, 219

Borba Filho, Hermilo, 391
Borges, Jorge Luis, 338, 498
Boris, o vermelho (projeto de Jorge Amado), 507, 549, 552
Bosi, Alfredo, 511
Botafogo (Rio de Janeiro), 45, 225, 403
Braga, Lênio, 422
Braga, Rubem, 81, 84, 101, 127, 143, 144, 167-8, 200, 208, 385, 387, 419
Braga, Sônia, 486-7, 490
Branco Filho, A. Coelho (editor), 37
Branco, Aloísio, 66, 71, 75
Brandão entre o mar e o amor (Jorge Amado et al.), 158
Brasil Vita Filmes, 249
Brasil-América (editora), 518
Brasília, 358, 360, 381, 383, 387-8, 531
Brasiliana (coleção da José Olympio), 83
Brasiliense (editora), 153, 208, 215, 237, 363, 407, 475
Brasiliense (revista), 358
Brasserie Lipp (Paris), 256
Brecht, Bertolt, 349, 522
Brennand, Francisco, 391, 423
Brik, Lilya, 312
Brito Filho, Samuel de, 29
Brito, Letelba Rodrigues de, 333
Brito, Milton Caires de, 215-6, 219
Brito, Ronaldo Correia de, 505
Brizola, Leonel, 456
Broca, Brito, 51, 67
Bruller, Jean (Vercors), 259, 361
Bruno (neto de Jorge Amado), 473, 501
Buanga Felê *ver* Andrade, Mário Pinto de
Buarque de Holanda, Aurélio, 79, 173, 403
Buarque de Holanda, Chico, 440, 456, 536
Buarque de Holanda, Heloísa (Miúcha), 389
Buarque de Holanda, Sérgio, 83, 173, 200, 389, 440
Bucareste (Romênia), 310, 349
Budapeste (Hungria), 309, 346, 349
Buenos Aires, 120, 134, 153, 160-1, 165-6, 171, 266, 308, 323, 338, 418
Bulcão, Athos, 153
Bulgária, 250, 258, 309-10, 347, 368
Buñuel, Luis, 257

C

Cabaré (projeto de Jorge Amado), 171
Cabo Verde, 518
Cabral de Melo Neto, João, 316, 541, 550
Cabral, Luiz Gonzaga, padre, 21-2, 24-5, 74, 135, 451
Cabral, Manuel, 451
Cacau (Jorge Amado), 57, 68-70, 72, 75-7, 80, 85, 87, 90, 97, 124, 126, 136, 152, 207, 232, 258, 307, 316, 431, 526
Cachoeira (BA), 467
Cacique, bar/restaurante (Salvador), 420
Caderno da Bahia (revista), 417, 420
Caetano, Marcelo, 449
Caetés (Graciliano Ramos), 49, 63-5, 360
Café das Meninas (Salvador), 31
Café Filho, João, 231
Café Progresso (Salvador), 29
Caillois, Roger, 316
Calasans Neto, José Júlio, 420, 422-3, 463, 473, 478, 494, 503, 548
Caldas, Sílvio, 153
Caldeirão, massacre do (CE), 240
Caldwell, Erskine, 123
Calunga (Jorge de Lima), 100
Camafeu de Oxóssi, 442, 454, 483, 501
Câmara Brasileira do Livro, 373
Câmara Cascudo, Luís da, 51

Câmara, Diógenes Arruda, 216, 218, 225, 234, 254, 334, 340, 342, 348, 352, 355, 401-2
Câmara, Eugênia, 183
Camargo, Iberê, 360
Camargo, Joracy, 249
Camboja, 536
Caminho de pedras (Rachel de Queiroz), 113
Caminhos cruzados (Erico Verissimo), 92, 188
Camões, Luís de, 241, 393, 541-3
Campos, Augusto de, 542
Campos, Haroldo de, 512
Campos, Humberto de, 83-4, 113, 181
Campos, Milton, 231, 395
Campos, Paulo Mendes, 200, 388, 538
Campos, Roberto, 552
Camus, Albert, 133, 256
Camus, Marcel, 487, 489
Canal Zona (Aguilera Malta), 152
"Canção da partida, A" (canção), 487
Candido, Antonio, 157, 200, 510
Cangaço (projeto de Jorge Amado), 73, 171
"Cântico do calvário" (Varela), 241
"Cantiga de cego" (canção), 246
"Canto a Paloma" (João Jorge Amado), 407
"Canto do Obá" (canção), 246
Canudos (BA), 18
Capanema, Gustavo, 129, 138, 173, 227
Capitães da Areia (Jorge Amado), 115, 123, 125, 127, 136, 142, 153, 165, 211, 257, 317, 431, 447, 451, 481, 486, 504-5, 509, 532
Cárdenas, Lázaro, 122
Cardoso e Silva (pintor), 443
Cardoso, Fernando Henrique, 456, 531, 532
Cardoso, João, 409
Cardoso, Lúcio, 72, 84-8, 139, 173, 363, 404
Cardozo, Joaquim, 360

Carlos Magno, Paschoal, 56
Carneiro, Fernando, 432
Carpeaux, Otto Maria, 173, 180, 191, 202, 404, 511
Carraro, Adelaide, 470
Carreiro, Porto, 48
Carrero, Raimundo, 505
Carril, Delia del, 198, 267, 338-9
Carroll, Lewis, 500
Carvalho Filho (poeta), 31
Carvalho, Apolônio de, 342
Carvalho, Flávio de, 204, 205, 212, 253
Carvalho, Genaro de, 417, 423, 458, 478
Carvalho, José Cândido de, 538
Carvalho, Nuno Lima de, 533
Carybé (Hector Julio Páride Bernabó), 134, 415, 418-9, 422, 424-5, 427, 434, 454, 459, 463, 467, 479, 483-4, 546, 548, 551, 554
Casa da Água, A (Antônio Olinto), 429
Casa do meu avô, A (Carlos Lacerda), 484
Casa do Rio Vermelho, A (Zélia Gattai), 496; *ver também* Rio Vermelho, bairro do (Salvador)
Casa-grande & senzala (Freyre), 50, 83, 188, 229
Casais Monteiro, Adolfo, 135-6
Cascalho (Sales), 81
Castelo Branco, Camilo, 23
Castiel, Alberto, 262, 265-6
Castro, Ferreira de, 68, 74-5, 136, 239, 258, 329-30, 337, 385, 404, 446, 450, 452, 468, 497
Castro, Francisco Lyon de, 337, 446, 450, 518
Castro, Josué de, 361, 385, 388, 456
Castro, Lyon de, 426, 450
Castro, Maria Werneck de (Neném), 340
Castro, Moacir Werneck de, 144-5, 150, 168, 173, 360, 368
Castro, Rosalía de, 241

Catalão, Pedro, 18-9
Catavento (distribuidora de livros), 473
Catedral de São Basílio (Moscou), 311
Catete (Rio de Janeiro), 45, 63, 96, 224, 343
Cavalcanti, Alberto, 372
Cavalcanti, Gerusa, 386
Cavalcanti, Paulo, 391
Cavalcanti, Valdemar, 51, 64, 376, 386
Cavaleiro da Esperança, O (Jorge Amado), 163, 168, 213, 332, 455
Cavalheiro, Edgard, 156
Cavalo 13, O (filme), 249
Cavalo e sua sombra, O (Amorim), 152
Caveau des Oubliettes (Paris), 260
Caymmi, Dori (filho), 246
Caymmi, Dorival, 146-7, 153, 205, 210-1, 246, 249, 263, 315, 321, 371, 385-6, 390, 421, 425, 427, 454, 463-4, 467, 482-3, 487, 490, 501, 521
Caymmi, Nana, 246
Caymmi, Stella Maris, 153, 246, 463
Ce Soir (jornal), 255
Ceará, 62, 240, 381, 392, 505
Cecília (neta de Jorge Amado), 495, 501
Ceilão, 363-4
Celestino, Antonio, 434-5, 468
Cem anos de solidão (García Márquez), 483
Cendrars, Blaise, 58
Centro de Estudos Afro-Orientais (Ceao, Bahia), 420
Centro Georges Pompidou (Paris), 546
Cervantes, Miguel de, 328, 500
Césaire, Aimé, 263, 270, 361
César, Osório, 75-6
Ceschiatti, Alfredo, 153
Chagall, Marc, 270, 351
Chalfie, Martin, 557
Chamberlain, Neville, 237
Chão de meninos (Zélia Gattai), 496, 545
Chapéu para viagem, Um (Zélia Gattai), 495
Chaplin, Charles, 260, 405, 487
Charf, Clara, 233
Chateaubriand, Assis, 196, 426
Chaves Neto, Elias, 358
Chaves, Dmeval, 420, 435, 478
Chaves, Gilberbet, 414-6, 434, 442, 472
"Chega de saudade" (canção), 388
Cheng-Tcheng, 237
Chermont, Abel, 103
Chevalier, Maurice, 264
Chevallier, Gabriel, 500
Chiacchio, Carlos, 31, 32, 180
Chile, 115, 121-2, 124, 160, 176, 179, 210-1, 225, 255, 267, 337-9, 345, 359, 404
China, 67, 332, 355, 364, 366, 427
Churchill, Winston, 238
Chuvisco (revista), 404
Cidade da Bahia *ver* Salvador (BA)
Cidade da fartura, A (Nevierof), 237
Cidade do México, 159-60
Cimento (Gladkov), 67, 76-7, 99
Cine Guarany (Salvador), 177-8
Cine São Jerônimo (Salvador), 35
Cinelândia (Rio de Janeiro), 73, 150
Cinemateca Francesa, 260
Círculo Católico, 46
Città di Roma (Zélia Gattai), 552, 555
Civilização Brasileira (editora), 209, 358, 372, 420, 443
Clair, René, 260
Clara dos Anjos (Lima Barreto), 392
Claridad (editora argentina), 124, 163, 168
Clarissa (Erico Verissimo), 90, 92, 161
Clark, Lygia, 455-6
Classe Operária, A (jornal), 214
Classes Laboriosas, 241

Cleto, Cristino Gomes da Silva *ver* Corisco
Clochemerle (Chevallier), 500
Clouzot, Henri-Georges, 260
Club Des Amis du Livre Progressiste, 257-8
Clube de Cinema da Bahia, 420
Clube dos Artistas de Teatro (Moscou), 314
Clube dos Artistas Modernos (São Paulo), 76
Clube dos Trabalhadores da Fábrica de Automóveis Stálin (Moscou), 314
Cobra Norato (Bopp), 54-5
Cochofel, João José, 337
Cocteau, Jean, 58
Códigos de família (Zélia Gattai), 556
Coelho, Paulo, 539, 555
Colchie, Thomas, 533
Colégio Ateneu Pedro II (Aracaju), 111
Colégio Ernesto de Faria (Rio de Janeiro), 40
Collor de Mello, Fernando, 531, 546-7
Collor de Mello, Pedro, 546
Colloredo-Mannsfeld, príncipes, 319
Colômbia, 122, 126, 168, 483
Colóquio Luso-Brasileiro (Bahia), 425, 449
Coluna Prestes, 34, 162-3, 172, 175; *ver também* Intentona Comunista; Prestes, Luís Carlos
Comandante Alcídio (paquete), 109, 127
Comediantes, Os (companhia teatral), 246, 490
Comício: São Paulo a Luís Carlos Prestes (filme), 211
Comissão Nacional de Organização Provisória (CNOP), 178, 216, 219
Comitê Judaico Antifascismo (URSS), 350
Comitê Nacional dos Escritores (França), 257, 259
Companhia das Letras (editora), 557
Companhia Editora Nacional, 47, 93-4
Companhia Siderúrgica Nacional, 220
Companhia Vale do Rio Doce, 220
Completa verdade sobre as discutidas aventuras do comandante Vasco Moscoso de Aragão, capitão-de-longo-curso, A (Jorge Amado), 393
Comunistas, Os (Aragon), 341
Conceição do Almeida (BA), 422
Conceição Nazaré, Maria Escolástica da *ver* Mãe Menininha do Gantois (ialorixá)
Condé, João, 385, 406
Condé, José, 367, 386
Condição humana, A (Malraux), 132
Confederação Geral dos Trabalhadores, 247
Congresso Afro-Brasileiro (Recife), 89
Congresso Brasileiro de Escritores, 197, 199
Congresso Continental da Cultura (Chile), 337
Congresso Juvenil Estudantil Proletário e Popular, 62
Congresso Mundial da Paz (Paris e Praga), 268
Congresso Mundial dos Intelectuais pela Paz, 268
Congresso Mundial dos Partidários da Paz (Estocolmo), 269
Congresso Nacional dos Combatentes da Paz (Paris), 268
Conrad, Joseph, 72
Conselheiro, Antônio, 18
Cony, Carlos Heitor, 556

Copacabana (Rio de Janeiro), 40, 74, 79, 95, 144, 253, 315, 322, 335, 343, 385, 389, 397, 399, 409
Corção, Gustavo, 497
Cordeiro, João, 31, 68, 92, 117
Corisco (Cristino Gomes da Silva Cleto, cangaceiro), 240, 514, 515
Corja (João Cordeiro), 68
Corpo vivo (Adonias Filho), 439
Correia, José Celso Martinez, 455-6
Correa, Roberto Alvim, 152
Correia, Viriato, 399
Correio da Manhã (jornal), 142, 189, 191, 199, 203, 226, 367, 375, 407
Correio do Povo (jornal), 172
Cortázar, Julio, 483
Cortesão, Jaime, 200
Cortiço, O (Azevedo), 71
Corumbas, Os (Amando Fontes), 99
Costa e Silva, Antônio Pessoa da, 15
Costa Leite, major, 162
Costa, Artur de Sousa, 243
Costa, Beatriz, 153, 385, 445, 452
Costa, Dias da, 30, 32, 36-7, 51, 92, 155, 200, 360
Costa, filho, Odylo, 450, 468-9
Costa, Gal, 436
Costa, Lúcio, 358
Costa, Pedro, 468, 495, 531
Costa, Sosígenes, 31, 111, 180, 200, 241, 360, 377
Cot, Pierre, 499
Coutinho, Afrânio, 186, 188, 373, 398, 428, 511
Couto e Silva, Golbery do, 521
Couto, Fernando, 507
Couto, Mia, 507
Couto, Ribeiro, 139
Crato (CE), 505
Craveirinha, José, 541
Cravo, Mario, 378, 414, 416, 422-3, 434, 464
Crispim, José Maria, 225, 234
Crítica, A (jornal), 40, 42, 44

Croix du Sud, La (coleção da Gallimard), 316
Crônica da casa assassinada (Lúcio Cardoso), 363
Crônica de uma namorada (Zélia Gattai), 496
Crônica do viver baiano seiscentista (Gregório de Matos; org. James Amado), 443
Cruls, Gastão, 56-7, 68-9, 82, 113, 172, 194, 411
Cruz Alta (RS), 90
Cruzeiro, O (revista), 150, 363, 368, 406, 419
Cuba, 90, 348, 381, 388, 429-30
Cubana, A, sorveteria (Salvador), 420, 464
Cultura Brasileira (editora), 91-2
Cultura Política (revista), 139
Cunha, Euclides da, 165, 169, 376
Cunha, Flores da, 162
Cunha, Tristão da, 49
Cunhal, Álvaro, 269
Curitiba (PR), 497, 505
Cyrano de Bergerac (Rostand), 48
Cyva (cantora), 386

D

D'Amico, Tereza, 153
D'Arboussier, Gabriel, 263, 270, 518
D'Arboussier, Gabriel, 320
D'Aversa, Alberto, 488
D'Horta, Arnaldo Pedroso, 376
Dadá (Sérgia Ribeiro da Silva, cangaceira), 240, 514-5
Daix, Pierre, 259
Dakar (Senegal), 437
"Dalila" (Castro Alves), 241
Dama das Camélia, A (Dumas Filho), 242
DaMatta, Roberto, 513

Dan, Nilo, 408
Dantas, Raimundo de Souza, 387
Dantas, San Tiago, 48
Darex (loja tcheca), 320
Degelo (Ehrenburg), 351, 358, 445
Del Picchia, Menotti, 50, 139
Del Río, Pilar, 540
Della Costa, Maria, 204, 246, 248, 254, 263, 336
Delmiro Gouveia (AL), 426
Departamento de Imprensa e Propaganda (DIP), 137-9, 155, 158-9, 202-3, 215
Depestre, Edith, 348
Depestre, René, 270, 348
Derrota, A (Fadeiév), 67
"Desafinado" (canção), 388
Descoberta da América pelos turcos, A (Jorge Amado), 529, 549
Descoberta do mundo (Jorge Amado e Matilde Garcia Rosa), 80
Dezinho, mestre, 423
Di Cavalcanti, Emiliano, 74, 154, 210-1, 360, 388, 435
Dia, O (jornal), 376
Diabo, O (jornal literário), 75, 135
Diário de Costia Riabtsev, O (Ognev), 237
Diário de Notícias (jornal), 29, 43-5, 67, 92, 100, 144, 201, 337, 399, 408, 451, 452
Diário de Pernambuco (jornal), 505
Diário de S.Paulo (jornal), 203, 218, 373
Diário Popular (jornal), 395, 451
Diários Associados, 178, 191, 332, 422, 425-6, 468
Dias, Antônio, 456
Dias, Carmen, 443
Dias, Cícero, 263, 387
Dias, Giocondo, 178, 230, 240, 250, 354, 386-7, 524, 551
Dias, Raymonde, 263
Díaz Ramos, José (Pepe Díaz), 314

Dickens, Charles, 22, 431, 484, 499, 535
Didi, Mestre, 423, 434
Dindinha (madrinha de Mariá), 40, 45
Dioclécio (jagunço), 19
Dionísio, Mário, 135-6, 269, 337
DIP *ver* Departamento de Imprensa e Propaganda
Dique do Tororó (Salvador), 432
Dirceu (amigo de Jonga), 504
Diretrizes (revista), 144-5, 147-8, 150-1, 155-6, 158-9, 173, 180, 183, 185-6, 192-3, 360
Diversões Juvenis (revista), 407
Djanira (pintora), 336, 384, 423
Dobříš (Tchecoslováquia), 308, 317-8, 322, 326, 329, 340, 366, 496
Documentos Brasileiros (coleção da José Olympio), 83, 115
Doftana, castela (Romênia), 310
Doidinho (Lins do Rego), 82
Dom Casmurro (jornal), 140, 142-5, 147, 151-2, 167, 173
Dom Casmurro (Machado de Assis), 142, 149
Dom Quixote (Cervantes), 328, 500
Dome, José, 423
Dona Bárbara (Gallegos), 152, 156, 161, 361
Dona Flor e seus dois maridos (filme), 487-8
Dona Flor e seus dois maridos (Jorge Amado), 438, 440, 442-4, 448, 454, 481, 532, 554
Dos Passos, John, 67, 72, 123, 130
Dostoiévski, Fiódor, 67, 133
Doutor Jivago (Pasternak), 377
Doyle, Plínio, 48
Drda, Jan, 308, 320-1, 329, 339
Drda, Milena, 308, 320
Drummond de Andrade, Carlos, 33, 82, 129, 138, 159, 173, 189, 200, 217, 230, 360, 498

Drummond de Andrade, Maria Julieta, 498
Duarte, Eduardo Assis, 513
Duarte, Nestor, 200, 228, 231
Duhamel, Georges, 259
Dumas, Alexandre, 22
Dumont, Santos, 93
Duncan, Catherine, 308
Duque de Caxias (RJ), 235, 238
Durst, Walter George, 489
Dutra, Eurico Gaspar, 223, 232, 247, 253, 331, 369
Dvořák, Antonín, 307

E

"É doce morrer no mar" (canção), 147
... *E o vento levou* (Mitchell), 151, 377
Echenique, Carlos, 44, 55-6, 59, 61, 79
Eco, Umberto, 491
Edições Macunaíma (editora), 420
Éditeurs Réunis (editora francesa), 258
Editorial Vitória, 334, 339, 352
Edmundo, Luiz, 403
Edwards, Jorge, 339, 366
Egito, 387
Ehrenburg, Ilya, 180, 188, 193, 270, 310-1, 339, 341, 350-1, 357, 359, 361-2, 385
Ehrenburg, Liuba, 311, 314
Einstein, Albert, 200
Eisenstein, Serguei, 390, 420
Ekelöf, Gunnar, 498
Elevador Lacerda (Salvador), 125, 146
El-Rey (folhetim), 36; *ver também Lenita* (Jorge Amado et al.)
Éluard, Paul, 259
Elzira, a morta virgem (Vianna), 38
Em surdina (Lúcia Miguel Pereira), 87
Embrafilme, 486
Emília, dona (amiga da família Amado), 335

Empresa Gráfica da Bahia, 506
Época (revista), 556
Equador, 122, 166, 191
Escândalo do petróleo, O (Lobato), 137
Escandinávia, 316, 472, 486
Escola de Aprendizes-Marinheiros (Salvador), 125
Escola de Culinária Sabor e Arte (Salvador), 437, 443
Escola Nacional de Direito (Rio de Janeiro), 48
Escola Politécnica da Bahia, 30-1
Espanha, 122, 128, 198, 238, 241, 267, 450, 529, 534, 540
"Esperança que se desfaz, Uma" (artigo de Jorge Amado), 28
Esplanada do Castelo (Rio de Janeiro), 246
Estado da Bahia (jornal), 117
Estado de S. Paulo, O (jornal), 139, 162, 207, 247, 257, 259, 376, 520
Estado de Sergipe, O (jornal), 127
Estados Unidos, 67, 140, 151, 160-1, 185-8, 229, 244, 268, 318, 326, 336, 338, 350, 363, 380, 387-90, 401-2, 418, 424, 426, 429-30, 459, 471, 482, 485-6, 491, 498, 508, 519
Estância (SE), 12, 14, 17, 24, 80, 108-10, 115-6, 127-30, 138, 143, 150, 165, 196, 218, 321, 369, 418, 481, 555
Esteiros (Pereira Gomes), 136
Estocolmo, 269, 336, 357-8, 497, 499
Estoril (Portugal), 525
Estrada do mar, A (Jorge Amado), 143
Estrada do tabaco, A (Caldwell), 123
Estrangeiro, O (Camus), 133
Estrela da manhã (filme), 152, 249, 260
Eunice (funcionária da família Amado), 479
Europa, 16, 19, 21, 67, 112, 150, 199, 248, 250-2, 258, 269, 306-7, 316, 329, 333, 388, 445, 482, 494, 534, 549
Exu (orixá), 423, 531

F

Fábrica de Automóveis Stálin (Moscou), 314
Fábrica Nacional de Motores, 220
Faculdade de Medicina da Bahia, 25
Fadeiev, Alexandre, 270, 312, 314
Fadeiév, Alexandre, 67
Falcão, João, 178, 413
Fanny (secretária de Jorge Amado), 223, 253, 323
Fanto, George, 249
Fantoches (Erico Verissimo), 90
Farda, fardão, camisola de dormir (Jorge Amado), 492, 498
Faria, Otávio de, 47-50, 62, 85-8, 98, 191, 358, 363, 404
Farias, Antônio Rodrigues, padre, 22
Farias, Cordeiro de, 172
Fast, Howard, 270, 352
Fatos e Fotos (revista), 408
Fé, Esperança e Caridade (centro espírita de Salvador), 98
Federação Democrática Internacional de Mulheres, 336
Fedin, Constantino, 237, 312, 339
Feira de Água de Meninos (Salvador), 32, 428
Feira de Santana (BA), 179, 427
Feital, Júlia, 210
Fellini, Federico, 361, 487
Fenelon, Moacir, 249
Fernandes, Elza, 149
Fernandes, Florestan, 199, 456
Fernando (marido de Maria João), 554
Ferraz, Alda, 443
Ferraz, Aydano do Couto, 30, 33, 125, 200, 219
Ferreira, Antonio Borges, 447
Ferreira, Ascenso, 391
Ferreira, Bibi, 153, 175, 182-3, 489
Ferreira, Vergílio, 541
Festa da Arte Nova (Maceió), 64

Figaro, Le (jornal francês), 29
Figueiredo, Guilherme de, 201, 371
Figueiredo, Jackson de, 46, 184
"Filho de Gabriela, O" (Lima Barreto), 370
Filhos do Tororó (escola de samba), 458
Finnegans Wake (Joyce), 392
Fischer, Jan Otokar, 307
Fiuza, Yedo, 220-1, 223
Fogo morto (Lins do Rego), 180
Folha da Manhã (jornal), 199, 204, 210-1, 214
Folha da Manhã, A (jornal sergipano), 127
Folha do Povo (jornal), 253, 372
Folha, A (jornal), 26
Fonseca, Branquinho da, 136
Fonseca, Rubem, 539
Fonseca, Tomás da, 525
Fonte da Rampa do Mercado (escultura de Mario Cravo), 464
Fontes, Amando, 82, 86, 99, 121, 190, 229
Fontes, Lourival, 138
Formose (navio francês), 256
Fortaleza (CE), 104, 244, 372
Forte, O (Adonias Filho), 439
Fortunato, Gregório, 243, 343
Fortune (revista norte-americana), 148
Fraga, Myriam, 420, 531, 535
França Júnior, Oswaldo, 433, 540-1
Franca, Leonel, padre, 184
França, 50, 67, 132, 134, 149, 151, 252, 263, 266, 317, 319, 326, 336, 348, 471, 489, 529, 534-7, 539, 541
France Telecom, 545
Francine (babá), 265
Franco, Francisco, 128, 160, 198, 267
Frank, Waldo, 166
Frankfurt (Alemanha), 483, 533
Freire, Paulo, 456
Frères Jacques, Les (grupo vocal francês), 260

Freud, Sigmund, 132, 173
Freyre, Gilberto, 50, 83, 87, 89, 139, 167, 178, 188, 194-5, 197, 199, 220, 229-31, 342, 391, 497, 519
Fundação Calouste Gulbenkian, 468, 523
Fundação Casa de Jorge Amado, 546
Furtado, Celso, 456

G

Gabinski, Nikolai, 312
Gabriela (filme de Bruno Barreto), 487
Gabriela (filme de Walter Durst), 489
Gabriela (telenovela), 486, 490, 517
Gabriela, cravo e canela (Jorge Amado), 371-4, 376, 379-80, 391, 401, 404, 407, 430-2, 435, 446-7, 451, 467, 490, 505, 526, 532, 534
Gagarin, Iuri, 337, 381
Gaibéus (Redol), 136
Galimberti, Altamir, 464
Gallegos, Rómulo, 152, 361
Gallimard (editora francesa), 130-2, 142, 187, 256-7, 259, 267, 316-7
Galvão, Patrícia (Pagu), 54, 58
Galvão, Walnice Nogueira, 510-2
Gamarra, Pierre, 321
Gandhi, Mahatma, 252
Garanhuns (PE), 427
García Lorca, Federico, 127-8, 180, 227, 241, 270
García Márquez, Gabriel, 477, 483, 533
Garcia, Eduardo Chianca de, 153
Garret, Almeida, 22
Gato Malhado e a Andorinha Sinhá, O (Jorge Amado), 329, 479, 484
Gattai, Angelina (mãe de Zélia Gattai), 206-7, 209, 222, 260, 323, 421, 525
Gattai, Ernesto (pai de Zélia Gattai), 206-8, 215, 226, 323
Gattai, Vera (irmã de Zélia Gattai), 206, 209, 222, 243, 264, 363
Gattai, Wanda (irmã de Zélia Gattai), 207, 222
Gattai, Zélia, 198-9, 205-11, 221-6, 233, 236, 239-42, 244, 246, 248, 250-4, 257-8, 260-5, 267, 270, 306-11, 313-8, 320-1, 323, 325-6, 333-6, 338-40, 343-51, 353, 356-7, 359, 361-5, 368-70, 381, 384-7, 389-91, 397, 399, 405-7, 409-10, 413-4, 416, 419, 421, 423-5, 429-30, 432, 434-7, 440-1, 455, 457, 463, 473, 476-80, 482-4, 491-5, 501, 520-1, 523, 525-6, 529, 531, 533-7, 540, 543-5, 548-50, 552-3, 555-6
Genocídio do negro brasileiro: Processo de um racismo mascarado, O (Abdias Nascimento), 519
Gênova (Itália), 254, 261, 349
Geórgia (URSS), 314-5
Gerchman, Rubens, 456
Gerson, Brasil, 102, 161
Gesse, Gessy, 463, 521
Ghioldi, Rodolfo, 105, 162, 168
Gil, Gilberto, 436, 456
Gilberto, Astrud, 389
Gilberto, João, 388-90, 443, 501
Gilberto, João Marcelo, 389
Ginásio Ipiranga (Salvador), 25, 438
Gisela (amiga da família Amado), 424
Gismonti, Egberto, 465
Giulio Cesare (navio), 333
Gladkov, Fiódor, 67, 76-7
Globo, O (jornal), 100, 203, 373, 403
Goa (Índia), 262
Goeldi, Oswaldo, 360
Goiânia (GO), 456
Góis Monteiro, Edgard de, 105
Góis Monteiro, Pedro Aurélio de, 105, 137, 220

Gold, Michael, 67, 123, 261, 270, 326, 352
Goldstein, Ilana Seltzer, 513
Gomes, Carlos, 93, 417
Gomes, Dias, 541, 552
Gomes, Eduardo, 203, 223
Gomes, João Carlos Teixeira, 420
Gomes, Soeiro Pereira, 136
Gómez Carrillo, Enrique, 372
Gonçalves, Eros Martim, 420
Gonçalves, José Mauro, 386
González Videla, Gabriel, 255
Gordilho, Pedro de Azevedo (Pedrito), 27, 33
Gorée, ilha de (África), 517
Gorender, Jacob, 394, 435, 457, 462, 530
Gori (Geórgia), 314
Górki, Maximo, 67, 71, 243, 270
Goulart, João (Jango), 387-8, 395, 429, 434-5, 437, 444, 456
Grabois, Maurício, 225, 247, 334, 350, 354-6
Graciano, Clóvis, 157, 204-5, 208, 211, 215
Grand Guignol (Paris), 260
Grand Hôtel Saint-Michel (Paris), 260-1, 266, 269
Grande e estranho é o mundo (Ciro Alegría), 152
Grande Otelo, 153, 426
Grande sertão: veredas (Guimarães Rosa), 363, 433
Gravinam Alfredo, 269
Grécia, 545
Grieco, Agripino, 43, 51, 53, 56, 71, 82, 113, 167, 200
Grossman, William L., 380
Groza, Petru, 310
Guatemala, 266
Guedes, Armênio, 340
Guernica (mural de Picasso), 128, 255
Guerra dos santos, A (projeto de Jorge Amado), 443

Guerra, Celi, 550
Guerra, Guido, 479, 549
Guevara, Che, 387
Guia das ruas e dos mistérios da Cidade do Salvador da Bahia (disco), 465
Guillén, Nicolás, 155, 241, 248, 269-70, 332, 362, 385
Guimarães, Alberto Passos, 63, 65, 180, 360
Guimarães, Giovanni (Macaco), 23, 177, 180, 182, 411, 422, 432, 442

H

Haiti, 270
Hardy, Françoise, 535
Hardy, Thomas, 173
Harlem (Nova York), 472
Hašek, Jaroslav, 500
Hatoum, Milton, 539-40
Heidegger, Martin, 132
Hemingway, Ernest, 130, 180
Hernández, Miguel, 241
Heróis e mártires do Partido (Jorge Amado), 182
Hersen, Sebastião Oliveira, 82
Heydrich, Reinhard, 319
Hidrelétrica do Vale do São Francisco, 220
Hilst, Hilda, 360
História concisa da literatura brasileira (Bosi), 511
História verdadeira do capitão Natário da Fonseca (cordel), 528
Hitler, Adolf, 99, 133, 149, 156, 181, 198, 202, 210, 237, 244
Hoje (jornal), 214-6, 220-1, 243
Holanda, 151, 258
Homem da mulher e a mulher do homem, O (Jorge Amado), 52
Homem do Povo, O (jornal), 58
Homem revoltado, O (Camus), 134

Homens e coisas do Partido Comunista (Jorge Amado), 236
Honório (jagunço), 19
"Hora da guerra" (coluna jornalística de Jorge Amado), 174, 179
Horizonte (editora), 236
Hotel Coelho (Ilhéus), 14, 20
Hotel de Flandres (Paris), 261
Hotel de l'Abbaye (Paris), 535
Hotel L'Amirauté (Villefranche-sur--Mer), 326-8
Houaiss, Antônio, 263, 512
Houaiss, Ruth, 263
Houghton Mifflin (editora norte--americana), 168, 187
Houphouët-Boigny, Félix, 263
Hourcade, Pierre, 132
Huasipungo (Icaza), 152
Hungria, 258, 309, 330, 368

I

Iansã (orixá), 453, 538
Icaza, Jorge, 152
Idade da terra, A (filme), 522
Iemanjá (orixá), 106, 181, 195, 252, 413, 422-3, 473, 508
Ignez, Helena, 390
Igreja de Nossa Senhora do Rosário dos Pretos (Salvador), 454
Igreja de Nosso Senhor do Bonfim (Salvador), 426
Ilê Aiyê (bloco afro-brasileiro), 519
Ilê Axé Opô Afonjá (terreiro de Salvador), 89, 453-4, 551
Ilha, A (revista), 469
Ilhéus (BA), 11, 14-7, 20, 22, 27, 28, 31, 34, 36, 39, 48, 57, 79-80, 93, 95, 97, 111, 150, 155, 171, 369, 371-2, 377-8, 399, 448, 527, 554; *ver também São Jorge dos Ilhéus* (Jorge Amado)

Imparcial, O (jornal), 28, 30, 146, 174, 176, 179, 197, 214, 237, 369
Império Serrano (escola de samba), 520
Imprensa Popular (jornal), 250, 257, 306, 313, 333, 344, 354, 356
Incidente em Antares (Erico Verissimo), 472
Índia, 116, 252, 364, 387
Ingenieros, José, 66
Inglaterra, 149, 483
Inojosa, Joaquim, 154-5, 159
Instituto Cultural Brasil-Alemanha (Salvador), 464-5
Instituto Geográfico e Histórico da Bahia (IGHBa), 25
Intentona Comunista, 102, 105, 126, 162, 216
"Internacional, A" (hino), 540
Ipanema (Rio de Janeiro), 45, 55, 247
Iquique (Chile), 115
Irmandade da Boa Morte (Cachoeira), 467
Irmandade da Boa Morte (Salvador), 553
Isaacs, Jorge, 66
Israel, Estado de, 350
Itaberaí (navio), 38, 40
Itabuna (BA), 12, 15, 62, 175, 399, 527
Itaipava (Petrópolis), 525
Itajaí (SC), 554
Itajuípe (BA), 14, 525
Itália, 133, 171, 206, 220, 228, 248, 252, 348, 469, 471, 529, 534, 540
Itaparica, ilha de (BA), 179
Itaporanga (SE), 20, 24, 177
Itapuã (Salvador), 146, 463, 465, 491, 521
Itararé, Barão de *ver* Torelly, Aparício
Iugoslávia, 238, 346, 364, 388
Ivanov, Vsevolod, 237
Ivens, Joris, 308

J

Jabuti, troféu, 373
Jackeline (babá), 265
Janaína, editora, 496
Jangle, Adolfo, 209
Jangle, Dora, 209
Jango *ver* Goulart, João
Japão, 56, 67, 160, 171, 191, 268
Jardel Filho, 246
Jardim de inverno (Zélia Gattai), 496
Jdanov, Andrei, 268
Jerusalém, 508
Jesus, José de (faxineiro), 335
Jiménez, Juan Ramón, 361
João Miguel (Rachel de Queiroz), 49, 60, 85
João Pessoa (PB), 504
Joãozinho da Gomeia (babalorixá), 453
Jobim, Antonio Carlos, 359, 389
Jogralesca (série de espetáculos), 420
Joliot-Curie, Frédéric, 268
Joliot-Curie, Irène, 268
Jonald *ver* Oliveira, Osvaldo de
Jonas e a sereia (Zélia Gattai), 496
Jorge, um brasileiro (França Júnior), 433
Jorjamado no cinema (documentário), 486
Jornal de Letras, 541-2
Jornal do Brasil, 376, 403, 469, 513, 549
Jornal, O, 34, 36-7, 49, 85, 97-8, 332, 334, 358, 376, 408, 435
Jotaó *ver* Olympio, José
Joyce, James, 392
Jubiabá (Jorge Amado), 57, 70, 73, 77, 79, 81, 89, 91-5, 97-101, 106, 112, 114, 124, 126, 130-5, 145, 152, 165, 168, 185, 256-7, 316-7, 328, 357, 375, 394, 418, 459, 508, 532, 554
Judeus sem dinheiro (Gold), 67, 261
Julião, Francisco, 396, 456
Junqueiro, Guerra, 23, 241
Jurandir, Dalcídio, 126, 219, 259, 346, 360
Jurema, Aderbal, 62
Juventude Comunista, 61-2, 76, 103, 178, 212

K

Kafka, Franz, 187, 319
Kafka, Hašeka, 500
Kalúguin, Iúri, 379
Kaplan, Lewis C., 168
Karpfen, Otto *ver* Carpeaux, Otto Maria
Kazantzákis, Níkos, 500
Kedros, André, 259, 320
Keliyn, Fiódor, 77
Kelman, Teresa, 162
Kemal, Yaşar, 500
Khruschóv, Nikita, 353, 356, 362, 364-6
Kierkegaard, Søren, 132
Kiev (Ucrânia), 270, 315
King, Stephen, 534
Klaber, Kurt, 67
Knoff, Udo, 422
Knopf (editora norte-americana), 187-8, 229, 430, 485
Knopf, Alfred, 187, 380, 426-7, 432, 472, 474
Knopf, Blanche, 187, 188
Kobe (Japão), 56
Koellreutter, Hans-Joachim, 419
Konder, Valério, 355
Korneitchuk, Alexandre, 312
Kremlin (Moscou), 250
Kubitschek, Juscelino, 227, 343, 358, 361, 375, 384, 386, 405, 408, 444, 456
Kuchválek, Jaroslav, 308
Kuteichkova, Vera, 312

L

Lacerda, Carlos, 62, 144-5, 147-8, 208, 221, 226, 331, 335, 343-4, 444, 484
Lacerda, João Felipe, 386
Lacerda, Vitoria Sampaio, 386
Lacerda, Zilá, 344
Ladeira, César, 42
Laffitte, Georgette, 320
Laffitte, Jean, 320-1
Lages (SC), 505
Lagos (Nigéria), 89, 429
Lalu, dona *ver* Amado, Eulália Leal (mãe de Jorge Amado)
Lamas, Maria, 269, 337
Lampião (Virgulino Ferreira da Silva, cangaceiro), 166, 240, 447, 514-5
"Lanterna mágica de Picasso" (Prévert), 9
Lapin Agile (Paris), 270
Lara Resende, Otto, 200, 537-8, 540-1
Lavigne, Paula, 553
Lavrenev, Boris, 237
Lawrence, D. H., 470
Laxness, Halldór, 270, 340, 349
Le Corbusier, 414
Leal, Eulália (mãe de Jorge Amado) *ver* Amado, Eulália Leal
Leal, Fortunato (tio materno de Jorge Amado), 12-3, 19, 24, 28
Leão, Múcio, 139, 201, 403
Leão, Nara, 456
Leclerc, Françoise, 266
Leite, Gildeci de Oliveira, 512
Leitura (revista), 368
Lençóis Paulista (SP), 500
Lênin, Vladimir, 130, 233, 261
Lenita (Jorge Amado et al.), 36-8, 47, 50, 51, 56, 158, 181
Lentino, Paulo, 204
Lesbos, ilha de, 16
Lessa, Edith, 386
Lessa, Orígenes, 386, 525
Lettres Françaises, Les (jornal), 255, 258, 357, 360
Levenson, James D., 459, 498, 557
Lévi-Strauss, Claude, 133
Liberdade (disco), 521
Library Journal (jornal), 471
Lídice (Tchecoslováquia), 308-9
Ligas Camponesas, 396
Lima e Silva, J. B. de, 354
Lima Sobrinho, Barbosa, 386
Lima, Alceu Amoroso (Tristão de Ataíde), 85-6, 139, 184, 191, 200
Lima, Eusébio de Queiroz, 61-2
Lima, Hermes, 229, 231
Lima, Jorge de, 69-70, 73-4, 100, 143, 148, 168, 173, 338, 390, 403
Lima, Luiz Costa, 511-2
Lima, Oliveira, 119
Lima, Pedro Motta, 102, 161, 354-5
Lima, Vivaldo da Costa, 420, 442
Lima, Walmir, 458
Ling, Ting, 340, 366
Linhares, José, 220
Lins e Silva, Evandro, 556
Lins, Álvaro, 184, 188-91, 200, 202, 375-6, 403-4, 445
Lins, Antonio, 503
Lins, Téodulo, 179, 228
Lins, Wilson, 174, 177, 181, 214, 422, 432, 435, 455, 466, 503, 548
Lisboa, 21, 26, 128, 134-5, 190, 269, 337, 445, 450-2, 469, 516, 522-3, 533, 549
Lisboa, Joelson, 335
Lispector, Clarice, 139, 460, 493
Literatura Estrangeira (editora de Moscou), 77
Literatura Estrangeira (revista russa), 358, 362
Literatura Internacional (revista soviética), 77
Literatura no Brasil, A (org. Afrânio Coutinho), 511

Liu (velho chinês), 261
Livraria Católica *ver* Livraria e Editora Schmidt
Livraria e Editora Globo, 90, 92, 118, 161, 500
Livraria e Editora Progresso, 421
Livraria e Editora Schmidt, 46, 65, 73, 80-2, 85; *ver também* Schmidt, Augusto Frederico
Livraria Espanhola (Salvador), 66, 124
Livraria Francisco Alves, 407
Livraria José Olympio Editora, 81-2, 84-5, 91, 93, 96, 113, 119, 125, 131-2, 140-3, 149, 157, 194, 246, 475; *ver também* Olympio, José
Livraria Martins Editora, 156-7, 212, 358, 374, 377, 400, 473-6, 487, 490; *ver também* Martins, José de Barros
Livro da beleza, O (Jorge Amado, assinado por Fernando de Barros), 153
Lobato, Monteiro, 47, 107, 114, 131, 137-8, 140, 156-7, 166, 199, 203, 211, 215, 219, 222, 407, 519
Lobo, coronel, 250
Lolita (Nabokov), 377
Loló (emissário de Mãe Senhora), 423
London, Artur, 320, 347, 353
London, Lise, 320, 348
Londres, 316, 467, 472, 478-9, 483-4, 492
Lopes, Carlos Herculano, 505
Los Angeles (Califórnia), 521
Lott, Henrique Teixeira, 387
Loureiro, Doris, 391, 440
Loureiro, Paulo, 391, 440, 505
Lourenço, beato, 240
Lourenço, Eduardo, 420
Loyola, Inácio de, 22
Luanda, 516-7
Luiza (mulher de Jenner Augusto), 435
Lukács, György, 309, 349
Lundkvist, Arthur, 499, 513
Luneta, A (jornal), 20
Lusíadas, Os (Camões), 22

M

Macalé, Jards, 456
Maceió (AL), 51, 60, 63-6, 71, 79, 82, 83, 104, 105
Machadão, Antônia (cafetina), 19, 378
Machado, Alfredo, 473-8, 484-5, 496, 498, 526, 528-9, 533, 551
Machado, Aníbal, 79, 144, 158, 175, 219, 241, 389
Machado, António, 241
Machado, Dyonélio, 87, 93, 105, 199-200
Machado, Gilka, 60, 444, 493
Machado, Glória, 526
Machado, Ieda, 443
Machado, Sergio, 473-5, 481, 496, 535
Macmillan (editora norte-americana), 188
Macunaíma (Mário de Andrade), 33, 144-5, 167
Madri, 21
Mãe Aninha (ialorixá), 89, 454, 461
Mãe Carmen (ialorixá), 454
Mãe Menininha do Gantois (ialorixá), 453-4, 468
Mãe Olga de Alaketu (ialorixá), 463
Mãe Senhora (ialorixá), 382, 386, 414, 423, 432, 434, 453-4, 480
Mãe Stella de Oxóssi (ialorixá), 386, 482-3, 531, 553
Magaldi, Sábato, 371
Magalhães Jr., Raimundo, 61, 156, 161, 400, 492
Magalhães, Antônio Carlos (ACM), 466-8, 504, 513, 522, 530, 542, 546, 553-4

Magalhães, Juracy, 44, 178, 228, 234, 395-6, 398-9, 421, 432
Maia, Vasconcelos, 423
Maiakóvski, Vladimir, 312, 351
Maierová, Marie, 308
Maison de la Pensée Française (Paris), 259
Maleita (Lúcio Cardoso), 85-6
Malho, O (revista), 60, 444
Mali, 270
Malle, Louis, 385
Mallea, Eduardo, 187
Malraux, André, 132, 267
Malta, Otavio, 147-8
Maluf, Paulo, 528
Manaus (AM), 126
Manchete (revista), 367, 377, 407, 460, 464
Mandela, Nelson, 459
Mangabeira, Francisco, 104
Mangabeira, João, 103, 200, 334, 378, 398
Mangabeira, Otávio, 105, 227-8, 231, 238, 247, 397, 417
Mangueira (escola de samba), 238
Manhã, A (jornal), 67, 85, 102, 139, 243
Manhattan Transfer (Dos Passos), 67
Manifesto Futurista (Marinetti), 29
Manizales (Colômbia), 508
Mann, Thomas, 180, 187
Manu (escultor), 423
Mapa (revista), 420
Maquiavel e o Brasil (Faria), 47
Mar morto (Jorge Amado), 106, 112, 114, 117, 124, 126, 135, 142, 145, 147, 153, 168, 187, 249, 257, 307, 316, 375, 390, 406, 436, 444, 447, 450, 468, 480, 532, 534
"Mar morto" (Alberto de Serpa), 136
Maran, René, 67
Maranhão, 434, 469, 521, 525, 537
Marco zero (Oswald de Andrade), 180, 185, 218
Margueritte, Victor, 38

Maria (funcionária da família Amado), 96
María (Jorge Isaacs), 66
Mariá (namorada de Jorge Amado) *ver* Sampaio, Maria José
Maria Bonita (cangaceira), 240
Maria Farinha, praia de (Recife), 391, 409
Maria João (neta de Jorge Amado), 495, 501-2, 554
Maria José (cozinheira), 174, 177
Maria Luiza (Lúcia Miguel Pereira), 86
Maria Padilha (entidade da umbanda), 423
Maria Paz, beco (Salvador), 33
Mariana (neta de Jorge Amado), 473, 501
Mariani, Clemente, 228
Marie Claire (revista), 535
Marighella, Carlos, 217, 225-6, 228, 231, 233-4, 248, 354, 386, 457-8, 469, 478, 515-6, 530
Mariinha (mulher de João Jorge Amado), 495
Marimekko (rede de lojas escandinava), 472
Marinello, Juan, 269
Marinetti, Filippo Tommaso, 29, 64
Maritain, Jacques, 191
Maron, Emilio, 377
Maron, Lourdes, 378
Marques, Marquinhos, 521
Marques, Xavier, 430
Marquesa de Santos, A (Setúbal), 131
Marrakesh (Marrocos), 427
Martinica, 270
Martins, Estevão, 448
Martins, José de Barros, 156, 158, 194, 204, 442, 473-6; *ver também* Livraria Martins Editora
Martins, José Fernando de Barros (filho), 475-6
Martins, Manuel, 195-6, 416

Martins, Wilson, 373
Marx, Karl, 181, 267
Mastroianni, Marcello, 487
Matos Guerra, Gregório de, 431, 443
Mattos, Florisvaldo, 420, 436
Mattoso, Gilda, 521
Maul, Carlos, 142, 376
Mauriac, François, 259
Maurois, André, 193, 259
Mautner, Jorge, 456
Mayrink Veiga, Antenor, 254
Medauar, Jorge, 377-8, 528
Medauar, Lourdes, 377
Meio-Dia (jornal), 154-5, 159, 179, 202, 218, 234, 342
Meira, Mauritônio, 386, 403
Meireles, Cecília, 139, 168
Meireles, Rosa, 162
Mello, Antonio Vieira de, 399
Mello, J. B. Pereira de, 447
Mello, Thiago de, 404, 456
Melo, Edna Leal de, 443
Melo, Graça, 246
"Melro, O" (Guerra Junqueiro), 241
Memed, meu falcão (Kemal), 500
Memorial do amor (Zélia Gattai), 556
Memórias (Humberto de Campos), 84
Memórias (Oliveira Lima), 119
Mendes, Murilo, 33, 44, 70, 74, 168, 173
Méndez, Leopoldo, 122
Mendonça, Mauro, 488
Meneses, Guillermo, 187
Menino de engenho (Lins do Rego), 82, 85, 362
Menino grapiúna, O (Jorge Amado), 544
Mercado das Sete Portas (Salvador), 32, 464
Mercado Modelo (Salvador), 174, 425, 464, 501
Mercure de France (jornal francês), 49
Meridiano (revista), 30, 34-5

Mesquita Filho, Julio de, 162, 171, 247, 342
Metro-Goldwyn-Mayer, 430, 487
Meu bom (projeto de Jorge Amado), 460
México, 122, 123, 159, 160, 163, 168, 388
Meyer, Augusto, 138
Miguel Calmon (BA), 514
Mihailović, Draža, 238
"Milagres do povo" (canção), 553
Milão, 198, 305, 469
Miller, Henry, 470
Milliet, Sérgio, 107, 157, 361, 373, 512
Mimiche, restaurante (Paris), 264
Minas Gerais, 33-4, 200, 211, 381
Minha mãe (Cheng-Tcheng), 237
Minha razão de viver (Wainer), 484
Miranda, Carmen, 39, 134, 146-7
Miranda, Murilo, 144
Mistério do açougue gris, O (folhetim), 182
Mistério dos MMM, O (Jorge Amado et al.), 368
Mistérios de Paris, Os (Sue), 500
Mistral, Gabriela, 169, 239
Moçambique, 507
Módena (Itália), 261
Moleque Ricardo, O (Lins do Rego), 82, 99-100
Mombaça (África), 56
Momento, O (revista), 34, 55, 214
Monbeig, Pierre, 200
Monde, Le (jornal), 353
Montagu, Ivor, 308
Montand, Yves, 260
Montello, Josué, 142, 403, 434, 556
Montevidéu, 120, 164-6, 171
Moraes, Antonio Ermírio de, 531
Moraes, Eneida de, 150, 385
Moraes, Rubens Borba de, 107, 157
Moraes, Vinicius de, 48, 62, 87, 139, 168, 201, 205, 247, 358, 389, 456, 463-5, 521

Morávia (Tchecoslováquia), 321
Moreira Salles, Walther, 363
Morena, Roberto, 160, 163, 333
Moreno, Tati, 423
Moreyra, Álvaro, 73-4, 102, 142, 144, 154, 173, 219, 241, 360, 438
Moreyra, Eugênia, 74, 102, 241
Morgan, Claude, 259
Morínigo, Higinio, 238
Morte e a morte de Quincas Berro Dágua, A (Jorge Amado), 392, 393, 434, 507
Moscou, 72, 75, 77, 102, 229, 233, 250, 267, 310, 313-5, 320, 332, 334, 336, 344, 347-50, 362, 366, 380, 409, 449, 457, 516
Mosteiro de São Bento (Salvador), 457
Mosteiro de São João de Rila (Bulgária), 310
Motta Filho, Candido, 493
Mouraria (Portugal), 445
Moustaki, Georges, 535
Movimento Afro-Brasileiro Pró-Libertação de Angola, 449
Movimento Antropofágico, 54
Movimento Democrático Nacional (MDB), 528
Movimento Negro Unificado, 518
Movimento Popular de Libertação de Angola (MPLA), 361, 450, 516
Movimento Unitário Democrático, 198
Movimento Verde-Amarelo, 50-1
Müller, Filinto, 103, 244
Mundo da paz, O (Jorge Amado), 306, 313, 329, 332, 334, 346, 405, 455
Muriel, Helena, 385
Muro de pedras, O (projeto de Jorge Amado), 259, 329, 340, 374
Museu de Arte Moderna (Nova York), 140
Museu de Arte Moderna (Rio de Janeiro), 411
Museu de Arte Moderna (Salvador), 420-1, 465
Museu de Arte Ocidental (Moscou), 75
Museu de Etnografia do Trocadéro (Paris), 134
Música ao longe (Erico Verissimo), 94
Mussa, Alberto, 505
Mussolini, Benito, 133, 198, 244
Myanmar, 364

N

"Na Baixa do Sapateiro" (canção), 146
Nabokov, Vladimir, 377, 470
Nadreau, Marie-Louise (Misette), 265-6, 268, 311, 317, 319, 321, 335, 385, 545
Nagel (editora francesa), 256-7, 486
Nagoya (Japão), 508
Nancy (mulher de Carybé), 419
Nascimento, Abdias, 519, 520
Nascimento, João, 110, 115, 130
Náusea, A (Sartre), 256
Navarra, Ruben, 168
Navegação de cabotagem (Jorge Amado), 544, 546, 549, 554
Negri, Toni, 536
Negro na Bahia, O (Vianna Filho), 230
Nepomuceno, Eric, 540
Neruda, Pablo, 198-9, 210-2, 225, 239, 241, 248, 255, 257, 259, 263, 266-70, 317, 320, 338-9, 345, 350-1, 359, 362, 364-6, 381, 385, 404, 498-9
Nery, Adalgisa, 168
Neves, Tancredo, 528, 529
Nevierof, Alexander, 237
New America (editora norte--americana), 124, 187
New York Cocoa Exchange, 16
New York Times, The (jornal), 229, 353, 380, 471, 520

Nezinho (babalorixá), 455
Nezval, Vítězslav, 308, 320
Nicholson, Jack, 426
Niemeyer, Oscar, 138, 342, 357-8, 361-2, 374, 384, 422, 456, 515
Nigéria, 89, 429
Nina Rodrigues, Raimundo, 519
Nique, José, 19
Niskier, Arnaldo, 555
"No meio do caminho" (Drummond de Andrade), 33
Nobel *ver* Prêmio Nobel
Nobre de Melo, Martinho, 201
Nobre, Roberto, 337
Nogueira, Aristeu, 409
Noite, A (jornal), 139, 160-1, 214, 221, 399
Nonê *ver* Andrade Filho, Oswald de
Notre-Dame, catedral de (Paris), 257, 260
Nova Delhi, 364
Nova Fronteira (editora), 484
Nova Iguaçu (RJ), 235
Nova York, 43, 123-4, 126, 140, 186-7, 229, 380, 472, 534
Novela sintética de José, o Ingênuo, A (folhetim), 182
Novos Rumos (revista), 394-6, 408, 435, 462, 530
Nunes, Juca, 109

O

"O que é que a baiana tem?" (canção), 147
O'Higgins, Pablo, 122
Obá Otum Arolu (título de Jorge Amado no título no candomblé), 453, 460
Observador Econômico e Financeiro, O (revista), 148
Ocampo, Victoria, 166
Oceania (navio), 117

Ognev, N., 237
Ogoyiok (revista soviética), 344
Ogum (orixá), 33, 382, 434
Oiticica, Hélio, 455-6
Old Main (Pensilvânia), 508
Olga de Alaketu *ver* Mãe Olga de Alaketu (ialorixá)
Olinda (PE), 194-5, 391
Olinto, Antônio, 373, 385, 429, 435, 437-8, 440, 443, 453-4, 467, 478, 482-4, 494, 512, 525
Oliva, Zitelmann de, 178, 478
Oliveira, Aloysio de, 386
Oliveira, Armando de Sales, 162, 341
Oliveira, Basílio de, 18, 170
Oliveira, Benjamin de, 232
Oliveira, Carlos de, 337
Oliveira, José Carlos, 376
Oliveira, Osvaldo de (Jonald), 249
Oliver, María Rosa, 166, 269, 338
Olivieri-Godet, Rita, 513
Olodum (bloco afro-brasileiro), 519-21
Olympio, José, 81-4, 92, 105, 112, 114-5, 119, 123-4, 127-8, 132, 151-2, 156, 173, 181, 411-2; *ver também* Livraria José Olympio Editora
Ondina (Salvador), 464
Onetti, Juan Carlos, 165
Ópera de Pequim, 337
Orfeu da Conceição (Vinicius de Moraes), 359
Orfeu negro (filme), 487
Orgeval (França), 270
Orico, Oswaldo, 492
Orozco, José Clemente, 122
Orville, Xavier, 517
Ostrower, Fayga, 360
Oswald, Henrique, 436
Ouro Preto (MG), 194, 381
Oxalá (oxalá), 382
Oxóssi (orixá), 33, 422, 453, 479, 483; *ver também* Peji de Oxóssi (chácara de Jorge Amado)
Oxum (orixá), 432, 479

P

Pacaembu, estádio do (São Paulo), 210-1
Pacheco, Régis, 228
Padilha, Tarcísio, 555
Paes, José Paulo, 512
Pagu *ver* Galvão, Patrícia
Pai Procópio de Ogum (babalorixá), 33, 235, 453
Paim, Alina, 340
País do Carnaval, O (Jorge Amado), 49-52, 56-v7, 60, 68, 76, 123
Paiz, O (jornal), 40, 42, 44
Palácio da Aclamação (Salvador), 553
Palácio Tiradentes (Rio de Janeiro), 227-8, 233, 242, 244-6
Pancetti, José, 205
Pão, terra e liberdade (projeto de Jorge Amado), 374
Papelaria Modelo (Estância), 110, 115, 130
Paquistão, 364
Pará, 127, 554
Para Todos (revista), 357, 358, 361-3, 367, 370, 374, 456
Paraíba, 34, 93
Paraiso, Juarez, 423
Paraná, 211, 234
Páride Bernabó, Hector Julio *ver* Carybé
Paris, 27, 42, 58, 128, 130-1, 133-4, 156, 187, 251, 255-8, 260-4, 266-9, 305-6, 308, 310, 315, 317-9, 321, 326, 337, 346, 357, 368-9, 407, 437, 469, 472, 479, 496, 500, 508, 517, 522, 529, 533-4, 537, 539, 541, 545-6, 548-51
Parque Cruz Aguiar (Salvador), 413
Parra, Nicanor, 339
Partido Comunista Alemão, 349
Partido Comunista Brasileiro, 355, 490
Partido Comunista Brasileiro Revolucionário (PCBR), 457
Partido Comunista da URSS, 499
Partido Comunista do Brasil (PCB), 58, 61, 127, 148, 182, 198, 204, 207, 216-7, 225, 227, 229, 232-4, 250, 333-4, 342, 355, 361, 394-5, 403, 408, 421, 435, 449-50, 457, 524
Partido Comunista do Brasil (PCdoB), 355-6
Partido Comunista Francês, 255, 265, 267
Partido Comunista Húngaro, 349
Partido Comunista Italiano, 261
Partido Comunista Português, 269
Partido dos Trabalhadores (PT), 531
Partido Popular Sindicalista (PPS), 228
Partido Republicano (PR), 227
Partido Republicano Trabalhista (PRT), 220
Partido Social Democrático (PSD), 227-9, 233
Partido Social Progressista (PSP), 219, 225, 227-8, 254
Partido Trabalhista Brasileiro (PTB), 227, 233, 243, 245, 352
Pasquim (semanário), 553
Passageiros de terceira (Klaber), 67
Passos, Francisco Pereira, 42
Passos, Jacinta, 179-80, 200, 204, 209, 217, 335
Pasternak, Boris, 349, 361
Pastores da noite, Os (filme), 487, 489
Pastores da noite, Os (Jorge Amado), 434-5, 450, 489, 528, 532, 539
Paternostro, Paulo, 443
Pátria, A (jornal), 26
Pau-Brasil (movimento literário), 54
Paulo Afonso, cachoeira de (BA), 426
PCB e a liberdade de criação, O (Jorge Amado), 236
PCB *ver* Partido Comunista do Brasil
Pedra do Sal, condomínio (Salvador), 485, 491-3

Pedro II (navio), 127
Pedro Leopoldo (MG), 181
Peixoto, Afrânio, 200, 430
Peixoto, Ernani do Amaral, 372
Peji de Oxóssi (chácara de Jorge Amado), 235, 239, 242, 246-7, 253, 263, 323, 415, 422
Pellegrino, Hélio, 200, 538
Pelourinho (Salvador), 26, 31-2, 36, 66, 70-1, 176, 437, 454, 501, 531, 546, 554
Pena Filho, Carlos, 391-2, 394
Pena, Tania, 391
Pêndulo de Foucault, O (Eco), 491
Pequim, 337, 365
Peralva, Osvaldo, 180, 353, 355
Peregrino Júnior, João, 368
Pereira, Astrojildo, 61, 202, 219-20, 360
Pereira, Lourdes, 263
Pereira, Lúcia Miguel, 85-6, 199, 201
Pereira, Nunes, 126
Pereira, Sinval, 263
Peres, Fernando da Rocha, 420
Perini, *delicatessen* (Salvador), 501
Periperi (Salvador), 174-5, 178-9, 186, 193, 204, 466, 554
Pernambuco, 87, 227, 229, 381, 392, 505, 527
Perón, Juan Domingo, 162
Peru, 122, 159
Pessoa, Antônio, 15-6, 378
Pessoa, Fernando, 132, 500
Pessoa, João, 34
Pessoa, Mário, 16
Pestana, Artur (Pepetela), 507, 517, 543
Petrópolis (RJ), 166, 203, 238, 369, 376, 385, 390
Piaf, Edith, 535
Piauí, 31, 423
Picasso, Pablo, 9, 128, 255, 261, 266-8, 270, 325, 351, 405, 423
Pinho, Osmundo, 513

Pinho, Wanderley de Araujo, 200
Piñon, Nélida, 556
Pinóquio (Collodi), 41
Pinto, Sobral, 105, 162, 183-4, 213, 456
Pio XII, papa, 191
Pipistrelo das mil cores (Zélia Gattai), 496
Pirangi (BA), 14, 68, 96, 356, 390, 525
Pirapora (MG), 85, 175, 240
Pires, José Cardoso, 337, 542
Pitigrilli *ver* Segre, Dino
Poço do Visconde, O (Lobato), 137
Poemas de mestre Manuel, Os (projeto de Jorge Amado), 341, 374
Polanski, Roman, 426
Polevói, Boris, 312
Polloni, Sandro, 246
Polônia, 149, 250, 258, 268, 309, 330, 336, 347, 368, 426, 491
Pomar, Pedro, 217, 225, 254, 355-6
Pontes de Miranda, Francisco Cavalcanti, 56
Pontes, Eloy, 100
Portella, Eduardo, 375, 381, 385-8, 434, 442, 449, 512, 555
Portinari, Candido, 140, 144-5, 148, 217-8, 230, 239, 362
Porto Alegre (RS), 50, 90, 93, 105, 118, 171-2, 225, 555
Porto, Sergio (Stanislaw Ponte Preta), 385-6
Portogalo, José, 183
Portugal, 21, 28, 39, 47, 68, 74, 136, 143, 151-2, 166, 199, 201, 257, 267, 337, 375, 402, 425, 447, 449-51, 468, 470-1, 498, 508, 522-3, 525, 529, 534, 540-1, 554
Povo na praça, O (projeto de Jorge Amado), 341
Powell, Baden, 359
PPS *ver* Partido Popular Sindicalista
Prado Jr., Caio, 200, 215-6, 218, 222, 225, 269, 342, 358
Prado, Paulo, 50

Prado, Vasco, 263, 265, 423
Praga (Tchecoslováquia), 260, 269, 306-7, 310, 318-9, 325, 347, 458, 532
Pravda (jornal soviético), 350
Prazeres, Heitor dos, 435
Pregón, El (jornal argentino), 418
Prêmio Camões, 541-2
Prêmio Lênin, 351, 497-9
Prêmio Machado de Assis, 402
Prêmio Nobel, 169, 239, 268, 332, 349, 450, 459, 469, 497-501, 513, 517, 541, 557
Prêmio Stálin, 332-3, 337-8, 344, 348-9, 351-2
Presença (revista), 136
Prestes Maia, Francisco, 198
Prestes, Anita Leocádia, 106, 209
Prestes, Júlio, 34, 40, 44
Prestes, Leocádia, 160
Prestes, Luís Carlos, 34, 44, 102-3, 105-6, 150, 160, 162-3, 167, 169, 172, 183-5, 194, 203, 207-8, 210-8, 221, 223, 225, 229-30, 232, 234, 237, 239, 245, 247, 250, 253, 257-9, 306, 319-20, 331, 334, 340-1, 358, 395, 447, 456, 524, 530; *ver também* Coluna Prestes; Intentona Comunista
Prévert, Jacques, 9, 260, 361, 370
Primeiro Congresso de Escritores Soviéticos, 77
Professor Flúvio, O (projeto de Jorge Amado), 143
PRT *ver* Partido Republicano Trabalhista
PSD *ver* Partido Social Democrático
PSP *ver* Partido Social Progressista
PTB *ver* Partido Trabalhista Brasileiro
Puimanová, Marie, 308
Pureza (Lins do Rego), 119, 153
Putnam, Samuel, 169, 188, 229, 380

Q

Quadros, Jânio, 386-8, 395, 399, 429
Quaresma, Doninha, 128
Quarteto em Cy, 386
Quartier Latin (Paris), 265, 535, 536
Queirós, Eça de, 23, 30, 118, 452
Queiroz Junior, Teófilo de, 512, 519
Queiroz, Dinah Silveira de, 493, 556
Queiroz, Paulo Peltier de (Bicho-Preguiça), 23
Queiroz, Rachel de, 49, 59, 64-5, 80, 85-7, 91, 104, 113, 121, 158, 168, 259, 363, 493, 541-2, 546, 556
"Quem é Gabriela Cravo e Canela" (reportagem de *Manchete*), 377
Quinta dos Lázaros, cemitério de (Salvador), 454, 514-5
Quinze, O (Rachel de Queiroz), 49, 59, 542
Quiroga, Horacio, 187
Quitandinha, hotel (Petrópolis), 369, 371, 385, 389
Quitéria (costureira), 392
Quitéria, Maria, 210

R

Rabassa, Gregory, 534
Rádio El Mundo (Buenos Aires), 153, 168
Rádio Mayrink Veiga, 42
Rádio Nacional, 139, 153, 161
Raillard, Alice, 539, 550
Raimunda, dona (médium), 410
Raízes do Brasil (Sérgio Buarque de Holanda), 83
Rajk, Lázló, 346
Rakuyo Maru (navio japonês), 122
Ramos, Arthur, 33, 200

Ramos, Graciliano, 49, 60, 63-5, 71,
   86-8, 98-9, 104-5, 121, 125, 130-1,
   134, 136, 138-9, 142, 144, 147, 158,
   168, 172-3, 188, 191, 199, 217, 230,
   241, 245-6, 259, 336, 340, 345-6,
   360-1, 363, 412, 431, 475, 510
Ramos, Heloísa, 65, 104-5, 241
Ramos, Luiza, 147, 431, 475, 496
Ramos, Márcio, 345
Ramos, Ricardo, 340, 345, 361
Raposo, Antonio Afonso, 447
Ratos, Os (Dyonélio Machado), 93
Razão, A (jornal), 50
Razón, La (jornal uruguaio), 166
Rebelo, Marques, 51, 87, 121, 142, 151,
   168, 199, 361
Recife (PE), 50, 87, 89, 102, 154,
   194-5, 231, 372-3, 381, 391, 394-5,
   427, 440, 505
Recôncavo Baiano, 31, 46, 415, 419,
   467, 527
Record (editora), 473-6, 479, 483-4,
   490, 510
Redol, António Alves, 136, 269,
   329-30, 337, 374
Régio, José, 136
Rego, José Lins do, 64, 82, 85-7,
   98-100, 105, 114-5, 119, 121, 125,
   136, 139, 153, 158, 167, 173, 180,
   199, 201, 229, 259, 362, 376, 411
Rei da Vela, O (Oswald de Andrade),
   455
Rei de Keto, O (Antônio Olinto), 429
Relato de um certo Oriente (Hatoum),
   539
Renn, Ludwig, 237
Reportagem incompleta (Zélia Gattai),
   496
"Retirantes" (canção), 246
Retrato do Brasil (Paulo Prado), 50
Revista Acadêmica, 144-5, 147
Revista do Brasil, 180
Rezende, Maria Valéria, 504
Riachão (sambista), 436

Ribeiro, Agildo, 386
Ribeiro, Alves, 30-1, 38
Ribeiro, Berenice, 523
Ribeiro, Darcy, 361, 456, 521
Ribeiro, João Ubaldo, 483, 506,
   522-3, 540, 547
Ribeiro, Roberto, 520
Ricardo, Cassiano, 50, 139-40
Rio de Janeiro, 14-5, 26, 39, 41-3, 46,
   50, 68, 79, 83, 90, 102-3, 111, 117,
   121-2, 127, 134, 153, 171, 178, 183-4,
   196, 204, 211, 214, 218, 220, 226,
   228, 233, 236, 241, 261, 306, 334,
   336-7, 339, 342, 356, 363, 371,
   375, 383, 385, 391, 404, 414, 473,
   496-7, 505, 511, 519, 521
Rio de Janeiro do meu tempo, O (Luiz
   Edmundo), 403
Rio Grande do Norte, 93
Rio Grande do Sul, 34, 119, 141, 200,
   413, 508
Rio Magazine (revista), 81
Rio Vermelho, bairro do (Salvador),
   410, 413, 422, 425, 433-4, 436,
   443, 455, 457, 461, 466-7, 473,
   476, 486, 491-2, 495, 498, 500,
   504, 515, 517, 536, 543, 548, 556
Rios, Cassandra, 470, 503
Ristori, Oreste, 207
Rivera (Uruguai), 120
Rivera, Diego, 122, 339, 423
Rivera, Eustasio, 152
Robeson, Paul, 270
Rocha, Bento Munhoz da, 234
Rocha, Glauber, 390, 420-2, 456,
   479, 486-8, 506, 512, 521-4
Rocha, Glauce, 340
Rodó, José Enrique, 66
Rodrigues, João Jorge Santos, 520
Rodrigues, Nelson, 246, 519
Rodrigues, Paulo, 262, 266
Roio, José Luiz del, 469
Rolland, Romain, 180
Roma, 261, 508

Romains, Jules, 58
Romancero Gitano (García Lorca), 241
Romances do Povo (coleção de Editorial Vitória), 339, 341
Romênia, 258, 309-10, 330
Rónai, Paulo, 173, 361, 538
Roosevelt, Franklin D., 238
Roquette-Pinto, Edgard, 55, 57
Rosa, Dalila (mãe de Matilde), 80
Rosa, João (pai de Matilde), 80
Rosa, João Guimarães, 363, 404, 433, 497, 505, 507
Rosa, Matilde Garcia (primeira esposa de Jorge Amado), 79-81, 92-3, 109, 111, 117, 120-1, 123, 126-7, 130, 147, 153, 164-5, 171, 175, 204-5, 222, 323-4, 336, 364, 479, 494, 543
Rose Rouge (Paris), 260
Rossio (Portugal), 445
Rostand, Edmond, 48
Roteiro das três Américas (Jorge Amado), 143
Rua sem sol (Tokunaga), 237
Rudzka, Yanka, 419-20
Rufino, Nelson, 520
Rui Barbosa no 2 (Jorge Amado), 52, 56-7, 66, 70, 459
Rússia, 67, 75, 77-8, 90, 187, 211, 342, 350, 379, 532, 544; *ver também* União Soviética (URSS)
Ryff, Raul, 172

S

Sabato, Ernesto, 163, 513
Sabino, Fernando, 200, 538
Sacchetta, Hermínio, 342, 344, 529-30
Sacchetta, Vladimir, 529
Sadoul, Georges, 308
Safo, 16
Saga (Erico Verissimo), 190

Salazar, António, 21, 134, 199-201, 210, 238, 267, 446, 449, 451
Saldanha, Aristides, 333
Salema, Álvaro, 450, 548
Sales Gomes, Paulo Emílio, 263
Sales, Herberto, 81
Salgado, Plínio, 50, 62, 114-5, 179, 210, 341
Salgueiro (Lúcio Cardoso), 85-6, 505
Saltykov, Mikhail, 173
Salvador (BA), 26-7, 28, 30, 42, 54, 66, 79, 94, 97, 106, 111, 116, 125, 146-7, 175, 177, 181, 186, 194, 196, 228, 413, 417-8, 429, 464, 466, 472, 484, 507, 521, 531, 538, 555-7
Salvage, Madeleine, 261, 265, 269, 317, 326, 534
Samba (revista), 29-31, 34, 52
Sampaio, Arthur, 415
Sampaio, José Mirabeau, 23, 177, 180, 415, 417, 422, 425, 427, 434, 437, 479, 546, 551, 554
Sampaio, Lygia, 417
Sampaio, Maria José (Mariá), 35-42, 45-6, 48, 71, 79, 546
Sampaio, Norma, 427, 443
Sanatório do doutor Klebe, O (Fedin), 237
Sant'Anna, Fernando, 178, 516
Santa Casa de Misericórdia da Bahia, 467
Santa Catarina, 554
Santa Maria (RS), 120
Santa Rosa, Tomás, 56, 63-5, 68, 75-6, 80, 106, 157, 360
Santana do Livramento (RS), 120
Santana, Fernando, 409
Santana, Miguel Archanjo, 461
Santarrita, Marcos, 513
Santiago (Chile), 121
Santiago, Silviano, 512
Santo Amaro da Purificação (BA), 31, 538
Santoro, Claudio, 263

Santos (SP), 238, 243
Santos, Agnaldo dos, 417, 423
Santos, Brasilino José dos
 (compadre Brás), 18
Santos, Carmen, 152, 249
Santos, Edgard, 419, 466
Santos, Eugênia Ana dos *ver* Mãe
 Aninha (ialorixá)
Santos, José Eduardo dos, 516
Santos, Milton, 420, 456, 506
Santos, Nelson Pereira dos, 361,
 487-8
Santos, Ruy, 152, 195, 211, 249, 260
São Bernardo (Graciliano Ramos), 65
São Januário, estádio de (São Paulo),
 140, 210
São João de Meriti (RJ), 235
São Jorge dos Ilhéus (Jorge Amado),
 169-70, 182, 185, 189-90, 192, 209,
 258, 305, 313, 316, 369, 446, 526;
 ver também Ilhéus (BA)
São Luís (MA), 525, 537
São Paulo, 29, 34, 44, 50, 62, 75,
 81, 83, 87, 92, 107, 111, 115, 121,
 127, 132, 144, 154, 156, 172, 192,
 196-200, 204, 207, 209-11, 214,
 216, 217-9, 221, 226, 235, 238,
 240, 243, 247, 253, 344, 360, 374,
 377, 382, 418, 435, 440, 458, 473,
 475, 492, 494, 497, 500, 505, 509,
 515, 518, 529
São Pedro, Maria de (cozinheira),
 174, 425, 501
Saramago, José, 452, 540, 542, 550
Sarney, José, 469, 521, 525, 529-32,
 537, 553
Sartre, Jean-Paul, 130, 187, 255, 256,
 258-9, 270, 381-6, 394, 401, 410,
 497
Saveiro (projeto de Jorge Amado),
 93, 106
Scaldaferri, Sante, 463
Schenberg, Mario, 206, 263, 269,
 317

Schic, Anna Stella, 210
Schmidt, Alberto, 443
Schmidt, Augusto Frederico, 46-
 50, 52, 54, 56-7, 60, 63, 66, 71-2,
 82-3, 123, 168, 172-3, 184, 200,
 342, 386; *ver também* Livraria e
 Editora Schmidt
Schönberg, Arnold, 419
Schopenhauer, Arthur, 173
Scliar, Carlos, 153-4, 172, 208, 256,
 258, 262, 265, 317, 336, 350,
 360, 391
Scliar, Henrique, 171-2
Scliar, Rosa, 171
Scott, Mário, 217
Scott, Walter, 22
Seabra, José Joaquim, 97
Seara vermelha (filme), 488
Seara vermelha (Jorge Amado), 240-1,
 245-6, 258, 316, 326, 379, 390,
 394, 448, 486, 505, 524
Segall, Lasar, 205, 208
Seghers, Anna, 270, 340, 349
Segre, Dino (Pitigrilli), 38
Segredo da rua 18, O (Zélia Gattai), 496
Seiva (revista), 420
Seixas, Cid, 491, 512
Seixas, Raul, 456
Seljan, Zora, 127, 208, 265, 373, 385,
 440, 443, 478, 483-4, 494
Selmann, Guilhermina, 20
Selva, A (Ferreira de Castro), 74
Semana de Arte Moderna, 29, 64,
 196
Sena, Jorge de, 135
Senegal, 270, 387, 517
Senghor, Léopold, 263, 270, 517
Senhor (revista), 360, 391-2
Senhor embaixador, O (Erico
 Verissimo), 188
Senhora dona do baile (Zélia Gattai),
 495, 526, 529
Serafimovitch, Alexandr, 67, 339-40

Sergipe, 12, 20, 39, 113, 127, 129, 229, 340, 386, 417, 527
Serpa, Alberto de, 136
Sertões, Os (Euclides da Cunha), 169, 376
Sétimo camarada, O (Lavrenev), 237
Setúbal, Paulo, 131
Shakespeare, William, 49
Shelby, Barbara, 485
Sholokhov, Mikhail, 497
Shostakovich, Dmítri, 210
Siao, Emi, 325-6, 339, 366
Sibelius, Jean, 499
Sidney, Sylvia, 120
Silva, Agostinho da, 135, 200, 420
Silva, Argileu, 378
Silva, Claudino José da, 226, 228
Silva, Luiz Ignácio Lula da, 531-2
Silva, Miguel Otero, 269
Silva, Pirajá da, 200
Silva, Presciliano, 196
Silva, Quirino da, 205
Silva, Sérgia Ribeiro da *ver* Dadá
Silva, sr. (médico), 262
Silva, Virgulino Ferreira da *ver* Lampião
Silveira, Ênio, 361
Silveira, Evandro Balthazar da, 20
Silveira, Joel, 111, 142, 145, 151, 155, 159, 173, 200, 546, 555
Silveira, Walter da, 420, 424, 434
Simas, Luiz Antonio, 505
Simenon, Georges, 500
Simões, João Gaspar, 136
Simonov, Konstantin, 312
Sinaia, montanhas de (Romênia), 310
Sinhô Badaró (Jorge Amado), 127, 143, 149, 155-6, 165, 170
Sintra (Portugal), 523, 533
Síria, 371, 387
Sirotsky, Nahum, 367, 391
Sisson, Roberto, 225
Slánský, Rudolf, 347

Smarchewski, Lev, 422
Smena (revista soviética), 344
Smetak, Walter, 419
Soares, Arlete, 436, 469
Soares, Mário, 269
Soares, Paulo Gil, 420
Soares, Vital, 27, 34
Sobre o realismo socialista (projeto de Jorge Amado), 374
Sociedade Brasileira de Autores Teatrais, 498
Sodré, Nelson Werneck, 373
Solar do Sodré (Salvador), 25
Solar do Unhão (Salvador), 420
Soldado que amou a pessoa que não o quis, O (Paloma Amado), 407
Solidão (Virta), 237
Sorbonne, Universidade, 263, 419, 436, 536, 551
Sorveteria da Ribeira (Salvador), 464, 501
Sousa, Afonso Félix de, 370
Sousa, Frei Luís de, 22
Sousa, Octávio Tarquínio de, 199
Souza Carneiro, Édison de (filho), 30, 32-3, 36-7, 48, 51, 92, 95, 138, 200
Souza Carneiro, professor (pai), 30, 32, 55, 138
Souza, Procópio Xavier de *ver* Pai Procópio de Ogum (babalorixá)
Spencer, Nilda, 463
Sri Lanka, 363-4
Stálin, Ióssif, 149, 181, 199, 238, 310, 314, 332, 345-6, 349-50, 353, 364-5, 524
Stalingrado (URSS), 315
Stancu, Zaharia, 349
Stanislaw Ponte Preta *ver* Porto, Sergio
Steel, Danielle, 534
Steinbeck, John, 166, 180
Stella de Oxóssi (ialorixá) *ver* Mãe Stella
Stock (editora francesa), 317

Suassuna, Ariano, 391, 555
Subterrâneos da liberdade, Os (Jorge Amado), 329, 340-1, 344, 352-3, 357, 371, 374-5, 379, 393, 447, 490, 492, 507, 510
Subúrbio (projeto de Jorge Amado), 73
Sue, Eugène, 191, 500
Suécia, 269, 497
Suhy, Otokar, 320
Suíça, 58, 263, 267
Suinana (SP), 238
Sumiço da santa, O (Jorge Amado), 537-8, 549
Suor (Jorge Amado), 68, 70, 72-3, 76-7, 80, 124, 126, 187, 316, 431, 480
Sur (revista argentina), 124, 166, 168
Süssekind, Flora, 512
Swift, Jonathan, 22

T

Tabaris, cabaré/cassino (Salvador), 177-8, 193, 420
Tai San Yuen (restaurante chinês de Paris), 536, 539
"Taí" (canção), 39
Taiguara (compositor), 456
Tan (garçom), 536, 537
Tararanga, fazenda (BA), 14
Tarde, A (jornal), 174, 411, 422, 424, 444, 555
Tarrafal (Cabo Verde), 518
Tártaro, Fernando Carvalho, 447
Táti, Miécio, 361, 402, 440, 496
Tavares, Luís Henrique Dias, 204
Tavares, Misael, 19, 97, 378
Tavares, Odorico, 62, 178, 196, 200, 416, 419, 422, 425, 434, 436, 449, 468
Taverna da Glória (Rio de Janeiro), 144
Távora, Juarez, 162, 343
Taylor, James L., 380
Tbilisi (Geórgia), 314

Tchecoslováquia, 258, 306, 308, 318, 330, 347, 368, 491
Teatro Castro Alves (Salvador), 464, 553
Teatro Experimental do Negro, 246, 490, 519
Teatro João Caetano (Rio de Janeiro), 62
Teatro Nacional (Praga), 307
Teatro Nacional (Tbilisi), 314
Teatro Oficina, 455
Teixeira, Anísio, 103, 122, 180, 418-9
Teixeira, Floriano, 423
Teixeira, França, 520
Teixeira, Maximiano da Mata (Gato Preto), 23
Teixeira, Osmundo, 423
Telles, Lygia Fagundes, 157, 493, 556
Tempestade, A (Ehrenburg), 341
Tempo Brasileiro (revista), 449
Tempo e o vento, O (Erico Verissimo), 363
Temps Modernes, Les (revista), 258
Tenda dos Milagres (filme), 487
Tenda dos Milagres (Jorge Amado), 468, 471, 488, 498, 512, 519, 521, 532, 539, 553, 557
Teoria do romance, A (Lukács), 309
Tereza Batista cansada de guerra (Jorge Amado), 472-3, 478, 510, 532
Terra violenta (filme), 249
Terras do sem-fim (filme), 486
Terras do sem-fim (Jorge Amado), 169-70, 183, 185-9, 219, 229, 244, 246, 249, 255-6, 305, 307-8, 316, 357-8, 375, 380, 407, 431, 436, 446, 490, 505, 511, 519, 524, 526, 554
Terras do sem-fim (telenovela), 486
Terreiro de Jesus (Salvador), 176, 464
Tezza, Cristovão, 505
Theatro Municipal (São Paulo), 198-9, 203, 209, 518
Tibúrcio (amigo da família Amado), 424

Tieta do Agreste (Jorge Amado), 479-81, 483, 485, 492, 527
Time (revista norte-americana), 316
Timóteo, dom (abade), 457
Tito, Josip, 238, 346, 364, 388
Tocaia Grande (Jorge Amado), 526, 528-9, 533, 548-9
Tokunaga, Naoshi, 237
Tolstói, Liev, 67, 133
Tom Zé, 436
"Tonho" *ver* Antônio, santo
Torelly, Aparício (Apporelly/Barão de Itararé), 181, 200-1, 203, 209, 215, 360
Torga, Miguel, 498, 541
Torrente de ferro, A (Serafimovitch), 67
Torres, Antônio, 506
Tourinho, Antônio Bento Monteiro, 163
Tracy, Spencer, 120
Tragédia burguesa (Otávio de Faria), 363
Trem blindado no 14-69, O (Ivanov), 237
Três mosqueteiros, Os (Dumas), 22, 41, 90
Tribuna da Imprensa (jornal), 331, 342-3, 388, 403
Tribuna Popular (jornal), 214, 232, 237
Trigueiro, Forjaz, 548
Trindade, Solano, 89, 361
Trindade, Zé, 426
Triolet, Elsa, 312, 361
Trono de vidro (Antônio Olinto), 429
Túnica inconsútil, A (Jorge de Lima), 143
Turkov, Zigmunt, 246
Turquia, 545
TV Globo, 486, 495, 537, 553
TV Tupi, 399, 486, 522
Twain, Mark, 500, 519

U

Ucrânia, 160, 315
UDN *ver* União Democrática Nacional
Última Hora (jornal), 331, 372, 378, 386, 395, 401, 456
Unesco, Projeto, 418-9
União Brasileira de Escritores, 368, 468, 498
União de Escritores Chineses, 366
União de Escritores Romenos, 349
União de Escritores Soviéticos, 310, 312, 351
União de Escritores Tchecos, 308, 317, 320, 322
União Democrática Nacional (UDN), 227-30, 233
União Internacional dos Escritores Revolucionários, 77
União Soviética (URSS), 133, 149, 159, 176, 202-3, 239, 243, 245, 247, 258, 267-8, 270, 306, 311-2, 337, 344-6, 353, 359, 362, 366, 368, 379-80, 401, 405, 477, 486, 491, 499, 508, 532, 547; *ver também* Rússia
Universidade da Bahia, 413, 419, 437, 466, 491, 557
Universidade de Praga, 307
Universidade de São Paulo, 132, 133, 200, 418, 510
Universidade do Rio de Janeiro, 117
Universidade Estadual da Pensilvânia, 471
Universidade Estadual Paulista (Unesp)., 469, 510
Universidade Federal de Pernambuco, 381
Urca (Rio de Janeiro), 80, 94, 153, 236, 385
Urucungo – Poemas negros (Bopp), 56
Uruguai, 90, 139, 169, 225, 243, 334
Urupês (Lobato), 47

Usina (Lins do Rego), 114
Usina Hidrelétrica de Angiquinho (AL), 426
Uvas y el viento, Las (Neruda), 364

V

Vacina de sapo e outras lembranças (Zélia Gattai), 556
Vadinho (boêmio), 177, 422, 437
Valentim (cozinheiro), 93, 96, 409-10
Valentim, Rubem, 417
Valparaíso (Chile), 122
Vamos Ler! (revista), 136, 150, 153, 161
Vandré, Geraldo, 456
Varela, Alfredo, 269, 315
Varela, Fagundes, 241
Vargas Llosa, Mario, 477, 483, 534
Vargas Neto, 231
Vargas Vila, José María, 66
Vargas, Benjamim, 220
Vargas, Getúlio, 34, 44, 56, 61, 102, 104-5, 111, 125, 137, 140, 144, 149, 156, 161-2, 171, 173, 183, 185, 198-9, 203, 210, 213-5, 217, 220-1, 227, 229, 243, 331, 339, 341, 343, 418, 444, 495
Vargas, Lutero, 343
Varsóvia (Polônia), 174, 309, 310
Vassouras (RJ), 147, 331
Vastas emoções e pensamentos imperfeitos (Fonseca), 539
Vaz, Rubens Florentino, 343
Veiga, Adriana (neta de Zélia Gattai), 495
Veiga, Aldo (ex-marido de Zélia Gattai), 207-8, 222, 494
Veiga, Camila (neta de Zélia Gattai), 495
Veiga, Carlos, 443
Veiga, Conceição (esposa de Luís Carlos), 495

Veiga, Luís Carlos (filho de Zélia Gattai), 209, 222, 242-3, 246, 253, 264, 335, 495, 556
Veiga, Valeria (neta de Zélia Gattai), 495
Veiga, Zélia *ver* Gattai, Zélia
Veja (revista), 483, 485, 547
Velhice do padre eterno, A (Guerra Junqueiro), 23
Velhos marinheiros, Os (Jorge Amado), 393-4, 430, 434-5, 466, 468, 511, 532
Vellasco, Domingos, 103
Veloso, Caetano, 436, 456, 482, 547, 553
Vendaval maravilhoso (filme), 249
Veneza (Itália), 546
Venezuela, 160
Vento (Lavrenev), 237
Vercors *ver* Bruller, Jean
Verde, Cesário, 241, 445, 500
Vergara, Telmo, 118
Verger, Pierre, 134, 418-9, 422, 424, 437, 519
Verissimo, Erico, 90, 106, 118, 121, 141, 161, 188, 190-1, 225, 305, 328, 338, 363, 371, 376, 404, 470, 498, 500, 510, 555
Verissimo, Luis Fernando, 470
Verissimo, Mafalda, 225, 555
Vespúcio, Américo, 26
Vestido de noiva (Rodrigues), 246
Vesúvio, pastelaria (Ilhéus), 16, 370, 486
Viagens de Gulliver, As (Swift), 22
Viana do Castelo (Portugal), 533
Vianna Filho, Luiz, 200, 228, 230, 514, 521
Vianna, Pedro Ribeiro, 38
Vida de Jesus Cristo, A (projeto de Jorge Amado), 57
Viegas, Pinheiro, 28-30, 32, 34, 43, 50, 70, 73, 93, 141, 150
Vieira, Antônio, padre, 21-2

Vieira, José Geraldo, 121, 217, 259, 361
Vieira, José Luandino, 507, 517-8, 543
Vila Formosa, cemitério de (São Paulo), 515
Villaça, Antônio Carlos, 373, 399
Villa-Lobos, Heitor, 139, 233, 361
Villefranche-sur-Mer (França), 326, 329
Virta, N., 237
"Visita ao presépio de Quinquina" (Jorge Amado), 150
Vitalino, Mestre, 423
Vogue (revista), 491, 544
Volgogrado (Rússia), 315
Vollu, Janete, 399, 486
Volpi, Alfredo, 423
"Voluntários do Norte, Os" (Bandeira), 87
Voragem, A (Eustasio Rivera), 152
Voz do Povo (semanário), 110
Vygódski, David, 76-8, 91

Y

Yahn, Mário, 204
Yemanjá Filmes (cooperativa cinematográfica), 420

Z

Zahar, Jorge, 387, 428
Zalamea, Jorge, 269
Zamora, Antonio, 163
Ziembinski, Zbigniew, 246, 336
Ziloca, 208
Ziz (limusines soviéticas), 314
Zorba, o Grego (Kazantzákis), 500
Zuca (jardineiro), 415
Zumbi dos Palmares, 93, 100, 150, 165
Zweig, Stefan, 166

W

Wainer, Samuel, 144, 147-8, 150, 153, 156, 171, 173, 175, 331, 456, 484
Walmap (prêmio de literatura), 433
Wanderley, Allyrio Meira, 230
Wasilewska, Wanda, 312
Weinert, Astrud *ver* Gilberto, Astrud
Welles, Orson, 249
Widmer, Ernst, 419
Wroclaw (Polônia), 268, 349

X

Xangô (orixá), 435, 453, 553
Xangôs (culto afro-brasileiro), 231, 395
Xavier, Chico, 181
Xian (China), 427

Créditos das imagens

capa e p. 304: Otto Stupakoff/ Acervo Instituto Moreira Salles [1976]

pp. 273, 286, 287, 288, 289, 290 [abaixo], 291, 299 [abaixo], 300 [abaixo]:
Fotografia de Zélia Gattai/ Acervo Fundação Casa de Jorge Amado

pp. 274, 275, 276, 278 [acima], 279 [acima, à dir.], 280 [acima], 281,
282, 283, 284, 285, 292, 293, 296, 299 [acima, à esq.], 301, 302
[acima] e 303: Acervo Fundação Casa de Jorge Amado

p. 277: Cortesia de Luciana Sampaio Tavernad e Família

pp. 278 [abaixo], 279 [à esq. e abaixo, à dir.] e 290 [acima]:
Acervo Fundação Biblioteca Nacional – Brasil

p. 280 [abaixo]: Cortesia Fundacion Sur Argentina

p. 294 [acima, à esq.]: Retrato de Jorge Amado por Candido Portinari
Óleo sobre tela, 46×38 cm. Rio de Janeiro – RJ, Brasil
Data: 1934 © Autorizado por João Candido Portinari/ Projeto Portinari

p. 294 [abaixo, à esq.]: Retrato de Jorge Amado por Carlos Scliar. Óleo sobre tela
Data: 1941 © DR/ Carlos Scliar/ Instituto Carlos Scliar

p. 294 [acima, à dir.]: Retrato de Jorge Amado por Flávio de Carvalho. 74×54 cm
Óleo sobre tela. Data: 1945. Coleção particular © DR/ Flávio de Carvalho

p. 294 [abaixo, à dir.]: Caricatura de Jorge Amado por Divo Marino
Data: 1958 © DR/ Divo Marino

p. 295: Figurinos para o balé de *Quincas Berro Dágua* (*As meninas*)
por © Carybé/ Herdeiros de Carybé/ Copyrights Consultoria Ltda.

pp. 297, 300 [acima] e 302 [abaixo]: © Arlete Soares

p. 298: Torre do Tombo. Processo de informação SR II de Jorge Amado
Pide, Serviços Centrais, Processo SR II nº 466/47, NT 2594
PT/TT/Pide/D-A/0003/46647. "Imagem cedida pelo ANTT"

p. 299 [acima, à dir.]: © Calasans Neto. Cortesia de Auta Rosa Calasans.

Todos os esforços foram feitos para encontrar os detentores de direitos
autorais das imagens incluídas neste livro. Em caso de eventual omissão,
a Todavia terá prazer em corrigi-la em edições futuras.

© Joselia Aguiar, 2018

Todos os direitos desta edição reservados à Todavia.

Grafia atualizada segundo o Acordo Ortográfico da Língua Portuguesa de 1990, que entrou em vigor no Brasil em 2009.

capa
Renata Mein
pesquisa iconográfica
Ana Laura Souza
Bete Capinan
tratamento de imagem
Carlos Mesquita
tradução do poema na epígrafe
Diego Grando
preparação
Ana Alvares
checagem
Andressa Tobita
índice onomástico
Luciano Marchiori
revisão
Huendel Viana
Jane Pessoa
Tomoe Moroizumi

1ª reimpressão, 2021

Dados Internacionais de Catalogação na Publicação (CIP)

Aguiar, Joselia (1978-)
Jorge Amado : Uma biografia / Joselia Aguiar. — 1. ed. — São Paulo : Todavia, 2018.

ISBN 978-85-88808-48-5

1. Biografia. 2. Perfil. I. Amado, Jorge. II. Título.

CDD 928

Índice para catálogo sistemático:
1. Biografia: Escritor brasileiro 928

Bruna Heller — Bibliotecária — CRB 10/2348

todavia
Rua Luís Anhaia, 44
05433.020 São Paulo SP
T. 55 11. 3094 0500
www.todavialivros.com.br

Foto de Jorge Amado feita por Otto Stupakoff
no ano de 1976, em Salvador (BA).

fonte Register*
papel Pólen soft 80 g/m²
impressão Geográfica